교황 연대기

THE POPES
교황 연대기

일러두기

1. 이 책에 나오는 교황명은 한국 가톨릭교회에서 사용하고 있는 이름을 사용했다. 그 외의 외래어 인명 및 지명, 고유명사는 외래어 표기법에 따랐으나 사회에서 널리 통용되고 있는 이름은 그대로 사용했다.

2. 교황의 칙서 및 회칙 제목은 독자의 이해를 돕기 위해 라틴어 뜻에 맞게 임의로 번역했다.

3. 별도의 설명이 들어가지 않은 것은 원저자의 주석이며, '역주'와 [ ]로 표시한 것은 옮긴이가 덧붙였다.

THE POPES

PRISCA LICET NAVTIS STATVAS DARE COMMODA
ET VATICANVM CINGERE SIXTE IVGVM
PLVS TAMEN VRBS DEBET: NAM QVAE SQVALORE

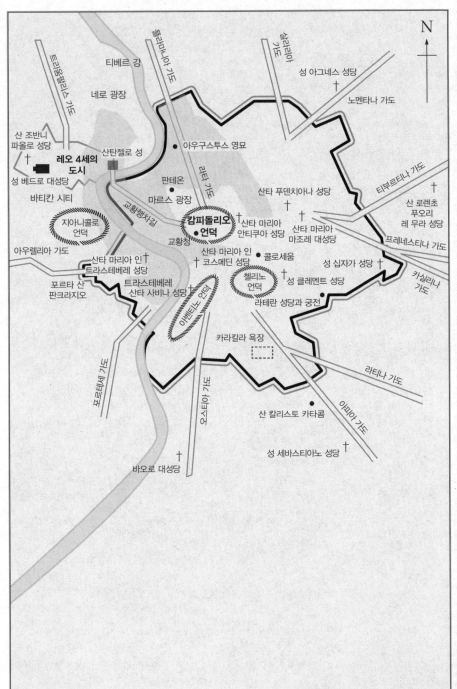

N

트라욜플라스 가도
티베르 강
네로 광장
클라미니아 가도
술라리아 가도
성 아그네스 성당 †
노멘타나 가도
산 조반니
파올로 성당 †
레오 4세의
도시
산탄젤로 성
아우구스투스 영묘 ●
성 베드로 대성당 †
바티칸 시티
판테온 ●
마르스 광장 ●
라티 가도
산타 푸덴치아나 성당 †
티부르티나 가도
산 로렌초
푸오리
레 무라 성당 †
프레네스티나 가도
지아니콜로
언덕
캄피돌리오
언덕 ●
교황궁
교황행자길
산타 마리아
안티쿠아 성당 †
산타 마리아 †
마조레 대성당
아우렐리아 가도
산타 마리아 인 †
트라스테베레 성당
산타 마리아 인 †
코스메딘 성당
콜로세움 ●
성 십자가 성당 †
카실리나
가도
포르타 산
판크라지오
트라스테베레
산타 사비나 성당 †
첼리노
언덕
성 클레멘트 성당 †
포르테세 가도
아벤티노 언덕
라테란 성당과 궁전 †
카라칼라 욕장
라티나 가도
오스티아 가도
아피아 가도
산 칼리스토 카타콤 ●
바오로 대성당 †
성 세바스티아노 성당 †

* 거주 영역
◪ 중세 로마

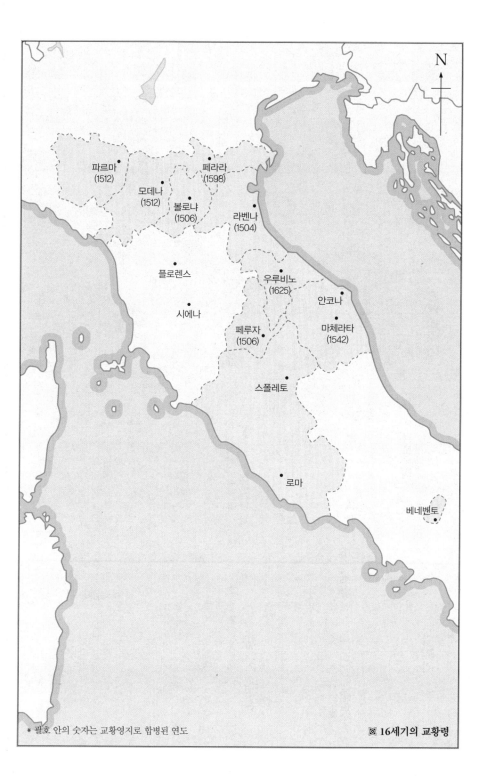

파르마
(1512)

모데나
(1512)

페라라
(1598)

볼로냐
(1506)

라벤나
(1504)

플로렌스

우루비노
(1625)

안코나

시에나

페루자
(1506)

마체라타
(1542)

스폴레토

로마

베네벤토

N

* 괄호 안의 숫자는 교황영지로 합병된 연도

■ 16세기의 교황령

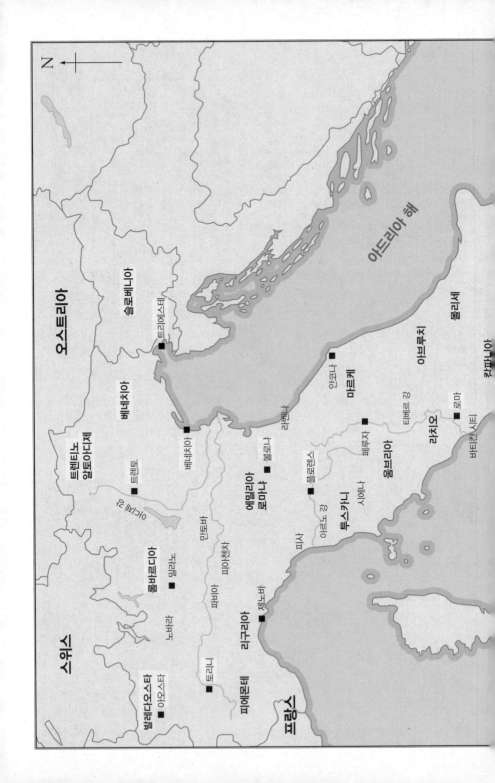

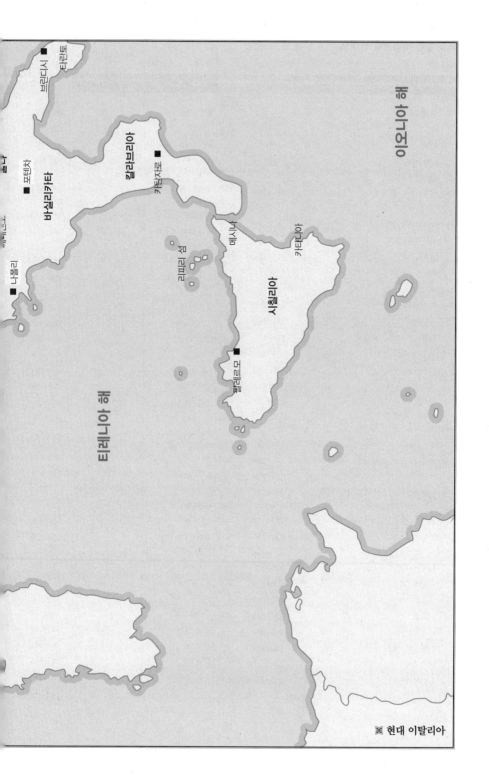

이오니아 해

티레니아 해

시칠리아

칼라브리아

바실리카타

메시나

리파리 섬

카탄차로

카타니아

팔레르모

나폴리

포텐차

타란토

크로톤

▨ 현대 이탈리아

※ 교황과 대립교황 연대표

교황명	원래 이름	재임기간	교황명	원래 이름	재임기간
1장 성 베드로			실베스테르 1세		314~335
베드로	시몬/스몬느	?~64	마르코		336
리노		64~76	율리오 1세		337~352
아나클레토		76~88	리베리오		352~366
클레멘스 1세		88~97	펠릭스 2세 •		355~365
에바리스토		97~105	다마소 1세		366~384
			우르시노 •		366~367
2장 도시의 수호자들			시리치오		384~399
알렉산데르 1세		105~115	아나스타시오 1세		399~401
식스토 1세		115~125	인노첸시오 1세		401~417
텔레스포로		125~136	조시모		417~418
히지노		136~140	보니파시오 1세		418~422
비오 1세		140~155	에울라리오 •		418~419
아니체토		155~166	첼레스티노 1세		422~432
소테로		166~175	식스토 3세		432~440
엘레우테리오		175~189	레오(대)1세		440~461
빅토리오 1세		189~199	힐라리오		461~468
제피니노		199~217	심플리치오		468~483
갈리스토 1세		217~222	펠릭스 3세		483~492
히폴리투스 •		217~235	젤라시오 1세		492~496
우르바노 1세		222~230	아나스타시오 2세		496~498
폰시아노		230~235	심마쿠스		498~514
안테로		235~236	라우렌시오 •		498~499
파비아노		236~250			501~506
고르넬리오		251~253	호르미스다스		514~523
노바티아누스 •		251			
루치오 1세		253~254	**3장 비질리오**		
스테파노 1세		254~257	요한 1세		523~526
식스토 2세		257~258	펠릭스 4세		526~530
디오니시오		259~268	디오스코루스 •		530
펠릭스 1세		269~274	보니파시오 2세		530~532
에우티키아노		275~283	요한 2세		533~535
카이오		283~296	아가피토 1세		535~536
마르첼리노		296~304	실베리오		536~537
마르첼로 1세		308~309	비질리오		537~555
에우세비오		309	펠라지오 1세		556~561
밀티아데스		311~314	요한 3세		561~574

* • 대립교황

교황명	원래 이름	재임기간		교황명	원래 이름	재임기간
4장 대 그레고리오 1세				콘스탄티노 2세 • 필리푸스		767~768 768
베네딕토 1세		575~579		스테파노 3세		768~772
펠리지오 2세		579~590		하드리아노 1세		772~795
그레고리오 1세		590~604		레오 3세		795~816
사비니아노		604~606		스테파노 4세		816~817
보니파시오 3세		607		파스칼 1세		817~824
보니파시오 4세		608~615		에우제니오 2세		824~827
데우스데디트 1세		615~618		발렌티노		827
보니파시오 5세		619~625		그레고리오 4세		827~844
호노리오 1세		625~638		세르지오 2세 요한		844~847 844
세베리노		640		레오 4세		847~855
요한 4세		640~642				
테오도로 1세		642~649		**6장 교황 조안**		
				조안		855?~857
5장 레오 3세와 샤를마뉴 대제				베네딕토 3세 아나스타시오 3세 •		855~858 855
마르티노 1세		649~653				
에우제니오 1세		654~657		**7장 니콜라오 1세와 창부정치**		
비탈리아노		657~672		니콜라오 1세		858~867
아데오다토 2세		672~676		하드리아노 2세		867~872
도노		676~678		요한 8세		872~882
아가토		678~681		마리노 1세		882~884
레오 2세		682~683		하드리아노 3세		884~885
베네딕토 2세		684~685		스테파노 5세		885~891
요한 5세		685~686		포르모소		891~896
코논		686~687		보니파시오 6세		896
세르지오 1세 테오도로 • 파스칼 •		687~701 687 687~692		스테파노 6세		896~897
				로마노		897
요한 6세		701~705		테오도로 2세		897
요한 7세		705~707		요한 9세		898~900
시신니오		708		베네딕토 4세		900~903
콘스탄티노		708~715		레오 5세 크리스토포로 •		903 903~904
그레고리오 2세		715~731		세르지오 3세		904~911
그레고리오 3세		731~741		아나스타시오 3세		911~913
자카리아		741~752		란도		913~914
스테파노 2세		752~757				
바오로 1세		757~767				

교황명	원래 이름	재임기간
요한 10세		914~928
레오 6세		928
스테파노 7세		928~931
요한 11세		931~935
레오 7세		936~939
스테파노 8세		939~942
마리노 2세		942~946
아가피토 2세		946~955
요한 12세		955~964
레오 8세		963~965

8장 종파의 분립

교황명	원래 이름	재임기간
베네딕토 5세		964~966
요한 13세		965~972
베네딕토 6세		973~974
보니파시오 7세 •		974,984~985
베네딕토 7세		974~983
요한 14세	피에트로 카네파노바	983~984
요한 15세	요한 크레센티우스	985~996
그레고리오 5세	브루노 폰 캐른텐	996~999
요한 16세 •	요한 필라가토스	997~998
실베스테르 2세	제르베르 드 오리야크	999~1003
요한 17세	요한 시코	1003
요한 18세	요한 파사노	1004~1009
세르지오 4세	피에트로 부카포르치	1009~1012
베네딕토 8세	투스쿨룸의 테오필락투스 2세	1012~1024
그레고리오 6세 •		1012
요한 19세	투스쿨룸의 로마누스	1024~1032
베네딕토 9세	투스쿨룸의 테오필락투스 3세	1032~1044
실베스테르 3세	사비나의 요한	1045
그레고리오 6세	요한 그라시아누스	1045~1046
클레멘스 2세	수이드거 밤베르크	1046~1047
다마소 2세	브릭슨의 포포	1048
레오 9세	에기스파임의 부르노	1049~1054

9장 그레고리오 7세와 노르만족

교황명	원래 이름	재임기간
빅토리오 2세	돌른슈베르크 ~히르슈베르크의 게브하르트	1055~1057
스테파노 9세	로렌 프레드릭	1057~1058
베네딕토 10세 •	요한 민치오	1058~1059
니콜라오 2세	로렌 제라르드	1058~1061
알렉산데르 2세	바지오의 안셀모	1061~1073
호노리오 2세 •	피터 카달루스	1061~1064
그레고리오 7세	힐데브란트	1073~1085

10장 인토첸시오 2세와 아나클레토 2세

교황명	원래 이름	재임기간
클레멘스 3세 •	라벤나의 기베르	1080, 1084~1100
빅토리오 3세	몬테 카시노의 데시데리우스	1086~1087
우르바노 2세	라주리의 오도	1088~1099
파스칼 2세	비에다의 라이네리오	1099~1118
테오도릭 •		1100~1101
알베르토 •		1101~1102
실베스테르 4세 •	마이눌프	1105~1111
젤라시오 2세	가에타의 요한	1118~1119
그레고리오 8세 •	마우리스 부르다누스	1118~1121
갈리스토 2세	브르고뉴의 귀도	1119~1124
호노리오 2세	람베르토 스칸나베키	1124~1130
첼레스티노 2세 •	테발두스	1124
인노첸시오 2세	그레고리오 파파레스키	1130~1143
아나클레토 2세 • 피에트로 피에클레오니	피에트로	1130~1138
빅토리오 4세 •	그레고리오 콘티	1138

11장 영국 출신 교황

교황명	원래 이름	재임기간
첼레스티노 2세	귀도 디 카스텔로	1143~1144
루치오 2세	제라르도 카치아네미치	1144~1145
에우제니오 3세	베르나르도 파가넬리	1145~1153
아나스타시오 4세	로마의 콘라트	1153~1154

교황명	원래 이름	재임기간
하드리아노 4세	니콜라스 브레이크스피어	1154~1159

12장 알렉산데르 3세와 프리드리히 바바로사

교황명	원래 이름	재임기간
알렉산데르 3세	롤란도 반디넬리	1159~1181
빅토리오 4세 •	오타비오 디 몬티첼리오	1159~1164
파스칼 3세 •	귀도 디 크레마	1164~1168
갈리스토 3세 •	스트루마의 조반니	1168~1178
인노첸시오 3세 •	란도 디 세자	1179~1180
루치오 3세	우발도 알루친골리	1181~1185
우르바노 3세	움베르토 크리벨리	1185~1187
그레고리오 8세	알베르토 디 모라	1187
클레멘스 3세	파올로 스콜라리	1187~1191
첼레스티노 3세	자친토 보보네	1191~1198

13장 인노첸시오 3세 교황

교황명	원래 이름	재임기간
인노첸시오 3세	로타리오 디 세니	1198~1216

14장 호엔슈타우펜 왕가의 몰락

교황명	원래 이름	재임기간
호노리오 3세	첸치오 사벨리	1216~1227
그레고리오 9세	오스티아의 우골리노	1227~1241
첼레스티노 4세	고프레도 카스틸리오니	1241
인노첸시오 4세	시니발도 데 피에스키	1243~1254
알렉산데르 4세	라이날도 데이 콘티 세니	1254~1261
우르바노 4세	자크 팡탈레옹	1261~1264
클레멘스 4세	기 풀크	1265~1268
그레고리오 10세	테달도 비스콘티	1271~1276
인노첸시오 5세	피에르 드 타랑테즈	1276
하드리아노 5세	오토보노 데 피에스키	1276
요한 21세	페드루 줄리앙	1276~1277
니콜라오 3세	조반니 가에타노 오르시니	1277~1280
마르티노 4세	시옹 드 브리옹	1281~1285
호노리오 4세	자코모 사벨리	1285~1287

교황명	원래 이름	재임기간
니콜라오 4세	지롤라모 마스키	1288~1292
첼레스티노 5세	피에트로 델 모로네	1294
보니파시오 8세	베네데토 가에타니	1294~1303

15장 아비뇽

교황명	원래 이름	재임기간
베네딕토 11세	니콜로 보카시니	1303~1304
클레멘스 5세	베르트랑 드 고트	1305~1314
요한 22세	자크 뒤즈	1316~1334
니콜라오 5세 •	피에트로 라인날두치	1328~1330
베네딕토 12세	자크 푸르니에	1334~1342
클레멘스 6세	피에르 로제	1342~1352
인노첸시오 6세	에티엔 오베르	1352~1362
우르바노 5세	기욤 드 그리모아르	1362~1370
그레고리오 11세	피에르 로제 드 보포르	1370~1378

16장 하늘이시여, 기뻐하소서!

교황명	원래 이름	재임기간
우르바노 6세	바르톨로메오 프리냐노	1378~1389
클레멘스 7세 •	제네바의 로베르토	1378~1394
보니파시오 9세	피에트로 토마첼리	1389~1404
베네딕토 13세 •	페드로 데 루나	1394~1417
인노첸시오 7세	코시모 데 미그리오라티	1404~1406
그레고리오 12세	안젤로 코레르	1406~1415
알렉산데르 5세 •	피에트로 필라기	1409~1410
요한 23세 •	발다사레 코사	1410~1415
마르티노 5세	오도네 콜론나	1417~1431
클레멘스 8세 •	길 산체스 문노스	1423~1429
베네딕토 14세 •	베르나르도 가르니에	1425~?
에우제니오 4세	가브리엘레 콘둘메르	1431~1447
펠릭스 5세	사보이의 아마데우스 8세	1439~1449

17장 르네상스

교황명	원래 이름	재임기간
니콜라오 5세	톰마소 파렌투첼리	1447~1455
갈리스토 3세	알폰소 데 보르하 오 보르자	1455~1458

교황명	원래 이름	재임기간		교황명	원래 이름	재임기간
비오 2세	에네아 실비오 피콜로미니	1458~1464		클레멘스 8세	이폴리토 알도브란디니	1592~1605
바오로 2세	피에트로 바르보	1464~1471		**21장 바로크 시대의 로마**		
식스토 4세	프란체스코 델라 로베레	1471~1484		레오 11세	알레산드로 데 메디치	1605
인노첸시오 8세	조반니 바티스타 치보	1484~1492		바오로 5세	카밀로 보르게세	1605~1621
18장 괴수들				그레고리오 15세	알레산드로 루도비시	1621~1623
알렉산데르 6세	로드리고 보르자	1492~1503		우르바노 8세	마페오 바르베리니	1623~1644
비오 3세	프란체스코 토데스키니 피콜로미니	1503		인노첸시오 10세	조반니 바티스타 팜필리	1644~1655
율리오 2세	줄리아노 델라 로베레	1503~1513		알렉산데르 7세	파비오 키지	1655~1667
19장 메디치가의 두 사람				클레멘스 9세	줄리오 로스필리오시	1667~1669
레오 10세	조반니 데 메디치	1513~1521		클레멘스 10세	에밀리오 알티에리	1670~1676
하드리아노 6세	아드리안 플로렌츠 데달	1522~1523		인노첸시오 11세	베네데토 오데스칼키	1676~1689
클레멘스 7세	줄리오 데 메디치	1523~1534		알렉산데르 8세	피에트로 오토보니	1689~1691
20장 반종교개혁				인노첸시오 12세	안토니오 피냐텔리	1691~1700
바오로 3세	알레산드로 파르네세	1534~1549		**22장 이성의 시대**		
율리오 3세	조반니 마리아 초키 델 몬테	1550~1555		클레멘스 11세	조반니 프란체스코 알바니	1700~1721
마르첼로 2세	마르첼로 체르비니	1555		인노첸시오 13세	미켈란젤로 데 콘티	1721~1724
바오로 4세	조반니 피에트로 카라파	1555~1559		베네딕토 13세	피에트로 프란체스코 오르시니	1724~1730
비오 4세	조반니 안젤로 데 메디치	1559~1965		클레멘스 12세	로렌초 코르시니	1730~1740
비오 5세	미켈레기슬리에리	1566~1572		베네딕토 14세	프로스페로 로렌초 람베르티니	1740~1758
그레고리 13세	우고 본콤파니	1572~1585		**23장 예수회와 혁명**		
식스토 5세	펠리체 페레티	1585~1590		클레멘스 13세	카를로 델라 토레 레초니코	1758~1769
우르바노 7세	조반니 바티스타 카스타냐	1590		클레멘스 14세	로렌초 간가넬리	1769~1774
그레고리오 14세	니콜로 스폰드라티	1590~1591		비오 6세	조반니 안젤로 브라스키	1775~1799
인노첸시오 9세	조반니 안토니오 파키네티	1591				

* • 대립교황

	교황명	원래 이름	재임기간
24장	**진보와 반동**		
	비오 7세	바르나바 치아라몬티	1800~1823
	레오 12세	안니발레 세르마테이 델라 젠가	1823~1829
	비오 8세	프란체스코 사베리오 카스틸리오니	1829~1830
	그레고리오 16세	바르톨로메오 알베르토 카펠라리	1831~1846
25장	**비오 9세**		
	비오 9세	조반니 마리아 마스타이 페레티	1846~1878
26장	**레오 13세와 제1차 세계대전**		
	레오 13세	조아키노 빈첸초 페치	1878~1903
	비오 10세	주세페 사르토	1903~1914
	베네딕토 15세	자코모 델라 키에사	1914~1922
27장	**비오 11세와 비오 12세**		
	비오 11세	아킬레 라티	1922~1939
	비오 12세	에우제니오 파첼리	1939~1958
28장	**제2차 바티칸 공의회와 그 후**		
	요한 23세	안젤로 주세페 론칼리	1958~1963
	바오로 6세	조반니 바티스타 몬티니	1963~1978
	요한 바오로 1세	알비노 루치아니	1978
	요한 바오로 2세	카롤 보이티와	1978~2005
	베네딕토 16세	요제프 라칭거	2005~2013
	프란치스코	호르헤 마리오 베르고글리오	2013~

차례

거의 2천 년간 그 존재를 이어가고 있는 교황직은 역사상 가장 오랜 시간 지속되고 있는 완전한 군주제이다. 많은 사람에게 교황은 하느님의 계시를 가장 확실하게 통역해낼 수 있는 지상에 존재하는 그리스도의 대리자이다. 가톨릭교는 그리스도교 그 자체에서 시작되었으며 오늘날 2만 2천 개가 넘는 기독교라는 이름의 수많은 종교 또한 모두 가톨릭교의 분파이거나 거기서 떨어져 나왔다는 것은 부인할 수 없는 사실이다.

이 책은 본질적으로 교황직에 대한 한 권의 간단한 역사서이다. 25년이 넘는 시간 동안 이 책에 대한 생각이 마음 한구석에 늘 자리 잡고 있었다. 어찌하다 보니 그보다 더 오랜 시간을 개별적으로 여러 교황과 맞닥뜨리면서 살아왔다. 그분들 중 몇은 40년 전 내가 쓴 노르만 시칠리아에 대한 역사서에서 주요하게 다루어졌고, 가장 최근작인 《지중해 5천 년의 문명사》를 비롯해 베네치아나 비잔티움에 관한 역사서에서도 수많은 교황이 비중 있게 등장했다.

굳이 말하자면 나는 로마교황청 내의 도서관에서 일하면서 교황을 사적으로 접견한 경험이 있다. 그중 한 분이 교황 비오 12세였고, 다른 한 분은 교황 바오로 6세였다. 운이 좋게도 여왕을 대표해서 참석한 노퍽 공작의 말단 직원 자격으로 따라갔다가 대관식에서 교황 바오로 6세를 뵈었다. 좀 더 보태자면, 나는 교황이 되기 전의 교황 요한 23세에 대한 기억도 갖고 있다. 그분은 나의 아버지가 파리에서 대사로 재직하던 시절 로마교황의 사절로 그곳에 와 계셨다. 나중에 교황 요한 바오로 1세가 되셨던 분은 당시 베네치아의 대주교로 계셨다.

내가 이 책에서 다루는 것은 결코 사적인 추억담이 아니라 역사임을 다시 밝힌다. 교황에 관한 모든 역사를 한 권에 담아내는 것은 거의 불가능하다. 초기 교황들에 관해서는 이름을 포함해서 약간의 정보들을 실었다. 그중 교황 조안은 짧은 장을 할애해서 실었지만 실존 인물이 아니었다. 이 책은 초대 교황인 성 베드로에서 시작되며, 그 후 이어지는 천 년 동안의 이야기는 지속적으로 역사를 만들어갔던 교황들에게 집중되어 있다기보다는 단편적인 사건들로 구성되었다. 가령 성 대★ 레오 교황은 흉노족과 고트족으로부터 로마를 지켰고, 교황 레오 3세는 샤를마뉴에게 황제의 관을 씌웠고, 성 대★ 그레고리오 교황과 후계자들은 주로 즉위하는 황제들마다 맞서서 패권 다툼을 벌였다. 교황 인노첸시오 3세 부분에서는 재앙을 초래했던 4차 십자군 원정을 다루었다. 후반부의 장들에서는 아비뇽에서 행해진 '바빌론 유수', 전성기 르네상스 시대의 실로 가공할 교황들 특히 보르자의 알렉산데르 6세, 율리오 2세, 메디치의 레오

10세('하느님이 우리에게 교황권을 주셨으니 그것을 마음껏 즐기자.'), 그리고 반종교개혁의 선봉에 섰던 바오로 3세, 나폴레옹과 투쟁했던 비운의 비오 7세, 이탈리아 통일 운동의 격랑 속에서 교황권을 이끌며 많은 변화를 도모했으나 실패로 돌아간 적이 더 많았던 안타까운 이름, 비오 10세의 이야기를 실었다.

20세기에는 특히 레오 13세 교황에 주목했고, 또 두 번의 세계대전 중에 교황직을 수행했던 베네딕토 15세와 반유대주의자를 혐오했던 비오 12세, 그리고 그의 총애를 받던 요한 23세 교황은 서로 비교하기 좋은 예가 될 것이다. 잠시 불행했던 바오로 6세를 살펴본 후, 재임한 지 거의 달포도 되지 않은 시점에 죽음을 맞이해 현대의 가장 큰 미스터리 사건으로 남은 그 사건의 주인공 요한 바오로 1세를 보게 될 것이다. 그는 살해되었을까? 나는 그 사건이 조명되기 전까지는 살해되었으리라는 쪽에 무게를 두고 있었는데, 지금은 확신할 수 없다. 끝으로 요한 바오로 2세를 둘러싼 놀라운 현상들에 대해 논의할 것이다. 그러나 베네딕토 16세에 관해서는 좀 더 시간을 두고 지켜봐야 할 것 같다.

교황의 역사도 다양한 시각에서 쓰일 수 있다. 이 책도 어느 정도 정치, 문화, 사회적인 시각을 담고 있다. 더러 설명을 위해 어떤 교리의 문제를 피해갈 수 없는 때가 있기도 하다. 가령 아리우스 이단, 그리스 정교회와 관련한 대분열, 무류성* 그리고 무염시태[원죄 없

---

* 無謬性. 로마 가톨릭교회의 신학에서 교황이 전 세계 교회의 수장으로서 신앙이나 도덕에 관하여 교황좌에서 엄숙하게 정식으로 결정을 내릴 경우 그 결정은 성령의 특별한 은총을 받은 것이므로 올바르며 결단코 오류가 있을 수 없다고 하는 교리이다. ─역주

는 잉태]등이 그 예다. 나는 가능한 한 신학과는 거리를 두려고 했고, 물론 그에 대해 의견을 낼 만한 자격을 갖춘 사람도 아니다. 나는 많은 교황의 발자취를 따라왔는데, 그중 적지 않은 이가 영적인 행복보다 세속적인 권력에 더 많은 관심을 두고 있었던 것으로 보이기도 했다.

의문이 드는 수많은 사건들에 관해서 썼으나 다시 한 번 말하지만, 나는 학자가 아니므로 내가 쓴 책들도 학술적 저서는 아니다. 이 책이 담고 있는 것이 자존심 강한 교회 역사가들이라도 완전히 알 수 없는 그런 중요한 정보는 아닐지 모르지만, 애초에 그들에게 읽힐 목적으로 쓴 것이 아니니 상관없다. 다만 내가 쓴 여느 책들과 마찬가지로 어떤 놀랄 만한 사실의 배후에 관해 단순히 조금 더 알고 싶어 하는 신자일 수도 아닐 수도 있는 보통의 지성을 가진 독자들을 위한 책이라는 점은 다시 한 번 짚고 싶다.

늘 그러하듯 나는 너무 무겁지 않은 선에서 접근하려고 노력을 기울였다. 물론 재미를 위한 불쏘시개로 역사적인 정확성을 희생시켜서는 결코 안 된다는 사실을 잘 알고 있다. 그럼에도 특히 초기 몇 세기에서는 삭제했다면 실로 아쉬울 만큼 대단히 흥미롭고도 정확성이 입증된 일화들이 넘쳐난다. 일부는 훌륭한 교황들의 일화이지만 그렇지 않은 교황들의 이야기도 등장한다.

여기서 나는 내가 불가지론적인 일개 개신교 신자임을 밝히고 싶다. 그러므로 나는 다른 어떤 속셈을 가지고 있지 않고 교황권을 축소하거나 조롱거리로 만들려는 의도는 더더구나 가지고 있지 않다. 그저 인류 역사상 사회적으로나 정치적으로 가장 놀라운 종교

제도인 교황권을 살펴보고 내가 할 수 있는 한 솔직하고 객관적이
며 정확한 설명을 하려는 것뿐이다.

2010년 10월 런던에서

존 줄리어스 노리치

1

성 베드로

1~100

대체로 성 베드로에서 교황권이 시작되었다고 보는 견해가 일반적이다. 베드로 사도는 우리에게 친숙한 인물로, 곱슬거리는 은발과 짧게 깎은 턱수염, 허리춤에는 열쇠꾸러미를 차고 있는 모습의 유화나 프레스코화, 석상 등은 수많은 종교적 예술품에서 흔히 볼 수 있다. 때로 베드로 사도의 옆쪽이나 맞은편에 대머리에 검은 턱수염을 하고 책과 칼을 손에 들고 있는 바오로 사도*가 등장하기도 한다. 이들 두 사람이 함께 하는 모습은 교회의 공동 사명을 상징하는 것으로, 베드로는 디아스포라** 유대인들, 그리고 바오로는 비非유대인에 대한 전도 사명을 의미한다. 베드로는 원래 시몬 또는 시므온

* 예수의 직제자는 아니나, 초기 사도 중 한 사람으로서 이방인의 전도사였다. 유대인 이름은 사울이었으며, 처음에는 그리스도교인에 대한 박해자였으나 다마스쿠스로 가던 중 부활하신 예수님을 만나 극적인 개종을 했다. 그리고 이방인들에게 본격적인 선교 활동을 개시하면서 보다 친근감을 갖도록 자신을 바오로 사도라고 스스로 불렀다. 신약 성서에 포함된 13개의 책을 쓴 저자이다. – 역주
** '이산離散, diaspora'이라는 뜻의 그리스어에서 파생한 말. 헬레니즘과 초기 그리스도교 시대에 그리스와 로마 세계로 흩어져 살았던 유대인을 가리킨다. – 역주

이라 불리는 이름을 가지고 있었다(전자는 그리스어이며 후자는 히브리어로 두 이름이 서로 관련이 없게 들릴지 모르나 베드로가 태어났던 당시 갈릴리의 베싸이다 지역에서는 두 가지 언어가 모두 통용되고 있었다). 어부였던 시몬은 자신의 동생 안드레아와 함께 제베대오의 아들인 야고보, 요한과 동업하며 자신 소유의 배를 가지고 여러 명의 일꾼들을 고용할 만큼 넉넉한 생활을 했던 것으로 보인다. 〈요한복음〉에서 시몬의 동생 안드레아를 세례자 요한의 제자로 묘사하고 있는 것으로 보아 시몬이 세례자 요한을 통해서 처음 예수를 만났으리라 짐작해 볼 수 있다. 어쨌든 시몬은 후일 예수님이 직접 뽑은 12사도—12명의 사도는 아마도 이스라엘의 12지파의 상징이었을 것이다—에 들어 첫 제자가 되었고, 당시 그는 이미 탄탄한 입지를 다지고 있었다. 〈마태복음〉 16장(18~19)에는 카이사리아 필리피 지방에서 예수가 시몬에게 이른 말씀이 적혀 있다.

> 너는 베드로이다. 내가 이 반석 위에 내 교회를 세울 터인즉 … 나는 너에게 하늘나라의 열쇠를 주겠다(Thou art Peter, and on this rock I will build my church … I will give unto thee the keys of the Kingdom of Heaven).

성 베드로 대성당의 천장에 라틴어로 새겨져 있는 바로 그 몇 말씀이 모든 가톨릭교회 조직의 근간이 된 것이다.

오늘날 우리들에게 베드로라는 이름은 너무 친숙해서 그의 이름이 그리스어 '페트로스', 아랍어 '캐파스'로, 돌이나 바위를 의미하

는 보통 명사였음을 알게 되면 다소 놀랍기도 하다. 〈마르코복음〉
이나 〈요한복음〉에서 이와 같은 사실을 확인시켜 주고 있으므로 예
수께서 시몬에게 실로 그 이름을 부여하셨음은 의심의 여지가 없어
보인다. 물론 〈요한복음〉이 시기적으로 더 늦게 쓰였고, 또 이름을
부여하셨던 실제 사건에 관해서는 서로 상충되는 부분이 있는 것도
사실이지만 말이다. 그러나 복음서 중 〈마태복음〉만이 유일하게 예
수께서 그 이름을 선택하신 이유를 언급한 대목을 추가했는데, 이
로 인해 학자들은 그 구절 전체가 나중에 가필加筆된 부분일 수도
있다고 추측했다. 다른 많은 사건들도 4대 복음서[마태오, 마르코, 루
가, 요한]를 쓴 제자 중 단 한 사람만이 언급하고 있는 경우가 많고,
또 의구심 없이 받아들여지고 있음에도 불구하고 유독 이 사건만
추가분이 다른 복음서에는 나타나지 않고 있다는 바로 그 이유 때
문에, 일부 학자들이 의문을 제기하고 있는 것이다. 더 큰 의문을 불
러오는 것은 '교회'에 해당하는 그리스어, 에클레시아ecclesia라는 단
어가 4대 복음서 전체를 통틀어서 딱 두 번 언급된다는 사실이다.
그나마 몇 번 더 언급이 되는 때*는 문맥상 다른 의미로 쓰였을 것
으로 추측되고 있다. 그렇다면 과연 그 초기부터 예수께서 교회 건
립에 대한 뜻을 품고 계셨던 것인지 궁금한 일이다.

만약 예수께서 그런 말씀을 언급한 것이 아니라면, 가톨릭교회
는 반석 위가 아니라 허술하기 짝이 없는 토대 위에 세워진 것이 아
닌가. 만약 그런 말씀을 하셨다 해도, 그 말뜻의 정확한 의미가 무엇

* 〈마태오복음〉 10장 17절.

이었는지에 대한 의문은 여전히 지울 수 없다. 베드로가 교회를 건립하면서 수많은 후계자들이 그의 뒤를 이어 각각 베드로의 사도직을 상속받도록 되어 있었던 것인가? 그랬다면 그 사도직은 어느 정도의 지위를 의미하셨을까? 물론 로마의 주교급 정도는 아니었을 것이다. 왜냐면, 예수는 베드로에게 로마에 대한 언급을 하신 적이 없었고, 예수께는 예루살렘이 훨씬 중요한 도시였으니 말이다. 뭐, 변변찮은 증거이기는 하나 예수님의 뜻은 그것이 아닐 수도 있다는 의미이기도 하다.

그렇다면 베드로에게는 과연 무슨 일이 일어났던 것일까? 신약성경에는 베드로나 그의 동료인 바오로 사도에 대하여 딱히 이렇다 할 이야기를 들려주고 있지 않다. 초기 성전聖傳**에 따르면, 그 두 사람은 모두 도시가 끔찍한 화마에 휩싸였던 AD 64년에 로마에 있었다고 한다. 네로 황제는 대형화재가 발생한 당시 류트라는 악기에 맞춰 노래를 부르며 한가로이 즐기고 있었다 하여 비난을 받았다. 나중에는 그가 일부러 불을 질렀다는 소문이 돌기도 했다. 타키투스***는 당시 상황에 대해 다음과 같이 전하고 있다.

떠도는 소문을 잠재우기 위하여 네로는 그가 혐오하는 그리스도교로 불리는 집단에 화재를 일으켰다는 누명을 씌웠다. 그리스도교인들은 온갖 조롱을 받으며 죽임을 당했다. 짐승의 가죽을 입혀

** 성경에 명백히 기록되어 있지 아니한 하느님의 말씀과 예수님의 가르침이 교회 안에 전하여 내려오는 거룩한 전통을 말한다. ─역주
*** 로마 시대의 역사가이자 정치가. ─역주

서 사냥개에게 사지가 찢겨나가 죽게 하기도 했고, 십자가에 못을 박아 죽이거나 몸에 기름을 바르고 불을 붙여서 인간 횃불로 사용하기도 했다. 심지어 네로는 이 놀라운 광경을 위해 자신의 정원을 개방했고 서커스의 공연으로 기획하기도 했다.

성전에 따르면, 베드로도 바오로도 그들 속에서 함께 희생양이 되었다고 한다. 그러나 당시 바오로와 함께 로마로 동행을 했던 것으로 알려진 루가가 쓴—이 박해사건 이후에 썼을 것으로 추정되는—〈사도행전〉에는 정말 답답할 정도로 이 박해에 대한 정보를 찾아볼 수가 없다. 바오로 사도의 순교에 관해서는 언급된 바가 없고, 다만 끝에서 두 번째 절에 '2년 동안 그 도시에 머물렀다고'만 기술하고 있다. 베드로의 존재는 12장 중간쯤 가서 자취를 감추는데 그저 우리에게 전해지는 말씀은 '그곳을 떠나 다른 곳으로 갔다.'가 전부다. 그리고 〈사도행전〉은 바오로를 조명하며 마지막 장까지 그의 행적에 초점을 맞추고 있다.

루가가 그 답을 알고 있을 만한 질문들이 여럿 있다. 베드로는 정말로 자청해서 거꾸로 십자가에 매달려 처형을 당했던 것인가? 정녕 십자가형을 당하기는 한 것일까? 그가 로마로 여행을 가기는 했을까? 그에게는 유대인들에 대한 전도가 맡겨져 있었고, 당시 로마에는 3만에서 4만 정도에 달하는 유대인들이 거주하고 있어서 초기 로마교회가 다수의 유대인들로 구성될 수 있었으므로 베드로가 로마로 가야 할 명분만큼은 분명했다. 그러나 신약성경 어디에도 베드로가 로마로 갔다는 증거는 보이지 않는다. 바오로 사도가 로마

† 베드로 사도와 바오로 사도를 그린 12세기 모자이크 작품. 시칠리아 몬레알레 대성당.

신자들에게 보내는 서간을 썼을 때인 58년에도 베드로는 로마에 있지 않았던 것으로 보인다. 이 서간의 마지막 장은 저자인 바오로 사도가 안부를 전하는 이들의 이름이 등장하는데 그들 중에도 베드로의 이름은 찾아볼 수가 없다. 만약 베드로가 정녕 로마에서 자신의 죽음을 맞이했다 해도, 그가 그곳에 머물렀던 시간은 그리 긴 시간이 아니었을 테다. 그때에 이미 구체화된 그림을 갖고 있었다고 하더라도 교회를 건립할 만큼의 충분한 시간은 분명히 없었을 것으로 보인다. 이 시점에서 짚고 넘어가야 할 또 다른 점은 당대 혹은 그 가까운 시대에 베드로에 관한 어떤 문헌에도 그가 주교직을 수행했다는 기록을 찾을 수 없으며, 로마의 주교직에 관한 언급은 AD 2세기경*까지는 그 어디서도 발견할 수 없다는 것이다.

그러나 베드로가 로마를 방문했었고 거기서 죽었다는 사실을 뒷받침해주는 두 가지 증거가 있다. 하지만 둘 중 어느 것도 결정적인 증거는 되지 못한다. 첫 번째 증거는 베드로의 첫 번째 편지로 그 마지막 두 번째 장에서 '그녀—추정컨대 이것은 바빌론 교회를 가리킨다—가 문안합니다.'라고 되어 있다. 당시 바빌론은 로마의 공인된 상징적인 이름이었음을 감안하면 이 표현은 이해된다. 로마는 〈요한묵시록〉에서 네 번 이상 바빌론이라고 일컬어졌다. 두 번째 증거는 베드로를 개인적으로 잘 아는 것처럼 보이는 로마의 장로, 혹은 교회의 교부인 클레멘스**가 쓴 편지다. 그 편지는 심각한 분란이

---

* 2세기 초 로마에서 쓰인 《헤르마스의 목자Shepherd of Hermas》라고 알려진 저서에서는 '교회의 통치자' 혹은 '교회의 의식을 주재하는 장로들'이라는 말을 언급하고 있다. 누가 초대 교황이었는지 혹은 최고직의 주교였는지 말하기는 어려우나, 로마의 기독교 공동체가 3세기로 접어들며 위험한 분열을 겪게 되었음에도, 교황 성 아니체토St. Anicetus(155~166)가 재임하는 시기에 이르러서는 그 과정이 완성되었던 것으로 보인다.
** 전설에 의하면 클레멘스는 크림반도로 유배되었다가 닻에 묶인 채 바다에 던져져 순교했다고 한다.

일어난 고린토인들에게 보낸 것으로 96년쯤 쓰인 것이다. 주요 부분인 5장을 읽어보면 다음과 같다.

우리들의 훌륭한 사도들을 본받읍시다. 시기심 많은 사람들 때문에 억울하게 한두 번도 아니고 여러 번 재판을 받으시고 많은 증언을 남겨주셨던 베드로는 그에게 예비된 영광스러운 자리로 올라가셨습니다. 질투와 불화 속에서 바오로는 인내하는 자가 복을 받을 수 있음을 보여주셨습니다. 바오로는 7차례나 투옥되었고 추방을 강요당했습니다. 그는 동서 양쪽으로 전도하였으며 그의 신앙에 걸맞은 명성을 마침내 얻으셨습니다.

왜 초기의 사제들은 계속 변죽만 울리고 정확한 경위를 알려주지 않는지 거듭 묻지 않을 수 없다. 왜 그 많은 말을 전하면서 십자가형을 당했다거나 순교했다는 말만은 쏙 빼놓는 것일까. 하지만 우리는 바오로가 네로 치하의 대박해 때 죽었다는 것을 안다(테르툴리아누스***가 바오로가 참수를 당했다고 말했기 때문이다). 그리고 위의 편지에서 교회 수장이 거의 동일한 강도로 베드로와 바오로를 언급하고 있다는 것 자체가 베드로 또한 같은 운명을 맞이했음을 강하게 암시한다. 확실한 것은 2세기 중반 무렵까지—베드로와 바오로를 직접적으로 알고 있는 사람들의 손자 세대쯤에 해당하는—많은 사람들이 대체로 베드로와 바오로가 로마에서 순교했다고 알고 있었

***카르타고의 신학자. - 역주

다는 사실이다. 순교지로 지목되는 곳은 두 곳이라서 약간 혼란을 일으키긴 하지만 두 곳 모두 그리스도교인들의 무덤인 카타콤이 아닌 그리스도교와 상관없는 일반 공동묘지로, 하나는 바티칸의 언덕이고 다른 하나는 오스티아로 가는 길목의 담벼락이다.

약 320년경 로마의 황제 콘스탄티누스Constantinus는 바티칸 언덕에 성 베드로를 위한 대성전basilica을 건립하기로 마음먹었다. 그는 다른 어느 곳도 아닌 정확히 그 장소에 성전을 짓겠다는 확고한 의지를 갖고 있었다. 하지만 그것은 쉽지 않았다. 언덕 아래쪽 다소 평평한 곳에 터를 잡지 않고 비탈진 사면을 택했기 때문이었다. 이 결정 때문에 언덕의 흙을 상당 부분 깎고 3면에 벽을 세워야 했다. 더구나 선택된 장소에는 벌써 거대한 공동묘지가 들어서 있었다. 주변에는 다른 묘지들이 있었으며 아직도 폐쇄되지 않은 상태였다. 성당을 건설하기 위해 아마도 수백 개의 무덤이 파헤쳐지고, 수천 구의 시체들이 훼손되었을 것이다. 이미 있는 무덤이나 건물을 철거할 시간이 없어서 건물의 지붕만 제거하고 내부에 잡석들을 가득 채워서 대성당의 기초로 삼았다. 이러한 건축 방법 때문에 20세기 고고학자들은 소중한 자료들을 많이 얻을 수 있었다. 성당의 방향 또한 미사 드리는 곳이 동쪽을 향하게 하고 끝부분은 서쪽을 향하도록 했는데 이렇게 한 이유는 콘스탄티누스 대제가 성 베드로의 뼈가 묻혀 있는 바로 그 장소에 성당을 올리고 싶어 했기 때문이라고 한다.

성 베드로의 매장 장소에 관한 콘스탄티누스 대제의 추측은 옳았던 것일까? 아마 옳았을지도 모른다. 근대에 또 하나의 증거가 추가되었다. 역사가 유세비우스는 로마의 사제인 가이우스가 200년경에 쓴 글을 증거로 제시한다. '만약 당신이 바티칸이나 오스티아 가도街道에 가면 이 교회를 설립한 사람들의 전승기념비를 볼 수 있을 것이다.' 오스티아 가도는 성 바오로가 순교했다고 여겨지는 곳이니 베드로와는 관련이 없다. 그러나 바티칸을 언급했다는 것은 당시에는 개방된 묘지였던 바티칸 언덕 위에 분명하게 알아볼 수 있었던 사도 베드로의 전승기념비―승리, 혹은 업적을 기리는―를 암시하는 것이다.

2차 세계대전 중, 그리고 그 직후에 사크레 그로테sacre grotte[성스러운 동굴이란 뜻으로 성 베드로 대성당 아래 지하묘지를 가리킨다]에 대한 대대적인 발굴이 이뤄졌다. 고고학자들은 두 줄과 세 개의 빈 공간으로 된, 흔히 '에디쿨라'라고 불리는 160~170년경의 건축물을 발견했다. 그 앞에는 몇 개의 초기 매장지들이 있었다. 사실 이 무덤들은 학자들이 처음 생각했던 것보다 더 중요했다. 왜냐하면 이들 안에는 무덤도 없었고 석관도 없었기 때문이다. 그것이 그리스도교도들의 것인지 이교도들의 것인지는 확실치 않다. 확실한 것은 그것이 로마에 있고 적어도 2세기 중반까지 로마의 시체들은 보통 화장되었다는 사실이다. 오래된 묘지의 특별한 한쪽 구석에 화장의 흔적이 남아 있지 않다는 사실은 이 매장지가 특별한 사람들을 위해 예약된 자리일 수도 있다는 추측을 가능케 한다. 그들은 그리스도교도였을 가능성이 높다. 더구나 봉헌된 동전들은 상당수가 1세기 것으로 판명되었다. 이는 이 장소가 유명한 성소였음을 보여주는 것이다.

이 에디쿨라는 길고 복잡한 이유에서 가이우스의 트로피Gaius' trophy라 알려지게 되었다.* 그러나 비오 12세는 1950년 크리스마스 메시지에서 한걸음 더 나아가, 확신에 차서 이곳이 바로 성 베드로의 무덤이라고 밝혔다. 로마에서는 일반적으로 2세기 말경까지 확실히 그렇게 믿었던 것 같다. 그러나 그렇지 않다는 견해도 존재해왔다. 성 베드로는 바오로와는 다르게 지위가 높은 로마 시민권자가 아니었다. 그는 무식한 갈릴리의 어부였다. 만약 그가 처형되었다면 십자가형이든 아니든, 그 시체는 티베르 강에 던져지는 것이 보통이어서 그 시체를 회수하기란 사실상 불가능했을 것이다. 설사 그가 화형을 당했다 해도 네로 시대의 수많은 희생자들과 뒤섞여 그의 유해를 찾기는 힘들었을 것이다. 아마도 이 에디쿨라는 가문의 영묘라기보다는 일종의 기념비, 텅 빈 무덤일 가능성이 높다.

추측은 얼마든지 가능하지만 확실한 것은 없다. 다른 한편으로 생각하면 꼭 확실히 알아야 할 필요도 없다. 심지어 이 베일에 싸인 건축물이 베드로와 전혀 상관없다 하더라도 성 베드로가 로마에 왔었다는 것은 사실이다. 이 건물이 베드로의 마지막 안식처가 로마였다는 사실을 보여주는 증거가 될 수는 있겠지만, 로마의 모든 교황들이 베드로로부터 성스러운 임무를 부여받았다고 주장할 만한 근거가 되기는 힘들다.

그리고 확실히 여기에 문제의 핵심이 있다. 우리가 성 마태오의

* 더 많은 것을 알고자 하는 독자들은 J.M.C. 토인비와 J.워드 퍼킨스의 《성 베드로의 무덤과 바티칸 발굴》을 참조하길 바란다.

† 3세기 교황들의 지하묘소인 로마 산 칼리스토의 카타콤. 현재는 비어 있으나, 한때는 교황 9명과 주교 8명의 유해가 보존되어 있었다.

증언을 받아들인다면 베드로의 역할은 교회의 주춧돌이 되는 것이었다. 주춧돌, 반석이라는 개념은 독특하다. 로마 가톨릭과 그리스 정교회에서 모두 채택하고 있는 사도전승은 주교들이 사도들의 직접적인 영적 후계자라고 주장한다. 그들은 교회의 구성원을 확정하고, 사제를 임명하고, 다른 주교들을 선출할 특권을 갖고 있는 영적 후계자다. 여기까지는 괜찮다. 하지만 신약 어디에도 베드로에게만 주어진 그 특권을 주교들이 물려받을 수 있다는 암시는 없다.

이 모든 사실로부터 어떤 결론을 이끌어내야 할까? 성 베드로가 실제로 로마에 와서 바티칸 언덕 부근 어디선가 죽은 것은 사실인 것 같다. 아마도 그 부근에 유해가 매장되었을지도 모른다. 그 장소는 다소 부정확하지만 대체로 2세기 말까지 성소로 기념되었다. 하지만 불행히도 어떤 추측에도 의문을 제기할 수밖에 없다. 베드로가 하지 않은 일 중에서 가장 확실한 것은 로마교회를 세우지 않았다는 것이다. 그는 로마에 잠시 체류하다 곧 순교를 당했으며, 오늘날 우리가 알고 있는 것과 같은 교구의 주교가 되지는 못했다. 교황은 로마의 주교를 가리키므로 베드로를 최초의 교황이라 부르기는 어려울 것이다. 베드로가 사후에 이렇게 떠받들어진 확실한 이유는 2세기에 로마교회가 다른 교회들에 대해 우월적인 지위를 획득하게 되었기 때문이었을 것이다. 여기엔 로마가 제국의 수도라는 사실도 크게 작용했다. 로마는 우월성을 정당화할 명분을 찾게 되었고, 그리고 자신들이 원하는 말씀이 바로 〈마태오복음〉 16장에 있었으니, 더 이상 무엇이 필요했겠는가 말이다.

다시 베드로 이야기로 돌아가 보자. 그는 어떤 인간이었을까? 확실히 베드로는 흠이 많았다. 〈루가복음〉을 제외한 나머지 복음들은 그의 결점을 구태여 감추려하지 않는다. 그는 예수를 부인했다. 만약 예수가 이를 용서해주지 않는 무자비한 사람이었다면 사도로서 그의 경력은 여기서 끝날 뻔했다. 갈라디아인에게 보낸 바오로의 편지에는 두 사람이 안티오키아에서 겪었던 일에 관한 재미난 이야기가 담겨 있다. 베드로는 자주 그랬던 것처럼 이방인들과 밥을 먹었는데, 사람들이 이를 비난하자 잘못을 인정했다. 보통 강경파 유대인 그리스도교도들은 코셔법[유대인의 식사에 관한 율법]을 들먹이며 함께 밥 먹기를 거부했다.* 베드로는 충동적이고 거칠었던 것 같다. 〈요한복음〉 18장 10절을 보면 그는 대사제의 종이 차고 있던 칼을 뽑아서 내리쳐 종의 오른쪽 귀를 잘라버리기도 했다. 그러나 흔히 알려져 있는 것처럼 베드로가 예수의 제자들 중 으뜸이냐에 관해서 이견이 있을 수 있다. 공관복음의 세 저자**가 사도 그룹을 언급할 때면 항상 베드로가 그들 중에 대표로 기록되고 있다. 베드로는 사도 그룹의 대변인 역할을 자처하고 있다. 하지만 그는 동료들보다 배움이 부족한 사람이었다. 무식한 그가 어떻게 리더가 될 수 있었을까. 우리는 나이든 베드로가 그리스어를 배우느라 굉장히 고생한 것을 잘 알고 있다. 하지만 그는 남들보다 돋보이는 데는 타고난 재능을 갖고 있었던 것 같다. 또 베드로는 부활한 예수가 그 모

---

* 〈갈라디아서〉 2장 11~14절.
** 마태오, 마르코, 루가, 세 사람의 복음은 강한 유사성을 보인다. 마르코의 복음이 제일 먼저 쓰였으며 나머지 두 복음의 모델 역할을 한 것으로 보인다. 후대에 쓰인 〈요한복음〉은 이들과 내용, 스타일, 전반적인 관점에서 상당한 차이를 보인다.

습을 나타내 보인 첫 번째 사도(바오로의 말에 따르면)이기도 하다.*

베드로는 순교할 때(만약 그가 순교했다면) 여러모로 상대적으로 길고 경이로웠던 자신의 삶을 회상했을 것이다. 갈릴리의 한 어부였던 그는 세상이 알지 못했던 가장 카리스마 넘치는 지도자 예수에게 발탁되어 그의 오른팔이 되었다. 예수가 십자가형을 당한 후 베드로의 임무는 유대인 전도에 초점이 맞춰졌지만, 그는 이방인들에게 그리스도교의 복음을 전파한 첫 번째 사람이기도 했다. 베드로는 이방인들에게 할례도, 유대교로의 개종도 요구하지 않고 세례를 베풀었다. 이는 율법에서 한발 후퇴한 것으로, 개종을 고려하는 중년 남성에게는 매력적인 조건이었다. 하지만 유대인 그리스도교도들은 반발했다. 헤로데가 그를 투옥한 것은 이런 이유도 한몫했다고 볼 수 있다(〈사도행전〉 2장 4절). 베드로는 감옥에서 탈출한 후 교회의 리더 자리를 야고보에게 넘긴 것처럼 보인다. 그리고 아마도 분명히 부인**을 대동한 채 소아시아로 전도여행을 시작한 것 같다. 확실한 것은 알 수 없지만 60~65년 어느 날 그들은 로마에 도착했다. 베드로는 예수의 원 제자로서 서방 세계를 방문한 유일한 인물이었다.

많은 사람들이 생각하는 것처럼 베드로가 생전에 이미 전설이 되었던 것 같지는 않다. 그러나 사후 200년 동안 그는 점차로 초대

* 고린토인들에게 보낸 첫 번째 편지 15장, 5절, 〈루가복음〉 24장 34절.
** 고린토인들에게 보낸 첫 번째 편지 9장 5절, 모든 예수의 원제자들은 이미 기혼자였고 기혼 상태로 남아 있었음을 기억할 필요가 있다. 바오로는 그가 예외라고 주장했다. 그렇다면 왜 가톨릭 성직자들은 독신을 주장하는 걸까?

교회의 영웅 정도가 아니라 교회의 핵심 부분이 되어갔다. 그리스도교 교회의 진짜 반석은 베드로라는 인물이라기보다 〈마태오복음〉에 쓰인 짧은 문구—성 베드로 대성당의 천장에도 이 문구가 라틴어로 쓰여 있다—라고 할 수 있다. 4세기 초 베드로의 유해가 매장되어 있을 것으로 추정되는 장소에 첫 번째 대성전이 건설될 때 그 이름이 베드로가 되는 것은 너무도 당연한 일이었다.

2

도시의 수호자들

100~536

2세기경 로마의 그리스도교인 수는 날로 증가했고 그들만의 공동
체가 만들어졌다. 하지만 아직 갈 길은 멀었다. 그리스도교인들의
구성도 다양해져서 초대 교회의 경우 유대인이 거의 전부였으나 유
대인의 숫자는 점차 줄어들었다. 66년경 유대인의 지도자인 야고보
가 순교한 뒤 많은 유대인들은 예루살렘에서 펠라[오늘날 요르단 왕
국]로 이주했다. 이제 로마교회의 절대 다수는 이방인들이었고 시
간이 흘러갈수록 유대인의 숫자는 감소했다.

　　그리스도교인들은 어떻게 관리되었을까? 리옹의 성 이레나에우
스는 우리에게 성 베드로부터 이레나에우스의 친구인 엘레우테리
오St. Eleutherius(175-189)까지 교황 13명의 명단을 제공하고 있지만 적
어도 9세기까지 일반적으로 교황이라는 호칭은 교회의 원로급에
게 부여되었다는 점을 기억할 필요가 있다(교황은 그리스어 'Papas'에
서 유래한 것으로 아빠라는 뜻이다). 또 로마는 오늘날 우리가 교구라고
부르는 것과도 거리가 멀었다. 로마교회는 일반적으로 인정을 받지
못했으며 존경은 더더구나 기대할 수 없는 처지였다. 그도 그럴 것

이 로마제국에는 엄연히 그들만의 국교가 있었다. 물론 로마 시민들이 국교를 열렬히 숭배한 것은 아니었지만 어쨌든 그리스도교인들은 여전히 경멸과 조롱의 대상이었다. 네로 시대의 악몽에선 벗어났지만 언제든 박해가 재개될 수 있었다. 일례로 스스로 신이라 믿었던 황제 도미티아누스Domitian(81-96)는 자신을 '통치자이자 신'이라고 선포했는데 다행히도 곧 암살되었다. 그리스도교인들은 신의 진노 때문이라 해석하며 안도했다.

2세기 전반부 로마의 황제들은 그리스도교도들에 대하여 관대해지지 않는 대신 더 무관심해졌다. 트라야누스Trajanus, 하드리아누스Hadrianus, 안토니누스 피우스Antoninus Pius 같은 황제들은 그리스도교도들에 대한 박해를 금지하며 그들을 그냥 내버려두었다(이들 세 황제의 재위 기간은 96~161이다). 하지만 로마제국은 이제 광대한 영토를 차지하고 있었고 속주의 총독들은 황제들과 생각이 달랐다. 시시때때로 일어나는 대학살에는 늘 명분이 있었다. 더구나 대중들은 언제나 피 흘리는 쇼를 원했고 짐승들은 먹잇감을 필요로 했다. 이 무렵 그리스도교도 중의 현자로 일컬어지는 안티오키아 교회의 주교 성 이냐시오와 그의 친구인 스미르나 교구의 주교 성 폴리카르프가 순교했다. 이냐시오는 '가톨릭[그리스어로 '보편적인'이란 뜻을 가짐]'이란 단어를 종교적 의미로 처음 사용한 성인으로서 110년쯤 원형경기장에서 사자 밥이 되었다. 성 바오로의 제자로서 바오로의 서신 중 일부를 썼다고 추정되는 폴리카르프는 50여 년 후 86세의 나이로 화형에 처해졌으나 불에 타 죽지 않자 칼로 찔러 죽였다.

성 이냐시오와 폴리카르프는 모두 지중해 동부 연안 출신이었다. 이들의 출신성분은 초대 로마교회의 또 다른 문제를 보여준다. 그리스도교는 본질적으로 지중해 동부 연안의 종교라는 것, 즉 그 지역은 그리스어를 사용하는 그리스문화권이었다. 역사의 관점에서 볼 때 그리스도교는 성 바오로와 그의 추종자들 덕분에 소아시아에서 태동했다. 이집트, 시리아, 그리스가 이탈리아에 있는, 상대적으로 조그만 교회보다는 훨씬 중요했다. 당시 알렉산드리아는 로마제국 제2의 도시였고 안티오키아는 제3의 도시였다. 특히 안티오키아는 그리스도교Christian라는 단어가 처음 사용된 곳이기도 했다. 이 도시들은 지적인 면에서도 로마보다 우월했다. 그리스어가 그리스도교의 제1언어였을 뿐만 아니라 4세기 중반까지 미사전례에서 그리스어가 통용되었다. 또 1, 2세기 로마의 교황들은 거의 그리스인이었으며 그들 누구도 사상가, 이론가, 특정 지역을 다스리는 행정 관료가 아니었다. 확실히 로마의 교황들은 안티오키아나 스미르나 교회의 주교와 그의 무리들처럼 지적인 사람들은 아니었다.

하지만 이런 것은 로마교회에는 그다지 중요하지 않았다. 로마의 교황들이 교회를 다스리던 처음 두 세기 동안 그들은 우월적 지위를 확립하기 위해 애썼다. 로마는 제국의 수도일 뿐만 아니라 초대교회의 빛나는 거성인 성 베드로와 성 바오로가 묻힌 곳이라고 되풀이했다. 하지만 가장 호소력 있고 설득력 있게 로마교회의 우월성을 설파한 사람이 근동 출신의 성 이레나이우스인 것은 역설적이기도 하다. 이레나이우스는 스미르나 태생으로 소년시절 폴리카르프의 설교를 들었었다. 하지만 그는 서쪽으로 가서 정착했고 그리스도교에 대해 적대적이었던 철학자 출신 황제 마르쿠스 아우렐리우스Marcus Aurelius(121-180)에 의한 177년 대박해 이후 리옹 교구의 주교가 되었다. 이레나이우스에게 로마교회는 '최고 지위를 부여받았으므로 모든 교회들이 반드시 고개를 숙여야 하는 위대하고 걸출한' 교회였다. 마르쿠스 아우렐리우스의 아들이자 후계자인 코모두스는 로마의 황제들 중에서 가장 악명 높은 자이다. 학문적 전문성과 유머감각을 겸비한 위대한 역사가 에드워드 기번은 코모두스에 대해 다음과 같이 적고 있다.

코모두스는 로마의 속주들에서 뽑아온 각계각층의 아리따운 후궁 300명과 미소년 300여 명이 모여 있는 터키식 궁전에서 시간을 보냈다. 왕을 유혹하는 데 실패하면 무시무시한 벌이 기다리고 있었다. 고대 사가들은 이 자유분방한 매춘에 대해 상세히 설명했다. 자연스러운 절제와 점잖음을 비웃는 이 매춘에 대한 고대 사가들의 충실한 묘사를 현대적 언어로 점잖게 번역해내는 일은 결코 쉽지가 않다.*

코모두스는 점점 정신이상이 되었고 자신을 헤라클레스와 동일시하면서 원형경기장에서 경기를 하곤 했다. 그 자신이 엄청난 숫자의 맹수들을 죽였고, 스스로 검투사로 경기에 나서기도 했다. 이런 식으로 그는 적어도 735회 이상 출전했는데 말할 필요도 없이 그는 항상 승리했다. 코모두스가 조만간 암살당하리란 것이 거의

* 에드워드 기번의 《로마제국 쇠망사》(민음사, 2010) 4장 참조.

확실했다. 192년 12월 31일 밤 그는 챔피언 출신의 한 레슬링 선수의 손에 목이 졸려 죽었다.

그리스도교도들에게 코모두스 치하는 그의 아버지였던 아우렐리우스 시절보다 조금은 나은 시기였다. 역사상 처음이자 마지막으로 환관 히아신스가 그리스도교의 원로가 될 정도였다. 건강한 후궁 300여 명을 관리하던 히아신스와 왕의 애첩 마르시아 덕분에 교황 빅토리오 1세St. Victorius I (189-199)는 황제의 궁전에 몰래 들어가 이들을 이끌 수 있었다(사실 당시 교황은 부활절 날짜 지정에 관해 로마 이외의 교회들과 논쟁 중이었다.). 교황은 적어도 한 부분에 있어서 성공을 거두었다. 그리스도교들이 사르데냐의 철과 구리 광산에서 강제노역을 면하도록 하는 데 큰 기여를 했기 때문이다.

3세기가 시작될 무렵, 로마의 교황들이 아시아의 다른 교회들에 대해 우월적 지위를 확립하기 위하여 계속 노력을 기울인 덕분에 교황권은 점차 확대되어 가고 있었다. 이따금 발생하는 박해는 통치자의 기분이나 태도에 좌우되는 일이 많았다. 그리스도교인들에 대한 평판은 두 명의 매우 적대적인 군주 데시우스Decius*와 발레리아누스Valerianus 덕분에 급격히 좋아졌다. 두 사람은 도미티아누스Domitianus처럼 비참한 최후를 맞았다. 첫 번째 학살은 249년 고트인 때문에 일어났고, 두 번째 학살은 7년 후 페르시아의 왕 샤푸르

---

* 베드로 이후 교회 책임자의 첫 순교가 데시우스 통치하에서 일어났다. 파비아노 교황(236~250)은 그의 잔인한 박해로 감옥에서 선종했다. 몇 년 후, 발레리아누스 통치 시절에는 식스토 2세(257~258) 교황이 카타콤에서 체포되어 부제들이 지켜보는 가운데 참수형을 당했다.

Shapur 때문에 일어났다. 샤푸르는 발레리아누스가 죽을 때까지 말을 탈 때 그를 발 디딤대로 썼다고 한다. 다행히 발레리아누스의 아들인 갈리에누스Gallienus와 그 이후 황제들은 확실히 아버지 시대의 정책들과 반대되는 정책을 펼쳤다. 그들은 로마제국 전체에서 그리스도교도들이 자유롭게 예배드릴 수 있게 했고 전도도 허락했다. 당시에는 많은 종교들이 서로 경쟁상태였고 그중에는 미트라교 Mithras**, 불멸의 태양Sol Invictus(정복되지 않는 태양) 신앙, 올림피아 신들에 대한 오랜 숭배 등등이 구시대의 전통이 아니라 살아 있는 신앙의 대상으로 공식적으로 통용되고 있었다. 하지만 로마에서는 그리스도교도들이 이들의 숫자를 웃돌기 시작했다.

여기 한 가지 문제가 있었다. 로마제국 자체가 쇠퇴하기 시작했다는 점이다. 이탈리아 반도 전체의 인구는 점점 줄어들었다. 제국의 속주이자 적국인 페르시아는 수개월이 아니라 몇 주면 도착할 수 있는 가까운 거리였다. 293년 황제 디오클레티아누스Diocletianus 는 제국을 넷으로 분할하며 수도를 니코메디아***로 삼았다. 다른 세 명의 공동 통치자는 이름뿐인 제국의 수도에서 머무르려고 하지 않았기에 제국의 모든 중심은 동쪽으로 옮겨졌다. 이탈리아는 완전 뒷방 신세가 되었고, 황제가 떠나자 교황이 로마에서 가장 영향력 있는 사람이 되었다. 하지만 이제 로마는 우울하고 도덕적으로 타

** 미트라Mithras라는 신을 주된 신앙 대상으로 하는 신비 종교이다. 미트라 신비 가르침은 AD 1세기부터 4세기까지 로마제국에서 로마 군인들 사이에서 널리 믿어진 컬트 종교였다. – 역주
*** 오늘날의 이즈미트. 터키 마르마르 해에 북동쪽에 있는 도시. – 역주

락한—말라리아가 창궐하는—도시가 되어 옛날의 영화를 찾아보기 힘들었다.

게다가 또 한 번의 박해가 그리스도교도들을 기다리고 있었다. 284년 황제에 즉위한 디오클레티아누스는 집권 초기 20년 동안 그리스도교도들에게 온건한 태도를 보여주었다. 황후와 황녀들도 모두 세례를 받을 정도였다. 하지만 별안간 303년과 304년, 디오클레티아누스는 그리스도교도들을 억압하는 4가지 칙령을 발표했다. 어느 모로 보나 인간적이고 자비로운 황제였던 그는 특별히 대학살 같은 것은 없을 거라고 약속했다. 하지만 부황제인 갈레리우스*와 그의 부하 장군들은 재미를 봐야겠다고 생각한 듯했다. 그들은 자신들이 황제의 약속과 아무 상관도 없다는 듯이 행동했고, 2년 동안 무자비한 피바람이 제국을 휩쓸었다. 박해가 더 오래 지속될 수도 있었지만 다행히도 디오클레티아누스 황제는 305년 퇴위하고 물러나 달마티안 해변의 궁전에서 양배추를 재배하기 시작했다. 그리고 한 번 더 큰 반동이 있었다.

306년 콘스탄티누스라 불리는 젊은 장군이 디오클레티아누스의 사두정치제제 일원이었던 아버지 콘스탄티우스 클로루스가 죽자 요크 지방 군사들에 의하여 황제로 추대되었다. 오늘날 그는 콘스탄티누스 대제라고 불리는데 거기에는 그럴 만한 이유가 있다.

---

* 303년 디오클레티아누스 황제에게 헌책獻策하여 그리스도교의 대박해를 시행하도록 했으며, 305년 디오클레티아누스가 제위에서 물러난 뒤 서부의 통치자인 콘스탄티우스 클로루스와 함께 정식 황제가 되어 동부를 통치했다. 309년 병을 얻은 후 그리스도교에 대한 박해를 완화하게 되었다. -역주

예수, 예언자 모하메드, 부처를 제외하고 그는 후대에 가장 큰 영향을 끼친 인물이라 해도 과언이 아니다. 역사를 바꿀 수 있는 결정을 내릴 수 있는 사람은 흔치 않다. 콘스탄티누스는 두 가지 결정을 내렸다. 첫째는 종교적인 것으로 그리스도교로 개종을 했던 것이다. 그는 개인적으로는 물론, 국가적인 차원에서도 그리스도교로 개종했다. 그가 황제로서의 권위를 갖추는 데는 약간의 시간이 걸렸다. 그는 디오클레티아누스의 사두정치체제를 맘에 들어 하지 않았지만 313년 그는 동부 지역을 다스리고 있던 황제 리키니우스Licinius 와 함께 밀라노 칙령을 발표했다. 이것은 로마제국의 모든 시민에게 종교의 자유를 부여하는 것이었다. 2년 후 십자가형은 폐지되었고 321년에 일요일은 법적 휴일이 되었다. 337년 콘스탄티누스 대제가 죽을 때까지―디오클레티아누스의 박해가 있은 지 30년이 못되어―그리스도교는 로마제국의 국교가 되었다.

두 번째 결정은 정치적인 것으로 콘스탄티누스는 제국의 수도를 보스포루스 해협에 새로 지어진 동방의 도시로 옮겼다. 고대 그리스의 도시 비잔티움이 있었던 바로 그 자리였다. 그는 원래 새 도시의 이름을 '신로마'라 지으려 했지만 곧 자신의 이름을 따서 콘스탄티노플이라 부르게 되었다. 그는 콘스탄티노플에서 313년 5월 11일 즉위식을 가졌다. 바로 그날부터 제국은 또 다른 명칭 즉 비잔티움이라 불리게 되었다. 그러나 그나 그의 백성들이 질적 변화나 단절을 느끼지 못했다는 것은 중요하다. 그들에게 로마제국은 언제나 있어왔던 그대로 존재하는 것이었다. 아우구스투스Augustus와 그의 후계자들의 로마제국은 어떤 언어를 사용하든―세월이 흘러감에 따라 라틴어는 사라지고 그리스어가 대세로 자리 잡았지만—변함 없이 영원할 것으로 생각되었다.

로마에 있던 교황 실베스테르 1세Sylvester I (314-335)와 그의 추종 자들에게는 콘스탄티누스 대제의 첫 번째 결정은 두 번째 결정의 충격을 완화시킬 만한 유화적인 조처로 보였다. 이제 그리스도교인 들은 어디서나 환영받았고 박해는 옛일이 되었다. 콘스탄티누스는 326년 로마를 딱 한 번 방문했는데 그때 이교도들의 예배 행렬에 참여하길 거부했을 뿐만 아니라 그가 건축하고자 했던 바실리카 성 당들의 자리를 선정했다. 그가 눈여겨둔 자리 중의 으뜸은 성 베드 로에게 헌정된 성당으로 바티칸 언덕의 성자의 묘 위에 있었다. 그 리고 두 번째 성당과 세례당이 라테란 궁* 옆에 위치하게 되어 있었 다. 그곳에는 원래 제국 기마대의 오래된 병영이 자리했었다. 그 옆 에는 성 십자가 예루살렘 성당을 지었는데 이 성당은 콘스탄티누스 황제의 어머니 성 헬레나가 성지 순례에서 예수의 참십자가를 발견 한 것을 기념하기 위한 것이었다. 그리고 아피아 가도 위에는 대성 당이 지어졌다. 이곳은 258년 성 베드로와 성 바오로의 유해 중 일 부가 옮겨졌다고 전해지는 장소다. 하지만 지금은 성 세바스티아노 에게 봉헌되었다.

이 모든 것은 좋은 소식이었다. 한편, 교황 실베스테르 1세도 잘 알고 있듯이, 콘스탄티누스는 거의 동시에 예루살렘에 성묘교회**

---

* 오랜 전통을 지닌 라테란 가문에서 따온 이름으로 그들 가문에서 원래 궁을 건축했다.
** 콘스탄티누스는 325년 니케아 공의회에서 내려진 성공적인 결론을 기념하기 위해 성 당을 건축하기 시작했다. 어머니인 성 헬레나에게 자극받은 것도 큰 이유였다.

건립을 명했을 뿐만 아니라 트리어, 아퀼레이아, 니코메디아, 안티오키아, 알렉산드리아와 다른 많은 도시들에도 성당을 짓도록 지시했다. 새 수도에도 신성한 지혜, 성 소피아 성당을 건립하도록 명했다. 이러한 상황에서 로마의 주교가 어떻게 로마제국의 전체 교회에 대해 우월성을 주장할 수 있었을까? 황제의 귀에 속살거릴 수 있는 사람은 교황이 아니라 콘스탄티노플에 있는 그의 형제들일 수밖에 없었다. 그럼에도 실베스테르 1세가 콘스탄티누스의 나병을 고쳐줬고 그에 대한 감사의 표시로 콘스탄티누스가 실베스테르 1세와 후임 교황들에게 로마와 다른 속주들, 이탈리아의 여러 도시들, 서로마제국의 통치를 영원히 위임함으로써 불편한 상황을 완화시키려 했다고 600년 동안 굳게 믿어졌다. 그러나 교황에게는 참으로 애석한 일이겠으나, 콘스탄티누스 대제는 그런 권한을 위임한 적이 없다. 그렇게 믿었던 근거는 소위 말하는 '콘스탄티누스의 기증서' 때문이었는데, 그것이 위조된 것임이 훗날 밝혀졌다. 문서는 8세기경 로마교황청 내부에서 만들어진 것으로 추정되는데, 1440년 이탈리아 인문주의자 로렌초 발라에 의해 위조된 것임이 최종적으로 밝혀질 때까지 황제가 교황에게 서방세계의 통치권을 넘겨주었다는 강력한 증거로 오랫동안 사용되었다.

실베스테르 1세 생전에 처음 제기되었던 대대적인 이단논쟁은 다음 세기에 교회를 극단적인 분열로 이끌었다. 이단논쟁은 알렉산드리아의 장로였던 아리우스에 의해 처음 시작되었다. 아리우스는 학식이 풍부하고 외모도 뛰어났다. 그의 주장은 간단명료했다. 예수는 하느님과 나란히 있는 불멸의 존재가 아니며 하느님 아버지의 피조물 중 하나라는 것이었다. 예수는 특별한 목적을 위해 특별한 시간에 세상을 구원하는 도구로 하느님에 의해 창조되었으므로 완벽한 인간이기는 하지만 아들은 언제나 아버지 아래에 있을 수밖에 없는 존재라고 말했다. 아리우스를 감독하는 대주교인 아타나시우스는 이를 위험한 사상으로 보고 즉각 아리우스의 주장을 논박했다. 320년 아리우스는 이집트, 리비아, 트리폴리타니아 등에서 온 주교 100여 명 앞에서 심문을 받고 이단으로 판결이 내려지면서 파문을 당했다.

그러나 아리우스파의 가르침이 들불처럼 번져나가면서 그 피해는 심각해졌다. 당시 격렬한 신학적 논쟁은 단순히 사제들이나 학자들만의 문제가 아니라 그리스어권 세계 전체와 관련된 중요한 문제였다. 소식지들이 불티나게 팔려나갔고 시장 같은 데서는 사람들을 선동하는 연설 등이 행해졌으며 벽에는 대자보가 나붙었다. 모두들 아리우스 이단 논쟁에 대해 한마디씩 했고, 사람들은 아리우스 편과 그렇지 않은 사람들로 양분되었다. 아리우스는 다른 신학자들과는 달리 아주 적극적으로 여론 몰이에 나섰고, 자신의 주장을 더 널리 퍼뜨리기 위해 가요를 지어 항해사, 여행가, 목수, 무역업자들이 부르고 다니도록 했다. 실제로 거리에서 아리우스의 노래들이 불리어지고 휘파람으로 흥얼거려졌다.* 한두 해 전에는 파문을 당한 신세로 황급히 알렉산드리아를 떠나야 했던 아리우스는 다

---

* 아리우스를 두고 그리스도교 교회에서 종교 음악의 아버지(가톨릭 신학사전 중 아리우스주의에 관한 글)라고 추앙하는 것은 좀 지나칠 수도 있겠으나 실제 그는 추앙을 받고 있다.

시 금의환향했다. 그는 소아시아에서 열리는 두 개의 시노드**에도 참석했다. 이 두 회의의 분위기가 아리우스의 의견을 압도적으로 지지하는 쪽으로 흘러가자, 아리우스는 파문을 취소하고 사제직에 복귀하도록 해달라고 요청했다.

마침내 324년 황제가 개입을 선언하면서 지방 주교들의 시노드는 금지되었다. 대신 전체 교회의 공의회***가 열리게 되었고 동방과 서방의 모든 종교 지도자들은 물론 콘스탄티누스 자신도 참석하게 되었다. 매우 권위 있고 특별한 이 세계공의회를 통해 이단논쟁은 마무리되었다. 콘스탄티누스는 이 공의회에서 단순히 참석하는 것 이상의 역할을 했다. 그는 의장 역할을 맡았고 직접 논쟁에 나섰으며 사람들을 독려하고 격해진 감정을 서로 누그러뜨리도록 만들었다. 궁극적으로는 그는 통합의 중요성과 타협의 미덕을 강조했다. 청중들을 설득시키기 위해 때로는 서툰 그리스어로 더듬거리며 연설을 하기도 했다.

또한 콘스탄티누스 대제는 최소한 일시적으로라도 아리우스와 그의 주장을 불식시킬 수 있는 핵심적인 말을 니케아 신경Nicene 信經초안에 삽입하자고 제안했다. 그것은 '본질동등성'이란 개념으로 아들인 예수와 아버지인 하느님이 하나의 본질을 갖고 있다는 뜻이었다. 이 개념을 신경에 포함하는 결정이 내려졌다는 것은 직접

** 교리, 규율, 전례 문제를 토의하고 결정하기 위해 열리는 회의로 참석자 모두가 의결 투표권을 갖지는 않는다. ─역주
*** 교회의 모든 주교들이 모여 신앙과 도덕에 관한 문제를 해결하기 위한 교회의 회의. ─역주

적으로 아리우스파를 비난하는 것이나 다름이 없었다. 또한 콘스탄티누스 대제의 설득의 힘을 보여주는 것이기도 해서 아리우스파가 위기의식을 느끼는 것은 당연했다. 니케아 공의회는 니케아 신경을 발표했고, 아리우스는 아직도 남아있는 열혈추종자들과 함께 공식적으로 단죄되었다. 아리우스의 저작물에 대해서는 금서 처분과 함께 분서 명령이 내려졌다.

콘스탄티누스 대제는 서방의 많은 교회 성직자들이 니케아 공의회에 참석하기를 희망했지만 그 결과는 실망스럽기만 했다. 동방교회에서는 300여 명 이상의 주교들이 참석한 반면 서방교회의 실베스테르 1세 교황 측은 겨우 5명만 참석했다. 그나마 2명은 참관자 자격으로 파견되었던 것이다. 교황의 입장에서 보자면 그럴 만한 이유가 있었다. 교황은 니케아 공의회에 참석하는 것이 교황과 교황청에게는 굴욕적인 일이라고 여긴 듯하다. 게다가 서방 성직자들은 동방교회의 성직자나 신학자만큼 지적인 호기심을 갖고 있지 않았다. 로마교회에서는 이미 1세기 전에 그리스어 대신에 라틴어를 공용어로 지정해놓고 있어서 정통파 신학자들이 즐겨 사용하는 미묘한 신학적 의미를 설명할 만한 용어들을 갖고 있지 않았다. 하지만 니케아 공의회에 참석하지 않은 것은 교황의 중대한 실수였다. 만약 실베스테르 1세가 니케아 공의회에 참석했더라면 그의 지위는 엄청나게 격상되었을 것이다. 통합된 보편적인 교회의 최고 수장이 되려 했다면 그리스도교의 최초의 공식적인 신앙고백문인 니케아 신경의 초안 작성에 참여했어야 마땅했다. 이 신경은 개정된 상태로 오늘날까지 가톨릭과 영국 성공회의 미사에서 암송되고 있다.

† 콘스탄티누스 대제가 실베스테르 1세 교황(314~335)에게 교황관을 수여하고 있다. 그의 뒤로 말 한 필이 보인다. 실베스테르 교황이 말에 오를 때, 황제는 전통적인 존경의 표현으로 교황이 탄 말의 등자를 잡아준다. 13세기 프레스코화. 로마, 산티 콰트로 코로나티 성당.

아리우스는 결국 어찌되었을까? 그는 달마티아 해변에 있는 로마의 속주인 일리리쿰으로 유배되어 다시는 알렉산드리아 교회로 돌아갈 수 없게 되자 곧 니코메디아로 갔고 거기서 10년 동안 당국을 괴롭히며 여전히 물의를 일으켰다. 336년 마침내 콘스탄티누스는 아리우스를 콘스탄티노플로 소환하여 조사를 받게 했다. 그의 마지막이 다음과 같이 전해진다.

지지자들 덕분에 기세등등해진 아리우스는 더욱 대담해져서 가벼운 농담조의 대화만 했다. 그러다 갑자기 배가 아파 화장실에 갔다가, 성경(《사도행전》 1장 18절)에 쓰인 것처럼 즉시 땅에 거꾸러져서 배가 터져 죽고 말았다.

이것은 아리우스에게 적대적이었던 니케아의 영웅, 알렉산드리아의 아타나시우스 대주교 측에서 흘러나온 이야기가 틀림없다. 아리우스의 비참한 최후는 당대의 작가들에 의해서도 증언되고 있다. 아리우스를 증오하는 사람들은 이를 신이 내린 징벌이라 믿었다. 아타나시우스 대주교 측에서 만들어낸 이 이야기에서 아리우스는 이스가리옷 유다*의 운명과 어떤 점에서는 비슷하다.

그러나 창시자가 세상을 떴다고 아리우스파가 잠잠해진 것은 아니었다. 아리우스파는 여전히 제국의 여러 지역에서 위세를 떨쳤다. 마침내 381년 아리우스파를 광적으로 혐오하는 테오도시우스 Theodosius 대제가 2차 공의회를 소집했다. 콘스탄티노플에서 열린 두 번째 공의회는 마침내 이 문제를 종식시킬 만한 해결책을 내놓았다. 아니 사실은 해결 그 이상의 조치가 취해졌다. 공의회는 모든 이교도와 이단들을 전부 금지하는 칙령을 발표했고, 이후로 이단은 어떤 종류든 국가에 대한 범죄로 규정했다. 불과 수십 년 전만 해도 박해 받던 교회가 이제 박해를 가하는 교회로 바뀠다. 유대인들은 특히 가중 처벌되었다. 그들은 예수를 십자가에 못 박은 자들이었기 때문이다. 더 이상 제국 내에 발붙일 곳이 없어진 아리우스파는 야만인인 게르만족 사이로 널리 퍼져 그 후로도 300여 년간 위세를

* Iscariot Judas. 예수의 열두 제자 중 한 사람으로 예수를 배반하고 팔아넘긴 자. - 역주

떨쳤다.

교황 성 다마소 1세St. Damasus I(366-384)는 두 번째 공의회에 대표를 파견하지 않았다. 서방의 주교는 아무도 참석하지 않았다. 그는 훗날 콘스탄티노플 공의회에서 결정된 칙령에 '콘스탄티노플 주교는 로마의 주교보다 현저히 높은 위치에 있다. 콘스탄티노플은 새로운 로마이기 때문이다.'라고 적혀 있다는 것을 알고 불같이 화를 냈다. 다마소 1세 교황이 보기에 제국의 수도였던 로마가 우위권을 주장하는 것이 당연했다. 성 베드로와 성 바오로로 거슬러 올라가는 사도적 혈통, 성인의 계보로 보건대 로마는 타의 추종을 불허했다. 콘스탄티노플은 탄생한 지 얼마 안 되는 도시인 데다 총대주교조차 없는 교구였다. 오히려 성 베드로의 명령으로 세워졌다고 전해지는 알렉산드리아 교회, 성 베드로가 로마로 가기 전에 초대주교를 역임했다는 안티오키아 교회가 여러 면에서 콘스탄티노플보다 우월해야 한다고 여겼다. 로마교회와 콘스탄티노플교회의 관계는 악화되었다.

콘스탄티누스 대제는 337년 성령강림절인 일요일에 운명했다. 수년간 그리스도교의 주교를 자처해왔던 콘스탄티누스 대제는 죽기 전 침상에서 세례를 받았다. 아이러니하게도 그에게 세례를 베푼 사람은 아리우스파의 카이사레아 주교 유세비우스였다. 4세기 말까지 콘스탄티누스와 그의 후계자들은 제국 전체에 대해 통치권을 행사했다. 하지만 395년 테오도시우스 대제가 죽으면서 제국은 둘로 분열되었다. 큰 아들인 아르카디우스Arcadius가 동쪽을, 동생인 호노리우스Honorius가 서쪽을 각각 통치하게 되었다. 그리고 그 결정은 몹시 끔찍한 결과를 낳았다. 로마가 아닌 라벤나를 수도로 정한 서로마제국은 무기력한 황제들의 연속적인 등장으로 80년간 내리막길을 걷다가 꾸준히 힘을 길러온 게르만족과 다른 이민족들에게 정복당하고 말았다.

이제 로마의 주교는 서방에서 거의 군주와 같은 강력한 권력을 행사할 수 있게 되었다. 언제나 동방에 머무르고 있었던 황제는 교회에 세금을 면제해주는 한편 신앙과 민법에 관해 사법권을 부여하였다. 교황은 이를 바탕으로 서서히 자신의 영향력을 넓혀나갔다. 다마소 1세 교황은 〈마태오복음〉에서 예수 그리스도가 하신 말씀을 인용하며 주교좌를 사도좌라 칭하며 권력에 대한 야망을 드러냈다. 그는 또 이탈리아 신학자인 성 예로니모에게 라틴어로 공인 성서, 〈불가타*Vulgate*〉를 새로 편찬하게 하여 더욱 유명해졌다. 그의 후임인 시리치오St. Siricius(384-399)는 교황이라는 명칭에 오늘날과 같은 의미를 부여한 첫 번째 인물이다. 인노첸시오 1세St.Innocentius Ⅰ (401-417)는 시노드에서 논의된 모든 중요한 문제는 교황의 결재를 받아야 한다고 주장했다. 오로지 황제만이 교황을 소환할 수 있는 유일한 우월적 권력이었다. 소환은 아마도 공의회를 의미할 터였다. 로마 주교는 이제 성년의 나이에 접어든 청년이라고나 할까. 오랜 시간이 흐른 후 교황들은 드디어 전례를 그리스어가 아니라 라틴어로 집전하면서 그야말로 교황이 되었다. 교황들은 이제 스스로 새로운 임무를 떠맡았으니 그것은 바로 로마를 지키는 것이었다.

5세기는 대폭발과 함께 시작되었다. 401년 초여름 서고트족 알라리크Alaric 왕이 이탈리아를 침공했다. 30세도 되지 않은 젊은 왕은 콘스탄티노플 성벽부터 펠로폰네소스 남쪽까지 유럽을 공포에 떨게 했다. 사실 알라리크 왕은 본래 로마제국에 대해 그리 적대적인 인물이 아니었다. 그의 원래 목표는 자기 부족민들이 제국 안에서 영원히 편안히 살 수 있도록 만드는 것이었다. 만약 로마의 원로원이나 눈치 없는 서로마제국 황제 호노리우스가 이것을 잘 알아차리기만 했다면 끔찍한 대재앙은 일어나지 않았을 것이다(당시 호노리우스의 관심은 양계에 초점이 맞춰졌던 것처럼 보인다). 어쨌든 그들은 알라리크를 잘 몰랐고 전쟁은 불가피하게 되었다. 408년 9월 알라리크는 로마 성벽 앞까지 진격해 들어왔다. 그리고 3개월간 로마를 포위했다. 알라리크는 이후에도 두 차례 더 로마를 포위했다. 로마의 관료들은 무기력했고, 겁을 먹은 호노리우스는 라벤나의 습지로 도망쳤다. 이제 정복자 알라리크 앞에 나서 그와 타협할 사람은 교황 인노첸시오 1세밖에는 없었다. 알라리크는 막대한 배상금, 엄청난 양의 금은보화와 약 1,360킬로그램의 후추도 원했다. 하지만 교황 덕분에 교회의 재산을 약탈하지 않았고, 대학살극도 일어나지 않았다.

알라리크의 두 번째 공격은 오직 하나의 목적, 호노리우스를 제거하기 위한 것이었다.* 서고트족 알라리크 왕은 로마인들에게 어리석은 황제를 내놓으라고 말했다. 로마 원로원은 비상회의를 소집

---

* 호노리우스는 배상금 지불을 머뭇거렸다. -역주

하여 망설임도 없이 즉각 호노리우스를 축출했다. 하지만 호노리우스는 굴복하지 않고 버텼다. 410년 초여름 알라리크는 세 번째로 로마를 포위했다. 음식은 바닥 났고 도시는 오래 버틸 수가 없었다. 8월 말쯤 서고트족은 핀초 구릉 아래쪽 북쪽 성벽을 무너뜨렸다.

로마가 함락된 후 3일간, 늘 그렇듯이 대약탈이 자행되었다. 하지만 이 약탈은 역사 교과서에 쓰여 있는 것만큼이나 야만적이지는 않았던 것 같다. 1078년 노르만 침공이나 1527년 카를 5세Charles V의 침략과 비교해보면 더 심했던 것 같지 않다. 신실한 그리스도교도였던 알라리크는 교회나 종교 건물들은 파괴하지 말라고 명령했다. 포로들의 인권도 보장했다. 하지만 약탈이란 아무리 점잖다 해도 약탈일 뿐 고트인들은 성자가 아니었다. 기번은 그들의 만행에 관해 이따금 과장도 있지만 사실로 추정되는 일들을 상세히 기록했다. 많은 웅장한 건물들이 화재로 소실되었고, 무고한 사람들이 도륙되었으며 부녀자들이 강간당했다.

악몽의 3일이 지나자 알라리크는 남쪽으로 내려갔는데, 코센차 부근에서 갑자기 열병에 걸려 급사했다. 그의 나이 불과 40세였다. 부하들은 그의 시체를 부센토 강으로 가져가서 댐을 만들어 일시적으로 물줄기를 막은 뒤 강의 밑바닥에 묻었다. 그리고 댐을 허물어 다시 물이 시신을 덮고 흘러가게 했다. 교황 인노첸시오 1세는 최선을 다했지만 3번째 공격으로부터 그리스도교도들을 보호하지는 못했다.

여러모로 그를 첫 번째 위대한 교황으로 보는 데 이견은 없을 듯하다. 그는 재능과 결단력이 있고, 도덕적으로 흠잡을 데가 없었다.

선임 교황들이 보잘것없는 평범한 사람이었다면 인노첸시오 1세는 횃불처럼 타오르는 비범한 인물이었다. 그는 교황의 우월적 지위는 절대적으로 중요하다는 입장을 피력했다. 논쟁 중인 중요한 안건은 모두 교황청에서 판결받아야 한다고 강력히 주장하기도 했다. 인노첸시오 1세는 404년 콘스탄티노플 교회의 주교 성 요한 크리소스토모로부터 도움을 요청받았을 때 분명히 꽤나 흡족했을 것이다. 콘스탄티노플 주교는 대쪽 같은 성품의 성직자로서 황후 유독시아 Eudoxia에게 따끔한 충고를 했다가 결국 알렉산드리아 총대주교에 의해서 파문당하여 유배를 갈 처지에 놓여 있었다(황후는 이즈음 남편 아르카디우스를 버리고 많은 연인들과 염문을 뿌리고 있었다). 요한 크리소스토모가 공식 재판을 요구하면서 자기를 고발한 사람들과 대결하려고 했다는 것 자체가 로마 주교를 그보다 높은 사람으로 인정했다는 뜻이 된다. 인노첸시오 1세가 그를 돕기 위해 발 벗고 나선 것은 당연하다. 교황은 라틴 종교회의를 소집하고 주교들을 소환하여 아르카디우스에게 요한 크리소스토모를 즉시 원직 복귀시키라고 명령했다. 이런 조치가 실효를 거두지 못하자 인노첸시오 1세는 특사를 콘스탄티노플에 급파했다. 원로 주교 4명으로 구성된 사절단은 무시하기는 힘든 존재였지만 아르카디우스는 꿈쩍도 하지 않았다. 아예 도시에 발도 못 들여놓게 했다. 교황의 신임장을 압수당한 사절단은 트라키안 성에 감금되었다. 그들은 혹독한 심문을 받고, 모욕과 조롱을 당하고 나서야 가까스로 석방되어 이탈리아로 돌아갔다.

407년 성 야고보와 성 요한 크리소스토모가 흑해 연안 폰투스의 후미진 마을에서 죽었을 때—아마도 감시하는 보초들의 잔혹 행위 때문이었을 것이다— 교회는 동서로 완전히 양분되고 말았다. 3년 전만 해도 콘스탄티노플 교회도 로마 교황의 우월성을 인정하고 있다고 믿고 있었던 인노첸시오 1세는 자신이 착각하고 있었음을 확실히 깨닫게 되었다. 그는 계속 교황의 자리에 있으면서 그 후 10년 동안 교회의 여러 전례와 신학 분야에서 중요한 업적을 남겼고, 로마를 강력한 힘으로 통치했다. 그가 사후에 성인의 칭호에 걸맞은 인물이었는지는 논쟁거리로 남지만 교황권에 범세계적 특권을 부여한 것은 그전에는 없던 일이었다. 그는 위대한 교황으로 가는 여정의 첫 번째 이정표였다.

417년 인노첸시오 1세가 선종한 뒤 23년 동안 5명의 교황이 등극했다. 그리고 투스카나의 법률가이자 신학자인 레오 1세Leo I (440-461)가 교황으로 선출되었다. 레오 1세는 이교도의 최고 사제를 가리키는 말이었던 '폰티펙스 막시무스'란 칭호를 사용하기 시작한 첫 번째 로마 주교이자 역사상 '대great 교황'이란 칭호를 받은 두 명 중 첫 교황이다. 사실 그가 인노첸시오 1세보다 더 뛰어난 점이 많아서 대 교황 칭호를 받은 것은 아니다. 교황권 확립을 위해 노력했던 인노첸시오 1세의 뒤를 이었다는 점에서 비슷했다고나 할까. 레오 1세는 교황권은 성 베드로가 갖는 권위 그 자체라고 주장했다. 교황은 성 베드로의 보잘것없는 대변인이었다. 그는 서방의 주교 및 사제들과 교환한 편지에서 무엇보다 이 점을 강조했다. 정통 교리의 유일한 수호자는 교황뿐이라는 사실을 동방에 널리 알리기 위해 최선을 다했다. 교황은 이런 일에 필요한 외교적 수완도 갖추고 있었다.

　콘스탄티노플의 대수도원장*이었던 유티케스 때문에 불거진 신학적 논쟁을 보면 이를 잘 알 수 있다. 이미 100여 년 동안 교회, 특히 동방교회는 예수 그리스도의 본성을 놓고 논쟁을 벌이고 있었다. 예수 그리스도는 두 개의 서로 다른 본성, 즉 신성과 인성을 모두 가지고 있는가? 아니면 둘 중 하나만 가지고 있는가? 만약 하나만 갖추고 있다면 그 하나는 무엇인가 등등이 문제였다. 두 개의 본성론을 주창했던 콘스탄티노플 주교 네스토리우스는 431년 에페수스 공의회에서 파문당했다. 하지만 반대로 하나의 본성만 갖고 있다고 주장한 것이 유티케스의 실수였다. 그는 예수 그리스도가 하나의 본성, 즉 신성만 갖고 있으며 인성은 신성에 흡수되어 사라졌다고 믿었다. 네스토리우스의 뒤를 이은 콘스탄티노플의 주교 플라비아누스는 이 단성론을 용납할 수 없었다. 그는 유티케스의 단성론을 이단이라고 맹공격했고, 유티케스는 교황 레오 1세와 테오도시우스 황제, 그리고 콘스탄티누스의 수사들에게 도움을 청했다. 그러는 와중에 상상할 수 없는 광포한 일이 벌어졌다. 3년 동안 교회는 벌집을 쑤셔놓은 듯했다. 여기저기서 시노드와 공의회가 소집되었고, 주교들이 파문당했다가 다시 복직되었다. 온갖 음모와 협잡, 폭력, 흑색선전, 저주가 난무하는 가운데 로마교회와 콘스탄티노플, 에페수스, 알렉산드리아 교회는 서로 철천지 원수가 되다시

* 당시 대수도원장은 수도원의 우두머리로 서방의 수도원장에 준하는 것이었다. 나중에 그 칭호는 수도원에 적용이 되었고, 그 이후에도 여전히 고위 행정직에 쓰여 아마 주교 바로 아래 부주교쯤을 나타냈을 것이다.

피 했다. 이런 와중에 교황 레오 1세는 플라비아누스 주교에게 유명한 서한 '교회 사목 서한'을 보냈다. 레오 1세는 이 서한에서 예수 그리스도는 두 개의 본성을 모두 가지고 있다는 정통파 교리를 지지했다. 451년 레오 1세는 칼케돈 공의회에 특사를 파견하여 이를 재천명했고 모든 종류의 단성론을 이단이라 단호히 선언했다. 이후 두 개의 본성론은 그리스도교의 정통 교리의 핵심적 부분이 되었다. 하지만 이집트의 콥트교회Copts, 시리아의 네스토리우스파, 아르메니아와 조지아인들은 칼케돈 공의회의 결정을 무시하고 자신들의 주장을 굽히지 않은 채 오늘날까지 이어지고 있다.*

이제 서로마제국은 급속히 붕괴되고 있었다. 영국, 스페인, 아프리카 쪽은 벌써 사라졌고 이탈리아도 급격히 분열되었다. 야만인들 중에서도 가장 원시적인 훈족이 새로운 적수로 등장했다. 훈족은 집도 없이 한데서 생활했으며, 음식을 요리해 먹는 법이 없었고, 농업을 우습게 알았다. 그들이 아는 유일한 요리법이란 달리는 말의 허벅지 사이에 생고깃덩이를 집어넣어 연하게 만드는 정도였다. 옷이라고는 들쥐 가죽을 이어붙인 튜닉스타일의 누더기가 전부였는데 낡아서 떨어질 때까지 결코 벗지 않았다. 그들은 말 위에서 모든 것을 해결했다. 먹고 물건을 사고팔고 회의를 열었을 뿐만 아니라 잠까지 잤다. 그들의 지도자 아틸라Attila 왕은 훈족의 전형적인 외모를 지니고 있었다. 키는 작고 몸집은 땅땅했으며 얼굴은 몸체에

* 콘스탄티노플과 예루살렘의 주교들이 로마, 알렉산드리아, 안티오키아에 이어 총대주교의 지위를 부여받은 곳이 바로 칼케돈 공의회였다. 이는 콘스탄티노플이 로마에 이어 제2의 지위를 누리고 있음이 내외에 다시 한 번 선포된 것이다.

비해 컸다. 작게 찢어진 눈에 들창코, 덥수룩한 턱수염을 기르고 있었던 아틸라 왕은 결코 위대한 지도자가 아니었으며 유능한 장군도 못 되었다. 하지만 그에겐 야심이 있었다. 지배욕에 불타는 이 젊은 이는 몇 년 만에 전 유럽을 공포의 도가니로 몰아넣었다. 그와 같은 인물은 나폴레옹을 제외하고는 전무후무했다.

아틸라가 452년 로마를 향해 파죽지세로 군대를 몰아오다가 돌연 공격을 멈췄다. 정확한 이유는 알려져 있지 않지만 사람들은 교황 레오 1세가 민치오 강가—아마도 강줄기가 시작되는 가르다 호수— 근처 페스키에라쯤에서 아틸라를 만나 철수하기를 설득했다고 믿고 있다. 하지만 이교도인 훈족의 왕이 정말 교황에게 설복당했을까? 레오 1세는 어떤 채찍과 당근으로 그를 설득할 수 있었을까? 상당한 양의 공물을 제공했다는 설이 가장 그럴듯하다. 또 다른 가능성도 있다. 아틸라를 비롯한 훈족들은 미신을 믿는 미개한 사람들이었다. 아마도 교황은 서고트족의 알라리크가 로마를 공격한 다음 어찌 되었는지를 상기시켰을 것이다. 신성한 로마를 침범하는 자에게 어떤 운명이 기다리고 있는지를 넌지시 알려주는 것만으로도 효과가 있었을 것이다. 특히 로마 외곽 지역을 공격하고 난 다음 갑자기 아틸라의 군대에 전염병이 돌기 시작한 데다 식량까지 떨어져서 부하들이 아틸라에게 퇴각을 권유했을 수도 있다. 만약 콘스탄티노플의 제국 군대가 로마를 돕고자 출동한다면 사태는 더욱 불리해질 것이 뻔했다. 로마 정복은 처음 생각했던 것처럼 수월하지 않았다.

이런 여러 가지 이유로 아틸라는 눈물을 머금고 퇴각했다. 1년 후, 이미 수많은 후궁을 거느리고 있었던 아틸라는 새로운 후궁을 맞은 다음 날 피를 흘리며 죽었다. 이로써 그의 모든 노력은 수포로 돌아갔고 온 유럽은 안도의 한숨을 내쉬었다. 아틸라의 시체는 몇몇 포로들에 의해 철, 은, 금으로 된 관에 삼중으로 매장되었다. 구덩이 깊이 관을 내려놓은 다음에는 전리품을 올려놓았고, 그 위에 흙을 덮되 땅을 볼록하게 도드라지지 않게 했다. 장례식이 끝난 후 매장에 동원된 사람들은 모두 처형되어 아틸라 왕의 무덤 자리는 영원히 비밀이 되었다. 덕분에 그의 무덤은 파헤쳐지지 않았다.

어쨌든 교황 레오 1세는 다시 한 번 로마를 구했다. 그러나 3년 후 반달족의 왕 가이세리크Gaiseric가 다시 로마를 위협했을 때는 그도 별수 없었다. 가이세리크를 설득하여 건물에 방화하지 않겠다는 약속은 받아냈지만 14일간의 약탈은 막지 못했다. 교황 연대표Liber Pontificalis에 따르면 이때 로마의 모든 성당에서 은으로 된 성배[聖杯미사 때 포도주를 담는 잔]와 성찬 접시가 모두 약탈 당해 이를 다시 주조하기 위해 레오 1세가 콘스탄티누스 대제 시절부터 사용하던 6개의 성 베드로 성당의 유골함을 녹이라고 명령했다고 한다.

고트족과 반달족에게 유린 당한 로마에는 더 이상 약탈할 물건이 남지 않았다. 로마제국의 영화는 수백 년 전 모두 사라졌고 그 정신은 콘스탄티노플로 옮겨갔다. 이제 남은 것은 그리스도교도들의 로마, 교황의 로마였다. 야만인의 잔혹한 침략에도 살아남았다는 것이 그 사실을 증명했다.

3

—

비질리오

537~555

대大 교황 레오 1세는 사후 로마의 주교로서는 최초로 베드로 대성당에 안치되었다. 그 후 15년 만에 서로마제국은 최후를 맞이했고 역사 속으로 사라지게 되었다. 그러나 476년 9월 4일 제국의 마지막 왕—애처롭기 그지없고 체구도 작았던 어린 통치자—인 로물루스 아우구스툴루스Romulus Augustulus의 퇴위는 백성들도 잘 알지 못했고, 그래서 그들의 삶에도 별 영향을 끼치지 못했다. 거의 백 년 동안 서로마는 혼란 상태에 놓인 채 야만인들의 장군에 의해 차례로 지배를 받고 있었다. 그중 마지막 장군 오도아케르는 스키리아 Scyrian* 출신이었는데 그가 자치적인 독립국임을 선언하는 대신 요구한 것은 그저 귀족의 지위였다. 그것을 발판으로 당시 콘스탄티노플에 군림하고 있던 황제 제노에게 이탈리아에 대한 통치권을 인정받으려는 의도였다.

그러나 제노 황제는 더 좋은 생각을 갖고 있었다. 당시 동고트족

---

* 스키리아족은 여러 게르만족의 분파 중 하나. ‒ 역주

의 지도자 테오도리쿠스Theodoric는 제노의 통치기간 내내 콘스탄티노플 땅을 넘보며 그를 괴롭히고 있었다. 테오도리쿠스의 원래 목적은 흑해 북쪽까지 넓게 흩어져 있던 동고트족들이 영구히 안전하게 머물 수 있는 적당한 땅을 찾는 것이었다. 그 목적을 달성하기 위해 그가 썼던 전략은 회유와 협박이었다. 그는 지난 20여 년간 때로는 콘스탄티노플의 편을 들다가도 대립각을 세우기도 했고, 또 언쟁을 벌이다가 협상을 맺기도 하는 등의 강온 전략으로 콘스탄티노플을 괴롭혔다. 이렇듯 오랜 시간 지속적으로 우정과 적대감을 오가는 어정쩡한 관계는 동고트족과 콘스탄티노플, 양측 모두에게 별로 긍정적인 결과를 가져오지 못했다. 그래서 아마도 487년 말 테오도리쿠스와 제노 황제 두 사람 사이에는 로마를 제노 황제의 통치권 아래 두되, 그곳에 동고트 왕국을 세워 그 땅을 테오도리쿠스가 지배하기로 하는 내용에 합의가 이루어졌던 것 같다.

그리하여 488년 초 동고트족은 로마를 향해 서쪽으로 대이주를 시작했다. 남자와 여자 그리고 어린이들이 말과 짐을 나르는 동물들, 소와 양을 끌고 더 푸르고 평화로운 목초지를 찾아 중앙 유럽의 대평원을 가로질러 천천히 이동했다.

고트족이 로마에 도착하자 오도아케르는 맹렬히 저항했으나 테오도리쿠스는 양측이 합의에 이르기에 앞서 착실하게 그들을 지치게 만들어두었다. 그 합의는 표면적으로는 상당히 관대해 보이는 것으로, 양측이 연합해서 라벤나에서 통치를 하며 황궁도 공동으로 쓰자는 것이었다. 493년 3월 15일 테오도리쿠스는 오도아케르를 그의 형제들, 아들, 수장들과 함께 궁전의 별관에서 열리는 연회에 초청했다. 스키리아 사람들이 상석에 자리를 잡고 앉자, 테오도리쿠스가 앞으로 나오더니 자신의 칼을 뽑아들고는 엄청난 힘으로 내리찍어 오도아케르를 쇄골부터 허벅지까지 두 동강을 내었다. 오도아케르의 수하들은 주변에서 대기하고 있던 감시병들의 손에 의해 처리되었고, 그 틈을 타서 궁정 뜰로 도망을 가려던 그의 동생은 화살에 맞아 쓰러졌다. 오도아케르의 부인은 감옥에 갇혀 굶어죽었고, 그의 아들은 갈리아 지방으로 보내졌다가 이후 처형 당했다. 그 후 스키리아족들을 만족스럽게 제거한 동고트족의 테오도리쿠스는 종족의 전통 복장이던 가죽과 털을 벗어 치우고는 황제의 보라색 가운을 걸치고 정착하여 통치를 시작했다.

장래가 불투명한 출발이었으나, 테오도리쿠스가 권좌에 앉아 있던 30년은 번영 속에 평화가 깃든 시기였다. 그러나 안타깝게도 아리우스주의에 대한 테오도리쿠스의 불명확한 관점만큼은 황제도 교황도 받아들일 수 없었다. 그의 재임 말기는 유스티노Justin 황제가 펼친 이단근절 캠페인과 시기가 맞물렸다. 유스티노 황제의 이단근절 정책에 대한 반항으로 테오도리쿠스는 황제의 최고 고문관이자 철학자였던 보에티우스를 감옥에 가두고 처형할 것을 명했다. 그리고 2년 후 테오도리쿠스는 이단에 반대하는 황제의 칙령을 완화할 목적으로 교황 요한 1세St.Joannes I(523-526)를 콘스탄티노플에 보냈다. 교황이 보스포루스까지 갔던 것은 처음 있는 일이었으므로 교황 요한의 관점에서는 나름 성공적인 여정이었다. 황제는 교황 앞에서 스스로 몸을 낮추고 그를 위해 성대한 환영 연회를 열었다. 연회에서도 실제 교황은 그곳의 총대주교보다 상석에 앉았다. 그러나 황제는 어쩔 수 없이 개종을 했던 아리우스파들이 예전의 이단적 성향으로 회귀하려는 것을 단호히 불허했으므로 테오도리쿠스 입장에서 그 여정은 실패였다.

테오도리쿠스가 뛰어난 인물이었음은 분명한 것 같다. 그는 라벤나 근교 북쪽 지역에 특별하고 웅장한 묘를 건축했다. 묘의 반은 그리스로마 양식을, 또 반은 이방인의 건축술 방식을 적용했다. 당대 두 개의 문명을 주름 잡던 거물이었음을 완벽히 상징하는 것으로 오늘날까지도 남아있다. 게르만의 그 어떤 통치자도 폐허가 된 서로마제국 위에 왕권을 세웠던 테오도리쿠스만큼 정치력이나 정책적 비전을 가졌던 이는 없었다. 526년 8월 30일 그의 죽음으로 이탈리아는 샤를마뉴 대제Charelagne가 등장하기 전까지 초기 중세에 있어서 가장 위대했던 통치자를 한 명 잃게 된 것이었다.

그로부터 정확히 11개월이 지난 527년 8월 1일, 그와 비슷한 위상을 지닌 한 통치자가 콘스탄티노플에서 황제로 옹립되었다. 집권 초기부터 유스티니아누스Justinian 황제는 전 이탈리아 반도를 다시 황제의 지배 아래 두려는 마음을 먹었다. 로마가 포함되지 않은 로마제국은 명백히 모순이었으며 그의 눈에 동고트족의 왕국은 그저 몰아내야 할 이단인, 혐오스런 존재들이었다. 그 일을 공평하면서도 확실하게 해낼 수 있는 사람은 비잔티움의 벨리사리우스 장군뿐이었다.

535년 벨리사리우스는 7500명의 군대를 이끌고 시칠리아를 향해 떠났다. 이렇다 할 전투 한 번 없이 쉽게 그곳을 점령하고 메시나 해협을 건너 본토로 향하며 나폴리를 접수했다. 이후 로마를 포위하여 1년에 걸쳐 끈질기게 공격해 마침내 라벤나까지 함락시켰다. 결국 고트족의 왕 비티게스Vitiges는 항복을 하여 벨리사리우스가 서로마의 황제를 맡아야 한다는 조건으로 도시와 왕좌를 넘겨주겠다는 제안을 한다. 야심에 찬 다른 많은 장군들이었다면 그런 제안을 수락했을 것이다. 그러나 벨리사리우스는 황제에게 완전한 충성을 맹세한 사람으로 그럴 생각은 없었지만, 전쟁을 빨리, 또 승리로 끝맺을 수 있다는 생각에 그 제안을 받아들였다. 라벤나의 성문은 활짝 열렸고, 황제의 병사들은 성 안으로 진군을 해 들어갔다.

결국 비티게스와 그의 가족, 그리고 동고트족의 주요 귀족층들은 포로가 되었다. 그들은 제안을 받아들이는 척하다가 결국은 배신을 한 벨리사리우스의 행동을 맹렬히 비난했을 것이다. 그러나 540년 5월 콘스탄티노플로 돌아가는 배에 몸을 실었던 벨리사리우스 본인은 그 어느 것도 양심에 거리낌이 없었을 것이다. 과연 순순히 왕좌와 도시를 내어주겠다는 고트족의 제안은 믿을 만한 것이었을까? 경위야 어찌되었든, 제국 황제의 입장에서 고트족은 단지 자신들의 정통 권력에 맞서 대항하는 반란군이었을 뿐이다. 약간의 지략으로 라벤나를 쉽게 점령함으로써 벨리사리우스 장군은 양측 모두에게서 엄청난 유혈사태를 막았고, 게다가 자신의 목표도 이루게 된 것이다. 그 덕분에 이탈리아 전체가 다시 황제의 지배하에 들어가게 되었다.

그러나 오래지 않아, 고트족은 자신들의 왕정을 재정립하여 다시 싸움을 걸어왔다. 새로운 젊은 왕, 토틸라Totila는 자신들의 백성들과 다른 고트족들, 그리고 이탈리아 사람들에게도 서로 통합할 것을 호소하며 비잔티움을 이탈리아 땅에서 몰아내고자 했다. 544년 초여름, 벨리사리우스는 다시 이탈리아로 가는 배에 몸을 싣고 있었다. 그러나 이번에는 그가 불리한 입장이었다. 유스티니아누스 황제는 늘 벨리사리우스가 누리는 권력과 인기를 질투했다. 한번은 그가 축적했던 재산을 몰수했다가 돌려준 적도 있다. 또 어느 때는 훈련도 받지 않은 소수의 병력만을 맡긴 채, 그의 권한과 급여를 축소하기도 했다. 벨리사리우스는 최선을 다했으나 토틸라를 저지할 수 없었고, 로마는 결국 546년 토틸라의 손에 함락되었다. 그 후 몇 개월 더 이탈리아 반도에서 밀고 올라갔다가 또 밀려내려가는 답보 상태에 이르자 양측 모두 상대를 제거할 만큼 강력한 힘을 갖고 있지 못하다는 사실이 분명하게 드러났다. 549년 초 벨리사리우스는 다시 콘스탄티노플로 돌아갔다. 1차 이탈리아 원정에서의 승리의 기쁨은 지나가고 2차 원정은 5년이라는 시간 동안 실망과 낙담을 안겨주었다.

토틸라가 로마를 포위하고 있는 동안 교황이 납치되는 다소 놀라운 일이 발생했다. 교황 비질리오Vigilius(537-555)는 로마의 귀족 출신으로 부제*시절에 교황 아가피토 1세Agapetus I(535-536)를 수행하여 536년 이탈리아 원정을 철회해달라고 유스티아누스 황제를 설득하러 콘스탄티노플에 갔으나 성공을 거두지 못했다. 그들이 콘

---

* 과거 7품 중 대품의 하나인 6품, 즉 부제품을 받은 자. 사제의 아래이고 차부제의 위. 임무는 설교, 세례, 결혼식 주관, 본당의 운영, 그외 사항에 있어서 사제를 보좌하는 일이다. ─역주

스탄티노플에 머무는 중에 아가피토가 갑자기 사망했고, 당연히 그를 이어 차기 교황이 되기를 기대하고 있던 비질리오는 로마에서 자기 대신 실베리오Silverius(536-537)라는 자가 교황에 선출되었다는 소식이 날아들자 아연실색했다. 그는 이미 열성적인 그리스도 단성론자인 테오도라 황후의 환심을 사두었던 터라, 이제는 이탈리아에 있던 벨리사리우스가 실베리오를 파면시키고 그 자리에 자신을 임용하기로 비밀협약까지 맺었다. 대신 그는 이탈리아로 돌아가면서 칼케돈 공의회에서 결정되었던 원칙들을 파기하고 단성론적 교리를 선언하겠다고 약조했다. 벨리사리우스가 명령받은 바를 이행하자 비질리오는 서둘러 로마로 돌아가 실베리오를 아나톨리아로 추방한 후 교황에 추대되어 대관식을 거행했다.

545년 가을 무렵, 토틸라의 병력이 로마의 문 앞까지 쳐들어와 있었다. 별 뾰족한 수가 없었던 벨리사리우스는 포위망을 뚫기 위해 갖은 애를 다 썼으나, 황제는 그를 거의 지원해주지 않았다. 유스티아누스는 다른 문제에 마음을 쓰고 있었다. 이제는 시들해져서 오래된 수수께끼가 되어버린 그리스도에 관한 생각이었다. 그것은 거의 1세기 전에 칼케돈 공의회에서 정통교리로 자리를 잡은 것으로, 구원자이신 예수가 하나의 인격 안에서 분리될 수 없는 두 가지, 인성과 신성을 갖고 있다는 점이었다. 그러나 신성은 단독적으로 존재하며 그래서 그리스도를 인간이라기보다는 신으로 보는 단성론자들에게 이러한 시각은 결코 받아들여지지 않았다. 어쩌면 이단일 수도 있는 그들의 시각은 단순히 근절시킬 수 없을 만큼 너무 많은 사람들에게 또 너무 멀리 퍼져나간 상태였다. 이집트는 뱃속까지 단성론을 신봉하는 사람들이었고, 시리아와 팔레스타인은 그 교리가 너무나 확고하여 잠재적 위험요소를 안고 있었다. 반면에 서방에서는 그러한 이단이 존재하기는 했으나 이방인들 사이에서는 단성론에 반대되는 아리우스파가 거의 지배적이었다. 그들은 본질적으로 그리스도를 인간으로 생각하는 시각이었다. 한편, 로마교회는 지조 있게 정통교리를 지켜갔고, 칼케돈 공의회의 방침에서 벗어나는 일이 생기면 발 빠르게 이의를 제기했다. 그러므로 유스티아누스에게 이 모든 상황을 잘 조정해간다는 것은 어렵고 까다롭기 짝이 없는 일이었다. 만약 그가 단성론자들을 너무 가혹하게 처단한다면, 반란이 일어날 위험도 있고 그로 인해 제국에 중요한 가치를 지니는 영토를 잃게 될 수도 있는 노릇이었다. 이집트는 제국에게 옥수수의 주요한 공급지였다. 그렇다고 황제가 그들을 배려해준다면 정통파들의 분노를 불러와 그 어느 때보다 분열될 것이 불 보듯 뻔했다. 그는 자신의 아내가 단성론을 지지한다는 사실을 잘 알고 있었으며 외려 그들을 기꺼이 받아들여주었다. 대외적으로 황제는 때로 강경노선을 따르기도 했는데, 이는 자신의 아내가 비밀리에 그 긴장감을 완화시키는 역할을 한다는 사실을 알고 있었기 때문이다.

이와 같이 상당히 표리부동하고 교묘한 정책 덕분에 황제는 대부분의 단성론과 관련된 공동체들을 그런대로 잘 통제하고 있었다. 그러나 이집트만은 확고하게 분리된 정책을 썼는데 그때 위험한 카리스마를 지닌 새로운 존재가 갑자기 출현했다. 야곱 바라데우스('누더기를 걸친 자'란 뜻)는 메소포타미아 출신의 수도사로 알렉산드리아의 단성론을 지지하는 대주교가 에데사의 주교로 임명한 후 동방교회에 단성론적 생각을 되살리겠다는 사명감에 불타 시리아와 팔레스타인을 종횡무진하며 대략 30여 명의 주교를 임명했고 수천 명의 사제들에게 서품을 주었다.

바라데우스의 발길이 닿는 곳 어디서나 광신적인 열기를 근절시키기 어려웠으므로, 유스티아누스는 당혹감을 감출 수가 없었다. 흘러가는 분위기가 심상치 않았으므로 그 어느 때보다 단성론에 대한 접근에 주의를 기울여야 했다. 서방교회에서는 새로운 위기에 직면한 그의 나약함과 무력함을 비난하고 나섰다. 어떤 적극적인 조치가 필요한 시점이었기에 더 나은 해결책을 모색하던 유스티아누스는 공개적인 비난을 퍼붓는 방법을 선택했다. 직접적으로 단성론자들을 대상으로 하는 것이 아니라 논리적 스펙트럼의 반대편에 있으면서 그리스도의 신성보다 인성을 주장하는 네스토리우스파Nestorians들에게 비난의 화살을 돌리는 것이었다. 네스토리우스파는 일찍이 431년 에페수스 공의회에서 단죄를 받아 당시는 반쯤 잊혀진 상태였다. 그 이후 대다수의 신봉자들이 동쪽에 있는 페르시아나 그 너머로 이주해 갔으므로, 제국 내에는 잔재가 있다 해도 그 수가 극히 적었다. 네스토리우스파들을 공격하는 것은 별로 어려운 일이 아니었다. 네스토리우스파는 단성론자들과 정통파 양측 모두에게 혐오의 대상이 되고 있었다. 이 점을 이용하여 황제 자신이 갖고 있는 권위로 그들의 단죄를 선언한다면 양측에서 증가하고 있는 적대감을 완화하는 역할을 할 수 있지 않을까 하는 기대를 했다. 544년 초, 황제는 이단 자체를 비난하는 것이 아니라 특별히 이단

† 유스티니아누스 황제와 그의 수행단. 6세기의 모자이크. 수행단 중에는 막시미안 대주교도 포함되어 있고, 그림 왼쪽에 방패를 들고 있는 인물이 벨리사리우스 장군으로 추정된다. 라벤나 산 비탈레 성당.

이 표명하고 있는 세 가지에 대하여 비난을 한다는 칙령을 발표했다. 이것이 그 악명 높은 '삼장서 논쟁*'을 불러왔다. 그것은 몹수에스티아의 테오도로, 치루스의 테오도레토, 에데사의 이바스 등 안티오키아의 신학자 3명을 네스토리우스파로 단죄하는 내용이었다.

* Three Chapters. 몹수에스티아의 주교 테오도로와 치루스의 주교 테오도레토, 에데사의 주교 이바스 등을 네스토리우스주의자들이라고 단죄하는 한편 그리스도론에 관한 그들의 저서 내용도 단죄하는 칙령을 반포했다. 이러한 황제 조치에 대한 찬반을 이른바 삼장서 논쟁이라 한다. 삼장서란 이들 3명의 저자들과 그들이 저술한 저서의 내용과 관련된 문서 전체를 가리키는 말이다. 삼장서의 단죄는 죽은 주교들에 대한 단죄로서 교회 사상 초유의 일이었고 칼케돈 공의회에서 사면된 이들에 대한 것으로 공의회의 권위를 손상시키고 단성론을 묵인한 결과라 큰 반발을 불러 일으켰다. - 역주

그것은 어리석은 발상이었으므로, 반응도 싸늘했다. 오직 동방교회의 정통파 성직자들만이—그것도 일부가 마지못해 하며—황제의 방침에 따르기로 동의를 했다. 단성론을 옹호하는 사람들은 정식으로 인정받기를 기대했으나 정작 서방의 로마교회는 그들을 달래기 위한 어떤 시도도 하지 않음으로써 그들의 분노는 가라앉지 않았다. 그리고 네스토리우스파에 대한 공격은 단성론을 지지하는 사람들을 자극할 뿐이었다. 그들은 삼장서에 대한 비난을 완전히 거부하기에 이르렀다. 그리고 콘스탄티노플에 있던 교황의 특사인 스테파노는 총대주교에게 교회에 대한 금지령을 선언함으로써 교황의 불편한 심기를 분명하게 표명했다.

유스티아누스는 처음에는 이와 같은 반응에 당혹스러워했으나, 이내 사안의 심각성을 인지했다. 벨리사리우스의 1차 원정 이후 4년이라는 시간이 흘러가면서 이탈리아 내에서 비잔티움의 위상은 날로 악화되고 있었다. 그 어느 때보다 로마의 지지가 필요한 이 시점에 교황 비질리오와 전 로마교회에 맞서서 반목하는 처지에 처한 것이었다. 모든 일을 빨리 잊고 수습에 들어가야 할 상황이었다. 황제는 '삼장서' 비난을 거부하는 교황에게 항의를 하는 대신 조용히 관계회복을 모색했다.

일 년 반 정도 황제는 이러한 정책적 노선을 계속해 나갔고 만약 상황이 허락한다면 계속 지속할 태세였다. 그러나 벨리사리우스로부터 로마가 포위되어 위협을 받고 있다는 전갈을 받자 그에게는 다른 묘책이 떠올랐다. 만약 토틸라가 로마를 함락시킨다면 교황이 인질로 잡혀도 막을 방도가 없을 것이고 그러면 결과적으로 불

난 데 기름을 붓는 격이 될 것이었다. 생각이 이에 미치자 유스티아
누스는 발 빠르게 움직였다. 545년 11월 22일 제국의 수비병 장교
가 1개 중대의 병력을 이끌고 로마에 도착했고, 체칠리아 대성당에
서 미사를 마치고 나서는 비질리오 교황을 잡아 티베르 강에서 미
리 기다리고 있던 배에 태운 뒤 강을 따라 내려갔다.

포위가 장기적으로 지속되었고 위협을 받고 있는 비질리오 교황
은 불편한 로마에 굳이 남아 있을 마음이 없었다. 그는 자신이 콘스
탄티노플로 이송된다는 말을 들었을 때 별 다른 불평을 하지 않았
다. 물론 테오도라 황후와의 껄끄러운 관계―단성론 지지를 선언
하겠다는 약속을 이행하지 않았던 것에 대해서―를 새롭게 할 희
망을 품고 있었던 것은 아니었으나, 그럴 수밖에 없었던 여러 정황
에 대한 구체적인 설명을 갖고 있었다. 나중에야 알게 되었으나, 곧
황제 부처夫妻를 만나리라는 비질리오의 기대와 달리 그들과의 만
남은 이루어지지 않았다. 그는 1년을 꼬박 시칠리아의 카타니아에
서 죄수처럼 감금되어 지냈다. 그 와중에도 그는 어려움에 처한 로
마의 구호를 위해 곡물을 실은 몇 편의 배를 로마로 보내기도 했다.
547년 1월이 되어서야 그는 그곳을 벗어나 보스포루스로 올 수 있
었다.

이 무렵 삼장서의 단죄를 거부하는 비질리오의 입장은 여전히
확고했다. 유스티아누스는 보스포루스에 도착한 교황 비질리오를
따뜻하게 맞이했지만, 교황은 자신의 권위를 확인할 여유도 갖지
않은 채 곧장 황제의 지시에 동의를 했던 대주교와 모든 주교들에
대하여 4개월의 정직 처분을 내렸다. 그러나 오래지 않아 황제와 황

후로부터 지속적인 압박이 가해졌다. 황후는 예전에 불쾌했던 일을 잊은 것처럼 보였으나, 이 문제에 있어서만큼은 황제 못지않게 집요하고 단호하게 비질리오를 물고 늘어져 지치게 만들었다. 547년 6월 29일 비질리오는 공식적으로 대주교와 화해를 하고, 같은 날 황제에게 삼장서 단죄에 동의하는 서명을 한 문서를 넘겨주었다. 문서에는 서방교회 주교회의의 공식적인 요청이 있을 때까지는 비밀에 부친다는 규정을 명기했다. 비질리오가 암시했듯 그 주교들의 평결 결과는 처음부터 이미 예상 가능한 것이었다. 548년 4월 11일, 비질리오는 판결문을 발표하는데, 거기에는 칼케돈 공의회 이후 흔들림 없이 지켜오고 있는 교리를 지지한다는 것을 강조하면서 삼장서에 대한 파문을 엄숙히 선언한다는 내용이 담겨 있었다.

그로부터 11주 후 황후가 사망했을 때, 황후와 황제가 논쟁에서 승리를 거두고 마침내 다시금 교회의 통합이 이루어진 것처럼 보일 수도 있었다. 그러나 기실, 얼마 못 가 더욱 깊어진 분열의 골이 드러나기 시작했다. 테오도라 황후는 생전에 남편인 유스티아누스 황제보다 더 두려운 존재였으므로 많은 저명한 교회의 사제들이 그녀의 심기를 건드릴까 노심초사하며 자세를 낮췄다. 그러나 그녀가 죽자 그들은 황제의 칙령에 공공연히 반기를 들기 시작했다. 점차 유럽 전역의 사제들도 그들에 동조하기 시작했다. 비질리오가 반대를 하고 나서는 자들에게 무슨 말을 했었든, 삼장서에 대한 그의 파문 조치는 칼케돈 공의회의 기반과 권위를 위협할 정도로 약화시켰음은 모두가 인정하는 바였다. 그러자 교황 비질리오는 서방의 그리스도교도들을 변절자이자 배교자라 매도하기에 이르렀고 이에

카르타고의 주교들은 한 발 더 나아가서 비질리오에 대한 파문을 제기하고 나섰다. 비질리오는 그제서야 자신이 너무 멀리까지 왔음을 깨달았다. 비질리오는 황제 유스티아누스와 황후 테오도라의 압박을 견디다 못해 그렇게 했을 뿐, 결코 처음부터 삼장서의 파문을 주장할 의도가 아니었다. 그에게는 삼장서 파문에 대한 주장을 철회하는 방법밖에는 도리가 없었다. 그의 입장에서는 너무나 모양새 빠지는 일이었지만 그는 용기를 내어 철회했다.

유스티아누스는 최후의 결정타를 칠 수밖에 없었다. 그는 자신의 종교 고문관들인 카이사레아의 주교, 테오도로에게 두 번째 칙령의 초안을 작성할 것을 명했는데 그것은 처음 칙령보다는 상당히 발전한 것이었다. 그는 또한 그 새로운 칙령을 알리기 위해 공의회를 소집했다. 의심의 여지없이 콘스탄티노플에 온 많은 서방교회 사제들로부터 지지를 받고 있는 비질리오는 그 문서가 칼케돈 공의회에서 내려진 평결을 정면으로 반박하는 것이므로 즉각 철회되어야 한다고 주장했다. 예상대로 유스티아누스가 이를 거부하자, 교황은 콘스탄티노플에 와 있는 서방과 동방의 모든 주교들을 소집하여 회의를 열었다. 이 회의에서는 만장일치로 그 칙령에 반대할 것을 합의했고, 파문에 대한 증거가 드러나는 교회에서는 그 어떤 성직자의 미사 집전도 엄중히 금지하겠다는 결의를 했다. 며칠 후, 두 명의 고위 성직자가 그 칙령을 무시하고 나섰다가 그 자리에서 파문을 당했고, 대주교도 같은 신세가 되었다.

유스티아누스 황제는 평소에도 분노를 잘 하는 것으로 유명했는데 이 소식을 듣고는 분노가 극에 달했다. 자신도 체포될 수 있다는 두려움을 느낀 비질리오 교황은 은신처를 찾아 소피아 성당 남쪽 마르마라에 황후가 최근에 건축한 성 베드로와 성 바오로 성당으로 갔다. 그가 성당에 당도함과 동시에 황제의 수비대가 도착했다. 당시 그 상황을 지켜보고 후일 한 프랑크족의 대사에게 상세히 기술했던 여러 명의 이탈리아 사제들의 증언에 따르면*, 그 병력이 갑자기 들이닥치더니 칼을 빼들고 화살을 겨누며 위협하자, 교황은 높은 제단을 향해 황급히 도주했다. 그러는 사이 여러 사제들과 부제들이 교황을 둘러싸며 수비대에게 항의하는 통에 실랑이가 벌어져 몇몇이 부상을 당하기도 했다. 곧이어 병사들은 교황만을 붙들었는데, 붙잡힐 당시 비질리오 교황은 제대를 떠받치고 있던 기둥을 단단히 부여잡고 있어서, 억지로 끌어내리려 다리를 잡기도 하고 머리채를 당기는가 하면 턱수염을 붙잡고 늘어진 자도 있었다. 그러나 병사들이 끌어내리려 할수록 교황은 더욱 강하게 기둥에 붙어서 떨어질 줄을 몰랐다. 결국 더 이상 힘을 받지 못하게 된 제단의 기둥이 흔들렸고 간신히 그의 머리를 비껴 제대 전체가 바닥으로 내려앉았다. 이때 이 소란에 놀라 몰려든 군중들이 그리스도의 대리자를 그런 식으로 다루는 것에 격렬하게 항의했다. 병사들도 불편한 마음을 감출 수가 없었는지 현명하게도 철수하기로 결정하고는 크게 놀라긴 했어도 의기양양하게 피해 상황을 살피는 비질리오를 뒤로하고 자리를 떴다. 다음 날, 벨리사리우스가 친히 찾아와 지난번 발생했던 불미스러운 일을 황제가 후회하고 있음을 표했다. 또

* 그들의 편지를 장 폴 미뉴의 〈*Patrologia Latina*〉 vol. LXIX 113~119에서 찾아볼 수 있다.

교황이 불안에 떨 필요 없이 유스티아누스 황제가 마련한 궁전으로 안전하게 돌아갈 수 있도록 해주겠다는 공식적인 확약을 해주었다.

비질리오는 즉시 돌아왔으나 곧 엄중한 감시를 받는 가택 연금에 준하는 사태에 놓여 있음을 알게 되었다. 그는 또한 현재의 교착 상태를 타개하고, 서방교회들 사이에서 겨우 회복시켜놓은 자신의 위상을 지켜내려면 뭔가 조치를 취해야만 한다는 사실을 깨달았다. 551년 12월 23일 성탄절을 이틀 앞둔 날 밤, 작은 창문으로 궁을 빠져나온 비질리오는 보스포루스를 건너 칼케돈으로 향하는 배에 몸을 실었다. 배가 육지에 닿는 즉시 그는 에우페미아 대성당으로 향했다. 그는 공의회의 권위를 제대로 인정하지 않는 황제로부터 멀리 떨어진 이곳까지 와서, 451년 공의회가 열린 장소에 적극적으로 자기 자신을 드러냈다. 또 그가 황제를 피해 달아난 곳이 정확히 100년 전에 공의회가 열렸던 자리라는 점에서 보자면 그의 행보는 상당히 현명할 뿐 아니라 상징적인 의미까지 있다. 다시 한 번 벨리사리우스를 필두로 하는 대표단이 그에게 항변을 하러 찾아왔으나 비질리오도 이번만큼은 확고부동한 자세를 굽히지 않았다. 며칠 후 군인들이 파견되어 왔지만 사제들을 몇 명 붙잡아가는 데 만족할 뿐 교황은 붙잡아가려는 시도를 하지 않았다. 한편 비질리오는 유스티아누스에게 회칙**이라고 하는 장문의 편지를 작성했다. 거기서 논란이 일고 있는 부분에 대하여 자신의 견해에다 나름의 설명을 덧붙여서 황제가 제기한 비난에 대해 답변했다. 그리고 다시 한 번

** Enyclica. 교황이나 교황청의 공식 문서들을 말한다.

협상을 제의하는 내용을 적어넣었다. 그다지 유화적인 분위기는 아니었으나, 비질리오는 그 와중에 대주교와 더불어 지난 8월 그의 분노를 불러왔던 두 명의 또 다른 주교들에 대한 파문을 선고했다.

552년 봄 협상이 재개되었고, 그해 6월 유스티아누스는 어쩔 수 없이 주요한 전략적 양보를 결정했다. 대주교와 함께 파문을 당했던 주교들이 에우페미아 대성당으로 파견되어 비질리오 앞에서 겸손하게 사과를 했다. 그 일이 있은 후 비질리오는 다시 궁으로 돌아갔다. 양측에서 최근 만들어진 모든 진술과 황제의 칙령을 포함하여 일단 삼장서를 덮어두는 쪽으로 합의했다. 교황을 지지하는 사람들에게는 승리를 거둔 것으로 보였겠으나, 유스티아누스는 아직은 완전히 패한 것이 아니었다. 그는 새로운 공의회를 소집하면서 회의를 주재하도록 비질리오를 초청했다.

이론상 교회의 공의회는 전 세계 그리스도교도들을 대표한 주교들의 집회였다. 모든 주교들이 한 자리에 모였을 때, 성령께서 그들에게 임하사 그들이 내리는 선언에 일종의 무류성을 부여하시는 것으로 믿어졌다. 그들이 내리는 판결은 최고의 권위를 가지며, 그들이 내리는 결정이 최종적인 것이었다. 그러나 기실 참석자는 불가피하게 선택적일 수밖에 없었다. 그래서 만약 교회가 어떤 쟁점을 두고 분열한다면, 공의회의 심의 결과는 하느님의 개입보다는 양측에서 참석 가능한 주교들의 수에 따라 결정되기 쉬웠다. 서방교회보다는 동방교회의 주교 층이 더욱 두터우므로 공의회가 콘스탄티노플에서 열린다면 동방교회 측의 주교들이 상당한 다수를 장악하게 될 것이란 점을 황제도 교황도 알고 있었다. 따라서 비질리오는 표결은 동방과 서방 양측의 동일한 수의 대표부로 구성된 소위원회에서 결정되어야 한다고 제안했다. 하지만 유스티아누스는 이를 거부했고, 이후 제안된 대안들도 당연히 거절했다. 이쯤 되자 교황은 모든 의회의 출석을 거부하는 데 승부수를 던지기로 했다. 결과적으로, 553년 5월 5일 성 소피아 성당에서 5차 공의회가 열렸고, 168명의 주교가 참석했다. 그중 서방교회의 주교는 11명뿐이었고, 그들 중 9명이 북아프리카에서 온 이들이었다. 유스티아누스 황제도 회의에 영향력을 미치고 싶지 않다며 의회에 나서지 않기로 했다. 그러나 대표단에게 보낸 황제의 편지가 개회식에서 낭독되면서 그들이 이미 앞서 삼장을 파문시켰던 사실을 상기시켰다. 회의에 참석한 누구든 황제가 기대하는 바가 무엇인지 모를 리가 없었다.

의회는 일주일에 걸쳐 진행되었다. 반복적으로 출석 요구를 받던 교황은 5월 14일 자신의 서명과 더불어 19명의 서방교회의 사제들의 서명을 담아 교황령[교황의 이름으로 발표되는 문서 중 최고의 권위를 지니는 교황문서]이라는 것을 작성했다. 그것은 어느 정도 절충안으로써 몹수에스티아의 주교 테오도로의 글에는 중대한 오류가 확실히 들어있음을 인정하는 것이었다. 그러면서도 비난을 받고 있는 다른 두 명은 칼케돈에서 '정통 교부'로 판결받지 못했음을 지적했다. 그리고 어떤 경우라도 죽은 자들에 대해 파문을 선언하는 것은 적절한 조치가 아님을 표방했다. 그러므로 현재 일고 있는 삼장 문서에 대한 논란은 근거가 없으며 불필요한 것이므로 이 논란 자체가 규탄받아야 한다고 했다. 또한 그는 '하느님의 은총으로 우리가 통솔하고 있는 교황청의 권위로' 어느 성직자든 이 문제에 대해 더 이상의 의견을 내는 것을 금지하겠다며 결론을 맺었다.

　5월 25일이 되어서야 교황은 이 교서의 사본을 황궁으로 공식적으로 보냈다. 그것이 제대로 받아들여지리라는 기대는 할 수도 없었고, 이탈리아 내의 상황이 변화할 것이라고도 생각지 못하고 있었다. 이탈리아에서는 토틸라가 사망했고 고트족이 패했다. 황제는 더 이상 이탈리아에서 로마 시민들의 지지를 얻으려 애쓸 필요가 없어진 것이었다. 비질리오와의 논쟁은 이미 지겨울 만큼 많이 벌인 터라, 이제 황제는 최소한 교황이 마땅한 대가를 치르게 할 수 있는 입장이 되었다. 황제는 비질리오의 교서에 대한 답을 하지 않았다. 대신 자신의 비서관을 한 명 의회에 파견했는데, 그 비서관의 손에는 547년 6월 삼장서 파문을 의결했던 교황의 비밀 선언서와 더불어 지향판*에서 비질리오의 이름을 즉시 제명하라는 내용의 칙령도 들어 있었다. 그러면서도 유스티아누스는 비질리오와는 개인적으로 절연을 하지만 로마의 교도들과의 단절이 아님을 강조했다. 5월 26일 7차 의회가 열릴 때, 의회는 공식적으로 황제의 칙령을 확인하며 교황이 자신의 잘못을 참회할 때까지 그를 규탄했다.

　비질리오에게 그것은 종말이 왔음을 선고받는 것이었다. 불명예를 안고 마르마라의 한 섬으로 유배당한 그는 의회의 조사결과를 받아들이기 전까지는 로마로 돌아올 수 없다는 선고를 받았다. 그

* 두 쪽으로 이루어져 접을 수 있게 만들어졌고, 그 안에는 전례 중에 특별기도 지향이 필요한 모든 생존해 있거나 사망한 그리스도교들의 이름이 새겨져 있다. 이름을 제명한다는 것은 거의 파문선고와 같은 의미이다.

는 6개월 동안은 굴복하지 않았다. 그러나 그즈음 담석증으로 끔찍한 고통에 시달리자 결국 완전한 항복을 선언했다. 12월 8일 대주교에게 쓴 서신에서 그는 앞서 자신이 저질렀던 모든 잘못을 시인했고, 554년 초—거의 유스티아누스의 강요에 의한 것이 확실하지만—서방교회에 두 번째 교황령을 보냈는데, 거기에 삼장서와 그를 옹호하는 사람들까지도 공식적으로 비난하였다. 그 자신에 관하여는 '삼장을 방어하는 명목으로 내 이름하에 어떤 의견이 나오든 어디서 발견되든 그 모든 것은 무효가 된다.' 라는 내용을 담고 있었다. 그는 더 이상은 말을 할 수가 없었다. 여행을 계속하기에는 너무 병약해져 있었기에 일 년을 콘스탄티노플에 더 머물던 중, 고통이 일시적으로 완화되어 로마를 향해 출발했다. 그러나 고향으로 돌아가는 중 무리를 한 탓이었는지 상태가 갑자기 악화되어 시러큐스에서 여정을 중단할 수밖에 없는 지경이었다. 그곳에서 육신도 영혼도 쇠약해진 그는 더는 버티질 못하고 선종했다. 그러나 성 베드로 대성당에는 그를 위한 무덤 자리는 없었다.

비질리오의 일화는 교황의 지위에 말할 수 없는 손상을 초래했다. 그의 후계자인 펠라지오 1세Pelagius I(556-561)가 교황에 즉위하는 즉시 삼장 비난에 자신의 목소리를 보태자 교황의 위신은 너덜너덜해지고 말았다. 밀라노와 아퀼레이아를 포함한 몇몇 주교 관구들이 로마와의 친교를 중단했다. 밀라노 관구와 그 관계가 회복되는 데는 약 반세기의 시간이 걸렸다. 아퀼레이아, 이스트리아와 예전의 상태로 돌아가기까지는 100년하고도 25년이라는 세월이 흘러갔다. 한편 555년 유스티아누스는 향후 로마 주교의 선출을 위해 자신이 사적으로 내리는 명령은 반드시 달성되어야 한다는— 즉시 행해져야 하는—칙령을 선포했다. 그러나 561년 펠라지오가 사망하고 30년도 지나지 않아 새로운 교황이 서임되었는데, 그는 이렇게 특별히 단절된 갈등의 골을 메우지는 못했지만, 새로운 힘을 불어넣고 방향을 제시하며 교황의 자리를 완전히 탈바꿈시켰다.

그가 바로 대★ 그레고리오 1세Gregory I 교황이다.

4

대 그레고리오 1세

590~604

유스티아누스는 비록 삼장서 논란의 많은 부분을 자신이 조장하기는 했지만, 그로 인한 여러 걱정으로 이탈리아에 관한 문제는 접어두고 있었다. 그는 언제나 동고트족을 과소평가했다. 그도 그럴 것이 토틸라의 로마 함락이 끝나고 547년 4월 비잔티움은 딱 4개월 만에 로마를 수복했기에 황제는 약간의 시간만 더 있다면 고트족은 저절로 흩어져 사라질 것이라는 믿음을 갖게 되었다.

자만이 지나친 탓이었을까? 고트족은 그렇게 쉽게 사라져주질 않았다. 550년 1월 16일 제국의 주둔군에 불만을 품고 있던 사람들이 토틸라 측의 고트족들에게 두 번째로 성문을 열어주었다. 고트족이 546년 로마에 입성을 했을 때는 침략이 목적이었지만, 이번에는 정착을 하기 위한 것이라는 여러 정황들이 포착되었다. 그들 중 다수가 빈집에 찾아들어가 가족들과 함께 짐을 풀었다. 원로원이 다시 문을 열었고, 피난을 떠났던 로마 사람들에게는 두고간 자신들의 집으로 다시 돌아오도록 회유했다. 파손된 건물들이 복구되었다. 다음 해 여름 토틸라는 그의 의도를 보다 분명히 보여주는 여러 결정적인 증거를 드러냈다. 원형경기장Circus Maximus에서 치러지던 경기들을 완전히 부활시켜 황제가 관람하던 자리에 앉아 개인적으로 경기를 주재했다. 한편 그의 무리들은 이탈리아와 시칠리아를 점점 황폐화한 뒤 551년 약탈한 물건들을 최대한으로 싣고 돌아갔다. 제국의 위상에 모욕을 가져온 이 두 가지 일 때문에 유스티아누스는 분노하여 일련의 조치를 감행했다. 유스티아누스는 사촌인 제르마누스를 새로운 원정의 지휘관으로 임명했는데, 그는 550년 가을 고열로 사망했다. 상황이 이쯤 되었으니—예전에도 물론 그랬던 경험이 있는—유스티아누스는 다시 벨리사리우스에게 손을 내밀었을까? 만약 그랬다면 벨리사리우스가 거절한 것이 분명하다. 왜냐면 이탈리아를 제국의 통치권 아래로 되찾으려는 마지막 시도를 위해 선택된 사람은 나이가 일흔은 족히 넘은 나르세스라는 환관이었다.

유스티아누스의 선택은 그렇게 잘못된 것은 아니었던 것 같다. 비록 나르세스가 평생 많은 시간을 황궁에서 보낸 것은 맞지만, 1차 이탈리아 원정 때 벨리사리우스와 함께 참전했으므로, 군사적 경험이 없는 사람은 아니었다. 그는 지휘관으로서 능력이 출중했고, 강한 의지와 결단력을 가진 인물로, 고령과 환관임에도 여전히 강인한 에너지와 단호함을 잃지 않고 있었다. 그는 자신에게 주어진 임무의 중요성에 대해서도 제대로 인지하고 있었다. 당시 로마의 도시 중 비잔티움의 통치 아래 남아 있는 도시는 라벤나, 안코나, 오트란토, 코로토네 4개 도시뿐이었다. 그는 유스티아누스가 이런 사실을 누구보다 잘 알고 있음을 꿰뚫고 있었기에 황제를 설득해 최소한 3만 5천 명의 인원을 요청했다. 이렇게 해서 552년 초 여름 나르세스는 그 병력을 이끌고 로마로 들어갔다. 6월 말에 이르러 스케자라는 새롭게 건설된 도시 근처의 타지나에서 로마와 고트족의 군사들이 서로 맞붙게 되었는데 그것은 전체 전쟁 중에서도 아주 결정적인 전투였다. 계속해서 측면 공격을 받아 고전하던 고트족의 군사들은 해가 지자 당황하여 달아났다. 토틸라 자신도 치명적인 부상을 입고 수하들을 데리고 달아나다가 몇 시간 만에 캐프라라는 작은 마을에서 사망하고 말았다. 한 번의 전투가 더 남아있었는데, 토틸라 측의 가장 용맹스런 장군인 테이아는 계속 투쟁을 이어가기로 결심했다. 그리고 10월 말에 이르러 오래 전에 사라진 도시인 폼페이에서 약 1.5~3.2킬로미터밖에 떨어지지 않은 곳에서 마지막 전투가 벌어졌다. 베수비오 산 바로 아래에서 일어났던 그 전투는 이탈리아 내에서 고트족이 치른 마지막 전투로 기억되고 있다. 유스티아누스의 원대한 야망이 드디어 실현된 것이었다.

그러나 오래지 않아, 그 전쟁이 지난 자리에 암흑기가 도래했다. 북쪽의 밀라노도, 남쪽의 로마도 폐허가 되어 이탈리아에는 황량함만이 감돌았다. 그리고 고트족이 떠나고 채 몇 년이 지나지 않아, 새로운 게르만의 무리들이 그 자리에 나타났다. 그들은 전쟁을 즐기는 알보인Alboin을 왕으로 둔 랑고바르드족Lombards으로 568년 알프스를 넘어 사정없이 밀고 들어와 이탈리아 북부와 아직도 그 이름을 간직하고 있는 롬바르디아 대평원까지 그 세력을 뻗쳐가더니 마침내 파비아에 자신들의 수도를 건설했다. 그로부터 5년이 안된 시점에 그들은 밀라노, 베로나, 플로렌스까지도 함락시켰다. 유스티아누스, 벨리사리우스, 나르세스가 그토록 값을 치르고 어렵게 승리를 거두어 얻어낸 비잔티움의 통치권은 그렇게 허망하게 다시 빼앗기고 말았다. 진군을 하는 랑고바르드족의 전선은 결국 라벤나의 관할 구역과 로마의 경계까지 넘어왔다. 그러나 그들의 선봉대는 계속 진군하여 스폴레토와 베네벤토에 독립적인 거대 영지領地를 세웠다. 여기를 근거지로 남부의 나머지 지역들도 정복할 수 있었겠지만, 그럴 만큼 확고하게 통합을 이루어내지는 못했다. 아폴리아, 칼라브리아, 시칠리아는 여전히 비잔티움의 통치하에 있었고, 대부분의 해안 지역들도 마찬가지로 비잔티움의 영향권 아래 있었다. 랑고바르드족은 해양에는 관심을 보이지 않았는데, 그들은 실제 지중해 사람들도 아니었다. 로마가 그렇게 밀고 들어오는 랑고바르드족에게 항복하지 않았던 것은 100년 전 아틸라의 공격에서 안전했던 것만큼이나 기이하고 기적과 같은 일이었다. 다시 한 번 로마를 안전하게 지킨 사람은 교황이었고, 그는 베드로에서 이어지는 교황의 권위를 가장 확고하게 다진 인물이기도 했다.

그레고리오Gregory는 고르디아노Gordian의 아들로 태어났으며 그의 가문은 오랜 전통을 지닌 부유한 로마 출신으로 교황과도 깊은 인연이 있었다. 그는 교황 아가피토 1세Agapetu I(535-536)와 연관이 있었던 것으로 보이며, 펠릭스 3세Felix III(483-492)의 직계 후손임은 확실하다. 그레고리오가 태어난 연도는 불확실하나, 540년경으로 추정된다. 처음에 그는 교회의 사제직보다는 공직을 선호했으며 573년, 30대 초반의 나이로 로마시의 지사자리까지 올라갔다. 그러나 같은 해 아버지가 사망하자, 그의 삶은 새로운 전환을 맞게 되었다. 그는 모든 공직에서 물러나면서 카에리우스 언덕에 있던 자기 가문의 성을 베네딕토St. Benedict 수도원으로 바꾸는 동시에 시칠리아에 있던 가문의 땅에 6개의 수도원을 더 설립했다. 그리고 자기 자신도 수사로 입문했다.

당시 이탈리아에서 수도생활은 새로운 개념이었다. 동방교회에서는 오랜 시간 신앙생활의 일부로 유지되어왔으나, 서방교회에서는 베네딕토에 의해서 처음 도입된 것으로 그 역사가 오래 되지 않다. 베네딕토는 그보다 한 50여 년 앞서 몬테 카시노라는 곳에 큰 수도원을 설립했고, 수도사들의 생활규칙을 정했는데, 그 규정들은 오늘날까지도 준수되고 있다. 수도원의 설립은 즉각적인 반향을 불러일으켰다. 로마제국은 멸망했고, 유럽 전역에서 이방인들이 그 세를 확장해가면서 서방은 깊은 염세주의에 빠져 있었다. 그레고리오는 당시 상황을 두고 '세상은 하루하루 죽음을 재촉하며 점점 나이 들어 생기를 잃어가고 있었다.'고 표현했다. 그러한 세상사에서 육체노동과 명상이나 기도를 하는 삶으로의 소명을 받는 것은 매력적인 일이었다. 베네딕토가 세상을 떠날 당시 그레고리오는 어린아이였지만 향후 교황이 될 그에게 베네딕토가 끼친 영향력은 깊었고 오랜 시간 지속되었다. 그레고리오는 어쩔 수 없이 수도사 생활을 그만두었는데, 오랜 시간이 지나서 그는 수도원에서 지냈던 3년의 시간이 가장 행복한 시간이었음을 깨닫게 되었다.

교황 베네딕토 1세Benedict I (575-579)는 그레고리오를 로마의 7개 교구 중 한 곳의 부제로 임명하여 지역 행정과 가난한 이들을 돌보는 임무를 부여했다. 그 후 약 580년 경, 베네딕토 1세의 뒤를 이은 교황 펠라지오 2세Pelagius II(579-590)는 그레고리오를 교황청 대사로 임명해 콘스탄티노플로 파견했는데 교황은 랑고바르드족의 진군에 대항할 군대를 보내달라고 황제를 설득하겠다는 헛된 희망을 품고 있었다. 불운했던 교황 비질리오가 묵었던 같은 숙소를 배정받은 그레고리오는 콘스탄티노플에서의 5년 시절을 그의 선임자들만큼 은 즐기지 못하는 듯했다. 그는 그리스인과 관련한 모든 것을 불신한 탓에 줄곧 그리스어 배우기를 거부했다. 그래도 이 시기가 완전한 시간 낭비만은 아니었다. 그는 파견 당시 재임했던 두 명의 황제들로부터 존경과 인정을 받아서, 585년에는 비잔티움 궁정과 그 생활 방식에 대하여 많은 정보를 안고 로마로 돌아오게 되었다.

그레고리오는 콘스탄티노플로 파견을 나가면서 몇 명의 동료 수도사들을 동반했기에 그의 일상은 외교사절단이라기보다는 수도사의 생활에 더 가까운 것이었음이 분명하다. 그럼에도 궁에서의 생활은 아무래도 구도적인 삶의 긴장감을 떨어뜨린 탓이었는지, 그는 로마로 돌아오는 즉시 다시 수도원으로 들어갔고, 이번에는 3년이 아니라 5년이나 머물렀다. 그러나 교황 펠라지오 2세가 당시 유행하던 역병으로 선종하자, 그가 확실한 적임자로 떠올랐다. 수도사 출신으로는 최초로 교황 직위에 거론된 그는 많은 망설임 끝에 수락했다. 그는 콘스탄티노플의 대주교 요한에게 보낸 글에서 자신은 물이 잔뜩 들어찬 낡은 배 한 척을 상속받았는데 그 배의 목재들은 썩어서 난파될 위기에 처해 있다고 적었다. 이탈리아는 홍수와 역병, 기근으로 거의 파괴되다시피 했고, 게다가 랑고바르드족은 사실 로마의 성문 앞까지 밀고 들어와 있는 상황이었다. 그는 다음과 같이 적고 있다.

적들이 휘두르는 칼의 위협 앞에서 로마를 지켜내야 하고, 그들의 갑작스런 공격으로부터 시민들의 안전을 도모하고, 동시에 영혼의 구원을 위한 강론을 완전히 그리고 효과적으로 전달하면서, 제가 신도들의 필요를 어떻게 헤아릴 수 있을까요? 하느님의 말씀을 전하기 위하여 우리는 걱정을 내려놓고 완전한 마음의 평화를 유지해야 하는데 말입니다.

그러나 그레고리오의 속마음은 그렇지 않았다. 그는 곧 암흑의 시대에 교황의 역할은 자신이 앞서 수행했던 지사라는 공직이 하는 일과 거의 비슷하다는 사실을 깨닫게 된다. 로마는 랑고바르드족을 피해 들어온 3천 명의 수녀들을 포함하여, 난민들로 넘쳐나고 있었다. 그가 했던 첫 번째 일은 교회의 기금으로 시칠리아에서 곡물을 들여와 시민들의 비참한 생활을 어느 정도 완화시켜주는 것이었다. 하지만 라벤나 지역을 담당하던 비잔티움 출신의 총독 로마누스는 이를 어렵게 했다. 그레고리오의 협력자가 되어야 마땅한 로마누스는 유별나게 교황의 권위와 특권을 시기하여 교황의 노력에 손 하나 까딱하는 정도의 지지도 보내지 않았다. 이에 교황은 '우리를 향한 그의 악의적인 태도는 랑고바르드족의 무자비한 칼보다 더 나쁘다.'고 불만을 토로했다. 결과적으로 그레고리오는 실질적으로 전

이탈리아의 중부에서 공직자로서, 그리고 군대의 관리자로서의 역할까지도 수행하게 되었다. 물품들을 준비시키고 교회 기금에서 군대의 급여를 해결할 뿐 아니라 그들의 움직임을 관리하고, 이제는 동시다발적으로 일어나는 스폴레토와 베네벤토의 랑고바르드족 통치자들과 알보인의 후계자인 아길룰프Agilulf 왕의 공격으로부터 로마와 나폴리를 방어하는 책임까지 떠맡았다. 때때로 이 모든 일들을 감당해낸다는 것은 교황의 재정에 엄청난 타격을 주었으나, 총독은 계속해서 적대적인 태도를 보이며 방관했다. 심지어 그의 휘하에 있던 관리들이 뇌물까지 요구하는 지경에 이르렀지만 그레고리오는 선택의 여지가 거의 없었다. 598년에 불편한 평화가 일단락 지어질 때까지 그의 재정적 희생은 계속되었다.

그 모든 돈이 어디서 왔을까? 소위 베드로로부터 내려온 세습재산으로 서부유럽 전역과 북아프리카의 일부 지역까지도 뻗쳐 있던 상당한 양의 땅에서 조성된 것이었다. 이 토지는 상당 부분 독실한 사람들의 기증이나 기부 덕분에 수세기에 걸쳐 축적되어온 것이었다. 또한 최근 수년 사이에는 이방인들로부터 그 땅을 지켜내기 위한 선임 교황들의 결단력 덕분이었다. 이제 교회는 서방에서는 가장 넓은 토지의 소유주가 된 것이다. 그 종류도 다양하고 멀리 흩어져 있어 효율적 관리가 극히 어려웠으나 그레고리오는 진지하게 그 일에 착수했다. 세습재산을 15개 지역으로 분리하고 시칠리아에만 두 곳을 따로 두어, 교황이 개별적으로 지명한 주임 신부에게 세 수입이나 생산물의 수송이나 판매는 물론 정확한 회계 관리와 모든 자선 기구와 교회와 수도원의 유지에 관한 책무도 맡겨 상당한 힘을 부여했다.

이러한 변화로 교황의 상법부는 급속한 발전을 하게 되었다. 그레고리오는 교황에 즉위하고, 그 일을 19명의 부제들의 손에 맡겼다. 그중 7명은 로마시의 7개 구역을 담당했는데, 일반적으로 바로 이 부제들 가운데 교황이 선출되었다(보통 이들에게 추기경이라는 비공식적인 호칭이 붙기도 하는데, 오늘날 우리가 알고 있는 추기경이라는 개념은 그로부터 100년이 지나서야 나타나게 되었다). 그레고리오는 그들의 수를 몇 배 늘렸을 뿐 아니라 조직화 했다. 그는 차부제, 서기관, 회계 담당자, '그리스도의 수호자'라는 최고 관리직 등의 새로운 지위를 만들었다. 이들은 함께 민원 담당 서비스를 구성하여 콘스탄티노플 이외의 유럽 지역에서는 견줄 수 없는 시스템을 구축했다. 이와 같은 방법으로 그는 필요시에는 그들을 통제할 수 있도록 수백 명의 주교들과도 연락을 취해야 했지만, 그들 모두가 교황의 권위에 존경을 표할 준비를 갖추고 있지는 않았다.

교황의 새로운 상법부는 외국과의 관계도 담당했다. 그리스도교에서 어느 지역보다 중요한 곳은 비잔티움 제국이었다. 582년부터 카파도키아 출신으로 오랜 기간의 훌륭한 군사적 기록을 보유하고 있는 마우리키우스Maurice라는 이름의 군인이 황제로 재임했다. 일반적이라면, 그와 교황은 충분히 잘 지낼 수 있는 상황이었다. 그러나 588년, 그레고리오가 교황의 임기를 시작하기 2년 전, 콘스탄티노플의 주교인 요한은 자청하여 총總대주교라는 지위에 올랐다. 이는 전 세계적으로 교황을 포함한 고위성직자들에 대한 최고 우위를 내포하는 것이다. 요한이 그러한 주장을 펼친 최초의 주교는 아니었다. 그 칭호는 이미 여러 시대에 사용이 되었기 때문에 그다지 주목을 끌 만한 일도 아니었다. 하지만 이번에는 교황 펠라지오가 노기에 찬 조언을 전했다. 또 그레고리오도 교황에 즉위하여 불쾌감을 분명히 드러내며 두 통의 편지를 콘스탄티노플로 보냈다. 한 통은 황제 앞으로 보낸 것으로 제국의 평화를 위해 저항하는 주교를 좀 자중하게 해달라는 요청이었고, 또 한 통은 콘스탄티나 Constantina 황후에게 보낸 것으로 남편인 황제가 펼치는 일에 적극적으로 도와 달라는 요청의 편지였다. 교황은 총대주교라는 칭호를 받아들인 요한의 오만함이 반그리스도 시대의 도래를 알리는 명백한 징조라 주장했다.

콘스탄티나 황후가 편지에 대한 답장을 했는지 알 길은 전혀 없다. 다만 그녀의 남편인 황제는 답을 했고, 그 내용은 자신의 대주교를 지지한다는 것이었다. 그레고리오는 눈에 보일 정도로 분노했다. 마우리키우스 황제는 젊은이들이 수도원에 들어가는 것을 조건으로 군복무의 의무를 저버리는 관행을 금지하는 칙령을 발표했다. 자신도 수도생활을 위해 공직을 내놓았던 이력이 있었던 그레고리오는 황제의 조치가 교회를 강타하는 짓이라며 맹렬히 비난했다. 이에 비잔티움도 분노했다. 교황의 항의로, 이제 교황이라는 절대적인 호칭이 총대주교 체제의 한 요소로 전락하는 것이 당연해 보일 지경이 되었다.

그레고리오의 후계자들은 현명하게도 이런 상황을 애써 무시했지만, 이 사건이 서방과 동방교회 사이에서 꾸준히 자라고 있던 경쟁 관계에 새로운 국면을 맞이하는 일이었음을 양측에서는 충분히 인지하고 있었던 것 같다.

이 경쟁구도는 또한 교황의 평판에 지울 수 없는 오점을 남기는 단초를 제공했다. 602년 11월 마우리키우스 황제의 통치가 돌연 중단이 되면서 이 대립은 조기에 끝났다. 발칸지역의 이방인들인 아바르인과 슬라브족에 대항하기 위하여 배치되어 있던 황제의 군대는 겨울에는 콘스탄티노플로 돌아오기를 고대하고 있었다. 하지만 갑자기 다뉴브 강 너머의, 사람이 지내기 어려운 지역에 남아 있으라는 명을 받았다. 그들은 혹한과 불편한 야영 생활을 견디며 그 지역 주민들과 부딪히지 않고 살아남으려 애썼다. 하지만 야만인들의 약탈이 계속되는 위험까지 겹치자 황제의 군대는 더는 참지 못하고 반란을 일으켰다. 그들은 100인 대장* 중 한 명을 자신들의 지도자로 추대했는데 그가 바로 잔혹하고도 피에 굶주린 괴물 같은 인물로 묘사되는 포카스Phocas였다. 그는 마우리키우스 황제와 그의 다섯 아들들—그의 장자는 교황의 대자代子였다—을 모두 살해했고, 세 명의 딸들은 수녀원으로 보낸 뒤 로마제국의 황제로 등극했다. 그런 극악무도한 행위는 그레고리오 교황으로부터 강력한 비난을 받아 마땅했으나, 너무나 의외로 그레고리오는 새로 등극한 황제에게 다소 과장된 축하 메시지를 보냈고, 남은 2년의 생애 동안 황제를 지지했다. 만약 그레고리오가 더 살아서 그 이후 6년 동안 이어진 처형과 사법살인, 진실가리기와 조작, 그리고 고문을 일삼고 화형을 감행하는 등의 포카스의 공포 정치를 목격했더라면, 사람들은

* 고대 로마 군대에서 병사 100명을 거느리던 지휘관. –역주

† 서재에 있는 성 그레고리오 1세 교황. 그의 귓전에 성령께서 내려와 앉았고, 그 아래로는 필경사들이 부지런히 그의 일을 옮겨 적고 있다. 10세기의 상아 작품. 빈 미술사 박물관.

그저 그레고리오가 생각을 바꿔먹기만을 바랐을 것이다. 610년 포카스는 붙잡혀 능지처참을 당했다.

북부와 멀리 서부 유럽에서 그리스도교 확장에 대한 전망은 남부 유럽보다 더욱 밝아 보였다. 당시 대부분 프랑크족 출신의 이방인 왕들의 지배하에 들어간 옛 로마제국의 일부 지방들은 아바르인들의 설득에 이미 명목상 그리스도교가 되어 있었지만, 다른 지역들은 여전히 이교도 신앙을 갖고 있었다. 그들이 가톨릭교도로 개종을 한다면 모두 교시敎示가 필요한 상태였다. 그레고리오가 교황으로 즉위한 초기에 관리해야 할 주요 도시들은 서고트족의 스페인, 프랑크족의 갈리아, 앵글로색슨족이 있는 영국으로 보였다.

서고트족이 살고 있는 스페인에 대한 문제는 저절로 해결이 되었다. 세기말이 다가올 즈음 아리우스파였던 리카르드Recared 왕은 교황의 친구이자 세빌랴의 주교로 있던 린더에게 고무되어 가톨릭교로 개종한다고 발표했다. 원래 로마제국의 영토에 살고 있던 수많은 사람들은 이미 가톨릭 신자였고, 이제 남아 있던 아리우스파 출신의 귀족들과 주교들도 자신들의 군주의 지침을 따랐다. 이 기쁜—어쩌면 크게 한숨 돌릴 수 있는—소식을 접하고 그레고리오는 극히 성스러운 두 점의 유물을 왕에게 선물했다. 그중 하나가 베드로 사도의 허리춤에 차고 있던 띠로 만든 열쇠였다. 다른 하나는 세례자 요한의 머리카락 몇 올과 참십자가상*의 조각들을 함유한 십

* 예수님이 매달려 돌아가셨던 진짜 십자가True Cross. —역주

자가였다.

프랑크족의 왕국—보다 정확한 표현은 왕국들이다—은 지금
의 프랑스, 벨기에, 네덜란드, 독일 북서부, 스위스에 이르는 지역까
지 영토를 확장했다. 그들은 게르만족으로 그들의 왕 클로비스 1세
Clovis I가 499년에 세례를 받은 바 있어 이론적으로는 그리스도교도
들이었다. 그러므로 그들을 개종시키는 데 장애물은 아리우스주의
가 아니라 그들 내에 존재하는 혼돈상황이었다. 수십 개의 작은 주
들과 왕국들은 서로 전쟁을 벌이고 음모를 꾸미느라 정신이 없었
고, 교회의 구성원들 대부분은 수익성이 높은 자리를 차지하느라
타락하고 어지러운 상태였다. 쉴더베르트 1세Childebert I 왕—땅을
차지하려 조카들을 죽이고 511년부터 558년까지 통치했다—이 소
와송을 방문했을 때, 그곳의 주교가 너무나 술에 취해 있어서 자기
땅임에도 진입이 거절당한 사례도 있었다.

교회의 질서를 바로잡고자 꾀하는 가운데, 그레고리오는 비록
완전히 만족스럽지는 않아도 한 명의 협력자를 얻게 되었다. 바로
오스트라시아[옛날 프랑크 왕국의 한 지방]의 브륀힐트Brunhilde 여왕
이었다. 그녀는 스페인 서고트족의 아타나길드Athenagild 왕의 딸로
오스트라시아의 지게베르트 1세Sigebert I **와 결혼하면서 아리우스
주의에서 개종을 했다. 575년 지게베르트는 암살 당했고, 브륀힐트
는 루앙에서 잠시 투옥되었다. 그녀는 출소와 동시에 메츠의 수도

** 그 시대에는 왜 그런지 그러한 일이 일반적이었는데, 브륀힐트의 자매인 갈스윈타는
지게베르트의 배다른 형제이자 서프랑크족의 왕이었던 힐페리히 1세와 결혼을 했는데,
남편 정부의 주도하에 살해 당했다.

에 있던 자신의 어린 아들인 쉴더베르트 2세Childebert II에 합류하여, 30여 년에 걸쳐 교황과 적극적으로 연락을 취하며 통합된 가톨릭왕국을 설립하기 위한 투쟁을 벌였다. 그 과정에서 교황도 가능한 모든 지원을 아끼지 않았다. 그러나 유감스럽게도 그들의 노력은 실패로 돌아가고 말았다. 그녀의 목표만큼은 칭찬받아 마땅한 것이었지만, 그녀가 택한 방법─그레고리오도 애써 묵과하려 했던 부분이지만─만큼은 그녀의 다른 가족들이 자행했던 것보다 더 폭력적이고 잔인했다. 더 이상 참고 넘길 수 없게 된 오스트라시아의 귀족들은 613년 그녀를 붙잡아 3일간 고문을 하기에 이르렀다. 그들은 그녀를 낙타 등에 묶어 군대의 행진에 내세워 조롱을 받게 했고, 결국 말 꼬리에 묶어 끌고 다니다 죽였다.

영국에서의 상황은 좀 달랐다. 영국의 주교들이 아를르 공의회에 참석했던 것이 314년이므로, 최초의 선교사들이 그곳에 도착한 것도 아마 AD 3세기경이었을 것이다. 앵글로색슨이라는 상당수의 이교도들이 들어오면서 그리스도교도들은 멀리 서쪽으로 밀려난 상태여서, 신앙은 일시적으로 빛을 잃고 있던 때였다. 아일랜드와 스코틀랜드 출신의 켈트족Celtic 선교사들은 그러한 추세를 역전시키기 위한 노력을 기울였지만, 그들의 교회들은 언제나 독자적인 길을 갔다. 특별히 정통주의적인 모델을 표방하고 있던 켈트족의 수도생활은 서방과는 공통점이 거의 없었다. 켈트족은 부활절 날짜도 독특하게 계산을 해서 다른 날 지내기도 했다. 사실 이전 교황들 중 누구도 제국의 국경지대 너머로 전도사업을 하려 진지하게 생각해보질 않았다. 그레고리오 자신도 이탈리아 자체 내에 산적해 있던 문제만으로도 벅찰 지경이었다. 그러나 흥미로운 것은 이 섬나라를 세상의 끝자락에 있는 나라로 자주 묘사를 하며 그 중요성을 강조했고, 또 그리스도교 신앙이 멀리 퍼져야 할 뿐 아니라 그곳에 있는 기존의 신자들도 교황의 통제하에 들어와 로마의 사상과 관행에 적절히 보조를 맞추어야 한다는 결심을 지속적으로 피력했다는 것이다.

영국의 모든 아이들은 버너러블 비드*가 들려주는 최초의―그리고 최악인―말장난 중 하나(동음이의어를 이용한 말장난)를 들으며 성장을 한다(또는 했었다). 그것이 만들어진 배경은 이리하다. 그 몇 년 전에, 그레고리오는 로마에 있는 저잣거리를 거닐다가 아름다운 금발머리의 소년들이 노예로 팔려나온 것을 보고는 그들이 어느 나라 출신인지를 물었다. 그들이 잉글랜드라는 섬에서 왔으며 앵글족Angles으로 불린다는 말을 들은 그레고리오는 "맞는 말이군, 그들의 얼굴이 딱 천사처럼 생겼으니 말이야. 그러니 그들이 천국에 있는 천사들과 공동상속인들이 되어야 한다는 것은 당연한 일일세."라고 말했다.** 595년, 그레고리오가 갈리아 지방의 교구목사에게 수도자로 훈련시킬 만한 잉글랜드 출신의 어린 노예소년들을 뽑으라

* 잉글랜드의 수도사인 비드가 쓴 종교사로 〈The Venerable Bede〉로 알려짐.
** 샐러가 쓴 《비드의 잉글랜드 교회사》 중 제 2권 7장. ' Non angli sed angeli(그들은 앵글족이 아니라 엔젤(천사)들이로다).'라는 라틴어로 적힌 그 오래되고 진부한 인용구는 안타깝지만 그럴듯하게 꾸며진 이야기다. 그럼에도 비드에 따르면, 그레고리오는 이 첫번째 말장난에 2개의 더 말이 안 되는 말장난을 보냈다고 하는데, 독자들이 이러한 사실을 알게 될 것이다.

는 지시가 담긴 편지를 보낸 것을 발견하게 된다. 교황은 당연히 그 어린 소년들이 잠재적으로 통역사의 역할을 할 것으로 보아 그다음 해 그는 약 40명의 수도자들을 잉글랜드로 파견했다. 자신이 수도 사로 몸담기도 했던 성 앤드류 수도원의 장을 맡고 있던 어거스틴 에게 그들을 이끌도록 했다. 갈리아 남부 지역에 도착한 어거스틴 은 잉글랜드의 이방인들 가운데 도사리고 있던 심각한 위험에 경각 심을 느껴서 로마로 돌아와 파견을 중지해야 한다고 건의했다. 그 러나 그레고리오는 그에게 새로운 힘을 실어주고, 추천서를 써주며 다시 그 여정을 가도록 독려했다.

여전히 공포상태에 있었을 어거스틴과 수도자들은 마침내 597년 봄, 켄트의 한 해안에 도착했고 같은 해 우연히도 성 콜룸바 도 아이오나 섬에서 죽음을 맞이했다. 켄트의 에설버트Ethelbert 왕 은 어거스틴 일행을 정중히 맞아들였는데, 비드가 이르기를 에설버 트는 험버 강 남쪽의 잉글랜드 전역에까지 자신의 세력을 확장시 켰던 당시 잉글랜드 남부의 유력한 통치자였다고 한다. 프랑크족의 왕인 하리베르트Charibert의 딸이자 브륀힐트 여왕의 조카였던 그의 아내 베르타는 이미 그리스도교 신자였으므로 자연스럽게 어거스 틴에게 전폭적인 지지를 보냈다. 그녀의 남편 에설버트는 처음에는 신중한 입장을 고수하며 어거스틴에게 다음과 같이 말했다.

내가 보아하니 당신은 자신이 말하는 것을 믿는 사람이고 그렇지 않았다면 그 말을 하려 이 먼 길을 오지는 않았을 것이오. 그러나 짐과 잉글랜드가 대대손손 지켜오던 관습을 즉각적으로 포기하리란 기대는 마시오. 그러니 계속 말을 해보시오. 아무도 당신의 말을 방해하지는 않을 것이며 만약 당신이 우리를 납득시킨다면 물론 그에 따라 우리는 당신의 메시지를 받아들일 것이오.

몇 개월 후 에설버트는 자신의 궁중과 대부분의 백성들과 함께 세례를 받았다. 그는 잉글랜드 최초의 그리스도교 왕으로 성인에까지 올랐다.* 한편 성 어거스틴은 캔터베리에 수도원을 설립하여 베드로 사도와 바오로 사도에게 봉헌했다. 그것은 이탈리아 밖에서 설립된 거의 최초의 베네딕토회 수도원이었다. 결과적으로 캔터베리는 잉글랜드의 그리스도교 중심지가 되었고, 오늘날까지도 이어지고 있다. 그레고리오 교황은 이러한 상황에 매우 흡족해했고, 자신의 강론에서 기적이 빚어낸 일이라며 다음과 같이 선언했다.

신은 이 세상 끝자락에 있는 땅까지도 믿음을 가져다주셨습니다. 동방과 서방의 한계를 하나의 믿음으로 일원화하셨습니다. 자, 보세요. 예전에는 이방인들의 소리만이 들려왔는데, 이제 브리튼섬의 사람들은 히브리어를 배워 하느님을 찬미하고 있습니다.

그레고리오는 뛰어난 행정가이자 기획자, 선교사였다. 그는 결코 추상적인 사상가나 신학자, 정치가가 아니었고 그럴 수도 없었다. 그의 신념은 놀랍도록 단순했다. 그는 성인들과 유적지에 대한 숭

---

* 2006년 캔터베리에서 에설버트와 베르타의 동상 제막식이 있었다.

배 분위기가 확산될 뿐 아니라 기적과 예언에 대한 믿음이 커지는 것에 상당히 책임을 느끼고 있었다. 독실하지만 실질적 사고를 지니고 있던 그는 베드로로부터 물려받은 세습 유산을 가난한 이들을 위해 교회가 즉시 베풀 수 있도록 커다란 자선기금으로 조성할 의도를 갖고 있었다. 그는 매일 12명의 극빈자들을 자신의 식탁에 초대하기도 했다. 부채 등을 정리하고 통합하는 그의 노력으로 어느덧 재단이 조성되어 후일 후계자들의 현시적인 권력을 보장해주는 역할을 하는 교황령이 되었는데, 그 이후로도 13세기 동안 면면히 지속되었다. 만약 그레고리오가 이와 같은 사실을 일찍이 깨달았다면 몸서리를 쳤을 것이다. 그는 교황의 자리에 대한 교회적 우위를 옹호하고자 하는 확고한 투지는 있었으나 세속적인 영화를 누리고자 하는 욕구를 갖고 있지는 않았다. 그저 'servus servorum Dei', 하느님의 가장 미천한 종으로 족할 뿐이었다.

초기 중세시대의 가장 위대한 교황인 그레고리오가 이룬 가장 중요한 업적은 로마의 가톨릭교회가 세상에서 가장 중요한 기관임을, 그리고 그 조직 내에서는 교황권이 최고의 권위임을 사람들의 생각 속에 뿌리 깊이 심어주었다는 것이다. 그는 교회의 전례에도 중요한 변화를 만들었고, 교회 음악에도 특별한 관심을 기울였다. 그가 살고 있던 시대에는 많은 부분이 아직 덜 다듬어져 있기는 했어도, 전통적인 단성성가들은 오늘날 흔히 '그레고리안 성가'라고 알려지고 있다. 그리고 성직자나 신도들의 역할을 이어받았던, 아마도 최초로 훈련받은 가수들의 단체라 할 수 있는 로마의 스콜라 깐또룸*은 현대적인 대성당 소속 성가대 학교의 전신이라 할 수 있는 것으로 그가 개인적으로 만든 것이었다. 그는 또한 강박적으로 글을 열심히 쓰기도 했다. 교황에 즉위한 첫 해에 주교들의 사목자로서의 삶의 지침들이 담긴《사목 지침서》라는 책을 출판했다. 그는 사목자들을 주로 영혼의 관리자로 보았다. 놀랍게도 그 책은 마치 그 시대의 규범처럼 널리 읽혀졌고 후일 앨프레드 대왕**에 의해서 번역이 되기도 했다. 이탈리아 교부들─물론 베네딕토를 포함하여─의 생애와 기적을 다룬 책, 복음에 관한 강론 시리즈, 그리고 욥기에 관한 비평적 에세이들도 있었다. 거의 천 통에 달하는 편지도 남겼는데, 우리가 그레고리오의 삶과 업적에 관해 알 수 있는 주요한 자료이기도 하다. 그레고리오는 자신이 쓴 이 모든 글들 덕분에 제대로 자리매김되어 성 암브로스, 성 어거스틴, 성 제롬과 더불어 중세에 '교회의 박사'로 통했다.

물론 그레고리오가 가장 늦게 그 반열에 올랐고 또 가장 마지막 인물이기도 하다. 그도 그럴 것이 바야흐로 고대의 세상이 붕괴에 직면해 있던 시기였으니 말이다. 로마에서는 이방인들이 최악의 만행을 저질렀다. 537년 로마를 함락하는 동안 고트족은 송수로를 차단해 도시는 큰 타격을 입었다. 그 이후로 천 년 동안이나 복구가 되지 못했다. 송수로의 역사는 과거로 한참 거슬러 올라간다. 티베르 강의 부족한 진흙물을 견디다 못한 로마인들이 처음으로 거대한

* 성가나 합창곡을 가르치거나 훈련시키는 학교를 뜻하며 전례음악을 체계적으로 교육하기 위해 설립하였다. ─역주
** Alfred The Great(849~899) 옛 영국 웨색스의 왕. ─역주

지하관을 지었던 것이 BC 312년이었고, 그로부터 8세기에 걸쳐서 10개를 더 건설했다. 단지 가정에서 필요한 물뿐 아니라 로마를 유명하게 만들었던 수많은 분수와 공중목욕탕에 물을 공급하기 위함이었다. 송수관들은 다른 것들도 공급을 했는데 바로 수력으로, 그 힘을 이용하여 제분기를 돌려 빵을 만들어 먹었다. 그러한 역할을 수행하던 송수관이 파괴되었으니 곧 기아와 질병이 잇따르고, 사람들의 사기도 재앙수준으로 떨어졌다.*

　전체적으로 쇠락하는 가운데, 위대한 그레고리오의 존재는 어둠을 밝히는 횃불처럼 두드러질 수밖에 없었다. 그의 존재는 고결함과 질서, 더 나은 삶, 그리고 행복한 세상을 상징했다. 그는 언제나 자신이 할 수 있는 모든 면에서 자신의 영웅인 베네딕토 성인의 전통을 이어가려는 노력을 게을리하지 않는 등 내면만큼은 겸손한 수도자의 자세를 잃지 않았다. 그는 어느 누구보다도 권력에 물들지 않았던 사람으로 이런 겸손함 덕분에 많은 사랑을 받은 듯하다. 그레고리오가 선종한 직후 사람들은 그를 성인으로 추대해야 한다고 요청했다. '대 교황'이라는 칭호는 나중에 얻은 것으로 이 두 가지 칭호를 받을 충분한 자격을 갖춘 인물이었다.

---

* 암흑기의 드웨이Douai 출신의 포목상이었던 한 순례자가 듣기로는 예전에는 송수관이 나폴리에서 기름과 와인, 물을 가져오는 용도로 사용되었다고 한다.

5

레오 3세와 샤를마뉴 대제

622~816

7세기 초 새로운 민족과 종교가 세계무대에 등장했다. 7세기가 시
작되고 30년이 지날 때까지 아라비아 지역은 그리스도교 세계에는
알려지지 않은 미지의 땅이었다. 그러나 622년 9월 선지자 마호메
트Mahomat가 적대적 도시인 메카를 벗어나 우호적인 도시 메디나
로 이주를 했는데, 이를 헤지라the Hegira라고 한다. 이는 전체 이슬
람교도 시대의 서막을 알리는 중요한 사건이었다. 그로부터 정확히
11년 뒤, 그의 추종자들이 아라비아 땅을 박차고 나왔다. 이듬해 아
랍 군대는 야르무크 강둑에서 비잔티움의 헤라클레이오스Heraclius
황제를 격파하고, 2년 후 다마스쿠스를 차지하고, 5년 후에는 예루
살렘을, 8년이 지나서는 전 시리아와 팔레스타인, 그리고 이집트 땅
까지 장악했다. 20년 만에 옥서스 강까지 뻗쳐 있던 전 페르시아 제
국이, 30년 만에는 아프카니스탄과 편잡 지방의 대부분 지역까지
아랍의 칼 앞에 모두 무너져 내렸다. 그 후 이슬람 세력은 서방으로
관심을 돌리게 된다. 북부 아프리카 진출은 다소 시간이 걸렸지만,
황량한 사막의 고향 땅에서 봉기를 일으킨 지 반세기도 지나지 않

은 732년에 이르러서는 피레네 산맥을 넘어 투르까지 그 세력을 확장했다. 투르는 파리에서 약 240킬로미터 떨어진 지역으로 결국 프랑크 왕국의 지도자 카를 마르텔Charles Martel에 의해서 저지를 당해 그곳에서 진군을 멈추게 되었다.

전 세계 그리스도교도들에게 그것은 천재지변에 가까운 영향력을 미쳤다. 지금은 그저 이름만이 존재하지만 당시에는 5개의 총대주교의 관할지역 중 3곳이었던 알렉산드리아, 안티오크, 예루살렘을 포함하여 북부 아프리카 지역에 있던 대성당들이 다 사라지고 이집트의 그리스도교도들만이 살아남아 미약하기 그지없는 거점을 가까스로 지켜냈다. 원래 그리스도교도의 땅이었던 모든 지역을 잃었고 그 땅은 두 번 다시 예전의 상태로 온전히 되돌리지 못하게 되었다. 동로마제국은 흉측하리만치 많은 기능을 상실했다. 이제 정치적 초점은 불가피하게 북쪽으로, 그리고 서쪽으로 이동했다. 아마도 벨기에의 위대한 역사가인 앙리 피렌이 시사했듯이 샤를마뉴Charlemagne라는 인물의 등장을 도왔던 사람은 마호메트였던 것 같다.

우리는 7세기 후반에서 8세기 전반까지 이탈리아 내에서 두 가지 대립되는 경향을 보게 된다. 하나는 정치적, 종교적으로 꾸준히 약화되어가는 비잔티움 제국과의 연결고리이고, 다른 하나는 그만큼 세력을 확장시켜나가는 랑고바르드족의 성장이다. 653년 교황 마르티노 1세Martinus I(649-655)는 늙고 쇠약한 몸이었으나 사소한 일에 트집을 잡혀 콘스탄티노플로 압송되었다. 마르티노 1세는 공개적으로 제의祭衣가 벗겨진 채 사슬에 묶여 도시 전역으로 끌려 다니며 태형을 당하다 크림반도로 추방되어 곧바로 죽음을 맞이했다. 사태는 점점 악화되어 726년 레오 3세Leo Ⅲ 황제는 성화상聖畵像 파괴를 명하는 치명적인 칙령을 공포하기에 이르렀다. 이 정책은 모든 성스러운 이미지에 대한 대대적인 파손을 불러온 것으로 서방교회는 이를 경악과 공포로 받아들여 이탈리아 전역에서 저항이 일었다. 그에 대한 보복 조치로 레오 3세 황제는 시칠리아와 칼라브리아 교회에서 들어오는 연간 수입을 몰수하는 한편 발칸반도에 있던 상당수의 주교들을 로마 관구에서 콘스탄티노플 관구로 옮겼다. 그것은 길고도 지루하게 진행되었던 동서 교회 분열의 시작으로 그로부터 300년이 지나서 종파분립으로 끝을 맺게 되었다.

한편, 랑고바르드족은 꾸준히 자신들의 지배력을 강화시켜나가는 가운데 리우트프란드Liutprand 왕의 영도하에서 2회에 걸쳐 로마를 함락했다. 첫 번째 로마를 함락했던 729년 당시 교황이었던 그레고리오 2세(715~731)는 오랜 시간 그리스 출신의 교황들에 이어 즉위한 로마 태생의 교황으로 리우트프란드와 대면했다. 죄책감을 느낀 리우트프란드는 자신의 무기와 갑옷을 베드로 성당에 봉헌하고 로마를 떠났다. 그러나 10년 후 두 번째 로마를 함락했을 때는 그도 그의 군대도 분위기가 많이 바뀌어 있었다. 이번에는 대성당에 봉헌을 하는 대신 약탈을 자행했다. 그레고리오 2세의 후계자인 그레고리오 3세(731~741)는 그들을 막아내기에는 역부족이었으므로 새로운 협력자가 절실히 필요했다. 그래서 찾아낸 사람이 바로 알프스 산맥 너머 갈리아에 있던 카를 마르텔이라는 인물이었다.

카를 마르텔은 군주는 아니었다. 엄밀히 말하자면, 그는 메로빙

Merovingian 왕조의 세습재상이었으나 메로빙 왕조가 하도 별 볼일이 없다 보니 그 권력이 세습재상의 손에서 좌지우지 되었던 것이었다. 카를은 최초로 이슬람교도 군대의 진군을 저지해 이미 유럽 전역에서 명성을 얻고 있었다. 만약 그가 이슬람교도들을 막아 세울 수 있었다면, 랑고바르드족에게도 그렇게 할 수 있지 않았을까?

아마 가능했을 것이다. 그러나 그는 서두르지 않았다. 갈리아에서도 그가 해야 할 일이 많이 있었기 때문에 그는 죽을 때까지 그곳을 벗어나지 않았다. 751년 그의 아들—언제나 단신왕短身王 피핀 Pepin이라고 불렸던—피핀 3세는 권력을 가진 자가 왕관을 써야 한다며 교황 자카리아Zachary(741-752)를 설득했다. 그래서 교황의 지시로 잉글랜드의 대주교 보니파시오는 소와송에서 피핀 3세의 대관식을 거행했고, 무능력한 힐데리히Childerc 왕은 수도원에 갇혀 지내다 죽고 말았다. 그로부터 피핀 3세는 교황에게 마음의 빚을 지게 되었는데 그러던 중 좋은 기회가 왔다. 교황 측에서 도움을 요청함으로써 은혜를 갚을 기회가 왔던 것이다. 어쨌든 대관식은 겨우 거행되었지만 같은 해 라벤나가 결국 랑고바르드족의 왕 아이스툴프 Aistulf에 의해서 함락되는 바람에 비잔티움 제국은 이탈리아 북부에서의 마지막 거점을 잃게 되었다.

오랜 시간 이어진 그리스 출신 교황계보*의 마지막이었던 자카

---

* 아이러니하게도 교황과 비잔티움의 관계에서 지속적으로 불화가 일어났던 것은 그리스 출신 교황들이 재임하던 시절이었다. 685년 요한 5세부터 752년 스테파노 2세까지 선출된 12명 중 그레고리오 2세만 라틴 출신 교황이었다. 680년에서 681년 콘스탄티노플에서 교회의 6차 공의회가 열렸을 때 교황의 대표단 전원이 그리스 출신이었다.

리아 교황은 그다음 해에 선종했다. 그의 11년간의 교황 임기는 쉬운 시간들이 아니었다. 그는 완전히 결렬된 제국과 교황과의 관계 회복을 위해 힘 썼으며, 그 과정에서 대 그레고리오 교황의 '기적' 을 다룬 책들을 그리스어로 번역하기도 했다. 이러한 노력이 비잔 티움과의 관계회복이라는 그의 목표에 기여를 했을 수도 혹은 그 렇지 않았을 수도 있지만, 결과적으로 라벤나의 붕괴로 양측의 불 화는 더욱 심화되었다. 이제 아이스툴프는 이탈리아 북부와 중앙에 남아있는 제국의 권력층을 몰아내는 데 더욱 박차를 가하기 시작했 다. 교황권의 측면에서 그 상황은 매우 절박한 것이었으므로 자카 리아 교황의 후계자로 또 다른 그리스 출신이 아닌 로마 귀족이었 던 스테파노 2세Stephen II(752-757)*가 선택된 것은 별로 놀랄 일이 아 니었다.

스테파노 2세는 교황에 오른 직후 샬롱 쉬르 마른 근처 폰티온 에 있는 피핀의 궁정으로 향하여 754년 1월 첫날에 그곳에 도착했 다. 1월 6일 예수공현대축일[예수가 동방박사들 앞에서 자신이 메시아임 을 드러낸 일을 기념하는 축일]에 교황은 왕과 그의 아내, 그리고 두 아 들 샤를과 카를로만에게 성수를 뿌려주며 자신이 만들어 낸 로마의 귀족이라는 칭호를 그들에게 내려주었다. 그 후 6개월에 걸쳐 지속 적으로 왕과 교황은 이따금씩 회동을 했는데, 그 성과는 꽤 성공적

---

* 그는 스테파노 3세로도 알려졌다. 스테파노라는 이름의 교황이 몇 대였는지를 따지는 것은 다소 복잡하다. 왜냐면 그 전의 스테파노는 752년 3월 23일 선출이 되어 이틀 만에 사망을 했고 그 시점은 교황으로 임명이 되기 이전이었기 때문이다. 그러므로 그를 포 함하여 세지는 않고, 이 책도 그를 제외하고 있다.

이었다. 피핀 3세는 기꺼이 교황의 바람막이가 되기를 자청하고 나서 교황을 대신하여 이탈리아의 도시들과 랑고바르드족이 함락시킨 제국의 영토를 되찾아주겠다고 약속했다. 그리고 그는 754년과 756년 2차에 걸친 원정에서 아이스툴프 왕의 무릎을 꿇리고 데시데리우스를 자신의 딸과 결혼시켜 랑고바르드족의 왕좌에 앉혀 자신의 호언을 증명해 보였다. 2차 원정 이후 피핀 3세는 이탈리아 중부를 넘어 라벤나, 페루자, 로마까지도 끌어안으며 교황을 예전 황제의 관할이었던 영토에 대한 유일한 통치자로 선포했다.

소위 '피핀의 기증'으로 불리는 그의 막강한 권한은 솔직히 말하자면 좀 의심의 여지가 있고, 그리고 예견대로 당시 콘스탄티노플에 있던 콘스탄티누스 5세 황제는 이에 대해 강경한 이의를 제기했다. 한때는 피핀 3세의 행동이 이른바 '콘스탄티누스의 기증'이라는 것을 근거로 했을 수도 있다는 의견이 제시된 바 있으나, 최근의 증거들은 이 수치스러운 위조문서가 그 후 50년 동안은 날조되지 않았음을 암시하고 있다. 피핀 3세는 자신이 내정에 간섭하는 것은 베드로 사도에 대한 사랑 때문이며 그래서 정복당한 땅은 베드로 사도에게 속하는 것이라는 주장을 펼치며 자신의 행동을 정당화했다. 그가 그렇게 되찾아오면서 법적인 근거가 모호해진 교황령領은 그로부터 11세기 동안이나 더 존속되었다.

피핀이 768년 사망하자 프랑크족의 오랜 관례에 따라 그의 왕국은 그의 두 아들, 샤를과 카를로만이 나누어 가지게 되었다. 그러나 771년 카를로만이 갑작스럽게 죽자, 샤를은 어린 조카들의 권리는 아랑곳하지 않고 스스로 유일한 통치자가 되었다. 그 후 2개월 만에 로마 귀족 출신으로 강인한 정신력을 지닌 인물이 하드리아노 1세 Hadrian I(772-795)라는 교황명으로 등극했다. 그는 샤를과 함께 스테파노 2세 교황과 피핀 3세로부터 이어진 일을 계속해서 추진하며 프랑크 왕국과 교황의 지위 사이의 관계를 한층 더 강화해 나갔다. 773년 랑고바르드의 허수아비 왕이었던 데시데리우스가 자신의 위치를 망각하고 로마를 포위하자 하드리아노 1세는 즉각 샤를에게 도움을 요청했다. 로마의 귀족들은 일각이 급했다. 샤를은 이탈리아로 진군을 해왔고 파비아에 있는 랑고바르드족의 수도를 점령하고 데시데리우스를 수도원으로 보내버렸다. 샤를은 자신에게 붙여진 여러 가지 칭호에 '랑고바르드의 왕'이라는 칭호를 추가하기는 했지만 이와는 별개로 랑고바르드 왕조를 완전히 폐지했다. 그리고 774년 부활절에 즈음하여 그는 로마에 들어오기로 결정을 내렸다.

그 결정은 하드리아노 1세 교황에게는 너무 느닷없는 일이었지만 교황은 잘 대처했다. 그는 베드로 성당의 계단까지 내려와 왕실의 내빈들을 맞았고—전해져오는 말에 따르면 샤를은 무릎으로 이 계단을 올라갔다고 한다—모든 극진한 예우를 표했다. 그에 대한 답례로 샤를은 아버지인 피핀의 기증을 다시 한 번 재확인하며 상당한 규모의 영토를 추가로 내주었다. 로마의 모델을 근거로 영토 내에 있는 모든 교회에 통일성과 동일성을 부여하고자 하는 의도도 내보였다. 샤를은 독일로 돌아온 후 그 다음 행보로 이교도 신앙을 가진 색슨족들을 정복했는데, 바이에른 지역과의 합병에 앞서 색슨족을 일제히 그리스도교로 개종시켰다. 스페인 침공은 그다지 성공적이지는 않았지만, '롤랑의 노래' 같은 서유럽 최초의 무훈시武勳詩

를 위한 영감을 제공했다. 이어진 헝가리의 아바르인과 북부 오스트리아에 대한 출정은 독립된 국가로서의 그들 왕조를 말살시켜 자신의 국경지대에 차례로 편입하는 성과를 거뒀다. 이렇게 하여, 샤를은 한 세대도 지나지 않아서 유럽의 국가들 중 하나를 확장해, 로마제국 이후로 비교할 수 없이 거대한 영토를 지닌 단일 정치구성체인 프랑크 왕국을 건설하게 되었다.

그가 거대한 왕국을 건설하는 과정에는 교황의 열렬한 지지가 있었다. 스테파노 2세 교황이 피핀에게 도움을 청하기 위하여 힘겹게 알프스 산을 넘어가고 나서 거의 반세기만의 일이었다. 그 청원은 어찌 보면 비잔티움의 황제에게 제기하는 것이 더 적절했을 수도 있다. 만약 비잔티움의 콘스탄티누스 5세가 그의 관심을 성상 파괴에 대한 집착에서 이탈리아로 돌렸더라면 스테파노 2세는 그에게 도움을 호소했을 것이다. 랑고바르드 왕국을 효과적으로 제거했던 피핀과 샤를은 비잔티움이 실패했던 곳에서 성공을 거두었고, 결과적으로 비잔티움은 비싼 대가를 치렀던 것이다.

그러나 샤를과 비잔티움이 언제나 견해가 일치했던 것은 아니었다. 특히 논란이 되었던 것은 뜻밖에도 성상 파괴에 관한 것이었다. 787년 논쟁을 잠재우기 위하여, 이레네Irene 여제―그녀는 사실 레오 4세 황제의 미망인으로 17살 아들을 위해 섭정을 하고 있었다―는 니케아에서 7차 공의회를 소집했다. 하드리아노 1세는 오랜 시간 면밀히 논의되고 있는 신성한 성상들을 지켜내려는 의지를 담아 절차에 따라 교황 특사를 파견했고, 공의회는 기쁘게도 그의 입장을 지지하는 선언을 했다. 그러나 정작 샤를이 반대하고 나섰다. 로마와 콘스탄티노플 사이에 일고 있는 갑작스러운 관계회복은 결코 그가 바라는 바가 아니었다. 그는 왜 자신은 니케아로 대표부를 보내달라는 초대를 받지 못한 것인지를 강력히 따져 물었다. 정황상 다분히 홧김에 저지른 일처럼 보이는데, 그는 신학자들을 동원해 성화상 공경을 반대하는 소위 '샤를르 문서'라는 것을 작성하게 했다. 그로 인해 몇 년간 하드리아노 1세 교황과 그의 관계는 심각하게 경색되었으나 결국 그 먹구름은 걷히게 된다. 다행히 공의회의 조사에서 라틴어판에서 한 가지 실수가 발견되어—'흠숭'이라는 단어가 '공경'이라고 번역이 되었다*—795년 크리스마스 날 하드리아노 1세가 선종할 즈음에는 샤를과 교황은 다시금 원만한 관계를 회복했다.

그들의 이야기가 정점을 향해 급속히 치닫고 있음은 오히려 다행스런 일이었다. 새로운 교황 레오 3세Leo III(795-816)—같은 이름을 가진 비잔티움의 황제와 혼동하지 말기를—는 자신의 출생이나 조상에 관해서도 자랑할 만한 것이 없는 사람이었다. 일각에서는 그가 아랍의 혈통을 지니고 있었다는 설도 있다. 그는 등용되는 순간부터 하드리아노 1세 일가와 그의 친구들이 끊임없이 꾸며대던 음모의 희생양이었다. 그들은 하드리아노 1세의 교황직을 자신들 중 한 사람이 승계할 것으로 기대하고 있었기 때문에 레오 3세를 제거하기로 결정을 내렸다. 실제 799년 4월 25일 죽은 교황의 조

---

* 그리스어로 하느님에 대한 '흠숭Latreia'과 창조물에도 할 수 있는 '공경Proskynesis'의 차이를 구별하는 라틴어 표현이 없었기 때문에 성화상에 대한 동방에서의 소위 '흠숭'을 부당하게 논박했다. -역주

카가 주동이 되어 사람들이 라테란 궁에서부터 세인트 로렌스 교회로 엄숙한 행렬이 진행되던 가운데 레오 3세를 공격하는 일이 벌어졌다. 당초 레오 3세의 눈을 가려 그의 혀를 잘라 불구로 만들고 교황직에서 사임하게 만들려던 그들의 의도는 실패로 돌아갔고, 레오 3세는 의식을 잃은 채 길거리에 버려졌다. 천만다행으로 그는 친구들에 의해 구조되어 파더보른에 있는 샤를의 궁전으로 옮겨졌다. 레오 3세는 프랑크왕국 대표부의 보호를 받으며 11월에 로마로 돌아왔지만 그를 기다리고 있던 것은 성직매매聖職賣買, 위증죄, 간통을 포함하여 적들이 꾸며 놓은 여러 가지의 심각한 고소 사태였다.

이 모든 혐의에 대해 샤를은 의혹을 갖고는 있었지만 레오 3세 교황이 유죄인지 아닌지보다 중요한 문제가 있었다. 과연 누가 레오 교황을 재판할 것인가의 문제였다. 그리스도의 대리자에게 심판을 내릴 자격을 가진 사람이 누구일까? 일상적인 상황이었다면 어떤 이들은 콘스탄티노플의 황제라고 할 수도 있었을 것이다. 그러나 당시 제국의 왕좌는 여제 이레네가 장악하고 있는 상황이었다. 레오 3세 교황도, 샤를도 여제 이레네가 자기 아들의 두 눈을 멀게 하고 죽이기까지 한 비정한 사람임을 잘 알고 있었다. 하지만 그런 사실은 그다지 중요치 않았고 그녀가 여자라는 사실이 더욱 문제가 되었다. 당시 여성은 통치능력을 갖고 있지 않다고 여겼고, 프랑크 살리지족Salic支族의 전통에서는 여성이 통치를 하려는 시도조차 금하고 있었다. 서방유럽 지역에서는 황제의 왕좌가 비어 있는 셈이었고, 이레네가 왕위를 주장한다고 해도 그것은 소위 로마제국이 무너져 붕괴되었다는 또 다른 증거일 뿐이었다.

800년 11월, 샤를이 직접 로마에 당도했다. 그의 수석 고문인 영국 출신의 앨퀸은 샤를이 베드로의 후계자를 심판하는 자리에 앉을 만큼 이레네보다 더 많은 권한을 지니고 있는 것이 아니라는 사실을 분명히 상기시켜주었다. 그러나 샤를은 교황에게 씌워진 혐의를 반박하지 않고 내버려두는 동안 전 세계 그리스도교도들에게는 황제의 자리뿐 아니라 교황의 자리도 공석이 될 수밖에 없다는 사실을 알고 있었기에 레오 3세 교황의 결백을 증명해주기로 결심했다. 그렇다고 재판과 같은 그런 방식으로 교황의 오명을 씻어준다는 것도 말이 안 되는 상황이었다. 12월 23일 교황은 중앙 제대 위에 올라서서 복음서를 앞에 두고 자신에게 씌워진 모든 혐의에 대하여 결백함을 엄숙하게 맹세했고, 시노드의 모든 참석자들이 그의 말을 믿었다. 이틀 후 성탄 미사가 끝나갈 때, 샤를은 무릎을 꿇고 일어섰고 레오 3세 교황은 그의 머리 위에 황제의 왕관을 씌워주었다. 그의 적수들이 발 빠르게 지적을 했듯, 샤를은 단지 황제라는 칭호만 받았을 뿐이었다. 황제의 왕관은 그에게 단 한 명의 새로운 백성이나 병사도 단 한 평의 새로운 영토도 가져다주지 않았다. 그러나 황제라는 타이틀은 그 어떤 많은 정복지보다도 그에게 더 오래 중요성을 안겨주었다. 400년이라는 세월이 흘러 서방유럽에 다시 한 번 황제가 등극하게 된 것이다.

그래도 풀리지 않는 의문은 왜 교황이 그렇게 행동했을까 하는 점이다. 물론 로마제국의 분열을 의도적으로 획책한 것은 아니었을 것이다. 하나의 제국이 존재했던 그 곳에 두 개의 제국의 경쟁구도를 만들 목적은 더더군다나 아니었을 것이다. 레오 교황의 입장에서 보자면, 당시는 현존하는 황제가 없었던 것이다. 그러니 새로운 황제를 탄생시킬 만도 했다. 비잔티움은 정치적, 군사적, 그리고 교리의 차원에서도 여러모로 그와는 시각이 달랐으니, 그는 서방 쪽에서 한 사람을 선택하려 했을 것이다. 그 사람은 현명하고 정치력도 있고 실질적인 엄청난 위상뿐 아니라 지배하는 영토도 광활하여 당대의 그 누구보다 뛰어난 인물이어야 했을 것이다. 만약 성탄절 아침 레오 3세가 샤를에게 영예를 수여한 것이었다면, 어쩌면 자기 자신에게는 로마의 황제에 대한 선임권을 포함한, 왕관과 왕권을 수여할 수 있는 더 큰 권한과 영예를 수여한 것이 아닐까? 바로 이 점에 혁명에 가까운 새로운 사실이 있는 것이다. 그 이전 어느 교황도 스스로 그러한 특권을 주장한 적이 없었다. 레오 교황은 황제의 왕관을 자신이 개인적으로 내리는 선물로 설정을 했을 뿐 아니라 동시에 자신이 만들어 세운 황제에게 그 자신이 스스로 절대적 우월성을 부여했던 것이다.

역사가들은 오랜 시간 이 황제의 대관식을 두고 레오 교황과 샤를 양측의 합의하에 계획된 합작품인지 아니면 당시 샤를이 성당에 들어서자 레오가 완전히 기습적으로 왕관을 수여한 것인지에 관하여 각기 다른 주장을 펼쳐왔다. 샤를의 전기 작가였던 아인하르트는 만약 샤를이 레오 3세 교황의 의도를 사전에 알고 있었다면 대성당에 발도 들여놓지 않았을 것이라고 인용하고 있다. 맞는 말이긴 하다. 샤를은 제국의 황제임을 주장하는 일에는 전혀 관심을 보이지 않았고, 실제 남은 일생 동안 프랑크와 랑고바르드의 왕으로서 자신만의 방식을 계속 지켜나갔다. 그렇다고 그가 교황에게 은혜를 입어서 갚아야 한다고 생각을 했던 것도 아닌 것 같다. 또한 대관식에 대한 생각이 레오 3세에게 떠올랐다면, 설사 그것이 단순한 예우 차원이었다 해도, 레오 교황이 샤를에게 사전에 넌지시라도 비추지 않았다는 것은 상상하기 어려운 일이 아니겠는가? 샤를 자신에게 황제라는 타이틀은 다른 여러 문제점들을 쉽게 상쇄시킬 만큼의 이점을 갖고 있지 않았던 것일까? 이쯤에서 우리는 그 일에 대한 결론을 내려야 할 것 같다. 여러 정황으로 볼 때, 교황과 황제는 이미 그러한 생각을 상세히 논의했을 것이고 아마도 레오 3세가 공격을 받아 쓰러져 샤를의 궁전으로 옮겨졌을 당시 파더보른에서 사전에 논의가 이루어졌음을 짐작할 수 있다. 그리고 샤를이 전혀 몰랐다는 아인하르트의 언급은—차후 샤를 자신의 주장과 함께— 아인하르트 자신이 초래한 비난의 화살 방향을 바꾸려 엉큼하게도 의도해낸 것이었다.

우리가 실질적으로 확신할 수 있는 한 가지는 레오 3세 교황도 샤를도 당시 비잔티움에 여제가 아닌 황제가 있었더라면, 왕관에 손을 댈 일은 없었을 것이라는 사실이다. 동시에 두 명의 황제가 존재한다는 개념은 생각지도 못할 일이었는데, 그 문제를 완전히 다른 양상으로 만든 것은 비잔티움의 왕위에 여제가 앉아 있었다는 사실이었다. 동시에 샤를이 자신에게 주어진 왕관을 받아들이는 데 있어서 중요한 근거를 추가해주었다. 역사상 중요한 시점에서 그는 두 번 다시 올 수 없는 기가 막힌 기회가 눈앞에 펼쳐져 있음을 깨달은 것이었다. 여제 이레네는 여러 가지 과오를 저지르기는 했어도 자신의 외모만큼은 잘 가꾸었던 모양이다. 미망인이었음에도 다시 결혼을 해도 될 만큼 상당히 매력적이었다고 한다. 만약 샤를이 그녀를 설득해서 자신의 아내로 만들 수만 있다면, 서방과 동로마에 있는 제국의 모든 영토는 하나의 왕관 아래 통합이 되는 것이다. 그리고 그 왕관의 주인은 바로 샤를이 되는 것이다.

샤를의 대관식 소식을 들은 콘스탄티노플의 반응은 쉽게 상상해 볼 수 있다. 옳은 사고를 가진 그리스인이라면, 그 사건은 숨이 턱 막히도록 오만한 짓일 뿐 아니라 신성모독에 해당하는 일이었다. 비잔티움 제국은 이중의 토대 위에 세워졌던 것이다. 그 한 손에는 로마제국의 영화를, 또 다른 한 손에는 그리스도교 신앙을 쥐고 있었다. 그 두 가지 모두 로마의 황제이자 사도직에 준하는 콘스탄티누스 대제라는 인물에 의해서 하나로 합쳐진 것이었고 이러한 성속聖俗의 통합은 정통성을 지닌 후계자들을 통해서 지속되어왔다. 그래서 천국에 오직 한 분의 하느님이 계시듯, 이 지구상에도 최고의 통치자는 오직 한 사람만이 있을 수 있다는 결론이 나왔다. 그러니 그런 주장을 하는 사람들은 모두 사칭을 하는 것이며 불경을 저지르는 셈이었다.

게다가, 서방의 제후들과 달리 비잔티움에는 여자의 왕위계승권을 부인하는 살릭 법Salic Law이 없었다. 비잔티움의 백성들은 여제를 몹시 싫어해서 퇴위시키려는 시도를 할 수도 있었지만, 그들은 결코 제국의 왕위를 장악하고 있던 그녀의 권한에 이의를 제기하지 않았다. 그랬기에 802년 초 샤를의 사절단이 콘스탄티노플에 도착했을 때, 그들은 대단히 우려했다. 그리고 자신들의 여제가 글도 못 읽는 이방인 샤를—그는 글을 조금은 읽을 수 있었지만, 쓸 수 있는 능력이 없음을 감추지 않았다―과 결혼을 한다는 발상에 여제가 모욕감을 느끼기보다는 그 반대로, 강한 호기심을 느끼며 그를 받아들일 마음을 먹었다는 사실을 깨닫고는 더 큰 불안을 느꼈다.

그녀가 결혼을 해야 할 이유는 쉽게 이해할 수 있다. 그녀의 백성들은 그녀를 혐오했고, 국고도 바닥이 난 상태였고, 그녀는 자신의 제국을 약화시켰고 궁핍하게 만들었다. 조만간 곧 쿠데타가 일어날 수밖에 없는 상황이었다. 그녀의 구혼자가 자신의 경쟁자이며 승부사 기질이 다분한 이교도라는 사실도 그녀에게는 그다지 중요하지 않았다. 그녀가 보고받은 대로 샤를이 교육을 제대로 받지 못했다면, 그녀는 아마도 자신의 죽은 남편이나 불운했던 아들을 조종했듯 그렇게 쉽게 샤를을 조종할 수 있으리란 생각을 했을 것이다. 한편, 그녀는 샤를과 결혼을 하면 하나로 통합된 제국을 보존할 수 있을 것이며 물론 그녀에게 더욱 중요한 것은 그녀 자신의 안위를 지켜나갈 수 있으리라는 사실이었을 것이다.

물론 결혼에 따른 다른 이점들도 있었다. 그녀는 샤를의 청혼을 통해 비잔티움 제국의 숨막힐 듯한 황궁의 분위기로부터 탈출할 수 있는 기회를 얻게 되는 것이다. 이레네는 온통 주변에 여성들이나 환관 내시들에 둘러싸여 22년이라는 세월을 미망인 신세로 살았지만, 아직 50대 초반이었고 어쩌면 더 젊은 나이였을 수도 있다. 그러니 그녀가 새로운 남편이 될 사람에게 호감을 느끼는 것은 어쩌면 당연한 일이었다. 게다가 소문에 따르면 샤를이 뛰어난 미남에다 훌륭한 사냥꾼이며, 노래하는 목소리도 아름답고 반짝이는 푸른 눈을 갖고 있다고 하니 어찌 끌리지 않을 수 있었겠는가?

그러나 현실은 그녀의 뜻대로 돌아가지 않았다. 그녀의 백성들은 천박한 프랑크 사람이 왕좌를 넘겨받는 꼴을 순순히 보고 있을 수가 없었다. 그들 눈에 비친 샤를은 괴상하게 보이는 린넨 튜닉을 걸치고 우스꽝스런 주홍빛 레깅스를 입은 채, 알아들을 수 없는 언어를 쓰고, 게다가 미리 금판에 새겨놓지 않으면 자기 이름을 써서 서명도 못할 정도니, 3세기 전에 동고트족의 데오도리쿠스와 똑같았다. 802년 10월 마지막 날, 결국 이레네 여제는 체포되어 유배를 당한 뒤 그 이듬해에 죽고 말았다.

만약 샤를이 이레네와 결혼을 했었다면 어땠을까? 물론 그런 가정은 모두 소용없는 일이지만 서방이 동로마를 접수했을까, 혹은 그 반대의 상황이 펼쳐졌을까? 아마 샤를은 단 한순간이라도 콘스탄티노플에서 살 마음이 없었을 것이다. 그러니 수도는 다시 서방으로 옮겨오게 되었을 것이다. 과연 비잔티움 측에서는 그런 통치를 받아들였을까? 그랬을 것 같지 않다. 더 개연성이 높은 시나리오는 비잔티움의 백성들이 실제 그들이 했던 것처럼, 이레네를 퇴위시키고 그 자리에 새로운 황제를 영립하여 샤를에게 도전하도록 했을 것이다. 그러면 샤를은 보복할 마음을 먹었겠지만 실행하지는 못했을 것이다. 그들 간의 지리적인 거리가 너무나 멀었기에, 소식이 전해지는 데도 오랜 시간이 걸릴 것이다. 샤를은 정말 굴욕적인 자리로 떨어져 무력해진 채 그 난국에서 벗어나지도 못했을 것이다. 그렇게 되었다면 그는 샤를마뉴라는 이름조차 얻지 못했을 것이다. 그리고 어떤 경우든 그 몇 년 후 그가 죽고 나서 서방의 제국이 실질적으로 무너져 내릴 것이라는 것을 누가 알 수 있었겠는가?

그러니 샤를 입장에서는 시간이 더 흐르기 전에 비잔티움에서 강경책을 써준 것이 참으로 다행스러운 일이었다. 결과적으로 프랑크족의 황제와 그리스인의 황후가 함께 건설한 제국은 출현하지 않게 되었던 것이다.

교황 레오 3세는 특별할 것이 없는 평범한 사람이었는데, 교황에 의해서 수행된 역사상 가장 결정적인 한 순간의 주인공이었다는 사실은 참으로 아이러니하다. 그는 상대적으로 초라하게 출발해서 경력을 쌓아 성직자 계급의 최고 자리까지 올랐고 우직하게 잘 지켜낸 인물인데, 그에게 샤를마뉴의 대관식은 단순히 책임을 나눠지는 의미였다. 황제는 무력을 휘둘러서, 그리고 교황은 신앙을 위해 싸우며 제국을 지키고 확장시키는 책임을 나눠지며 황제를 포함한 모든 사람들을 영적인 길로 인도한다는 마음을 먹고 있었다.

샤를도 그의 눈높이에 맞춰 그와 같은 마음을 먹고 있었다면, 모든 일들이 잘 풀렸을 것이다. 그러나 샤를은 이미 우상파괴 논쟁에 상당히 깊숙이 개입을 했었고, 810년에는 다시 한 번 전문적인 표현의 문제까지 개입했다. 이번에는 이미 오래되어 진부해진 '필리오케flioque*'라는 구절이 발단이었다. 원래 니케아 공의회와 콘스탄티노플에서 결정된 사도신경은 성령은 성부를 통하여 유출되었다고 담고 있었다. 이에 대하여 6세기 서방교회는 '성자에게서란' 필리오케를 삽입했다. 당시 샤를의 시대에는 이렇게 삽입된 표현이 프랑

---

* 그리스어로 '성자로부터' 혹은 '그리고 성자에게서'라는 뜻. 동방교회에서는 '성령이 성부에게서 나온다'는 것이 정설이었으나 서방교회에서 '성령이 성부와 성자에게서 나온다'고 필리오케를 덧붙였다.

크 왕국 전역에서 일반적으로 채택되었고, 809년 수도 아헨에서 열린 공의회에서 공식적으로 승인을 받았다. 그보다 2년 앞서 예루살렘의 올리브 산에 있던 프랑크의 수도사들은 그 내용을 자신들의 미사에 도입을 하자, 근처에 있던 성 사바 수도원의 동방의 공동체로부터 강력한 반발을 샀고, 그 결과 그들은 최종적인 판결을 듣기 위해 교황에게 질의했다.

레오 3세 교황은 진퇴양난에 처했다. 독실한 서방교회의 신자로서 그는 문제가 되고 있는 단어가 마음에 쏙 들었으며 그에 대한 성서적 근거도 가지고 있었다. 그러나 한편으론 세계 공의회에서 작성된 교리를 서방교회가 함부로 변경할 권리가 없음을 인정할 마음의 준비도 하고 있었다. 게다가 콘스탄티노플과의 관계는 이미 충분히 악화되어 있었기에 또 다른 분쟁거리를 만들고 싶지 않았다. 그의 해결책은 두 가지를 다 가져가는 시도를 하는 것이었다. 문제가 된 그 단어만을 금하며 교리를 승인하여, 어떤 선동적인 칙령을 발표하는 등의 방법을 쓰는 것이 아니라, 베드로와 바오로 사도의 무덤에 고정되어 있던 두 장의 은명판銀名板 위에 라틴어와 그리스어로 새겨져 있는 교리문구를 원형 그대로(filoque를 넣지 않은) 쓰는 방법이다. 고대 교리에 대한 그들의 공저共著에서 두 교회의 일치에 대한 그의 승인이 그보다 더 명확해지기는 어려웠을 것이다.

그러나 예상대로 샤를마뉴는 몹시 화가 났다. 그는 '필리오케'라는 단어를 들으면서 성장을 했기에, 만약 동방교회에서 그를 수용하기를 거부한다면, 그건 동방이 잘못된 것이라고 생각했다. 그리고 어쨌든 누가 동방교회에 관해서는 그다지 신경이나 썼겠는가?

그는 이제 황제의 자리에 올라있고, 교황은 서방의 돛대로서 자신의 색깔을 공고히 다져야 하며 그러한 이단자들은 콘스탄티노플에 그들끼리 남겨두면 될 일이었다. 그래서 레오 교황이 샤를에게 그들의 미사에서 그 단어를 삭제하라는 명을 내렸을 때, 그는 아무런 행동도 취하지 않았고 답변도 보내지 않았다. 813년 샤를은 자신의 아들 루트비히Louis를 공동 황제로 영립하기로 결정을 내리고는 마치 교황에게 비난이라도 하듯이 레오를 대관식에 초대하지 않았다.

여러 세기에 걸쳐 교황들과 황제들은 그들 두 권력 사이의 경계선을 놓고 어떻게 해서든 상대의 영역 안으로 조금이라도 더 밀고 들어가려는 시도를 하며 계속해서 투쟁을 벌여왔다. 그렇지만 단기적으로 그 논쟁은 814년 1월 샤를이 죽고 난 후 단지 25년만 지속되었으며, 840년 루트비히의 사망으로 카롤링거 제국은 모두 무너졌다. 그때부터 교황의 권력은 꾸준히 성장했고, 오래지 않아 모든 새로운 황제는 로마에 있는 교황이 개인적으로 발라주는 성유를 받아야만 한다는 사실이 일반적으로 합의가 되었다.

그러나 황실의 붕괴는 제국이 져야 할 책임을 이제는 교황이 떠맡아야 한다는 것을 의미했으며, 당시 남부 이탈리아는 새로운 무자비한 적에게 위협을 받고 있는 상황이었다. 827년 북아프리카의 아랍인들은 비잔티움의 관료, 유티미우스를 끌어들여 함께 시칠리아를 침략했다. 유티미우스는 현지의 수녀와 눈이 맞아 달아났던 사건의 여파를 피해보려 콘스탄티노플에 맞서 반란을 일으켰던 인물이다. 4년 후, 그들은 팔레르모를 장악했고, 그로부터 이탈리아 반도는 지속적인 위험에 놓이게 되었다. 브린디시에 이어 타란토,

그리고 바리—30여 년간, 아랍 에미리트의 영지였다—가 무너졌고 846년에는 로마마저 점령당할 상황이었다. 아랍인들의 함대는 티베르 강까지 올라와서 도시를 약탈하고 베드로 대성당 문에 붙어 있던 은판까지도 떼어갈 지경이었다. 상황이 여기에 이르렀는데도 서방 제국으로부터의 도움은 기대할 수 없었고, 실질적으로 서방 제국의 존립은 중단된 상태였다.

이 시점에서 다시 한 번, 풍전등화의 위기에서 로마를 구해낸 사람은 교황이었다. 849년 교황 레오 4세Leo IV(847-855)는 해양을 끼고 인접해 있는 나폴리, 가에타, 아말피의 연합해군을 불러 모으고, 스스로 최고의 통치권을 맡아 오스티아에서 아랍의 함대를 전멸시켰다. 거기서 잡은 수백 명의 포로들은 바티칸 주변과 산탄젤로 성까지 이어지는 거대 성곽 축조 현장으로 노역을 보냈다. 약 12미터 높이의 산탄젤로 성의 성벽은 레오 4세가 축조한 것으로 티베르 강을 끼고 돌아 바티칸 언덕 정상으로 이어져 다시 강으로 뻗어나가는, 중세 초기의 가장 화려한 기념비적인 건축물이다. 그것은 852년에 완성되었으며 상당부분이 오늘날까지도 잘 보존되고 있다.

6

—

교황 조안

855?~857

✝

레오 4세의 뒤를 이어 마인츠 태생의 영국인 조안이 2년 7개월 4일 동안 교황직을 수행하다 로마에서 선종했고, 그 후 약 1개월 동안 교황의 자리가 비어 있었다. 조안 교황이 여자였다는 주장에 따르면, 그녀의 연인이 남장을 시켜 그녀를 아테네로 데리고 왔다고 한다. 그곳에서 그녀는 필적할 사람이 없을 만큼 다양한 학문에 통달했고, 이후 로마로 가서 인문학을 가르쳤으며, 많은 학생들과 추종자들을 거느리게 되었다. 자신의 삶과 학문에 대하여 상당한 명성을 얻고 있던 그녀는 만장일치로 교황에 선출되었다. 교황직을 수행하던 중에 동료 수사에 의해 임신을 하게 된 그녀는 정확한 출산일을 알지 못하고 지내다가 베드로 대성당에서 라테란 궁으로 이어진 행렬 중에 콜로세움과 성 클레멘트 성당 사이의 좁은 길 위에서 출산을 했다. 그녀는 죽고 사람들은 그녀의 시신을 바로 그 자리에 묻었다고 한다. 교황이 행차 시에 으레 이 길을 비켜서 가는 이유가 이 사건을 혐오해서라고 많은 사람이 믿고 있다. 교황이 여성이었다는 것과 수치스러운 사건이었다는 이유로 그녀는 성스러운 교황 목록에도 이름을 올리지 못했다.

　이는 1265년 마르티니라는 도미니코회*의 한 수사가 교황 연대기인 자신의 저서 《Chronicon Pontificum et Imperatum(교황과 황제 연대기)》에서 기록한 내용이다. 폴란드 트로파우 출신인 마르티니는 로마로 가서 클레멘스 4세Clemens IV(1265-1268) 교황 시절 사제의 직무를 수행했다. 《교황과 황제 연대기》는 당시 기준에 의해 입증이 되어, 손으로 일일이 필사하는 품이 들어가는 작업에도 불구하고 여러 버전으로 만들어지며 유럽 전역에서 상당히 인기를 끌었다. 마르티니의 이 같은 활약 덕분에 성 레오 4세St. Leo IV와 베네딕토 3세Benedictus III 사이의 855년에서 857년까지, 여성인 조안이 교황에 등극했었다는 교황의 역사상 가장 진부한 헛소문이 퍼졌다.

　마르티니가 그 사건을 기술한 최초의 연대기 작가는 아니었다. 그에 앞서 몇몇이 더 있었다. 최초의 인물은 그 사건이 일어났던 당대에 교황청 도서관 사서로 일했던 아나스타시우스로, 만약 여교황 조안이 실존했던 인물이었다면 그녀를 개인적으로 알 수도 있는 사람이었다. 그들이 기술한 역사는 마르티니에 앞서서 쓰였지만, 실제 남아 있는 사본들은 모두 마르티니가 책을 쓴 이후에 만들어진 것들이다. 일부는 조안을 모두 삭제했고, 또 일부는 그녀를 요한

* 1206년 에스파냐의 사제 성 도미니코에 의해 설립되어 1216년에 교황 호노리오 3세로부터 인가를 받은 로마 가톨릭의 수도회이다. 청빈을 중요시하여 거지 수도회, 탁발 수도회 등의 별명을 가지고 있으며 엄격한 생활과 학문 연구, 설교, 교육 등에 힘써왔다. ─ 역주

7세 혹은 8세*로 지칭하기도 했다. 아나스타시우스의 초기 바티칸 서류 중에는 여교황에 관한 기록이 포함된 것이 있는데, 페이지 하단에 들어 있는 것으로 보아 끼워 넣은 것이 분명하고 그것도 후대인 14세기의 사본에서 나타난 것이다. 그리고 나머지는 모두 마르티니의 책을 너무 비슷하게 모방해서 그들이 마르티니를 이용하여 자신들의 글에 대한 권위를 세우고 있음을 여실히 알 수 있다. 몇몇은 그럴듯한 이야기들을 추가하기도 했다. 예를 들어 '조안이 성난 군중들의 손에 죽임을 당해서 그 자리에 매장되었다.' '그녀가 수녀원에서 삶을 마감했다.' '그녀의 아들이 오스티아의 주교가 되었다.'와 같은 이야기들 말이다. 그래도 9세기 중반에 한 영국 여성이 교황이 되어 2년 반 정도 재임을 했고 출산일을 제대로 계산하지 못해서 라테란 궁으로 가는 도중에 길에서 출산을 했다는 주요한 줄거리는 크게 변하지 않고 유지되었다.

오직 한 사람의 다른 연대기 작가만이 여기에 전문을 인용해 볼만큼 다른 버전을 남겼다. 그는 장 드 메일리라는 13세기 인물로 도미니코회 수사였다. 독일 국경에 근접한 메츠에 살았고 《Chronica Universalis Metensis(보편적인 메츠 연대기)》라는 책을 썼다. 이 책은 마르티니 책보다 15년 앞서 등장했지만 마르티니 책만큼 관심을 받지

* 이 두 교황은 정당한 자격을 갖고 재임했다. 여성 교황의 존재를 무시하는 것이 일반적으로 합의되었기에 몇 세인지를 따지는 그 계산법은 영향을 받지 않았다. 그러나 존경받는 요한 8세Joannes VIII(872~882)는 사라센에 대항하여 로마를 지켜냈던 냉혹한 전사로 교황의 해군을 창설하는 등의 명성을 얻었으나 자신을 독살하려다 실패한 측근의 손에 맞아죽고 마는 비참한 말로를 맞이했다. 1530년 《Puerperium Johannis Papae(교황 조안의 산욕)》라는 책이 출판되었다. 그는 더한 칭찬을 받아 마땅한 인물이다.

는 못했다. '의문'이라며 그는 다음과 같이 적고 있다.

로마의 주교나 교황 명부에 이름을 올리지 못한 어떤 교황, 더 정확히 말하자면 여교황이 있는데 그녀는 남장을 했다. 그녀는 자신의 인품과 재능으로 처음에는 교황청의 비서가 되었고 그 후 추기경이 되었으며 그리고 마침내 교황의 자리까지 올랐다. 그러던 어느 날, 말을 타고 행차를 하던 중 출산을 했다. 그 즉시 로마법에 따라 그녀는 두 발이 말꼬리에 묶인 채 약 2.4킬로미터를 끌려다니다 사람들에게 돌에 맞아 죽었다. 사람들은 그녀가 죽은 자리에 그녀의 시신을 묻었다. 그 자리에는 '오, 사제 중의 사제이신 베드로여, 저 여교황의 출산에 당신 등을 돌리소서.'라는 글이 쓰였다. 동시에, '여성 교황의 단식'이라 불리는 4일 단식이 처음으로 생겨났다.

메일리의 버전에서 특별히 호기심이 가는 대목은 요한[조안]의 재임기간이 마르티니의 책보다 거의 2세기 반이나 늦은 1099년으로 기술되어 있는 점이다. 그때는 교황 파스칼 2세Paschalis II(1099-1118)재임기간인데, 메일리의 책에서는 1106년에 파스칼 2세가 즉위했다고 한다. 그렇다면 조안은 아무리 짧아도 7년이나 교황직을 수행했다는 것인데, 자신의 정체를 속이기에는 너무 긴 시간이다. 그러나 이렇게 연대를 계산하는 것은 어찌되었든 불가능한 일이다. 중세의 9세기, 로마는 846년 사라센에 약탈을 당하는 등 여전히 암흑의 시대를 지나고 있었다. 모든 것이 혼란스러운 시대였으므로, 기록도 거의 남아 있지 않고 신뢰성도 떨어지며, 무엇보다 여성 교황이라는 개념 자체를 생각할 수 없던 때였다. 한편 그로부터 3세기 반이 지나고부터는 그 시기에 관한 면밀한 기록들이 남아 있지만, 오늘날도 그렇듯 당시에 조안 교황에 관한 이야기를 남기는 건 더더욱 불가능한 일이었을 것이다.

그럼에도 불구하고, 그 이야기는 당시 사람들의 뇌리에 확고하게 자리를 잡아 수세기를 거치면서도 여전히 이어지고 있다. 심지어 식스토 4세Sixtus IV(1471~1484) 재임 당시 바티칸의 도서관 관장이었던 바를톨로메오 플라티나도 자신의 저서 《교황의 생애》에서 조안을 요한 8세라는 교황명으로 레오 4세와 베네딕토 3세 사이에 끼워 넣어서 상당히 상세하게 그 이야기를 전하고 있다. 그러면서 그

† 조안 교황이 출산을 하고 있다. 슈판하임의 판화, '여교황, 조안 이야기', 헤이그, 1721.

는 다음과 같은 문구를 더했다.

내가 들려주는 것은 상당히 널리 알려진 이야기이다. 작자가 불확실하며 모호하지만, 그래도 대부분의 사람들이 받아들였던 이야기를 삭제하여 고집스럽고 완고한 사람으로 보이고 싶지는 않으니 아주 짧고 간단하게 기술했다. 그리고 여기에 적은 이야기가 모두 신뢰할 만한 근거를 가지고 있지는 않다는 점을 밝힌다.

종교개혁 시대에 여교황 조안의 이야기는 로마교회를 공격하기에 딱 좋은 비난거리였다. 그 초기의 예가 1414~1415년에 열린 콘스탄츠 공의회였는데, 보헤미아의 종교개혁가 얀 후스는 조안 교황을 증거로 제시하며 교회를 맹렬히 비난했다. 그리고 의미심장하게도 교회는 이를 부인하지 않았다. 18세기 프랑스의 역사가인 자크 랑팡은 다음과 같은 예리한 지적을 했다. '만약 당시 부인할 수 있는 일이었다면, 공의회에 참석했던 사제들이 불쾌감을 드러내며 얀 후스의 잘못을 바로잡아 주었거나 혹은 말도 안 된다는 듯 웃으며 고개라도 가로저었을 터인데, 그들은 그러지 못했다. 그들에게는 그것을 부인할 만한 근거가 없는 듯 보였다.' 동시에 얀 후스는 조안에 대하여 공의회에서 언급하는 것―얀 후스와 같이 당대 몇몇 연대기 작가들은 그녀를 아그네스라고 불렀다―을 좋아할 사람이 아무도 없음을 알고 있었지만, 아마도 그즈음 자신이 화형을 피할 수도 없는 신세임을 알았기에 더는 잃을 것도 없다고 여겨 여교황 조안에 대한 언급을 했을 수도 있다.

우스크 출신의 웨일즈 사람인 아담은 1402년에서 1406년까지 4년을 로마에서 보냈는데, 그는 교황 인노첸시오 7세Innocentius VII(1404~1406)의 대관식 때 베드로 대성당에서 라테란 궁까지 이어지는 행렬을 묘사하며 그 과정 중에 마르티니의 버전에 있던 흥미로운 부분을 상세히 확인해주었다.

교황은 성 클레멘트 성당 근처 쭉 뻗은 길에 있는, 아들과 함께 새겨진 아그네스 교황의 석상을 보고는 혐오스럽다는 듯이 고개를 돌려 외면한 채 말에서 내려 대관식이 열리는 라테란 궁으로 들어갔다.

라테란 대성당은 늘 그러했듯 로마의 대주교인 교황의 대성당이었다. 베드로 성당에서 보자면 도시 끝 쪽에 있어서 행렬이 자주 콜로세움과 성 클레멘트 성당을 지나 도심을 통과하여 지나갔다. 문제의 석상이 있던 곳이 아마도 성 클레멘트 성당 근처이거나 라테란 대성당을 지난 어디쯤이었을 것이다. 석상의 실제 형상이 어떠했는지에 관해서는 의견이 상당히 분분하지만 그 존재에 대해서는 의심할 수 없는 것이 순례자들을 위해 만든 모든 옛날 소책자에 그 석상에 대한 언급이 나타나고 있다 로마에 있는 독일 대학의 공동 설립자인 테오도릭은 1414년에 작성한 보고서에서 그 석상이 대리석으로 만들어졌으며, 그 일이 일어났던 때를 사실적으로 나타냈다고, 다시 말해 아이를 출산하는 여자의 모습을 하고 있었다고 기술했다. 한편 마틴 루터Martin Luther는 1510년 말 로마에 있었는데, 그토록 황당하기 짝이 없는 모습의 석상을 교황들이 사람들이 보는 자리에 버젓이 세워 두도록 했다는 사실에 놀라움을 금치 못했으며 석상의 여주인공은 아기와 홀笏을 들고 교황의 망토를 입고 있었다고 적었다. 어떤 이야기든 우리는 선택을 해볼 수 있다. 정확한 사실을 알 길이 없으니 말이다. 그러나 확실한 것은 그 석상이—새겨진 글과 함께—1480년 교황 식스토 4세에 의해서 오래전에 제거되었으며, 풍문에 의하면 티베르 강에 던져졌다는 사실이다.

교황들이 그 장소를 철저히 꺼렸다는 사실만큼은 의심의 여지가 없어 보인다. 교황 인노첸시오 8세Innocentius VIII(1484-1492)와 그의 후임, 알렉산데르 6세Alexander VI(1492-1503)와 비오 3세Pius III(1503)의 재임시절 스트라스부르의 대주교이자 교황의 행사에 진행을 맡았던 인물인 요하네스 부르크하르트는 인노첸시오 8세가 그 전통을 깰 정도로 용감했음을 유감스러운 어조로 적고 있다.

돌아오는 길에 인노첸시오 8세는 콜로세움 쪽 길로 둘러왔다. 쭉 뻗어 있는 도로에는 여교황의 석상이 세워져 있었는데, 그 자리가 교황 조안이 출산을 한 곳이라고 한다. 많은 사람들은 바로 그러한 이유 때문에 그 자리만큼은 교황들이 말을 타고 지나지 않는다고들 한다. 그래서 플로렌스의 대주교가… 나를 질책했다.

여기서 다시 우스크의 아담이 전한 글로 돌아가 보자.

그는 라테란 궁에 반암으로 만들어진 의자에 자리를 잡고 앉는다.

그 의자에는 구멍이 뚫려 있는데, 그것은 젊은 추기경 중 한 사람의 성별을 확인하기 위해서였다. 사은찬미가謝恩讚美歌, Te Deum가 울려 퍼질 때, 그는 그렇게 중앙제대 위로 나아간다.

펠릭스 하어멀레인은 1490년《귀족과의 소박한 대화De Nobilitate et Rusticitate Dialogus》에서 이 변기 같은 의자에 대해 상세히 묘사를 하면서 이는 너무나 황당한 일이 두 번 다시 반복되지 않게 하기 위함이라고 적고 있다.

… 오늘날까지도 그 의자는 여전히 같은 자리에 놓여 있고, 교황 선출 시에 사용된다. 그가 자격을 갖춘 사람인지를 증명하기 위하여 하위 성직자 중 한 사람이 고환을 만져 보고 그가 남자임을 증명한다. 그가 남자임이 확인되면 고환을 만진 사람이 큰 소리로 외친다. '그에게 고환이 달려 있습니다!' 그러면 모든 성직자들이 '주여, 찬미 받으소서.'라고 화답한다. 그리고 그들은 교황 선출이라는 성스러운 일을 기쁜 마음으로 진행한다.

그는 이 모든 일이 여교황 조안 때문에 일어난 일이며, 구멍 뚫린 의자를 만든 사람은 조안의 후임자였던 베네딕토 3세라고 구체적으로 확인해준다. 이 모든 이야기로 우리가 얻을 수 있는 결론은 무엇인가? 여러 명의 자식을 두었다고 알려진 알렉산데르 6세를 포함한 후임 교황들이 손으로 몸을 더듬는—품위가 떨어지는—일까지 당했다는 사실을 솔직히 믿을 수 있겠는가?* 15세기에 있었던 두 가지 이야기를 비교하면 좀 더 명확해질 것이다. 첫번째 이야기는 윌리엄 브르윈이라는 영국 사람이 전하는 것인데, 그는 1470년에 로마의 교회들에 관한 안내책자를 엮었다. '성 요한 라테란에 있는 성 구세주의 소성전小聖殿에는, 빨간 대리석으로 만들어진 의자가 두 개 혹은 그 이상이 놓여 있는데, 그 의자 바닥에는 구멍이 뚫려 있다. 듣기로는 교황이 남성인지 아닌지 여부를 증명하기 위해 만들어진 것이라고 한다.'라고 그 책자에 적혀 있다. 두 번째 이야기는 부샤르 주교가 전한다.

교황은 성 실베스타 성당의 성전으로 인도되었다. 그곳에는 반암으로 만들어진 두 개의 의자가 놓여 있는데, 오른쪽 문에서 첫 번째 놓인 것에 마치 눕듯이 길게 교황이 앉았다. 그리고 교황이 앉아 있을 때, 라테란의 수도원장이 나와서 교황의 손에 통치와 처벌을 상징하는 지팡이와 대성당과 라테란 궁을 열고 닫고 묶거나 풀어주는 권위를 상징하는 열쇠들을 준다. 그러면 교황은 다른 의자로 옮겨 앉고 지팡이와 열쇠들을 다시 건네준다.

'두 개의 반암으로 만든 의자들'은 소위 대관戴冠 의자 '세디아 크

---

* 밀라노의 역사가인 베르나르도 코레오는 분명히 그렇게 믿었던 것 같다. 그는 1492년 알렉산데르 6세의 대관식을 보고 나서 다음과 같이 적고 있다. '마지막으로 성소聖所, sanctum sanctorum를 받는 것이 엄숙한 가운데 끝나고, 고환 만지기가 이루어지고 나서 나는 궁으로 돌아왔다.'

룰레sedia curules'라고 불리는 것으로 약 400년간 교황의 즉위식에서 사용되었다. 한 개는 나폴레옹 군대에 약탈되어 루브르로 옮겨졌고, 다른 하나는 로마에 남아 있기는 하지만 18세기 말 교황 비오 6세Pius VI 때 치워져 지금은 바티칸 박물관이 소장하고 있다. 그 의자는 소위 '가면 진열실Gabinetto delle Maschere'이라는 창 뒤쪽 후미진 곳에 표지 하나 없이 놓여 있다. 그 의자에는 정말로 커다란 열쇠 모양으로 구멍이 뚫려 있는데, 더 특이한 것은 의자 등받이의 각도가 수직으로 약 45도로 기울어져 있는 것이다. 사람이 앉는다면 마치 길게 눕듯이 앉게 되어 있어서, 용변을 보는 용도로는 사용할 수가 없게 생겼다. 그것이 원래 산과産科나 출산의 용도로(열고 닫고 묶거나 풀어주는) 사용되었다는 설명과 대관식에서 어머니 교회인 대본당의 상징으로 사용이 되었다는 설명이 제시되고 있다. 한편으로는 그것이 부제가 손으로 고환을 더듬어보는 용도로 만들어진 것이라는 설명도 있는데, 사람들의 상식을 좀 벗어나는 것이라 받아들이기가 상당히 망설여지기는 하지만 그래도 부정할 수는 없다.

여교황 조안이 실존했음을, 혹은 최소한 널리 퍼진 그녀에 대한 전설을 지지하는 주요한 마지막 증거는 시에나 대성당에 있는 교황들의 반신상이다. 만들어진 연대는 확실치 않지만, 대부분 14세기 후반의 것들로 추정된다. 베드로를 필두로 하여 애프스apse[교회 동쪽 끝에 있는 반원형 부분]의 중심에 있는 십자가상의 오른쪽까지 시계반대 방향으로 건물을 돌며, 1185년 선종한 루치오 3세Lucius III 교황에 이르기까지의 반신상 170개가 자리하고 있다. 물론 조안 교황도 포함되어—원래 그녀의 자리인 교황 레오 4세와 베네딕토 3세 사이에—있었고, 그녀의 반신상에는 요한 8세라고 명확히 새겨져 있었다. 상당히 아쉽게도 1600년쯤, 교황 클레멘스 8세가 제거해버렸기 때문에 그녀의 흉상은 더 이상 그 자리에 존재하지 않는다.

무슨 일이 있었는지는 분명치 않다. 클레멘스 8세의 사서였던 바로니우스 추기경의 주장에 따르면 그 흉상은 즉시 파괴되었다고 한다. 그러나 17세기 초, 아를르에 있는 프란체스코회의 관구장이었던 앙트완느 파기는 시에나에 있는 수도회에 머물기 위해 갔다가 그곳에서 여러 사제들과 성직자들과 나누었던 대화를 기록했다. 그에 따르면, 조안의 흉상은 파기된 것이 아니라 명패만 바뀌었고, 약간 손을 본 다음 교황 성 자카리아St. Zacharia(741-752)의 모습으로 묘사되어 그의 연대에 알맞은 자리에서 다른 흉상들과 함께 전시되고 있다는 것이다.

너무 모순되는 증거들 속에서 과연 여교황 조안이 존재하지 않았다는 사실을 우리가 온전히 확신할 수 있을까? 안타깝지만 그녀가 존재하지 않았다는 쪽에 무게가 실리는 것 같다. 설득력 있는 두 가지 증거가 총대주교와 교황의 저술에서 각각 나타나고 있다. 그 첫 번째는 858년부터 865년까지 콘스탄티노플의 총대주교였던 포티우스Photius가 전하는 것으로, 그는 정확히 조안과 동시대에 살았던 인물이다. 포티우스는 로마에 애정보다 오히려 유감이 많은 인물이지만 그럼에도 레오 4세와 베네딕토 3세에 대해서는 로마교회에 연이어 등장한 위대한 사제들이라고 언급하고 있다. 그로부터 2세기가 지나서 교황 성 레오 9세St. Leo IX(1049-1054)는 미카엘 케룰라리우스Michael Cerularius 총대주교에게 다음과 같은 글을 적었다.

한때, 여성을 대주교의 자리까지 등극시켰다는 주장이 일반 사람들의 입에서 주저 없이 흘러나오고, 또한 소위 환관이라는 사람들을 니케아 공의회의 첫 번째 법에 반하여 무분별하게 승진시키는 일이 콘스탄티노플에서 일어나고 있다는데, 우리가 그러한 말을 믿는 일이 없기를 바랍니다. 우리는 이러한 죄악을, 너무나 가공할 만한 일이며 끔찍한 일로 여기고 있고 분노가 일며 혐오감이 들지만 그대들에 대한 형제애에서 나오는 호의가 우리로 하여금 도저히 그러한 주장을 믿을 수 없게 합니다. 그럼에도 불구하고 신성한 법을 그대들이 무분별하게 판단하고 있음을 생각해보건대, 지금도 그대들은 무심하게 또 반복적으로 환관들이나 신체의 일부가 약한 사람들을 성직자의 지위에 올릴 뿐 아니라 대주교의 자리까지 승진시키려 하고 있으니, 그러한 일이 그쪽에서 자행되었을 수도 있겠다는 판단이 듭니다.

레오 9세가 여교황 조안의 존재에 관한 이야기를 들었다면 그가 과연 총대주교의 명백한 반격에 스스로를 내맡기며 기꺼이 비난을 감수했을까? 그리고 총대주교가 그녀의 존재를 알고 있었다면 로마에 강하게 응수하지 않았을까? 우리가 결론을 내릴 수 있는 사실은 11세기 중반까지도 그녀에 관한 전설이 로마에는 아직 알려지지 않았다는 것이다.

그리고 믿을 만한 증거가 있다. 가장 신뢰할 만한 출처는 레오

4세가 855년 7월 17일 선종했고, 베네딕토 3세가 서임을 받은 것이 같은 해 9월 29일이라는 기록이다. 또한 황제 로타르 1세Lothar I는 베네딕토 3세가 교황좌에 오르고 몇 시간 만에 아르덴에서 사망했다는 사실을 우리는 알고 있다. 당연히 그 소식이 로마까지 전해지는 데 시간이 걸렸고, 그 사이 로마에서 주조되었던 은화의 한쪽 면에는 베네딕토 교황이 다른 한쪽에는 로타르 왕의 이름이 새겨졌다. 그렇다면 베네딕토 3세는 조안에 대한 기록이 언급하는 시기보다 더 뒤에 교황직을 계승한 것이 아니며, 따라서 여교황 조안이 레오 4세와 베네딕토 3세 사이에서 교황직을 수행할 만한 시간적 공백이 없다는 결론이 나온다.

그러나 아마도 이 모든 이야기 중에도 가장 논란이 되는 부분은 여교황이 오랜 기간 자신의 정체와 임신을 숨기다 급기야 길 위에서 출산을 했다는, 참 말도 안 되는 것이다. 일단 여자가 교황이라는 개념 자체도 개연성이 낮고, 실제 여성이 도로에서 출산을 하는 것은 정말 드문 일이다. 너무나 쉽게 잘 믿는 우리의 습성이 지나치게 뻗어나간 것이 아닐는지? 정말이지, 우리는 너무 잘 믿는 것 같다. 그리고 그녀에 관한 이 모든 이야기만큼이나 말도 안 되는 일은, 다소 터무니없는 이 이야기를 거의 전 세계가 믿었으며 게다가 불쌍하리만치 무모한 여교황의 인기가 수세기를 지나 오늘날까지도 식을 줄 모른다는 사실이다.*

* 18세기에 그녀는 인기 있는 카드게임에 등장을 했었고, 1972년 그녀의 전설을 주제로 한 리브 울만 주연의 〈여교황 조안〉 영화가 만들어졌다.

7

—

니콜라오 1세와 창부정치

855~964

여교황 조안은 신화였다. 만약 조안이 존재했다면 베네딕토 3세는 그녀를 계승한 셈이었겠으나, 그는 별 볼일 없는 교황이었다. 베네딕토 3세는 웃음거리가 되고 난 후 교황으로 등극했다.

베네딕토 3세가 웃음거리가 된 것은 교황직을 차지하려는 아나스타시오의 획책 때문이었다. 아나스타시오는 815년 로마의 유명한 사제 가문에서 태어났는데, 오르트의 주교로 영향력이 있던 아르세니우스가 그의 삼촌이었다. 출중한 능력과 사고방식을 갖고 있던 아나스타시오는 어린 나이에 그리스어에 통달했고 847년 혹은 848년에 레오 4세에 의해 추기경으로 임명되었다. 그러나 곧 자신을 지지했던 레오 4세와 다투고는 아퀼레이아로 달아났다. 그의 야망을 잘 알고 있었던 레오 4세는 그를 잠정적인 경쟁자로 생각하여 여러 번 로마로 소환했다. 그러나 아나스타시오가 이를 거부하자, 레오 4세는 그를 파문하고 추방했다. 855년 레오 4세가 사망하자 베네딕토 3세가 적법한 절차에 의해 후계자로 선출되었다. 그러나 아르세니우스 주교는 자신의 조카인 아나스타시오가 차기 교황이 되어야 한다는 생각을 품고 무력으로 라테란 궁을 접수하고는 베네딕토 3세를 포로로 잡았다.

3일 동안 혼란스러운 통치를 거치는 사이, 아나스타시오에게는 대중적인 지지 기반이 전혀 없음이 여실히 드러났다. 게다가 파문당한 사람이 어떻게 교황이 될 수 있겠는가? 전통적으로 대관식에서 3명의 주교들이 교황에게 축성을 해야 했는데, 그중 2명에 해당하는 오스티아의 주교와 알바노의 주교가 아무리 협박을 하고 고문을 해도 대관식을 주관하라는 아르세니우스의 설득에 넘어가지 않았다. 베네딕토 3세는 구금에서 풀려났고 마침내 대관식을 치렀다. 아나스타시오는 교황 휘장이 벗겨진 채 라테란에서 추방당했다. 그러나 베네딕토 3세는 그가 받아 마땅한 처벌을 내리기보다는 관용을 베풀어, 그를 트라스테베르의 성 마리아 수도원에 감금했다.

그러나 아나스타시오는 다시 재기했다. 베네딕토 3세의 재임 3년 동안 죽은 듯이 살던 그는 성 니콜라오 1세St. Nicolaus I(858~867)의 즉위 후 다시 등장하는데, 그의 삶은 상당히 달라졌다. 그는 스스로를 웃음거리로 만들기는 했어도 여전히 당대의 가장 유명한 학자였다. 그의 재능을 알아본 니콜라오 1세는 그를 수도원장으로, 이어서 도서관장으로 임명했다. 그 자리에 있으면서, 아나스타시오는 상당한 수준의 그리스어 덕분에 비잔티움 제국 문제에 관해서는 교황청 내 최고의 자문위원이 되었다.

니콜라오 1세는 귀족이자 전제군주였다. 그에게 교황은 신을 대표해 세상에 살고 있는 존재이며, 그러므로 모든 문제는 자기 손에서 완성이 되는 것이었다. 황제들은 교회를 지키고 방어하는 특권을 가졌다고 생각할지도 모르지만, 기실 그들은 교회의 일에 간섭할 어떤 권한도 없었다. 교황의 권위는 절대적이었고, 시노드는 단순히 그의 명령을 시행하기 위해 소집되는 것이었으며, 주교, 대주교, 총대주교들조차 그에게 충성과 복종을 해야만 했다. 라벤나의 대주교인 요한이 분수를 모르고 자만했을 때, 그는 로마로 소환되어 파문당했다. 제국에서 가장 힘 있는 성직자 였던 랭스의 대주교 힌크마르가 부주교를 면직시키고는 선수를 쳐서 항소하려 했을 때, 니콜라오 1세는 즉시 그 부주교를 복위시켰다. 힌크마르가 이에 항의를 하자 그의 미사집전을 금지하겠다며 협박을 가하기도 했다. 니콜라오 1세는 또 단호하게 자신의 권위를 보여주기도 했다. 로렌(프랑스 동부 지방)의 왕, 로타르 2세Lothair II가 자신의 정부와 결혼하기 위해 왕비와 이혼을 원하자 프랑크인 주교들이 그의 요구를 시노드에서 승인해준 적이 있었다. 그러자 니콜라오 1세는 간단히 그들의 판결을 기각하고는 로타르 2세에게 아내에게로 다시 돌아가라고 명했다. 로타르 2세가 두 번째로 아내를 버리고 떠났을 때는 그를 퇴위시키기도 했다. 쾰른과 트리어 지역의 대주교들이 그 사건을 변호하기 위하여 로마에 방문하자, 그들을 로타르 2세의 이중 결혼 공모자라 여겨 파문했다. 니콜라오 1세의 행보가 좀 지나쳐 보이자, 로타르 2세의 형인 루이 2세Louis II 황제가 그에게 한 수 가르쳐준다는 명분으로 로마로 쳐들어왔다. 그러나 교황이 해볼 테면 해보라는 듯이 꿈쩍도 않자, 루이 2세는 분을 삭이며 하는 수 없이 후퇴했다.

말할 필요도 없이 니콜라오 1세는 동방의 교회들에 대해서도 교황의 권위에 대한 개념을 확장시켜 나갔다. 이때 콘스탄티노플의 총대주교는 이그나티우스Ignatius라는 환관이었는데, 신도들은 편협하고 괴팍한 그를 혐오하여 제거하려는 결심을 했다. 그 신도들 무리의 중심에 있던 인물이 포티우스Photius라는 당대 가장 학식이 풍부한 석학이었던 반면, 이그나티우스는 단순한 신학적 교리를 제외하고는 다른 모든 것들을 아우르기에 상당히 편협한 사람이었다. 한 번은 총대주교를 제대로 골려주는 일이 있었는데, 포티우스는 자신이 방금 막 생각해낸 이단적 이론을 새로운 심오한 이론인 것처럼 펼쳐냈다. 그 이론이란 사람은 두 개의 분리된 영혼을 가지고 있는데, 하나는 오류를 범하기 쉽고 다른 하나는 실수를 범하지 않는다는 것이었다. 지성으로 워낙 명성이 자자한 인물이 한 말이었기에, 신학만큼은 그보다 더 많이 알고 있어야 마땅했던 이그나티우스를 포함한 많은 사람들이 그의 이론을 자못 진지하게 받아들였다. 포티우스는 그렇게 대주교를 우매한 사람으로 보이도록 하려던 목적을 달성하자, 쾌재를 부르며 자신의 이론을 철회했다. 이것은 아마도 신학 역사상 유일하게 더할 나위 없이 만족스러웠던 농담이 아니었을까 싶다. 그러므로 우리는 그런 통쾌한 농담을 날린 포티우스에게 그것만으로도 고마워해야 하지 않을까.

858년 예수공현대축일 날, 이그나티우스는 현명하지 못하게도 황제의 삼촌이 되는 사람에게 성체를 주기를 거부했는데, 그 사람이 며느리와 결혼하고자 자신의 아내를 저버렸기 때문이었다. 이그나티우스를 기소할 적절한 죄명을 만드는 데 다소 시간이 걸렸지만, 그해 말 총대주교는 결국 체포되어 추방당했다. 그의 뒤를 이을 후계자로는 포티우스가 가장 유망했다. 그가 평신도라는 신분이 걸리기는 했으나, 포티우스는 그러한 어려움도 신속히 뛰어넘었다. 포티우스는 일주일 만에 삭발을 하고 서품을 받아 주교로 서임되어 총대주교 자리에 올랐다. 그리고 로마에 있는 교황 니콜라오 1세에게 자신의 즉위 사실을 알리는 공식 서신을 보냈다. 비록 서신 자체는 책략적 외교의 전형이었으나, 그의 전임자를 비방하는 말은 단 한마디도 담고 있지 않았다. 그러나 그의 서신에는 보란 듯이 황제가 직접 쓴 서신도 동봉되어 있었는데, 그 안에 이그나티우스가 그의 신도들을 태만하게 지도했으며 그래서 교회법에 따라 적절히 퇴위를 당했다는 내용이 담겨 있었다. 니콜라오 1세는 당연히 황제의 주장이 모두 진실이 아니라고 생각했다. 니콜라오 1세는 비잔티움에서 보낸 특사를 산타 마리아 마조레 성당에서 모든 예를 갖춰 맞아들였다. 그러나 그 자신은 더 자세한 조사를 해보지 않은 채로는 포티우스를 총대주교로 인정할 준비가 되어 있지 않음을 분명히 밝혔다. 그러면서 다음 해 콘스탄티노플에서 공의회를 열어 조사할 것을 제안하며, 자신이 개인적으로 보고를 받을 수 있도록 특사 두 명을 파견하겠다고 했다.

교황이 보낸 두 명의 특사인 아나니아의 자카리아, 포르토의 로도알드는 861년 4월 콘스탄티노플에 당도했다. 그들은 도착하는 순간부터 만만찮게 가해지는 포티우스의 압박을 느꼈다. 그들은 계속해서 의식, 환영회, 연회, 여흥에 불려 다녔고 그사이 포티우스는 그들 곁에 딱 붙어 서서, 자신이 갖고 있는 학식으로 그들을 깜짝 놀라게 만들었으며 매력을 발산하여 그들의 마음을 사로잡았다. 사도들의 성당에서 공의회 개회식이 열리기 전까지 포티우스는 특사들이 별 문제를 일으키지 않을 것이라 확신했기에 충분히 만족스러움을 느꼈다. 이그나티우스는 공의회가 열려 증언을 하기 전까지는 특사들과 눈을 마주칠 기회도 없었다. 의회가 열리자 이그나티우스는 자신의 잘못을 끝도 없이 늘어놓는 72명의 증언을 들어야 했고, 그들은 이그나티우스를 총대주교로 임명했던 것은 교회법에 따른 선출이 아니라 황후의 개인적인 호의 때문이었으므로 그 효력이 없다고 주장했다. 4차 회의가 끝나자 공식 문서에 의해서 이그나티우스의 퇴위가 확정되었다. 퇴위를 확정하는 문서 하단에 적힌 서명 중에는 눈에 띄는 이름이 있었는데, 바로 교황의 특사로 파견되었던 자카리아와 로도알드였다.

특사들이 로마로 돌아오자, 니콜라오 1세는 당연히 그들에게 불편한 심기를 드러냈다. 교황은 그들에게 주어진 임무는 의회의 재판관 역할을 하는 것이 아니라 사실을 밝혀내는 것이었음을 상기시켰다. 그들은 고위 성직자들이라기보다는 마치 순진한 어린아이들처럼 비잔티움의 감언이설에 넘어가서 교회의 이해관계를 저버린 것이었다. 그들은 속수무책으로 대주교의 술수에 넘어갔고, 스스로 자신들의 입장과 지위에 걸맞지 않은 인물이었음을 보여준 셈이었다. 니콜라오 1세는 그들을 향후 어떻게 처리할지 고려해 보겠다고 으름장을 놓았다. 그사이 그들은 조용히 물러갔다.

그때 테오그노스투스라는 이름의 대수도원장이 로마에 도착했다. 그는 콘스탄티노플에서 엄중한 감시를 피해 탈출한 인물로 포티우스와 그의 무리들에 관하여 조사를 벌였던 이야기와 불운했던 이그나티우스가 감내해야 했던 고초들 그리고 결국 강제로 해임서에 서명할 수밖에 없었던 이야기들을 전해주었다. 니콜라오 1세는 화색이 돌았고, 교황은 더 이상은 주저하지 않았다. 863년 4월, 라테란에서 시노드를 소집하여 포티우스의 모든 성직을 박탈하고 그로 인해 지위를 잃었던 모든 사람들과 이그나티우스를 복위시켰다. 그리고 특사로 콘스탄티노플을 방문했던 자카리아와 로도알드는 교황청에서 퇴출당했다. 그러나 예상대로 콘스탄티노플은 교황의 판결을 무시하는 바람에 계속 논쟁이 일었다. 이때까지도, 니콜라오 1세의 단호함은 동방에서 그가 무력하다는 것을 드러낼 뿐, 그 이상도 이하도 아니었다. 그러나 뜻하지 않은 행운이 불가리아에서 찾아왔다.

칸 보리스 1세Khan Boris I의 지배하에 있던 불가르족Bulgars은 이즈음 발칸반도에서 세력을 확장하고 있었다. 예전에 가톨릭 신자였던 보리스 1세는 865년 9월 콘스탄티노플로 여행을 갔다가, 비잔티움 황제를 대부代父로 세우고 성 소피아 성당의 총대주교에게서 세례를 받았다. 이는 예상대로 교황 니콜라오 1세를 격노하게 만들었는데, 당시 비잔티움 함대가 흑해 해안에 정박하고 있는 데다, 나라는 극심한 기근에 시달리고 있던 터라 칸 보리스 1세에게는 선택의 여지가 없었다. 그 같은 요인이 작용했음을 알고도 니콜라오 1세의 화는 쉬 누그러들지 않았다. 그러나 개종 이후 1년도 지나지 않아 보리스는 벌써 다른 생각을 하기 시작했다. 갑작스레 자기 나라에 그리스와 아르메니아의 사제들이 넘쳐나기 시작했고, 교리의 추상적인 부분들을 놓고 불화를 일으켜 그 자신뿐 아니라 갈피를 못 잡고 있는 백성들까지 혼란에 빠뜨리고 있다는 것을 알게 되었다. 더욱이, 가급적 콘스탄티노플과는 거리를 두고 싶은 마음에 불가리아 출신 총대주교를 임명해달라고 요청했으나 거절당했다.

그의 요청을 무시했던 포티우스의 처사는 재앙에 가까운 오판이었다. 이제는 요청을 거절당하고 무색해진 칸이 격분했다. 황제가 대부를 서주었으니 기꺼이 그의 대자代子가 되었으나, 그렇다고 콘스탄티노플의 속국 노릇까지 하고 싶지는 않았다. 로마와 콘스탄티노플과의 껄끄러운 관계를 잘 알고 있었으므로 그들을 서로 맞붙게 하면 어떤 결과가 오리란 것을 예상하고 있던 칸은 866년 여름 니콜라오 1세에게 대표단을 파견했다. 칸은 정통교리와 사회적 관습 중 불가리아인들의 전통과 충돌을 일으키는 요소들에 관한 106가지 목록을 만들어 대표단 편에 보내며 사회적 관습과 맞지 않는 많은 부분들이 허용이 된다면 새로운 교리에 대한 저항도 극복할 수 있음을 제시하고 각 항목에 대한 교황의 의견을 물었다.

칸 보리스 1세는 그 같은 항목들에 대한 이의를 비잔티움에 제기한 바가 있었으나 포티우스는 그것들을 거절하거나 무시했었다. 그러나 니콜라오 1세는 달랐다. 그것이 자신이 기다리고 있던 기회임을 직감한 교황은 즉시로 아나스타시오를 시켜 주목할 만한 문서를 작성하여 불가리아 궁정으로 주교 두 명을 더 파견했다. 교황은 그 문서에 칸 보리스 1세가 보낸 각 항목에 대하여 사려 깊고도 상세한 답을 달았다. 가능한 것은 모두 양보를 하고 또 수용이 불가능한 것은 그 이유를 설명해서 그가 불가리아 지역의 특성을 얼마나 고려하고 있는지를 보여주었다. 니콜라오 1세는 여자도 남자와 똑같이 바지를 착용할 수 있으며 교회를 제외한 지역에서는 터번 착용이 가능하다고 전했다. 비잔티움에서는 수요일과 금요일에 씻는 것을 계속 금하고 있었지만 니콜라오 1세는 이를 터무니없는 일이라 일축했고, 사순절에 우유와 치즈를 금해야 할 이유도 없다고 했다. 한편, 모든 이교도들의 미신 행위나 임의로 성경을 펼쳐놓고 점을 치는 관행은 금지되어야 하며, 중혼도 중단되어야 한다고 했다.

불가리아 사람들은 중혼을 금지하는 항목과 관련해서는 실망했지만, 전반적으로 교황의 답변에 만족감을 드러냈고 그만큼 문제가 되었던 부분들을 교황이—보다 정확히 말하자면 아나스타시오가 했지만—직접 맡아서 해결을 해주었다는 것을 중요하게 생각했다. 칸 보리스 1세는 즉시 성 베드로에 종신도록 충성하겠다는 맹세를 하면서 그 표시로, 모든 동방정교회의 선교사들을 자기 왕국에서 추방했다. 그렇게 해서 로마 가톨릭교회가 다시금 발칸반도에 자리를 잡았다.

니콜라오 1세는 교황의 역사에서 일종의 분수령이 되는 인물이었다. 그는 한 세기 반 동안 능력과 성실함으로 베드로의 성좌를 차지했던 교황의 계보 중 마지막에 해당하는 인물이었다. 그의 뒤를 이어 교황좌에 오른 나이가 지긋했던 하드리아노 2세Hadrianus II(867-872)는 5년이라는 짧은 재임기간 동안 니콜라오가 쌓아놓은 모든 것들을 무너뜨리고 말았다. 대주교 힌크마르에게 굴복했고, 다시 정부情婦와 붙어 지내는 로타르 2세에게 영성체를 모시도록 허락해주었으며, 그러는 사이 불가리아에서 정교회가 다시금 고개를 들기 시작했다. 하드리아노 2세는 아나스타시오가 어렵사리 이루어놓은 많은 일들을 망쳐놓았을 뿐 아니라, 심지어 도서관장이었던 아나스타시오에게 자신의 전 부인과 딸을 살해했다는 혐의를 씌워 그의 경력에 있어서 두 번째 파문*을 내렸다.

그러나 그 뒤에 나타난 교황들과 비교하면 하드리아노 2세는 양반이었다. 그 후 샤를마뉴의 제국은 사라져서 왕가의 끝없는 분쟁 속으로 휘말려 들었고, 바람막이가 되어주던 제국이 사라지자 교황들은 로마의 지방 귀족들—주로 크레산티, 투스쿨라니, 테오필락투스—에 맞서 무방비로 내몰린 격이었다. 귀족들은 교회에 대한 완전한 지배권을 확립하여 교황권을 자신들이 쥐락펴락했다. 하드리아노 2세의 뒤를 이은 교황 요한 8세Joannes VIII(872~882)는 적어도 열성적인 인물이었는데, 진위는 분명치 않으나 최초로 암살당한 교황으로 알려져 있다. 더 꺼림칙한 점은 자신의 측근이었던 사제들의 손에 죽임을 당했다는 것이다. 풀다 수도원의 연대기에 따르면, 처음에는 요한 8세를 독살하려 했으나 실패로 돌아가자 그의 머리를 망치로 내리쳤다고 한다. 요한 8세의 후계자인 마리노 1세Marinus I(882~884)의 즉위식은 로마 현직 고위관리 살인사건으로 얼룩졌다

---

* 그 살인사건은 사실 아나스타시오의 사촌인 엘레우테루스가 하드리아노의 딸과 눈이 맞아 도망가려는 시도가 실패로 돌아가고 난 후 저지른 것이었다. 2차 파문은 곧 철회되었고 869년~870년 콘스탄티노플에서 열린 8차 공의회에 아나스타시오가 참석했음을 우리는 알고 있다. 그때 아나스타시오는 서방의 황제 루트비히 2세의 딸인 에르망가르드와 비잔티움 황제 바실 1세의 아들의 결혼을 성사시키려 했으나 성공하지 못했다.

† 875년 대머리왕 카를 2세의 대관식을 집전하는 요한 8세 교황. 샹티이, 콩데 박물관.

고 하며, 2년 후 치러진 성 하드리아노 3세St. Hadrianus III(884~885)의
즉위식 때는 그 희생된 고위관리의 미망인이 벌거벗겨진 채 거리에
서 채찍을 맞는 일이 벌어져 모양새가 좋지 않았다고 한다. 885년
독일로 가는 도중에 사망한 하드리아노 3세의 사인을 놓고도 비열
한 행위가 있었다는 의혹이 있다. 그의 뒤를 이은 두 명의 교황, 스
테파노 5세Stephanus V(885~891)와 포르모소Formosus(891~896)는 침대

에서 자다가 사망했다. 후계자인 스테파노 6세Stephanus VI(896-897)*의 명에 따라 896년 3월 포르모소의 시신은 다시 꺼내져 사후 8개월 만에 교황의 제의를 입고 교황의 자리에 앉혀져 모의재판을 받았다. 그는 위증과 교황권에 대한 야망을 드러냈다는 이유로 기소를 당했는데, 그는 다른 교구의 주교 시절에 로마 교구의 주교직을 수락했다고 한다(오늘날에는 죄가 되지 않는다). 예상 가능한 결과였지만, 그에게는 유죄판결이 내려졌고 사제 서품을 포함하여 그와 관련된 모든 법적인 행위들은 가치가 없는 무효로 선언되었다. 이 판결은 엄청난 혼란을 불러왔으며, 포르모소의 시신은 (축성할 때 사용하던 오른쪽 세 개의 손가락을 제외하고) 티베르 강에 던져졌다.**

그 일이 있은 직후 라테란 궁은 지진으로 인해 상당 부분 파괴되었다. 당시 많은 사람들은 그 지진을 두고 교황 스테파노 6세의 행실에 하느님께서 진노하신 징조라고 해석을 했다. 그러나 초자연적인 징후가 나타나지 않았더라도 모든 로마 사람들의 눈에 비친 스테파노 6세의 처사는 도가 지나쳤음이 분명했다. 6개월 후, 그는 퇴위당하여 교황의 휘장도 모두 벗겨진 채 감옥으로 보내졌고, 그곳에서 교살 당했다.

7년 동안 교황이 여섯 번이나 바뀌고 난 후, 903년 프리아피라

---

* 더 정확히 하자면 그는 두 번째 후계자였고, 그 사이에 보니파시오 6세Bonifatius VI(896)가 있었다. 그는 부도덕하다는 이유로 두 번이나 사제직을 박탈당했던 인물로 재위 2주 만에 통풍으로 사망했다.

** 다음의 사실을 당연히 덧붙여야 할 것 같은데, 한 은수사隱修士가 기적적으로 그의 시신을 찾아서 복원하여 예전 무덤에 다시 안장했다.

는 마을의 교구 사제가 교황 레오 5세Leo V(903)로 등극했다. 어떻게 작은 교구의 사제가 교황에 오르는 일이 일어났는지는 불명확하지만, 문제될 것은 거의 없었다. 약 한 달이 지나서 크리스토포로라는 이름의 성직자가 반란을 일으켜 레오 5세를 감옥으로 보내버리고는 스스로를 교황이라 선포했다. 역사에서는 대립교황*으로 기록되고 있는 크리스토포로는 한 달짜리 교황이었던 레오 5세보다는 좀 더 긴 4개월을 버티다 904년 초 포르모소 재판에 적극적으로 가담했던 로마 출신의 한 귀족에 의해 실각당했다. 그 로마 귀족은 교황 세르지오 3세Sergius III(904-911)로 등극했고, 크리스토포로를 레오 5세가 있는 감옥으로 보내버렸다. 오래지 않아, 스스로는 동정심의 발로였다 주장했지만, 어쨌든 세르지오 3세는 그 둘을 모두 교살해버렸다.

이즈음 교황청 역사에 기가 막히게 아름다우면서도 사악했던 마로치아Marozia라는 여인이 등장한다. 로마 여성 원로원 의원으로 불렸던 그녀는 로마 집정관이자 투스쿨룸 가문의 백작이었던 테오필락투스의 딸이었다. 마로치아의 어머니는 테오도라라고 하는 여성이었는데, 크레모나의 주교 리우트프란드는 그녀를 두고 '로마의 실세로, 남자 못지않은 권력을 휘두르는, 부끄러움을 모르는 매춘부 같은 여자'라고 묘사했다. 리우트프란드 주교는 호감이 가지 않는 이들 부부의 딸이었던 마로치아와 테오도라에 대해서도 '마로치아는 어머니에 버금가는 미모를 지녔을 뿐 아니라 실권 행사에 있

---

* 교회법에 따라 선출된 교황에 대립해 부당하게 교황위를 주장한 성직자. - 역주

어서는 어머니를 능가했다.'라고 묘사했다. 역사가 에드워드 기번은 족보를 따져보면 너무나 진기한 일이라고 콧방귀를 뀌었는데, 교황들의 연인이자, 어머니, 그리고 할머니였던 그녀는 890년에 태어나 15살의 나이에 아버지의 사촌인 교황 세르지오 3세의 정부가 되었다(그 둘 사이에서 태어난 아들이 후일 교황 요한 11세가 된다). 909년 그녀는 스폴레토의 후작이자, 모험가인 알베리쿠스 1세와 결혼을 하여 둘째 아들을 낳았는데 그가 바로 알베리쿠스 2세이다. 바로 이 시점에서 오랜 시간 실질적인 로마 정부 역할을 하던 로마교황청은 완전히 지방 귀족의 통제하에 들어갔다. 그 귀족들 가운데서 마로치아는 가장 강력한 힘을 지니고 있었으니, 결국 교황청은 그녀의 손에 넘어간 것이었다.**

세르지오와 요한 11세Joannes XI(931-935) 사이에 등극했던 다섯 명의 교황 가운데 두 명은 마로치아의 꼭두각시였다. 그들의 재위기간은 둘을 합쳐 3년을 넘지 못했다. 그 사이에 세 번째로 등극했던 요한 10세Joannes X(914-928)는 그 역량에 있어서 조금 남다른 사람이었다. 그는 바로 투스쿨룸 가문의 테오필락투스, 그리고 알베리쿠스 1세와 합세하여 915년 6월 갈리그리아노 강에서 사라센을 격퇴했던 인물이다. 그러나 마로치아는 그를 몹시 싫어했다. 아마 그가 어머니의 연인이었다는 이유가 그를 싫어하는 데 한몫했을 것이다. 훗날 요한 11세가 되는 마로치아의 아들이 라벤나의 주교로 임명되었을 때, 마로치아의 어머니 테오도라는 요한 10세를 다시 로마로

** 궁금증을 참을 수가 없는데, 혹시 그녀가 역교황 조안 전설의 원조가 아니었을지?

불러들여 억지로 교황자리에 앉혔는데 이 대목에서 테오도라의 야망을 엿볼 수 있다. 매우 강인하고 또 상당히 명석했던 요한 10세는 927년 말경에 이르러서는 마로치아에 대한 심각한 반감을 드러냈다. 그가 자신의 형제인 베드로와 함께 그녀의 권위를 위협할 조짐을 보이기 시작하자, 마로치아도 교황에 맞섰다. 베드로는 라테란 궁에서 요한 10세가 보는 앞에서 가격을 당해 쓰러졌고, 그 일이 있은 후 얼마 지나지 않아 마로치아는 두 번째 남편인 투스카니의 귀도Guy*와 합세하여 교황을 스스로 물러나게 만들고 산탄젤로 성에 가두었다. 요한 10세는 그곳에서 베개에 눌려 질식사했다.

그녀의 처사는 자신의 경쟁자를 제거하려는 목적뿐 아니라 교황자리를 공석으로 남겨두어 자신의 아들을 그 자리에 앉힐 속셈에서 나온 것이었다. 그러나 안타깝게도 아들의 나이는 열여덟 살로 아직 어렸기 때문에, 931년 초봄 그녀의 아들이 교황 요한 11세로 등극하기 전까지 임시방편으로 두 명의 꼭두각시 교황을 세웠다. 이즈음 그녀는 전도유망한 프로방스 출신의 우고Hugh에게 호감을 느껴 두 번째 남편인 귀도를 제거했는데, 우고는 그때쯤 이탈리아의 왕으로 선출되어 적절한 절차에 따라 불운했던 교황 요한 10세에게서 성유 축성을 받았다. 우고에게는 이미 완벽에 가까운 부인이 있었으나, 일부러 짜 맞추기라도 한 듯 적절한 때에 그녀가 사망했고, 우고와 마로치아의 결혼은 법적으로 가능해졌다. 그러나 그들 결혼의 더 큰 문제는 전 남편 귀도와 우고가 이복형제였다는 점으로, 그

---

* 첫 번째 남편이었던 알베리쿠스 1세는 924년과 926년 사이 오르타에서 살해당했다.

들의 예정된 결혼은 근친상간이 되는 셈이었다. 이에 우고는 귀도 와 또 다른 형제인 람베르트를 사생아라고 선언해버렸다. 이 소식 을 접한 그들 형제의 어머니가 어떤 심정이었는지 능히 짐작할 만 하다. 우고는 항변을 하는 람베르트의 눈을 멀게 하여 감옥에 가두 어버렸고, 람베르트는 곧 감옥에서 죽고 말았다. 결혼을 위해 손에 그렇게 많은 피를 묻힌 남녀도 거의 없을 것이다. 아니나 다를까, 932년 그들의 결혼식이 치러진 곳은 교회가 아니라 산탄젤로 성이 었다. 그들의 결혼식을 주관한 사람은 요한 11세였는데, 역사상 교 황이 자신의 어머니의 결혼식을 집행한 사례는 이때가 처음이자 마 지막일 것이다. 또 한 번의 결혼을 통해 부부가 된 그들은 파죽지세 로 그 영향력을 뻗쳐나갔고 이제는 서방의 황제자리가 그들을 기다 리고 있었다.

그러나 마로치아가 미처 생각지 못한 복병이 있었으니, 바로 그 녀가 잠시 잊고 있던 또 다른 아들이었다. 교황 요한 11세의 이부형 제異父兄弟인 알베리쿠스 2세는 어머니의 연이은 결혼으로 자신이 한참 뒷전으로 밀려났음을 알게 되었다. 그는 우고라는 인물이 달 갑지 않은 관계를 어떻게 처리하는지를 지켜봐온 데다, 산탄젤로 성에서 연회가 벌어지는 사이 새로운 계부인 우고로부터 정면으로 얼굴을 구타당하면서 보이지 않는 경고까지 받았다. 알베리쿠스의 유일한 희망은 아직 시간이 남아 있을 때 무엇인가 행동을 취하는 것이었다. 로마 사람들은 우고를 좋아하지 않았으며, 그의 잔인함 과 교양 없는 행동은 이미 악명이 높은 터여서 언제고 반란이 일어 날 태세였다. 932년 12월 한 무리의 군중들이 성을 급습했다. 우고는 겨우 창문을 통해 탈출했으나 마로치아와 그의 아들인 교황 요한 11세는 감옥에 갇히는 신세가 되었다. 상황이 이 지경이 되었는데도 로마 원로원의 입장에 대해서는 어떤 말도 들려오지 않았다. 후에 요한 11세가 풀려나기는 한 것 같은데 그래도 가택연금에 준하는 상태로 라테란 궁에 붙들려 있었던 것 같다. 리우트프란드 주교에 따르면 알베리쿠스는 라테란 궁에서 요한 11세를 노예 부리듯 대했다고 한다.

알베리쿠스 2세는 명실공히 로마의 주인이 되어 향후 20년 동안 통치를 이어갔는데, 외교적인 차원에서 이루어진 우고의 딸과의 결혼을 포함하여 호시탐탐 권력의 탈환을 꾀하는 우고를 견제하는 등 여러 가지 의미에서 전반적으로 현명하게 대처해 성공적으로 버텨냈다. 그는 통치기간 중 다섯 명의 교황을 세웠는데, 그중 세 명의 교황은 알베리쿠스에게 합당한 예우를 표했다. 그러나 두 명의 교황은 그러하지 않았는데, 그중 한 명이 스테파노 8세Stephanus VIII(939-942)로 그는 2년여간은 알베리쿠스에게 순명했지만 그 후로는 여러 가지 충돌을 일으켰다. 구체적으로 어떤 일들이 있었는지는 정확치 않지만, 교황은 심각한 수준으로 신체를 훼손당했고 그때 입은 부상으로 사망했음은 의심의 여지가 없는 듯하다. 그 다섯 명 중 마지막 교황이 알베리쿠스의 서자였던 옥타비안으로 그는 십대 소년에 불과했다. 954년 여름 치명적인 고열이 덮쳐왔을 당시 겨우 마흔 살이었던 알베리쿠스는 아픈 몸을 이끌고 직접 베드로의 무덤 위에 만들어진 제대까지 나아갔다. 그는 그곳에서 자신의 임종을 앞두고 로마의 주요 인사들을 불러 모아놓았다. 그리고 그들로 하여금 현재 교황 아가피토 2세Agapitus II(946~955)의 사후 옥타비안을 로마 교황으로 선출하겠다고 사도들의 유골 위에서 맹세하도록 하였다. 그것이 알베리쿠스의 마지막 행보였고, 8월 31일 그는 숨을 거두었다.

알베리쿠스의 권한에 대해서는 많은 로마인들이 승인했다고 한다. 옥타비안은 즉시 그의 아버지의 뒤를 이어 로마의 임시 통치자가 되었다. 955년 12월 교황 아가피토 2세가 선종하자, 옥타비안은 요한으로 이름을 바꾸고 적절한 절차를 거쳐 요한 12세Joannes XII(955~964)교황으로 선출되었다. 그러나 그것은 결국 재앙을 초래하는 선택이었다. 그 나이 어린 교황은 종교적인 사안에는 관심이 없었을 뿐 아니라, 그야말로 교황청을 최악의 창부정치로 얼룩지게 만든 인물이었다. 이 상황을 역사가 기번이 가장 잘 기술하고 있다.

… 놀라움을 금할 수 없지만, 마로치아의 손자는 로마의 기혼녀들과 공개적으로 간통을 저지르며 살았다. 라테란 궁은 매춘의 훈련장으로 바뀌었고, 그가 처녀들과 과부들을 강간하니 독실한 마음으로 베드로 성지를 방문하려던 여성들이 그에게 당하지 않기 위하여 순례를 단념하기도 하였다.

요한 12세는 그 시대에 수치도 모를 만큼 가장 방탕했던 두 남녀, 마로치아와 우고의 손자였으니 그렇게 허랑방탕한 삶을 사는 것이 어쩌면 당연한 일이었는지 모른다. 그는 도시가 혼돈상태에 빠져들도록 방조했고 일면 부추기기까지 하며, 도박에 열중하고 온갖 종류의 성적 쾌락에 탐닉하기 위해 교황령의 재산뿐 아니라 로마시의 재산까지 가져다 썼다. 로마의 정치적인 입지는 빠르게 악화되기 시작했다. 게다가 우고의 조카인 이베라의 후작 베렝가리오 2세Berengar II라는 새로운 적이 위협하는 위험한 상황에 놓여 있었다. 베렝가리오 2세는 대관식을 올리지는 않았으나 이탈리아의 실직적인 왕이었고 945년 우고가 아를로 돌아온 이후로는 줄곧 문제를 일으키고 있었다. 959년 그는 스폴레토의 공작영지를 점령했고, 이제는 로마 북쪽의 교황령까지도 약탈하기 시작했다. 어찌해 볼 도리가 없었던 요한 12세는 960년 가을이 되자 작센 지역의 독일 왕, 오토 1세Otto I에게 도움을 호소하며 그 대가로 황제의 왕관을 제안했다.

그것은 오토 1세가 바라던 바였다. 그가 일생동안 좇던 그 하나의 꿈이 바로 샤를마뉴의 제국을 부활시키는 것이었다. 이러한 의도를 품고 있던 오토는 아헨에 있는 샤를마뉴의 아름다운 원형 성당에서 대관식을 거행할 준비까지 해두었다. 그는 독일을 하나의 주로 화합시켰고, 500년이 지나서도 여전히 유럽의 골칫거리였던 마자르인Magyars들을 955년 아우크스부르크 외곽에서 크게 격퇴하여 전 유럽에 자신의 이름을 알리며 존경을 얻었다. 요한 12세의 간청을 받고 그는 상당수의 군사를 이끌고 알프스 산맥을 넘어서 962년 1월 로마에 입성했다. 2월 2일 성촉절聖燭節* 베드로 대성당에

* 성모 마리아의 순결을 기념하는 축제일. 오늘날은 2월 2일을 예수봉헌 축일로 지내고 있는데 전에는 이 축일을 주의 축일이 아니라 성모 축일 즉 성모취결례로 지냈다.

서 그와 애들레이드 왕비는 칼을 찬 사람들을 자기들 뒤에 근위병으로 세우고는 서른 살이나 어린 타락한 교황 앞에서 무릎을 꿇고 공식적으로 왕관을 받았다. 교황은 오토 1세의 편에 설 것이며 베렝가리오 2세에게는 그 어떤 지원도 하지 않겠다고 맹세했다. 결과적으로 가장 경멸을 받는 교황 중 하나인 요한 12세가 샤를마뉴의 성스러운 로마제국을 재건한 격이 되었고, 그렇게 다시 세워진 제국은 그로부터 9세기하고도 50년이나 지속이 되었다.

오토 1세는 나이 어린 교황을 한수 가르치겠다는 듯 훈계를 늘어놓으며 불미스러운 추문을 일으키며 살지 말라는 당부를 남기고 2주 후 로마를 떠났다. 대관식 이후 오토 1세는 줄곧 교황을 말 안 듣는 학생이라 칭했고 둘의 관계는 급속도로 악화되었다. 그래서 오토는 요한 12세가 적수인 베렝가리오 2세의 아들 아달베르트Adalbert와 협상 테이블에 마주앉는 것을 기대조차 할 수 없게 되었다. 요한 12세가 왜 일을 그렇게 만들었는지 알 수 없는 일이다. 처음에는 오토 1세 자신도 요한 12세에 관한 모든 소문을 쉽사리 믿지 못했던 것 같다. 처음 요한 12세에 관한 보고를 받았을 때 오토 1세는 아펜니노 산맥에 있던 베렝가리오 2세를 포위하는 일에 정신이 팔려 있었다. 그래서 그의 첫 반응은 로마에 심리위원회를 파견하는 것이었다. 그 파견단은 교황에 관하여 흥미진진하고 충격적인 소식들을 소상히 알아왔다. 교황에게는 셀 수도 없이 많은 정부들이 있고, 그중에는 살집이 있어 풍만한 여성들도 있고 몸이 마른 여성들도 있으며, 부유한 계층의 여성들도 있고 가난한 여성들도 있었다. 그중 한 사람을 도시의 관리로 만들어 교회의 재산을 맡기기도 했고, 아버지의 정부였던 여성을 건드리기도 했으며, 순례를 온 여성들을 무차별적으로 겁탈해 임신을 시키기도 했고, 또 어떤 여성은 출혈로 사망하기도 했다는 이야기들이었다. 그들은 '라테란 궁은 한때는 성자들의 쉼터였으나 지금은 매춘부들의 소굴이 되었다.'고 보고했다.

그런 소식을 듣고도 오토 1세는 요한 12세를 관대한 시선으로 바라보았다. '그는 아직 소년일 뿐이오. 만약 좋은 어른들이 모범을 보여준다면 곧 바뀔 것이오.'라고 말했다 한다. 요한 12세에게 또 한 번의 기회를 주기로 결심을 한 오토 1세는 다시 한 번 특사를 파견하는데 이번에는 전임자들보다 훨씬 더 강력한 권한을 지닌 크레모나의 주교인 리우트프란드를 보냈다.

리우트프란드는 요한 12세로부터 깍듯한 예우를 받았다고 한다.* 그러나 그는 곧 요한 12세가 경멸과 무관심한 태도로 황제를 대할 것임을 분명히 깨달았다. 베렝가리오 2세 측과 경쟁하고 있는 문제에 관해서 아무런 만족스러운 답을 얻지 못하자 더 이상 로마에 남아 있을 이유가 없어진 주교는 오토 1세에게 돌아갔다. 그러나 오토는 리우트프란드 주교가 도착하기도 전에 아달베르트가 로마에 도착하여 왕관을 수여받을 준비를 하고 있음을 알게 되었다. 그 소식을 접한 것이 7월 즈음이었고, 독일의 병사들은 더위 속에 지쳐가고 있었다. 오토 1세는 계속 기다리다 9월이 되어서야 로마로 진

---

* 그는 재미있는 책을 쓴 저자이기도 한데 그의 책 《오토 연대기*Chronicle of Otto's Reign*》에는 당시 그의 임무에 대한 모든 설명이 상세히 기술되어 있다. 그의 모든 저서가 그렇기는 하지만 약간 에누리를 해서 받아들일 필요는 있다.

군했다.

상황은 신속히 종료되었다. 요한 12세는 짧게 저항하는 척 했지만 아무도 속아 넘어가지 않았다. 오토의 병사들이 점점 가까이 조여 오자, 요한 12세는 남아 있던 보물 중에 들고 갈 만한 것은 모조리 퍼 담아서 아달베르트와 함께 티볼리로 달아났다. 황제는 어떤 저항도 받지 않고 로마로 들어섰다. 그는 3일 후 시노드를 소집하여 리우트프란드 주교가 작성한 백여 명에 달하는 출석 성직자들의 명단을 직접 호명했다. 오토 황제는 요한 12세가 출석하지 못한 것에 대한 아쉬움을 표하면서 시노드를 시작했지만 이내 교황에게 불리한 증거를 제시했다.

그러자 바로 베드로라는 사제추기경이 일어서더니 교황이 자신들에게는 말도 없이 미사를 집전하는 걸 본 적이 있다고 증언했다. 나르니 지역의 추기경 요한과 부제추기경은 요한 12세가 외양간에서, 그것도 시기적으로도 부적절한 때에 부제를 임명하는 것을 보았다고 했다. 베네딕토 부제추기경이 동료 부제들 그리고 사제들과 함께 증언하기를 교황이 주교들을 임명해주고 그 대가로 돈을 받는 것을 보았으며, 토디에서는 10년 동안 한 명의 주교를 임명한 바 있다고 했다. 신성모독과 관련한 사안에 대해서 알려진 것은 보는 시각의 문제일 뿐 전해들은 말로 따질 일이 아니니 조사가 필요치 않다고 말했다. 요한 12세가 저지른 간통 사건들을 비록 눈으로 직접 보지 않았지만, 그들은 확신하고 있었다. 그들은 교황이 레이나의 미망인이자 자기 아버지의 첩이었던 스테판인가 안나라는 이

름의 미망인 그리고 심지어 자기 조카와도 부적절한 관계를 맺는
등 그 신성한 장소를 매춘부들의 소굴로 만들어버렸다고 했다. 또
교황은 공개적으로 사냥을 다니기도 했고, 자신의 영적인 아버지
였던 베네딕토의 눈을 멀게 해 베네딕토는 그때 입은 부상으로 죽
었고, 부부제추기경인 요한을 거세하여 죽게 했다고도 했다. 교황
은 가옥들에 불을 지르기도 했고, 검과 투구와 갑옷으로 무장한 채
군중들 앞에 모습을 드러내기도 했다는 말도 나왔다. 이 모든 증언
들이 쏟아져 나오는 가운데, 모든 성직자들과 평신도들도 교황이
악에 물들어 와인을 마셔댔다고 비난했다. 교황이 주사위놀음을
하며 제우스나 비너스, 그리고 다른 악령들에게 도움을 청하기도
했고, 아침기도나 법정 시간경(시간전례. 날마다 정해진 시간에 기도를
바치는 것)도 바치지 않았으며, 성호경[십자성호를 그으며 하는 기도]
을 긋지도 않았다고 했다.*

그리하여 오토 1세는 교황에게 그가 기소 당한 여러 사건들을 나
열하면서 다시 돌아와 결백을 주장하라는 '간절한 호소'를 담은 편
지를 보냈다. 그는 '만약 당신이 성난 군중들을 두려워하고 있는 것
이라면, 우리는 신성한 교회법의 조칙에 반하는 그 어떤 조치도 고
려하고 있지 않다는 사실을 맹세하는 바입니다.'라는 내용도 첨부
했다. 그러나 요한 12세에게서 돌아온 답변은 너무나 그다운, 뻔뻔
한 것이었다. 명백하게 의도적인 모욕이 담겨 있었으며, 로마에 있

* 리우트프란드의 《오토 연대기》 중 11장.

는 오토 1세의 존재를 완전히 무시하고 있었고, 편지의 문법만으로도 요한 12세 자신이 작성했음을 알 수 있게 하는 그런 편지였다. '우리가 듣자 하니 그대들이 또 다른 교황을 추대하고 싶어 하는 것 같은데, 만약 그리한다면, 전능하신 하느님의 이름으로 그대들 모두를 파문해버릴 것이오. 또한 그대들은 그 어느 누구에 대한 임명권도 갖고 있지 않으며 미사를 집전할 권한도 없음을 밝힙니다.'

그의 편지에 대한 황제와 시노드의 답변은 역설적이었으나 분명한 요지를 담고 있었다.

… 우리가 언제나 생각했고, 또는 믿어왔던 두 가지의 혹시나 하는 우려가 기정사실이 되었다는 것입니다. 만약 당신이 과거의 교황들의 권위를 약화시키지 않았다면, … 만약—그런 일은 절대 있을 수 없겠지만—혹시 당신이 이곳에 와서 자신을 변호하고 싶은 마음을 참고 있는 것이라면 우리는 당신이 내리는 파문을 무시할 것이며, 그 파문은 당신이 받게 될 것이오. 우리에게는 그럴 만한 정당한 권한이 있으니 말이오.

티볼리에 도착한 황제의 특사들이 알게 된 사실은 교황이 사냥을 나가버렸고, 그 어디에서도 찾을 수 없다는 것이었다. 그러니 기다릴 필요도 없이 그들은 즉시 로마로 돌아왔고, 963년 12월 1일 다시 3차 시노드가 열렸다. 황제는 주교들에게 판결을 요청했고 곧 판결이 내려졌다.

'우리는 황제 폐하께 요청드립니다. 너무도 악덕하여 미덕이라고는 조금도 찾아볼 수 없는 이 괴물 같은 작자는 신성한 교황청에서 추방당하고 새로운 교황이 임명될 것입니다. 그 새로운 인물이 지닌 훌륭한 대화법은 좋은 통치자이자 후견인으로서의 그의 자질을 보여주는 예이며 그는 스스로 옳은 삶을 살며 우리에게 실천의 모범을 보여주고 있습니다….'

그때에 모두가 한목소리가 되어 외쳤다. '우리는 교황청의 덕망 높은 수석서기장인 레오를 우리의 목자로 선출합니다. 그는 세계를 아우를 수 있는 최고의 교황이 될 것입니다. 그리고 우리는 악으로 가득 찬 삶을 사는 변절자인 요한 12세를 규탄합니다.' 그 회의의 모든 참석자들은 그 같은 말을 세 번 반복했다. 그리고 황제가 동의하자 그들이 말한 레오를 라테란 궁으로 모셔왔다. …그리고 재위기간에 레오는 최고의 사제직에 올랐다.

그러나 정작 로마 사람들은 새 교황을 받아들이기를 거부했다. 문제는 모두가 알고 있다시피 레오 8세Leo VIII (963-965)가 주교들이 자유로이 선택한 것이 아니라 오토 황제가 지명한 사람이라는 것이었다. 요한 12세는 괴물 같은 인물일지도 모르지만, 좋든 나쁘든 로마 사람들은 자신들이 선택해서 세운 교황이 독일인 이방인의 손에 폐위당하는 것을 볼 마음의 준비가 되어 있지 않았다. 처음에 일어났던 반란은 소란에 지나지 않았으므로 황제의 병력에 의해서 쉽사리 진압이 되었다. 그러나 오토 1세가 언제까지고 로마에 머물 수는 없는 일이었다. 봉건 영주에 대한 징집법은 오직 한정된 기간만 도움이 되었을 뿐이었고, 그는 여전히 베렝가리오 2세와 아달베르트를 상대해야만 했다. 그래서 그는 964년 1월 로마를 떠났고 교황 요한 12세는 다시 로마로 돌아왔다.

다시 돌아온 요한 12세의 보복은 끔찍했다. 그를 반대했던 사람들은 혀가 찢기고, 손과 손가락 그리고 코가 잘려나갔다. 모든 시노드의 칙령들은 무효로 선언되었다. 2월 26일 소집된 새로운 시노드에서 불운했던 레오 8세는 파문당했고, 깜짝 놀란 그는 황제에게로 달아났다. 그러나 황제의 생각은 다른 곳에 가 있었다. 이즈음 오토 1세는 성공적으로 베렝가리오 2세를 처리했지만 아달베르트는 잡아들이지 못한 상태였으니 아직은 안심하고 그 싸움을 단념할 때가 아니었던 것이다. 오토 1세는 5월 초가 되어서야 그의 병사들을 이끌고 다시 로마로 향했는데 로마로 가는 도중에 요한 12세가 죽었다는 소식을 들었다. 요한 12세가 유부녀의 품에서 복상사를 했는지 혹은 성난 정부의 남편에게 얻어맞은 부상이 사인이었는지는 정확치 않으나 사망 당시 그의 나이는 스물일곱이었다.

8

—

종파의 분립

964~1054

독일의 황제와 로마 사람들 사이에서 꾸준히 자라나고 있던 서로에 대한 적대감은 요한 12세가 죽었다고 해서 크게 달라지지 않았다. 오토 1세의 눈에는 레오 8세가 계속 교황직을 이어가는 것이 적법해 보였지만, 로마인들은 그렇게 생각하지 않았다. 로마인들은 레오 8세를 다시 로마로 불러들이는 대신, 리에티에 있는 황제에게 특사를 보내어 탕아 요한 12세의 뒤를 이을 교황자리에는 독실한 개혁가가 필요하다는 의견을 피력했다. 그들은 학식이 풍부하며 도덕적으로도 흠잡을 데 없는 베네딕토라는 부제를 선출해줄 것을 요청했다. 화가 난 오토 1세는 당연히 그들의 청을 거절했다. 오토 1세는 레오 8세를 교황으로 등극시킨 일에 개인적인 책임감을 느끼고 있었기에 그 이외의 대안을 생각할 수가 없었다. 그래서 그는 그 어느 누구도 자신의 동의 없이는 교황에 선출될 수도 또 서임을 받을 수도 없다는 자신의 원칙을 지키기로 결심했다. 그러나 오토 1세는 로마인들의 청을 거절하는 것은 곧 그들이 계획적으로 신청한 결투를 받아들인다는 뜻임을 알았을 것이고 이에 로마인들도 더 이상 주저하지 않았다. 베네딕토 5세Benedictus V(964)는 적법한 절차에 따라 선출되어 교황에 추대되었다. 964년 결국 오토는 레오 8세를 동반하여 로마로 다시 진군했고 도시를 포위하여 베네딕토 5세의 항복을 받아냈다. 오토 황제와 레오 8세가 합동으로 주관한 시노드에서 베네딕토 5세는 규탄을 받았다. 그는 공식적으로 교황의 가운도 휘장도 강탈당하고―리우트프란드는 교황이 자발적으로 그것들을 벗어버렸다고 주장하지만―목장牧杖[교황과 주교, 수도원장의 권위를 상징하는 지팡이]도 그의 머리를 내리치다 부러져 있어서 상당히 굴욕적인 모습이었으나, 그는 자신을 변호하기를 겸허히 거부했다. 그의 겸손한 모습에 엉겁결에 깊은 인상을 받은 오토 황제는, 그가 계속 부제직을 이어가는 것을 허락하는 대신 함부르크로 추방했다. 베네딕토 5세는 2년 후 그곳에서 사망했다.*

　한편 레오 8세는 이때에 이미 무덤 속에 들어가 영면을 취하고 있었다. 그의 후계자인 요한 13세Joannes XIII(965~972)는 오토 1세가 자신을 대표해서 보낸 두 명의 주교의 승인만으로 선출되었던 인물로 기꺼이 황제의 명을 받들어 움직인다는 사실을 숨기지 않았다. 예상대로 그는 로마 사람들에게 미움을 사는 바람에 반란이 일어나 2개월 만에 폐위당해 캄파니아의 성에 갇히는 신세가 되었다. 그는 곧 탈출을 감행했는데 오토 1세의 군사들이 또다시 진군을 해온다는 소식을 접한 로마인들은 다급해진 마음에 돌아온 요한 13세를 반겼다. 그러나 로마인들이 그렇게 함으로써 오토의 분노를 피

---

* 그의 유해는 988년 오토 3세에 의해서 로마로 운구되었다.

할 수 있길 바랐다면, 그것은 잘못 짚은 것이었다. 요한 13세의 퇴위에 가담한 사람들 중에 그나마 운이 좋은 사람들은 독일로 유배당했고, 나머지 사람들은 처형을 당하거나 앞을 못 보게 되었다. 사령관이었던 베드로는, 지금은 국회 의사당에 있지만 당시에는 라테란 궁 앞에 있던 말을 타고 있는 마르쿠스 아우렐리우스 조각상에 머리채를 묶였다. 그러고는 벌거벗은 채 당나귀 등에 태워져 가두행진을 하는 그 오래된 굴욕적인 벌을 당했다.

이 일이 있은 후 로마 사람들에게는 더 이상 투쟁의 의지가 남아 있지 않았다. 오토 1세는 그 후로 6년을 더 로마에서 머물면서 자신의 입지를 확고히 다지고, 교황이 자신에게는 사제 그 이상의 의미가 있는 존재는 아니라는 사실을 로마인들에게 분명히 심어주고는 죽기 몇 개월 전에 독일로 돌아왔다. 967년 성탄절에 오토는 요한 13세에게 자신의 12살짜리 아들인 오토 2세를 공동 황제로 추대하여 왕관을 수여할 것과 5년 후 그 아들과 비잔티움의 공주인 테오파노Theophano*의 결혼식을 거행해줄 것을 명했다. 973년 5월 오토는 사망하기 직전에 요한의 후계자로 실질적으로는 덜 알려진 사제였던 베네딕토 6세Benedictus VI(973-974)를 교황으로 선출하도록 마련해두었다. 그러나 더 이상 오토 1세의 철권지배가 존속되지 못하자 젊은 오토 2세는 독일 내의 여러 산적한 문제를 해결하는 데 급급

---

* 테오파노는 로마누스 2세 황제의 딸로 알려져 있었다. 그러나 그녀가 도착한 후 황제의 처남인 요한 치미스케스와 연관이 있다는 것만 밝혀졌을 뿐 알려진 대로 황제의 집안에서 태어난 것은 아니었다. 이에 오토 1세는 그 가난한 소녀를 다시 콘스탄티노플로 돌려보낼 생각을 했으나, 2년 후 치미스케스가 황제에 등극하여 모든 일들이 잘 풀렸다.

† 마르쿠스 아우렐리우스 황제 기마상. 중세에 콘스탄티누스 대제를 나타낸 상으로 추정되던 때는 라테란 궁 바깥에 서 있었다. 로마, 캄피돌리오 광장.

했고, 베네딕토 6세가 살아남을 희망도 크지 않았다. 이즈음 갈수록 그 힘을 더해가던 로마의 귀족 가문인 크레산티가 쿠데타를 일으켜 베네딕토 6세 교황을 폐위시킨 후 산탄젤로 성에 가두고 무명의 부제였던 프랑코라는 사람을 보니파시오 7세Bonifatius VII(974, 984~985)*라는 교황명으로 추대했다. 보니파시오 7세는 그 즉시 베네딕토 6세를 교살함으로써 자신의 독실함과 신성함을 증명해보였다. 그러나 즉각 그에 대항한 반란이 일어나자 목숨을 부지하기 위하여 교황의 재산 중 값나가는 것들을 한몫 챙겨 이탈리아 남부의 비잔티움 영토로 달아났다.

다시 한 번 교황 자리가 공석이 되자, 이번에는 그 자리에 고매한 인격을 지닌 수트리의 주교가 선택이 되었는데 그는 불운했던 전임 교황에 대한 예를 표하는 의미로 의도적으로 베네딕토 7세Benedictus VII(974~983)라는 교황명을 선택했다. 그는 보니파시오 7세를 인정하기를 거부했을 뿐 아니라 아예 파문해버렸다. 그러나 보니파시오 7세는 그렇게 간단히 사라지지 않았다. 980년 여름, 그는 용케도 로마로 돌아와 바티칸에서 재기했다. 다음 해 3월에 베네딕토 7세와 오토 2세가 합세하여 두 번째로 그를 제명했다. 이번 파문으로 보니파시오 7세는 남부 이탈리아의 비잔티움 영토가 아닌 콘스탄티노플 본토로 직행했으니 보다 확실한 추방이었다.

보니파시오 7세가 콘스탄티노플로 피신한 또 다른 이유는 당시

---

* 보니파시오 7세의 이름은 고대의 교황들의 명부에는 등재가 되어 있지만, 1904년부터는 공식적으로 대립교황으로 분류되었다. 그 칭호를 쓴 다음 교황은 보니파시오 8세로 알려지고 있다.

이탈리아 남부 지역에 격전이 일고 있었기 때문으로 보인다. 바리, 그리고 타란토 지역의 경우 각각 30년과 40년을 아랍의 통치하에 있다가 장기간의 무정부 상태와 혼란에 빠져들었고 9세기 말에 가서 비잔티움이 그 지역에서 다시 득세하게 상태였다. 오토 1세는 자신의 아들과 테오파노의 결혼으로 샤를마뉴 시대의 대제국을 복원할 기초로 삼으려 생각하고 이탈리아 남부에 있던 비잔티움의 영토를 테오파노의 지참금의 일부로 여겼으니, 그 지역에서 전쟁이 일어나는 것은 필연적이었다. 981년 오토 2세는 최종적으로 사태를 마무리 짓겠다고 결심하고 아폴리아 지역으로 진군했다. 그러나 그 결과는 대재앙에 가까운 것이었다. 비잔티움은 발 빠르게 대처하여 사라센과 한시적 동맹을 맺었고 사라센은 오토 2세의 병력을 칼라브리아의 스틸로에서 격멸했다. 오토 2세는 수영을 매우 잘해서 다행히 지나가는 배에 다가가 신분을 숨기고 배에 오를 수 있었다. 나중에 배가 로사노를 지날 즈음 배 밖으로 뛰어내려 해안을 향해 힘차게 헤엄쳐 살아남았다. 그러나 그 굴욕에서 채 회복하지 못하고 983년 9월, 스물여덟의 나이로 로마에서 말라리아로 사망했다. 그의 마지막 행보는 자신보다 2개월 앞서 세상을 떠난 베네딕토 7세의 자리에 교황청 상서원장으로 있던 파비아의 주교 베드로를 앉히는 일이었다. 정중히 자신의 본명인 베드로라는 이름을 사용하기를 거절했던 요한 14세Joannes XIV(983-984)가 새로운 교황으로 등극하여 처음 했던 일은 오토 2세 황제의 시신을 베드로 성당에 안치하는 것이었고, 베드로 성당에 안치된 황제는 오토 2세가 유일하다.

아마도 오토 2세가 생전에 상의도 없이 일방적으로 행동했기 때문에—교황을 뽑기 위한 정상적인 선거가 있었다는 증거는 없다—
그가 죽자 요한 14세는 고독하게 홀로 남겨졌다. 게다가 테오파노
황후도 세 살 먹은 아들 오토 3세Otto III를 지키려 급히 독일로 돌
아가 버렸으니 후견인 하나 없이 끈 떨어진 연 신세가 되고 말았다.
결과적으로 대립교황인 보니파시오 7세가 바실리우스 2세Basilius
II(불가리족의 학살자) 황제로부터 아낌없는 재정 지원을 받으며 콘스
탄티노플에서 다시 로마로 돌아오자 요한 14세가 살아남을 희망은
거의 없어졌다. 요한 14세는 체포당해 흠씬 두들겨 맞은 뒤 종래와
같이 산탄젤로 성으로 보내진 후 4개월 후 그곳에서 선종했다. 사인
은 굶주림이나 독살, 둘 중 하나였다.

　보니파시오 7세의 행실은 더욱 극단으로 치달았다. 상황이 이
쯤 되니, 로마인늘도 자신들의 손으로 뽑아 세우지는 않았지만 교
황을, 그것도 두 명이나 살해하다니 좀 심했다 싶었다. 보니파시오
7세는 그렇게 오른 교황의 자리를 11개월 더 차지하고 있으면서 자
신에게 저항하는 낌새를 느끼자 부제추기경의 눈을 멀게 하기도 했
다. 그러나 985년 7월 20일 갑작스레 세상을 뜨고 말았다. 암살을
당했던 것일까? 그에 대한 확실한 증거는 없으나, 그 후 이어진 일
련의 사건들은 보니파시오 7세가 암살당했음을 시사하고 있다. 그
의 시신은 제의가 벗겨진 채 알몸으로 끌려 다니다 마르쿠스 아우
렐리우스의 조각상 밑에 그대로 방치되었다. 어찌 보면 자업자득인
셈이었지만, 군중들의 물결 속에 버려진 대립교황 보니파시오 7세
의 시신은 행인들의 발에 짓밟히고 입에 올리기조차 어려운 온갖
수모를 당했다.

새로운 교황, 요한 15세Joannes XV는 로마교황청과, 그의 일가로 이제 실질적인 로마의 통치자가 된 요한 크레스켄티우스(크레산티 가문의 우두머리), 양측 모두에게서 호감을 샀던 후보였다(테오파노 황후는 어린 아들과 함께 독일에 머물고 있었으니, 제국은 결정권이 없었다). 요한 15세는 보니파시오 7세에 비하면 양반 축에 들었을지 몰라도, 탐욕스럽고 사납기는 마찬가지였고 뻔뻔스럽게 친족들을 등용하기까지 했다. 얼마 가지 않아 교회내에서는 물론 사람들 사이에서도 그의 인기는 추락했다. 비록 외국의 수장들이나 주교들과의 관계에서는 상당히 수완을 발휘했지만—참고로 그는 시성식諡聖式*을 거행한 최초의 교황이었다—로마 내에서 기꺼이 요한 크레스켄티우스의 꼭두각시가 되길 자청했고 그 대가로 요한 크레스켄티우스의 비호를 받았다. 그러나 988년 크레스켄티우스가 사망하고 그의 형제인 요한 크레스켄티우스 2세John Crescentius II가 정권을 쥐면서 교황령의 모든 권력을 장악하여 사실상 교황을 연금시켰다. 이에 991년 열린 프랑스 주교들의 시노드에서는 그들이 보낸 특사들이 크레스켄티우스 2세의 저지로 교황에게 접근도 할 수 없었다는 불만이 터져 나왔다. 교황청 상서원장이었던 레오는 교황이 붙잡혀서 고난과 탄압을 받고 있음을 시인할 수밖에 없었기에 주교들에게 만족스러운 답을 주지도 못했다. 4년 후인 995년 3월, 요한 15세는 크레스켄티우스 2세의 박해와 다른 사제들의 미움을 피해 로마를 탈출하여 수트리로 숨어들었고, 그해 여름 어린 오토 3세(이때 15살

* 로마 가톨릭교회 교황이 이미 시복된 복자를 성인의 반열에 올리고 전 세계 교회로 하여금 그를 공경하도록 하는 선언을 말한다. ─역주

이었다)에게 특사를 파견해 도움을 호소했다. 이에 오토 3세는 즉각 응답했고, 황제의 병사들이 다시 한 번 로마로 진군하리라는 전망은 로마인들로 하여금 억지로 화해의 제스처를 취하도록 하고도 남았다. 그들은 교황을 로마로 청했고, 교황은 다시금 라테란 궁에서 갖은 예우를 받으며 자신의 자리를 되찾았다. 그러나 황제의 병력이 로마에 도착하기 한참 전에 요한 15세는 그만 고열로 쓰러져 그 며칠 후 선종했다.

한편 오토 3세는 로마로 향하는 진군을 멈추지 않았다. 그는 어린 나이에도 불구하고 훌륭한 황제였다. 나이 세 살에 황제의 자리에 오른 그는 가계의 전통적인 야망과 어머니에게서 물려받은 것이 확실한 낭만적 신비주의의 결합 속에서 성장했다. 그는 늘 독일과 그리스, 이탈리아와 슬라브인들을 똑같이 수용할 수 있는 비잔틴풍의 신정국가神政國家 건설을 꿈꾸었으며 또 하느님을 모시고 자기 자신과 교황을 부왕副王으로 여기는 그런 국가를 그리고 있었다. 그 꿈을 추구하기 위하여 그는 자신의 아버지가 그러했던 것보다 이탈리아의 내정에 더 많이 간여했다. 오토 3세는 996년 예수 승천 대축일[그리스도가 부활하신 지 40일째 되는 날에 하늘에 오르심을 기념하는 축일]에 스물다섯 살인 그의 사촌인 교황 그레고리오 5세Gregorius V(996-999)—선출 과정에 오토 3세가 신중하게 선택한 최초의 독일 출신의 교황—로부터 왕관을 수여받고는 아벤티노에 아름다운 궁을 지었다. 그곳에서 그는 특이하게도 비잔틴 예식을 따르는 궁정의 엄격함에 둘러싸인 채 화려함과 금욕주의가 결합된 생활을 했다. 금식기류는 멀리하며 고독한 식사를 하거나 때로 황제를 상징하는 보라색의 복장 위에 순례자들이 입는 망토를 걸쳐 가리기도 하고, 맨발로 제법 거리가 있는 성지까지 걸어 다니기도 했다.

금욕적이든 아니었든, 어쨌거나 오토 3세에게 이탈리아의 여름은 너무 더웠다. 6월, 그는 좀 더 시원한 곳을 찾아 떠났고 3개월 후 독일로 안전하게 돌아갔다. 그러자 크레스켄티우스 2세가 이끄는 로마인들이 그레고리오 5세를 퇴위시키고 로마시에서 내쫓아버렸다. 교황은 은신처를 찾아 스폴레토로 들어가, 그곳에서 두 번이나 무력도발을 일으켜 로마로 돌아가려 시도했으나 실패했다. 그는 파비아로 거처를 옮겼고 그곳에서 997년 2월 열린 시노드에서 크레스켄티우스 2세에 대한 파문 조치가 내려졌다. 이에 크레스켄티우스 2세는 교황자리가 공석임을 선포하며 그 자리에 칼라브리아 지역의 그리스인인 요한 필라게토스를 앉혔고, 그는 요한 16세 JoannesXVI(997-998)라는 교황명을 택했다.

자신의 출신과 상관없이, 요한 16세는 이미 로마교회 내에서는 놀라운 성과를 이루었다. 이미 10년 전 테오파노 황후가 그를 오토 3세의 개인교사로 임명한 데 이어 피아첸차의 대주교가 되었으며 교황청은 특별히 그를 위해 단순한 주교관할권을 만들기도 했다. 994년 그는 어린 오토 3세의 신붓감을 찾아 콘스탄티노플에 특사로 파견되었으나 별 소득 없이 돌아오기도 했다. 크레스켄티우스 2세는 요한은 표면상 순례자의 신분으로 로마를 방문했을 때 그에게 접근했고, 요한은 크레스켄티우스 2세의 제안을 받아들여 교황자리를 수락했다. 그러나 크레스켄티우스 2세의 제안을 받아들인 그의 결정에는 이해하기 어려운 점이 있었다. 그는 교회법에 따라

† 신성로마제국의 오토 3세. 교회의 대표단과 평신도들 사이에서 왕좌에 앉아 있다. '뮌헨의 그리스도교.' 뮌헨 국립도서관.

선출된 교황이 생존해 있음을 잘 알고 있었고, 그 교황을 선출했던 오토 3세와 연관되어 있기에 자신은 왕을 지지하는 사람으로 신뢰를 받고 있었다. 요한 16세는 크레스켄티우스 2세가 만들어낸 작품에 불과한 대립교황일 뿐이었다. 이러니 그런 그가 교황의 자리를 유지할 수 있으리라는 기대를 어찌 감히 할 수 있었겠는가?

요한 16세의 야무진 꿈은 실제로 실패로 돌아갔다. 3월, 그의 즉위식이 있은 지 한 달밖에 지나지 않아 폐위되었고, 곧이어 공식적으로 파문되었다. 12월에 오토 3세는 옆에는 그가 선택한 교황 그레고리오 5세를, 그리고 뒤에는 병력을 세워 다시 한 번 로마로 향했다. 998년 2월 그의 병력이 도착하자 로마의 문은 열렸다. 대립교황 요한 16세는 캄파냐로 도주했지만 곧 붙잡혔다. 눈이 멀어 앞도 못 보고 온 몸은 끔찍하게 훼손되어 불구가 된 요한 16세는 벌거벗겨진 채 나귀 등에 태워져 가두행진을 하는 등 50년 전 교황청의 성성聖省이었던 베드로가 당했던 것과 똑같은 고초를 겪었다. 그리고 그는 공식적으로 폐위당하고 성직도 박탈당한 채 로마의 한 수도원에 감금되어 3년을 더 버티다 죽고 말았다.

교황의 역사상 9세기와 10세기는 고무적인 일이라고는 거의 찾아볼 수 없는 시기였지만, 999년 그레고리오 5세의 선종 이후 오토 3세가 자신의 오랜 친구이자 개인교사였던 라벤나의 주교 제르베르 오리야크를 교황에 임명함으로써 교황청에도 변화가 찾아왔다. 그는 최초의 프랑스인 교황*으로 실베스테르 2세Sylvester II(999-1003)라는 교황명을 택했는데 이는 콘스탄티누스 대제 시절 전통적으로 황제와 교황의 관계에서 이상적인 예가 될 만큼 좋은 관계를 유지했던, 같은 이름의 실베스테르 1세를 염두에 둔 것이었다.

* 대립교황이었던 요한 16세의 존재를 무시한다면(그래야 하기도 하지만), 최초의 독일인 교황의 뒤를 이어 다시 최초의 프랑스인 교황이 탄생했다는 것은 다소 놀랄 만한 일이기도 하다.

실베스테르 2세는 945년 오베르뉴의 보잘것없는 부모님 밑에서 태어났지만, 교육만큼은 일류로 받아서 오리야크와 카타로니아의 비크에서 수학했다. 유럽 어디에서도 지적 갈증을 채울 수 없었던 그는 피레네 산맥을 넘기도 했다. 수학이나 의학, 지리학, 점성술, 자연과학은 그리스도교 국가들에서는 여전히 불신받고 있었으나, 이슬람 세계에서 그 학문들은 고대 그리스 이후 상당한 수준에 달해 있었다. 그는 아라비아 숫자와 아스트롤라베(과거 천문 관측에 쓰이던 장치)를 최초로 대중화하고 더불어 천문과 지구에 관한 그 사용법을 서방 그리스도교 세계에 알린 인물로 명성이 높다. 음악에도 남달리 조예가 깊었던 그는 오르간을 악기로 발전시키기도 했다. 970년 로마로 돌아온 그는 훌륭한 교육과 학문에 대한 뛰어난 식견, 스승으로서의 명석함으로 모든 이들에게 깊은 인상을 주었다. 곧 열다섯 살이었던 오토 3세 황제는 실베스테르 2세를 궁전으로 불러들여 자신에게 남아 있는 작센족 특유의 투박함을 없애고 그리스적인 명민함을 고무시켜 달라 명했다.

교황으로서 실베스테르 2세는 합리적인 기대에 부응하는 인물이었다. 그는 스스로 단호한 개혁의 의지를 보여주었고 교회 내에서 끊임없이 자행되는 친족등용과 성직매매라는 이 두 가지 죄를 비난했다. 또한 프랑스의 경건왕 로베르Robert II에게 아내를 버리도록 종용하는 동시에 오토 3세와 긴밀한 관계를 이어가면서 그 둘의 공동 꿈인 일종의 그리스도교 로마제국의 건설을 꾀했다. 처음 얼마간 그들의 관계는 상당히 성공적이어서 헝가리와 폴란드에 교회들을 재정비할 수 있었다. 헝가리의 바이크Vajk 왕*에게 본래의 성스러운 왕관**을 수여했던 이가 바로 실베스테르 2세였고, 그 결과 바이크 왕은 성인으로 시성될 수 있었다. 실베스테르 2세의 성취를 인정한 오토는 소위 5대 도시―리민, 파로, 페사로, 세닝갈리아, 안코나로 8세기에 피핀 대제가 교황에게 하사했던 지역―를 포함하여 라벤나 지역까지 교황에게 돌려주었다. 한편 오토 3세는 그 양도가 콘스탄티누스 대제의 기부증과는 아무런 상관이 없는 것임을 명확히 하였으며 콘스탄티누스 대제의 기부증은 위조된 것이라고 강력히 의심하고 있었다.

이러한 자질을 갖춘 교황에게 로마 사람들은 고마워해야 했지만 그들이 실베스테르 2세에게 친절하게 굴었다는 말은 거의 들리지 않는다. 역설적이게도 누군가는 로마가 전 세계 교회의 중심이 되기에는, 그리고 재건된 서방 제국의 수도로서도 참 어울리지 않는 도시라고 했다. 로마는 질서나 원칙이 결여된 채 크레산티 귀족 가문이나 투스쿨룸의 백작 같은 무책임한 실력자들 혹은 변덕스러운 대중들의 손에 의해 좌지우지 되고 있었다. 이리하여 1001년 티볼리에서 발발한 작은 일이 감당할 수 없이 커지면서 로마까지 번져 교황도, 황제도 목숨을 부지하기 위해 달아나는 일이 발생했다. 1002년 초 오토 3세는 스물한 살의 나이에 말라리아로 세상을 떠났

---

* 원래 이름은 바이크였으나 이름을 기독교식인 스테판(이스트판이라고도 함)으로 고치고 헝가리의 초대왕이 되었다. - 역주
** 원래 4세기에 조지아 시대에 만들어진 것으로, 오늘날 남아 있는 가장 오래 된 왕관이다. 최소한 55명 이상의 헝가리 왕이 이 왕관을 쓰고 즉위식을 치렀다.

고 실베스테르 2세는 다시 로마로 돌아올 수 있었지만 1003년 5월 오토 3세에 이어 선종하고 말았다. 교황으로서 그가 재임했던 기간은 4년밖에 되지 않았는데, 로마에서 보낸 시간은 재임기간의 채 반도 안 되었다. 그러나 그는 전 세계에 최소한 교회의 미래가 있음을, 그리고 교황권의 회복 가능성이 아주 없지 않음을 보여주었다.

그다음 등극했던 세 명의 교황들은 모두 요한 크레스켄티우스 2세의 작품이었다. 세 명의 교황은 하나같이 독일의 새로운 왕인 하인리히 2세Heinrich II와 관계를 구축하기를 갈망했다. 그러나 크레스켄티우스 2세는 나이가 들면서 점차 비잔티움을 동경하는 마음이 커져 황제 대관식을 위해 하인리히 2세를 로마로 불러들이려는 시도는 어떤 것이든 계속 반대했다. 이러한 상태는 1012년 5월까지도 계속되었는데, 초기 중세 로마와는 불가분이라 할 만큼 잦았던 또 다른 정치적 격변이 한차례 몰아치는 사이 투스쿨룸의 백작들이 크레센티 귀족 가문을 전복하고 권력을 거머쥐었다. 그 일로 크레스켄티우스 2세가 죽었고, 정확히 일주일 후 그가 만든 세 명의 꼭두각시 교황 중 마지막에 해당하는 세르지오 4세Sergius IV(1009-1012)가 선종했다. 이 둘이 누군가의 손에 살해당했음을 의심하지 않을 수 없는 대목이지만 그럼에도 그에 대한 증거는 없다. 정황이 이렇게 흘러가니 투스쿨룸 출신의 그레고리오 백작의 아들이 차기 교황좌에 앉은 것은 별로 놀랄 일도 아니었고, 선출 당시에 아직 평신도였던 그는 교황으로 등극하며 베네딕토 8세Benedictus VIII(1012-1024)라는 교황명을 택했다. 독일 왕과의 관계 개선을 방해하던 인물이 사라졌으므로 하인리히 2세는 적절한 절차에 따라 로마를 방문했고, 그곳에서 1014년 성 발렌타인데이에 베네딕토 8세로부터 왕관을 받았다.

새 교황 베네딕토 8세는 명장이었다. 임명을 받고 교황의 자리에 앉자마자 그는 예상을 깨는 행보를 시작했다. 산속 은신처에 있던 크레센티의 잔당들을 소탕하기 위해 병력을 이끌었고 이 같은 군사작전은 그 후 6년 동안 지속되었다. 1020년 베네딕토 8세는 밤베르크에 있는 황제의 궁전에 직접 찾아가 하인리히 2세의 새로 지은 대성당의 봉헌식을 거행하고는 이탈리아 남부의 비잔티움에 대항하는 데 필요한 도움을 호소했다. 하인리히 2세는 그의 청을 받아들여 1022년 3개 군단 이상을 이끌고 메조기오르노 지역으로 진군했다. 그들은 한두 군데서 작은 승리를 거두기는 했으나 이렇다 할 돌파구를 찾지는 못했다. 로마와 콘스탄티노플은 861년 포티우스 분열* 이후 다소 회복되는 양상을 보였으나 이 일은 또 한 번의 관계 단절이라는 결과를 가져왔다. 게다가 하인리히 2세가 사람들이 질색을 했던 '필리오케'를 교리에 포함시키자는 주장을 펼쳐 그 관계는 더 한층 악화되었다.

1024년 선종한 베네딕토 8세를 이은 두 명의 교황은 베네딕토 8세의 측근들로, 그의 동생과 조카가 차례로 교황이 되었다. 모두 평신도들이었던 이들은 하루아침에 삭발을 하고 사제로 임명되어 교황에 등극했다. 먼저 교황좌에 올랐던 요한 19세Joannes

---

* 비잔티움 황제 미카일 3세가 평신도 학자 포티우스를 콘스탄티노플 총대주교로 임명한 것에 로마 교황이 반대함으로써 9세기에 동방 그리스도교와 서방 그리스도교 사이에 벌어진 논쟁. -역주

XIX(1024-1032)와 관련하여 주요하게 기억되는 것은 하인리히 2세의 후계자인 콘라트 2세Konrad II에게 왕위를 수여할 때, 당시 순례를 위해 우연히 로마에 들렀던 영국의 크누드Knud 왕이 뜬금없이 등장했던 일이었다. 사실 요한 19세는 부패하고 타락했던 인물로 영성이라고는 찾아볼 수 없었지만, 크누드 왕은 상당히 깊은 인상을 받았던 것으로 보인다. 요한 19세를 최대한 좋게 포장할 수 있는 말은 조카였던 베네딕토 9세보다는 그래도 좀 나은 인물이었다는 정도일 것이다. 베네딕토 9세Benedictus IX(1032-1045, 1047-1048)가 선출될 수 있었던 것은 오로지 그의 아버지가 뇌물을 썼기 때문이었다. 교황의 자리에 오를 당시 그의 나이가 열 살 혹은 열두 살이었던 것으로 알려져 있었는데 후에 이루어진 연구에서는 20대 초반이었다고 한다. 의심의 여지가 없는 것은 그가 부끄러움도 모르는 탕아였고 예전의 창부정치를 다시금 떠올리게 하는 인물이었다는 것이다. 고위층의 타락과 부패에 이미 단련되어 있던 로마인들은 베네딕토 9세를 12년간이나 참아주었다. 그러나 그들의 인내심도 바닥이 났는지 1045년 반대하는 세력들이 들고 일어나 그를 도시 밖으로 내몰았고 그 자리에 사비나의 주교였던 크레산티 출신의 요한을 앉혔다. 그는 실베스테르 3세Sylvester III(1045)를 교황명으로 채택했다. 그러나 실베스테르 3세는 채 두 달을 넘기지 못했다. 베네딕토 9세는 즉시 그를 파문하고 그해 3월 다시 교황의 자리를 꿰찼지만 열정이 사라진 그는 5월에 자신의 대부였던 요한 그라시아노 대주교를 지지한다는 입장을 표명하고는 교황직을 사임했는데, 교황직 그 자체를 모두 포기한다는 선언은 하지 않았다.

베네딕토 9세가 왜 그와 같이 기이한 행보를 보였는지는 분명치 않지만 그 파급효과는 재앙 수준이었다. 이제 교황의 권리를 주장하는 사람이 최소한 3명이 되었고 그들 모두 자신의 적법성을 우기고 나서는 상황이 벌어졌다. 그 셋 중 둘은 실질적으로 보잘것없는 인물들이었으나 그라시아노—스스로를 그레고리오 6세Gregorius VI(1045-1046)라 칭했다—는 적어도 진지한 성직자이자 독실한 개혁가였다. 그러나 그도 자신을 둘러싼 성직매매와 관련한 루머를 완전히 불식시키지는 못했다. 이 혼란스러운 상황은 결국 독일의 하인리히 3세Heinrich III에 의해서 정리되었다. 하인리히 3세는 1039년 자신의 아버지 콘라트 2세의 뒤를 이어 스물둘의 나이에 왕위에 올랐다. 그는 종교적인 책임을 최대한 성실히 수행했던 양심적인 지도자였고 강력한 개혁가였다. 그가 이탈리아로 왔던 애초의 목적은 황제의 대관식을 치르기 위한 것이었으나 그는 우선 교황청에 질서를 바로 세우는 것이 급선무임을 알게 되었다. 하인리히 3세는 로마로 오는 길에 피아첸차에서 그레고리오 6세를 만났으나 그에게 설득당하지 않았다. 그가 내린 결론—참 옳은 결정이었는데—은 교황자리를 두고 다투는 3명의 경쟁자들을 모두 퇴위시키는 것이었다. 오직 베네딕토 9세만이 그 결정에 반기를 들고일어나 프라스카티 근처의 자기 가문의 소유지에서 끊임없이 문제를 일으키고 후임자에 대한 적의를 드러냈다. 실베스테르 3세—교황자리 자체를 그다지 원했던 적이 없었다—는 이전의 주교직으로 돌아갔다. 셋 중에서 개중에 나았던 그레고리오 6세의 끝이 제일 좋지 않았다. 수트리에서 열린 시노드에서 그는 거래를 통해 교황자리를 얻었다는 유죄판결을 받고 교황청 상서원장이던 힐데브란트 추기경과 함께 독일로 추방당한 뒤, 그 다음 해 쾰른에서 선종했다.

　우리는 세 명의 교황들을 자신의 손으로 처리하는 선택을 하여 수년간의 무질서를 초래하고 독일을 자신의 대관식 장소로 지목했던 하인리히 3세의 처사를 비난할 수가 없다. 사실, 그는 4명의 교황을 차례로 임명했으나 독일인들을 교황으로 추대했던 그의 선택에는 허점이 있었다. 그것은 그들이 로마의 오래된 재앙인 말라리아에 대하여 유독 맥을 못 쓰고 속수무책으로 쓰러졌다는 것이었다. 그가 처음으로 임명한 클레멘스 2세Clemens II(1046~1047)가 교황의 자리에 있었던 것은 10개월에 불과했고, 밉살스러운 베네딕토 9세는 클레멘스 2세를 독살했다는 풍문*이 자자한 가운데 다시 한번 교황에 올라 8개월을 그 자리에 있었다. 1048년 하인리히 3세가 그다음으로 임명했던 교황은 다마소 2세Damasus II(1048)로 그는 정확히 23일 동안 교황의 자리에 있다가 팔레스트리나에서 선종했다. 어떤 사람들이 말하듯이 폭염이 원인이었는지, 아니면 단순히 베네딕토 9세가 보다 정교한 묘수를 썼던 탓이었는지는 제대로 알려진 바가 없으나 다마소 2세까지 그렇게 죽자 당대의 중견 성직자들에게 교황직은 그 어느 때보다 호감도가 많이 떨어지는 자리가 되었다. 하인리히 3세는 그레고리오 6세 이후 2년도 안 되는 기간에 세

---

* 그가 베네딕토 9세에게 독살당했다는 것은 거의 근거가 없다. 1942년 클레멘스 2세의 무덤이 개봉되었을 때 납중독이 그의 사인일 수도 있다는 정황이 포착되기는 했으나 말라리아로 사망했다는 쪽이 더 정설로 받아들여지고 있다.

번이나 공석이 되었던 교황의 자리를 채워가면서 그 일이 결코 쉽지 않다는 사실을 알게 되었다. 결국 1048년 12월 보름스에서 공의회가 열렸고 독일과 이탈리아의 주교들은 만장일치로 황제의 사촌으로 그 역량을 검증받았으며 의심의 여지없이 성인으로서의 면모를 지니고 있던 토울의 주교 브루노를 불러들였다.

그는 처음에는 교황직을 고사했는데, 브루노의 모습에는 진정성이 묻어났기에 사람들도 굉장한 제안을 받고도 크게 동요치 않는 그의 반응에 별로 놀라워하지 않았다. 브루노는 그들의 제안을 수락하며 한 가지 조건을 내걸었는데 그것은 그가 로마에 도착하는 즉시 성직자들이나 로마 사람들이 자발적으로 비준을 해주는 것이었다. 그에 따라 그는 1049년 1월 간단한 순례자의 차림으로 영원한 도시 로마로 출발을 했다. 그는 도착 즉시 환호 속에 레오 9세St. Leo IX(1049-1054)라는 교황명으로 서임을 받고 51살에 선종을 맞이하기까지 6년 동안 자신의 직무를 성실히 수행했다. 큰 키에 붉은 머리를 하고 군인 같은 풍모를 지녔던 그는 실제 콘라트 2세의 2차 원정에서는 군을 지휘하기도 하는 등 당시 로마교회가 필요로 했던 훌륭한 지도력을 유감없이 발휘했다.

그때까지 로마 내에 국한되어 있던 교황이라는 제도가 국제적인 위상을 갖추도록 이끌었던 인물이 바로 성 레오 9세였다. 그는 쉬지 않고 이탈리아 북부로, 프랑스로, 그리고 독일로 오가며 시노드를 주관하고 성직매매나 결혼한 사제들을 맹렬히 비난하고 많은 의식들을 집행하고 수많은 군중들에게 강론을 펼쳤다. 그는 교황이라는 자리를 유럽에 분명하게 각인시켰는데 그것은 그 이전에 어느 교황도 하지 못했던 일이었다. 그는 또한 국제적인 면모를 갖춘 꾸리아*를 세웠다. 이기심으로 똘똘 뭉쳐서 가공할 만한 일을 저지르며 교황 주변에서 들끓던 로마 귀족 출신의 성직자들이 사라졌다. 교황 레오 9세는 이전과는 좀 다른 성직자들을 주변에 불러 모았다. 그중에는 열성적인 금욕주의자였던 성 베드로 다미아노**(그는 교회의 박사로 통하며 자발적 가난을 부르짖었던 사도 성 프란체스코***에게는 선인先人과 같은 인물이었다), 클루니의 수도원장이었던 명석한 두뇌의 우고(그의 지휘하에 중세의 수도생활은 그 정점을 찍었다), 몬테 카시노의 수도원장인 로렌 출신의 프리드리히(후일 교황 스테파노 9세로 등극했다), 추기경이었던 힐데브란트(교황 그레고리오 7세로 등극하여 중세의 훌륭

* 꾸리아란 고대 로마의 행정 단위의 하나였는데 꾸리아에는 집회소가 있어 꾸리아 주민이 여기 모여 중요 사항들에 대해 논의했다. 그 후 차츰 꾸리아란 행정 단위를 가리키는 말로 사용되기보다는 집회소를 가리키는 말로 사용되었다. 한편 로마에 전파된 그리스도교는 교계제도를 정비하고 교구마다 교회행정을 담당하여 재판을 여는 행정청을 개설하면서 그것을 꾸리아라고 불렀다. 중세시대 꾸리아라는 말은 교구청을 가리키는 단어로 완전히 정착하였다. 현재 꾸리아라는 말은 교구청Diocesan Curia을 가리키는 말로 사용된다. — 역주
** 1007~1072. 이탈리아 베네딕토회 수사였으나 나중에는 아우스트리아의 추기경이 되었다. 그는 수도원의 공동체 생활을 강화한 것 외에도 외교 활동과 주교회의의 일, 교회 개혁에 전념했다. 그는 수많은 저서들에서 많은 문제들을 다루었다. 그는 위대한 중세 라틴 문학가들 가운데 한 사람으로 여겨지며 교회 학자이다. — 역주
*** 1182~1226. 프란체스코는 이탈리아의 아시시에서 부유한 직물업자의 아들로 태어나 자유분방하고 야심 많은 청년기를 보내던 중 일련의 계시와 나환자와의 만남을 통해 23세에 개종했다. 2년 뒤 아시시 근처 산 다미아노 성당에 있는 십자가상으로부터 "가서 무너지려고 하는 나의 집을 돌봐라." 하는 목소리를 듣고 소명을 자각했으며, 1209년에는 〈마태오복음〉 10장 5~14절의 그리스도의 말씀을 실천하는 '작은 형제회'를 창설했다. — 역주

한 성직자로 이름을 남겼다)와 같은 여러 인물들이 있었다.

교회는 교황 레오 9세의 등장이 어떤 영향을 끼쳤는지 잘 알지 못했다. 프랑스의 왕 앙리 1세Henry I는 자신이 갖고 있던 성직자들에 대한 임명권에 대하여 교황으로부터 간섭받기를 원치 않았기에 교황 레오 9세의 등극 후 첫해에 랭스에서 열린 시노드에 프랑스 주교들의 참석을 금지했다. 그중 20여 명의 사람들이 왕의 명령에 불복종했으나 얼마 가지 않아 그들은 자기들 행동을 후회했다. 레오 9세는 시노드를 열어 성직자를 한 명씩 차례로 일어나게 하여 성직 매매 여부를 공표하도록 요구했다. 5명도 넘는 성직자들이 잘못을 고백했고 용서를 받아 현직으로 복귀했다. 랭스의 대주교는 자신의 죄를 변호하도록 로마로 소환되었다. 아버지 자리를 물려받아 주교가 되었던 낭트의 한 주교는 사제직으로 강등되었고, 랑그르의 한 주교는 달아났다가 파문을 당하고 말았다. 브장송의 대주교는 자신을 옹호하는 열변을 늘어놓다가 참석자들이 잘못을 조목조목 따지고 드는 통에 아연실색하여 말문이 막히고 말았다.

그러나 정작 레오 9세는 두 가지 이유 때문에 억울하게도 실의 속에서 괴로워하다 죽음을 맞이했다. 그 이야기는 1015년 가르가노 산에 있는 대천사 미카엘의 성지를 찾아 노르망디에서 왔던 40여 명의 젊은 순례자들에서 시작되었다. 아드리아 해로 연결되어 흔히 이탈리아의 장딴지라 불리는 가르가노 산은 자연발생적으로 솟아오른 기이한 모양의 바위들이 가득했으며 사람들도 별로 살지 않았고 제대로 개발도 되어 있지 않았으므로 젊은이들의 눈에는 기회와 도전의 땅으로 비춰졌다. 그러니 이탈리아에 남아서 용병이 되어 비잔티움 군대를 추방하는 일을 해보라고 권유하는 그 지역 랑고바르드족의 설득에 쉽게 넘어갔다. 그 젊은이들에 관한 소문은 노르망디에까지 퍼져나가 모험심 강하고 자유로운 젊은이들이 흘러들어 오기 시작하며 지속적으로 수가 증가했다. 그들은 돈을 더 받기 위해 물불 가리지 않고 싸웠고 그러는 사이 그들은 그 대가로 토지를 받기 시작했다. 1030년 용병들의 지원에 고마움을 느낀 나폴리의 공작 세르기우스Sergius는 용병 대장인 레이눌프에게 아베르사 지역의 통치권을 넘겨주었다. 그때부터 그들은 빠른 속도로 세를 넓혀가기 시작했다. 1050년 그들이 아폴리아와 칼라브리아 지역까지 석권하기에 이르자 남부 국경지대에서 계속해서 세를 늘려가던 그들의 존재에 위협을 느낀 레오 9세는 마침내 성스러운 전쟁을 선포하고 그들에 맞서 군대를 일으켰다.

그것은 심각한 결과를 낳고 말았다. 노르만인들은 다소 까다로운 이웃이었을 수는 있지만 그래도 그들은 이단도 아니었고 언제나 교황청에 한결같은 충성심을 보여주었다. 1053년 6월 17일 교황이 이끄는 군대는 치비타테 전투에서 상당히 큰 패배를 당했다. 비잔티움의 군대는 지원은커녕 그림자도 비치지 않아, 교황의 지지자들은 배신감에 치를 떨었다. 결국 교황은 그들의 손에 붙잡혀 감옥에 끌려가고 말았다. 교황을 억류시킨 자들은 약간 과장된 예를 갖추어 교황을 대했고 9개월 후 그들이 원하는 확답(자신들이 점령한 땅을 확인해주고 파문선고를 철회해줄 것)을 모두 얻어내고 나서야 교황을 다시 로마로 보내주었다. 그러나 그간 당했던 모욕에 괴로워하던 레오 9세는 한 달 후 선종하고 말았다.

레오 9세의 두 번째 불운은 첫 번째 것보다 훨씬 컸는데, 이미 죽어서 망자가 되었음에도 동방과 서방교회 사이를 대분열시킨 주체라는 책임을 떠안게 된 것이었다. 동방과 서방의 교회들은 분리된 채 이미 수 세기를 지나온 터였다. 그 둘 사이의 거리는 천천히 그러나 꾸준히 멀어졌고, 본질적으로는 라틴과 그리스 그리고 로마와 비잔티움으로 이어진 오래된 경쟁관계에서 기인했다. 로마의 교황 직책은 실질적인 권위를 더하며 유럽 전역으로 급속히 확장되었고 그 권력이 강화됨에 따라 그들의 야심과 거만한 성향도 함께 자라났다. 이를 지켜보는 콘스탄티노플은 분하기도 하고 불안하기도 했을 것이다.

또한 그리스도교 그 자체에 접근하는 양측의 태도에도 근본적으로 차이가 있었다. 자신들의 황제를 사도들과 동등하다고 생각하는 비잔티움은 교리의 모든 문제는 공의회를 통해 말씀하시는 성령에 의해서 해결될 수 있다고 믿었다. 따라서 그들은 교황을 단순히 총대주교들 중 일인자일 뿐이라 인식하고 있었기에 교리를 만들어내거나 영적이나 세속적인 우위를 주장하는 데 있어서 주제 넘는 교황의 태도에 분노할 수밖에 없었다. 반면에 법률을 엄격히 따지고 훈련된 정신을 가지고 있던 로마인들에게 토론과 이론적 공론을 즐기는 그리스인들의 모습은 언제나 불쾌감을 안겨주었고 때로는 충격적이기도 한 것이었다.

이미 2세기 전에 포티우스와 필리오케에 관련하여 동서방의 교회 갈등은 극에 달했었다. 다행히 교황 니콜라오 1세가 선종한 후 그의 후계자와 포티우스의 호의에 힘입어 표면적으로는 우호적인 관계가 구축되었다. 그러나 해결되지 않은 근본적인 문제를 안고 있었고, 필리오케와 관련하여 지지 세력이 계속 늘어나는 가운데 서방 측에서는 황제가 신의 대리인으로서 세상을 통치한다는 주장을 굽히지 않고 있었다. 둘 사이에 다시 한 번 분쟁이 일어나는 것은 시간 문제일 뿐, 불가피한 상황이었다.

일촉즉발의 상황에서 그 책임은 부분적으로 레오 9세의 몫처럼 보였으나 기실 많은 부분에서 잘못은 콘스탄티노플의 총대주교인 미카엘 케룰라리우스에게 있었다. 그는 한참 전의 선임자였던 포티우스와는 달리 예측이 가능한 인물이었다. 포티우스가 당대의 석학으로 지적이고 매력이 넘치는 사람이었던 반면에 케룰라리우스는 생각이 좁고 편견이 심한 사람이었다. 그는 이미 앞서 치비타테 전투가 일어나기 전에 먼저 로마교회에 기습공격을 가한 바가 있다. 그는 노르망디 사람들이 교황의 승인을 얻어 남부 이탈리아의 그리스 교회들에 라틴의 관습[특히 무교병無酵餅(누룩을 넣지 않고 만든 빵)을 성찬례에 사용하는 것]을 강요하고 있음을 알게 되자 즉시 콘스탄티노플에 있는 라틴 교회들에 그리스식의 관습을 따르도록 명했으며 이를 반대하는 라틴 교회들을 폐쇄해버렸다. 그 사건으로 격렬한 서신들이 오갔는데, 총대주교는 로마의 어떤 관습들은 사악하며 유대교와 유사하다고 비난을 퍼붓는 한편 교황은 총대주교를 선출하는 것은 그 정당성을 따질 필요도 없이 교회법에 의한 것이 아니라는 점을 지적했다. 레오 9세—아마도 이미 죽어가고 있는 중이었을 것이다—는 교황의 서신을 콘스탄티노플로 전달하기 위해 교황청 내에서 가장 맹렬한 반反그리스 교회적 성향을 띤 세 명의 성직자를 뽑았는데, 그다지 현명한 선택은 아니었다. 그중 한 명은 자신의 수석 비서직을 맡고 있던 모이엔무치의 홈베르트 추기경으로 그는 이어지는 여러 사건에서 콘스탄티노플의 총대주교 못지않게 편견이 심하고 화를 잘 내는 성품임이 여실히 드러났다. 나머지 두 사람, 로렌의 프레드리히 추기경과 아말피의 대주교 베드로는 앞서 치비타테 전투에서 함께 싸웠던 이들로 자신들이 패하도록 내버려둔 비잔티움에 강한 앙심을 품고 있었다.

그 세 명이 콘스탄티노플에 도착하는 순간부터 모든 일은 꼬여가기 시작했다. 콘스탄티누스 9세Constantinus IX 황제는 충분한 예를 갖추고 그들을 맞이했으나 총대주교인 케룰라리우스는 그들의 권위를 인정하기를 절대적으로 거부했다. 그때 로마에서 레오 9세가 선종했다는 소식이 날아들었다. 홈베르트와 그의 동료들은 레오 9세가 개인적으로 보낸 사절단이었으므로, 그가 죽었으니 그들의 공식적인 지위는 결과적으로 모두 사라진 것이었다. 그와 같은 상황에서 그들은 공식적인 일정을 접고 즉시 로마로 돌아가야 마땅했다. 그러나 그들은 태연히 콘스탄티노플에 잔류하며 나날이 거만함과 고압적인 자세를 더해갔다. 스투디움 수도원의 한 수도자가 정중하고 예의를 갖춘 언어로 교황에 대한 비평문을 썼을 때, 홈베르트는 그 글쓴이를 '전염병에 걸린 포주'이자 '악의에 가득 찬 마호메트의 제자'라고 묘사하고 수도원 출신이 아니라 어디 극장이나 사창가에서 굴러먹던 사람이었을 것이라며 히스테리에 가까운 욕설을 퍼부었다. 당시 비잔티움 사람들은 로마교회를 상스러운 이방인들이 구성하고 있어 논의의 여지도 없고 협상은 절대 이루어질 수 없는 그런 곳이라는 편견을 갖고 있었는데, 홈베르트의 언행은 그들의 편견을 확인하고 강화시키는 꼴이 되었다.

드디어—케룰라리우스는 일이 애초에 그리될 줄 예상하고 있었지만—홈베르트의 인내심이 바닥을 드러내고 말았다. 1054년 7월 16일 토요일 오후 3시경, 모든 성직자들이 성체성사를 위해 한 자리에 모여 있는 가운데, 로마에서 온 전직 사절단인 두 명의 추기경과 한 명의 대주교는 성직자의 정복을 갖추고 소피아 대성당으로 성큼성큼 걸어 들어가 성스러운 제단 위에 엄숙한 파문의 교서를 공식적으로 올려놓았다. 그러고는 발걸음을 돌려 성당을 나오다 잠시 멈추어 서더니 상징적으로 발에 묻은 먼지를 터는 시늉을 해 보였다. 이틀이 지나고 사절단은 로마로 떠났다. 사절단이 일으킨 소요는 그 교서가 공개석으로 불태워지고 그들이 공식적으로 파문을 당하고 나서야 잦아들었다. 그 사절단은 교황의 권위를 상실한 상태였고 따라서 그 교황의 교서 자체도 모든 교회법에 의해 무효가 되었다는 사실을 우리가 애써 무시하더라도, 스티븐 룬시먼 경의 말에 의하면* 그 교서는 몇 안 되는 중요 문서이면서도 명백한 오류로 가득하여 놀라울 정도라고 한다. 그러나 1054년 여름 콘스탄티노플에서 있었던 일련의 사건들은 동방과 서방 교회의 지속적인 분열이라는 결과를 낳았다. 양쪽 교회의 분열은 피할 수 없었다 해도 이런 불미스러운 사건만은 일어나지 말았어야 했는데 참으로 안타까운 이야기다. 죽어가고 있던 레오 9세 측에서 좀 더 강력한 의지가 있

* 룬시먼의 《The Eastern Schism(동방의 분열)》. 그 관련된 단락은 나의 다른 저서 《비잔티움 연대기》에도 인용을 했다.

었더라면, 그리고 속 좁은 총대주교나 그 고집불통 추기경이 조금만 덜 편협했더라면, 극단적인 상황은 어찌 막아볼 수가 있었을 터인데 말이다. 남부 이탈리아 지역에서 중대한 위기가 발생한 통에 로마와 콘스탄티노플 사이에 정치적인 이해가 그 어느 때보다 절실한 상황이었다. 레오 9세의 선종으로 권위를 상실한 사절단은 새로운 교황이 선출되지 않았는데, 수장을 잃은 교회를 대표해서 교회법에도 어긋나고 옳지도 않은 문서를 이용함으로써 교회에 치명적인 광풍을 불러왔던 것이다. 라틴과 그리스 양측 사이에 불거졌던 파문은 그들이 대표했던 교회를 대상으로 하기보다는 현직에 있던 고위 성직자들을 겨냥해서 개별적으로 이루어졌던 것이므로 추후에 철회할 수 있는 문제로 여겼고, 양측 모두 그것이 영원한 분열의 서막이 되리라고는 인지하지 못했다. 엄밀히 말하자면 그 후 2세기 동안 동방의 교회는 정치적인 이유로 두 번이나—13세기 리옹에서 한 번, 15세기 플로렌스에서 또 한 번—교황의 최고 권위를 인정할 수밖에 없는 상황에 놓였기 때문에 그 사절단 사건이 정말 분열을 조장했다고는 말할 수 없다. 그러나 일회용 반창고는 당장 드러난 상처를 덮을 수 있을지는 몰라도 근본적인 치료를 해주지는 못한다. 그리고 1965년 2차 바티칸 공의회**를 통해 연고 수준의 처방이 내려졌지만 이미 9세기 전에 훔베르트 추기경과 케룰라리우스 총대주교가 함께 그리스도교 교회에 입힌 상처에서는 오늘날까지도 그 피가 멈출 줄을 모르고 흘러내리고 있다.

** 28장 참고.

9

그레고리오 7세와 노르만족

1055~1085

1054년 4월 19일 레오 9세가 선종을 하고 거의 1년 동안 로마에는 교황이 없었다. 독일의 왕 하인리히 3세Henry III는 독일 출신의 성직자들을 3명이나 교황에 임명한 바가 있고 이번에 4번째 교황을 임명하기로 결정을 내리기 앞서 추기경 힐데브란트[앞에서 추방된 그레고리오 6세를 보좌했던 그 사람]를 주축으로 로마에서 온 대표단들과 마인츠에서 오랜 시간 논의를 했다. 하인리히 3세가 최종적으로 선택한 사람은 스와비아 출신의 게브하르트라는 젊은이였다. 1042년, 나이 20대에 이미 아이크슈태트의 주교직을 맡고 있었던 그는 교황직 제안을 받고 몇 개월을 두고 망설이다가 1055년 3월이 되어서야 수락했다. 독일 왕으로부터 임명을 받은 교황으로는 마지막인 셈이었던 그는 4월 13일 빅토리오 2세Victorius II(1055~1057)라는 교황명으로 즉위식을 치르고 재임 중에도 자기 관할 구역의 주교직도 함께 유지했다. 이탈리아 측에서는 그가 황제가 심어놓은 교황임을 지나치게 드러낼까 우려했으나 그는 독실한 그리스도인으로서 교회의 권리 옹호에 힘썼으며 그 어떤 선임 교황 못지않은 단호한 개혁가임을 증명해보였다. 그러나 그 역시 로마의 말라리아에 취약한 독일인 교황의 한계를 넘어설 수 없었던 탓인지, 1057년 아레초에서 열린 시노드에 모습을 드러냈을 때는 이미 병이 깊은 상태였다. 그는 며칠을 더 버티지 못하고 선종했고 독일에서 왔던 수행단은 그의 시신을 아이크슈태트에 안장하기를 원했다. 그러나 그의 시신을 이송하던 장례 행렬은 라벤나에서 습격을 받고 약탈당했다. 그의 시신은 독일로 가지도 못한 채 그곳에 안치되었고, 현재 그의 시신은 테오도리쿠스의 영묘靈廟에서 영면 중인데, 당시에 그곳은 교회의 역할을 수행하던 곳이었다.

이번에는 교황 임명을 두고 황제와 논의를 할 수가 없게 되었다. 그 이유인즉 하인리히 3세도 서른아홉에 갑작스러운 죽음을 맞이했고, 황제로 즉위한 그의 아들 하인리히 4세는 겨우 여섯 살의 어린아이였기 때문이다. 독일 교황의 손에 넘어간 이탈리아 개혁의 힘을 회복할 수 있는 더없이 좋은 기회를 포착한 힐데브란트와 그의 동료들은 발 빠르게 움직였다. 그들이 교황으로 지목한 이는 로렌 지역의 프리드리히로 몬테 카시노의 수도원장을 지내며 한때 레오 9세의 수석 대리를 지냈던 사람이다. 스테파노 9세Stephanus IX(1057-1058)라는 교황명으로 등극한 그는 황궁에서는 거의 인기를 얻을 수 없었다. 그의 형인 로렌의 고드푸르아 공작은 최근에 투스카니 후작의 미망인 베아트리체와 결혼했고, 따라서 북부 이탈리아에서는 가장 강력한 조직을 가진 세력으로 여겨지고 있었다. 그래서 그런 배경을 업은 교황이 나이 어린 하인리히 4세를 이용하여 황제의 왕관을 독일 프랑코니아 가문으로부터 로렌의 가문으로 넘

† 라벤나에 있는 테오도리쿠스의 영묘. 하나의 거대한 돌을 올려 지붕으로 만든 것은 6세기 건축의 놀라운 성과다. 이 영묘에는 빅토리오 2세 교황의 석관이 안치되어 있다.

겨주려 한다는 안 좋은 소문들이 돌고 있었다.

스테파노 9세는 그런 소문에 장단을 맞출 것 같지는 않아 보였다. 그러나 정작 그가 어떤 생각을 품고 있었는지 우리는 알 도리가 없다. 그도 즉위한 지 7개월 만에 선종을 하고 말았기 때문이다. 죽음이 다가오는 것을 예감한 스테파노 9세는 로마의 성직자들로부터 힐데브란트가 돌아오기 전까지는 후임자를 선출하지 않겠다는 엄숙한 맹세를 받아냈다. 당시 힐데브란트는 사절단으로 독일에 가 있었고 반대 세력들은 절호의 기회를 놓치지 않았다. 지난 몇 년간의 경험에서 학습효과를 얻은 그들은 이럴 때는 시간이 일의 성패를 가린다는 사실을 잘 알고 있었다. 투스카니와 크레산티 가문이 연합하여 서둘러 쿠데타를 도모했고 며칠 만에 벨레트리의 주교인 요한 민치오를 교황으로 지목했다. 그는 상서롭지 못한 그 이름, 베네딕토 10세Benedictus X(1058~1059)라는 교황명을 얻어 교황의 자리에 앉았다. 개혁가들의 입장에서 보자면, 그를 교황의 자리에 앉힌 것은 최악의 선택인 셈이었다. 새 교황은 의지가 약한 인물이었으나 교황 레오 9세는 그를 추기경에 임명한 바 있었고 교황 스테파노 9세도 그를 자신을 이을 후계자 중 한 사람으로 염두에 두기도 했다. 개혁가들은 베네딕토 10세가 선출된 방식이 교회법에 어긋나고 부패한 것이었기에 받아들일 수가 없었다. 그들은 자신들의 손으로 교황을 정하기 위해 무리지어 로마를 출발해서 투스카니에서 힐데브란트를 만나 협의했다.

그들이 내린 선택은 플로렌스의 주교인 제라르드였다. 흠잡을 데 없는 브르고뉴 사람인 그가 1058년 12월 일단 섭정 황후인 아그네스Agnes와 그 못지않게 중요한 로렌의 고드푸르아 공작에게도 마찬가지로 지지를 얻자, 개혁가들은 그를 서임하기로 승인했고 그는 교황 니콜라오 2세Nicolaus II(1058~1061)로 등극했다. 그와 그의 측근

추기경들은 고드푸르아 공작의 지원을 받아 소규모의 파견병력과 함께 로마로 진군했고 트라스테베레 성문을 열었다. 그들은 신속히 티베르 섬을 점령하여 자신들의 근거지로 삼았다. 며칠간 이어진 시가전 끝에 라테란 궁은 급습당했고 대립교황 베네딕토 10세는 가까스로 탈출을 하여 갈레리아*로 갔다.

개혁가들은 다시 한 번 승리를 거둔 셈이었으나 대가는 적지 않았다. 베네딕토 10세는 여전히 체포되지 않은 채, 충성스러운 추종자들을 보유하고 있는 상태였다. 많은 로마인들은 니콜라오 2세에게 충성을 맹세하도록 강요받자, 자신들의 오른손은 이미 그의 경쟁자인 베네딕토 10세를 위해 맹세했던 손이라는 사실을 지적하며 왼손을 들고 맹세했다. 고드푸르아 공작이 병력을 지원해주지 않았다면 개혁가들이 승리를 얻을 수 없었다는 사실이 혼란을 가중시켰다. 간단히 말하자면 지난 10여 년간 다양한 시도와 노력이 있었지만, 결국 교황권은 레오 9세가 확립했던 원래 그 자리로 다시 뒷걸음질 친 것이다. 로마 귀족과 독일 황제 사이에서 발목이 잡힌 채 때로 양측을 속이기도 했지만, 결코 독립성을 주장할 만큼 강하지는 못한 신세로 전락하고 말았다. 개혁이라는 큰 과업은 그런 상황 속에서 성취될 수 없었을 것이다. 그러니 어쨌든 교회는 스스로의 힘으로 일어서야만 했다.

먼저 문제가 불거져 나온 것은 베네딕토 10세 쪽이었다. 딱 13년 전 그 혐오스러운, 같은 교황명의 베네딕토 9세는 변절한 대립교황

---

* 갈레리아라는 도시는 1809년 버려졌으나 그 잔재는 여전히 남아 있어서 로마에서 약 32킬로미터나 떨어진 비테르보 도로에서 약간 벗어난 곳에서 볼 수 있다.

이 얼마나 큰 해악을 끼칠 수 있는지를 여실히 보여주었다. 베네딕토 10세는 베네딕토 9세보다는 훨씬 인기가 있었고, 이번에는 당시 하인리히 3세가 그랬듯 병력을 이끌고 이탈리아로 들어와 질서를 바로잡아 줄 황제도 없었다. 고드푸르아 공작은 투스카니로 돌아갔다. 어쩌면 다행스러운 일이었을지도 모른다. 왜냐면 그는 당시 로마의 우파들과 비밀스런 음모를 꾸미고 있다는 의혹을 살 만큼 이상할 정도로 미온적인 태도를 보여주었기 때문이다. 상황이 이쯤 되자 로마교회는 놀랍게도 노르만족에게 도움을 요청하는 자충수를 두었다.

최종적으로 그러한 결정을 내린 것은 힐데브란트였다. 교황청 내의 그 누구도, 심지어 니콜라오 2세조차도 그 시점에 꼭 필요한 용기와 명망을 두루 갖추지 못했다. 이탈리아 전역에서 그리고 로마의 모든 성직자들은 노르만족을—딱히 그렇게 생각할 만한 근거가 없었음에도—여전히 야만스러운 비적 행위를 일삼는 무리로 치부하고, 그들에 앞서 남부 지역을 초토화했던 사라센 사람들보다 하나도 나을 것이 없는 민족이라고 생각하던 차였다. 많은 추기경들이 불과 5년 전 감히 성스러운 교황에 맞서 군대를 일으키고 교황을 잡아서 9개월이나 억류하는 신성모독을 저지른 전과가 있는 야만스러운 작자들과 손을 잡는다는 것은, 부패한 로마 귀족들이나 심지어 라이벌인 베네딕토 10세와 손을 잡는 일보다 훨씬 더 끔찍한 일로 여겼을 것이다. 그러나 힐데브란트는 자신의 결정이 옳은 것임을 알고 있었다. 교황과 추기경들은 거의 언제나처럼 그의 강한 의지 앞에 고개를 숙이고 말았다. 1059년 2월 그는 몸소 노르만의 지도자인 카푸아의 리카르도Richard 왕자와 논의를 하기 위해 만났다.

리카르도 왕자는 주저 없이 힐데브란트에게 300명의 병력을 내주었고 추기경은 새로운 병력의 호위를 받으며 로마로 돌아갔다. 3월 중순까지 그와 니콜라오 2세는 갈레리아 앞에서 함께 진을 치고 자기네 병사들이 도시를 함락시키는 것을 지켜보았다. 노르만족들은 늘 쓰던 전술을 이용해 불을 지르고 약탈을 일삼으며 도시를 끔찍하게 황폐화시켰다. 갈레리아 사람들은 성벽까지 공격을 시도하고 다시 격퇴를 시키며 용기를 내어 저항했지만 결국 그해 가을에 항복하고 말았다. 포로가 된 베네딕토 10세는 재판을 받고 사제직을 박탈당한 뒤, 비아 노멘타나의 산 타네제 수용소에 감금되었고 비로소 교황과 노르만 친선 시대의 서막이 올랐다.

베네딕토 10세에게 불어닥친 운명은 로마에 있는 반대파들에게 상당히 충격적으로 다가왔다. 베네딕토 10세의 선출을 반대했던 힐데브란트 추기경과 갈등을 해소하고 통합하는 것은 기대도 하지 않았지만, 베네딕토 10세가 그렇게 완전히 밀려날 줄은 그들로서 전혀 예상하지 못했던 일이다. 미처 그 충격에서 벗어나기도 전에 힐데브란트는 두 번째 타격을 가해 오랜 시간 반대파들을 무기력하게 만들었다. 그때까지는 교황을 선출하는 과정 전반이 늘 모호했다. 824년 로타르 1세에 의해서 발의되어서 1세기 후 오토 대제 시절에 개정된 합의에 이론적인 근거를 두고 있는 교황 선거의 절차에 따르면, 선출은 전체 성직자와 로마 귀족들에 의해서 수행되고 새로 뽑힌 교황은 황제 앞에서 맹세하고 나서야 즉위식을 할 수 있었다. 이러한 규칙은 지난 200여 년의 세월을 거치면서 원래의 신념에서 많이 멀어졌고, 제멋대로 해석되어 남용을 낳을 수밖에 없었다. 교황 선출이 로마 귀족들에게 권력을 부여한 것은 차치하고라도 그 선출 과정에서 황제가 교황에게 얼마 만큼의 권력을 행사하는지도 알 수 있었다. 한편 황제는 대관식을 거행하기 위하여 교황에 대한 복종을 감수해야 할 필요가 있었으므로 그 관계는 묘한 균형을 이루고 있었다. 그러나 이는 교황의 우위를 믿고 있는 힐데브란트의 생각과는 일치하지 않았다. 혼란에 빠진 로마인들과 왕위에 오른 독일의 어린 왕, 그리고 무장한 노르만의 강력한 지지라는 삼박자가 맞아떨어지면서 그때까지 이어진 교황 선출 과정은 마침내 폐지되었다.

1059년 4월 13일 교황 니콜라오 2세는 라테란에서 시노드를 열었고, 113명의 주교와 늘 그랬듯이 자신의 편에 서 있는 힐데브란트가 참석한 가운데 칙령을 선포했다. 후일 그중 한두 가지는 개정이 되었지만 오늘날까지도 계속 이어져 교황 선출 과정을 규정하고 있다. 사상 처음으로 로마의 실질적인 원로 성직자들인 추기경들이 위풍도 당당하게 교황을 선출하는 책임을 맡게 된 것이다. 일단 교황이 선출되면 나머지 성직자들이나 평신도들은 찬성할 수밖에 없었다. 그럼에도 번드르르한 말로 여전히 황제와 유착관계에 있음을 보여주었는데, 당시 황제인 하인리히 4세와 그의 후계자를 의식한 탓인지 의도적으로 모호한 조항을 넣어 선거인단들이 왕에 대한 공경과 존경심을 가져야 한다고 명시하고 있다. 어쨌든 그 칙령의 의미는 분명했다. 향후 교회는 황제나 귀족들로부터 명령을 받지 않고 교회의 일들을 자체적으로 해결하게 된 것이다.

그것은 실로 용감한 결정이었다. 노르만인들의 지원이 없었다면 힐데브란트도 감히 그런 생각을 하지 못했을 것이다. 황제에게도 로마의 귀족들에게도 그것은 굴욕스러운 처사였다. 그러나 그 모든 과정은 외교적으로 집행되었으므로 양측은 그저 무력으로 특권을 누리던 시절로 돌아갈 기회를 호시탐탐 노리게 되었다. 그러나 힐데브란트는 카푸아의 왕자 리카르도를 만나 최근에 갈레리아에서 있었던 일련의 사건들은 물론 여러 가지 대화를 나누며 새로운 확신을 얻었고 또 교회 전체도 힐데브란트를 통해 다시 신뢰를 얻게 되었다. 힐데브란트는 카푸아의 왕자가 지원한 300여 명에 불과한 노르만 병력에 힘입어 강력한 적들을 혼란 속으로 몰아넣은 것이었다. 만약 아풀리아와 칼라브리아 지역을 포함한 전체 노르만의 병력이 교황의 기치 아래 동원되었더라면 못할 일이 무엇이었을까? 만약 그런 지원이 있었다면 교회는 다시 한 번 정치적 의존도를 완전히 떨쳐냈을 것이며, 결과에 대한 두려움 없이 가장 광범위한 개혁을 단행할 수 있었을 것이다. 게다가 1054년 일련의 사건들로 신학 분야에서 로마와 콘스탄티노플이 조기에 화해할지도 모른다는 희망 따위는 이미 물 건너갔음을 보여주는 분위기가 확연했다. 그러므로 그리스의 왜곡된 교리가 남부 이탈리아에서 하루라도 빨리 근절될수록 도움이 되는 상황이었다. 백성들과 웬만큼 관계를 구축해둔 노르만족들은 비잔티움 사람들을 아풀리아 내의 몇 개의 고립된 지역—특히 바리 지역—과 칼라브리아 지역 끄트머리로 내몰왔다. 자기들 손으로 이 일을 모두 마치고 나면 그들의 다음 행보는 시칠리아 내륙으로 이어질 공산이 컸다. 그들은 그때까지 이탈리아 반도에서는 가장 유능한 민족이었고, 모든 잘못은 차치하고라도 어쨌든 라틴 혈통이었다. 그렇다면 그들의 도발을 적대시하기보다는 격려해야 하지 않았을까?

노르만족의 지도자들은 입장에서 보자면, 무엇보다 로마의 교회와 동맹관계를 원했다. 그런데 그것은 숙명적으로 비잔티움 황궁과 소원해지는 결과를 수반하게 된 것이었다. 노르만족의 백성들이 과거에 개별적으로 종교에 반하는 행위를 했을 수도 있지만 그래도 그들은 언제나—치비타테 전투에서도—교황에 대한 존경을 보여주었고, 그들이 교황에 맞서서 군대를 일으킨 것은 평화적인 합의가 실패로 돌아간 이후 자기방어적인 차원에서 발원한 것이었다. 그들은 제국과 교황이 합세한 맹공격의 위협이나 혹은 그들이 대면할지 모를 비잔티움, 투스칸 혹은 사라센 같은 다른 적들의 동맹들과도 기꺼이 맞설 수 있을 정도로 강하지는 못했다. 반면에 동등한 정치적 기반에 관하여는 교황과 협상을 이끌어낼 정도의 힘은 갖추고 있었다. 그래서 1059년 6월 니콜라오 2세가 추기경들*과 주교

---

* 추기경을 뜻하는 'cardinal'이라는 말은 원래 우두머리 또는 경첩을 의미하는 라틴어 'cardo'에서 유래된 것이다. 처음에 그 이름은 로마교회들의 교구 사제 28명에게 명목상 부여된 것이었는데, 그들은 교황의 대성당들(성 요한 라테란 성당, 베드로 대성당, 산 파울로 성당, 산타 마리아 마조레 성당)에서도 직무를 수행하고 있었다. 따라서 그들은 교황과 교구 사이를 이어주는 경첩과 같은 역할을 했던 것이다. 그들은 점차 연대를 형성하여 서열로 보자면 교황 다음 가는 위치로 부상하였다. 추기경은 사제추기경, 부제추기경, 주교추기경(8세기부터)으로 지위가 구분되어 있다. 모두 교황이 직접 임명한다.

들 그리고 사제들로 구성된 훌륭한 사절단을 대동하고 이탈리아 남부의 노르만족의 첫 본거지였던 멜피라는 작은 도시를 방문했을 때 노르만족은 한껏 기대에 부풀어 있었다.

교황의 일행은 느릿느릿하면서도 장대하게 캄파니아를 통과하여 몬테 카시노에서 잠시 멈추었다. 그곳에서 대수도원장인 데시데리우스가 남부에서의 공식적인 대표이자 대사 자격으로 일행에 합류하여 노르만으로 향하는 실질적인 대표단이 꾸려졌다. 일행은 산악 지대를 지나 베네벤토에 도착해, 교황은 그곳에서 시노드를 열었다. 베노사까지 가는 길에는 이탈리아에서 가장 중요한 노르만 성지인 산티시마 트리니티의 새 성당의 축성식을 여봐란 듯이 거행하고는 드디어 멜피에 다다랐다. 때는 바야흐로 8월 말이었고 도시의 성문 앞에는 카푸아의 왕자 리카르도와 기스카르Guiscard*로 알려진 또 다른 거물 오트빌의 로베르Robert가 이끄는 수많은 귀족들이 장사진을 이루고 교황 일행을 기다리고 있었다.

표면적으로 교황의 방문을 명분으로 멜피에서 열린 시노드는 대체적으로 기억하는 이가 많지 않다. 알려진 바로는 그 시노드의 목적은 남부 이탈리아의 성직자들에게 금욕과 최소한 독신의 규정을 부활시키는 것이었고, 100명도 넘는 동료 성직자들이 보는 앞에서 남부 이탈리아의 트라니의 한 주교의 성직을 박탈했음에도 그것이 그다지 성공적이지 못했다고 전해지고 있다. 그럼에도 니콜라오 2세의 방문은 노르만족에게는 상당히 중요한 의미였고, 공식적인

* 글자 그대로 술수가 뛰어난 사람이었다.

화해라는 측면에서는 교황에게도 마찬가지로 중요했다. 그들의 화해 무드는 교황이 카푸아의 왕자인 리카르도를 승인하며 시작되었고 이어서 로베르 기스카르를 아풀리아와 칼라브리아, 그리고 계속해서 노르만인들이 발을 들여놓은 적이 없던 땅인 시칠리아 공국의 대표로 서임하였다.

교황이 대체 무슨 자격으로, 자신은 물론 어떤 전임자도 자신의 영지라고 주장한 적이 없는 그 땅들을 노르만인들에게 그토록 후하게 내주었는지 의심해볼 만한 문제이다. 그러나 8월 멜피에서 열린 시노드에 참석한 이들 중에는 그와 같은 쟁점에 대하여 이의를 제기할 사람은 거의 없어 보였다. 여러 사건들에 대한 대가로 받을 것이 많았던 니콜라오 2세는 보다 거만한 자세를 취할 수도 있었다. 인정하건대 니콜라오 2세는 남부 이탈리아의 모든 정치적인 요인들 중에서도 가장 위험하고도 잠재적 파괴력을 지닌 세력에게 교황권의 지지를 제공한 것이었다. 그러나 그동안 껄끄러운 관계에 놓여 있던 두 명의 수장들에게 권한을 부여함으로써 니콜라오 2세는 세심하게 그 긴장을 조성하던 요소들을 분리시켜 놓았다. 더욱이 그 두 명의 수장인 리카르도와 로베르는 교황에게 충성을 서약했고 이는 실질적으로 남부 이탈리아와 시칠리아에 대한 봉건적 종주권을 교황에게 넘겨준 것을 의미하며 이로 인해 그 지역에서 교황의 전체적인 지위는 급진적이면서도 완전한 변화를 겪었다. 다행히도 로베르의 서약서 전문이 오늘날까지 전해져서—안타깝게 리카르도의 것은 남아 있지 않다—바티칸의 보관소에 남아 있다. 그 처음 부분은 중요하지 않으나 두 번째 부분은 매우 중요하다.

하느님과 성 베드로의 은총으로 아풀리아와 칼라브리아의 공작이 된 나, 로베르는 앞으로도 계속 도와주신다면 향후 시칠리아의 공작으로서 로마교회와 교황이신 니콜라오 2세에게 충성을 다짐하는 바입니다. 어떠한 음모에도 가담하지 않을 것이며 교황의 생명을 위협하거나 상해를 입히거나 자유를 박탈하는 그 어떤 일에도 동조하지 않을 것입니다. 비밀을 지키라고 교황이 명한 기밀 사항은 교황에게 해를 끼치지 않기 위하여 절대 그 어느 누구에게도 발설하지 아니할 것입니다. 어디에서나 로마교회의 동맹으로서 나의 힘이 닿는 한 적에 맞설 것이며, 교회가 성 베드로의 소유지와 그 수입을 보존하고 얻어가도록 할 것입니다. 당신이 로마 교황의 자리에 영예롭고도 안전하게 머무실 수 있도록 모든 필요한 지원을 아끼지 않을 것입니다. 성 베드로의 영지에 관해서는 … 침범을 하지 않을 것이며 성 베드로의 축복을 받은 당신과 또 당신 후계자들의 허락 없이 절대 유린하는 일이 없을 것입니다. … 만에 하나 당신이나 또 그 후계자들이 나에 앞서 세상을 떠나는 일이 생긴다면, 주요한 추기경들, 성직자들, 그리고 로마의 평신도들과 합의하여 성 베드로의 영예에 근거해서 그 모든 선출과 서임 과정이 진행되도록 도울 것입니다. … 그리하여 하느님과 성스러운 복음이시여, 나를 도와주소서.

서약식에 참석했던 이들은 수장들의 맹세에 만족감을 느낄 수도 있었을 것이다. 그렇다고 세상 모두가 그 만족감을 공유했던 것은 아니다. 로마의 귀족들은 분노와 공포를 느끼며 칩거에 들어갔다.

비잔티움은 이탈리아에 남아 있던 자신들의 소유지를 지켜낼 마지막 기회를 잃었다고 생각했다. 그리고 서방 제국은 교황 선출 과정의 특권에서 밀려났고, 정치적으로 가공할 병력을 갖추고도 이제는 더없는 모욕적인 동맹이 그들과 대치하는 상황이 되었으며, 제국 영토의 상당 부분이 도적 같은 무리들에게 소리 소문 없이 넘어가는 것을 침묵 속에서 무기력하게 지켜볼 수밖에 없었으니 니콜라오 2세의 행보에 대한 그들의 반응은 쉽게 상상해볼 수 있다. 하인리히 4세가 아직 어리다는 것은 이탈리아 측에서는 상당히 다행스러운 일이었다. 만약 그가 몇 살만 더 나이를 먹었더라면 그렇게 앉아서 당하고 있지만은 않았을 것이 자명하다. 그때부터 보란 듯이 모든 제국의 성당에서는 기도 시간에 교황의 이름을 삭제했고, 한편 독일의 주교들은 시노드를 열어 니콜라오 2세의 모든 행위는 무가치하며 공허한 것이라고 공표하고 교황과의 관계 단절을 선언하기에 이르렀다. 우리는 교황이 이러한 소식에 어떠한 반응을 보였을지는 알 수 없다. 니콜라오 2세는 이러한 소식을 접하기도 전에 플로렌스에서 선종했기 때문이다.

교황 니콜라오 2세의 죽음으로 상황은 그 어느 때보다 혼란스러워졌고 그가 선출 과정을 개혁함으로써 특별히 피하고 싶어 했던 바로 그 일이 벌어지고 말았다. 섭정 황후 아그네스가 새로운 제도에 대해 암묵적인 승인도 하지 않은 상태인데 로마에서 교회법에 근거해 선출되었다고 하는 후보를 어떻게 받아들일 수 있겠는가 말이다. 그러니 그들은 승계상의 분쟁을 피할 수 없게 만들어놓은 것이다. 또다시 두 명의 교황이 베드로 사도의 후계자 자리를 놓고 다투는 상황이 벌어졌다. 더 자격을 갖춘 이는 단연 루카의 주교인 안셀모였다. 언제나 그렇듯 힐데브란트의 지지를 받은 추기경들에 의해서 알렉산데르 2세Alexander II(1061-1073)로 추대된 그의 선출 과정은 교회법상 흠잡을 데 없이 이루어졌다. 한편 그의 경쟁자인 대립교황 호노리오 2세Honorius II(1061-064)는 아그네스 황후가 선택하고 롬바르디아 주교들의 지지를 받는 인물이었다(성 베드로 다미아노는 그 주교들을 두고 적합한 교황을 결정하기보다는 아름다운 여성을 뽑는 일이 더 어울릴 법한 사람들이라고 신랄하게 비판을 하기도 했다). 호노리오 2세는 로마에도 열렬한 지지자들을 두고 있었고 그들의 지지를 돈으로 살 만큼 재력도 있었다. 알렉산데르 2세가 교황의 자리에 오를 수 있었던 것은 순전히 카푸아의 왕자 리카르도의 군사적 지원—힐데브란트의 요청으로 두 번째로 나선 지원이었다—덕분이었다. 그러나 알렉산데르 2세가 교황의 자리에 오르고 나서도 호노리오 2세는 야욕을 꺾지 않았다. 1063년 5월 아그네스 황후가 물러나고 제국의 황실에서 그의 경쟁자인 알렉산데르 2세를 교황으로 인정하고 나서도 그는 용케도 여러 달 동안 산탄젤로 성을 점령하기도 했다. 그는 그다음 해에 퇴위를 당했음에도 죽는 그날까지 자신은 교황이라고 주장했다.

힐데브란트가 숨은 실력자로서의 역할을 계속한 덕분에 교황과 노르만족의 동맹관계가 날로 굳건해진 것은 놀랄 만한 일이 아니었다. 1063년, 알렉산데르 2세는 시칠리아에서 사라센에 맞서 전쟁을 치르고 있는 로베르 기스카르와 그의 동생 로제르Roger에게 그리고 3년 후 노르망디의 윌리엄William 공작에게도 깃발을 보내주었다.

윌리엄은 헤이스팅스에서 그 깃발을 드높였다. 교황은 아나니의 베드로를 사절단으로 콘스탄티노플로 보내 비잔티움과의 무너진 관계를 회복하려 최선을 다했다. 그러나 보스포루스에 대한 교황의 감정은 너무 격해져 있었고, 비잔티움에서도 1071년 이탈리아 남부의 마지막 보루였던 바리 지역이 로베르 기스카르가 이끄는 노르만족에 의해 함락당하자 감정의 골이 더욱 깊어져서 양측 사이의 화해 가능성은 점점 희미해져만 갔다. 게다가 로마는 신성로마제국과의 꼬인 관계를 풀어야 하는 이중 부담을 안게 되었다.

하인리히 4세는 자신의 6번째 생일을 목전에 두고 1056년 독일의 왕좌에 올랐다. 그의 통치의 시작은 그다지 순조로운 출발은 아니었다. 섭정을 했던 모친 아그네스 황후는 아들 하인리히 4세가 제멋대로인 유년 시절과 말썽 많은 질풍노도의 사춘기를 보내자 더 이상은 통제할 수 없는 지경에 이르렀고, 열여섯에 권력을 거머쥔 하인리히 4세의 포악함과 방탕함은 익히 알려져 앞으로 몰아닥칠 불길한 미래를 가늠케 했다. 그는 오랜 세월을 겪으며 결국 그러한 오명을 씻어냈지만, 그럼에도 평생 불행한 삶을 살았고 성마른 성미와 열정적이면서도 극렬한 독재적 성향은 쉬이 변하지 않았다. 그는 성인으로 성장하며 나날이 거만해지는 로마교회와, 특히 신성로마제국 통치의 잔재에서 벗어나려는 개혁가들의 행태를 지켜보며 분개했다. 신성로마제국과 로마교회 사이에 마지막 결전은 피할 수 없을 만큼 명백한 것이었고, 그 시기는 곧 도래했다.

결전의 장소는 밀라노였다. 이탈리아에서 이 오래된 북부의 도시만큼 로마의 명령으로부터 벗어나 독립적인 그리스도교의 정신을 불태우는 곳은 없었다. 밀라노는 7세기 전 성 암브로시오 당시부터 개인적인 미사전통을 철저히 보존해온 지역으로, 완고한 보수주의자들은 성직매매나 성직자의 독신 생활과 관련된 로마의 새로운 개혁안들에 더욱 분개했다. 한편, 밀라노 정부는 당시 파타리네Patarines라고 불리는 급진적인 개혁세력이 지배하고 있었다. 그들은 어느 정도의 순수한 종교적 열정을 가지고 있으면서도 오랜 시간 교회가 누리던 부와 특권에 대해서는 어느 정도의 증오심도 가지고 있었기에 광적인 수준으로 개혁을 부르짖었다. 이러한 양분된 분위기 속에 신성로마제국이 개입하지 않는다면 일촉즉발의 위기가 닥쳐올 상황이 되었다. 1072년 말 공석이었던 도시의 대주교 자리를 놓고 논의하던 중 하인리히 4세는 자신이 직접 선택한 반개혁 성향의 대주교 후보를 공식적으로 서임했는데, 한편 그는 알렉산데르 2세가 파타리네의 교회법에 근거한 선거를 이미 승인했다는 사실을 알고 있었다.

제국과 교황 사이에 팽배한 긴장감은 밀라노 성당 방화사건으로 이어졌고 양측의 분노는 수그러들 기미가 보이지 않는 가운데 1073년 4월 교황 알렉산데르 2세가 선종하자 그 문제는 후임 교황의 책임으로 넘어갔다. 힐데브란트는 이미 20여 년간 교황청에서 세력을 키웠고 실질적인 최고 권력자가 되었다. 치밀한 계획에 의해 알렉산데르 2세의 장례식이 거행되는 동안 군중들은 힐데브란트를 빈쿨리스의 성 베드로 성당으로 데려가서 환호하며 교황으로 칭송했다. 그렇지만 그들은 기존의 합법적인 방식들을 거의 훼손시키지 않았고, 그 이후 이어진 교회법에 근거한 선출 방식도 형식상의 절차를 잘 따랐다. 그는 합당한 교황의 자격을 갖추기 위하여 서둘러 사제 서품을 받았는데 아마도 초년에 제대로 그 절차를 밟지 않았던 까닭으로 보이며 그 이후 즉시 그레고리오 7세St. Gregorius VII(1073-1085)라는 이름으로 교황의 자리에 올랐다.

11세기의 위대한 세 명의 교황—레오 9세, 그레고리오 7세, (이제 곧 만나게 될) 우르바노 2세B.Urbanus Ⅱ—가운데 그레고리오 7세*는 한때 가장 매력 없는 교황인 반면 가장 주목을 끄는 교황이기도 했다. 나머지 두 명의 교황들이 명문가 출신으로 최상급의 교육을 받고 모든 것을 두루 갖춘 귀족들이었던 반면에, 토스카나의 랑고바르드족 출신의 보잘것없는 소작농의 아들로 볼품없는 외모를 지니고 있던 그레고리오 7세는 교육이나 교양에 있어서 다른 주요 성직자들에 비해 한참 떨어졌고 말투나 몸짓에서도 비천한 출신성분이 그대로 드러났다. 사람들은 교황이라는 자리를 권력으로써 받아들였기에 그 자리에 오르기까지는—비록 그의 영향력이 꾸준히 커지기는 했어도—교황청에서의 길고도 혹독한 견습 기간을 견뎌야만 했는데 그레고리오 7세는 자신의 의지력과 뛰어난 능력만으로 그것을 가능하게 만들었다. 다른 두 교황들은 훤칠한 키에 외모도 준수했지만 그레고리오 7세는 키도 작고 피부는 거무스름했으며 배도 불뚝 튀어나오는 등 잘난 외모는 아니었다. 또 작은 목소리에 강

---

* 그의 이름 힐데브란트라는 랑고바르드족이 흔히 쓰는 이름이었다. 아버지 이름인 보니쪼는 보니프르트의 약칭으로 우리는 그 이름을 그로부터 7세기 후에 다시 만나게 되는데, 바로 나폴레옹도 랑고바르드의 혈통을 지니고 있었다. 그와 힐데브란트는 여러모로 닮아 있다.

한 억양까지 배어 나와 로마에서 함께 일하는 동료들이 더러 그의 사투리를 알아듣지 못하는 일도 있었다. 그는 레오 9세와 같은 성인다운 면모도, 우르바노 2세가 지녔던 정치적 직관이나 외교적 수완도 없었으며 학자도 그리고 신학자도 아니었다. 그러나 그의 성격에는 주목하지 않을 수 없는 어떤 강력한 것이 있어서 어느 단체에 속하든 그는 그다지 노력을 들이지 않고도 지배자의 자리를 차지했다. 베드로 다미아노가 그를 두고 괜히 '성스러운 사탄'이라고 칭했던 것이 아니었다.

그의 강점은 무엇보다 일심전력에 있었다. 전 생애 동안 그를 지배했던 생각은 황제들로부터 로마교회의 권력층에 이르기까지 세계 모든 그리스도교도들의 순명이었다. 교회는 그들을 순종하게도 또 그렇지 못하게도 만들 수 있으며, 그네들 동맹국들의 백성들을 용서해줄 수도 있었다. 교회는 이 지구상에서 최고의 위치에 있어야 하고 따라서 교황도 역시 교회에서 최고의 지위에 있어야 한다는 것이 그의 생각이었다. 그는 모든 사람들의 심판관이었으며 그 자신만이 신을 대리할 책임을 지며 그의 말은 곧 법이 되고, 뿐만 아니라 그것은 신의 계율이기도 했다. 이 모든 것들을 포함하여 더 많은 내용들이 1075년 출간된 '교황령'으로 알려진 그의 27가지 훈령에 담겨 있다. 이 훈령들에는 모든 교황들은 성 베드로로부터 거룩함을 물려받은 성인들이라는 주장이 담겨 있는데 이것이 당대에 그레고리오 7세보다 연배가 높은 일부 인물들에게는 주목을 끌 만한 놀라운 이론이었음은 분명하다. 이러한 그리스도교적 전제라는 개념이 그토록 극단적으로 치달았던 적은 없었으며 또 그렇게 확고부동하게 추구되었던 적도 없었다. 그레고리오 7세는 역량에 있어서는 자신만큼이나 단호하지만 상당히 유연한 사고를 갖고 있기도 했던 하인리히 4세와 로베르 기스카르에 적대적으로 맞서면서 자신의 원칙들과 직접적인 관련이 없을 때조차도 지속적으로 타협을 거부했다. 이것이 결국 자신의 몰락을 초래할 수 있다는 사실을 그 대가를 톡톡히 치르고 나서야 배우게 되었다.

그러나 모든 것은 시간이 가야 알 수 있는 일이었다. 하인리히 4세에 관한 문제들은 여전히 해결되지 않고 있었다. 그레고리오 7세는 1075년 사순절에 시노드를 소집해 모든 평신도들에 의해서 거행되는 그리스도교적 서임식을 비난하고 그들에 대해서는 파문까지도 불사하겠다며 단호한 어조로 규탄했다. 이에 격분한 하인리히 4세는 보란 듯이 이탈리아 교구에 2명의 독일인 주교를 더 임명했고, 선임자가 생존해 있었음에도 밀라노 교구에 대주교를 한 명 더 임명했다. 교황이 그 일에 대한 소명을 듣고자 그를 로마로 소환했으나 하인리히 4세는 이를 거부하고 모든 독일 주교들을 불러 1076년 1월 24일 보름스에서 공의회를 열고 그레고리오 7세를 '거짓 수도자'라고 맹렬히 비난하고 공식적으로 교황의 자리에서 폐위해버렸다. 하인리히 4세는 그날의 결정을 두고두고 후회하게 되었다. 그의 아버지인 하인리히 3세가 세 명의 교황을 퇴위시킨 바가 있는지라 하인리히 4세는 그 자신도 그와 같은 일을 할 수 있을 것으로 생각했다. 그가 미처 이해하지 못한 것은 교황청 전반의 분위기가 반세기 전과는 많이 달라졌으며 그레고리오 7세 또한 폐위를 당한 그 세 명의 교황과는 많이 다른 인물이었다는 것이다.

하인리히 4세는 자신의 황제 즉위식을 위해 오랜 시간 로마에 가기를 갈망했지만, 서임식을 둘러싸고 후임 교황들과 다툼을 벌이는 바람에 로마에 가지 못하고 있었다. 그러나 보름스에서 공의회를 마친 그는 로마로 가는 여정을 더는 늦출 수 없다고 판단했다. 그레고리오 7세는 이미 독일 내에서는 파다하게 퍼져 있는 자신의 파문 소식을 듣고도 별다른 반응을 보이지는 않았지만, 그렇다고 손 놓고 앉아서 당할 사람도 아니었다. 만약 공의회가 그렇게 비웃음을 받지 않았다면 그는 무력에 의해서 교황좌에서 쫓겨나고 후임 교황이 선출되었을지도 모른다. 그렇게 하기 위해 황제는 신속하고도 순조로운 군사작전을 세우고 교황을 축출하기 위한 과정이 전개되는 동안, 가능한 한 더 많은 이탈리아 지방의 지지를 끌어내야만 했다. 그러나 하인리히 4세가 북부 로마 지역의 지지를 끌어내는 것은 쉽지 않은 노릇이었다. 그곳에는 만만찮은 투스카니의 백작부인 마틸다Matilda가 버티고 있었는데, 그녀는 그레고리오 7세를 향해 변함없는 충성심을 보여주는 독실한 여성이었다. 남부 쪽으로는 그래도 좀 가능성이 있어 보였다. 아폴리아의 노르만Norman 공작은 딱히 교황을 향한 큰 애정을 갖고 있던 인물이 아니었다. 그 과정이 자신에게 도움이 된다고 판단했다면 그는 자신에게 부과된 봉건적 책임에 대해서는 모른 척했을 것이다. 만약 그의 무리들이 설득에 넘어가 로마에 대한 연합 공격에 가담했다면, 그레고레오 7세에게는 승산이 없는 일이었다.

1076년 초, 하인리히 4세의 대사가 멜피에서 로베르 기스카르를 만나 황제의 모든 서임권을 주겠다는 공식적인 제안을 했다. 그들은 어쩌면 왕관까지도 쓰게 해줄 수 있다고 언급했을 수도 있다. 그러나 로베르는 크게 동요하지 않았다. 그는 이미 자신의 영토에서 완전한 자유를 누리고 있었기에 괜히 그 제안을 받아들였다가 하인리히 4세에게 남부 이탈리아의 정치에 개입할 여지를 주어 불필요한 위험에 빠지고 싶지 않았기 때문이다. 신앙심이 깊은 독실한 사람인 척 했지만 그의 답은 단호했다. 신은 자신에게 정복한 땅을 내주셨다. 자신들은 그리스와 사라센에 맞서 승리를 얻어냈고 그것은 노르만인들의 피라는 값비싼 대가를 치르고 이루어낸 것이었다. 자신이 소유하는 어떤 땅이라도 황제에게서 비롯된 것이라면, 기꺼이 황제의 봉신이 될 것이다. 그러나 그는 자신의 모든 의무는 언제나 하느님을 위한 것이라는 단서를 달았고 그것이 황제의 봉신이 되겠다는 자기 말을 모두 무가치하게 만드는 것임을 잘 알고 있었다. 그러므로 전능하신 신에게서 온 그 나머지는 지금껏 자신이 소유해왔던 것처럼 계속 소유하겠다는 뜻을 분명히 했다.

한편, 교황 그레고리오 7세의 행동은 평소와 같이 활기가 넘쳤다. 1076년 사순절에 열린 시노드에서 그는 모든 반역적인 주교들을 폐위시켰고, 하인리히 4세에게도 파문을 선고했다. 독일에서 그 여파는 상당했다. 7세기 전 테오도시우스 황제 이래로 정권을 잡고 있던 군주가 교회의 파문을 받은 일은 없었다. 그 일로 황제는 무릎을 꿇었고 이제 하인리히 4세도 같은 일을 당하게 된 것이다. 그는 전적으로 종교적인 측면에서 언제고 적당한 때를 찾아 회개하면 문제를 해결할 수 있다고 생각해서 그다지 걱정하지는 않았다. 그러나 정치적인 파장은 실로 심각한 것이었다. 이론상 파문은 왕에 대하여 충성을 맹세했던 모든 백성들의 책임과 의무를 면하게 해주는 것이며, 만약 그들이 왕과 어떤 교섭을 하거나 혹은 왕에 대한 복종을 보여주면 그들도 똑같이 파문을 당하게 된다. 만약 그것이 엄격히 준수된다면, 하인리히 4세의 내각은 와해되고 그 자신은 더 이상 왕위를 이어가지 못하게 되는 셈이다. 하인리히 4세는 졸지에 자신이 홀로 고립되었음을 깨달았다.

자신에게 반기를 들던 자들이 주위를 서성이며 어떻게든 충성심을 보여주려 고군분투하는 모습을 지켜보며 야릇한 만족감을 느꼈을 그레고리오 7세의 모습을 어렵지 않게 그려볼 수 있다. 그가 내린 파문의 여파는 그가 생각했던 것보다 훨씬 더 성공적이었다. 트리부르에서 회동한 독일의 제후들은 자신들의 왕에게 파문일로부터 일 년 하고 하루를 더 주어, 그 동안 교황으로부터 사면을 얻어내도록 하는 데 동의했다. 그들은 이미 1077년 2월 아우그스부르크에서 의회를 열도록 소집해두었다. 만약 그달 22일까지 파문이 풀리지 않는다면 그들은 하인리히 4세에 대하여 맹세했던 충성을 공식적으로 철회하고 그 자리에 다른 왕을 선출할 것이다. 하인리히 4세는 그들이 내린 결정에 머리를 조아릴 수밖에 없었다. 그가 보기에 상황은 더 악화될 수도 있었다. 그러나 제후들이 하인리히 4세에게 요구하는 최후통첩은 그저 개인적 굴욕을 참고 교황 앞에서 용서를 구하면 되는 것이었다. 그렇게라도 왕국을 지킬 수만 있다면 그 정도의 값은 치를 준비가 되어 있었다. 눈으로 막힌 알프스에는 다행히 아직도 몬테 케니스만큼은 길이 나 있었다. 하인리히 4세는 한겨울에 아내와 어린 아들을 동반하여 알프스를 넘고 길을 재촉해 롬바르디아를 지나 마침내 교황이 머무는 카노사의 성에 이르렀다. 교황은 그곳에 마틸다 백작부인의 초대 손님으로 머물며, 아우그스부르크로 수행하고 갈 일행의 도착을 기다리고 있는 중이었다. 그레고리오 7세는 3일 동안이나 하인리히 4세를 만나주지 않고 기다리게 했다. 그러나 결국 이렇다 할 대안이 없던 그는 노여움을 풀고 하인리히 4세가 바라던 대로 사면해주었다.

카노사에서 있었던 일화는 맨발에 누더기 옷을 걸치고 밝게 빛나는 성의 굳게 닫힌 문 앞에 서 있는 왕이라는 그럴듯한 이야기로 각색되어 어린이 동화책에 등장하며, 일시적인 야망을 좇는 것이 부질없는 일임을 일깨우고 있다. 사실, 그레고리오 7세의 승리는 공허하고 덧없는 것이었고 하인리히 4세도 그것을 알고 있었다. 굴욕을 당했다고 해서 하인리히 4세가 참회했던 것은 아니었다. 그것은 냉혹한 정치 세계에서 자신의 왕위를 지키기 위한 묘책이었으며 그는 그 목적을 달성했을 뿐이고 처음부터 약속을 이행할 의도는 없었다. 교황 또한 하인리히 4세가 보여주는 충성을 진심이라고 받아들이지 않았다. 만약 그레고리오 7세도 그리스도교적 양심이 동하여 하인리히 4세에 대한 파문을 철회한 것이었다면, 의심의 여지없이 행복한 마음으로 기꺼이 그렇게 했을 것이다. 사면을 얻었으니 하인리히 4세가 도덕적인 승리를 거둔 것은 맞다. 그러나 승자인 그레고리오 7세는 정작 꼼짝도 않고 투스칸 성에 남아 있었고, 하인리히 4세는 교황 앞에 두 무릎을 꿇었으니 이미 완패를 당한 셈이었다. 게다가 적의에 찬 롬바르디아 도시 사람들에 둘러싸여 독일과도 차단된 채 정세에 개입할 힘도 없는 상태로 뻔뻔하게 독일로 돌아갔으니, 그가 거둔 도덕적 승리는 아무런 소용이 없는 것이었다. 그럼에도 하인리히 4세의 태도에는 개선의 여지가 전혀 보이지 않았다. 그는 독일의 제후들이 스와비아의 루돌프를 자신의 경쟁자로 선출하려 했다는 사실을 곱씹으며 그들에게 강한 적의를 나타냈다. 그레고리오 7세는 그들 사이를 중재하기 위해 최선을 다했으나, 결국 1080년 또다시 하인리히에 대한 파문을 내리고 그를 폐위시켜 루돌프Rudolf를 왕으로 선언하기에 이른다. 아뿔싸! 그레고리오 7세는 잘못된 승부수를 던진 것이었다. 그해 루돌프는 전투에서 사망하고 말았고 하인리히 4세는 그 어느 때보다 막강해졌다. 하인리히 4세는 그레고리오 7세를 다시 한 번 교황좌에서 끌어내려 버렸다. 그러고는 그해 6월 시노드를 열어 독일과 이탈리아의 주교들을 티롤의 브릭센Brixen(지금의 브레사노에)으로 소집해 라벤나의 대주교인 귀베르토를 교황 클레멘스 3세Clemens III로 선출했다.

대립교황을 선출하는 것은 어렵지 않은 일이지만 한번 교황좌를 꿰찬 그레고리오 7세를 축출하는 일은 그보다 더 어려운 일이었다. 하인리히 4세는 로마를 장악하기 위하여 세 번 시도했는데 그 마지막인 세 번째에 성공을 거두었다. 1084년 초, 드디어 밀라노와 작센의 연합군들은 레오니네 성벽을 올라갔고 한두 시간 동안 하인리히 4세의 병사들은 베드로 대성당의 안팎에서 치열한 전투를 벌였다. 그러나 항복하고 싶은 마음이 없던 그레고리오 7세는 발 빠르게 움직였고 급히 산탄젤로 성으로 피신하여 방어벽을 치고 종려주일[기독교에서 부활절 직전의 일요일]에 클레멘스 3세가 라테란 궁에서 교황에 등극하는 사태를 무기력하게 지켜볼 수밖에 없었다. 그로부터 일주일이 지난 부활절 날 하인리히 4세는 황제의 대관식을 치렀다.

그레고리오 7세를 도운 것은 노르만인들이었다. 4년 전, 로베르 기스카르는 그레고리오 7세에게 충성을 다짐하며 교황이 필요할 때는 그 어떤 도움도 제공하겠다고 맹세한 바가 있었다. 그러나 지금은 황제의 자리에 올라 있으며 충성스러운 클레멘스 3세의 지지를 한 몸에 받고 있는 하인리히 4세가 이탈리아 남부로 그 힘을 뻗쳐 온다면, 로베르 기스카르 자신의 위치도 위험에 처할 수 있는 상황이었다. 로베르가 약 6천 마리의 말과 3만 명의 병사를 이끌고 비아 라티나로 행군을 한 것은 1084년 5월 24일의 일이었다. 그리고 오늘날의 피아자 디 포르타 카페나쯤 되는 로마 성벽 아래에 진지를 구축했다.

하인리히 4세도 손 놓고 로베르를 기다리고 있지는 않았다. 그는 노르만군들이 세를 확장하고 있다는 소식을 접하고 그 즉시 마음을 먹었다. 그는 로마의 지도층들을 소집하여 공의회를 열고 자신이 급하게 롬바르디아로 가야 할 일이 생겼으며 상황이 허락되는 대로 다시 돌아올 것이라 설명했다. 그러면서도 하인리히 4세는 자신이 없는 동안 그들이 공격자들에 맞서 용감히 싸워줄 것으로 믿었다. 하인리히 4세는 아풀리아의 공작이 로마의 성문에 나타나기 3일 전 자신의 아내와 주요 병력, 그리고 종종거리며 쫓아오는 대립교황을 이끌고 급히 달아났다. 진지에서 3일을 기다리던 로베르는 하인리히 4세가 달아난 것이 사실인지 확신을 할 수가 없었다. 그러다 5월 27일 밤, 짙은 어둠속에서 조용히 자신의 병력을 이끌고 도시 북쪽으로 이동했다가 동틀 무렵 공격을 개시했다. 공격이 시작되고 얼마 안 가 그의 돌격대는 플라미니안 성문으로 밀고 들어갔다. 그곳에서 그들은 강력한 저항에 부닥쳤다. 산탄젤로 성에서 흐르는 강을 가로질러 펼쳐진 캄푸스 마리트우스 전 지역에 유혈 대참사가 벌어졌다. 그러나 노르만군은 얼마 지나지 않아 방어벽을 뚫고 적을 다리 후방으로 몰아붙인 후 그레고리오 7세를 구출했다. 교황은 연기가 자욱한 전투지를 뚫고 득의양양하여 라테란 궁으로 향했다.

그러나 승리의 기쁨은 오래가지 않았다. 도시 전체가 강탈과 약탈에 시달렸고 그 와중에 시칠리아와 사라센으로 구성된 로베르의 몇몇 여단들은 자제력을 잃고 날뛰었다. 3일이 지나도 야수들 같은 유혈사태가 수그러들 줄을 모르자 로마의 시민들은 더 이상 참을 수 없었다. 전 로마인들이 그 압제자들에 대항하여 들고일어났다. 로베르 기스카르는 갑자기 볼모로 잡혀 포위당했다. 그는 때마침 적의로 가득 찬 군중들을 뚫고 온 아들 손에 구출되었으나 그에 앞서 노르만인들은 이제 자신들의 생명을 지키기 위하여 온 도시에 불을 질러버렸다.

로마인들에게 이는 그들 역사에서 600여 년 전, 이교도들의 침략 이후로 유례가 없는 커다란 재난이었다. 교회나 왕궁, 고대 신전들이 사납게 번지는 불길 앞에서 무너져 내리고 말았다. 수도와 궁전은 처참하게 전소되었고 콜로세움과 라테란 궁 사이에서 가까스로 화재를 피해 온전히 남은 건물은 단 한 동밖에 없는 지경이었다. 마침내 자욱하던 연기가 걷히고 살아남은 로마의 지도자들이 로베르 기스카르 앞에 꿇어 엎드리자, 그는 항복의 증거로 그들을 참수했다. 도시는 텅 비어버렸고 비참함과 황량함만이 감돌았다.

그레고리오 7세는 전쟁에서 어느 정도 승리를 거두었다고 할 수 있다. 그러나 너무 값비싼 대가를 치렀다. 과거에 영웅적인 교황들은 침략자들로부터 나라를 지켜낸 사람들이었다. 레오 1세는 훈족의 아틸라 왕으로부터, 그리고 같은 이름의 대 그레고리오 1세는 정복자 랑고바르드족으로부터 로마를 구해냈다. 그레고리오 7세는 여러모로 그 둘보다 더 훌륭했음에도 결국 로마를 파괴로 몰아넣고 말았다. 그러나 그의 서신에서는 후회하는 기색을 찾아볼 수가 없다. 그는 양심의 가책이나 부끄러움을 느끼지 않았다. 원칙을 위해 싸웠고 자신의 강인함과 용기 덕분에 그 원칙을 지킬 수 있었다고 믿었다. 그의 입장에서는 신의 뜻이 이루어진 것이었다.

그러므로 그의 성격 중 중요한 특징이자 가장 안 좋은 그 터무니없는 오만함을 내세워 그는 스스로에게 그 상황을 잘 이해시켰을 것이다. 그러나 그에게도 응보의 날은 왔다. 11년 전 그를 향해 뜨거운 박수를 보내던 로마 시민들이 이제 그를 자신들을 비참함과 상실로 몰아넣은 원흉으로 보고 복수의 칼날을 갈고 있었던 것이다. 로베르 기스카르의 존재와 그의 병사들이 지키고 있었기에 교황은 사지가 갈가리 찢기는 보복을 피할 수 있었다. 그러나 로베르는 필요 이상으로 로마에 머무르고 싶은 생각이 없었기에 그레고리오 7세는 최후의 굴욕을 겪게 되었다. 그는 노르만족이 로마를 떠날 때 그들을 따라나설 수밖에 없음을 깨달았다. 1084년 7월 초, 한때는 그의 구세주이기도 했으나 이제는 실패로 이끈 주범이 되어버린 노르만과 사라센 병력의 호위를 받으며 마지막으로 로마를 등지고 떠났다. 가장 자긍심이 넘쳤던 교황이 이제 자신을 증오하는 도시를 떠나 망명길에 오르는 신세로 전락한 것이다. 그들은 이탈리아 남부의 살레르노로 향했다. 그곳에서 교황은 자신의 품위에 걸맞은 궁에서 생활하다 1085년 5월 25일에 선종했다. 그의 시신은 '로베르 기스카르가 자비로 건축했다.'라고 외벽에 새겨져 있는 한 성당의 남동쪽 압시드*에 안장되어 지금도 그곳에서 그의 무덤을 볼 수가 있다.

그레고리오 7세는 비록 마지막 몇 년 동안 교황좌에 의도치 않은 불명예를 끼쳤으나, 그가 이룩한 성취의 본질은 그 자신이 알고 있던 것보다 훨씬 위대했다. 그는 오랜 시간 교회의 위계질서에 교황의 최고권위를 확립하기 위하여 부단히 노력했다. 신성로마제국에 대해서도 이렇다 할 승리를 거두지는 못했어도 적어도 교황의 자리를 함부로 무시하지 못할 만큼은 분명히 각인시켜 주었다. 교회는 제대로 한번 날카로운 이를 드러내고 성을 냈기에 앞으로 제국들도 위험을 감수하면서까지 교회를 거역하지는 않을 것이었다. 그러나 그레고리오 7세는 한풀 기가 꺾인 채로, 그게 아니더라도 최소한 실망 속에서 선종을 맞이했던 것 같다. 그래서인지 그의 마지막 말은 '나는 정의를 사랑했고 부당함을 증오했다. 그래서 나는 이렇게 망명지에서 눈을 감는다.'라는 다소 씁쓸한 고별사였다.

---

* 건축학적으로 볼 때 압시드는 신도석과 성가대聖歌臺 끝에 쑥 들어간 반원형 부분으로서 대개는 반원형의 지붕으로 제대나 제단을 덮고 있다. - 역주

10

—

인노첸시오 2세와
아나클레토 2세

1086~1138

그레고리오 7세를 로마에서 내몰았던 혼란 정국은 그레고리오 7세의 선종 이후 더 악화되어 로마는 혼돈으로 빠져들었다. 대립교황인 클레멘스 3세는 최후의 승자가 된 듯했지만, 그는 개혁파 추기경들을 상대로 승리를 거두리라는 희망을 품기는 힘들었고 바티칸에서 제대로 자리매김을 할 수도 없었다. 추기경들이 직면한 문제는 적절한 후계자를 찾는 것이었는데, 일련의 역사적 사건들로 인하여 교황의 자리가 그다지 매력적인 자리로 부상하지 못했다. 그 와중에도 몬테 카시노의 대수도원장인 데시데리우스라는 걸출한 후보가 한 사람 있었는데 그는 지난 27년간 여러 가지 큰일들을 치르면서 수도원의 황금기를 이끌어온 인물이었다. 그는 수도원의 땅과 도서관을 상당 수준으로 확장해 학문, 문학, 예술의 중심지로 발전시켰으며 그의 영향력은 이미 수도원장을 넘어섰다. 1059년 교황과 노르만의 동맹을 이끌기 위한 협상에 나섰던 이도 바로 그였으며, 1080년 그레고리오 7세와 로베르 기스카르의 화해를 도운 주역이기도 하다. 그는 망명길에 올랐던 그레고리오 7세를 위해 몬테 카시노 수도원에 쉴 곳을 마련해주기도 했고, 임종을 지키기도 했다.

　그러나 데시데리우스는 교황이 되고 싶은 야망이 전혀 없었다. 자신이 그토록 사랑하는 수도원에 머물며 누리는 평화와 위안을, 무엇을 위해 그 악몽과 같은 교황자리와 맞바꾸려 하겠는가? 그러니 추기경들이 그를 설득하기까지 무려 일 년의 시간이 소요되었고, 또 교황자리를 그처럼 그렇듯 완강히 고사했던 이도 없었다. 그런데 그의 판단이 틀리지 않았음이 드러나기까지는 그리 오랜 시간이 걸리지 않았다. 1086년 5월에 그가 빅토리오 3세B.Victorius Ⅲ (1086-1087)라는 교황명으로 선출되고 딱 나흘 후, 서임되기 직전에 로마에서 심각한 폭동이 일어나는 바람에 그는 교황좌에서 밀려날 수밖에 없었다. 그는 교황의 휘장을 내려놓고 홀가분한 마음으로 몬테 카시노로 돌아갔고 이전에 하던 일들을 다시 맡았다. 그러나 세상은 그를 평화롭게 지내도록 내버려두지 않았다. 10개월 후, 그가 예전에 담당했던 남부 이탈리아의 교황 교구인 카푸아에서 시노드를 소집했는데, 그곳에서 그는 다시 한 번 교황자리를 수락하도록 설득당했다. 노르만 병력이 또다시 로마를 공격해서 이번엔 대립교황이 자리를 내놓고 달아나는 신세가 되었다. 그리고 1087년 5월 9일 마침내 성 베드로 대성당에서 빅토리오 3세 교황의 서임식이 거행되었다. 그는 이번에는 로마에 일주일 정도 머물러 있었지만 다시 물러나 수도원으로 갔고 그러다가 6월 중순에 다시 돌아와 거의 한 달을 로마에서 견뎌야 했다. 그러나 그의 한계도 거기까지였다. 7월 말, 그는 다시 몬테 카시노로 돌아갔고 9월 중순에 선종하고 말았다.

본명이 오도인 그의 후임 우르바노 2세B.Urbanus Ⅱ(1088-1099)는 여러모로 다른 유형의 인물이었다. 라주리의 오도는 샹파뉴 지방의 위엄 있고 학식 높은 귀족 가문 출신으로, 중요한 교구인 오스티아를 맡다가 이후 클뤼니의 수도원장을 지냈던 열정적인 개혁파였다. 그는 그레고리오 7세가 지향했던 교황 지상주의의 충실한 지지자였으며 그레고리오 7세에게는 부족했던 모든 정치적, 외교적 수완까지 갖춘 인물이었다. 이제 로마는 다시 대립교황 클레멘스 3세와 신성로마제국에 충성하는 자들의 손에 넘어갔기 때문에, 우르바노 2세의 선출과 서임식은 테레치나에서 거행되었다. 우르바노 2세는 바티칸에서 제대로 자리를 잡기 위해서는 노르만의 도움이 필요하다는 사실을 잘 인지하고 있었으므로, 로베르 기스카르의 동생이며 시칠리아를 관리하고 있던 노르만의 로제르 백작을 개인적으로 찾아갔다. 우르바노 2세의 방문을 받은 로제르는 무장한 원정대를 꾸려서 로마로 진군을 했고, 그 틈을 이용해 우르바노 2세도 로마에로 입성했다. 그러나 그는 작은 티베르 섬에 감금을 당하고 말았다. 다음 해 가을, 우르바노 2세는 다시 망명길에 올랐다가 1094년 상당한 금액의 뇌물을 쓰고 나서야 라테란 궁에 발을 들여 놓을 수 있었다. 결국 교황으로 임명되고 6년이 지나서야 그는 적법한 교황으로 등극하게 되었다.

몇 개월이 지나서 우르바노 2세는 콘스탄티노플로 사절단을 파견했다. 그는 취임 이후 비잔티움과의 관계 개선을 위해 부단한 노력을 기울였고─물론 교회의 통합이 궁극적인 목표였으나─ 비잔티움의 황제인 알렉시우스 콤네누스Alexius Comnenus도 흡족해 하며 바로 응답을 해왔다. 그래서 교황의 특사가 초대장을 전달하여 다음 해 3월 피아첸차에서 열리는 로마교회 공의회에 대표부를 보내 달라 했을 때에 알렉시우스는 즉시 그를 수락했다. 알렉시우스가 알고 있는 일련의 사건들은 모두 비잔티움 제국 내의 문제들이었다 (성물 매매, 성직자의 결혼, 프랑스 필립 왕의 간통과 같은 그런 일들). 그러나 공의회라면 그가 오랜 시간 고민했던 답을 찾을 수 있는 기회가 될 수도 있고 또한 투르크Turks족에 대항할 서방의 지원을 얻도록 어필할 수도 있다는 계산을 하고 있었다. 투르크족들은 약 25년 전 비잔티움에 침략하여, 제국을 통치하던 로마누스 4세Romanus IV가 이끄는 군대를 패배시키고 몇몇 해안 지역을 제외하고는 실제 아나톨리아 전체를 접수했다. 알렉시우스는 상당한 규모의 원정대만이 투르크족들을 몰아낼 수 있다고 믿었고 피아첸차 공의회가 이런 상황을 호소할 좋은 기회라고 여겼다.

비잔티움의 대표단들은 자신들의 임무를 잘 수행했다. 그들은 자신들이 얻어내야 하는 것을 강조하는 대신, 보다 종교적인 측면을 어필하면서 동방에서 어려움을 겪는 그리스도교 교인들, 이슬람 세력의 확장으로 침몰하고 있는 소아시아, 그리고 콘스탄티노플의 관문에 떡하니 진을 치고 있어 비잔티움 제국은 물론 전 세계 그리스도교 전체를 위협할 수도 있는 신앙심 없는 적의 무리들을 몰아내야 한다고 했다. 그들의 호소는 사절단의 마음을 움직이기에 충분했고 누구보다 깊은 인상을 받은 이는 우르바노 2세였다. 그는 피아첸차에서 본국인 프랑스로 가는 여행길에 올랐는데 가는 동안 마음속에서 계획이 서서히 그 모습을 갖춰가기 시작했다. 그의 계획은 알렉시우스 황제가 꿈꾸는 것보다 훨씬 야망이 큰 것이었다. 그 것은 다름 아닌 성전聖戰을 일으켜 유럽의 그리스도교도들의 연합 부대를 이끌고 이슬람을 향해 진군하는 것이었다.

그는 프랑스에 도착하며 1094년 11월 8일 클레르몽[지금의 클레르 몽페랑]에서 또 다른 공의회를 소집했다. 10일의 공의회 기간 동안 대부분의 시간에는 일상적인 교회 현안들을 다루다가 드디어 11월 27일에 공개회의를 열어 교황이 전 세계 그리스도교에 중대한 성명 서를 내겠다고 발표했다. 이러한 서약은 정확히 우르바노 2세가 의 도했던 취지의 것이었다. 수많은 인파가 교황의 연설을 듣기 위하 여 그 작은 마을로 몰려 들어서 교황의 자리도 성당 동쪽 문 밖에 공개된 장소의 높은 단상 위에 만들어졌다. 안타깝게도 당시 우르 바노 2세의 연설문 원고는 전해지지 않고 있으나, 그의 연설은 비 잔티움의 사절단들이 피아첸차에서 피력했던 그 사실들을 재차 언 급하며 시작을 했을 것으로 짐작한다. 그러나 그 사절단들과는 달 리 우르바노 2세의 연설은 곧 곤경에 처한 예루살렘*에 관한 것으 로 넘어갔고, 그 수가 급격히 늘어난 투르크인들이 그곳을 방문하 는 그리스도교 순례자들을 강탈하고 박해를 한다는 이야기를 언급 했다. 그는 바로 그 시점에서 동방의 그리스도교를 구하는 것은 서 방 세계 그리스도교도들의 의무임을 강조했다.

---

* 당시 예루살렘은 638년 칼리프 오마르에 의해서 함락된 이후 이슬람교도의 손에 넘어 갔지만, 그리스도교 순례자들의 출입을 승인했고 그들이 원하는 곳에서 자유로이 경배 할 수 있도록 허가해주었다. 그 도시가 셀주크튀르크족에게 넘어간 것은 1077년이었다.

"자신의 영예와 이익을 위해서가 아니라 오로지 헌신하는 마음으로 그 일에 동참하기를 결의하는 사람들은 자신들이 지은 모든 죄를 씻고 용서받고 죽게 될 것입니다. 지체할 시간이 없습니다. 1095년 8월 5일, 승천 기념일 전까지는 대규모 십자군이 준비되어야만 합니다."

우르바노 2세의 이 같은 간절한 호소를 들은 사람들의 반응은 그의 예상보다 훨씬 더 뜨거웠다. 르퓌의 아데마르 주교가 이끄는 수백 명의 사람들과 사제들, 수도자들, 귀족 그리고 소작농들은 모두 교황 앞에 무릎을 꿇고 십자군에 참가하겠다고 맹세를 하였다.

많은 사람들의 예상과는 달리 그 준비가 충분치 못했음에도 십자군은 대성공이었다. 1097년 7월 1일 십자군은 아나톨리아의 도릴레움에서 셀주크튀르크족을 대패시켰고, 1098년 6월 3일 안티오크도 무너뜨린 뒤 마침내 1099년 7월 15일 그리스도의 병사들은 예루살렘을 치고 들어가 도시에 있던 모든 회교도들을 학살하고 모든 유대교도들을 유대교 회당에 모아놓고 화형시켰다. 그러나 정작, 교황 우르바노 2세는 십자군이 승리를 거둔 사실을 영원히 알 수 없었다. 그는 그로부터 2주 만인 1099년 7월 29일, 십자군의 승전보가 로마에 당도하기 직전에 선종하고 말았기 때문이다.

그의 뒤를 이은 인물은 투스칸의 수도자로 성품이 좋은 파스칼 2세Paschalis II(1099-1118)였다. 전하는 말로는 영국의 윌리엄 2세 William II(윌리엄 러퍼스)가 새로운 교황의 성격이 자신들의 대주교인 안셀모와 닮았다는 소릴 접하고는 '신의 얼굴이라! 그러면 별로 좋지 않을 거야. 나름 상당히 인상적일 수도 있겠으나, 성직자에게는 그다지 공정치 않겠군.'이라 했다고 한다. 파스칼 2세는 타고난 성품은 좋은 사람이었으나 견고한 도덕심이라는 면에서는 2퍼센트 부족했던 듯싶다. 그렇다고 완전 약해 빠진 인물은 아니어서, 대립교황인 클레멘스 3세 사후에 뒤를 이은 세 명의 대립교황을 한 사람씩 성공적으로 처리했고 교황좌에 오른 첫 12년간은 원칙들을 지조 있게 잘 고수했다. 그러나 주교와 수도원장에게 반지나 주교장을 수여하는 권한에 관한 원칙들이 교황과 황제의 권력다툼에서 주요한 쟁점이 되었다. 한편, 파스칼 2세는 협상을 위한 준비를 하고 대관식을 위해 로마로 가고 있던 하인리히 5세를 수트리에서 만나 놀라울 만큼 관대한 여러 가지 제안을 내놓았다. 만약 황제가 서임권을 포기한다면 그 대가로 제국에서 교황에게 넘어왔던 신성로마제국 내 교회의 재산과 권리를 황제에게 넘겨줄 것이며, 다만 십일조와 같은 세수는 엄격히 그리스도에게 속한 것이므로 남겨두겠다고 제안했다.

물론 하인리히 5세는 독일의 주교관할지역이나 수도원의 엄청난 부를 습득하게 된다는 생각에 매우 흡족해했다. 그는 재빨리 파스칼 2세의 제안을 수락하고는 로마로 가는 길을 재촉했다. 그런데 참으로 이상하게도 하인리히 5세도 교황도, 자신들이 신 나서 주고받으려는 독일 주교관할지역을 담당하는 주교들과는 정작 상의하지 않았다. 1111년 2월 12일 대관식에서 그들의 협정서가 발표됐을 때, 항의의 소리가 너무나 거세어서 대관식을 계속 진행할 수가 없을 정도였다. 이것은 교황과 추기경들이 체포당하는 도화선이 되었고 결국 로마 시민들에게도 감당할 수 없는 일이 되었다. 로마 시민들은 독일에 맞서 들고 일어났고, 시가전이 계속되는 가운데 하인리히 5세도 부상을 입었다. 마침내, 하인리히 5세는 자신의 군대를 이끌고 로마시에서 후퇴하며 교황 파스칼 2세와 추기경들을 포로로 잡아갔고, 그 폭동의 열기가 가라앉는 동안 다른 성직자들을 근교의 여러 지역의 성에 가두었다.

그로부터 2개월 후 파스칼 2세가 다시 모습을 드러냈을 때 싸움은 거의 잦아든 상태였다. 4월 12일 하인리히 5세는 파스칼 2세에게 선출과 서품식 사이에 주교와 수도원장에 대한 서임권을 받아들이겠다고 수락하도록 강요했다. 다음 날, 교황은 두 번 다시 황제를 파문하는 일을 하지 않겠다는 맹세를 강요당하며 하인리히 5세에게 왕관을 씌워주었다. 교황청에는 다시 한 번 격렬한 항의가 일었다. 개혁가들이 얻어내기 위하여 그토록 오랜 세월 고군분투했던 것을 힘없이 내주는 행동은 극도의 절망에 빠져 모든 것을 포기하는 비겁한 항복과 다름 없었기 때문이다. 교황청에서는 파스칼 2세가 내어준 것들은 애초에 황제가 무력으로 빼앗아간 것이므로 그것들을 다시 내어주어 봤자 효력이 없다고 선언했다. 멀리 프랑스에서는 비엔의 대주교인 귀도가 황제에 대한 파문을 선언했고 밀라노의 대주교인 요르단도 그를 따라 황제의 파문을 선언했다. 교황은 스스로 깊은 회한에 빠져 사퇴를 고려하다가, 1112년 앞서 개인적으로 양보했던 모든 것을 철회하고 그레고리오 7세와 우르바노 2세의 시대로 돌아간다고 선언하며 "그 교황들이 도덕적으로 규탄했던 것을 나도 규탄하며, 또한 그들이 거절했던 것을 나도 거절하는 바이다."라고 언급했다. 그러나 그것은 논쟁 중인 문제에 관한 확고한 통제력을 내포하지도 않았고, 자신감 넘치는 성격과는 거리가 먼 발언이었다. 그는 1116년 라테란에서 열린 시노드에서 다시 한 번 자신이 양보했던 것들을 철회한다고 선언했으며 황제의 모든 서임권을 금지했다. 그러나 예전의 그의 명성은 이미 사라진 지 오래였고, 그는 두 번 다시 예전의 권위를 되찾지 못했다. 이후 같은 해 로마에서는 더 많은 폭동이 일어나 그는 도시 밖으로 내몰려, 1117년 하인리히 5세가 로마에 도착하자 파스칼 2세는 다시 로마를 떠났다. 그는 다음 해 1월 마지막으로 로마로 돌아왔고, 같은 달 말에 선종했다.

파스칼 2세의 후계자인 젤라시오 2세Gelasius II(1118~1119)가 교황의 자리에 머물렀던 것은 1년 하고도 닷새라는 짧은 시간이었으나 그야말로 악몽 같은 시절의 한때를 장식했기 때문에 기록할 만한 가치가 있다고 본다. 바야흐로 교황은 이제 전 유럽에서 그 권위를 인정받는 자리가 되었으나, 정작 로마 내에서는 하루하루 목숨을 내건 아슬아슬한 자리였다. 당시 기준으로 보자면, 젤라시오 2세는 이미 꽤 나이든 축에 속했는데도 불구하고 교황에 등극하기 30년 전인 1088년에는 추기경으로, 그리고 그 다음 해엔 교황청 상서원장으로 임명되었다. 그는 우르바노 2세와 파스칼 2세가 정세에 밀려 빈번하게 로마를 떠나 있던 그 시기에 자리를 지키고 로마에 남아 그들 대신 업무를 이어갔고, 파스칼 2세가 포로로 잡혀갈 당시에는 그를 수행하기도 했으며, 1116년 열린 시노드에서는 적극적으로 파스칼 2세를 변호하기도 했다. 묵묵히 제 역할을 했던 그는 조용한 말년을 맞이해야 마땅했지만 현실은 그렇지 못했다. 그의 머리 위에 교황관教皇冠이 씌워지기 무섭게 당대 로마에서 가장 강력한 세도가의 수장인 센시우스 프랑지파니는 그를 체포하여 자신들 가문 소유의 한 성에 가두고는 난폭하게 폭행을 가했다. 당시 이를 지켜본 목격자의 증언에 따르면, 프랑지파니는 마치 독이 오른 커다란 뱀처럼 교황의 목을 움켜쥐고는 주먹으로 가격하고 발로 차서 피를 흘리게 하더니, 머리채를 붙잡고 끌어냈다고 한다. 만약 그때 로마 집정관이 신속하게 중재를 하지 않았더라면, 아마도 젤라시오 2세를 두 번 다시 볼 수 없었을지도 모른다.

거기서 풀려난 이후로도 젤라시오 2세는 로마에 한 달 남짓밖에 머무르지 못했다. 롬바르디아에서 그의 선출 소식을 들은 독일의 하인리히 5세는 격분하여 서둘러 남쪽으로 향했고, 이에 교황은 추기경들과 함께 자신의 고향인 가에타로 피난을 갔다. 하인리히 5세는 원만한 해결을 기대하며 젤라시오 2세를 로마로 소환했으나 그는 불응했다. 몹시 화가 난 하인리히 5세는 그에 대한 맞대응으로 대립교황 그레고리오 8세Gregorius VIII(1118-1121)를 선출했다. 젤라시오 2세는 그 즉시 황제와 대립교황 둘 모두 파문했지만 하인리히 5세가 로마에 버티고 있을 동안은 어찌되었든 대립교황이 한 수 위에 있는 셈이었다. 하지만 결국 하인리히 5세가 자신의 병력을 이끌고 떠나자 그레고리오 8세도 별수 없었다. 도시 전체를 장악하고 버틸 만큼 강력한 힘을 갖지 못했던 그레고리오 8세는 레오니오 성벽

안까지 후퇴를 했다.

자력으로 바티칸에서 자리를 잡기가 쉽지 않았던 젤라시오 2세는 7월 21일 성 프라세데 대성당에서 미사를 집전하고 있던 중, 다시 한 번 프랑지파니에게 붙잡혔다. 그러나 이번에는 말을 타고 가까스로 탈출했다. 여전히 교황의 제의를 걸친 채 벌판에서 숨을 돌리고 있던 교황은 결국 그를 뒤쫓아 오던 무리에 발각되었다. 그도 이미 해볼 만큼은 다 했던 터였다. 젤라시오 2세는 다시 로마로 돌아갔지만, 떠날 채비를 하러 간 것이었다. 그는 추기경들 6명의 호위를 받으며 편안한 마음으로 여정을 떠나 피사를 거쳐 제노바, 아비뇽, 비엔, 클뤼니에 이르렀고, 1119년 1월 29일 그곳에서 선종했다.

한 가지 분명한 것은 서임권을 둘러싼 문제가 해결되지 않는 한, 로마의 평화는 요원하리라는 사실이었다. 그런 상황에서 젤라시오 2세의 후임 교황이 그 사안의 중요성을 인지했을 뿐 아니라 그를 최종적으로 해결해낼 힘도 지니고 있었다는 것은 참으로 다행스런 일이다.

부르고뉴 지방의 윌리엄 백작의 아들로 비엔의 대주교를 맡고 있던 귀도는 프랑스, 영국, 독일의 왕가들과도 연이 닿아 있던 인물이다. 젤라시오 2세 교황은 임종 때 그를 자신의 후임 교황이 될 적임자로 임명해두었기에 젤라시오 2세를 수행해서 클뤼니에 함께 갔던 몇 명의 추기경들은 그곳에서 자청해서 그를 선출하고는 1119년 2월 9일 비엔에서 그를 갈리스토 2세Callistus II(1119-1124) 교황에 옹립했다. 놀랍게도 그들 추기경들이 내렸던 결정은 소급되었고 다시 치른 선출에서 로마의 추기경들에 의해서 만장일치로 비준을 받았다. 그 즈음 갈리스토 2세 교황은 이미 업무를 시작하여 하인리히 5세와 협상을 하기 위해 스트라스부르크로 사절단을 파견했다. 한편 그는 10월 말, 랭스에서 400명 이상의 추기경들이 참석하는 대규모 공의회를 소집해 자신이 표명하는 정책의 승인을 얻어내기 위한 준비를 하고 있었다.

하인리히 5세 측에서도 역시 합의를 갈망하고 있었지만, 상호 불신이 더 컸던 탓인지 첫 번째 조정은 실패로 끝이 났다. 이에 갈리스토 2세는 랭스 공의회를 기회로 삼아 8년 전, 파스칼 2세 교황 재임시절 자신이 비엔의 대주교로 있으면서 처음 단행했던 파문 선언을 재확인했다. 이듬해 봄, 갈리스토 2세는 알프스를 넘어 남쪽으로 향하며 롬바르디아 그리고 투스칸으로 승리의 행보를 이어갔고, 1120년 6월 초, 열렬한 환영을 받으며 로마에 들어섰다. 서임권 문제를 조정하기에 앞서 그에게는 먼저 치러야 할 작은 예선전이 있었다. 대립교황 그레고리오 8세가 아직 버티고 있었기 때문이다. 이제는 하인리히 5세가 지지를 철회해서, 그레고리오 8세는 수트리로 밀려나 있는 상황이었다. 1121년 4월 일주일에 걸친 포위작전 끝에 수트리는 함락되었고 갈리스토 2세는 가련한 대립교황을 로마로 데려갔다. 대립교황 그레고리오 8세는 이번에는 낙타에, 그것도 뒤로 올라탄 채 거리마다 끌려다니는 굴욕을 당했고, 그 후 여생을 여러 수도원에서 갇혀 지내다가 삶을 마감했다.

이제 드디어 갈리스토 2세의 주요한 도전과제를 해결할 길이 명확해 보였다. 1122년 초, 신성로마제국의 황제가 사절단을 보내온 것이었다. 사절단이 전하기를 하인리히 5세는 새로운 협상에 나설 채비를 갖추었고 12명의 독일의 제후들을 모아 자신을 대표할 위원회를 임명해두었다고 했다. 갈리스토 2세는 독일 제후들과의 만나기 위해 세 명의 선임 추기경을 보름스로 급파했다. 그들 중에는 미래의 교황, 호노리오 2세Honorius II(1124-1130)도 포함되어 있었다. 3주간의 난항 끝에 바로 그 유명한 협약이 9월 23일 보름스에서 체결되었다. 노르만 영국에서 먼저 만들어진 모델을 근거로 하고 있는 이 협약은 정신적인 권위의 상징으로 황제가 새로 선출된 주교들에게 반지와 주교장[종교 의식 때 주교가 드는, 한 쪽 끝이 구부러진 모양의 지팡이]을 수여하는 권한을 포기하는 내용을 담고 있다. 그러나 황제는 자신의 홀[왕이 왕권의 상징으로 손에 드는 물건]을 두드려 주교들에게 땅을 수여할 수 있었는데 이는 황제의 세속적인 권력의 상징이었다. 또한 황제는 고위 성직자들에게 선출과 서품식의 권한을 보장해주었다. 그에 대한 대가로 갈리스토 2세는 독일의 주교와 대수도원장 선출은 교회법에 근거하여 황제의 입회하에 치를 것이며 논란의 여지가 있는 선거에서는 황제가 중재 권한을 가진다는 것을 약속했다.

보름스 협약은 오랜 세월 이어졌던 교회와 황제 사이의 분쟁의 끝을 장식하는 중요한 장으로 기록되었다. 갈리스토 2세는 주변의 완고한 성직자들이 자신이 양보했던 사안들에 대하여 탐탁치 않아 할 것이라고 생각했다. 그는 자신이 양보했던 그런 사안들은 원칙적으로 꼭 수락해야 할 필요는 없다는 사실을 애써 강조하면서 평화를 위해서는 일시적으로 감내해야 한다고 말했다. 교황 자신은 협약과 관련하여 회한을 느끼기보다 오히려 자신의 성취에 자긍심을 갖고 있었으며, 이를 축하하기 위해 라테란 궁에 일련의 프레스코화를 그리도록 의뢰했다.

교황과 황제 사이에는 평화가 찾아들었지만 정작 로마 자체는 그렇지 못했다. 크레센티와 투스쿨룸의 백작들의 시대는 과거가 되었다. 이제 서로 대립을 하고 있는 권세가는 프랑지파니와 그보다 더 큰 부를 자랑하는 벼락부자인 피에르레오니Pierleoni였다. 피에르레오니는 그 뿌리가 유대인임에도 불구하고 교황 레오 9세와 그레고리오 7세 시절부터 많은 교황들과 업무 관계를 이어왔다. 이 두 가문의 지속적인 앙숙관계는 향후 수년간 교황 선출에 고통을 가져다주었다. 1124년 교황 갈리스토 2세의 선종 이후 승세는 프랑지파니에게로 넘어갔다. 피에르레오니는 이미 자신이 지지하는 첼레스티노 2세Celestinus II(1124)를 후보로 선언해둔 상태였는데, 서품식 중 로베르토 프랑지파니와 그의 추종자들이 칼을 빼들고 난입하여 오스티아의 추기경인 람베르토를 선출할 것을 주장했다. 한차례의 격렬한 싸움이 일었고, 그 과정에서 첼레스티노 2세는 심한 부상을 입고 즉시 사임했다. 이제 장애물이 없어진 람베르토는 1124년 적법한 절차를 거쳐 호노리오 2세Honorius II(1124~1130)라는 교황명으로 등극했다.

피에르레오니와 프랑지파니의 경쟁구도는 교황청 내에도 유사하게 반영되었다. 다수를 차지하고 있는 편은 오래된 그레고리안 학교의 동창생들로 피에르레오니의 지지를 받는 쪽이었고, 보다 젊은 층으로 구성된 다른 세력을 이끄는 이는 교황청 상서원장 아이메릭 추기경으로 그는 로베르토 프랑지파니가 일으킨 쿠데타에 연루된 인물이었다. 물론 호노리오 2세는 후자인 프랑지파니의 파벌에 속한 인물이었다. 그는 교황 젤라시오 2세를 프랑스까지 수행했던 추기경 중 하나였고, 보름스에서 협상에 나섰던 주요 인물이기도 했다. 헌신적이고 결단력 있는 개혁가인 호노리오 2세는 해외에서, 특히 독일에서 교회의 위상을 강화하는 일에 많은 노력을 기울였다. 그러나 그는 1130년 1월, 중병에 걸리고 말았고 이에 아이메릭은 신속히 행동을 취한다. 상서원장이었던 그는 호노리오 2세의 후계자가 될 사람이 피에트로 피에르레오니 추기경이라는 것을 잘 알고 있었다. 피에트로 피에르레오니는 파리에서 중세 프랑스 철학을 대표하는 철학자이자 신학자였던 그 유명한 피에르 아벨라르와 함께 수학한 이후 클뤼니의 수도원에서 수도자로 몇 년간을 보내다가 교황의 특사로 임명받아 처음에는 프랑스, 그 후에는 영국으로 갔다. 독실하고 흠잡을 데 없는 클뤼니파 수도사로서의 배경은 그를 개혁의 견고한 옹호자로 보이도록 했고, 그리고 그 자신도 능력과 강한 의지와 더불어 강렬한 야망을 지닌 사람이었다. 그러나 그는 피에르레오니*의 파벌이었으므로 아이메릭과 그의 추종자들에게는 그 사실 하나만으로도 더 볼 것 없이 다른 방안을 강구해야 했다. 그들은 죽어가는 호노리오 2세를 붙잡아 성 안드레아 수도원으

---

* 때로 투지에 넘치던 고위 성직자들, 예를 들어 맨투아의 맨프래드나 리쥬의 아눌프 -《독설》이라는 책을 쓰기도 했다 - 는 피에트로 피에르레오니가 수녀들을 유혹하고, 여동생과 잠자리를 했다는 등의 취지에서 그를 비난하기도 했다. 그러나 이런 것들은 단순히 교회의 분립시대에 있었던 논쟁 정도로 치부되었다.

로 데려갔다. 그곳은 프랑지파니의 구역으로 안전하게 있을 수 있으며 교황이 선종한 후에도 차후 적절한 결정이 내려질 때까지 그 사실을 숨길 수 있는 곳이기도 했다. 그 후 2월 11일, 아이메릭은 믿을 만하다고 판단이 되는 추기경들을 수도원으로 불러 새로운 교황 선출을 위한 준비과정에 들어갔다.

그런 절차는 몹시 부정직한 것이었으므로 교황청의 나머지 사람들로부터 즉각적으로 불쾌한 반응을 불러왔다. 호노리오 2세의 장례식에 앞서 선거를 먼저 치르려 했던 그들을 향해 맹렬한 질타가 쏟아지는 가운데, 교황청에서는 8명의 선거인단을 임명하여 성 아드리아노 성당에서 만날 계획을 했다. 교회의 이와 같은 다소 모호한 선택은 분명 자신들의 처분을 프랑지파니의 손에 맡기길 주저하는 자연스런 대응이었다. 그러나 그들이 아드리아노 성당에 이르렀을 때, 아이메릭의 추종자들은 이미 성당을 차지하고 그들에 대항할 태세를 갖추고 있었다. 예상치 못한 상황에 분노한 그들은 발길을 돌려 마르코 성당에 모여 진을 치고 국면의 전환을 기다렸다.

2월 13일, 호노리오 2세가 선종했다는 소문과 함께 교황청에서 고의로 그 사실을 은폐하고 있다는 소문이 마침내 온 로마 시내에 퍼져나가자 이 소식을 들은 성난 군중들이 성 안드레아 수도원 주변으로 몰려들었다. 군중들의 아우성에 불운한 호노리오 2세는 자신의 얼굴을 드러냈고, 초췌한 모습으로 발코니에서 몸을 떠는 교황을 눈으로 확인한 군중들은 그제야 해산했다. 그것이 군중들 앞에 나선 그의 마지막 모습이 되었고, 호노리오 2세는 바로 그날 밤을 넘기지 못하고 선종했다. 이론상 호노리오 2세의 시신은 3일간은 안치되어 있어야 했지만, 어서 새로운 교황을 선출해야 한다는 생각에 마음이 급한 아이메릭은 그런 세부사항까지 챙기면서 교황을 매장하기까지 기다릴 여유가 없었다. 온기가 채 가시기도 전에 그의 시신은 수도원 뒷마당의 임시 묘지에 거의 내던져지다시피 했고, 그날 아침 일찍 상서원장을 비롯하여 아이메릭과 같은 생각을 하던 사람들은 성 안젤로의 부제추기경이었던 그레고리오 파파레스키를 교황으로 선출했다. 그는 서둘러 라테란 궁으로 들어가 다소 성급하게 인노첸시오 2세Innocentius II(1130-1143)라는 교황명으로 공식 등극했다. 그 후 그는 강제로 로마를 떠나게 되어 팔라디오에 있는 성 마리아 성당으로 퇴각했는데, 그곳은 프랑지파니의 비호 아래 안전하게 몸을 숨길 수 있는 곳이었다.

한편, 마르코 성당으로 모여드는 군중들의 수는 꾸준히 증가하고 있었다. 그 군중들 속에는 대부분의 귀족들과 성당 문이 미어지도록 밀려드는 많은 사람들과 더불어 20명도 넘는 추기경들이 포함되어 있었다. 성 발렌타인 축일 아침, 인노첸시오 2세가 선출되었다는 소식이 전해지자 순식간에 대혼란이 일었다. 그곳에 있던 추기경들은 이구동성으로 성 안드레아 수도원에서 일어난 일련의 절차들은 교회법에 어긋나는 것임을 선언하고, 피에르레오니를 자신들의 적법한 교황으로 인정했다. 피에르레오니는 그 즉시 아나클레토 2세Anacletus II(1130~1138)라는 칭호를 받았다. 그날 동이 틀 무렵 로마에는 호노리오 2세의 선종으로 교황이 없는 상황이었으나 해가 질 무렵이 되어서는 교황이 두 명이나 있었던 셈이다.

인노첸시오 2세인가, 아나클레토 2세인가. 둘 중 누가 더 교황에 걸맞은지 가리는 것은 쉽지 않은 일이었다. 아나클레토 2세는 누가 봐도 추기경들이나 교회 전체적으로 지지를 받고 있음을 자랑할 수 있는 상황이었다. 한편, 인노첸시오 2세를 지지했던 사람들은 비록 그 수에서는 열세였으나 추기경단에 의해 뽑힌 8명의 선거인단의 대부분이 포함되어 있었다. 자신들의 의무를 수행하는 과정에서 그 선거인단들이 보여준 태도는 아무리 보아도 의문의 여지가 있는 것이었지만, 아나클레토 2세의 선출 과정 역시 결코 정통적인 절차에 준한 것은 아니었다. 그도 그럴 것이 이미 다른 교황이 선출되고 난 마당에 아나클레토 2세의 선출이 결정된 것이니 말이다.

한 가지 확실한 것은 몇 년에 걸쳐 피에르레오니가 써둔 뇌물의 단맛에 길들여진 로마에서는 아나클레토 2세의 인기가 압도적이었다. 그와 그의 파벌은 1130년 2월 15일에는 라테란 궁을 손에 넣고 16일에 이르러서는 베드로 대성당까지 접수했다. 일주일 후 아나클레토 2세는 여기서 공식적인 서임식을 치른 반면 인노첸시오 2세는 성 마리아 노벨라 성당에서 거행된 수수한 서임식에 만족해야만 했다. 날이 갈수록 아나클레토 2세는 자신의 자리를 굳건히 다졌으며 그의 대리인들은 보다 관대한 처사로 민심을 달래주었다. 인노첸시오 2세의 적들은 로마교회들의 기본 자산을 강탈하여 채워진 금으로 프랑지파니의 요새로 진격할 날만을 기다리고 있었던 것이다. 인노첸시오 2세는 그나마 남아 있던 옹호자들로부터 버림을 받아 달아나는 길 외에는 별다른 방법이 없었다. 인노첸시오 2세가 4월 초에 트라스테베레에서 보낸 것으로 추정되는 편지에 의하면 그는 그로부터 한 달 후 비밀리에 충성스러운 추기경들의 수행을 받았다. 그중 한 명이 중도에 티베르로 달아나긴 했지만 미리 수배해둔 배 두 척을 타고 도망칠 수 있었다.

인노첸시오 2세의 패주는 어찌 보면 그 자신에게는 구원이었을 수도 있다. 아나클레토 2세는 뇌물로 로마는 샀을지언정, 그 이외의 이탈리아 지역에서는 인노첸시오 2세의 인기에 한참 못 미쳤다. 인노첸시오 2세는 피사에서도 그리고 제노바에서도 큰 환영을 받았다. 제노바에서 프랑스로 가는 배에 오른 인노첸시오 2세는 프로방스, 생질의 작은 항구에 다다를 즈음 예전의 자신감을 다시 회복했다. 그것은 어쩌면 당연한 것이었다. 생질에 도착했을 때 그를 기다리고 있던 것은 60마리의 말과 노새를 대동하고 클뤼니에서 온 사절단들이었다. 그들은 인노첸시오 2세를 수도원까지 약 320킬로미터나 수행할 채비를 갖추고 기다리고 있었으니, 이들을 본 인노첸시오 2세는 적어도 프랑스만큼은 그를 버리지 않았다고 여겨 마치 자신이 승리를 거둔 것 같은 생각이 들고도 남았을 것이다. 만약 프랑스 대수도원 중 가장 영향력 있는 곳에서 배출했던 수도자를 우선적으로 지지할 준비를 갖추고 있다면, 다른 지역들도 크게 걱정할 일은 아니었다. 그리고 그해 늦여름 확정판결을 위해 소집된 에탕프 공의회는, 예상된 결과지만 그를 지지하는 선언을 했다.

프랑스는 잘 해결이 되었고, 그렇다면 황제는 어찌되었을까? 바로 여기에 인노첸시오 2세를 승리로 이끈 결정적 열쇠가 있었다. 독일의 왕 로타르 2세Lothar II는 결정을 내리는데 이렇다 할 열의를 보이지는 않았다. 왜냐면 그는 여전히 호엔슈타우펜의 콘라트와의 권력싸움에 필사적으로 매달려 있는 상황이었으므로 조심스러운 행보를 해야 하는 까닭이었다. 게다가 그는 그때까지도 로마에서 황제의 대관식을 치르지 못하고 있는 상태였다. 실제 로마를 장악하고 있던 교황 아나클레토 2세의 반감을 산다면 위험한 결과를 가져올지도 모를 일이었다. 그러나 인노첸시오 2세는 크게 걱정하지 않았다. 왜냐면 그 자신은 12세기 훌륭한 영성가인 클레르보의 성 베르나르도의 지지를 받으며 안전하게 있었기 때문이었다.

베르나르도 주변의 인물들은 이미 그와 관련이 있는 사람들이었으니 그들을 끌어들이는 매력을 제외하고 생각해보면, 21세기의 객관적인 시각에서 봤을때 베르나르도는 그다지 매력적이지만은 않았다. 큰 키에 깡마른 그의 외모는 그 자신이 일편생 강조했던 육체적인 엄격함으로 인한 고행의 결과, 지속적인 고통을 겪어야 했다. 그는 관용이나 온건함의 여지가 없는 맹렬한 종교적 열망에 사로잡혀 있었던 것이다. 그의 공적인 생활은 1115년 시토 수도원의 영국인 스테판 하딩이 카스리마 넘치던 스물다섯살의 수도사였던 베르나르도를 파견하여 상파뉴의 클레보르에 분원을 설립하도록 지시하면서 시작되었다. 그때부터 베르나르도 자신도 모르는 사이 그의 영향력은 널리 퍼져나갔다. 그는 생을 마감하기까지 25년간 쉼없이 돌아다니며 강론을 펼치고, 설득을 하기도 하고 또 더러는 언쟁이나 토론을 벌이기도 했다. 엄청나게 많은 양의 서신을 작성하기도 했고, 기본적으로 그리스도교의 원칙들과 관련이 있다고 믿는 일이라면 때로는 내키지 않더라도 복잡한 논란에 빠져들기도 했다.

교황 제도도 그에게는 그러한 쟁점의 하나였다. 베르나르도는 주저 없이 인노첸시오 2세를 지지한다고 선언했다. 언제나 그러하 듯 그의 근거는 감성적인 것이었다. 아이메릭 추기경은 그의 가까운 친구였던 한편, 아나클레토 2세는 베르나르도가 싫어했던 클뤼니 수도원이 배출한 인물이었다. 베르나르도는 클뤼니가 개혁주의적 발상을 버리고, 근절시켜야 마땅한 부와 세속적인 유혹 앞에 무릎을 꿇었다고 믿고 있었다. 게다가 아나클레토 2세의 선조는 유대인이었으니 후일 베르나르도는 로타르 2세에게 보낸 서신에서 '유대인의 자손이 베드로의 왕관을 물려받아 교황자리를 꿰차려 했다는 것은 그리스도에 대한 모욕이다.'라고 적고 있다. 아이러니하게도 그리스도와 베드로가 본래 어느 민족이었는지에 대한 문제는 당시 그의 머릿속에서 잠시 잊힌 모양이었다.

멀리 로마 안에 있던 아나클레토 2세는 국제적 인정의 필요성을 잘 인식하고 있었다. 그의 경쟁자인 인노첸시오 2세는 몸소 지지를 끌어낼 수 있는 상황이었지만 아나클레토 2세는 서신에 의존했는데 그마저도 그다지 성공적이지 못한 형편이었다. 독일의 왕 로타르 2세를 안심시키기 위한 노력의 일환으로 그의 숙적 콘라트를 파문하겠다고까지 하는 과도한 제안을 했지만 로타르 2세는 별반 반응을 보이지 않았고 차후에 이어진 그의 서신들에 답장을 하는 예의마저 차리지 않았다. 프랑스에서도 그가 보낸 교황사절단들이 대우를 못 받기는 마찬가지였다. 이제 그의 귀에 들려오는 보고는 더 많은 사람들이 인노첸시오 2세를 지지한다고 선언했다는 소식들뿐이었다. 아나클레토 2세는 사안의 심각성을 통감하기 시작했다. 경쟁자의 비중은 그가 예상했던 것 이상으로 커져 있었고, 더욱 충격적인 사실은 지배층인 제후들뿐 아니라 교회 자체도 그의 적대자를 지지하고 있다는 사실이었다. 앞서 50년간 단행되었던 클뤼니파 수도사들의 대대적인 개혁과 힐데브란트의 영향력 덕분에, 교회는 강력하고도 응집된 국제적인 권력을 형성하고 있었고, 동시에 급격히 자리잡은 종교적 질서는 원동력과 효율성을 더해주었다. 덕망 높은 베드로 수도원 아래에 있던 클뤼니 수도원, 마그데부르크의 노르버트 밑에 있던 프리몽트레 수도원, 그리고 베르나르도 아래 있던 시토 수도원은 모두 적극적으로 활동했다. 그들 모두가 연합하여 인노첸시오 2세를 지지하고 있었으며 동시에 교회의 몸통 역할을 수행하고 있었다.

상황이 여기에 이르자 아나클레토 2세가 취할 수 있는 유일한 방도는 과거의 대립교황들이 그러했듯 발악에 가까운 필사적인 행보를 이어가는 것이었다. 그는 노르만에 의지했다. 1130년 9월 에탕프 공의회에서 인노첸시오 2세에 대한 지지 결정이 내려질 즈음, 그는 로마를 떠나 자신을 기다리고 있던 시칠리아의 백작 오트빌 가문의 로제르 2세Roger II를 만나러 아벨리노로 갔다. 로제르 2세는 1101년 자신의 아버지의 뒤를 이어 그 이름도 함께 물려받았다. 40여 년 전, 처음 시칠리아를 차지했던 백작 로제르 1세는 당시 200여 년 동안 지속되었던 실정으로 쇠락한 채 대살육전으로 사기가 꺾여 절망 속에 분열되어 있던 시칠리아 섬에 정치적 독립과 사회적 평화와 번영을 가져다주었다. 시칠리아에는 3개의 민족(노르만, 그리스, 아랍)과 3개의 종교(가톨릭, 그리스 정교회, 이슬람)가 상호 존중과 화합으로 사이좋게 공존하고 있었다. 그의 아들 로제르 2세는 1127년 아플리아와 칼라브리아의 노르만 공작영지 두 곳을 상속받았고, 그 이듬해에는 교황 호노리오 2세로부터 공식적인 제왕서임을 받기도 했다. 그는 아나클레토 2세에게 지금 자신의 업무는 세 곳의 영지를 결합하여 하나의 단일 국가로 만드는 것이라고 설명했다. 그 나라는 다름 아닌 왕국이 되는 것이어서 로제르는 필사적으로 왕관을 필요로 했다.

아나클레토 2세는 공감했다. 돌아가는 정세로 보아 만약 로제르 2세만이 그의 유일한 동맹이라면, 로제르 2세의 위치가 최대한 강화되는 것은 분명히 바람직한 일이었다. 9월 27일 교황의 도시 베네벤토에서 아나클레토 2세는 교황의 대칙서Bull*를 포고하여 시칠리아, 아플리아 칼라브리아, 그리고 더불어 나폴리의 '자존심'이라 할 수 있는 카푸아 공국에 이르기까지 로제르 2세와 그의 상속인들의 왕권을 승인해주었다. 그러나 나폴리는 엄밀히 따지고 보면 여전히 비잔티움에 속해 있었기에 교황이 내어주고 말고 할 땅이 아니었으나, 전쟁 시에는 베네벤토를 지원하는 위치에 있었으므로 나폴리를 포함한 것은 다분히 의도적으로 모호함을 내포하고 있었다. 그에 대한 대가로 로제르 2세는 아나클레토 2세에게 교황으로서의 예우를 다하고 충성할 것을 서약했다. 또한 매년 600스키파티의 공물을 바치기로 약속했는데 그것은 160온스의 금에 해당하는 가치였다. 그리고 1130년 성탄절, 시칠리아의 국왕 로제르 2세는 대관식을 치르기 위하여 팔레르모로 향했다. 그곳 대성당에는 대주교와

---

* 가장 장엄한 격식을 갖춘 교황문서를 말한다. 라틴어의 '불라(bulla)'란 이름은 이 문서를 원형의 납도장으로 봉인하는 데서 유래했다. - 역주

그 지역의 모든 지배계층, 그리고 그리스 교회의 고위급 대표단들이 그를 기다리고 있었다. 아나클레토 2세의 특별 외교사절단, 산타 사비나 성당의 추기경이 먼저 로제르 2세의 머리 위에 성유를 부어주고 그리고 카푸아의 대공 로베르토와 그의 봉신들이 그의 머리에 왕관을 씌워주었다.

이제 독일의 로타르 2세도 마음의 결정을 내렸다. 그는 인노첸시오 2세에 대한 지지를 선언했다. 모든 유럽 국가들 가운데 세 명의 제후들은 끝까지 아나클레토 2세를 지지했는데, 그들은 스코틀랜드의 왕 데이비드 1세, 아키텐의 군주 윌리엄 10세, 시칠리아의 로제르 2세였다. 특히 로제르 2세만은 황제로부터 받았을 신임을 누리지 못해도 충분하다고 생각했다. 왜냐면 자신이 왕위에 오르려면 어떤 교황이든 적법한 교황의 권리가 필요했는데, 아나클레토 2세가 아니라면 원래 제국의 소속이었던 영토를 자신과 같이 벼락출세를 한 사람에게 넘겨주고 왕관까지 씌워줄 사람이 있을 리 만무했기 때문이었다. 로제르 2세의 대관식이 거행된 이후에는 더 이상 중립적 위치에서 관망하는 제후들은 없었다. 인노첸시오 2세가 교황좌를 찾아야 마땅한 상황이었으나 다른 이유로 인해 그저 체면을 유지할 정도였다. 그것은 로타르 2세가 여전히 조건들을 내걸고 있는 탓이었다. 9년 전 서임식에서 반지와 주교장을 넘겨주는 황제의 권리를 잃게 된 일이 여전히 로타르 2세의 마음에 걸렸고, 이제는 자신과 후계자들을 위해 그 권리를 회복해야 한다고 생각했다.

로타르 2세는 클레르보 수도원의 베르나르도의 영향력에 대해서는 제대로 판단하지 못하고 있었다. 1131년 3월 인노첸시오 2세가 모든 수행원들을 대동하고 왕의 충성 맹세를 받기 위하여 리에쥬에 도착할 당시 그의 옆에는 베르나르도도 함께 있었다. 그것은 로타르 2세가 넘어서야 할 일종의 위기였다. 베르나르도는 자리에서 벌떡 일어서서 모든 사람들이 지켜보는 가운데 로타르 2세를 혹독하게 비판하며 지금까지의 모든 허세를 버리고 적법한 교황에게 무조건적인 충성을 맹세하도록 만들었다. 늘 그러하듯, 베르나르도의 말은 그 자신의 개인적인 힘이 담겨진 탓이었는지 효과가 있었다. 이것이 로타르 2세와 베르나르도의 첫 대면이었다. 로타르 2세는 지금껏 그런 방식으로 하는 말을 들어본 적이 없는 터였다. 그는 용기가 부족한 사람은 아니었으나 이번만큼은 자신의 자리를 지키는 일이 쉽지 않음을 본능적으로 깨달았다. 그는 인노첸시오 2세에 대하여 공식적인 충성을 선언하며 항복했고 어쩌면 교황 자신이 더욱 달갑게 느낄 수 있는 일, 즉 독일 병력의 수장으로서 교황이 로마로 진격하는 일에 힘을 보태기로 동의했다.

그로부터 일 년 반의 시간이 지나서 로타르 2세는 드디어 약속을 이행했다. 불안 속에서 출정을 늦추고 있던 그는 1132년 여름 무렵 결단을 내렸다. 그가 안고 있던 국내의 문제들을 해결할 열쇠는 가능한 한 빨리 황제의 왕관과 그것이 주는 위엄을 수여받는 것이라는 것이 명백해 보였다. 그래서 그해 8월, 로타르 2세는 부인과 노르트하임 출신의 리첸차를 대동하여 무장한 수행단보다 약간 많은 정도의 병력을 이끌고 산을 넘고 넘어 이탈리아로 향했다.

로타르는 피아첸차에서 자신을 기다리고 있는 인노첸시오 2세를 발견했다. 교황은 그 지역에 선전을 하여 이미 사람들을 모아두었고, 황제는 2천 명가량의 병력을 지원해주기로 약속했다. 다소 실망스런 규모였으나 그래도 수치스러운 수준은 아니었다. 현재 근본적으로 부족한 것은 바로 교황청의 지지였다. 특별히 피사와 제노바—바로 이 두 지역의 지지를 기반으로 인노첸시오 2세가 다시 일어설 수 있었다—는 코르시카와 사르데냐를 두고 오랜 세월 분쟁을 겪고 있어, 그들 지역에선 전망이 불투명한 상태였다. 그러나 그들의 도움이 없다면 황제의 군대가 결연한 시칠리아의 공격에 맞서 승리를 거둘 승산이 크지는 않았다. 한편 가을로 접어들며 비가 오기 시작하자 도로는 온통 진흙탕이 되어버렸기 때문에 로타르 2세는 자신의 대관식을 봄으로 연기하기로 결정을 내렸다. 그즈음 아마도 피사와 제노바 두 지역 간에 고조되고 있던 위기를 극복하기 위한 이견 조율이 이루어지고 있었던 것 같다.

두 지역이 합의에 다다른 것은 상당 부분 클레르보의 수도원장 덕택이었다. 베르나르도는 크리스마스 직후에 이탈리아에 나타났는데, 1133년 3월 즈음 인노첸시오 2세와 함께 피사와 제네바를 달래서 휴전을 이끌어냈고 한 달 후 다시 로타르 2세의 진영으로 들어가 로마로 향하는 진군을 준비시켰다. 안타깝게도 그 병력은 여전히 위엄이 부족해보였으나, 황제의 첩자가 보고하기를 로제르 2세는 자신의 봉신들 중 일부가 일으킨 반란에 온통 정신을 빼앗겨서 로마 진군에 맞설 만한 여력이 전혀 없다고 했다.

4월 마지막 날, 장차 황제가 될 로타르 2세는 산 아그네스 푸오레 무라 성당 앞으로 병력을 집결시켰다. 며칠 간 로마는 이미 혼란에 빠져 있었다. 피사와 제노바의 배들이 티베르 강으로 올라와 성벽 아래에서 위협적으로 전열을 가다듬고 있었다. 점차 가까워져 오고 있는 독일 병력의 규모에 대한 소문이 부풀려진 덕택에 독일 함대의 출현은 로마 사람들로 하여금 서둘러 충성의 대상을 바꾸도록 유도했다. 그래서 도시의 많은 지역들이 인노첸시오 2세와 로타르 2세에게 길을 내주었다. 프랑지파니의 귀족들과 그들의 하인들—그들은 자신들의 반대편인 아나클레토 2세에게 한 번도 흔들린 적이 없었다—이 성문 앞에서 그들을 맞아주었다. 로타르 2세와 왕비는 아벤티노에 있는 오토 3세의 오래된 황궁으로 향했고, 교황 인노첸시오 2세는 라테란으로 갔다.

그러나 티베르의 오른쪽 강둑에 있던 산탄젤로 성당과 베드로 성당은 아나클레토 2세의 손에 의해 굳건히 장악되어 있었고, 아나클레토 2세는 항복할 생각이 없었다. 자신의 나약함을 의식하고 있던 로타르 2세는 협정을 제안해보지만 대립교황인 아나클레토 2세에게서 돌아오는 답은 언제나 한결같았다. 논란이 일고 있는 선출에 관한 문제 전체를 다룰 국제 그리스도교 교회 재판을 열어야 한다는 것이었다. 만약 그러한 교회재판이 제대로 구성이 된다면, 그래서 자신을 반대하는 결정이 내려진다면 그 결정을 따르겠다고 했다. 그때까지는 자신이 있어야 할 로마에 남아 있겠다는 요지였다. 만약 그것이 로타르 2세 혼자서 결정을 내릴 수 있는 문제였다면, 그는 아마도 아나클레토 2세의 제안을 받아들였을 것이다. 그의 관점에서 보자면 그 어떤 선택도 이 분열이 지속되는 것보단 나아 보였다. 경쟁구도의 교황들은 황제들도 경쟁구도로 만들어버릴 수도 있고, 만약 그런 일이 벌어지면 그의 자리도 안전을 보장할 수 없기 때문이었다. 그러나 이미 그는 베르나르도 덕에 로마에 개입한 상태이고 베르나르도와의 타협은 전혀 생각하기도 어려운 분위기여서 만약 아나클레토 2세가 이대로 무릎을 꿇지 않고 버틴다면 아나클레토 2세의 존재는 묵살당할 수밖에 없는 상황이었다. 그래서 인노첸시오 2세가 다시 교황관을 수여받고 재취임을 치른 곳은 베드로 대성당이 아닌 라테란 궁이었다. 그리고 1133년 6월 4일 수많은 우여곡절 끝에 그곳 라테란 궁에서 신성로마제국의 황제 로타르 2세와 황후인 리첸차의 대관식이 이루어졌다.

무력하게 울분에 휩싸인 다른 교황을 약 1.6킬로미터 바깥에 두고 교황이라 주장하는 또 다른 사람이 황제의 대관식을 거행한 것은 50년 만에 두 번째로 있는 일이었다. 앞서 그레고리오 7세는 하마터면 늦을 뻔했던 로베르 기스카르가 이끄는 3만 명의 병력이 도착해서 다행히 그 상황을 면했던 일이 있었다. 아나클레토 2세는 지금 상황에서는 아무것도 기대할 수 없음을 잘 알고 있었다. 뭔가를 할 수 있었다면 여전히 자신을 지지하고 있는 시칠리아의 왕 로제르 2세가 벌써 일을 벌였을 터이지만, 다행히 그의 구조를 지원받을 필요는 없었다. 무력한 대립교황 아나클레토 2세는 신체적인 위험에 처해 있지는 않았다. 티베르 섬으로 들어오는 강에 걸쳐 있는 두 개의 다리를 탈환하지 못한다면 황제가 공격하기란 불가능해보였다. 이 두 개의 다리로 향하는 모든 접근로들은 당시 피에르레오니의 주요한 요새인 마르셀루스의 오래된 극장에 의해 효율적으로 통제받고 있었다. 그런 정황 속에서, 황제는 세를 확장하거나 공세를 취할 의향을 내비치기 어려웠다. 이제 그의 숙원이던 대관식을 치렀으니 가능하면 빨리 독일로 돌아가고 싶은 마음뿐이었다. 대관식을 치르고 며칠이 지나자 로타르 2세는 군대를 이끌고 돌아갔고, 티베르 강에 진을 치고 있던 제노바와 피사의 함대들도 귀향을 재촉하며 다시 바다로 나아갔다.

인노첸시오 2세에게 로타르 2세의 병력이 떠난 것은 재앙을 초래하는 일과 진배없었다. 그 즉시 로마에서 그를 지지하고 있던 세력들이 줄어들기 시작했다. 여전히 프랑지파니만은 그에 대한 지지를 이어갔으나 그들의 힘만으로 로마를 지키기에는 역부족이었다. 7월이 되자, 아나클레토 2세의 측근들이 다시 활동을 재개하면서 마르지 않는 화수분 같은 피에르레오니의 금궤에서 흘러나온 금이 여기저기 돌기 시작했다. 8월로 접어들어 인노첸시오 2세는 다시 한 번 망명의 압박을 받는다. 그는 3년 전 그랬던 것과 똑같이 눈에 드러나지 않게 자신의 교구를 빠져나와 단계적으로 피사를 거쳐 안전한 곳으로 향했다.

한편 분열은 끝나지 않고 계속되고 있었다. 시칠리아의 로제르 2세의 비호를 받고 있는 한 대립교황 아나클레토 2세가 로마에서 강제로 밀려나는 일은 없으리라는 사실이 로타르 2세에게는 더욱 분명해졌다. 1135년 가을, 비잔티움의 황제 요한 컴네노스 2세John Comnenus II가 보낸 대사가 황궁에 도착했다. 요한 황제에게는 로제르 2세를 제거해야 할 나름의 이유가 있었다. 비잔티움은 이탈리아 남부에 대한 권리를 포기한 적이 없었는데, 달마티아에 있던 비잔티움의 도시들은 매우 부유해서 시칠리아의 함대들로서는 급습이나 약탈하기에 좋은 대상이 되었다. 이를 보다 못한 요한 2세는 로타르 2세에게 원정대를 꾸릴 재정을 지원할 테니 공동의 적인 시칠리아를 완전히 무너뜨리자고 제안했다.

로타르 2세를 설득하는 데는 많은 것이 필요치 않았다. 황제의 대관식을 치르고 새로이 얻게 된 명망으로 지난 2년간 독일 내에서 여러 가지 상황이 많이 개선이 된 상태였고, 경쟁자였던 호엔슈타우펜도 그에게 항복했다. 지금이라면 당장 수준 있는 병력을 끌어모으는 데 큰 어려움도 없을 터였다. 아나클레토 2세에 대해서도 큰 문제가 될 일은 없어 보였다. 마지막까지도 강력하게 대립교황 아나클레토 2세를 지지하던 밀라노도 6월에 인노첸시오 2세에 대한 지지를 선언했으니 현재 분열을 조장하고 있던 곳은 시칠리아 섬과 로마뿐이었다. 일단 로제르 2세를 제거하고 나면, 아나클레토 2세에게 남은 동맹은 하나도 없게 되고 항복할 수밖에 없을 것이었다. 로타르 2세는 요한 2세의 제안을 받아들인다는 답변을 전했다.

1136년 한여름의 더위가 기승을 부리던 어느 날, 로타르 2세의 군대가 드디어 그 모습을 갖추고 뷔르츠부르크에서 집결했다. 1132년 작고 초라한 병력을 이끌고 로마로 가던 때와는 그 규모에서 확연한 차이가 드러났다. 선두에 나선 것은 황제의 사위로 바이에른의 자랑인 하인리히 공작과 로타르 2세의 오랜 적이자 경쟁자인 호엔슈타우펜의 콘라트였다. 콘라트는 원정에 참가하는 대가로 로타르 2세에게서 영지 소유권을 넘겨받기로 약속을 받은 터였다. 원정대에는 또한 최소한 5백 명도 넘는 대주교와, 14명의 주교 그리고 대수도원장이 함께하고 있어 그리스도교의 대표단임을 자랑했다. 원정대가 볼로냐에 이르자 로타르 2세는 병력을 둘로 나눠 한쪽을 자신이 직접 지휘하면서 라벤나를 거쳐 안코나로, 그러고는 남쪽 해안을 따라 아풀리아로 진격했다. 한편, 바이에른의 하인리히 공작은 3천 명의 기사단과 약 1만 2천 명의 보병을 이끌고 투스카니와 교황의 영지를 통과하는 길을 택했는데, 이는 성령강림 대축일*에 바리에서 자신의 장인인 로타르 2세를 만나기에 앞서 인노첸시오 2세의 로마 귀환을 돕고 몬테 카시노 수도원의 입장을 확인하기 위함이었다.

그들의 계획은 큰 성공을 거둬 1137년 5월 30일 성령강림 대축일에 모인 독일의 그리스도교 대표단들은 승리의 기쁨에 들떠 교황이 집전하는 추수감사 장엄미사에 참례를 위해 바리에 있는 니콜라오 성당으로 모여들었다. 그러나 시칠리아의 수비대는 여전히 요새에서 저항을 하고 있는 상황이었다. 거기에는 로제르 2세의 놀라운 계산이 숨어 있었던 것으로 보인다. 로제르 2세는 침략자들에 대항하려는 별다른 노력을 기울이지 않고 있었다. 그는 로타르 2세가 진군을 계속할 수도 있지만 얼마 못 가서 후퇴하리란 것을 알고 있었다. 그동안 수많은 침략자들이 있었지만, 그들 대부분은 엄청난 여름의 폭염으로 질병에 걸리거나 첫눈이 내리기 전 알프스를 넘어야 한다는 생각에 발목을 잡혔기 때문이다. 로제르 2세는 그런 경험을 통해, 원정대가 단기간에는 상당한 힘을 발휘하더라도 그들이 떠나

* 예수 부활 후 50일째 날, 성령이 사도들에게 강림한 것을 기념하는 이동 축일 -역주

고 난 뒤에 얻어지는 결과는 그다지 오래가지 못한다는 사실을 알고 있었다. 로제르 2세의 현명한 판단은 로타르 2세의 시간을 끌어서 스스로 한계에 다다라 지치게 만드는 것이었다.

그리고 로제르 2세의 판단이 옳았다는 것이 곧 드러났다. 로타르 2세는 도시 전역에서 수많은 사람들을 단두대에서 처형하고 나머지는 바닷물로 내던지는 처벌을 감행하고 바리 요새의 조건부 항복을 받은 후, 해안을 따라 진격을 계속하는 것에 반대했다. 그와 같은 결정을 내린 데는 몇 가지 이유가 있었다. 당시 그의 나이는 이미 71세로 육체적으로 많이 고단했고 여러 정황이 급격히 불리하게 돌아갔기 때문이다. 독일과 교황의 수행원들 사이에 관계가 악화되었고 그의 병력도 고향땅을 떠난 지 10개월이 지난 상태라 향수병에 시달리고 있었다. 시칠리아에 관련한 문제에 있어서 로타르 2세는 최소한의 체면은 지켰다고 생각했다. 물론 애초에 계획한 것처럼 로제르 2세를 완전히 격파하지는 못했지만 복구에 오랜 세월이 소요될 정도의 일격은 가했기 때문이다. 그러나 이는 인노첸시오 2세에게는 안타까운 일이었다. 그들 원정대의 목표 중에는 인노첸시오 2세를 로마로 복위시키는 일도 있었지만, 원정대는 의도적으로 로마시를 통과하지 않고 우회했기에 인노첸시오 2세가 베드로 성당에서의 교황관을 다시 쓰는 일은 그 어느 때보다 요원해졌다. 그러니 향후 교황은 홀로 전투를 이어가야 했다.

한편, 노쇠한 로타르 2세는 자기가 삶의 불꽃이 서서히 꺼져가고 있음을 느꼈다. 사기가 떨어진 군대를 이끌고 전력으로 행군을 하기는 했지만, 알프스에 다다르고 보니 때는 바야흐로 11월 중순으로 접어들었고 원정대는 그곳에서 겨울을 나자고 간청했다. 그의 병세는 나날이 깊어져 그해 말이 되어서는 더 이상의 진군은 무모한 일이 되었다. 그러나 로타르 2세는 더는 지체하고 있을 시간이 없음을 알고 있었다. 그는 자신이 죽어간다는 사실을 알고도 계속 진군을 하다가 티롤의 브레이텐방이라는 작은 마을에서 쓰러져 가난한 농부의 집으로 옮겨진 후 그곳에서 1137년 12월 3일 눈을 감았다.

그로부터 7주 반이 지난 시점에 아나클레토 2세도 그의 뒤를 이어 세상을 떠났다. 성 베르나르도는 이미 시칠리아의 로제르 2세와 연락을 취해 그가 대립교황인 아나클레토 2세로부터 손을 떼도록 조치를 해두었는데, 실제 분열을 종식시킨 것은 아나클레토 2세의 죽음이었다. 그 이후 수명이 짧았던 후임 교황 빅토리오 4세Victorius IV(1138)가 몇 개월 만에 물러났고, 시칠리아의 로제르 2세는 7년의 통치 기간 중 자신의 발목을 잡았던 서약에서 자유로워지자 교황청과 적대적 관계를 지속시킬 명분이 없다는 것을 알게 되었다. 그는 인노첸시오 2세를 공개적으로 인정하고 자신의 모든 백성들도 그렇게 하도록 명했다. 그의 입장에서 인노첸시오 2세를 위해서 그 이상은 더 해줄 것이 없을 만큼 예우를 했으나, 인노첸시오 2세는 뚜렷한 이유도 없이 화해를 거부했고 1139년 8월 8일 라테란에서 열린 공의회에서 시칠리아 왕 로제르 2세와 그의 아들들 그리고 아나클레토 2세가 임명했던 모든 주교들에 대하여 다시 파문을 선언했다. 그러더니 동맹관계에 있던 카푸아의 로베르 대공과 아마 한 천 명쯤은 될 법한 그의 기사단들을 대동하여 로마를 떠나 이탈리아 남부로 향하는 더욱 이해하기 어려운 행보를 이어갔다. 인노첸시오

2세의 미온적인 태도로 협상이 결렬되자 적개심을 품은 시칠리아의 병력은 갈루초라는 작은 지역에서 갑작스럽게 기습공격을 가했다. 로베르는 가까스로 탈출했으나 인노첸시오 2세는 운이 좋지 못했다. 1139년 7월 22일 저녁 교황과 추기경들 그리고 공문서와 모든 보물들은 로제르 2세의 손에 넘어가고 말았다. 86년 전 로베르 기스카르가 교황 레오 9세를 완패시킨 이후 교황이 당한 가장 굴욕적인 수모였다.

교황들은 전투에서 노르만인들과 맞붙으면 늘 맥을 못 썼다. 치비타테 전투 이후 자신을 억류했던 자들과 합의에 이르러야 했던 것처럼, 이제는 인노첸시오 2세가 고개를 숙일 수밖에 없는 상황이 되었다. 7월 25일 미그나노에서 인노첸시오 2세는 공식적으로 로제르 2세를 시칠리아의 왕으로 확인해주었으며 이탈리아 남부 가릴리아노 강 전 지역의 대군주 지위도 함께 내주었다. 그리고 그는 미사를 드리고 자유롭게 교회를 나섰다. 그는 이어진 선언문에서 형편없이 갈기갈기 찢겨진 교황의 명예를 조금이라도 회복시키려 했으나 이미 자명해진 진실을 가리기에는 역부족이었다. 그와 그의 측근들에게 미그나노 조약the Treaty of Mignano은 조건 없는—혹은 거의 무조건적인—항복을 적은 것이었다.

1143년 9월 24일 교황 인노첸시오 2세는 로마에서 선종했다. 아나클레토 2세와 참으로 길었던 투쟁으로 그에게도 많은 희생이 따랐다. 그를 지지했던 동맹들도 늘 그에게 축복을 가져다준 것은 아니었다. 로타르 2세는 자신이 바라던 황제의 대관식을 무사히 마치고 나서는 충분한 지원을 해주지 않았고, 로타르 2세의 사위 하인리히 거만공의 지원도 늘 충분치 못했다. 클레르보의 베르나르도는 충성스러운 인물이었으나 의도적으로 그렇지 않은 때도 있어서 기회가 있을 때마다 인노첸시오 2세의 성과를 가로채 그의 힘을 빼놓기도 했다. 인노첸시오 2세의 마지막 승리는 아나클레토 2세가 죽었기 때문에 얻어진 것이었다. 그 승리의 기쁨도 잠시 거의 즉시 이어졌던 갈루초로 향했던 진군은 그 모든 승리를 재로 만들어버렸다. 로제르 2세에게 붙잡힌 인노첸시오 2세는 최대한 의연한 척을 하면서 그 모든 수모를 참아내고 로제르 2세와 굴욕적인 조약을 맺었지만, 그것은 그에게 독이 되어 돌아왔다. 아나클레토 2세와 인노첸시오 2세 사이에 분립이 지속되었던 기간에 로제르 2세는 자신이 원하는 대로 행동했고 또 아나클레토 2세도 그를 문제 삼지 않았기에 그는 상당히 대담해져 있었다. 인노첸시오 2세와 조약을 맺고 일년이 지나자 그는 그 어느 때보다 거만하게 굴며 새로운 교구를 만들어 주교를 임명하거나 교황이 보낸 특사들을 자신의 승낙 없이 궁에 못 들어오게 막기도 했으며 심지어 자신의 구역 내에 있던 라틴계 성직자들을 로마로 불러들이는 교황의 소환에 불응하게 하는 등의 작태를 이어갔다.

이뿐이 아니었다. 이탈리아의 도시들과 작은 마을들에 이르기까지 1세기가 넘도록 이어진 자체적 공화정부를 위한 움직임에 가속도가 붙어가고 있었다. 로마에서는 후임 교황들과 귀족들이 나서서 그 움직임이 도시 전체로 번져나가는 것을 막기 위한 여러 노력을 기울였으나 최근 몇 년 사이 지속되었던 두 명의 교황으로 인한 분립은 그들의 힘을 약화시켰다. 인노첸시오 2세는 특히 대중들의 인기를 끌지 못했다. 트라스테베레에서 돌아오면서는, 로마 시민들은 그를 언제나 아나클레토 2세보다는 한 수 아래로 보았고 또 덜 관대한 사람이라고 평가했다. 그래서 로마 시민들은 이탈리아 남부에서 교황이 자신들의 적과 단독강화를 맺었다는 소식을 듣고는 그것을 기회로 삼아 교황의 세속 권력을 비난했고, 제우스의 신전에 원로원을 부활시키고 공화정을 선언했다. 인노첸시오 2세는 열심히 저지했으나 일흔은 족히 넘은 나이라 힘에 부치는 일이었는지 그 몇 주 후 선종하고 말았다.

그는 커다란 반암으로 만들어진 석관에 안치되어 산탄젤로 대성당에 묻혔다. 그곳은 공식적으로 로마의 하드리아누스 황제의 유골이 있던 곳이라 하는데, 14세기 초에 일어난 대화재 이후 그의 유해는 트라스테베레의 마리아 성당으로 옮겨졌다. 마리아 성당은 하드리아누스 황제 자신이 죽기 직전에 재건했던 곳이기도 하다. 마리아 성당 압시드의 아름다운 모자이크 속에서 영원히 살아있는 그는 그 반원형 위에 앉아 양손에 자신이 지은 교회를 붙잡고, 왠지 모를 애석한 표정을 지은 채, 슬프고도 지친 눈빛으로 그곳을 찾는 우리를 내려다보고 있다.

11

—

영국 출신 교황

1154~1159

그 후 10년 동안 로마에는 4명의 교황이 탄생하였다. 그 첫 번째가 첼레스티노 2세Celestinus II(1143-1144)로 그는 로제르 2세를 몹시 싫어해서 미그나노 조약의 비준을 거부하는 일에 온 힘을 기울였다. 그것은 어리석은 조약으로, 존속시켜 나가기에는 너무 유감스런 부분이 많았다. 그러나 첼레스티노의 대표단은 그가 죽기 전 시칠리아에 있는 팔레르모에 가서 머리를 조아려야만 했다. 그의 후임 교황 루치오 2세Lucius II(1144-1145)의 운명도 그보다 별로 나을 것이 없었다. 그의 짧은 재임기간에 로마의 코뮌*은 일을 하는 몸체로서 원

---

* 중세 시민들의 선서공동체宣誓共同體. 도시 인구의 증가, 시민 생활구의 성벽城壁에 의한 구획 등으로 일반 시민 가운데서 공동체 의식이 생기게 되었고, 상인 길드의 지도를 받은 코뮌이 형성된다. 영주의 폐쇄적인 지배에 반항하는 상인은 자유로운 교통, 넓은 판로를 찾아 봉건 영주로부터의 독립을 시도하여 11~13세기의 서유럽에서 코뮌 운동이 왕성하게 전개되었다. 당시의 사회적 변모에 합치되지 않는 영주권을 배제하여 사회질서를 유지하고자, 철저한 단결과 상호부조를 서약한 주민 공동체이다. 왕 또는 영주의 인가를 얻어 독립된 시장과 시참사회원市參事會員을 선출하여 그 밑에 재판 기관을 구성하고, 스스로 영주권과 군사력을 보유하였다. − 역주

로원을 다시 세워 치안판사를 선출하고 자체 화폐도 주조할 만큼 세력을 키웠다. 로마 내에서는 다시금 심각한 충돌이 발발했다. 그러나 루치오 2세는 현명하지 못한 결정을 내렸고, 공격태세를 갖추어 카피톨리오 언덕으로 무장한 군대를 끌고 갔다가 돌팔매를 당하였다. 프랑지파니는 심각한 부상을 입은 그를 카에리우스 언덕 위에 있는 오래된 안드레아 수도원의 그레고리오에게 후송했다. 루치오 2세는 그곳에서 교황의 자리에 오른 지 채 일 년도 안 된 1145년 2월 15일 선종했다.

그가 선종한 날, 에우제니오 3세B. Eugenius III(1145-1153)가 교황에 선출되었다. 안진상의 이유로 프랑지파니의 영토에서 거행되었던 선출 과정은 별 탈 없이 진행되었다. 그러나 서임식을 치르기 위해 라테란 궁에서 베드로 성당으로 가는 길목에서 코뮌의 무리가 막아서는 바람에 더 이상 진행할 수 없게 되자 3일 후 그는 로마에서 달아나버렸다. 그가 그렇듯 일찍 교황좌를 버리고 달아났다는 사실에 놀란 사람은 없었다. 에우제니오 3세와 관련하여 놀랄 만한 유일한 사실은 애당초 그가 선출되었다는 것이었다. 클레르보의 수도사이자 사도로, 단순하면서도 관대하고 친화적인 성격을 가진 베르나르도는 당시, 교황은 사람들의 생각처럼 특별한 사람들은 아니라고 말했다. 베르나르도는 에우제니오 3세가 달아났다는 소식을 접하고는 반감을 감추지 않고 전체 교황청에 다음과 같은 글을 썼다.

그대들이 한 짓을 하느님께서 용서하기를 바랍니다! … 교황이 선종하였을 때, 그대들은 대체 뭐가 그리 급해서 잘 쉬고 있는 그 사

람을 무례하게 데려다가 억지로 일을 맡기고 교황의 자리에까지
올린 것입니까?

그는 에우제니오 3세도 노골적으로 비판했다. '그리하여 하느님
당신 손으로 굴욕 속에 있는 가난한 이를 들어 세우시고 누추한 곳
에 있던 거지를 일으켜 세우셔서 왕들 옆에 나란히 함께 앉게 하시
고 교황좌의 영예를 상속받게 하셨습니다.' 그것은 그다지 적절한
은유가 아니었던 것으로 보인다. 오히려 이 발언은 새로운 교황이
자신의 분노를 함부로 표출하지 않는 온유하고도 인내심이 많은 사
람이라는 것을 드러나게 해주었다. 그러나 어쨌든 에우제니오 3세
에게 있어 베르나르도는 정신적인 아버지와 같은 존재였기에, 몇
개월 후 에우제니오 3세는 그 어느 때보다 더 간절히 오랜 스승의
도움을 필요로 하게 된다. 왜냐면, 이제 그는 2차 십자군 전쟁을 일
으키라는 요청을 받았기 때문이다.

그리스도교 자치구인 에데사 백국의 몰락으로 2차 십자군 원정
의 필요성이 대두되었다. 에데사(오늘날 터키 남동부의 도시 우르파)
는 십자군들이 레반트 지역에 세웠던 최초의 도시인데, 그 시작은
1098년으로 불로뉴의 보두앵이 1차 십자군 원정대의 주력군을 떠
나 동쪽을 공격하여 유프라테스 강 주변에 자신의 공국을 건설했던
때로 거슬러 올라간다. 그는 그곳에 오래 머물지는 않았고, 2년 후
형의 뒤를 이어 예루살렘의 국왕 자리를 승계받았다. 그러나 그때
까지도 반자치적인 그리스도교 공국의 형태를 잘 유지하고 있던 에
데사는 1144년 성탄 전야에 모술의 군주인 이마드 앗딘 장기Imaded-

Din Zengi가 이끄는 아랍군에 정복당했다. 에데사 백국이 몰락했다는 소식은 전 그리스도교 국가를 공포에 빠뜨렸다. 1차 십자군 원정이 끝나고 반세기도 지나지 않았는데, 어떻게 하다 십자가(그리스도교 원정대의 상징)가 초승달(이슬람 군대의 상징)에게 또다시 무릎을 꿇게 된 것일까? 그 재앙은 하느님의 노여움의 표징이 아니었을까?

에데사의 몰락은 루치오 2세가 선종하기 8주 전에 일어난 일이기는 했지만, 에우제니오 3세가 공식적으로 그 소식을 듣고 십자군 원정을 생각했던 것은 교황에 등극하고 6개월이 지난 시점이었다. 맨 처음 그가 결정을 내려야 할 문제는 지도자에 관한 것이었다. 서방의 군주들 가운데 그의 머릿속에 떠오르는 적임자가 딱 한 명 있었다. 콘라트 3세는 아직 황제의 대관식을 치르지 않은 상태로 독일 내에도 많은 문제를 안고 있었으며, 영국의 스티븐Stephen 왕은 내전으로 이미 6년째 전쟁을 치르고 있었고, 시칠리아의 로제르 2세는 생각할 여지도 없었다. 그렇다면 남은 가능성은 프랑스 왕인 루이 7세였다.

타고난 수도자였던 루이 7세에게 십자군을 이끌고 성지를 탈환하는 일은 더없이 어울리는 일이었다. 그의 나이는 24살이었으나 온몸에서 경건한 기운이 배어나왔다. 그는 나이보다 훨씬 더 성숙해 보였고, 수도자 같은 경건함으로 인해 젊고 아름다우며 활기에 넘치는 아내인 아키텐의 엘레오노르에게 집중하지 못했다. 1145년 성탄절 즈음하여 그는 봉신들이 집결한 가운데 십자군 원정에 대한 결심을 발표했다. 그들의 반응은 실망스러웠지만 루이 7세는 결단을 내렸다. 만약 자신이 봉신들의 생각과 영혼에 십자군 원정의 열정을 불어넣을 수 없다면, 자신을 대신해줄 사람을 알고 있었다. 그는 사람을 보내 클레르보의 대수도원장 베르나르도를 청해 들였다.

베르나르도 자신에게도 나름의 명분이 있었다. 그는 비록 지쳐 있었지만 자신이 전 그리스도교 국가에서 지배적인 영성적 발언권을 가질 수 있다는 생각으로 특별한 열정을 갖고 루이 7세의 부름에 응하였다. 그는 다음 해 부활절 베즐레이에서 루이 7세가 소집한 의회에 나가서 기꺼이 연설을 하기로 동의하였다. 그의 명성은 즉시 효력을 발휘하기 시작했고 프랑스 전역에서 수많은 사람들이 그 작은 마을로 몰려들었다. 대성당은 많은 인원을 수용할 수가 없었으므로 커다란 나무로 만든 단상이 언덕에 꾸며졌다. 종려주일(부활절 직전 일요일) 아침, 옆에 루이 7세를 대동한 채 가슴에는 에우제니오 3세가 굳은 결심에 대한 징표로 보내주었던 십자가를 달고, 베르나르도는 자신의 삶에 대한 연설을 하였다.

그의 호소가 담긴 연설의 전문은 우리에게 전해지지 않지만, 전하는 말에 의하면 그의 목소리는 마치 천상의 오르간처럼 온 벌판에 울려 퍼졌고, 침묵 속에 그의 연설을 경청하던 군중이 자신들에게도 십자가를 달라고 외치기 시작했다. 천을 잘라 만든 십자가가 이미 수십 보따리나 마련되어 있었다. 준비한 물량이 바닥나자 베르나르도는 자신이 입고 있던 가운을 줄 모양으로 찢어 더 많은 십자가를 만들었다. 다른 이들도 그를 따라했고, 이를 돕던 사람들은 밤늦도록 계속 바느질을 해서 십자가를 만드느라 여념이 없었다고 한다.

참으로 놀라운 성취였다. 유럽의 어느 누구도 그와 같은 호응을 얻지는 못했을 것이다. 그러나 얼마 지나지 않아 그런 일을 벌이지 말았어야 했음을 알게 되었다. 2차 십자군 원정은 그야말로 수치스러운 실패작이었음이 드러난 것이다. 먼저 십자군이 레반트의 전 지역에서는 유일하게 모술의 군주 장기에게 적대적인 아랍국으로, 프랑크족에게는 매우 가치 있는 동맹이 될 수 있었던 다마스쿠스를 공격했기 때문이다. 십자군은 다마스쿠스를 공격하며 적진을 뚫고 진격하였다. 다음으로 그들은 성벽의 동부지역을 따라 주둔지를 설치했는데 그곳은 그늘도 물도 없는 지역이었다. 결국 그들은 모두 기진맥진 지쳐 떨어졌고, 1148년 7월 28일 루이 7세는 퇴각 명령을 내리기에 이르렀다.

다마스쿠스와 티베리아스 사이의 시리아 사막은 현무암과 모래 외에는 아무것도 없어, 끝없이 펼쳐진 진회색의 광야보다 더 쉴 곳이 없는 장소였다. 아라비아 여름의 폭염을 뚫고 퇴각하는 그들의 얼굴에 작열하는 태양빛이 무자비하게 내리쬐었고, 사막의 뜨거운 열풍은 거세게 불어왔다. 말을 타고 활을 쏘며 쫓아오는 아랍의 궁수들에게 내몰리며, 여기저기 나뒹구는 사람들과 말들의 사체 때문에 잠도 제대로 자지 못하고 행군을 이어가던 십자군은 깊은 절망감에 사로잡혔을 것이 분명하다. 그들의 실패는 인명뿐 아니라 물자에도 커다란 피해를 가져왔다. 그중 최악의 피해는 바로 자신들의 자존심에 크나큰 상처를 냈다는 것이었다. 일 년 중 가장 좋은 때를 잡아 원정에 나서서, 때로 치명적인 위험에 노출된 채 타는 듯한 목마름의 고통 속에서 배고픔이나 질병과 싸우며 혹독한 더위와 추위를 이겨냈던, 그래서 한때는 모든 서방 세계에서 영광과 명예의 상징이었던 십자군 원정대는 무슬림 땅에 한발도 들여 보지도 못한 채 나흘 만에 모든 것을 포기하고 퇴각했다. 그것은 더할 나위 없는 굴욕이었으며, 그들 자신은 물론 적들에게도 잊지 못할 일이 되었다.

한편, 에우제니오 3세에게는 싸워나가야 할 다른 문제들도 있었다. 가장 문제가 되었던 것은 공화정의 움직임이 활발해지고 있는 로마에서의 자신의 정치적인 입장이었는데, 그들은 이미 앞서 전임 교황인 루치오 2세의 목숨까지 앗아갔던 이들이었다. 그런 그들이 롬바르디아 출신의 아우구스티누스 수도회의 한 수도자의 가르침을 받아 점점 세를 확장해가고 있었고 로마에서도 그 수도사의 영향력이 커져가고 있었다.

그 수도자의 이름은 브레시아 출신의 아르날도였다. 젊은 시절 그는 파리에서 공부를 하면서—아마도 노트르담의 피에르 아벨라르에게서 배운 것으로 추정된다—완전히 새로운 스콜라철학을 배웠는데, 그것은 영적인 문제에 대하여 기존처럼 신비주의적인 관점에서 접근하는 것이 아니라 합리적 정신과 이성적 질문으로 접근하는 사조였다. 중세의 교황들에게 이런 종류의 급진적인 사고는 체제전복적인 위험으로 보이기에 충분했지만, 아르날도는 그러한 새로운 사상을 사람들이 혐오하는 교회의 세속 권력이라는 특성과 결합시켰다. 그는 국가가 항상 최고의 권력을 갖고 있어야 한다고 생각했다. 또한 고대 로마법을 토대로 한 민법은 교회법에 우선하며, 교황은 스스로 세속적 화려함을 벗고 권력과 특권을 단념하고 초기

사제들의 가난하고 단순한 삶으로 돌아가야 하고, 그렇게 함으로써 교회는 소박한 미사를 통해 군중과의 관계를 새롭게 정립할 수 있다고 주장했다. 중세의 위대한 저술가였던 솔스베리의 요한은 다음과 같이 적고 있다.

> 아르날도는 카피톨리노 언덕(제우스의 신전)에 자주 올라 다양한 집회에서 여러 사람들에게 연설을 하였다. 그는 이미 추기경들을 공개적으로 맹비난하였고 자만심, 탐욕, 위선 그리고 수치심이 가득한 성직자 공동체는 신의 교회가 아니라 상업에 물든 강도들의 소굴이라 하였다. 그는 교황에 대해서도 공언하길, 교황은 영혼을 인도하는 사도직의 목자라기보다 자신의 권위를 지키기 위해서라면 불이나 칼도 불사하는 냉혹한 사람이며, 교회들을 괴롭히고 자신의 욕구를 충족시키는 일만 하고 자신의 배를 채우려 다른 사람들의 주머니를 털어내며 죄 없는 자들을 압박하는 사람이라 하였다.

상황이 이러하니, 교황이나 클레르보의 대수도원장인 베르나르도가 그에 대해 반격을 취하며 자신을 옹호하고 나섰던 것은 자연스러운 일이었다. 결과적으로 1140년 초, 아르날도는 자신의 오랜 스승인 아벨라르와 함께 상스 공의회에서 유죄 선고를 받고 프랑스에서 추방당했다. 그러나 1146년이 되자 그는 다시 로마로 돌아왔고, 로마의 원로원은 그의 깊은 독실함에 고무되어 열정이 타올랐다. 공화정 자체의 염원과 정신적으로 상응이 되는 아르날도의 생각에 깊이 공감했던 그들은 두 팔 벌려 그를 환영했다. 공화파의 기분을 달래주는 차원에서 에우제니오 3세는 아르날도에게 내려졌던 파문을 거두고 그에게 남은 평생을 참회하며 살라고 명했다. 그러나 그러한 조치가 교황의 인기를 올려주지는 못했다. 1147년 봄, 교황은 추기경들을 대동하고 다시 일어나는 십자군 원정 준비를 축복하기 위하여 프랑스를 방문했다. 프랑스뿐 아니라 독일에서도 교황은 예우를 받았는데, 오직 로마에서만 매도당하는 것처럼 보였다. 다음 해 이탈리아로 돌아온 교황은 브레시아의 아르날도가 그 어느 때보다 기고만장하여 날뛰고 있다는 사실을 알고 다시 파문을 명했지만, 당장 로마로 돌아가려는 시도를 하지는 않았다.

엘레오노르 왕비도 남편인 루이 7세를 따라 십자군 원정길에 동행했으나, 그들의 결혼 생활은 별로 개선되질 않았다. 왕비는 침울한 루이 7세 때문에 지루해져서 자신이 딴 데 정신을 팔고 있다는 사실을 숨기지 않았다. 실제 그녀는 자신의 삼촌인 안티오크의 레이몬드 대공과 특별한 관계로 발전했는데, 사람들에게 근친상간이라는 의혹을 받았다. 그녀와 루이 7세가 레반트에서 돌아오는 길에 이탈리아 땅에 다다랐을 때, 그들은 거의 서로 말을 하지 않는 상태였다. 그들 부처는 튀스쿨룸에 있는 에우제니오 3세를 방문했다. 튀스쿨룸은 로마에서 가장 가까운 도시로 교황이 안전하게 지낼 수 있는 곳이기도 했다. 에우제니오 3세는 본시 다정하고 친절한 성품이라 사람들이 불행해 보이면 안타까워했다. 그의 눈에 비친 루이 7세 부처는 십자군 원정의 실패와 결혼생활의 실패라는 이중고에 시달리고 있던 것으로 보여 교황 자신도 괴로움을 느꼈다. 당시 교황청에 고용되어 있던 솔스베리의 요한은 그들 부부의 화해를 도우려는 교황의 시도에 관하여 재미있는 글을 남겼다.

교황은 아주 괴로워하며, 결혼에 부정적인 그 어떤 말도 꺼내지 않아야 하며 어떤 구실을 대서라도 결혼생활이 끝나는 일은 없어야 한다고 명령하였다. 이러한 결정에 루이 7세는 솔직히 기뻐했는데, 왜냐면 그는 자신의 아내를 열렬히 사랑했기 때문이었다. 그런데 그 방법이 너무나 유아적이었다. 교황은 그들 부부가 한 침대에서 잘 수 있도록 배려했는데, 교황은 그 침대를 값비싼 휘장으로 장식해두었다. 그리고 날마다 그들 부부를 찾아가 그들의 관계 회복을 위한 대화를 시도하는 등의 노력을 하였다. 그들을 위해 선물을 잔뜩 준비해두기도 했는데 그들이 떠날 날이 오자 교황은 흐르는 눈물을 감추지 못하였다.

그가 눈물을 흘린 것은 어쩌면 자신의 노력이 허사로 돌아갔다는 것을 알았기 때문일 수도 있다. 만약 에우제니오 3세가 엘레오노르 왕비를 좀 더 잘 알았더라면, 처음부터 이미 그녀의 결심이 굳어 있었음을 눈치챘을 터인데 말이다. 그러나 왕비는 당분간은 계속해서 남편인 루이 7세와 동행했고, 로마에서 그들 부부는 원로원의 융숭한 대접을 받았다. 주요 성지인 그곳에서 신심 깊고 경건했던 루이 7세는 무릎을 꿇고 거의 바닥에 엎드려 있다시피 생활하다가 알프스를 넘어 다시 파리로 돌아왔다. 그들 부부가 완전히 결혼생활의 종지부를 찍은 것은 그로부터 2년 반의 시간이 흐른 시점이었는데, 그 사이 베르나르도는 에우제니오 3세에게 그들 부부의 결혼에 대한 교황의 입장을 바꾸도록 종용하기도 했다. 엘레오노르 왕비는 이혼 후에도 여전히 젊고 아름다웠고 후일 영국의 위대한 왕들 중 한 사람인 헨리 2세의 부인이 되었으며 슬하에 두 명의 자식을 두었다. 이런 사실이 그녀의 경력에 흠이 되기는 했지만 엘레오노르 왕비는 50년 이상 유럽 역사의 흐름에 영향력을 미쳤던 인물이다.

1149년 12월 시칠리아군의 호위를 받으며 드디어 교황은 다시 로마로 돌아왔으나, 자신을 향한 적대감이 만연해 있는 분위기 속에서 발을 붙이기가 어려웠다. 교황은 독일의 콘라트 3세와 서신 왕래를 시작했다. 교황은 코뮌이 콘라트 3세에게 로마로 와서 새로운 방식의 로마제국의 수도를 만들어줄 것을 제안했다는 사실을 알고 있었다. 그래서 대관식을 치르러 로마로 오라고 콘라트 3세를 초대했고, 왕이 그 청을 거절하기 쉬운 상황은 아니었다. 그러나 콘라트 3세는 두 번 다시 로마에 오지 못했다. 1152년 2월 교황의 초대를 수락하기도 전에 죽음을 맞이했기 때문이다. 에우제니오 3세는 선택의 여지없이 콘라트의 조카이자 상속인이었던 호엔슈타우펜의 바바로사Barbarossa(붉은 수염)로 알려진 프리드리히 1세Friedrich I에게 관심을 쏟을 수밖에 없었다.

32살의 프리드리히 1세는 당대 독일에서는 게르만의 기사도 정신을 지닌 뛰어난 인물이었다. 큰 키에 딱 벌어진 어깨에 잘생겼다기보다는 매력적이었던 그는, 숱이 많은 눈썹과 밝게 빛나는 두 눈을 갖고 있었으며 연대기 편찬자에 의하면 언제나 웃는 얼굴이었다고 한다. 그러나 그 편안해 보이는 외모 뒤에는 하나의 목표에 완전히 몰입하는 강철 같은 의지가 숨겨져 있었다. 그는 자신이 샤를마뉴와 오토 대제의 계승자임을 한시도 잊은 적이 없고, 예전의 영광을 되찾겠다는 의지를 공공연히 드러내기도 했다.

프리드리히 1세는 교황에게 즉시 답을 하여 그들의 향후 관계를 규정하는 협약을 제안했고, 결과적으로 적법한 절차를 거쳐 콘스탄츠에서 협약에 서명했다. 협약의 조항에서 프리드리히 1세는 로마를 교황의 지배하에 종속시키겠다고 약속하였고, 교황은 프리드리히 1세가 원하는 때에 로마로 오면 왕관을 씌워주겠다고 동의했다. 그러나 대관식은 계획대로 거행되지 못하였다. 이번에는 에우제니오 3세가 약속을 지키지 못했는데, 그가 1153년 7월 티볼리에서 선종하고 말았기 때문이다. 에우제니오 3세는 비록 위대한 교황은 아니었을지언정 단호한 면모를 지닌 인물이었고, 당시 그의 선출에 큰 의혹을 갖는 사람들도 거의 없었다. 수많은 선임 교황들이 그랬던 것처럼 그에게도 로마인들의 지지를 얻어내기 위하여 많은 돈을 자유롭게 쓸 수 있다는 유혹이 있었으나, 그는 돈으로 사람들을 매수하기보다는 청렴함을 지키려 노력했다. 그의 온유함과 겸손함은 돈으로 살 수 없는 사랑과 존경을 얻었다. 그는 죽는 날까지도 교황의 제의 아래 시토회 수도사들이 입는 성근 천의 하얀 옷을 입었다. 그의 후계자는 상당히 나이가 많았던 아나스타시오 4세Anastasius IV(1153~1154)가 되었는데 그는 선출되고 8개월밖에 살지 못하였다. 그의 뒤를 이은 사람은 만만찮은 적대자였던 독일의 프리드리히 1세에게 자신의 역량을 입증해 보여야 했다. 니콜라스 브레이크스피어라는 세속명을 가진 영국인 후계자는 하드리아노 4세Hadrianus

IV(1154-1159)라는 교황명을 얻어 교황에 등극하였다.

1154년 12월 4일 대관식을 치를 당시 하드리아노 4세의 나이는 55살이었다. 그는 영국의 세인트 올번스에서 성장하였으나, 무슨 이유에서였는지 그 지역의 수도원에 입회가 거절당하자, 소년기를 벗어나기도 전에 스스로 프랑스로 갔다. 그곳에서 그는 아비뇽의 성 루퍼스가 이끄는 수도 참사 회원*에 동참했는데, 루퍼스의 거처는 결국 수도원으로 발전하였고 상당히 엄격한 규율로 명성을 얻게 되었다. 로마로 돌아온 하드리아노 4세는 뛰어난 웅변과 능력 덕분에―그의 훌륭한 외모도 한몫했을 것이다―에우제니오 3세의 눈길을 끌었다. 다행히 에우제니오 3세는 영국인에게 우호적이었는데, 한번은 교황이 솔스베리의 요한에게 영국인들은 맡은 일을 가장 잘하는 사람들이며 그래서 그 어느 민족들보다 마음에 든다―그들이 경망을 떨 때를 제외하고는―는 견해를 피력한 적도 있다. 그렇지만 그 경망스러움이 하드리아노 4세의 단점은 아니었던 것 같다. 1152년 그는 에우제니오 3세의 특사로 노르웨이에 파견되었는데, 당시 스칸디나비아 전역에 걸쳐 교회들을 재구성하고 개혁하였다. 2년 후 눈에 띄는 성취를 이루고 로마로 돌아와 이듬해 12월 아나스타시오 4세가 선종하자 열정적이고 강직한 이 영국인은 만장일치로 교황에 선출되었다.

당시 열정이나 강력한 힘이 필요했던 교회가 그를 선출한 것은 상당히 현명한 선택이었다. 하드리아노 4세가 교황에 즉위할 당시

* 수도서원을 하고 수도회의 규칙에 따라 공동생활을 하는 사제를 지칭하는 말. - 역주

프리드리히 바바로사는 이미 알프스를 넘어 그의 첫 이탈리아 원정길에 올라 있었다. 로마에 당도한 프리드리히는 황제의 대관식을 먼저 요구했다. 그러나 그가 설사 황제의 관을 받는다 해도 교황이 그를 동맹으로 신뢰할 리는 만무했다. 교황의 전제주의적 관점에서 볼 때, 프리드리히 1세는 자신의 역량으로 입증한 것이 하나도 없음에도 불구하고 지속적으로 교황청에 불안감을 가져오는 인물이었다. 게다가 모든 면에서 로마 시민의 주목을 받고 있는 브레시아의 아르날도가 버티고 있다는 사실은 한층 더 긴장감을 조성했다. 에우제니오 3세는 아르날도에 대한 연민의 마음이 있어서 그를 위한 은신처를 제공했을지도 모르고, 아나스타시오 4세는 아르날도가 아무리 대단하게 법석을 떨어도 아예 귀를 닫고 있었지만, 하드리아노 4세는 그들과 바탕이 달랐다. 하드리아노 4세가 교황에 즉위하는 날, 아르날도의 지지자들은 그를 성 베드로 대성당에 감금하고는 레오 교황이 조성했던 지역을 벗어나지 못하게 했다. 처음에는 하드리아노 4세도 단순히 그 선동자들에게 로마를 떠나라는 명령을 내렸다. 그러나 예상대로 아르날도가 그의 명을 무시하고 그의 추종자들이 바티칸 길목에서 산타 푸덴치아나의 덕망 높은 추기경인 귀도를 공격하는 사태를 보고도 묵인하자, 하드리아노 교황은 비장의 수를 꺼냈다. 1155년, 그리스도교 역사상 최초로 성무집행금지령이 내려졌다.

그것은 참으로 대단한 용단이었다. 교황에 선출된 지 몇 주밖에 되지 않았는데, 그것도 외국인이라 대중들의 지지기반도 거의 없는 상태에서 감히 한 번의 칙령으로 로마의 모든 교회의 문을 닫아버린 것이었다. 유아세례나 죽어가는 사람의 죄를 용서하는 사죄경은 예외적으로 치러졌지만, 그 밖의 다른 성찬전례나 의식은 모두 금지되었다. 미사는 물론 결혼예식도 거행할 수 없었고, 죽은 자들도 축성된 장소에 매장되지 못할 지경이었다. 당시에 종교는 모든 사람들의 삶에서 도덕의 필수적인 부분이었고 그들에게 도덕적인 부분이 완전 봉쇄당한다는 것은 상상도 할 수 없는 엄청난 일이었다. 게다가 부활절도 다가오고 있었다. 그리스도교의 연례행사 중 가장 성대한 의식이 제대로 거행되지 못하고 지나간다는 것은 참으로 암울한 일이었다. 해마다 밀려드는 순례자들을 차단하는 것은 도시의 가장 중요한 수입원 중 하나를 없애는 것이나 마찬가지였으므로 더욱 암울한 일이었다. 교황이 꽤 오랫동안 그 조치를 지속시키자, 성주간 수요일이 되어 더는 참을 수 없었던 사람들은 원로원이 있는 카피톨리노로 몰려갔다. 아르날도와 그의 추종자들은 추방당했고 성무집행금지령은 철회되었다. 교회의 종들은 다시 울려 퍼졌고 일요일, 하드리아노 4세는 자신이 의도했던 대로 라테란에서 부활절 미사를 거행할 수 있었다.

한편, 같은 날 프리드리히 바바로사는 파비아에서 롬바르디아 전통의 철제 왕관을 수여받았다. 투스카니를 통한 그의 급습은 너무나 빨리 전개가 되어 로마교황청 입장에서는 상당한 위협으로 보였다. 70년 전 하인리히 4세와 교황 그레고리오 7세가 맺은 협약은 잊혀지지 않았고, 몇몇 나이 많은 추기경들은 하인리히 5세가 베드로 대성당에 있던 파스칼 2세를 어떻게 잡아갔는지도 여전히 잊지 않고 있었다. 최근 새로 옹립된 왕의 주변에 관한 여러 보고에서 그가 같은 일을 저지르고도 남을 만큼의 역량을 갖추고 있다는 정황이 포착되었으니 교황청에서 긴장하는 것은 당연한 일이었다.

다급해진 하드리아노 4세는 두 명의 추기경들을 북쪽 황제의 진영으로 급파하였다. 그들은 시에나 근교 성 퀴리코에서 융숭한 대접을 받았다. 그들은 호의를 베푸는 프리드리히 1세에게 브레시아의 아르날도를 잡아달라는 도움을 청하였다. 당시 아르날도는 지방의 몇몇 남작들과 함께 몸을 숨기고 있었다. 프리드리히 1세는 아르날도의 급진적인 견해를 교황만큼이나 싫어하고 있던 데다 자신의 힘을 보여줄 좋은 기회라 여겨 반색하며 쉽게 수락했다. 프리드리히 1세는 대규모 병력을 보내어 남작들의 성들 중 하나를 함락하여 아르날도를 넘겨줄 때까지 인질로 잡았다. 이 도망자 소탕 사건은 교황의 권위에 큰 힘을 실어주었고, 안심한 추기경들은 그다음 행보를 진행시켜 교황과 왕 사이에 중대한 면담을 주선하였다.

그 면담은 1155년 수트리 근처 캄포 크로소에서 예정되어 있었다. 처음에 하드리아노 4세는 자신을 마중하기 위해 프리드리히 1세가 보낸 남작들 일행의 호위를 받으며 근엄한 자태로 말을 타고 황제의 진영으로 갔다. 그러나 곧 문제가 발생하였다. 전통적으로는 왕이 앞서서 교황이 탄 말에 굴레를 씌워 끌고 교황이 말에서 내려설 때는 등자를 잡아주는 것이 옳았다. 그러나 프리드리히 1세는 그렇게 하지 않았다. 말에서 내려서는 그 순간 하드리아노 4세는 잠시 망설이는 듯 보였지만, 이내 혼자서 내리더니 천천히 걸어서 자신을 위해 준비된 자리로 가서 앉았다. 그제야 프리드리히 1세는 앞으로 걸어 나와 교황의 발에 입을 맞추고 그에 대한 응답으로 교황으로부터 전통적인 평화의 입맞춤을 받기 위하여 일어섰다. 이번에는 교황이 어깃장을 놓았다. 최고의 권위인 교황에게 선대의 왕들이 제공했던 그 의식을 프리드리히 1세가 분명하게 거부했으니 이를 바로 잡기 전까지는 교황이 내리는 평화의 입맞춤도 있을 리 만무했다.

프리드리히 1세는 마치 신부의 들러리 같은 행동을 하는 것이 자신이 지켜야 할 의무의 일부는 아니라며 이의를 제기했다. 그러나 하드리아노 4세는 전혀 동요하지 않았다. 그는 표면에 드러난 소소한 외교 의례에는 현실에서 보다 중요한 뭔가가 감추어져 있음을 알고 있었다. 그것은 황제와 교황 사이의 관계에 근본적 타격을 주는 도전적인 태도를 공공연히 드러내는 것이었다. 놀랍게도 프리드리히 1세는 항복했다. 그는 자신의 막사를 좀 더 남쪽으로 이동시키라고 명하였고, 6월 11일 아침 그곳에서 이틀 전 제대로 거행하지 못했던 의전례를 다시 치렀다. 프리드리히 1세는 말을 타고 오는 교황을 맞이하여 그의 말에 굴레를 씌워 끌고 교황이 말에서 내릴 때는 등자를 꽉 잡아주었다. 하드리아노 4세가 다시 마련된 교황의 자리에 앉아서 적법한 절차에 따라 평화의 입맞춤을 한 뒤 대화가 시작되었다.

하드리아노 4세와 프리드리히 1세는 서로 완전히 신뢰하지 않았지만, 그들의 토론은 상당히 원만하게 진행되었던 것으로 보인다. 양측 중 그 어느 쪽도 비잔티움이나 시칠리아 혹은 로마의 원로원과도 독립적으로 협상하지 않았다. 프리드리히 1세는 교황의 모든 이익을 보호해줄 것이며 그에 대한 대가로 하드리아노 4세는 황제에 맞서서 지속적인 경고를 보내고 있는 모든 적들을 파문하겠다고 하였다. 그리고 그 둘은 나란히 로마를 향해 출발했다.

교황 측에서는 프리드리히 1세의 대관식에 대하여 더 이상 반대하는 이들이 없었다. 그러나 로마에 코뮌이 세워진 이래로 대관식이 거행되지 않았고, 로마 자체에서 황제가 될 사람을 어떻게 맞이할 것인가도 해결되지 않은 문제로 남아 있었다. 코뮌이 지지하는 브레시아의 아르날도에 맞선 프리드리히 1세의 행보는 더욱 문제를 악화시켰다. 그러나 그 문제가 그렇게 오래 지속되지는 않았다. 교황과 황제의 일행이 로마시에서 조금 떨어진 곳에 있는 동안, 원로원 측에서 보낸 대표단이 찾아왔고 그들을 어떤 조건으로 맞이할 것인지를 설명했다. 원로원의 대변인은 과장스러운 말투로 으스대며 지금의 제국을 만들어준 것은 로마이므로 황제는 로마시에 대한 도덕적 의무를 고려해봄이 좋을 것이라 말했다. 그들이 말하는 도덕적 의무란 향후 자신들의 자유를 보장해주겠다는 굳은 약속과 더불어 위로금 차원에서 금 5천 파운드를 내라는 것이었다.

그 대변인이 계속 고자세를 유지하며 말을 이어가자 프리드리히 1세가 그의 말을 막으며, 로마의 영광과 전통은 이미 옛것이 되었고 이제 제국의 모든 것은 독일로 넘어왔다고 주장했다. 그러나 그는 결국 자기 제국의 정당성만을 주장하는 데 그쳤다. 프리드리히 1세는 필요하면 당연히 로마를 방어해주겠지만 공식적으로 보장해야 할 필요는 없다고 생각했다. 위로금에 대해서는 언제든 때가 되면 내주겠다고 했다. 그가 하도 확실하게 다짐을 해둔 탓인지 대표단은 경계를 풀었다. 그들은 돌아가 그 사실을 알려야 한다며 우물쭈물 말을 더듬으며 떠났다. 대표단이 떠나는 즉시, 교황과 왕은 긴급 회담을 했다. 이미 원로원을 겪어본 하드리아노 4세는 문제가 일어날 것이라고 확신했다. 그는 밤에 부대를 급파하여 레오니네시市를 장악해야 한다고 조언하며, 그렇게 하더라도 위험을 완전히 예방하기는 어려울 것이라 고 했다. 만약 원로원 측이 유혈사태를 부른다면, 프리드리히 1세가 빨리 떠나야 한다고도 했다.

그날은 1155년 6월 17일 금요일이었다. 상황이 다급하게 돌아갔으므로 하드리아노 4세는 원래 예정했던 것처럼 다음 일요일까지 기다리지 않기로 결정을 내렸다. 대신, 토요일 동틀 무렵 프리드리히 1세는 몬테 마리노에서 레오니네로 바로 진입하였다. 그의 병력이 이미 레오니네를 접수한 것이었다. 한두 시간 전에 이미 그곳에 당도해 있던 교황은 베드로 대성당의 계단에서 왕을 기다리고 있었다. 그들은 함께 대성당으로 발길을 옮겼고, 독일 기사단이 그들 뒤를 따랐다. 하드리아노 4세는 그곳에서 미사를 집전한 후 베드로 사도의 무덤을 두고 베드로의 검을 서둘러 프리드리히의 옆구리에 채워준 후 황제의 왕관을 그에게 씌워주었다. 그 의식이 끝나자마자 프리드리히는 왕관을 머리에 쓴 채 말을 타고 성벽 밖에 있는 막사를 향해갔다. 수많은 수행원들이 그의 뒤를 따라 걸어갔다. 한편 교황은 바티칸에 있던 도망자들을 잡아 조치가 내려질 때까지 기다리게 하였다.

아직 오전 9시도 되지 않은 시간에 원로원은 카피톨리노 언덕에 모여 대관식을 저지할 방안을 모색하기 위한 회의를 진행하고 있었는데, 바로 그때 이미 대관식이 치러졌다는 소식이 날아들었다. 선수도 빼앗기고 제대로 당했다는 사실을 알고 분노에 가득 찬 그들은 봉기하여 전투 준비에 돌입했다. 곧 한 무리의 군중들이 산탄젤로 다리를 가로질러 레오니네시로 밀고 들어오고, 또 다른 무리의 군중들은 티베르 섬의 하류 쪽에서 강을 건너서 트라스테베레를 통해 북쪽으로 밀고 들어왔다. 한낮의 열기로 날은 점점 무더워지고 있었다. 간밤의 행군과 지난 몇 시간 동안의 흥분으로 피곤에 지친 독일인들은 자고 싶었고 승리를 자축하고 싶었다. 그러나 그들에게는 즉시 전투준비 명령이 내려졌다. 프리드리히 1세는 두 번째로 로마로 입성하였다. 그러나 이번에는 대관식 의복 대신 무장을 하고 있었다.

오후 내내 그리고 저녁까지 전투는 계속되었다. 밤이 되어 황제의 병력은 마지막 남은 반란군을 다리를 가로질러 몰아냈다. 전투로 인한 양측의 손실은 컸다. 당시 상황을 생생히 목격했을 것으로 추정되는 프라이징의 오토 주교가 전하는 말로는 로마인들 중 거의 천여 명에 달하는 사람들이 죽임을 당하거나 강에 빠져 익사했으며, 600여 명이 포로로 잡혀갔다고 한다. 원로원은 오만했던 자신들의 행태로 인해 비싼 대가를 치른 것이었다. 그러나 프리드리히 1세역시 황제의 관을 위해 비싼 대가를 지불한 것은 마찬가지였다. 그렇다고 그의 승리가 고대 도시 로마로 들어가는 길을 열어준 것도 아니었다. 그 다음 날 해가 떴을 때, 티베르 다리는 차단되어 있었고 성문에도 방어벽이 쳐져 있었다. 그도, 그의 병력도 포위를 당한다는 생각은 하지 못하고 있던 터라 어쩔 도리가 없었다. 로마의 여름 무더위는 벌써 150년에 걸쳐 거듭 침략자들의 사기를 저하시키고도 남을 만큼 위력이 있었고, 다시 한 번 그 맹위를 떨칠 참이었다. 말라리아가 창궐하고 사람들 사이에 이질이 돌기 시작했다. 가장 합리적인 길은 철수를 하면서―바티칸은 교황에게도 더 이상 안전한 곳이 되지 못하였으므로―교황과 교황청도 함께 데리고 가는 것이었다. 6월 19일 프리드리히 1세는 진영을 철수하고 병력을 이끌고 사빈 언덕으로 갔다. 한 달 후, 프리드리히 1세는 무력해진 하드리아노 4세를 티볼리에 남겨두고 독일로 돌아갔다.

프리드리히 바바로사의 대관식에 관련한 이야기가 전해지고는 있지만 그 진위는 알 수 없다. 황제의 관을 받았던 왕과 그에게 관을 씌워준 교황 말고도 거기에는 제3의 인물이 있었다. 그는 운명의 날에는 로마에 없었지만, 일련의 과정에서 둘 모두에게 많은 영향을 끼친 인물이었다. 바로 브레시아의 아르날도인데, 그가 언제 어디서 처형을 당했는지에 관한 자세한 기록은 남아 있지 않다. 단지 우리가 아는 것은 그가 처형을 당한 방법뿐이다. 그는 이단과, 반란을 일으켰다는 혐의로 교회 재판에 넘겨져 비난을 받고도 끝까지 흔들림이 없었고 추호의 두려움 없이 교수대를 향해 고요한 발걸음을 옮겼다. 그는 무릎을 꿇고 생애 마지막 고해성사를 바쳤는데, 그의 모습을 지켜보던 사형 집행관들은 흐르는 눈물을 주체할 수 없었다고 기록하고 있다. 그럼에도 어쩔 수 없이 그들은 아르날도를 교수대에 눕히고 그의 목을 내리쳤고, 시신은 화장되었다고 한다. 그리고 혹시라도 그를 추앙하는 사람들이 있을까 싶어서 잔재를 남기지 않으려 한줌 재로 변한 유골마저 티베르 강에 뿌려졌다. 혹시 그릇된 판단일지도 모르나, 순교적 차원에서 그 자신에게는 그러한 죽음이 더 없는 영예가 아니었을까 싶다.

한편 하드리아노 4세는 배신감을 느꼈다. 남부 지역의 교황 영지가 시칠리아의 윌리엄 1세*에게 공격받고 있으니, 교황은 콘스탄츠에서 맺은 협정에 따라 새로 황제로 옹립된 프리드리히 1세가 과감히 윌리엄 1세를 향해 진군해주기를 바라고 있었다. 프리드리히 1세 자신은 기꺼이 진군할 준비가 되어 있었으나, 그것도 자신의 기사단들을 대동해야만 가능한 일이었다. 그러나 기사단들은 이미 남부 지역을 떠나기로 결정을 내리고 하루 빨리 독일로 돌아가기만을 기다리고 있었으니, 아무리 황제라도 그들을 과도하게 압박할 수는 없는 상황이었다.

프리드리히 1세의 대관식 이후, 동지도 하나 없이 홀로 되어 로마로도 돌아갈 수 없는 신세가 되어버린 하드리아노 4세는 교황청 구성원들과 함께 베네벤토에서 그해 겨울을 났다. 프리드리히 1세에 대하여 교황은 어떤 약점이라도 하나 잡을 수 있기를 바라고 있었다. 한편, 남부지역에서의 상황은 급속히 악화되었다. 자신을 반대하는 비잔티움과 자국 백성들의 반란을 모두 극복한 윌리엄 1세가 교황의 영지를 향해 진군을 시작한 것이다. 윌리엄 1세의 병사들이 접근해오자, 하드리아노 4세는 대부분의 추기경들을 캄파니아로 가도록 했는데, 그들의 안전을 염려한 것 말고도 아마 다른 이유

* 시칠리아의 왕 윌리엄 1세는 1154년에 그의 아버지인 로제르 2세의 왕위를 물려받았다.

가 있었던 듯하다. 그는 이제 윌리엄 1세와 협상을 해야 할 차례가 되었음을 알고 있었다. 완고한 추기경들은 과거에도 많은 잠재적인 협상들을 좌절시킨 전력이 있었다. 그러니 사실 하드리아노 4세가 다가오는 협상에서 뭐라도 건질 심산이라면, 가장 필요한 것은 사사건건 이의를 제기하는 추기경들이 아니라 협상을 할 수 있는 자유였을 것이다.

언덕 위로 시칠리아군의 선봉대가 나타나자마자, 교황은 교황청의 상서원장인 시에나의 롤랑과 함께 또 다른 두 명의 추기경을 보냈다. 이는 베드로 사도의 이름으로 윌리엄 1세를 맞이하여 향후의 적대적 행위를 차단하기 위함이었다. 윌리엄 1세는 예우를 갖춰 그들을 맞이했고, 이렇게 해서 베네벤토에서 공식적인 회담이 시작되었다. 그러나 그 진행과정은 녹록치 않았다. 강자의 입장에 있었던 시칠리아는 협상을 강력하게 밀어붙였고, 이에 맞선 교황 측 또한 한 치도 양보하지 않았다. 1156년 6월 18일이 되어서야 협상이 마무리되었다. 윌리엄 1세는 매년 조공을 바치는 대신 교황으로부터 그 어느 때보다 넓은 영토에 대한 권리를 인정받았다. 그에 대한 대가로 그는 교황에게 봉건적 종주권을 인정해주었다. 어느 측에 유리한 협상이 되었는지는 너무도 자명하다. 우리는 이 시점에서 교황의 협상 수락 문서에 나타난 언어 선택을 좀 살펴볼 필요가 있다.

그리스도의 친애하는 자녀 되신, 영광스러운 그 이름 윌리엄 왕. 그대는 대단한 부와 업적을 이루었으며 그 연령대의 어떤 왕보다 훌륭하십니다. 그대의 공명정대함, 백성을 위한 평화 수호, 그리스도의 이름에 적이 된 자들의 마음에 두려움을 깊이 각인시킨 그간의 공훈으로 그대의 영광된 이름은 세상 끝까지 나아가고 있습니다.

그 시대에는 협상문에 과장된 문학적 표현이 아무리 전통적으로 들어가는 것이라고 해도, 하드리아노 4세가 굴복을 당해 겁을 먹은 상황이 아니라면 저런 표현이 들어간 문서에 서명한다는 것은 상상하기 어려운 일이다. 교황의 자리에 오른 지 18개월 남짓한 시간이 지나는 동안 그는 이미 배신과 추방을 경험했고, 그래서 건장하고 당당하던 어깨마저 위축되기 시작한 것이다. 그의 모습은 불과 12개월 전, 호기롭게 로마에 성무집행금지령을 내리고 프리드리히 바바로사의 도발 의지를 꺾었던 그때와는 사뭇 달랐다. 아마도 당시 하드리아노 4세의 심경을 가장 잘 기술해놓은 이가 솔스베리의 요한일 것이다.

하드리아노 교황님을 찾아가 뵈니 지금 세상에서 로마 교황보다 비참한 이가 없고 또 그의 입장보다 더 왜곡된 상황은 없을 지경이다. … 그는 온통 가시로 덮인 교황좌를 지키고 있으며 그가 걸친 망토에는 날카로운 바늘들이 솟아나 있어 그의 넓은 어깨를 억압하고 짓누르고 있다. … 만약 두려움 없이 신의 뜻을 거스를 수 있는 사람이었다면, 그는 아마 애초에 영국을 떠나오지도 않았을 것이다.

베네벤토 협약에 관한 소식을 들은 프리드리히 바바로사가 얼마나 격분했을지 가히 상상이 간다. 만약 하드리아노 4세가 시칠리아의 왕과 사적인 연락을 취하지 않겠노라고 그에게 개별적으로 약속하지 않았더라면? 만약 하드리아노 4세가 평화우호 조약에 서명을 하지 않았다면, 그래서 그 조약으로 인해 그가 윌리엄 1세의 거짓 왕관을 인정해주지도, 그리스도교의 세계에서 윌리엄 1세에게 황제가 누렸던 것보다 더 지대한 영향력을 미칠 특권을 내어주지도 않았다면? 대체 하드리아노 4세는 무슨 권리로 황제의 영토를 다른 이들에게 그렇듯 자비롭게 수여했단 말인가? 교황의 오만함에는 그 한계가 없단 말인가?

얼마 지나지 않아 프리드리히 1세의 불신은 보다 분명해졌다. 1157년 10월 그는 브장송에서 황제의 공식회합을 개최했다. 프랑스, 이탈리아 그리고 영국의 각지에서 대사들이 모여들었고 물론 교황 측에서도 참석했다. 사람들이 모인 자리에서 교황의 특사가 교황이 보낸 서신을 읽어 내려가자 프리드리히 1세가 준비한 모든 것은 효과가 다소 줄었다. 교황은 관례적인 인사나 축하의 메시지를 전하는 대신 강한 어조로 자신의 불만을 토로하는 기회로 삼았던 것이다. 룬트의 나이 지긋한 대주교가 황제의 영토를 여행하다 노상강도를 만나 갖고 있던 물건을 모두 강탈당하고 몸값까지 요구받는 일이 발생하기도 했다. 그런 간악한 일들은 그 자체로도 심각한 지경이지만, 황제가 이미 그 사건을 상세하고 충분하게 알고 있으면서도 아직껏 그런 자들을 심판할 그 어떤 조치도 취하지 않고 있다는 사실이 상황을 보다 악화시키고 있었다. 그러고는 보다 일반적인 주제로 넘어가서, 하드리아노 4세는 과거에 자신이 황제에게 베풀었던 호의—자기 손으로 직접 그에게 어렵사리 황제의 대관식을 집전했던 일—를 다시금 상기시키며 다소 거만하게, 더 나아가서는 언젠가 황제에게 성직자의 직책을 수여하게 되기를 기대한다는 말을 더했다.

교황이 고의적으로 자신이 갖고 있는 봉건적 대군주로서의 신분을 주장하고자 의도했는지까지는 우리가 알 수 없는 일이다. 안타깝게도 그가 사용했던 두 단어, 수여자conferre와 수혜자benefica는 모두 봉건 영주가 자신의 봉신들에게 수여하는 영지를 묘사할 때 쓰이던 전문 용어였다. 만약 그 서신이 글자 그대로의 의미를 내포하고 있는 것이어서 프리드리히 1세가 신성로마제국의 황제의 자리를 지키고 있는 것도 교황의 호의 덕분이라면, 그래서 같은 방식으로 어떤 하찮은 남작이라도 로마 주변의 땅을 몇 덩어리씩 받을 수 있는 거라면, 그렇다면 그들 사이의 더 이상의 교섭은 필요 없어지는 셈이었다. 거기 모인 독일의 제후들도 프리드리히 1세와 함께 분노했다. 이에 교황 측 상서원장인 롤란도 추기경이 '만약 교황으로부터 받은 것이 아니라면, 프리드리히 1세에게 황제의 관을 씌워준 사람이 누구였느냐'고 반문하자 대소란이 일었다. 바바리아의 군주인 비텔스바흐 가문의 오토는 손에 칼을 들고 돌진하였다. 황제가 신속하게 중재를 하고 나섰기에 망정이지, 안 그랬다면, 룬트의 대주교가 당했던 불운은 정말 사소해 보일 수도 있을 만큼 더 큰 사고가 벌어질 뻔했다.

그간에 일어났던 일에 관하여 들은 하드리아노 4세는 프리드리히 1세에게 이번에는 다소 부드러운 어투를 담은 또 한 통의 서신을 보내 지난번 서신에 썼던 표현들이 잘못 해석되었다고 적었다. 황제는 교황의 설명을 받아들이기는 했으나 그렇게 신뢰한 것은 아니었고, 그렇다고 교황과의 공개적인 관계 단절을 원하지도 않았던 것 같다. 그럼에도 불구하고 브장송에서 있었던 난투는 다 알다시피 그저 교황과 황제 사이에 더 한층 깊어진 균열의 틈을 보여줄 뿐이었고 아무리 외교적 초안이 많이 작성됐어도 그것이 그들 사이에 가교가 되리라는 기대는 할 수 없었다. 그리스도교 세계의 두 개의 칼이 존재했던 때는 100년 전, 교황 그레고리오 7세와 황제 하인리히 4세가 서로를 폐위하고 배척했던 그 시절 이후로 모두 사라져 버렸다. 그때 이후로 그들의 후계자들은 서로가 동전의 양면이라는 사실을 잘 인지하지 못했다. 각자 자신의 우위만을 주장하며 또 서로의 공격을 막아내기에 급급했다. 이러한 대치국면에 하드리아노 4세나 프리드리히 1세처럼 강한 성격을 지닌 두 사람이 만났으니 언제 터질지 모르는 화약고를 안고 있는 형국이었다. 그러나 그 문제의 원인은 그들 각자의 강한 성격보다는 그들이 대표하는 조직에 더 큰 뿌리를 두고 있었다. 실제로 별것도 아닌 사소한 일로 무시하고 모욕하는 무리들에 의해서 그 둘이 살아 있는 동안 신성로마제국과 교황청의 관계는 더욱 껄끄러워졌다. 그래도 양측의 분쟁이 공개적인 문제로 비화된 것은 이 두 사람이 죽고 난 다음이었다.

베네벤토 협약은 당시 조인을 했던 두 진영 중 그 어느 쪽도 상상하지 못했던 파급효과를 가져왔다. 교황은 그 협약으로 인해 유럽의 문제에 대하여 새로운 정치적 접근을 모색하게 되는데, 이후 20여 년 동안은 자신에게 유리하게 작용하는가를 먼저 판단하고 그를 쫓아가는 입장을 취하게 된다. 하드리아노 4세는 의심을 갖고 있던 어떤 사실을 인정하기에 이르는데, 그것은 황제와는 가끔 말다툼을 벌일 수도 있는 정도의 친구관계를 유지한다는 것은 불가능하며, 황제는 어쩔 수 없이 공생해야 하는 적과 같은 존재라는 것이다. 윌리엄 1세와 맺은 협약으로 하드리아노 4세는 새로운 동맹을 얻은 셈이었고, 힘을 얻은 교황은 브와송의 서신이 증명하듯 프리드리히 1세와의 관계에서 그 어느 때보다 단호한 태도를 취하였다.

정책적인 측면에서 교황 측에서 일어난 변화는 매우 급진적이어서 처음에는 반대에 부딪힐 수밖에 없었다. 교황청 내의 중요한 구성원들은 대부분 신성로마제국에 우호적인 입장을 고수하고 반反시칠리아적인 성향을 띠고 있던 탓에, 윌리엄 1세와의 협약에 관련한 소식이 날아들었을 때 추기경회에서 흘러나오는 실망의 소리는 프리드리히 궁정의 그것만큼 거세었다. 그러나 그들의 의견도 점차 윌리엄 1세에게 호의적인 방향으로 전환되었다. 그렇게 된 데는 브장송에서 프리드리히 1세가 보여준 거만한 태도가 한몫을 했고, 특히 그 일을 전후로 하여 일어난 몇 가지 사건들로 인해 그들은 그런 생각을 굳혔다. 게다가 시칠리아가 동맹국이 되었음은 기정사실이 된 마당이니 더 이상 반대를 하고 나서는 것도 무의미한 일이었다. 윌리엄 1세는 일면 진정성이 있어 보이기도 했다. 그는 교황의 권고에 따라 콘스탄티노플과도 평화적인 관계를 맺었다. 부와 권력을 한 손에 거머쥔 윌리엄 1세는 몇몇 심복들이 증언한 바에 따르면 관대한 사람이기도 했다.

이제 프리드리히 바바로사가 롬바르디아의 도시들을 약탈하고 파괴할 계획을 도모하고 있는 가운데, 제국에 대한 혐오감과 공포의 기류가 이탈리아 전역을 휩쓸었다. 그들이 느끼는 공포의 원인 중 하나는 프리드리히 1세가 롬바르디아를 접수하고 나면, 투스카니와 움브리아, 더 나아가 로마까지도 그의 침략으로부터 안전하지 않다는 데 있었다. 이로써 영국인 교황과 노르만인 왕 사이에 유일한 동맹 관계가 구축되었다. 1159년 봄, 처음으로 프리드리히 1세에 대한 저항이 일어났는데 그것은 직접적으로 교황과 시칠리아의 선동에 기인한 것이라 할 수도 있었다. 밀라노는 갑자기 황제의 지휘권에서 벗어나 3년 동안 자신들을 굴복시키려는 황제의 노력에 용감히 맞서 싸웠다. 다음 해 8월 밀라노, 크레마, 피아첸차 그리고 브레시아의 대표단이 아나니에서 교황을 만났다. 그들은 윌리엄 1세의 특사가 참석한 자리에서 위대한 동맹의 핵심이 되겠다고 초기 롬바르디아 도시동맹에 선서하였다. 그들은 교황의 승낙 없이는 공동의 적과 협정을 맺지 않겠다고 약속했고, 교황은 일반적인 유예기간인 40일의 기간이 지나고 황제를 파문하기 위한 작업에 착수했다. 끝으로 하드리아노 4세의 후계자는 그 회의에 참석했던 추기경들 중 한 사람이 되어야 한다는 동의를 얻어냈다.

어쩌면 그 시점에 벌써 교황이 오래 살지 못할 것이라는 사실이 분명해졌을지도 모르겠다. 아나니에 머물고 있는 사이 교황에게 갑작스러운 협심증이 찾아왔는데 끝내 회복하지 못했다. 그는 1159년 9월 1일 저녁 선종했다. 그의 시신은 로마로 운구되어 평범한 3세기 양식의 석관에 안치된 채 영면을 취하고 있으며, 오늘날도 베드로 대성당 지하에 가면 그 석관을 볼 수 있다. 1607년 구舊 대성당을 허무는 과정에서 석관을 열어보았는데, 그 영국 출신 교황의 시신만은 어두운 색깔의 실크로 지어진 제의를 걸친 채 온전한 상태로 발견되었다. 그의 체구는 보통보다 작았으며 발에는 터키식 슬리퍼가 신겨져 있고 손에는 커다란 에메랄드가 쥐어져 있다고 한다.

하드리아노 4세의 치세에 대한 평가를 내리기는 쉽지 않다. 그는 12세기 전반에 교황좌를 차지했던 평범한 다른 교황들과는 분명히 구별되는 큰 인물이기는 했지만 훌륭한 후임자의 그림자에 가려지는 경향도 있다. 그가 이룬 성취의 많은 부분이 롬바르디아 도시동맹에 기인한 것이기는 하지만 그가 남기고 떠난 교황의 자리는 그가 생각했던 것보다 더 강력했고 더 많은 존경을 얻었다. 그러나 로마 원로원을 진압하는 정책만큼은 완전한 실패였다. 하드리아노 4세가 교황직을 수행했던 기간은 채 5년이 되지 않았으나, 그 시기가 교황에게는 꽤 어렵고도 중요한 때였기에 그는 상당한 중압감에 시달려야 했다. 그런 상황으로 인해 그는 얼마 지나지 않아 건강을 잃기 시작했고 더불어 그의 의욕도 함께 저하되었다. 앞서 수많은 교황들이 그러했듯, 그 또한 괴로움과 실망 속에 그렇게 눈을 감고 말았던 것이다.

12

—

알렉산데르 3세와
프리드리히 바바로사

1159~1198

1159년 9월 5일 하드리아노 4세가 베드로 대성당에서 영면에 들어
간 다음 날, 30여 명의 추기경들이 대성당의 중앙 제대 뒤쪽에서 콘
클라베를 가졌다*. 이틀 후 그중 3명을 제외한 모두가 전 상서원장
인 시에나의 롤란도 추기경에게 표를 던져, 그의 교황 선출이 공표
되었다. 그에게 표를 던지지 않은 3명 중 한 사람은 신성로마제국에
상당히 우호적인 성향을 지닌 성 세실리아의 옥타비아노 추기경이
었다. 교황이 선출되자, 교황의 진홍색 제의가 앞으로 보내졌다. 관
례적으로 잠시 선을 보이고 난 후, 롤란도는 그것을 받아들기 위하
여 예를 갖추고 머리를 숙였는데, 바로 그 순간 옥타비아노가 쏜살
같이 뛰어들어 제의를 낚아채 자신의 몸에 걸치려 하였다. 제의를
두고 실랑이가 벌어졌고 그 와중에 제의가 분실되었으나, 옥타비아
노 측의 사제가 즉시 다른 제의를 만들어 대령했다(그런 일이 있을 줄

* 회동이 끝날 즈음에는 아마 29명이 남아 있었던 것으로 보이는데, 리지와의 아눌프에
의하면 투스쿨룸의 주교 이마루스 – 식도락가로 유명하다 – 는 저녁 식사를 거르게 될까
염려되어 일찍 자리를 떴다고 한다.

을 알고 미리 준비해온 것이 아닌가 싶다). 옥타비아노는 용케 새로 준비한 제의를 먼저 걸치고는 누가 막을세라 황급히 앞쪽으로 다시 나아갔다.

믿기 어려운 혼란이 벌어졌음은 자명한 일이다. 어처구니없는 상황에 분노한 롤란도의 지지자들은 강제로 제의를 벗겨내려 달려들었지만, 옥타비아노는 지악스럽게 얼른 몸을 빼내 제의에 달린 술을 목에 묶고는 황급히 나아가서 냉큼 교황 의자를 차지하고 앉아버렸다. 그는 스스로를 빅토리오 4세Victorius Ⅳ** 교황이라 선포하고, 그 여세를 몰아 곧장 베드로 대성당으로 진격했다. 그는 2진에 해당하는 성직자들을 모아 박수부대를 만들어 자신을 환영하도록 사전에 모의를 해두었다. 성당 문이 갑자기 열리자 무장한 한 무리의 사람들이 떼지어 대성당 안으로 밀고 들어왔다. 순식간에 벌어진 일이라 그를 반대하는 사람들은 순간적으로 상황을 파악할 수 없었고 잠시 침묵이 흘렀다. 롤란도와 그의 추종자들은 그 틈을 타고 빠져나와 바티칸 한 구석에 요새로 꾸며진 베드로 대성당 탑으로 몸을 숨겼다. 한편, 부당하게 교황에 오른 옥타비아노는 앞서 교황 의자를 빼앗을 때보다는 다소 예를 갖추어 의기양양한 모습으로 수행을 받으며 라테란 궁으로 들어갔다. 전해지는 말로는 옥타비아노가 이번에는 자리를 뜨기 전에 제의를 제대로 갖추어 입기 위해 상당히 신경을 썼다고 한다.

참 위엄이나 품위라고는 찾아볼 수 없는 서임식이었으나, 그래

** 아이러니하게도 이번에 대립교황도 이 교황명을 선택했다(10장 참고).

도 옥타비아노는 사전에 철저하고도 효율적인 쿠데타를 모의했던 것으로 보인다. 그리고 그 규모로 보아 신성로마제국 측에서 상당히 적극적으로 개입했음은 의심의 여지가 없다. 옥타비아노 자신이 오랜 시간 황제의 동조자로 익히 알려져 있던 인물이라, 프리드리히 1세는 즉시 로마에 두 명의 대사를 보내 그의 선출을 인정해주었고 동시에 롤란도에게 선전포고를 했다. 독일 제국이 다시 한 번 금궤의 뚜껑을 활짝 열어 독일의 금이 많은 로마인들(귀족들, 원로원, 중산층 그리고 선동가들)의 지갑과 주머니 속으로 자유로이 흘러들어가기 시작하자, 그들은 공공연히 빅토리오 4세에 대한 충성을 선언했다. 한편, 롤란도와 충직한 그의 추기경들은 여전히 베드로 대성당의 탑 안에 갇혀 있는 상태였다.

옥타비아노—이제는 빅토리오 4세라 불러야겠지만—는 자신의 지지층이 갑작스레 빠져나간 것을 깨닫게 되었다. 교황 선출 시 그가 벌였던 일화들이 이제 로마시에서는 누구나 다 아는 일이 되어버렸고, 아마 입에서 입으로 전해지면서 조금씩 더 부풀려졌을 것이다. 로마시에 살고 있는 사람들은 이제 너나 할 것 없이 적법하게 선출된 롤란도에게로 마음이 돌아섰다. 베드로 대성당 탑 주변으로 몰려든 군중은 분노에 차서 롤란도의 석방을 외쳤다. 거리에는 온통 빅토리오 4세를 향한 조소와 비난의 소리가 가득했다. 사람들은 지나가는 그를 향해 엉터리 시를 읊조리며 비웃었다. 9월 16일, 빅토리오 4세는 더는 그 모욕을 참고 지낼 수 없었는지 야음을 틈타 로마에서 달아났다. 바로 다음 날 적법하게 선출되었던 롤란도는 기뻐하며 환호하는 사람들과 함께 다시 로마시로 들어갔다.

그러나 롤란도는 그 자리에 오래 머물지 못하리란 것을 알고 있었다. 프리드리히 1세가 보낸 대사들은 아직도 로마에 머물면서 무한정 돈을 풀고 있었다. 빅토리오 4세의 일가인 크레센티 역시 여전히 로마 제일의 재력가 집안이었다. 9월 20일 롤란도는 적당한 수행원들을 모아 남부의 닌파로 몸을 피했는데, 닌파는 그의 친구인 프랑지파니가 지배하는 지역이기도 했다. 롤란드는 드디어 그곳의 산타 마리아 마조레 성당에서 알렉산데르 3세Alexander III(1159-1181)라는 교황명으로 공식 대관식을 치렀다. 예상 가능한 그의 행보 중 한 가지는 대립교황을 파문하는 것이었고, 그에 대한 보복으로 대립교황인 빅토리오 4세가 알렉산데르 3세에게 파문을 내렸을 것이란 사실 또한 쉽게 예상할 수 있는 일이다. 30년 만에 또 다시 로마 교회는 분립 상태가 되었다.

만약 프리드리히 1세가 그야말로 적법한 절차에 의해서 선출된 알렉산데르 3세에게 마지못해 고개를 숙이고 교황으로서 인정한다면, 두 명의 교황이 화해하지 못하고 대립할 이유는 없었다. 그러나 프리드리히 1세는 알렉산데르 3세를 교황으로 인정하는 대신 어처구니없게도 1160년 2월 파비아 공의회에서 빅토리오 4세를 공식적인 교황으로 인정해버리고 말았고, 그의 주장은 유럽의 다른 통치자들에게도 곧 받아들여졌다. 이러한 상황은 알렉산데르 3세를 압박해 동맹인 시칠리아의 윌리엄 1세와 더욱 긴밀한 관계를 유지하게 하는 결과를 낳았고, 프리드리히 1세는 부질없고도 불필요한 새로운 책무들을 스스로 짊어지게 되었다. 결국 그러한 책무들은 그의 재위 중 가장 중요한 20년을 허송하게 만들었다. 알렉산데르 3세는 3월 프리드리히 1세에게 파문을 명하면서—파비아 공의회 이후 그에게는 별 다른 방도가 없었다—동맹국 내에 있는 모든 제국 백성들의 죄를 사하여 준다고 선포했다. 그러나 그는 여전히 로마로 돌아갈 수 없었다. 거의 2년 동안, 그는 테라치나와 아나니를 오가는 생활을 했다. 이들 지역은 교황의 영지로, 지리적으로 시칠리아 왕국과도 가까워서 신변의 안전을 도모하면서 그에게는 몹시 필요했던 재정 지원도 얻을 수 있었다. 1161년 말경에 그는 프랑스로 가는 배에 몸을 실었다.

그 후 그는 3년 반의 망명생활을 대부분 프랑스의 상스에서 보내며 프리드리히 바바로사에 대항하기 위하여 영국, 프랑스, 시칠리아, 헝가리, 베네치아, 롬바르디아의 도시들 그리고 비잔티움으로 구성된 거대 유럽 동맹을 결성하는 데 힘을 기울였다. 처음부터 그의 시도는 성공하기 어려운 것이어서 결국 실패했다. 그는 특히 영국의 헨리 2세는 신뢰하기 어려운 인물임을 알았다. 대립교황으로 인해 교회가 분열되었던 초기에, 알렉산데르 3세는 헨리 2세와 견고한 친분 관계를 유지했다. 1160년 초 리쥬의 주교인 아눌프가 전하기로는 헨리 2세는 알렉산데르 3세에게서 온 서신은 예를 갖추고 받았으나, 빅토리오 4세에게서 온 서신에는 직접 손도 대지 않으려 했고 꼬챙이로 집어서는 자신의 등 뒤로 멀리 던져버렸다고 한다. 그러나 1163년 헨리 2세는 토마스 베켓과의 문제*가 시작되자, 그 이듬해 교황의 돈으로 영국 교회에 대한 자신의 통치력을 강화하려

* 영국 켄터베리의 대주교인 베켓이 1170년 캔터베리 대성당에서 기사들에게 무참히 살해당하였다. – 역주

영국 교회법을 선포했는데, 이로 인해 영국과 교황의 관계가 경색 국면으로 돌입했다.

그러나 외교적 실패에서 느낀 알렉산데르 3세의 실망감은, 1165년 로마로 돌아오라는 원로원의 초청을 받았을 때 모두 깨끗이 사라졌을 것이다. 말년에 망명생활을 하던 대립교황 빅토리오 4세가 그 전 해에 루카에서 가난과 고통 속에서 죽고 말았기 때문이다. 루카에서 빅토리오 4세는 계속 약탈에 의존해 먹고 살았으나 그나마 그것도 녹록치 않았고, 그 지역의 지배층들은 그의 시신을 성벽 안쪽에 매장하지도 못하게 하였다. 고집불통 프리드리히 1세는 그 즉시 두 명의 말 잘 듣는 분립추기경을 앞세워 빅토리오 4세의 후임으로 새로운 교황을 선출하여 파스칼 3세Paschalis III(1164~1168)라는 이름으로 추대했다. 그러나 이와 같은 행보는 프리드리히 1세와 새로운 대립교황에 대한 비난 수위만 높였을 뿐, 교회 분립의 모순과 로마인들 눈에 지나치게 완고한 황제의 불합리함에 분개하고 혐오감을 갖고 있던 분위기에 기름을 붓는 격이었다. 게다가 순례자들의 발길도 끊겨 거기서 나오던 수입도 씨가 마를 지경이었다. 교황 없는 중세의 로마는 그 존재의 이유를 잃었다.

그러한 주변 상황에도 불구하고, 알렉산데르 3세가 다시 로마로 돌아오는 것은 쉬운 일이 아니었다. 프리드리히 1세는 그를 막기 위하여 자신이 할 수 있는 모든 수단을 동원했는데, 심지어 교황 호송단을 저지하기 위해 해적까지 동원했다. 그러나 알렉산데르 3세는 우회로를 택해 1165년 9월 메시나에 도착했다. 드디어 2개월 후, 로마에 발을 들인 알렉산데르 3세는 원로원, 귀족들, 성직자들 그리고 손에 올리브 나뭇가지를 흔들고 서 있는 군중들의 환영을 받으며 라테란 궁으로 들어섰다.

1167년 초 프리드리히 바바로사는 병력을 이끌고 알프스를 넘었다. 롬바르디아 평원을 지나자, 그는 병력을 두 개의 부대로 나눴다. 숫자가 적은 쪽의 병력은 쾰른의 대주교인 다셀의 라이날드(제국의 상서원장으로 황제의 오른팔)의 지휘 아래 두었다. 수가 더 많은 쪽의 병력은 마인츠의 대주교로 호전적인 인물인 크리스티안에게 맡겨 로마로 진군하게 함으로써 황제의 권위를 드높이는 한편 아직도 긴장 속에서 투스카니에서 지내는 대립교황 파스칼 3세가 돌아갈 안전한 길을 확보하도록 명하였다. 프리드리히 1세 자신도 적지 않은 병력을 이끌고 반도를 가로질러 압박을 가하면서 안코나를 향해 진군하며 약탈을 자행했는데, 안코나는 이탈리아 내에서 비잔티움 영향력의 핵심인 지역이었다. 안코나 주민들은 아주 거세게 저항했다. 그들의 방어는 굳건했고 질서정연했으며 당시 자신들에게 상당한 이윤을 가져다주던 동로마제국과의 유대관계를 훼손시키지 않으려는 결연함을 보였다. 행운의 여신도 그들의 편이었다. 첫 번째 행운은 시칠리아의 병력이 해안에 출몰했다는 소식을 들은 프리드리히 1세가 갑자기 계획을 틀어 모든 약탈을 중단하고 즉시 로마로 떠난 것이었다. 덕분에 안코나 사람들은 위기를 모면했다.

반면에 로마인들은 승산 없는 싸움을 벌이게 되었다. 성령강림절 월요일이었던 5월 29일 튀스쿨룸 외곽에서, 수는 많았지만 훈련도 제대로 받지 않은 부대가 마인츠의 크리스티안이 이끄는 독일과 투스쿨란의 병사들을 공격했다. 상대편의 몇 배에 해당하는 병력을 갖고 있었음에도 로마군은 완패를 당하고 말았다. 황제의 전령들은 그 소식을 발 빠르게 프리드리히 1세에게 전달했다. 전령들은 로마가 여전히 저항하고 있지만 병력증강에 실패해서 더 이상 버티지 못할 것으로 보이며, 전력을 갖추고 다시 독일을 공격할 가능성도 거의 없다고 전했다. 프리드리히 1세는 의기양양했다. 로마를 송두리째 손에 넣을 날이 얼마 남지 않은 것처럼 보이자, 안코나는 뒷전이 되었다. 프리드리히 1세가 로마에 당도하면서 레오니네시의 운명도 결정되었다. 단 한 번의 맹렬한 공격으로 성문이 격파당했다. 그러나 쏟아져 들어온 독일 병사들이 발견한 것은 뜻밖에도 내부에 있는 요새뿐이었다. 베드로 대성당을 방위 거점으로 하여 그 주변에 급히 도랑을 파두었던 것이다. 로마인 수비대는 그렇게 8일을 더 버티다가 독일 병사들이 앞마당에 지른 불이 인노첸시오 2세 교황이 아름답게 복원해 놓았던 입구의 지붕을 파괴하고 대성당 정문을 쪼개자 항복하고 말았다. 유럽에서 가장 신성한 성지를 그토록 파괴하고 모독한 예는 일찍이 없었다. 9세기에 사라센 침략자들도 성당 문에 붙어 있던 은판을 떼어가는 데 만족했을 뿐, 건물 내부까지 침범하지는 않았다. 당대 사람인 성 블라이세 성당의 오토에 의하면, 독일 침략자들은 본당 현관 입구의 대리석으로 포장된 길 위에 죽은 자들의 시신을 죽 늘어놓았고, 제대를 피로 물들였다고 한다. 이번에 일어난 이 잔학 행위는 신앙심 없는 이방인들의 짓이 아니라 바로 서방 그리스도교의 한 황제가 자행한 것이었다.

1167년 7월 29일 베드로 대성당은 황제에게 넘어갔다. 다음 날,

같은 제대에서 대립교황인 파스칼 3세가 미사를 집전하면서 프리드리히 1세—12년 전 하드리아노 4세 교황으로부터 왕관을 받았던—에게 로마 귀족의 금관을 수여했다. 그것은 원로원과 로마인들에게 보여주기 위해 매우 의도적으로 거행된 공식행사였다. 이틀 후에는 베아트리체Beatrice 황후를 황제 옆에 세우고 그녀의 대관식을 거행했다. 상황이 이쯤 되고 보니 별다른 대책도 없었던 알렉산데르 3세는 평범한 순례자로 변장하여 도시를 빠져나가 해안으로 갔다. 다행히 그곳에서 친구들이 그를 알아보아 3일 후 무사히 베네벤토로 향하는 배에 몸을 실을 수 있었다.

로마에서 승리를 거둔 프리드리히 1세는 치세의 정점을 찍었다. 그는 로마인들을 무릎 꿇리면서, 온건해 보이지만 앞날의 복종까지 미리 계산한 조항을 부과했다. 교황의 자리에도 자신이 뽑은 사람을 앉혀놓았고 이탈리아 북부는 이미 진압을 해두었다. 이제는 남은 힘을 모아 시칠리아 왕국을 쓸어버릴 심산이었다. 그러나 일주일도 지나지 않아 불쌍한 프리드리히 1세를 덮친 재앙이 그 어느 적들보다 맹렬한 기세로 자랑스러워 마지않던 그의 병사들을 무너뜨릴 줄 어찌 예측이나 할 수 있었겠는가? 잊을 수 없는 그날 8월 1일의 날씨는 더 없이 청명했고 태양도 그의 승리를 축하하듯 반짝이고 있었다. 그런데 다음 날, 갑자기 몰려온 커다란 먹구름이 몬테 마리노 계곡을 온통 뒤덮었다. 폭우가 쏟아져 내리더니 곧 숨 막히는 폭염이 이어졌다. 3일부터는 역병이 돌기 시작했다. 그 전염병은 무엇과도 비교할 수 없는 강력한 힘을 발휘하며 황제의 진영을 휩쓸었고, 전염병이 지나간 자리에는 시신이 산처럼 쌓였다. 불과 며칠 만에 시신을 매장하는 일조차 불가능해졌다. 로마의 8월 폭염 속에서 속절없이 쌓여 부패하고 있는 시신들은 암울한 분위기를 한층 더 어둡게 만들었고, 독일인들은 질병과 끔찍한 공포 속에 떨었다. 프리드리히 1세는 자신의 정예 병사들과 주변 사람들이 죽고 또 죽어가는 모습을 보며 용단을 내릴 수밖에 없었다. 8월 둘째 주, 그와 그의 군대는 깊은 침묵 속에 유령 같은 몰골을 하고 철수해 투스카니를 지나 고향으로 발길을 돌렸다.

그러나 악몽은 여기서 끝나지 않았다. 전염병에 관한 소식은 이미 롬바르디아 전역으로 퍼져나가서, 독일 병사들이 도착하는 곳마다 지역민들은 그들을 들이지 않으려고 마을을 봉쇄해버렸다. 결국 상당한 어려움 끝에 독일군은 가까스로 황제의 사령부가 있는 파비아에 도착했으나 이미 알프스 산맥은 넘을 수 없는 상태였다. 더 이상 어찌 해볼 도리가 없던 프리드리히 1세는 진군을 중단한 채, 무력감과 분노에 휩싸여서 12월 1일 15개가 넘는 주요 도시들이 합세하여 더욱 거대한 롬바르디아 도시동맹을 결성하는 것을 지켜볼 수밖에 없었다. 그 동맹의 기초는 8년 전 아나니에서 세워진 것이었다. 그가 알프스를 넘어 돌아가기도 전에 그의 존재를 무시하고 자기들끼리 동맹을 형성한 것은 황제에게 더 없는 치욕이었다. 봄이 되어 눈이 녹기 시작하자 그는 고향 땅으로 돌아가는 것조차 녹록치 않게 되었음을 깨달았다. 모든 통로는 적들에 의해서 통제되어, 황제와 완전히 전의를 상실한 그의 병사들에게 열리지 않았던 것이다. 신성로마제국의 황제는 결국 비밀리에 하인으로 변장을 하는 치졸한 방법으로 본국에 돌아갔다.

프리드리히 바바로사가 승리의 기쁨과 재앙의 고통을 맛보는 사이, 그의 오랜 적 알렉산데르 3세에게는 무슨 일이 있었을까? 교황은 처음에는 프랑지파니의 지인들과 피란을 갔다. 상황이 심각하긴 했어도, 그는 어떻게 해서든 로마시에 남을 수 있으리라 생각했다. 그래서 시칠리아에서 보낸 두 척의 갤리선[돛과 노가 있는 군용선]이 티베르 강에 나타나서 안전하게 모셔가겠다고 했을 때, 처음에는 거절했다. 실로 용기 있는 결정이었으나 곧 그것이 현명하지 못한 판단임을 깨닫게 되었다. 변덕이 넘치는 로마인들의 마음이 그새 그에게서 돌아서 버린 것이었다. 결국 그는 순례자로 변장하여 작은 배에 승선했고, 교황을 태운 배는 자유를 찾아 강을 미끄러져 내려갔다. 가에타에 도착한 그는 자신의 충직한 추기경들과 합류하기 위하여 베네벤토로 향했다. 가까스로 위기를 벗어난 것이었다. 만약 그가 황제의 손에 붙잡혔다면, 적극적으로 활동했던 그의 교황직도 끝났을 것이다. 또 비록 어렵사리 탈출에 성공했더라도 로마시에 잔류했다면, 전염병에 걸려 죽었을지도 모른다. 너무 당연한 얘기지만, 당시 전염병은 황제의 병사들에게만 피해를 입혔던 것이 아니라 로마 전체를 덮쳐서 티베르 강이 시신들로 가득할 지경이었으니 말이다. 아마도 전능하신 하느님은 결국 그의 편이셨던 것 같다. 그것은 물론 교황을 지지하는 사람들의 시각이었지만, 어디서든 그리고 독일에서도 하느님을 두려워하는 사람들 대부분은 프리드리히 1세에게 찾아든 그 끔찍한 재앙이 그의 죄에 대한 응징이며 알렉산데르 3세의 정당성을 증명하기 위해 하늘에서 내려온 천사들이 한 일이라고 믿었다. 교황의 인기는 그의 명망과 더불어 하늘로 치솟았다. 롬바르디아의 도시들은 교황을 자기들 동맹의 후견인으로 추대하고 자신들의 지역에 와서 정착하라고 초대하기도 하였다(교황은 이를 고사했다). 한편 그들은 파비아와 아스티 사이에 새로운 도시를 세워 교황을 기리기 위하며 그의 이름을 따서 알렉산드리아라 명하였다.

한편, 로마에 있던 대립교황 파스칼 3세는 그나마 누리던 별것 아닌 지지마저 모두 잃었다. 건강 역시 급속도로 악화되어 그가 오래 살기 어렵다는 것을 모두가 알고 있었다. 정황이 그러하다 보니 알렉산데르 3세가 다시 로마로 돌아가는 것은 용이한 문제였지만, 그는 로마로 돌아가기를 거부하였다. 신의도 없고 돈에 쉽게 매수되는 로마인들이 경멸스럽게 느껴졌던 것이다. 8년 동안 로마인들은 알렉산데르 3세가 돌아온 것을 환영했다가 다시 등을 돌려 쫓아내는 일을 세 차례나 거듭했다. 그는 그 모든 일을 다시 겪고 싶은 마음은 없었다. 베네벤토, 테라치나, 아나니 어디에서라도 교황의 업무를 효율적으로 신속히 진행할 수 있었다. 그곳은 음모나 끊임없이 난무하는 폭력으로부터 자유로운 영원한 도시였다. 그는 자신이 있는 곳에서 머물고 싶어 했다.

그가 다시 로마로 돌아간 것은 그로부터 11년이 지나서였다.

1176년 5월 29일 토요일 밀라노 외곽의 레냐노에서 프리드리히 바바로사는 롬바르디아 도시동맹에 참담하게 패함으로써 그의 생애에서 가장 고통스러운 시간을 맞이했다. 그는 병력 대부분을 잃고 스스로의 목숨도 가까스로 부지하는 참사를 겪으며 이성을 찾았

다. 4차에 걸친 오랜 시간의 이탈리아 원정을 마친 그가 깨달은 것
은 롬바르디아 도시들은 그 어느 때보다 결연한 자세로 그에 맞서
저항했고, 특히 롬바르디아 도시동맹 결성 이후 그들의 힘도 강해
졌다는 사실이다. 알렉산데르 3세는 어디에서든 인정받고 있었고,
신성로마제국의 사람들도 그를 적법한 교황으로 인정했다. 프리드
리히 1세는 이미 너무 많은 시간을 그를 인정하지 않는 데 허비해버
린 탓에, 더 이상 대립 노선을 이어가다가는 유럽에서 조롱거리 신
세를 면하기 어렵게 되었다.

　그의 대사들은 화해 협정을 위해 아나니에서 교황을 만났다. 본
질적으로 교황 측 입장은 황제 측에서 교황을 인정하고, 교회 재산
을 반환하고 비잔티움과 시칠리아 그리고 롬바르디아 도시동맹의
동맹국들과 평화 협정을 맺는 등의 단순한 것이었다. 황제가 교황
측에 바라는 것은 그의 부인을 황후로, 그리고 아들 하인리히를 신
성로마제국의 황제로 옹립해줄 것과 분립 시절 대립교황이 서임했
던 교황청 내의 몇몇 주요 성직자들을 인정해주는 것이었다. 그렇
다면 다음 질문은 그 본격적인 협상을 위한 만남의 장소를 어디로
정할 것인가였다. 오랜 난항을 겪은 후, 장소는 베네치아로 정해졌
고 알렉산데르 3세의 승인을 받아야만 황제가 베네치아로 들어갈
수 있다는 조건이 붙었다.

　1177년 5월 10일 교황청 인사들과 함께 도착한 교황은 그라도와
아퀼레이아의 총독과 대주교의 환영을 받았고 성 마르코 성당에서
장엄미사를 집전하고 바지선[사람이나 화물을 싣고 다니는 바닥이 납작
한 배]을 타고 실베스트로에 있는 총대주교관으로 옮겨갔다. 교황은

그곳에서 원하는 만큼 머물 수 있도록 배려를 받았다. 황제와의 만남에 앞서 교황이 해결해야 할 일이 여럿 있었다. 아나니에서 협정을 하는 동안 교황은 시칠리아나 롬바르디아 도시동맹을 대변할 겨를이 없었다. 만약 황제가 약속한 평화 협정이 중요하다면 양측 모두 황제의 전권대사들과 협의를 맺으면 되는 것이다. 이제 2차 회담은 총대주교 분회당에서 시작되었다. 한편 화해 협정의 조항에 근거해 베네치아의 영토로 진입이 금지된 황제는 준비를 하며 처음에는 라벤나에서 그다음에는 키오자에서 (알렉산데르 3세의 허락을 받으려) 기다리고 있었다.

롬바르디아 도시동맹 대표단이 특히 까다롭게 굴어서 협상은 2개월 넘게 질질 끌다가 7월 23일 드디어 타결되었다. 교황의 요청에 따라 베네치아의 소함대가 키오자로 떠나 프리드리히 1세를 리도로 데려오고 4명의 추기경들로 구성된 사절단이 그를 마중 나갔다. 그들을 보자 황제는 대립교황에 대한 충성을 저버리고 알렉산데르 3세를 공식적으로 인정했고, 그에 대한 대가로 대표단은 17년간 황제에게 내려졌던 파문을 철회했다. 이제 드디어 황제는 베네치아로 들어올 수 있다는 허가를 받았다. 이튿날 아침 일찍 총독이 직접 리도에 왔고, 황제는 많은 귀족들과 성직자들로 이루어진 수행원들과 더불어 그날 밤을 그곳에서 보냈다. 다음 날, 총독은 황제를 직접 수행하여 특별히 장식된 바지선에 올라 피아체타로 향했다. 마지막 준비가 마무리된 베네치아에서도 여기저기 깃발을 내걸고 창문들도 장식을 해두었다. 그해 여름 베네치아는 여행객과 상인들은 물론 경쟁자들보다 돋보이려 평상시의 몇 배나 되는 수행원들을 끌고 다니는 유럽 제후들과 고위 성직자들로 그 어느 때보다 붐볐다. 쾰른의 대주교의 수행원은 비서와 사제 그리고 참석자들을 합쳐 무려 400명이 넘었으며, 아퀼레이아 총대주교의 수행원은 300명이라는 숫자를 자랑했고, 마인츠와 마그데부르크의 주교들도 사정은 마찬가지였다. 시칠리아 왕의 제2사절단인 안드리아의 로제르 백작을 수행하는 인원도 330명에 달해 160명의 일행을 대동했던 오스트리아의 레오폴트 군주는 수에서 밀리는 상황이었다.

당시 목격담들 중에서 아마도 가장 생생하게 묘사하고 있는 것은 소위 '베네치아 도로에 관한 보고'라는 글인데, 독일 출신의 성직자가 그 저자로 보인다.

날이 밝자, 참석자들은 서둘러서 4대 복음서 사도 중 한 명의 이름과 같은 성 마르코 성당으로 향했고 중앙 문이 닫혔다. … 그리고 그쪽으로 많은 목재와 상당한 양의 널빤지와 사다리를 가져와서는 높고 화려한 교황좌를 들어올렸다. … 첫 시간(새벽 6시)이 되기 전에 교황이 도착하여 미사에 참석하고 높이 올려진 자리로 올라가서 황제를 기다렸다. 교황이 자리에 앉자, 추기경들, 대주교들 그리고 수많은 주교들이 자리했다. 교황의 우측에는 베네치아의 총대주교가, 그리고 좌측에는 아퀼레이아의 총대주교가 앉았다.
밀라노의 대주교와 라벤나의 대주교 사이에 누가 교황의 우측 세 번째 자리에 앉을 것인가 하는 우선권을 놓고 다툼이 일었다. 그러나 교황은 조금 위쪽에 있던 자신의 자리에서 일어나 그들보다 더 낮은 자리로 옮겨 그들의 언쟁을 마무리 지었다. 그래서 그 둘 중 어느 누구도 교황의 우측에 앉지 못하고 세 번째 자리는 없어졌다. 약 세 시간쯤 지나자 총독의 바지선이 도착했다. 그 안에는 황제, 총독, 추기경들 그리고 그 전날 교황이 보낸 특사들이 함께 타고 있었다. 그들은 대주교들과 수도회 회원들의 수행을 받으며 엄숙한 모습으로 교황의 자리로 다가왔다. 교황 앞에 이른 황제는 입고 있던 붉은 망토를 벗고는 몸을 숙여 교황 앞에 무릎을 꿇고 그의 발과 무릎에 입을 맞추었다. 그러자 교황은 자리에서 일어서서 양손으로 황제의 머리를 감싸 안아 올리고 입을 맞추고 자신의 우측 자리를 내어주며 마침내, "교회의 아들이여, 환영합니다."라고 말문을 열었다. 그러고 나서 황제의 손을 이끌고 대성당 안으로 들어갔다. 곧 종이 울리고 하느님을 찬미하는 '사은찬미가' 소리가 울려 퍼졌다. 의식이 모두 끝나자, 그 둘은 함께 교회를 나섰다. 황제는 교황이 타고 가는 말의 등자를 잡아주고는 총독의 관저로 돌아왔다. …

같은 날 교황은 금은 항아리에 다양한 음식들을 가득 채워 황제에게 보냈다. 또한 살찐 송아지 한 마리를 보내며, '이 고기는 죽은 줄 알았는데 다시 살아온, 잃어버린 줄 알았다 다시 찾은, 그 아들을 위해 우리가 반기고 함께 즐기기 위함입니다.'라는 말도 보태었다.

베네치아 조약은 알렉산데르 3세에게는 교황으로서 정점이자 절정을 기록하는 일이었다. 18년의 분립 기간에 10번이나 추방당하며 갖은 고통과 모욕을 참아낸 끝에, 그 어느 황제 못지않은 대단한 인물로, 끊임없이 적대감을 드러냈던 프리드리히 1세가 드디어 그의 앞에 큰 보상이 되어 돌아온 것이었다. 알렉산드르 3세는 결국 황제에게서 적법한 교황으로서뿐 아니라 로마시에 대한 교황의 모든 세속적인 권한도 함께 인정받은 것이었는데, 사실, 그 권한은 황제 자신이 대관식에서 거만하게 주장하고 나섰던 것이기도 하다. 그것은 100년 전 성 그레고리오 7세가 하인리히 4세에 맞서 거두었던 승리보다 훨씬 더 대단한 것이었다. 또한 그 무더운 여름 베네치아에서 교황과 함께하며 기쁨을 누리던 충직한 이들에게는 교회 역사상 가장 혼란스러웠던 한 때에 교회의 키를 잘 조종하면서 그들이 보여준 인내와 강인함에 보내는 찬사이기도 했다.

이제 그 혼란의 세대는 지나갔지만 그가 보여주었던 그 자질들은 그와 함께 기억되고 있다. 알렉산데르 3세는 승리의 그날에도 그리고 그 이후 베네치아에 머물렀던 그 어떤 때에도 과거의 적이었던 프리드리히 1세에 대한 우월감을 조금도 드러내지 않았다. 후일 한두 명의 역사가들은 교황의 신화를 영속화했다. 교황이 황제의 목에 발을 올리자 황제가 "당신을 향해서가 아니라 베드로 사도 앞으로 나온 것이다."라고 숨 막히는 듯한 목소리로 말했고, 이에 대해 교황이 "나에게 그리고 베드로 사도에게."라고 날카롭게 응수했다고 전한다. 그러나 이런 이야기는 당대의 작가가 쓴 것이 아니며 모든 직접적인 증거들과 모순되어 전해지는 이야기일 뿐이다. 프리드리히 1세의 처신 역시 흠 잡을 데가 없었다. 대★화해의 협의가 이루어진 다음 날, 그는 보다 예를 갖추어 교황을 대해 대성당을 나서는 교황의 말의 등자를 잡고 따라 나왔다. 교황이 완곡히 만류하지 않았더라면 배에 오르는 지점까지 따라갔을지도 모른다. 그러나 궁금해지는 것은, 과거를 되짚어보면 22년 전 프리드리히는 대관식을 위해 로마로 가면서 하드리아노 4세에게는 왜 말의 등자를 잡아주기를 거부했는가 하는 점이다.

만약 일반적으로 알려진 것처럼 알렉산데르 3세가 대략 1100년에 태어난 것이 맞다고 한다면, 그의 나이도 이제 거의 여든에 다다르고 있을 시점이었다. 그러나 그에게는 해야 할 일이 한 가지 더 있었다. 1179년 초 그가 소집했던 3차 라테란 공의회에서 교황 선출에 관한 매우 중요한 칙령이 선포되었다. 11세기 중반까지 교황은 주로 임명이 되는 방식으로, 때로는 로마인들에 의해서 또 때로는 황제들에 의해 임명되었다. 그러나 1059년 이미 우리가 본 바와 같이 선출은 교회 자체의 책임하에 이루어졌다. 그러나 그때도 선출 방식은 주먹구구식이었고 그에 대한 규칙이 공식적으로 규정된 적이 없었다. 그러다가 드디어 알렉산데르 3세는 새로운 교황의 자격을 추기경들로 제한하면서 어떤 후보라도 추기경들로부터 3분의 2에 해당하는 다수표를 얻어야만 교황으로 인정하도록 규정했다. 이러한 규정과 별개로 교황 성 요한 바오로 2세St. Joannes Paulus II는 투표를 할 수 있는 추기경의 연령을 80세 이하로 제한했는데, 사실상 거의 이와 같은 규정이 오늘날까지도 적용되고 있는 셈이다.

알렉산데르 3세는 유럽과의 평화를 수립했지만, 정작 로마와는 그러질 못했다. 로마의 원로원은 너무나 적대적이어서 그는 1179년 여름을 끝으로 로마를 떠나게 되었다. 알렉산데르 3세는 결코 로마를 좋아하지도 믿지도 않았다. 그에게 로마는 평생 적국이나 마찬가지였다. 알렉산데르 3세는 1181년 8월 마지막 날, 치비타 카스텔로나에서 선종했고, 시신은 라테란으로 운구되었다. 이로써 로마인들도 그의 적법성만은 입증해준 셈이다. 4년 전, 그들은 승리의 나팔을 불어대며 추방에서 돌아온 알렉산데르 3세의 로마 입성을 환영했는데, 이제 그의 장례행렬이 도시로 들어서자 상여를 향해 오물까지 투척하는 바람에 그의 시신은 우여곡절 끝에 어렵사리 대성당에 안치되었다.

알렉산데르 3세는 분명 중세의 위대한 교황들 중 한 사람이었고, 1198년 교황으로 선출되었던 인노첸시오 3세 또한 훌륭한 교황이었다. 그 둘 사이에 17년이라는 세월 동안 선출되었던 5명도 넘는 교황들은 모두 이탈리아 출신이었고 알렉산데르 3세가 그러했듯 그들 역시 12세기의 교황들에게는 악몽과 같던 호엔슈타우펜 왕조와 로마의 원로원, 로마 시민들을 상대로 힘겨루기를 해야만 했다. 성 베르나르도에 의해서 선발되었던 시토회 출신 루치오 3세Lucius III(1181-1185)는 로마의 날씨가 너무 무더워 견디지 못하고 교황자리를 내놓고 세니로 가서 은거에 들어갔다. 1184년 베로나에서 그는 프리드리히 황제와 다소 엉뚱한 회담을 가진 적이 있는데, 그 회담 중 황제에 대한 깊은 실망감을 느꼈다. 프리드리히 1세가 자신의 아들 하인리히를 로제르 2세의 딸 콘스탄차Constance와 약혼을 시켜 (그녀의 조카 윌리엄 2세는 자식이 없었으므로) 시칠리아의 왕위를 상속받게 하려는 속셈을 드러냈기 때문이다. 이는 시칠리아가 실질적으로 제국의 손으로 넘어가고 더불어 교황권도 제한을 받는다는 것을 의미했다.

루치오 3세는 베로나에서 선종했고, 그의 시신은 두오모 대성당에 묻혔다. 같은 날 추기경들은 만장일치로 밀라노의 대주교, 움베르토 크리벨리를 선출해 그는 루치오 3세의 뒤를 이어 우르바노 3세Urbanus III라는 교황명으로 등극하였다. 우르바노 3세는 로마에 거주하는 대신 계속 베로나에 머물러 있었기에, 하인리히와 콘스탄차의 결혼식이 거행될 때에도 자신을 대신한 대표단을 마지못해 밀라노 대성당으로 보냈다. 그는 전임 교황 루치오 3세와 마찬가지로 하인리히에게 공동 황제의 관을 수여하기를 거부했고 이에 프리드리히 1세가 자기 방식대로 아퀼레이아의 총대주교를 시켜 그 의식을 거행하게 하자 몹시 분노했다. 교황과 황제와의 관계는 급격히 경색되어, 급기야 프리드리히 1세는 아들 하인리히에게 교황의 영지를 공격하라는 명령을 내렸다. 우르바노 3세는 항복을 강요당했지만 싸움은 끝나지 않았고 프리드리히 1세는 다시 파문당할 위기에 처했다. 그러나 1187년 10월 우르바노 3세가 페라라에서 갑작스럽게 선종함으로써 파문을 면할 수 있었다.

우르바노 3세는 갈릴리의 하틴 전투에서 그리스도교가 처참히 패배를 당하고 예루살렘이 살라딘Saladin에게 함락되었다는 소식을 듣자마자 그 충격으로 선종했다. 그의 후계자인 그레고리오 8세 Gregorius VIII(1187)는 거의 여든이 다 된 연로한 나이에 선출되어 그리스도교 세계의 회복을 위하여 무기를 들고 일어서라고 촉구하기에는 시간이 많지 않았다. 안타깝게도 그레고리오 8세는 오랜 시간 교황직을 수행하기는 어려워 보였고 실제 그의 재임기간은 8주로 끝나고 말았다. 그는 제노바와 피사 사이에 휴전 협정을 이끌어내느라 여념이 없었는데, 다가오는 십자군 원정이 성공을 거두기 위해서는 이 두 지역의 함대들이 반드시 필요했기 때문이다. 그러나 그는 크리스마스를 일주일 앞두고 피사에서 선종함으로써 원정 계획은 후임자인 클레멘스 3세Clemens III(1187-1191)에게 넘어갔다. 프리드리히 바바로사가 십자군을 지휘하기로 합의가 되었고, 그는 영국의 사자왕 리처드Richard Coeur-de-Lion, 프랑스의 존엄왕 필리프 Philip Augustus 그리고 시칠리아의 윌리엄 2세*와 연합하였다.

한편, 프리드리히 1세는 육로로 진군하기로 했다. 그의 여정은 서유럽을 횡단하고 다르다넬스를 건너 아시아로 들어가 아나톨리아를 가로지르는 멀고도 고단한 길이었다. 1190년 6월 10일 마침내 그는 병력을 이끌고 타우르스 계곡을 벗어나 해안의 평원으로 들어섰다. 숨 막히는 더위가 기승을 부리니 셀레우시아**를 지나 바다로 흘러가는 칼리카드누스 강은 더 없이 반가운 광경이었을 것이다. 프리드리히는 자신의 말에 박차를 가해 앞서 나가며 다른 사람들을 뒤따르게 했다. 그것이 생전의 그의 마지막 모습이었다. 물을 마시려다 말에서 떨어진 것인지, 급류에 발이 휩쓸린 것인지, 말이 진흙에 빠져 날뛰다 주인을 떨어뜨린 것인지, 얼음산에서 떨어지는 차가운 물속에 빠진 충격이 그의 노구에—그의 나이 거의 일흔이었으므로—노구에는 너무 큰 영향을 주었던 탓인지 그 정확한 사인은 밝혀지지 않았다. 그는 구출되기는 했으나 너무 늦었다. 그의 대군이 강가에 도착해서 발견한 것은 강둑에 누운 채, 이미 싸늘하게 식

* 1166년 선왕the good 윌리엄 2세가 그의 아버지인 악왕the bad 윌리엄 1세를 계승했다.
** 현대 터키의 셀레우시아는 실리프케가 되었고, 반면에 칼리카드누스는 다소 딱딱한 어감의 곡수로 바뀌었다.

어있는 황제의 시신이었다.

프리드리히 1세의 죽음으로 교황과 제국의 관계는 많이 개선되었다. 클레멘스 3세는 외교적인 경험이 없었지만, 그럼에도 3년의 재임기간 중에 새로 독일의 왕이 된 하인리히 6세Heinrich VI와 상호 수용 가능한 협의를 이끌어내면서 황제의 대관식을 약속해주었다. 이에 대한 대가로 하인리히 6세는 1186년 정복했던 교황의 영지를 되돌려주었다. 이에 못지않게 주목할 만한 점은 교황이 로마의 원로원과도 성공적인 협의를 이루어냈다는 것이다. 결과적으로 클레멘스 3세는 라테란 궁으로 돌아갈 수 있었는데, 그에 앞선 두 명의 전임 교황들은 그곳에 발도 들여놓지 못했다. 정기적으로 보상을 지불하고 대부분 도시의 행정을 통제하는 대가로 원로원은 교황의 자치권을 인정해주었고, 충성을 맹세하며 교황의 세수입을 되돌려주었다. 다른 무엇보다 중요했던 이 두 가지 문제를 해결하면서, 클레멘스 3세는 다가오는 십자군의 중요성을 설파하는 데 자신의 모든 열정을 쏟아부었다.

그러나 그가 걱정할 필요는 없어졌다. 3차 십자군은 2차만큼 완전한 실패작은 아니었지만 예루살렘을 되찾겠다는 주요한 목적이 불발로 돌아간 것이다. 프리드리히 1세의 사망 직후 그의 대군은 완전히 와해되기 시작했다. 많은 독일의 제후들은 그 즉시 유럽으로 되돌아갔고, 다른 사람들은 배를 타고 당시 아직은 그리스도교도들의 손에 들어 있던 레반트의 유일한 주요 항구인 티레로 향하였다. 남은 병사들은 프리드리히 1세의 시신을 식초에 보존하여—그다지 성공적이지 못했지만—무서운 기세로 진군을 계속하다, 시리아로 들어가면서는 매복하고 있던 적에게 많은 병력을 잃기도 했다. 지친 몸을 이끌고 안티오크까지 갔던 생존자들도 더는 싸울 힘이 남아 있지 않았다. 이즈음, 프리드리히 1세의 사망 후 그의 병사들이 와해되고 흩어졌듯 프리드리히의 시신도 빠른 속도로 부패하여 서둘러 대성당에 묻혔다. 약 70년 후 술탄 바이바르스Sultan Baibars가 이끄는 맘무크 왕조Mameluke의 군대가 쳐들어와 도시 전체에 불을 질러 그가 잠들어 있던 성당 건물도 완전히 전소되고 말았다.

다행히 동방으로 원정을 떠났던 사자왕 리처드와 존엄왕 필리프의 병력은 큰 손실 없이 도착한 덕분에 모든 것이 실패로 돌아갔던 것은 아니었다. 아크레가 왕국의 수도가 되었고, 지금 그 왕국은 티레와 자파 사이의 작은 해안지구로 축소되었지만, 한때는 십자군 팔레스타인의 희미한 흔적이었다. 그 왕국을 둘러싼 분쟁은 1세기가량 계속되다가 결국 1291년 술탄 바이바르스에게 넘어가면서 끝이 났는데 그토록 오래 버틴 것도 어찌 보면 참으로 놀라운 일이다.

선왕 윌리엄 2세가 죽자 프리드리히 1세의 아들인 하인리히 6세는 콘스탄차와의 결혼 덕에 시칠리아 왕위를 물려받았다. 그는 1190년 11월 거행되는 자신의 대관식을 위해 팔레르모로 떠날 예정이었다. 그러나 출발 직전에 자신의 아버지 프리드리히 1세가 죽었다는 비보가 날아들었다. 이제 그가 받을 왕관은 하나가 아닌 두 개가 되었다. 불가피하게 출발은 몇 주 연기되었고, 다행히 그해 겨울 날씨는 온화한 편이어서 알프스 산맥을 지나는 길은 아직 열려 있었다. 1191년 1월 그는 자신의 병사들을 이끌고 안전하게 알프스를 넘어 롬바르디아에서 한 달 머무는 동안 자신의 위치를 공고히 다지고 난 후, 피사에서 보낸 함대의 지원을 보장받고 로마로 향했다. 로마에서는 클레멘스 3세 교황이 그를 기다리고 있었다.

그러나 하인리히 6세가 로마에 당도하기도 전에 클레멘스 3세는 선종하고 말았다. 추기경회에서는 황급히 서둘러—하인리히 6세가 병사들을 이끌고 로마로 오고 있었기에—콘클라베를 열어 클레멘스 3세의 후임으로 부제추기경인 지아친토 보보를 선출하였다. 당시 상황으로 미루어볼 때 그를 선택한 것은 조금은 의아한 점이 있다. 새로운 교황은 걸출한 집안 태생이며—그의 형 우르서스는 오르시니 가문의 창시자이다—오랜 세월 유명한 그리스도교도로서의 기록을 자랑할 만한 인물로, 50년도 전에 상스에서 성 베르나르도에 맞섰던 피에르 아벨라르를 용감히 옹호했던 전력도 있었다. 그러나 이미 그의 나이는 85살인지라, 하인리히 6세가 시칠리아 왕국 내의 교회들의 자리를 위협했던 것처럼 로마의 교회들에게도 같은 위협을 가할 수도 있는 위기 상황에서, 고압적인 자세로 덤벼드는 젊은 하인리히 6세를 상대하기는 누가 생각해도 힘들 것이었다. 교황 자신도 하인리히가 위협적인 인물이라는 사실에 공감했다. 그러나 황제가 이끄는 독일 군이 다가옴에 따라, 교황선출이 지연되면 또 다른 분립 시대로 접어들 수도 있다는 두려움이 모두에게 확산되면서 그는 교황의 관을 받아들 수밖에 없다. 1144년부터 추기경으로 재직해오던 그가 신부로 서품을 받은 것이 1191년 4월 13일 성 토요일이었고, 다음 날인 부활절 일요일 그는 첼레스티노 3세 Celestinus III(1191-1198)라는 이름으로 교황에 등극했다. 그리고 15일 교황이 된 그가 처음으로 집전했던 공식행사가 하인리히 6세와 콘스탄차 부처에게 신성로마제국의 황제와 황후의 관을 수여한 것이었다.

지금까지 모든 일이 하인리히 6세가 원하는 대로 흘러갔다. 그러나 그가 돌아가기 전, 나이 많은 첼레스티노 3세는 그에게 경고를 보냈다. 1190년 초 몇 주 동안 모든 힘이 신성로마제국으로 쏠리는 것을 막아보려는 필사적인 노력의 일환으로, 시칠리아 사람들은 리체의 탕크레드Tancred 백작을 하인리히의 경쟁자로 세워 왕관을 수여했다. 그는 로제르 2세의 장자의 사생아로, 그의 아버지는 로제르 2세보다 일찍 세상을 떠났다. 탕크레드는 문제가 있긴 했지만 열정적이고 단호한 면모를 갖추고 있었다. 하인리히 6세의 강한 반발이 예상되는 상황이었다. 하인리히 6세는 즉시 독일로 돌아오라는 충고를 받아들였어야 했으나, 당연히 그 조언을 묵살하고 이탈리아 남부를 향해 떠났다. 일단 하인리히 6세는 파죽지세로 몰아붙였다. 지나는 도시마다 밀고 들어가다가 나폴리에서 길이 막히고 말았다. 나폴리의 방어체계는 질서정연했고—탕크레드가 한 해 전에 자비를 들여 보수를 해두었다—그들의 곡물창고와 보관고도 가득 차 있었다. 하인리히 6세가 군사들을 이끌고 나폴리 성벽 아래 모습을 드러냈을 때 시민들은 이미 준비태세를 갖추고 있었다. 뒤이은 포위작전도 결코 쉽지 않았다. 시칠리아 함대가 피사의 함선들을 보내 끊임없이 괴롭히는 것도 한몫하여 하인리히 6세는 항구에 제대로 배를 댈 수조차 없었지만, 나폴리의 수비대는 계속 증강되고 또 규칙적으로 보급품도 받았다. 힘겨운 전투에도 불구하고, 수비는 견고한 데다 숨 막히는 여름의 더위가 기승을 부리자 판도는 더욱 분명해졌다. 주객이 전도되어 나폴리의 수비대는 긴장 속에 포위당하고 있는 쪽이 아니라 오히려 포위를 하는 입장이 된 것이다. 결국 8월 24일 하인리히 6세는 포위를 거두라는 명령을 내리고, 이후 하루 혹은 이틀이 지나자 황제의 병력은 북쪽으로 방향을 돌려 언덕을 넘어 떠나갔다.

독일로 돌아온 이 밉살스러운 젊은 황제 하인리히 6세는 계속 문제를 일으켰다. 자기 멋대로 주교들을 임명하고 첼레스티노 2세가 리에주의 주교로 점찍어 두었던 브라벤트의 앨버트를 죽인 살인자를 용서해주기도 하였다. 1192년 성탄절을 얼마 안 남겨두고, 사자왕으로 불리는 리처드 1세는, 십자군 원정에서 돌아오며 교황의 보호를 받기는 했지만 오스트리아의 레오폴트 5세Leopold V에게 포로로 붙잡혔다. 레오폴트 5세는 즉시 그를 하인리히 6세의 손에 넘겨주었다. 하인리히 6세가 요구하는 몸값—15만 마르크를 요구했는데 그것은 영국 왕의 연간 수입의 두 배가 넘는 금액이었다—은 결국 마련되었고, 황제는 그 돈을 독일의 반대파들을 매수하는 데 사용했다. 리처드 1세를 석방한 지 2주 만인 1194년 2월 리체의 탕크레드가 사망하자 하인리히 6세는 반대파들을 두려워할 필요가 없어져 자유로운 마음으로 팔레르모로 가서 왕관을 달라고 주장하였다. 그는 그해 성탄절 날, 기어이 왕관을 머리에 썼다.

콘스탄차는 남편인 하인리히 6세의 대관식에 참석하지 않았다. 나이 40세에 첫 임신을 한 그녀는 두 가지 다짐을 했다. 첫째는 안전하게 아기를 출산하는 것이며, 둘째는 의문의 여지 없이 온전히 자신의 아기로 키운다는 것이었다. 그녀가 시칠리아로 출발하는 여정 자체를 연기한 것은 아니었다. 다만 지신의 몸 상태에 맞게 좀 천천히 움직였을 뿐인데, 몸이 무거워진 그녀는 산통이 오자 안코나에서 약 32킬로미터가량 떨어진 제시에서 더 이상 갈 수가 없었다. 그녀는 남편인 하인리히 6세의 대관식이 있은 다음 날, 제시의 중앙 광장에 쳐진 천막에서 조산을 돕는 부인이 드나들 수 있도록 입구를 열어놓고는 외아들 프리드리히 2세를 출산했다. 그리고 이틀 만에 그녀는 광장에 나와 시민들을 모아 놓고는 보란 듯이 아이 입에 자신의 젖꼭지를 물렸다.

3년 후인 1197년 11월, 하인리히 6세는 그 특유의 잔인함을 동원해 시칠리아의 반란을 제압하고 난 후, 메시나에서 말라리아에 걸려 사망하였다. 당시 황제의 나이는 서른둘이었고, 60살이 더 많은 첼레스티노 3세는 그보다 3개월을 더 살고 선종했다.

13

인노첸시오 3세 교황

1198~1216

1202년 8월 인노첸시오 3세Innocentius III와 교황청은 라티움을 지나 로마에서 약 48킬로미터 떨어진 수비아코라는 도시에서 멈추었다. 그 도시에는 교황이 쉽게 묵을 만한 수도원이 있었지만, 그렇게 많은 교황의 수행원들까지 수용할 만한 규모는 아닌 데다 그들과 떨어져 있고 싶지 않았던 탓에 교황을 포함한 전원이 호수 위쪽에 막사를 세웠다. 인노첸시오 3세의 건강은 악화되고 있었고 그는 더위를 무척 싫어해서 가능한 한 로마의 여름은 피하려 했다. 그가 가진 것은 작은 텐트가 전부였는데 불타오르는 태양과 득실대는 파리는 또 다른 고통거리였다. 그 더위 속에서 업무를 한다는 것은 말도 안 되는 상황이라 그저 어디서든 햇볕을 피해 담소를 나누며 폭염의 고통을 잊을 뿐이었다. 많은 이들이 도저히 더위를 참을 수 없어 가파른 절벽 아래의 시원한 호수로 뛰어들었다가, 힘겹게 다시 언덕 위의 막사로 올라왔다. 교황도 호수로 내려가기는 했으나 고작 물속에 두 손을 담그고 얼굴에 물을 끼얹은 것이 전부였다.

이 짧은 일화는 당시 일행 중 한 사람이 함께 떠나지 못하고 남아 있던 사람에게 썼던 편지에서 발췌한 것인데 중세 교황의 역할이 그 절정에 이르렀던 시절에 교황으로 재임했던 한 사람의 따뜻하면서도 예상치 못한 일면을 보여주고 있다. 그 어떤 교황도 교황이라는 위치를 인노첸시오 3세만큼 격상시켰던 이는 없었다. 그는 실로 전 세계에서 그리스도의 대리자로서―그의 시대에 처음으로 통용되었던 명칭이다―하느님과 인간 그 중간쯤에 서 있던 인물이었다. 그러나 자신에 대한 완전한 확신―그의 유머감각과 더불어 중세에는 흔히 볼 수 없는 것이었다―은 그를 인내심이 있고 소박하며 언제나 쉽게 다가갈 수 있는 사람으로 만들어, 주변 사람들에게 많은 사랑을 받았다.

로타리오 디 세니는 1160년경에 태어났는데 아버지는 세니의 백작 트라시몬, 어머니는 로마의 귀족인 스코티 가문 출신의 클라리시아이다. 그들 가문은 교황과 깊은 연관이 있었다. 교황 클레멘스 3세가 삼촌이었고, 그레고리오 9세는 조카였다. 최고 수준의 지적 소양을 타고난 로타리오는 파리에서는 신학을, 볼로냐에서는 법을 공부하였다. 젊은 시절 캔터베리로 성지순례를 떠나기도 했는데, 캔터베리의 대주교였던 토머스 베켓이 무참히 살해당하는 사건이 일어나고 고작 한두 해 정도가 지난 시점의 일이었다. 클레멘스 3세는 1190년 로타리오를 추기경으로 임명하였지만, 첼레스티노 3세―자신의 가문과 스코티 가문이 오랜 세월 원수지간이었으므로―는 그를 철저히 전면에 나서지 못하게 했다. 덕분에 젊은 추기경이었던 로타리오는 오히려 시간적 여유가 생겨서 종교적인 소책자를 몇 권 만들기도 하였다. 그중 하나인,《세상을 대수롭지 않게 여긴다De

Contemptu Mundi, sive De Miseria Conditionis Humanae)는 제목*이 주는 우울함에도 불구하고 적어도 700부 이상의 필사본 원고가 전해지는 것으로 보아, 대중적 인기를 누렸음이 분명하다. 어쨌든 작고 잘생기고 유머감각까지 갖춘 로타리오는 교황청에 상당히 깊은 인상을 남겼을 테고, 아마도 그래서 교황청에서는 1198년 1월 8일 첼레스티노 3세가 선종한 바로 그날로 37살의 로타리오를 만장일치로 후임 교황에 선출했던 것 같다.

교황에 오르고 2년도 지나지 않아 유럽에서는 인노첸시오 3세에 필적할 맞수가 사라졌다. 하인리히 6세의 죽음과 호엔슈타우펜 왕가를 향한 교황당**의 전통적 적대감으로 신성로마제국은 통솔자를 잃어 혼란에 빠졌고 독일은 내전 상태에 있었다. 터무니없는 황제 알렉시우스 3세 안겔루스Alexius III Angelus의 통치하에 있던 비잔티움제국도 거의 무정부 상태나 진배없었다. 노르만의 시칠리아도 독립성을 잃었고, 영국과 프랑스는 1199년 사자왕 리처드의 타계 이후 왕위계승 문제로 골머리를 앓고 있었다. 상대적으로 교황은 어떤 전임 교황들보다 견고한 위치를 다졌고 그에 맞서 음모를 꾸밀 만큼 적의를 가진 황제도 없었다. 그는 곧 교황의 영지—호엔슈타우펜 왕가의 정책에 의해 거의 무정부 상태 수준으로 축소되었다—는 물론 로마에서도 영향력을 발휘하게 되었고, 스폴레토의 군주의 영지와 안코나의 경계 지방도 획득했다. 안코나의 경계 지방 영

* '세상의 비열함에 관하여' 혹은 '인간세상의 비참함.'
** 중세 말기, 로마 교황과 신성로마제국 황제와 대립이 격화대면서 기벨린당에 대항하여 교황을 지지한 당파를 이르던 말. – 역주

토는 로마에서 아드리아 해까지 뻗어나가서 북부 이탈리아와 시칠리아 왕국 사이에 매우 중요한 저지선 역할을 하는 곳으로 그는 여기서 외교적으로 또 다른 큰 성과를 이루어내기도 했다. 콘스탄차 황후를 설득하여 시칠리아를 교황의 영지로 편입했으며, 황후는 자신의 아들인 프리드리히가 다 자랄 때까지 교황을 그 지역의 섭정자로 임명하였다.

그러나 4차 십자군 원정에 있어서만은 인노첸시오 3세도 그다지 운이 좋지 않았다. 전임 교황들과 마찬가지로 인노첸시오 3세 또한 무슬림이 장악하고 있는 성지들을 해방시키기로 결심했다. 1198년 초 그는 예루살렘 성지 회복을 목표로 십자군을 일으키고 필요한 자금을 충당하기 위하여 성직자들에게 수입의 20분의 1을 내도록 하였다. 그러나 1202년 여름 마침내 십자군이 베네치아에 모여들었을 때, 자금이 부족해서 십자군의 지중해 횡단을 위한 수송료로 약속했던 은화 8만 4천 마르크를 지불할 수 없게 되었다. 그러자 베네치아 사람들은 십자군이 달마시안 해안의 자라 지역 탈환을 도와주지 않으면 배를 띄울 수 없다는 조건을 내걸었다. 십자군은 적절한 절차에 의해 자라를 탈환하고 약탈하였다. 그러나 전리품 분배를 놓고 십자군과 베네치아 사람들 사이에 갑자기 싸움이 벌어졌다. 혼돈 상태에서 다시 질서가 잡히자, 두 진영은 도시의 분리된 구역에 자리를 잡고 그해 겨울을 났다. 오래지 않아 베네치아에서 벌어졌던 일의 진상을 들은 교황은 분노하며 원정대 전체에 파문을 내렸다(나중에 교황은 파문을 재고하게 되는데 불합리하게도 결국 파문 선고는 대부분 베네치아 사람들에게만 내려졌다).

설상가상으로 악재가 잇달았다. 십자군이 자라에 있는 동안 슈바벤의 공작 필리프—바바로사의 다섯 번째이자 막내아들로, 폐위당한 비잔티움 황제 이사키우스 2세 앙겔루스Issac II Angelus의 딸과 결혼했다—가 도착하며 한 가지 제안을 했다. 만약 십자군이 자신의 처남이자 이사키우스 2세의 아들인 알렉시우스[훗날 비잔티움 황제가 되는 알렉시우스 4세 앙겔루스Alexius IV Angelus]를 콘스탄티노플까지 수행해준 후 그곳의 찬탈자를 밀어내고 왕좌에 앉도록 도와준다면, 앞으로 있을 십자군 진군에 자금을 지원하고 1만 명의 병사도 내주겠다는 것이었다. 또한 비잔티움의 교회를 로마의 교회에 바침으로써 150년에 걸친 분립 상태의 회복을 도모하겠다고 했다. 그야말로 귀가 솔깃해지는 제안인지라 서로가 다르다는 점을 잠시 잊은 채, 십자군도 베네치아 사람들도 모두 이를 수락하였다. 그러나 1204년 4월 십자군 역사상 많은 끔찍한 일들 중에서도 차마 입에 올리기도 어려운 일이 벌어졌다. 잔인한 약탈과 거의 파괴에 가까운 행태가 그리스도의 상징인 십자가를 어깨에 두르고 있는 사람들에 의해서 자행되었다. 그것도 로마제국의 수도이자 동로마에서는 그리스도교의 가장 중요한 전초기지와도 같은 콘스탄티노플 한복판에서 일어난 것이었다. 결과적으로 폭력단과 같은 프랑크족—그들 대부분은 본인 이름도 쓸 줄 모르고 그리스어는 한 마디도 못하는 자들이었다—이 왕위를 계승하면서 향후 57년 동안 황제들의 왕관을 갈취하는 결과를 낳고 말았다. 비잔티움은 그저 예전 영화의 희미한 그림자를 안은 채 거의 200년 이상을 그렇게 더 버텨야 했다.

† 중세의 위대한 교황, 인노첸시오 3세. 13세기 프레스코화. 수비아코 거룩한 동굴 수도원.

인노첸시오 3세는 콘스탄티노플에서 십자군의 진군 방향을 완전히 돌리려했던 노력이 실패하고, 책임을 면할 수도 없는 극악무도한 행위를 자행했다는 소식을 듣고 그 누구보다 몸서리치게 놀랐다. 그러면서도 그는 라틴을 정복하면 로마 가톨릭의 총대주교를 데려올 수 있고 동방정교회 분리도 끝을 맺을 수 있을 거라는 착각을 했다. 그는 '하느님의 정의로운 심판에 의해서, 그리스 왕국은 오만함에서 겸손함으로, 불복종에서 굳은 신앙으로, 정파 분립에서 가톨릭으로 변화하노라.'라고 적기도 했다. 그의 판단은 상당히 그릇된 것이었다. 콘스탄티노플을 약탈함으로써, 분립이 종식되는 것이 아니라 그 골을 더욱 깊게 만들었다. 한편 알비주아파Albigenses가 세를 확장시켜가고 있었음에도 십자군의 이상理想을 믿는 인노첸시오 3세의 생각에는 흔들림이 없었다.

알비주아파는 이단 그리스도교 종파로서 11세기가 시작될 무렵 랑그도크에서 처음 생겨났다. 특히 그들이 주창하는 것—카타리파 신봉—은 서유럽에만 존재했던 것은 아니다. 그 이전에 카타리파 Cathars들은 아르메니아에 존재했었고—파울리키우파Paulicians라는 이름으로 존속했던 그들은 수세기 동안 비잔티움의 통치자들에게는 눈엣가시 같은 존재였다—불가리아와 보스니아에도 있었는데 그곳에서는 보고밀파Bogomils로 알려졌다. 본질적으로, 그들은 선과 악의 뚜렷한 이원론으로 구성된 마니교 교리를 신봉했다. 그들이 말하는 선은 영적인 신이며, 악은 물질적인 세계의 창조자이다. 그리고 지구는 그 양측이 끊임없이 싸우는 전쟁터인 것이다. 그들의 지도자들인 페르펙티(완전자)는 육식과 성생활을 삼갔고, 교회의 모든 성찬례, 특히 세례나 결혼과 더불어 성자나 성스러운 그림 그리고 성물聖物등도 일체 거부하였다. 인노첸시오 3세로선 엄격한 교리에서 비롯된 그런 일탈행위들은 참아주기 어려운 것이었다. 처음에는 평화적인 방법으로 개종을 시도하여 교황 특사인 카스텔로의 베드로와 시토 수도원 대원장을 필두로 한 시토회 선교사들을 파견했고, 나중에는 스페인 사람으로 성 도미니코로 더 잘 알려진 도밍고 데 구즈만도 가세했다. 그러나 1208년 베드로가 툴루즈 백작 레이몬드 6세Raymond VI의 심복에게 살해당하자 인노첸시오 3세는 십자군 원정을 선포하였다.

알비주아파 토벌을 위한 십자군 원정은 시몬 드 몬트포트가 이끄는 북부의 부호들이 남부의 부호들과 맞서 겨루는 가운데 20년 동안 지속되었다. 그 사이 끔찍한 대학살도 자행되었는데 그중 최악은 몽세귀르에서 일어났던 것으로, 초기 중세의 눈부신 프로방스 문명을 완전히 파괴하고 말았다. 1229년 파리 조약으로 전쟁이 끝나고 나서도—수도 없이 많은 지지자들에 대한 대학살이 자행되었다—그 이단은 사라지지 않았다. 온갖 위협적인 수단이 동원되고도 100여 년이 지나서야 종교재판이 열려 일망타진할 수 있었다.

참 역설적이게도 1029년은 알비주아파의 십자군 원정이 시작된 해이면서 동시에 아시시의 성 프란체스코와 성 도미니코가 각각 이끄는 두 개의 위대한 탁발 수도회가 설립된 해이기도 하다. 두 사람 모두 인노첸시오 교황에게는 잘 알려진 인물이었고—프란체스코회의 오랜 전승에 의하면—교황은 구두로 4월 16일 로마에서 프란체스코회를 승인해주었다고 한다. 그 초기 수사들은 매우 소박하게 방랑생활을 하며 강론을 하는 사람들로 어떤 일이 주어지든, 또 어떤 대접을 받든 괘념치 않으며 만약 필요하면 빵을 구걸하는 일도 마다하지 않았다*. 그들은 마을 사람들이나 농부 같은 사람들을 대상으로 가장 단순한 강론을 펼치고 특히 병든 이들을 돌보는 데 많은 노력을 기울였다. 이 수도회는 많은 인기를 얻었으며 놀라운 속도로 성장하여 설립한 지 10년 만에 3천 명 이상의 수도사들을 보유하게 되었다. 도미니코 성인이 설립한 두 번째 수도회는 1216년 인노첸시오 3세 교황이 선종하고 5개월이 지나 승인을 받았다.

초기 재임시절에 인노첸시오 3세는 독일 왕관의 행방에 대해 지속적으로 우려했다. 그것은 세습이 아니라 선거에 의한 것이었기 때문이다. 하인리히 6세의 외아들인 시칠리아의 프리드리히는 분명히 왕관의 주인임을 주장할 수 있지만, 멀리 팔레르모에 떨어져 있었고 게다가 아직은 어린아이였다. 독일 내에서 왕권을 주장하는 두 명의 경쟁자 중 한 명은 프리드리히의 삼촌이자 슈바벤의 제후인 필리프이며 다른 한 사람은 브런즈윅의 제후 오토Otto였다. 아버지는 교황당의 지도자인 하인리히 사자공, 어머니는 영국의 헨리 2세의 딸인 마틸다였으니, 오토는 결과적으로 사자왕 리처드와 그의 남동생인 존 왕의 조카였다. 필리프는 시칠리아와 관련하여 그 어떤 약속도 하지 않은 반면, 오토는 시칠리아와 확장된 교황의 영지에 대한 교황의 권리를 쉽게 존중해주었기에 인노첸시오 3세는 주저 없이 브런즈윅의 제후 오토를 지지했다. 교황은 향후 프리드리히의 권한이 시칠리아에 한정될 것으로 생각하였다. 그러나 두

---

* '탁발 수도회'라는 용어는 프란체스코회 수사들에게는 정확히 맞아 떨어지는 것은 아니다. 프란체스코 성인은 가능한 육체노동에 의존해 살아야 하며 빵을 구걸하는 것은 그야말로 마지막 궁여지책이라고 권고하였다.

경쟁자 사이의 적대감으로 인해 몇 년째 그 문제는 최종 해결이 나지 않고 있었다. 그러나 점차 슈바벤의 필리프가 무서운 기세로 성장하여 인노첸시오 3세가 자신의 위치를 재설정해야 할 정도로 강력한 존재로 부상하였다. 1208년 바이에른의 팔레타인 제후가 자기 딸과의 결혼을 거부했다는것을 빌미로 필리프를 살해하는 일이 벌어졌을 때, 아마 교황은 그리 깊이 애도하지는 않았을 것이다. 이제 오토가 대관식의 주인공이 되는 것은 자명해 보였고, 1209년 10월 4일 일요일 인노첸시오 3세는 로마에서 그의 대관식을 집전하였다.

그러나 브런즈윅의 오토를 지지한 것은 교황에게 안타까운 실망만 안겨주었다. 대관식을 치르고 몇 주도 지나지 않아 그는 본색을 드러내며 마치 예전의 프리드리히 바바로사나 하인리히 6세가 그러했듯, 하는 일마다 거만하기 짝이 없이 굴며 교황을 괴롭히기 시작했다. 오토 4세는 1210년 시칠리아 왕국을 침략하고 남부 이탈리아를 장악했다. 안타깝게도 너무 과욕을 부린 것이었다. 투스카니의 교황 영지를 침략한 그에게는 즉각적인 파문이 내려졌고 1211년 9월 독일의 주요 제후들은 뉘른베르크에서 공의회를 열어, 그의 퇴위를 선포했다. 그러고는 팔레르모에 대사를 급파하여 당시 나이 17살이었던 프리드리히를 초청해 비어 있는 왕좌에 앉히려 하였다.

그들의 초청은 정말 놀라운 일이었다. 프리드리히 측근의 관료들은 그 초청을 수락하지 말라고 강력히 권고했다. 프리드리히는 본국인 독일과는 이제 거의 연관도 없었고, 독일 땅에는 그야말로 발도 들여 놓은 적이 없었다. 그가 지배하고 있는 시칠리아 왕국도 아직 안전한 곳은 못 되어서, 불과 1년 전에 브런즈윅의 오토가 메시나 해협을 건너 그를 위협해 오기도 했다. 굉장할 수도 있지만 환상으로 끝이 날 수도 있는 영광을 위해 적어도 몇 개월을 시칠리아를 비우고 떠나도 되는 때인지 알 수 없었다. 그러나 그 초대를 거절한다면 독일의 제후들을 의도적으로 모욕하는 것처럼 비춰져 결국 경쟁 세력 수장의 위치만 강화시키는 꼴이 되고 말 것임을 그는 알고 있었다. 이탈리아에서도 독일에서도 아직도 오토 4세를 지지하는 세력들이 많이 있었기 때문이다. 오랜 야망을 단념하지 못한 오토 4세는 새로운 원정대를 출범시킬 능력을 갖추고 있었으며 또 같은 실수는 범하지 않을 것이었다. 바로 여기 그를 무너뜨릴 기회가 왔으니 놓칠 수 없었다.

얼마간의 망설임 끝에 인노첸시오 3세 교황은 프리드리히를 승인해주었다. 프리드리히 2세의 선출로 남부와 북부에 있는 교황영지에 대한 황제의 지배권이 강화되는 것은 인정할 수밖에 없었다. 그리고 교황이 프리드리히 2세로 하여금 시칠리아의 왕관을 포기하도록 종용한 것은, 섭정자인 콘스탄차 황후와 프리드리히 2세의 갓 태어난 아들을 지지하는 입장에서 보자면 이론상으로는 제국으로부터 시칠리아 왕국의 독립성을 강화하기 위해서였다. 일단 이러한 형식상의 절차들에 대한 합의가 이루어지고 나서 프리드리히 2세는 비로소 떠날 수 있었다. 1212년 2월 말 프리드리히 2세는 메시나에서 배에 올랐다. 그러나 그의 행선지는 독일이 아니라 로마였다. 그는 3월 25일 부활절 일요일에 교황 앞에 나아가 무릎을 꿇고 봉건적인 예를 갖추어 존경을 표하는 의식을 행하였는데, 그것은 엄밀히 말하면 시칠리아 왕국을 위해 자신의 아들을 대표해서

행한 것이었다.

그러나 북쪽으로 향하는 그의 여정은 결코 만만치 않았다. 7월 28일 그는 파비아에서는 따뜻한 환영을 받았으나 롬바르디아 평원에서는 황제에게 반감을 갖고 있는 밀라노 사람들이 끊임없이 순찰을 돌아 경비가 삼엄했다. 다음 날 파비아를 떠나는 황제의 일행에게 기습공격을 감행한 자들이 바로 이 밀라노 사람들이었다. 그야말로 운이 좋았던 프리드리히 2세는 용케도 말에 올라타 안장도 없이 람브로 강을 건너 크레모나까지 갈 수가 있었다. 초가을 무렵, 그는 안전하게 독일 땅으로 들어갔고 12월 왕관을 머리에 썼다. 그것이 신성로마제국의 황제가 되기 위한 그의 첫 행보였다.

인노첸시오 3세가 보기에는 프리드리히 2세는 전도유망한 앞날의 첫 단추를 끼운 것이었다. 1213년 여름에 프리드리히 2세는 〈에거의 금인칙서Golden Bull of Eger〉로 알려진 헌장을 반포했는데, 자신의 영역 내에 있는 모든 주교와 수도원장을 자유선거로 선출할 것과 모든 종교 소송에 대해 교황청에 상소를 올릴 수 있도록 허용하는 내용이었다. 이는 시칠리아에서는 허용되지 않았던 것이기도 했다. 상황이 이러하다 보니 늘 그러했듯이 황제와 교황의 관계가 조만간 틀어지는 것은 피할 수 없는 현실이 되었다. 하지만 남은 3년의 재임 동안 인노첸시오 3세에게는 신성로마제국에 대한 자신의 정책적 성공을 자축할 만한 타당한 근거가 있었다.

교황에게 오토 4세는 이미 충분히 미운털이 박힌 인물이었는데 그가 영국 존 왕의 조카라는 사실도 이미지 쇄신에 도움이 되지 않았다. 오토 4세가 신임을 잃기 전인 1208년 존 왕이 교황이 추천한

스테판 랑톤을 캔터베리의 대주교로 인정하기를 거부했을 때, 교황
은 영국 전체 교회에 대한 성무집행금지령을 내린 바가 있었다. 이
에 격분한 존 왕은 모든 성직자들의 재산을 몰수하고, 사제와 성직
자의 정부들을 체포하라는 명령을 내려 보복을 감행했다. 물론 곧
그들을 돈을 받고 풀어주기는 했지만 말이다. 존 왕과 교황 사이
에 협상이 시작되었으나 존 왕이 계속 고집을 부리는 바람에, 결국
1209년 교황이 그에게 파문을 명하자 영국의 주교들과 수도원장들
대부분은 자진해서 망명길에 올랐다. 과거에 교회에서 내려진 금지
령은 왕이나 황제들조차 무릎을 꿇게 만들었지만—카노사의 대굴
욕으로 기억되는 하인리히 4세만 봐도 알 수 있다—이제는 문제가
간단치 않았다. 교구나 수도원이 비어 있으면 그들 지역의 수입은
고스란히 왕의 손으로 들어가기 때문이었다. 1211년경 존 왕이 7개
교구와 17개 수도원에서 거두어들인 이익금은 파문당한 상황을 외
려 즐기고도 남을 만큼 상당한 금액이었다. 그의 입장에서는 굳이
파문 철회를 서두를 필요가 없었다.

　일 년 후, 10만 파운드를 벌어들인 존 왕은 존엄왕 필리프의 통치
기간에 잃었던 프랑스의 광범위한 영토—노르망디, 앙주, 메인 그
리고 푸아트 지역들—를 되찾겠다고 결심했다. 이를 위해서는 유럽
대륙의 상당 부분이 원정 지역에 포함될 것이며, 파문 상태에서는
성공적인 원정을 이끌어내기 어렵다는 것을 알고 있었다. 1212년
11월 존 왕은 인노첸시오 3세가 추천했던 랑톤을 대주교로 받아들
이기로 동의했다. 그러나 그는 그렇게 애를 쓸 필요가 없었다. 왜냐
면 이어진 원정은 참패로 끝났기 때문이다. 그의 주요한 동맹은 그

가 오랜 세월 지지하고 재정적으로 지원해주었던 브런즈윅의 제후인 그의 조카였고, 플랑드르의 백작이 이끄는 저지대(유럽 북해 연안의 벨기에, 네덜란드, 룩셈부르크로 구성된 지역)에서 형성된 지원군도 모두 합치면 1만 5천 명이 되었다. 반면, 프리드리히 2세의 지원이 전부였던 존엄왕 필리프는 1만 명의 강력한 병력을 이끌고 1214년 7월 27일 침략자들에 대항하기 위하여 릴과 투르네 사이의 부빈으로 진격해 결정적 승리를 거두었다. 플랑드르의 백작은 포로로 잡혔고, 오토 4세는 다시 브런즈윅으로 달아났다. 존 왕에게 부빈은 자신이 세운 모든 연합체가 몰락하고 유럽대륙에 대한 야망이 물거품이 된 곳으로 기록되었다. 영국에서 왕의 위치는 이제 너무 약해져서 그 이듬해 그는 마그나카르타*에 서명할 수밖에 없는 처지가 되었다.

그것은 역사상 가장 유명한 문서로 평판이 나 있는데도, 당시 많은 귀족들이 즉시 그 문서를 실행 불가능하게 만들어버렸다는 사실이 더 놀라울 뿐이다. 그 문서는 귀족들과 군주의 건강한 관계를 강화하기는커녕 내전을 야기했다. 귀족들의 요청을 받은 프랑스의 루이Louis 왕자(후일 루이 8세)가 영국을 침략하자 곧 국제적인 전쟁으로 그 양상이 변하였다. 인노첸시오 3세는 그 사태를 폭압에 맞선 법의 행사가 아니라 국왕의 권위에 도전하는 봉건적 반란의 시도로 보았기 때문에 상당히 격노해 존 왕의 요청에 따라 그 문서가 국왕의 의지와는 상관없이 시행되었다는 사실을 근거로 무효라고 주장했다.

---

* Magna Carta. 1215년에 영국의 귀족들이 존 왕에게 강요하여 서명하게 한, 영국 국민의 법적 및 정치적 권리 확인서. -역주

그즈음 인노첸시오 3세의 권위가 절정에 달해가고 중세 교황법령 제정을 위한 준비에 몰두하는 가운데 1215년 11월 제4차 라테란 공의회가 개최되었다. 400명 이상의 주교와 대주교가 참석했고, 그 중에는 콘스탄티노플과 예루살렘의 라틴 총대주교들 그리고 알렉산드리아와 안티오크에서 온 대표단도 포함되어 있었다. 그 나머지는 800명도 넘는 수도원장과 수녀원장들, 시칠리아의 프리드리히 2세(현재 독일의 왕)가 보낸 사절단, 콘스탄티노플의 라틴 황제 그리고 영국, 프랑스, 아라곤, 시칠리아, 헝가리, 키프로스와 예루살렘의 국왕들도 함께 자리했다. 눈에 띄는 불참자들은 동방 그리스교회의 대표단들이었다. 그들의 머릿속에는 아직도 제4차 십자군 원정의 공포가 뚜렷이 남아 있었던 탓이다.

공의회가 특히 관심을 두었던 두 가지 문제는 신앙심이 없는 자들이 성지를 점령한 것과 이단의 재발이었다. 새로 출범하는 원정대의 출범일은 1217년 6월 1일로 확정되어 모든 성직자들에게 수입의 40분의 1, 그리고 교황과 추기경들에게는 수입의 10분의 1이 세금으로 부과되었다. 그러나 1216년 7월 16일 인노첸시오 3세의 선종으로 준비 속도가 떨어져 원정은 지연될 수밖에 없었다. 이단 확산이 염려되는 가운데 교황을 이은 첫 번째 연사는 아그드의 주교였다. 그는 상당 시간 알비주아파의 문제를 성토했다. 나중에 카타리파 교리는 공식적으로 규탄을 받았고, 그 교리에 맞서 원정에 참여하는 모든 사람들에게 십자군의 면책특권이 부여되었다.

공의회의 개회 초반에, 성 도미니코가 인노첸시오 3세에게 자신의 수도회에 대한 공식 승인을 요청하기 위하여 로마로 왔다. 그러나 거기에는 여러 가지 해결해야 할 문제가 있었고, 결국 도미니코 수도회를 승인해준 사람은 인노첸시오 3세의 후임인 호노리오 3세 Honorius III였다. 도미니코회는 프란체스코회만큼 성공적이라는 것을 증명해 보여야 했는데, 1221년 도미니코가 선종할 무렵이 되어서는 롬바르디아에 6개, 프로방스에 4개, 토스카나와 로마에 각각 3개 그리고 스페인에 2개의 수도원이 세워졌다.

공의회에서는 상당히 많은 분야를 아우르는 71개의 교회법 혹은 법령이 반포되었다. 첫 번째는 실체변화實體變化*의 교리를 규정하였고, 13번째 항은 새로운 수도회의 설립을 금지하는 것이었는데, 도미니코는 성 아우구스티노의 규칙을 채택함으로써 바로 이 항목을 극복하고 도미니코회의 승인을 얻어낸 것이었다. 18번째 항은 시련재판試鍊裁判**에서 뜨거운 물이나 달구어진 쇠를 사용하는 것을 금지하는 내용이었고, 21번째 항에서는 모든 가톨릭 신자들은 부활 시기에 최소한 1년에 한 번은 고해성사를 하고 영성체를 해야 한다고 주장했으며, 31번째 항은 성직자의 사생아가 아버지의 교회를 상속받는 일을 금지하고 있다. 마지막 법령은 유대교도들을 적대시하라는 것이었다. 그리스도교도는 유대교도 고리대금업자와 거래를 할 수 없고, 유대인이나 무슬림은 눈에 뚜렷이 구별되는 옷을 착용해야 하며, 성주간에는 유대인이 공공장소에 나타나서는 안 되고, 그

---

* 성체성사에서 빵과 포도주의 형상은 그대로 남아 있으나, 빵의 온전한 실체는 그리스도의 몸, 포도주 온전한 실체는 그리스도의 피로 실존 양식이 변화되는 현상. ─역주
** 물, 불, 독 등을 써서 피고에게 육체적 고통이나 시련을 가하고, 그 결과에 따라 죄의 유무를 판단하는 중세의 재판 방법이다. ─역주

리스도교도들의 권한을 넘보는 그 어떤 공식적인 의식도 거행할 수 없다고 규정하였다.

마지막 규정은 오늘날의 우리들에게는 무척 놀라운 내용이지만, 13세기 초에 살았던 그들에게는 그렇지 않았을 것이다. 인노첸시오 3세와 그의 동료들은 그 시대의 추종자들이었다. 그들은 유대인들을 차별했지만, 그들이 박해했던 대상은 다름 아닌 그리스도교 신자들이었다. 그들을 혹독하게 비난하기에 앞서 우리는 어쩌면 중세 영국에서 유대인들의 위치를 먼저 고려해야 한다. 13세기 말 이전, 수많은 사람들이 체포당하고 또 처형당한 이후, 에드워드 1세 왕이 유대인의 공동체를 영국 땅에서 어떤 식으로 추방했는지를 떠올려 보아야 할 것 같다.

공의회의 법령과는 완전히 별개로 인노첸시오 3세는 엄청나게 많은 교회법을 책임지고 있었다. 그는 6천 통도 넘는 서신을 남겼는데, 그들 중 다수가 교회법과 관련한 것이었고, 1210년 초 처음으로 모음집을 발표하고 그것을 볼로냐 대학에 위임하였다. 그의 재임기간은 중세 교황 권력의 정점을 찍었다. 그러나 어느 누구도 모든 것이 갑작스럽게 끝이 날 것이라고 예상하지는 못했다. 1216년 7월 교황은 제노바와 피사 사이의 해묵은 다툼을 해결해 해상국가인 두 나라가 십자군 원정에 협력하게 하리라는 기대를 품고 로마를 떠나 북부로 향하였다. 그 몇 해 전 교황은 심각한 말라리아에 걸려 거의 죽다 살아난 적이 있었는데, 또 다시 말라리아에 걸려 페루자에서 발이 묶이고 말았다. 그로부터 하루 혹은 이틀이 지나 교황은 55세를 일기로 선종했다.

다음 날 밤, 누군가가 침입을 하여 인노첸시오 3세의 시신을 훔쳐갔다. 그리고 그 시신은 이튿날 발가벗겨진 채 줄에 묶인 상태로 발견되었는데 무더운 여름의 열기로 인해 급속히 부패가 일어나 서둘러 산 로렌초 성당*에 안치했다. 나중에 전해지는 말로는 중세의 교황들 중에서도 위대한 교황이었던 그의 유골은 함부로 방치되다 우르바노 4세Urbanus IV와 마르티노 4세Martinus IV의 유골과 함께 상자에 담겨져 새로운 성당의 성구 보관실의 벽장 안에 보관되었다고 한다. 그러다가 19세기 말 레오 13세Leo XIII의 명에 따라 라테란으로 이전되었다. 이렇게 해서 인노첸시오 3세의 유골은 한 사제의 여행 가방 속에 담겨져 기차를 타고 마침내 로마에 돌아오게 되었다.

* 전기 작가인 헬렌 틸만의 《교황 인노첸시오 3세*Pope Innocent III*》에서 전체 단락의 도움을 받았다. 그녀는 보나치의 '*Storia di Perugia dalle origini al 1860*' 1865년판 제1권을 인용하고 있다. 나는 이 책을 찾아보지 않았고, 더욱이 그 성당도 도시 안내책자에 나와 있지 않아서 찾지 못했다.

14

—

호엔슈타우펜 왕가의 몰락

1216~1303

1216년 7월, 인노첸시오 3세가 페루자에서 선종하고 이틀이 지나자 페루자에 있던 추기경들이 회동하여, 나이도 지긋하고 이미 노쇠한 추기경인 첸치오 사벨리를 후임으로 선출했고 그는 호노리오 3세 Honorius III라는 교황명을 얻었다. 그는 로마의 귀족 가문 출신으로 이미 교황청에서 여러 해 동안 일을 맡아오고 있었다. 1197년에는 짧은 기간 동안 시칠리아에서 프리드리히 2세의 개인교사 역할을 맡기도 했는데 당시 프리드리히는 세 살이 채 안 된 터라 그리 많은 영향을 미치지는 않았던 것 같다.

호노리오 3세는 교황으로 선출된 이후, 자신의 첫 번째 임무는 전임 교황의 유지를 받들어 십자군 원정을 이어가는 것이라고 생각했다. 이에 필요한 정치적 통합을 이끌어 내기 위하여, 그는 외교 일선에서 열심히 일하면서 프랑스와 아라곤 왕들의 중재를 돕고, 존 엄왕 필리프가 영국 침략에서 손을 떼도록 설득하고, 존 왕의 아들 헨리를 도와 1216년 타계한 아버지의 왕위를 승계하도록 했다. 그러나 안타깝게도 5차 십자군 원정은 2차, 3차, 그리고 4차에 이어 시작부터 꼬였다. 그들의 목표는 이집트의 도시인 다미에타를 함락하는 것으로 후일 그곳을 예루살렘과 맞바꾸려는 희망을 안고 있었다. 1218년 함대가 출발을 하면서 처음에는 예루살렘의 명목상 국왕인 브리엔의 장Jean de Brienne이 지휘권을 갖고 있었으나, (4개월 후) 스페인 추기경인 루시아의 펠라지오가 교황의 대표단을 이끌고 도착해서는 전반적인 지휘권을 맡겠다고 주장하였다.

다미에타에 대한 포위가 7개월간 지속되자 이집트의 술탄 알 카밀Sultan al-Kamil은 자포자기 속에 십자군이 떠난다면 예루살렘 왕국에게 요르단 서부를 내주겠다는 제안을 하였다. 그러나 바보 같게도 펠라지오는 그 제안을 거절하고 유혈사태를 무릅쓰고라도 카이로를 정복해 이집트 전체를 삼켜버리겠다고 마음먹었다. 1219년 11월 5일, 다미에타는 함락됐지만 전쟁은 끝나지 않았고 거의 2년을 더 끌었다. 나일 강 범람으로 십자군의 발이 묶이지 않았더라면, 더 오래 끌 수도 있었을 것이다. 과욕을 부리던 십자군은 나일 강 홍수 앞에 굴복해 겨우 그곳을 벗어났다. 성공을 목전에 두는 듯했던 십자군 앞에는 또 다른 커다란 재앙이 기다리고 있었으니 그것은 모두 전적으로 고집불통인 지도자* 탓이었다.

한편, 십자군 원정의 실패 원인을 다른 어딘가로 전가시키고 싶었던 호노리오 3세는 이제 신성로마제국의 황제가 된 프리드리히 2세에게로 눈을 돌렸다. 1214년 초 프리드리히 2세는 십자군을 맡

---

* 이 포위 작전은 예상치도 못했던 아시시의 프란체스코 성인의 도착으로 인해 더 한층 복잡한 상황이 되었다. 그는 술탄을 알현하고 그를 그리스도교로 개종하려는 노력을 했는데 그것 역시 또 다른 실패였다.

겠다는 의사를 발표했다. 왜 그가 그런 일을 벌였는지는 아직도 의문이다. 그는 십자군 원정에 자발적으로 나설 만큼 독실한 신앙인도 아니었고, 더욱이 무슬림 출신의 과학자나 학자들에게 교육을 받아서 무슬림의 언어도 완벽히 구사할 줄 알았으며 그들의 종교를 존중하기도 했다. 그렇다고 당시 교황이나 다른 누구로부터 압박을 받고 있던 것도 아니었다. 후일 그가 그 일을 두고 매우 후회했다는 증거가 여기저기 많이 나타난다. 그는 그 일을 완수하겠다는 강한 열망에 사로잡힌 것도 아니어서 1220년까지도 독일에 머물면서 자신은 참여하지 않은 채 5차 원정대를 먼저 출발을 시켰다. 교황은 프리드리히 2세가 십자군의 지도자로서의 임무를 완수했다면 다른 결과가 나왔을 것이라고 믿었다. 또 프리드리히 2세가 로마를 통해 시칠리아로 돌아가는 길에 교황에게서 왕관을 수여받았던 일도 어느 정도 성급한 결정을 내리는 데 작용을 했을 것이다.

5차 십자군 원정의 실패로 호노리오 3세는 프리드리히 2세가 직접 지휘하는 6차 원정을 추진하자는 결심을 굳혔다. 프리드리히 2세는 분명히 원정에 관심이 없음을 드러냈지만, 간과할 수 없는 또 다른 문제가 있었다. 콘스탄차 황후는 1221년 타계하면서 프리드리히에게 예루살렘의 상속 여왕인 12살의 욜란드 드 브리엔 Yolande de Brienne과 결혼하라는 유언을 남겼다. 그녀는 예루살렘의 왕 아말릭Amalric의 손녀인 어머니에게서 칭호를 물려 받았다. 그녀의 어머니는 열일곱의 나이로 60대인 브리엔의 장과 결혼했고, 그 즉시 장은 왕위를 넘겨받았다. 장의 주장으로는 왕위를 맡고 한두 해가 지나서 자기 부인이 이른 나이에 죽었다고 하는데 의문의 여지는 분명히 존재한다. 그럼에도 그는 아크레에 근거를 두고 어린 딸 욜란드를 위한 섭정자로서 계속 통치를 이어갔다. 게다가, 앞서 보았듯이 그는 초기 십자군 원정을 이끌었던 인물이기도 하였다.

욜란드는 사실 가진 것 하나 없는 무일푼이었고 나이는 프리드리히 2세의 절반에 불과했으므로, 프리드리히는 처음에는 그 결혼 제안에 그다지 매력을 느끼지 못했다. 예루살렘이 사라센의 손에 넘어간 지 반세기나 지났으니, 그녀가 갖고 있는 여왕이라는 칭호는 더욱 유명무실했다. 그러나 비록 이름뿐이기는 해도 그녀가 갖고 있는 왕이라는 신분은 프리드리히 2세가 오랜 시간 미루어왔던 십자군 원정에 나설 때, 예루살렘 땅에 대한 권리 주장에 힘을 실어 줄 수는 있었다. 얼마간의 고민 끝에 그는 결혼에 동의했고 또한 호노리오 3세와 보다 심층적인 논의를 통해 1227년 예수승천일인 5월 20일 십자군을 출정시키기로 동의했다(그의 결혼은 십자군 출정과 불가분의 관계였다). 호노리오 3세는 십자군 출정을 또 다시 연기한다면, 프리드리히 2세에게 파문을 내리겠다는 사실을 분명히 했다.

황제의 함대 14척이 아크레─십자군 해외령*의 마지막 남은 전초기지─에 도착한 것이 1225년 8월이었는데 이는 욜란드를 시칠리아로 데려가기 위한 것이었다. 욜란드는 출발에 앞서 황제의 대리인과 결혼식을 치렀다. 티레에 도착하면서 이제는 적정 나이가 됐다고 판단되어 예루살렘의 여왕으로서 대관식을 거행했다. 모든 절차를 마치고 그녀는 새로운 삶을 위해 배에 올랐다. 그녀가 수행

---

* 우트르메르Outremer. 글자 그대로 '바다 너머'라는 의미로 1차 십자군 원정 이후 레반트에 설립된 십자군의 영토를 부르는 말.

원들 중에 그녀의 사촌 언니도 있었다. 프리드리히 2세는 장과 함께 브린디시에서 기다렸다가 11월 9일 브린디시의 대성당에서 그들은 다시 한 번 결혼식을 치렀다. 그러나 그들의 결혼은 불행하게 끝이 날 운명이었다. 다음 날 프리드리히는 장인인 장에게 알리지도 않고, 신부 욜란드를 데리고 브린디시를 떠났다. 장이 서둘러 그들을 따라갔을 때, 눈물을 흘리는 딸에게서 프리드리히 2세가 그녀의 사촌 언니를 유혹해 부적절한 관계를 맺었다는 소식을 들었다. 프리드리히 2세는 팔레르모에 도착하는 즉시 불쌍한 욜란드를 후궁전으로 내쳤다. 한편 장에게는 더 이상 욜란드의 섭정자가 아니라는 사실을 냉정하게 통보했다. 장은 이제 왕도 무엇도 아니었다.

장의 분노가 극에 달한 이유가 프리드리히 2세가 자신의 딸을 홀대해서인지 아니면 자신이 갖고 있던 왕의 칭호를 박탈해서인지는 불확실하지만, 어쨌든 그는 교황을 만나러 한걸음에 로마로 달려갔다. 호노리오 3세는 예상대로 그의 편을 들어 프리드리히 2세가 예루살렘의 왕위를 맡는 것을 인정하지 않았다. 프리드리히 2세가 늑장을 부려 십자군 원정을 지연시키고 북부와 중앙 이탈리아 지역에서 교황의 권위를 인정하지 않아 황제와 교황의 관계는 이미 그 골이 깊었던 터라, 안 그래도 껄끄러웠던 그들 사이는 이 일로 악화될 수밖에 없었다. 황제와 교황과의 분란은 1227년 호노리오 교황이 선종했을 때는 더 급속하게 경색 국면으로 치달았고, 이는 후임 교황 그레고리오 9세Gregorius IX(1227-1241)로 등극한 오스티아 출신의 우골리노 추기경에게 그대로 승계되었다. 이미 나이 일흔에 접어든 그레고리오 9세는 자신이 해야 할 바를 시작했다. 즉위 즉시 프리드리히 2세에게 '천사들과 같이 뛰어난 당신의 지성을 짐승이나 초목들이 하는 비상식적인 일에 쏟지 않도록 조심하시오.'라는 서신을 보냈다. 이미 그 방탕함이 전설 수준에 달해 있던 프리드리히 2세에게 그것은 매우 효과적인 경고였다.

이즈음 십자군은 출정 준비에 박차를 가하고 있었다. 독일의 젊은 기사단의 행렬이 줄지어 알프스를 넘어 이탈리아에 있는 순례자의 길로 접어들어 아풀리아에서 황제의 병력에 합류했는데 그곳에는 성스러운 땅으로 향할 십자군의 배가 출항을 기다리고 있었다. 그러나 8월의 불볕더위 속에 아풀리아에는 전염병이 창궐했다. 장티푸스나 콜레라로 짐작되는 전염병이 십자군 진영을 무자비하게 휩쓸어 프리드리히 2세도, 그리고 수백 명의 기병대를 이끌고 왔던 튀링겐의 란트그라프 백작도 그만 전염병에 굴복하고 말았다. 그럼에도 두 사람은 아픈 몸을 이끌고 9월에 브린디시 항을 출발했으나 출항 이후 이틀 만에 란트그라프는 죽음을 맞이했다. 그제야 프리드리히 2세는 자신의 건강이 원정을 계속할 만큼 온전치 않다는 사실을 깨달았다. 그는 살아남은 십자군들을 선발대로 보내며 필요한 준비사항에 대한 지침을 일러주었다. 그리고 자신은 건강을 충분히 회복한 이후 늦어도 1228년 5월까지 십자군에 다시 합류할 것임을 밝혔다. 같은 시기에 그레고리오 9세에게 상황을 설명하기 위해 대사들을 로마로 파견했다.

그러나 교황은 대사 접견을 거부했다. 대신 신랄하게 회칙을 들이대며 주제넘게 십자군의 서약을 무시했다는 이유로 황제를 기소했다. 반복적으로 원정을 지연시키고 출정 날짜를 임의로 정한 사람은 황제였다. 만약 스스로 서약을 저버린다면 파문당한다는 것에 황제는 이미 동의했었다. 한여름의 뙤약볕 속에 수천 명의 병사들과 순례자들이 북적이면 전염병 창궐은 불가피하다는 것은 충분히 예상할 수 있는 일이었다. 그렇다면, 전염병 발발과 란트그라프 백작을 포함한 수많은 희생자에 대한 책임은 황제의 몫이었다. 어쩌면 황제가 정말로 전염병에 감염이 되었는지도 모를 일이다. 혹시, 모든 책임을 회피하고 의무를 저버리려는 그의 교묘한 꼼수가 아니었을까?* 9월 29일 교황은 프리드리히 2세에게 파문을 선포했다.

그러나 그렇게 함으로써 교황은 새로운 문제를 야기하게 되었다. 파문을 당한 자가 십자군을 통솔할 수 없음은 너무도 자명했고, 수주일이 지나자 이것이 프리드리히 2세가 의도했던 바임이 분명히 드러났다. 또 다른 이상한 점이 드러나기 시작했는데 교황도 지나치게 자신의 역량을 과신해 일을 망쳤다는 것이다. 프리드리히 2세는 답신으로 십자군에 나섰던 모든 이들을 수신인으로 한 공개 질의서를 보냈다. 이 질의서에서 그는 자신의 입장을 조용히 그리고 책임감 있게 설명하면서 이해를 구하고 화해를 요청하며, 간단히 교황의 어투를 본떠서 처신 잘하라는 조언을 잘 받았다고 적었다. 그 서신은 확실히 효과가 있었다. 1228년 부활절 일요일 그레고리오 9세가 황제에 반대하며 분노에 찬 통렬한 비난을 시작하자, 로

---

* 〈신가톨릭대백과〉에 나타난 그레고리오 9세에 대한 글에서는 상반되는 결과에 대한 명백한 증거가 있음에도 '9월 8일 함대가 출항했으나 프리드리히 2세는 몸이 아프다며 함대의 머리를 다시 오트란토로 돌리라고 명하였다.'고 이같은 시각을 지지하고 있다. 그러나 프리드리히 2세의 병은 거짓이 아니었으며 배를 돌리라는 명을 내리지도 않았다.

마의 신자들은 폭동을 일으켰다. 시민들이 괴롭히는 통에 더 이상 로마에 있기 어려워진 교황은 비테르보로 피신해야 했다. 그는 그곳에서 황제에 대한 날선 비난을 멈추지 않았다. 불과 몇 개월 전만 해도 프리드리히 2세에게 황급히 십자군 원정에 나서라고 요청을 하던 교황이 이제는 그를 반대하는 연설을 늘어놓는, 좀 우스꽝스러운 입장이 되었다. 그러는 사이 교황은 다시 승기를 잡은 사람이 황제라는 사실을 깨달았고, 형편없이 떨어진 교황의 위신을 다시 회복시키기까지 오랜 시간이 걸렸다.

마침내 1228년 6월 28일 수요일, 프리드리히 2세는 브린디시에서 60척의 배로 구성된 함대를 이끌고 팔레스타인을 향해 닻을 올렸다. 이제 황제의 몸은 완전히 회복되었지만, 교황과의 관계는 개선의 여지가 보이지 않았다. 프리드리히 2세가 다시금 십자군 원정에 나설 채비를 하고 있다는 사실을 알고 난 교황은 3월 23일 그에게 다시 한 번 파문을 선고했다(그러나 또 다른 파문이 8월 30일에 다시 내려졌다). 한편 프리드리히 2세는 다시 한 번 아버지가 되었다. 2개월 전, 16살이던 욜란드는 콘라트Conard라는 사내아이를 출산하고는 산욕열로 곧 사망했다.

황제는 키프로스에서 몇 개월을 지내고 나서 1228년 말 티레에 당도했다. 그곳에는 성전기사단**과 기사간호단의 봉사대가 십자군

** 1118년 8명의 프랑스 기사들이 예루살렘을 수호한다는 목적을 가지고 창립한 수도회. 명칭은 이들이 수도회를 솔로몬 성전에서 창립하였기 때문에 붙여졌고, 그 외에도 성당기사단, 신전기사단, 템플기사단, 성전수도회, 청빈기사단 등 다양한 이름으로 불리고 있다. ─역주

에 합류하기 위하여 기다리고 있었고 이미 상당한 규모인 병력은 그 수가 계속 증가하고 있었다. 그러나 프리드리히 2세는 십자군의 목적이 평화적인 외교를 통해 성취될 수 있다면 굳이 전쟁까지 치를 이유는 없다는 생각을 품고 있었다.

그가 그런 마음을 먹은 데는 그만한 이유가 있었다. 몇 개월 전에, 카이로에 있는 술탄 알카밀이 다마스쿠스의 총독으로 있는 그의 동생, 알무아짬과 사이가 틀어지면서 비밀리에 프리드리히 2세에게 제안을 해온 바 있었다. 만약 프리드리히 2세가 그의 동생 알무아짬을 몰아내주기만 한다면, 자신이 프리드리히 2세에게 예루살렘의 왕위를 내줄 수 있는 위치에 서게 된다는 것이었다.

그 사이 알무아짬이 죽었고―다소 놀랍게도 자연사였다―알카밀은 자신이 품고 있던 계획이 이제는 마치 날 때부터 가지고 있던 권리인 듯 행동했다. 프리드리히 2세에게 제안했던 동맹관계를 이행하는 데 열정을 보이지 않을 수도 있는 상황이었다. 그럼에도 프리드리히 2세는 여전히 희망을 품고 있었다. 그는 대사를 보내 술탄의 초대에 응해서 여기까지 온 것이라는 사실을 상기시켰다. 프리드리히 2세로선 자기가 무엇 때문에 여기에 와 있는지 세상이 다 아는 마당에 빈손으로 돌아갈 수는 없는 노릇이었다. 위신이 떨어지면 황제에게 치명적인 결과를 초래할 수 있는 상황이었고, 알카밀에게는 이번이 그리스도교와 동맹을 맺는 마지막 기회가 될 터였다. 예루살렘만 놓고 본다면 근자에는 상대적으로 그 의미도 미미해졌다. 방어력도 없고, 인구도 현저히 줄었으며, 종교적인 차원에서 보더라도 이슬람교들에게는 그다지 중요한 의미를 지닌 도시는 아니었다. 그러니 항복을 해서 무슬림과 그리스도교 간의 평화적 관계를 얻어내어 프리드리히 2세가 즉각 떠나는 것이 비용이 적게 드는 일이었을 수도 있다.

협박 같은 것은 전혀 없었다. 적어도 표면적으로는 그랬다. 그러나 황제의 병력이 바로 앞까지 와 있었고, 그 힘도 막강했다. 황제가 바로 문 앞까지 와서 약속했던 것을 받아가겠다며 받을 때까지 꿈쩍도 않을 듯 떡하니 버티고 있으니, 술탄은 어찌해볼 도리가 없었다. 한편, 다마스쿠스를 함락하려는 술탄 알카밀의 시도는 헛수고가 되었고 시리아에서의 상황은 다시금 그를 불안하게 만들었다. 어쩌면 동맹관계를 유지하는 것도 나쁘지 않겠다고 생각한 알카밀은 조건을 달아 10년의 조약에 협의했다. 먼저, 예루살렘은 무방비 상태로 유지하여 자신들의 유적지인 '바위의 돔'과 그 맞은편의 '알 압사 모스크'가 있는 성전산은 그리스도교도들이 방문할 수는 있지만, 관리는 헤브론과 더불어 무슬림이 해야 한다고 조건을 내걸었다. 또, 그리스도교도들은 베들레헴과 나사렛과 같은 도시에 다른 주요한 성지를 가질 수도 있지만, 그 성지에서 해안의 그리스도교 도시들로 가려면, 반드시 무슬림의 영토를 관통하는 작은 통로를 통해서만 갈 수 있다고 했다.

1229년 3월 7일 토요일, 여전히 파문 상태인 프리드리히 2세는 예루살렘에 입성하여 공식적으로 도시의 소유권을 넘겨받았다. 다음 날, 프리드리히 2세는 교황이 내린 금지령에 공개적인 저항을 하며 일부러 황제의 상징인 망토를 걸치고 성분묘 성당에서 집전하는 미사에 참례하였다. 그는 계획했던 모든 것을 그리스도교나 무슬림의 피 한 방울 흘리는 일 없이 효과적으로 얻어낸 것이었다. 그리스도교 공동체에서 환호와 축하를 기대할 만한 상황이었다. 그러나 분노에 찬 싸늘한 반응이 돌아왔다. 프리드리히 2세는 자신에게 내려진 파문에 아랑곳하지 않고 자신이 술탄과 공모하여 얻어낸 그리스도교 세계의 성지에 함부로 발을 들여놓았기 때문이다. 도착할 때부터 프리드리히 2세를 의도적으로 무시했던 예루살렘의 총대주교는 대놓고 불쾌감을 드러내며—어찌 보면 참 비합리적인 방법이었지만—도시 전체에 대한 성무집행금지령을 내렸다. 교회의 모든 의식들은 금지되었고 순례자들도 더 이상 고해성사를 볼 수도 없었다. 그 지역의 거물들은 상의도 없이 그런 일을 벌였다고 분노했는데, 프리드리히 2세가 미심쩍은 방법을 통해 얻은 이 땅을, 그가 서로마로 돌아가고 나서도 자신들이 계속 유지할 수 있을 것인지에 대해 의구심을 가진 탓이었다.

그런 의구심을 품고 있던 성직자들이나 평신도들에게 프리드리히 2세는 마지막 결정타를 날렸는데, 전적으로 무슬림 신앙과 이슬람 문화를 찬미하는 그의 태도가 문제였다. 예를 들어 그는 지속적으로 바위의 돔—그는 그곳의 건축양식을 공부하기도 했다—과 알 압사 모스크를 방문했고, 그곳에서는 기도의 요청 소리가 들리지 않아서 실망을 표했다는 이야기도 전해진다(술탄은 기도시간을 알리는 사람에게 존중의 표시로 침묵하라고 명했다). 그는 언제나처럼 만나는 무슬림 사람마다 붙잡고 자신의 운명이나, 소명, 삶의 방식 등 어떤 일이든 물었다. 우트르메르(해외령)에 사는 그리스도교인들에게 황제의 태도는 상당히 충격적인 것이었다. 심지어 황제가 아랍어를 완벽하게 구사한다는 점도 그들에게 반감을 심어주었다. 황제가 예루살렘에 머무는 동안 하루하루 그의 인기는 떨어졌다. 아크레로 이동해가는 길목에 매복해 있던 성전기사단의 습격에서 가까스로 탈출한 황제는 그제서야 도시 전체가 거의 반란 직전의 분위기라는 것을 알았다.

이 무렵 그리스도교인들의 배은망덕한 태도에 상당히 충격을 받은 프리드리히 2세는 보복을 준비하고 있었다. 그는 군사들에게 아크레를 포위하고 아무도 드나들지 못하게 하라고 명한 뒤 자신을 반대하는 성직자들에게는 태형을 내렸다. 그러는 동안 함대에게는 5월 1일 떠날 채비를 시켰다. 동이 틀 무렵, 프리드리히 2세는 기다리고 있는 배로 가던 중 정육점을 지나다가 고기 내장 세례를 맞았다. 그것이 성스러운 땅에서의 그의 마지막 경험이었다.

황제를 태운 배는 키프로스에 잠시 머물고는 6월 10일 브린디시에 도착했다. 프리드리히 2세는 자신의 왕국이 무력한 혼란정국에 빠져 있음을 알게 되었다. 그레고리오 9세는 그가 없는 틈을 타서 그에게 대적하기 위한 병력을 출범시키려 서부 유럽의 제후들과 교회들에게 지원병과 자금을 요청하고, 독일과 이탈리아에서 그의 입지를 흔들어놓기 위한 총공격을 준비하고 있었다. 독일에서 프리드리히 2세와 경쟁을 벌이기 위하여 브런즈윅의 오토를 또 다른 황제로 옹립하고자 하는 그레고리오 9세의 시도는 거의 실효를 거두지 못했다. 그러나 마지막으로 교황은 이탈리아에서 프리드리히를 축출하여 전 영토를 교황의 직할통치로 만들겠다는 생각으로 무력 저항을 시도했다. 맹렬한 전투가 카푸아 주변 아브루치에서 벌어지던 중에, 아풀리아의 몇몇 도시들은 프리드리히 2세가 사망했다는 소문—교황의 대리인들의 입을 통해 급속히 퍼져나갔다—을 믿으며 공공연히 모반을 일으켰다. 그레고리오 9세는 다른 지역들도 따라서 동요하길 바라며 황제의 백성들은 황제와 맺은 충성 맹세로부터 자유로워진다는 칙서를 발표했다.

악화일변도로 치닫던 상황은 프리드리히 2세가 나타나자 바뀌기 시작했다. 황제는 피 한 방울 흘리지 않고도 그리스도교의 성스러운 땅을 되찾고 승리를 거두었다. 그는 죽지 않고 살아서 다시 한 번 자신의 백성 앞에 당당히 나타난 것이다. 그의 승리는 우트르메르에 있는 그리스도교 공동체에게는 그다지 인상적이지 않았을 수 있지만, 이탈리아 남부와 시칠리아의 사람들에게는 매우 다른 시각으로 비쳤다. 게다가 자신의 왕국에 돌아온 순간부터 프리드리히 2세의 태도도 매우 달라졌다. 분노, 고함, 불안 그리고 몰지각으로 점철되었던 모습들은 사라졌다. 이제 그는 자신이 잘 알고 있던 사랑하는 고국의 품으로 돌아온 것이다. 다시 한 번 그는 통치권을 거머쥐었다. 그해 여름 내내 그는 끊임없이 군사작전에 매진했고, 10월 말이 되어서 교황의 병력은 무너졌다.

그레고리오 9세 교황과 황제 사이에 화해가 이루어지기까지는 아직 멀고도 험난한 여정이 남아 있었다. 프리드리히 2세는 그 고집 센 늙은 교황이 가장 위험한 무기를 감추고 있다는 사실을 알면서도 몇 달 동안 양보를 하고 또 했다. 프리드리히 2세는 여전히 파문을 당한 채였는데, 이는 참으로 당혹스럽고도 영구히 비난받을 일이며 잠재적으로 위험을 안고 있는 외교적 무능 상태였다. 한 사람의 그리스도교 신자로서도, 그는 파문이 내려진 상태에서 죽음을 맞이하고픈 생각은 추호도 없었을 것이다. 그러나 그레고리오 9세는 여전히 어물쩍거리는 태도를 취하다가 1230년 7월이 되어서야 아주 마지못해 평화 조약—8월 말 체프라노에서 조인했다—에 동의하며 프리드리히 2세에 대한 파문을 철회했다. 그로부터 몇 주가 지나고 그 둘은 아나니의 교황궁에서 함께 식사를 했다. 아마도 유쾌한 식사와는 거리가 멀었을 것으로 짐작되지만, 프리드리히 2세는 필요할 때 자신의 넘치는 매력을 이용할 줄 아는 사람이었다. 식사가 진행되면서 교황도 성스러운 신성로마제국의 황제가 수고를 아끼지 않고 비공식적으로 자신을 방문해준 것에 진심으로 기뻐했던 것으로 보인다. 그날의 식사는 그렇게 끝이 났지만, 교황과 황제 사이에는 또 다른 분쟁이 기다리고 있었으니 중세 유럽의 역사에서 그 관계는 너무도 빈번하게 바뀌었다.

전쟁이 끝난 것이 아니므로 불안하기는 했지만 휴전은 9년간 지속되었고, 교황과 황제는 그동안 각각 상대측을 더러 쓸모 있는 조직으로 여기기도 했다. 1234년 로마인들이 주기적으로 반란을 일으키며 세금을 올릴 권리와 화폐 주조권뿐 아니라 성직자에 대한 면책특권 폐지를 요구하자, 그레고리오 9세는 프리드리히 2세에게 도움을 청했다. 프리드리히 2세는 이에 즉각적인 반응을 보여 반란군을 굴복시켰다. 그에 대한 대가로 프리드리히 2세는 롬바르디아 도시들과 겪고 있는 어려운 문제를 교황이 나서서 해결해주기를 원했다. 교황은 최선을 다해서 중재를 도왔고 자기 아버지에 맞서 랑고바르드족들과 음모를 꾸미는 하인리히 7세에게 파문을 선고했다. 그러나 균열의 틈은 너무도 빨리 드러나기 시작했다. 중재가 실패로 끝나고 프리드리히 2세가 롬바르디아의 도시들을 강제로 진압하기 위해 독일의 제후들을 소환하자 교황의 우려는 커졌다. 교황은 프리드리히 2세가 북부 이탈리아를 함부로 짓밟고 남부에서 누렸던 것과 같은 군주독재를 하려는 것을 두고 볼 수는 없었다. 만약 프리드리히 2세가 그렇게 북부까지 집어삼키려고 한다면, 교황의 영지에 침략하는 황제를 무엇으로 막을 것이며, 그 결과 이탈리아 전체가 신성로마제국에 흡수되는 것을 어찌 막을 수 있겠는가?

1237년 11월, 프리드리히 2세는 코르테누오바에서 랑고바르드족을 대패시켰다. 그들은 야음을 틈타 달아나면서 아름다운 밀라노의 전차인 카로치오를 남겨두고 떠났는데, 카로치오는 군기를 나르고 사람들의 집결장소로써 역할을 수행했다. 황제는 자신이 거둔 승리의 효과를 키우기 위해 크레모나로 들어가서 고대 로마식으로 스스로에게 승리의 왕관을 수여했다. 황제와 함께 승리에 빛나는 전사들 뒤로 포로가 된 랑고바르드족의 지휘관들이 결박당한 채 따라갔다. 여정 내내 프리드리히가 동반했던 야생동물 중 하나인 코끼리가 카로치오를 도로로 끌고 나왔고, 그 카로치오 한가운데의 깃대에는 베네치아의 총독과 밀라노의 지휘관을 지냈던 자의 아들인 피에트로 티에폴로가 묶여 있었다. 그레고리오 9세에게 이는 교황권이 치명적인 위험에 빠져 있다는 또 다른 증거였다. 그 이듬해 프리드리히 2세는 사생아로 태어난 자신의 아들 엔지오Enzio를 사르데냐(교황의 봉지封地)로 보내 사르데냐의 귀족 가문의 처녀와 결혼하게 한 후 왕으로 지명했다. 이로써 그의 수상쩍은 야욕이 확인된 셈이었다.

1239년경, 교황과 황제의 관계는 다시금 그 어느 때보다 악화되었다. 교황의 대리인들은 독일에서 불화의 씨앗을 뿌리고 있었다. 사람들이 코르테누오바 습격 이후 결의를 다지며 롬바르디아에 매달려 있는 사이, 프리드리히 2세는 비밀리에 추기경들과 손잡고 그레고리오 9세 제거 음모를 꾸미고 있었다. 또 다시 파문이 내려지는 것은 불가피한 일이었다. 이제 프리드리히 2세는 파문을 받는 데 익숙해져 있는지라, 또 다른 전쟁을 일으키는 좋은 핑계거리일 뿐이었다. 서로 간에 모욕과 비방이 오갔다. 교황은 악에 물든 의자에 앉아 사악한 기름을 부어주고 있는 바리새인과 같이 곧 폐위가 되어야 할 사람이었고, 황제는 바다에서 올라온 한 마리의 성난 짐승*처럼 지구 종말을 불러오는 괴물로 적그리스도의 선구자 같았다. 프리드리히는 1240년 공격에 나섰으나 그의 군대는 로마를 포위한 채 진입은 하지 않았다. 교황은 1241년 부활절 회합을 위해 공의회를 소집함으로써 보복을 시도했다. 그것은 어느 정도 도전의 표현이었다. 그렇다면 참석자들이 통행의 제한을 받지 않고 공의회에 참석할 수 있을 것인가? 황제는 해볼 테면 해보라는 식으로 맞대응했다. 독일 성직자들의 참석을 금지했고, 모든 통행로들을 차단하는 바람에 프랑스의 추기경들과 주교들은 해로를 이용할 수밖에 없었다. 그들이 탄 배는 황제의 함대에 저지 당해 100명도 넘는 저명한 성

* 〈요한 묵시록〉 13장 1절.

직자들이 포로로 붙잡혀 갔다.

이제 팔십대 후반으로 접어든 그레고리오 9세에게 이 상황은 너무도 큰 타격이었다. 그의 정신은 꼿꼿했을지언정 육신은 신장의 병으로 황폐화되고 있었다. 그는 최선을 다해 버텨냈지만, 1241년 8월 22일 선종했다. 나이든 적의 죽음이 가까워지고 있음을 충분히 감지하고 있던 프리드리히 2세는 일부러 로마 밖에서 시간을 끌고 있었던 것이다. 그는 언제나 전면에 나서서 교회와 싸움을 벌이는 대신 오직 교황과 개별적인 투쟁을 하였으므로 그레고리오 9세가 선종하자 조용히 시칠리아로 돌아갔다.

그레고리오 9세는 교황 재임 내내 황제와의 싸움이라는 그림자에서 벗어나지 못했다. 그럼에도 그는 1234년 《교령집Liber extra》을 발표함으로써 교회법에 커다란 공훈을 세웠다. 그것은 20세기 초반까지도 기초적인 권위서의 역할을 수행하였다. 그레고리오 9세는 전임 교황들과 마찬가지로 탁발 수도회에 대해서는 관대했던 것으로 짐작되며 1228년 프란체스코를, 그리고 6년 후에는 도미니코를 시성했다. 그러나 그가 이 두 개의 수도회, 특히 도미니코회에게 교황의 재판과 관련한 관리를 위탁했던 것은 안타까운 일이었다. 그들은 랑그도크에 있는 알비주아파들 사이에서 점점 무자비하게 변해갔다.

만약 그레고리오 9세의 후임 교황―안타깝게도 너무 나이가 많았던 첼레스티노 4세Celestinus IV―이 오래 살았다면, 교황 선출에 대한 프리드리히 2세의 관여는 끝이 났을 수도 있었다. 하지만 첼레스티노 4세는 교황 등극 17일 만에 그레고리오 9세의 뒤를 이어 무덤까지 따라 들어가고 말았다. 약 일 년 반 동안 프리드리히 2세는 다음 교황 선출에 갖은 방법으로 입김을 불어넣었으나 실효를 거두지는 못했다. 1243년 제노바의 추기경이었던 시니발도 데 피에스키가 선출되어 인노첸시오 4세Innocentius IV(1243-1254) 교황으로 등극했다. 그는 전임 교황인 그레고리오 9세 같은 격렬함은 없었지만, 반대파들에 대해서는 더 단호했던 것으로 보인다. 그는 즉위한 지 2년 만에 리옹에서 열린 공의회에서 이미 파문을 당했던 프리드리히 2세의 퇴위를 선언하여 그가 갖고 있던 모든 작위와 칭호를 박탈하였다.

그러나 프리드리히 2세는 그렇게 쉽사리 물러날 인물이 아니었다. 독일에서 호엔슈타우펜 가문의 이름은 엄청나게 높은 명망을 유지하고 있었고, 프리드리히 2세는 시칠리아에 있는 동안에도 양국을 끊임없이 오가면서 마치 양쪽에 동시에 존재하는 사람처럼 자신을 부각시키며 지속적으로 고자세를 취하였다. 그는 아주 거만한 태도로 교황의 선언을 무시하면서 싸움을 계속했다. 인노첸시오 4세도 독일의 제후들에 의해서 선출된 잇따른 두 명의 대립 왕들을 지지하면서 맞대응했고, 탁발 수도회를 이용해 황제에 반대하는 십자군 원정을 설파하였다. 어떤 주장에 의하면 황제를 암살하려는 음모까지도 묵인했다고 한다. 인노첸시오 4세는 이러한 활동을 위해 상당한 금액의 돈을 뇌물로 사용했다. 교황의 금고가 바닥을 드러내지 않았다면 더 많은 돈을 썼을 것이다. 인노첸시오 4세가 즉위를 하자 채권자들이 몰려들어 그레고리오 9세가 졌던 채무를 변상해달라고 했다고 한다.

프랑스의 루이 9세Louis IX 국왕은 교황과 황제 사이를 중재하기 위한 최선의 노력을 펼쳤으나 그들의 반목은 그 골이 너무 깊었다. 금방이라도 싸움이 일어날 듯 서로 이를 갈고 있는 분위기 속에 1250년 12월 프리드리히 2세가 사냥을 나갔다가 아풀리아에서 이질에 걸리고 말았다. 결국 56번째 생일을 13일 앞두고 피오렌티노 성에서 죽음을 맞이했다. 생전의 요청에 따라, 시신은 팔레르모 대성당으로 옮겨져 거대한 반암 석관에 안치되었다. 그 석관은 그의 할아버지인 로제르 2세를 위해 준비했던 것으로, 오늘날까지도 여전히 그 자리를 지키고 있다.

프리드리히 2세는 예루살렘의 여왕이었던 욜란드와의 사이에서 태어난 콘라트를 독일과 레뇨―이탈리아 남부의 그의 땅과 시칠리아 왕국을 부르던 이름―의 후계자로 지명했음에도 콘라트가 독일을 비운 사이 이탈리아와 시칠리아 정부를 자신의 11번째 사생아였던 만프레드Manfred에게 위탁하였다. 프리드리히에게 만프레드는 아주 기특한 아들이었다. 그는 궁정을 새롭게 만들었고, 만프레도니아에 아풀리아의 항구를 세우고 에피루스의 전제 군주의 딸과 결혼함으로써 코르푸 섬을 손에 넣어 신성로마제국의 영토를 알바니아 해안까지 확장시켰다. 또 머지않아 교황의 영지인 안코나, 스폴레토 그리고 로마냐까지 흡수했다. 그래도 그는 북부 이탈리아에 대한 소유권을 주장하지는 않았다(교황에게는 말할 수 없이 다행스런 일이었지만). 그럼에도 남부 이탈리아에서 날로 커가는 그의 세력은 로마의 걱정을 불러올 수밖에 없었고, 1258년 8월 시칠리아의 귀족들이 그를 왕으로 추대하자 그에 대한 우려는 더욱 커졌다.

이론적으로 프리드리히 2세를 퇴위시키고 난 이후로도 인노첸시오 4세와, 1254년 그의 선종 이후 후임 교황이 된 알렉산데르 4세 Alexander IV(그레고리오 9세의 조카로, 온화하고 느긋한 성품으로 궁극적으로는 무능했던 교황)는 남부 이탈리아에서 호엔슈타우펜 가문을 몰아내고, 교회의 군대를 승리로 이끌 수 있는 그리스도교 운동가를 찾고 있었다. 영국의 헨리 3세 국왕의 형제로 콘월의 백작인 리처드 Richard가 적임자로 물망에 올랐으나, 그는 결국 도전을 고사했다. 실제 교황은 그에게 남부 지역의 왕국을 하사하기도 했지만 헨리 3세의 아들인 에드먼드Edmund 역시 거절했다. 그러다가 1261년 알렉산데르 4세는 결국 로마에서의 파벌 갈등을 피하기 위하여 재임 기간의 대부분을 보낸 비테르보에서 선종했다. 그의 선종 이후 3개월간 결론을 못 내리고 난항을 겪던 추기경들은 완전히 뜻밖의 인물인 예루살렘의 총대주교를 후임 교황으로 선출하였다. 그는 공식적인 업무를 위해 우연히 비테르보의 교황청을 방문했던 참이었다. 프랑스의 트루아의 가난한 구두수선공의 아들로 태어난 그의 세속명은 자크 팡탈레옹이었다. 우르바노 4세Urbanus IV(1261-1264)라는 이름으로 교황에 등극한 그는 곧 자신의 동포인 앙주의 샤를Charles를 눈여겨보았다.

루이 9세의 동생인 샤를의 나이는 31살이었다. 1246년 결혼으로 손에 넣은 프로방스를 통해 막대한 부를 거머쥐면서 그중에서도 번성하고 있던 마르세유 항의 귀족이 되었다. 이 냉정하고 잔인하면서도 대단한 야망을 지닌 기회주의자에게, 우르바노 4세는 놓칠 수 없는 기회를 제공했다. 샤를은 일시불로 5천 마르크를 내고 매년 1만 온스의 금을 조공으로 바치며 필요시에 군사력을 지원하는 대가로, 남부 이탈리아와 시칠리아 왕국을 영지로 받았다. 만프레드에 맞서 싸우기 위하여 일으킨 병력은 1265년 이탈리아 북부에 모여들기 시작하였고 그들은 공식적으로 십자군으로 지명되었다. 늘 그러했듯 십자군에는 남부 이탈리아의 영지를 확보하려는 희망을 품은 모험가들, 죄의 사면을 구하는 순례자들, 원하는 것을 손에 넣고자 하는 건달패들과 같은 다양한 사람들이 모여들었다. 그들과 더불어 프랑스, 독일, 스페인, 이탈리아 그리고 프로방스 등 서유럽 전역, 그리고 소수지만 영국까지 가세하면서 상당수의 기사단들이 모여들어, 샤를은 만프레드의 병력을 물리칠 수 있겠다는 믿음을 가졌다.

1266년 1월 6일—예수공현대축일—로마에 있던 추기경단은 앙주의 샤를에게 시칠리아의 왕관*을 수여했다(이 시기에는 우르바노 4세나 그의 후임인 클레멘스 4세Clemens IV(1265-1268) 교황도 성스러운 도시인 로마 근처에는 가지도 않았고, 대신 아나니 혹은 비테르보에 머무는 것을 더 선호했다). 한 달이 채 지나지 않아서, 카를로 1세의 군사는 레뇨의 경계지역을 넘어서 26일, 베네벤토에서 만프레드의 병력과 대치했다. 전투는 상당히 신속하게 끝나버렸다. 만프레드는 언제나처럼 용기 있게 자리를 지키고 있다가 전장으로 나왔으나, 수적으로 열세였던 그의 병사들은 어찌해볼 도리도 없이 곧 달아나고 말았

* 앙주의 샤를은 시칠리아와 나폴리의 왕으로는 카를로 1세라고 불린다. - 역주

다. 십자군의 공격은 결정적인 승리로 끝이 났다.

그리고 얼마 안 가 호엔슈타우펜 가문도 막을 내리고 말았다. 콘라트의 아들 콘라트—콘라딘으로 더 잘 알려진—는 상황을 타개하기 위한 마지막으로 시도로 독일, 이탈리아, 스페인의 병력을 이끌고 레뇨로 갔다. 카를로 1세는 서둘러 군사를 이끌고 1268년 8월 23일 탈리아코초라는 국경 지역에서 그들과 대치하였다. 쉽지 않았던 이 전투로 양측 모두에게 끔찍한 학살이 일어났으나 카를로 1세는 다시 한 번 승리를 거두었다. 용케 탈출을 했던 콘라딘은 곧 붙잡히고 말았다. 곧이어 나폴리에서는 여론몰이를 위한 공개재판이 열렸고, 16살의 어린 왕자 콘라딘은 측근 몇몇과 함께 저잣거리로 끌려가 단두대에서 공개 처형을 당했다.

만프레드와 콘라딘은 나름대로는 영웅이었다. 자신들의 아버지와 할아버지의 그늘에 가려지긴 했지만 결국 여러 가지 면면이 세상 빛을 보게 되었다. 한 가지 사실은 프리드리히 2세가 정치적으로 실패한 인물이었다는 것이다. 다른 모든 호엔슈타우펜가의 사람들처럼 그는 이탈리아와 시칠리아를 통합하여 신성로마제국에 예속시키고 수도를 로마로 정하려는 꿈을 안고 있었다. 그러나 그 꿈을 이루기 위해 최우선시해야 할 목표인 교황은 다른 도시들과 롬바르디아의 지지를 받고 있었고, 교황의 권력은 절대 그의 꿈이 실현되도록 내버려둘 리가 없었다. 그레고리오 9세나 인노첸시오 4세 같이 확고하고도 단호한 교황들과 다툼을 벌일 수밖에 없었던 것은 신성로마제국에게는 안타까운 일이었다. 장기적으로 보아도 그 싸움은 다른 결과를 기대할 수 없었다. 신성로마제국은 독일에서조차 그 힘과 응집력을 잃어버려 독일 제후들에게서 더 이상의 충성심이나 배려 같은 것은 기대할 수도 없었다. 북부와 중부 이탈리아의 랑고바르드족의 도시들도 더는 제국의 엄포에 굴복하지 않았다. 만약 프리드리히 2세가 일찍이 이러한 상황을 간파하고 받아들였더라면, 교황의 권한에 대한 위협은 사라졌을 것이고 그가 사랑했던 레뇨도 어쩌면 잘 유지되었을지 모른다. 그러나 안타깝게도 그는 이 모든 현실을 거부한 채 과욕을 부리는 바람에 이탈리아를 잃었을 뿐만 아니라 왕조의 파멸을 자초하는 결과를 낳고 말았다.

호엔슈타우펜 가문은 몰락했으나 그것을 교황권의 승리로 볼 수는 없다. 우르바노 4세와 클레멘스 4세는 모두 프랑스 출신이었으므로 가능한 한 모든 방법을 동원하여 모국 땅의 동포인 카를로 1세를 지지했다. 그러나 클레멘스 4세는 잔인하고도 보복성이 짙은 콘라딘의 처형에는 반대했다. 이것이 두 교황의 의사였지만, 그러나 카를로 1세는 시칠리아의 새로운 왕으로서 누리는 권력에 만족하지 않았다. 이른 시기에 거둔 승리는 그 안에 숨겨진 더 큰 야망을 일깨웠다. 이제 그의 야망은 전 이탈리아에 대한 통치권을 넘보았다. 그는 교황의 권한을 몇몇 영지로 축소하고 그리스의 손에 넘어가 있는 콘스탄티노플을 재탈환하여 라틴 신앙을 회복하여 궁극적으로 지중해까지 뻗어가는, 그리스도교 제국을 건설하고자 했다. 날이 갈수록 카를로 1세의 야욕은 보다 분명해져서 교황청의 독립성에 대한 위협은 프리드리히 2세 때만큼이나 위험해졌다.

1268년 11월 클레멘스 4세가 비테르보에서 선종하자 교황청에 대한 카를로 1세의 영향력은 더욱 커졌다. 그는 루이 9세 국왕과 튀니지로 십자군 원정을 떠나 있던 3년간, 교황의 자리를 비워두기도 했다. 교황의 공석이 채워진 것은 비테르보의 권위자들이 콘클라베가 열리고 있던 궁의 지붕을 뜯어내고 나서였다. 그 바람에 추기경들은 서둘러 결정을 내렸고 그 결과 리에주의 부주교, 테달도 비스콘티가 선출되어 그레고리오 10세B. Gregorius X(1271~1276)라는 교황명으로 등극하였다. 카를로 1세의 시각에서 그레고리오 10세는 명백히 도움이 되지 않았다. 그는 자신의 조카인 프랑스 국왕 필리프 3세를 신성한 로마의 황제로 선출시키고자 했지만, 그레고리오 10세는 이에 반대하며 비잔티움과 동맹을 맺었고 실제 1274년 리옹의 공의회에서 동방과 서방 교회의 일시적인 통합을 가져오기도 하였다. 결국 4명의 교황이 더 바뀌고 난 후*, 1281년 시옹 드 브리옹이라는 본명의 또 다른 프랑스인이 선출되어 마르티노 4세Martinus IV(1281~1285)라는 교황명으로 오르비에토에서 교황의 관을 쓰게 되면서 마침내 카를로 1세는 자신의 뜻을 펼칠 수 있게 되었다. 이미 프로방스와 이탈리아의 큰 지역의 주인이자 예루살렘의 명목상 왕** 노릇을 하며 유럽에서는 매우 강력하고도 위험한 군주로 군림한 카

---

* 인노첸시오 5세B. Innocentius V(1276)는 5개월, 그리고 하드리아노 5세Hadrianus V(1276)는 5주를 교황좌에 머물렀고, 지적능력이 상당히 뛰어났던 포르투갈 출신의 요한 21세Joannes XXI(1276~1277)는 8개월을 교황으로 머물다가 비테르보에 있는 서재 지붕이 머리 위로 무너져 내리는 바람에 선종하고 말았다. 욕심이 많은 성격과 친족 등용으로 알려진 니콜라오 3세Nicolaus III(1277~1280)는 단테의 신곡에도 언급되며 영원히 지옥에 거꾸로 매달려 있는 상황에 처하게 되었다. 그는 33개월간 카를로를 반대하는 일에 헌신했으나 뇌졸중으로 선종하였다.
** 카를로 1세는 1277년 예루살렘의 아말릭 2세의 손녀인 안티오크의 마리아 공주로부터 그 칭호를 샀다.

를로 1세는 콘스탄티노플로 진군하여 마음껏 자신의 야망을 펼치게 되었다. 당시 콘스탄티노플의 황제는 미카일 8세 팔라이올로구스Michael VIII Palaeologus였는데 교황은 카를로 1세의 행보에 맞장구를 치며 종파 분립을 재천명하였다. 그리스가 프랑크족에게서 수도를 되찾은 지 20년만의 일이었고 1282년이 되면서 비잔티움제국을 유지시키는 일은 매우 쉽지 않아보였다.

그들을 구한 것은 팔레르모 사람들이었다. 레뇨 전역에서 이미 엄격한 세금징수나 거만한 태도로 인해 프랑스인들에 대한 혐오가 일고 있던 가운데, 3월 30일 저녁 기도가 시작되려는 무렵 산토 스피리토 교회 밖에서 술에 취한 프랑스 병사가 시칠리아의 한 여성을 끈질기게 괴롭히는 사건이 벌어져 그녀가 다니던 성당 사람들의 공분을 샀다. 그 병사는 그 여인의 남편에게 습격을 받아 죽임을 당했고, 그 사건으로 일어난 폭동은 대량학살로 이어졌다. 다음 날 아침녘에는 죽임을 당한 프랑스인의 수가 2천 명에 달했다. 팔레르모에 이어서 메시나도 곧 반역자들의 손에 넘어갔다. 상황이 그렇게 돌아가자 만프레드의 딸인 콘스탄체의 남편, 아라곤의 피터 3세Peter III는 지금이 그늘에 가려 있던 시칠리아의 왕관을 주장할 절호의 기회라고 보았다. 그는 9월, 팔레르모에 당도해 10월 말경에 프랑스가 마지막으로 저항하고 있던 메시나를 함락시켰다.

나폴리에 궁전을 세웠던 카를로 1세에게 시칠리아에서 저녁기도 시간에 벌어진 사건[시칠리아 만종 사건]으로 터진 전쟁과, 그로 인해 시칠리아를 잃게 된 것은 커다란 재앙이었다. 왕국은 두 동강이 났고, 명성도 하루아침에 무너져 내렸다. 그가 그토록 자랑해 마지않던 지중해의 제국은 모래 위에 세워진 것이었고 세계로 뻗어가던 그의 권력도 힘을 잃었다. 비잔티움 원정의 꿈도 모두 사라졌다. 그로부터 2년이 채 지나지 않아 그는 결국 포지아에서 세상을 떠나고 말았다. 명성에 상처를 입은 것은 카를로 1세의 앙주 가문뿐이 아니었다. 애초에 그에게 시칠리아와 레뇨를 수여한 사람은 교황이었으니, 교황권의 위신에 금이 가는 것도 생각하지 않을 수가 없었다. 마르티노 4세는 즉시 아라곤을 치기 위하여 십자군 원정을 선포하였으나 아무도 이를 진지하게 받아들이지 않았다. 슬픔과 실의에 잠겨 있던 마르티노 4세는 1285년 볼세나 호수에서 잡은 우유를 먹인 장어로 식사를 잘 하고는 카를로 1세를 따라 영면에 들었다.

그다음 두 명의 후임 교황들의 주요한 업무는 아라곤 가문을 남부 이탈리아에서 축출하고 앙주 가문을 다시금 세우는 것이었다. 후임들 중 첫 번째가 호노리오 4세Honorius IV(1285-1287)* 교황으로 로마의 저명한 가문 출신인 그는 아벤티노 구릉에 새로 지은 궁전에 거주지를 정하기도 했지만, 즉위 당시 나이가 이미 일흔다섯인 데다가 통풍으로 인한 마비 증세까지 있었다. 그는 거의 서 있지도 못했고 혼자서는 걷지도 못하고 미사도 의자에 앉아서 집전했으며 제대 위에서 손을 들어 올리려면 기계장치 같은 것을 이용해야 할 지경이었다. 그의 재임기간은 단 2년이었는데 그중 1년은 후임을 선출하면서 보냈다. 1287년 여름의 숨 막히는 무더위는 추기경 여섯 명의 목숨을 앗아갔고, 그나마 살아남은 추기경들은 언덕

* 참고로 말하자면, 그는 사제 서품을 받기 전에 결혼을 했던 마지막 교황이었다.

으로 더위를 피해 달아났다가 가을이 되자 콘클라베를 위해 내려왔다. 그때까지도 후임 교황은 선출되지 않았는데 1288년 2월에야 타협하여 최초의 프란체스코회 출신 전관구장이었던 지롤라모 마스키가 선출되었다. 니콜라오 4세Nicolaus IV라는 교황명을 선택한 그는 앙주 가문을 복원하는 일에서도 호노리오 4세보다 별로 더 성공적이지도 않았고 1291년 아크레를 함락시키는 맘무크 왕조의 술탄 콸라운Qalawun을 막지도 못해 십자군의 해외령도 종지부를 찍고 말았다. 처음에 해외령은 이민족에 대한 편견과 영토적 야망을 보여주는 기념비였지만, 무능한 관리들은 물질과 도덕의 쇠퇴를 불러왔다. 그렇지만 십자군의 해외령이 사라지는 것을 안타깝게 생각하는 사람은 서유럽에서는 거의 없었다.

1292년 4월 니콜라오 4세의 선종 이후 12명의 추기경들은 페루자에서 회동했는데 당시 로마는 빈번하게 창궐하던 전염병으로 몸살을 앓고 있었기 때문이다. 추기경들은 장장 27개월에 걸친 심사숙고 끝에 한 사람을 뽑았는데, 그는 교황의 자리에 가장 부적합한 인물 중 하나였다. 세속명이 피에트로 델 모로네인 그는 60년째 아브루치에서 은수생활을 하고 있었으며, 나이는 85살로 교육도 제대로 받은 바가 없었다. 유일한 자격요건은 그레고리오 10세 시절 잠시 모습을 드러냈을 뿐 전혀 외부에 노출되지 않아서 로마 가문간의 세력다툼과는 거리가 멀었고 나폴리의 카를로 2세* 같은 정치적 배후도 없었다는 것이다. 그런데 피에트로가 은수하고 있던 산으로

---

* 카를로 2세는 카를로 1세의 아들이다. 시칠리아 만종 사건 이후 아라곤이 시칠리아를 장악했고, 앙주의 가문은 나폴리만 지키고 있었다.

갔던 5명의 교황특사들 중 한 사람이 카를로 2세가 그들보다 한 발 앞서 그곳에 당도해 있었다는 흥미로운 이야기를 전했다. 그들이 발견한 교황은 갑작스러운 상황에 거의 공황상태에 빠져 어찌할 바를 모르다가 겨우 회복하여 오랜 시간 기도 끝에 마지못해 교황자리를 수락했다고 한다.

실제 오랫동안, 우리를 영적인 시대로 이끌어줄 '천사 교황'에 대한 예언이 전해지고 있었다. 그러나 노구를 이끌고 고통에 차서 나귀에 올라 라퀼라에서 열리는 자신의 대관식으로 향하는 사람을 보면서, 교황이 안전한 손에 아니, 어떤 손에라도 맡겨져 있다고 믿을 사람이 누가 있었겠는가 말이다. 첼레스티노 5세St. Celestinus V(1294)는 곧 자신이 카를로 2세의 꼭두각시밖에 되지 못한다는 사실을 여실히 증명해 보이면서 거주지도 나폴리 항에서 가장 큰 누오보 성으로 정하기도 했다. 그는 성 안에 나무로 만든 작은 수도실을 꾸며 달라고 주문했는데, 그곳이 그가 편안함을 느끼는 유일한 장소였다. 그는 추기경들과의 접견도 대부분 거부했는데 그들의 세속적인 마음과 교양이 넘치는 태도에 겁을 먹었기 때문이다. 교황이 계속 그렇게 거부를 하자 추기경들은 우아한 라틴어 사용을 중단하고 교황이 유일하게 이해할 수 있는 투박한 토착어를 사용할 수밖에 없었다. 그는 교황이 수행해야 할 정치적, 외교적, 행정적인 모든 의무를 무시하였고, 누구든 그 역할을 원하는 사람에게 넘겨주었다. 그러니 그가 교황자리에 딱 5개월을 버티고 있었던 것은 어떻게 보면 당연한 결과일 것이다. 그는 곧 스스로 사임을 발표하였고 이는 교황의 역사에서 유일한 일이었다.

그의 사임을 획책한 사람은 베네데토 가에타니 추기경으로, 전해지는 말에 의하면 그가 밤사이 첼레스티노 5세의 방에 비밀 관을 설치하고는 그 관을 통해 하느님의 목소리를 흉내 내면서 첼레스티노 5세가 교황의 자리를 계속 지키고 있다면 지옥의 불에 빠질 것이라는 경고했다고 한다. 교황직을 포기하겠다는 증서를 작성해 준 사람도 물론 가에타니 추기경이었다. 1294년 12월 13일 첼레스티노 5세는 엄숙한 절차로 교황의 제의를 채 벗기도 전에 은수자의 넝마 같은 옷을 걸친 채, 추기경들을 모아놓고 사임 증서를 소리 내어 읽었다.

불쌍한 첼레스티노 5세는 단테의 《신곡》 지옥편에서 단테가 만나는 이름 없는 인물과 동일시되고 있으며, 그는 '위대한 거부자'로 불렸다. 사실 첼레스티노 5세는 비겁한 사람은 아니었고, 단순히 그가 떠나지 말았어야 할 자기 은수지로 돌아가기를 요청했던 것뿐이었다.

불운했던 첼레스티노 5세의 후임은 1294년 성탄 전야에 나폴리에서 시작된 콘클라베에서 24시간 만에 선출되었는데, 그가 바로 첼레스티노 5세의 사임을 도모했던 베네데토 가에타니 추기경이라는 것은 어쩌면 당연한 일일 것이다. 그는 보니파시오 8세Bonifatius VIII(1294-1303)라는 교황명으로 교황의 자리에 올랐다. 동료 추기경들 중에서도 가장 능력 있고 의지가 강하며 야망이 있는 인물로, 첼레스티노 5세를 제거하는 데 일등공신이었다. 그 과정에서 그가 교황이 되기 위한 길을 잘 닦아두었음을 짐작할 수 있다. 1235년 아나니에서 교황들과 인연이 깊은 귀족 가문—그의 어머니가 알렉산데르 4세의 조카였다—에서 출생해 40년의 경력을 갖고 있으며 이제 나이는 60대 초반으로 접어들었다. 젊은 시절 그는 영국 공사관으로 직무를 수행하던 중 헨리 3세의 실정을 억제하려는 시몬 드 몽포르Simon de Montfort로 인해 시민전쟁이 일어났을 때, 어쩌다가 런던탑에 갇히는 신세가 되었다. 때마침 운 좋게 미래의 에드워드 1세 Edward I가 될 사람에 의해 구출되기도 했다. 그는 로마로 돌아온 뒤 자신의 출세를 위해 전념하며 꾸준히 단계적으로 성직록聖職祿을 높이며 목표를 향해 매진하였다.

프랑스 출신 교황인 마르티노 4세에 의해서 추기경으로 등용된 보니파시오 8세는 나폴리와 시칠리아에 있는 앙주 왕가에 대해서는 언제나 변함없는 지지를 보냈으며, 나폴리에서 첫 대관식을 거행할 때 그가 탄 흰말을 이끌었던 이가 바로 카를로 2세였다. 교황은 대관식을 치르고 즉시 로마로 돌아갈 것이며 그리고 선임 교황인 첼레스티노 5세도 동행한다고 밝혔다. 나이 많은 첼레스티노 5세는 예상대로 두려움에 떨고 있었을 테고 사임하면서 자신이 은수하고 있던 산으로 돌아가려는 마음을 먹었을 것이다. 수많은 신자들이 보니파시오 8세의 행렬을 따르고 있었으므로 첼레스티노 5세는 감시망을 피할 수 있었다. 로마에 당도한 보니파시오 8세는 첼레스티노 5세가 몰래 빠져나가 다시 산으로 들어갔다는 사실을 알고는 몹시 격분하였다. 즉시 첼레스티노 5세를 찾아내어 필요하면 무력을 써서라도 체포해오라는 명령을 내렸다. 첼레스티노 5세는 노령임에도 무척 발이 빨랐던 편이라 생각보다 쉽게 잡히지 않앗으나, 결국 발각이 되어 후임 교황 앞에 끌려왔다. 바로 그때 첼레스티노 5세가 보니파시오 8세에게 '당신은 여우처럼 세상에 등장해서 사자처럼 군림하고 개처럼 죽을 것이다.'라는 그 유명한 예언을 했다고 한다. 첼레스티노 5세의 예지력은 자신 앞에 펼쳐질 운명은 알지 못했던 탓인지 그는 의지와 상관없이 자유로운 삶을 살 수 없었고, 결과적으로 보니파시오 8세에게는 안위에 도움이 되지 않는 위험 인물이었다. 보니파시오 8세는 그를 멀리 떨어진 푸모네의 한 성에 가두었고 조용한 그곳에서 마치 집과 같은 평온을 느꼈던 첼레스티노 5세는 10개월 후 아흔을 일기로 선종했다.

보니파시오 8세는 1295년 1월 23일 로마에서 다시 한 번 대관식을 가졌다. 그는 세속적인 성직자의 완벽한 표본으로, 선임 교황과는 정말 달라도 너무 달랐다. 법률에 정통하면서도 학문에도 조예가 깊었던 그는 로마 대학을 설립했고, 교회법을 성문화했으며 바티칸 도서관과 기록보관소를 재건했다. 그러나 천성적으로 영성이 그리 깊지 많았다. 그에게 교회의 위대한 규약은 오직 자신의 세속적 목표를 성취하고 자기 가족들의 풍요로운 삶을 위하여 존재하는 것이었다. 그는 해외 통치자들을 신자나 백성 대하듯 했다. 집무에 있어서는 오로지 외교적 시각으로만 보고 유럽의 신생국들에게 로마 가톨릭교회의 최고 권위를 주장하려 했다. 이런 일에는 상당한 열정과 자신감 그리고 강한 의지도 갖고 있었지만 사교적 능력과 수완 면에서는 다소 부족했다. 그는 회유나 타협 같은 개념에는 아예 관심이 없었고, 오직 어떤 값을 치르고라도 목표를 이루기 위해 그저 앞만 보고 달리는 사람이었다.

그리스도교 역사상 최초로 1300년에 성년聖年을 선포한 것도 지극히 그다운 처사였다. 고해성사를 하고 베드로 대성당이나 라테란 궁을 방문하는 모든 이들에게 관대한 용서를 베풀겠다는 약속을 믿고 약 20만 명의 순례자들이 전 유럽에서 로마로 모여들어 도시는 사람들로 넘쳐났다. 특별히 대성당 지역에서는 신자들이 낸 봉헌금을 갈퀴로 긁어모아야 할 정도였다. 이는 교황의 명망을 한층 배가시키는 역할을 했다. 순례자들 중에는 시인 단테도 섞여 있었다. 그는 그해 성주간을 《신곡》에 그렸다. 지옥이 묘사되는 18장에서 수많은 군중들이 집결한 모습을, 실제 그가 보았던 산탄젤로 성당으로 향하는 인파의 물결을 통제하는 일방시스템과 비교하여 묘사했다.

그 수많은 사람들의 행렬 속에는 머리에 왕관을 얹은 이는 아무도 없었다. 나폴리의 카를로 2세는 곧 보니파시오 8세와 적대적인 관계가 되었고, 영국의 에드워드 1세도 교황이 스코틀랜드를 교황의 영지라고 주장하자 등을 돌렸다. 헝가리와 폴란드의 후계자들을 좌지우지하려는 교황의 시도도 실패로 끝이 났다. 그러나 역설적이게도 교황에게 가장 확고한 적은 프랑스의 단려왕 필리프Philip the Fair(필리프 4세)였다. 그들의 상호 적대감이 시작된 것은 1296년 필리프 왕이 가스코뉴에 있는 영국을 공격하기 위한 원정대—백년전쟁의 전조였다—의 재정적 지원을 확보하려 프랑스 내 성직자들에게 무거운 세금을 부과하면서 시작되었다. 인노첸시오 3세 시절 십자군을 일으키면서부터 세금을 부과하는 것은 관례였으나 필리프 4세의 원정대를 십자군으로 묘사하기에는 무리가 있었다. 격노한 보니파시오 8세는 성직자나 교회 재산에 대해 로마의 공식적인 허가 없이는 세금을 부과할 수 없다고 설명하는 교황 칙령 〈성직자와 평신도Clericis laicos〉를 보냈다. 만약 보니파시오 8세가 그 문제를 좀 더 진지하게 숙고했더라면, 자신의 행동이 근시안적인 처사였음을 즉각 깨달았을 것이다. 필리프 4세는 세금 징수원들의 입국을 제외하고는 통화와 귀중품이 프랑스에서 빠져나가는 것을 차단해버렸다. 교황청의 재정은 상당 부분 프랑스에 의존하고 있었기 때문에 보니파시오 8세는 고개를 숙일 수밖에 없는데 그나마 교황의 위신을 지키기 위한 방편으로 필리프 4세의 할아버지인 루이 9세를 공식적으로 성인으로 추대했다.

이와 함께 불필요하게도 보니파시오 8세는 막강한 권력을 자랑하던 콜론나의 세도가를 적으로 만들어버렸다. 비록 그 가문이 교황의 가문인 가에타니가家와는 오랜 경쟁구도에 있었지만, 두 명의 콜론나 출신의 추기경들은 원래 그의 선출을 지지했다. 그러나 그들은 곧 보니파시오 8세의 거만하고 권위적인 행태에 환멸을 느꼈다. 사정은 급박하게 돌아가서 1297년 콜론나 무리의 지지자들이 교황청 금고로 이송 중이던 금괴를 가난한 이들의 눈물을 짜서 만든 것이라 주장하며 탈취하는 일이 벌어졌다. 언제나처럼 보니파시오 8세는 과잉 반응을 보이며 그들의 본거지인 팔레스트리나와 콜론나로 교황의 수비대를 보내겠다고 협박하고 두 명의 추기경들을 추방하겠다고 했다. 추기경회 소속이던 그들은 금괴 갈취사건과는 아무런 관련이 없었는데도 말이다. 결국 교황은 그들 가문을 집단으로 파문하고 십자군의 이름으로 그들의 땅을 점유한 뒤 파괴해버렸다. 콜론나 가문이 모두 프랑스로 달아나자 이탈리아에서 그의 주요한 적은 이제 프란체스코회의 정신적인 한 지류였던 프라티첼리Fraticelli가 되었다. 프라티첼리파는 자신들의 프란체스코회가 점차 세속에 물드는 것에 반기를 들고 금욕주의와 가난이라는 설립자의 기본원칙으로 돌아갈 것을 주창하였다. 그들은 보니파시오 8세를 몹시 싫어했는데, 교황이 갖고 있던 부와 거만함 때문만은 아니었다. 그들은 첼레스티노 5세의 사임과 투옥, 그리고 죽음에 이르기까지의 과정에서 보니파시오 8세의 책임을 물었다.

이제 교황을 향한 싸움은 본격적으로 전개되었다. 그는 교황 역사상 가장 천박하고 상스러운 학대자의 죄목을 쓴 희생자로 만들어졌다. 입안자들은 그의 죄목을 친족등용과 성직매매, 그리고 지나친 탐욕과 같이 쉽게 해명될 수 있는 사항들에만 국한한 것이 아니라, 우상숭배—그는 자신의 동상을 무수히 건립했다—그리고 신의 존재를 무시하고 심지어 동성애적 행위—소년들과 성행위를 했다는 혐의에 관해서 그는 손을 맞잡고 문지른 정도로, 잘못은 없다고 말했다—를 했다는 혐의도 제기했다. 이 모든 혐의 말고도 다른 많은 이상한 행적들에 관한 소문이, 근원지는 프랑스가 아니었음에도 프랑스에서 열광적으로 퍼져나갔다. 교황으로 즉위하고 3, 4년 만에 보니파시오 8세는 가장 널리 미움을 산 교황이 되었다.

1301년 가을 필리프 4세는, 무명이지만 상당히 반항적이었던 파미에의 주교를 반역죄와 모욕적인 행동을 한 혐의로 감옥에 가두었다. 사건의 내막을 자세히 알아보지도 않은 채 교황은 분개하며 주교의 방면을 요구했으나 필리프 4세는 이를 거부했다. 둘 사이의 전쟁은 마지막 국면으로 접어들었다. 보니파시오 8세는 또 다른 교황

† 보니파시오 8세 교황. 1300년, 라테란 궁의 발코니에서 최초의 성년대사를 선포하고 있다. 밀라노 엠브로시아나 도서관.

의 칙령에서 〈들을지어다, 아들아Ausculta fili〉라며 거만한 태도로 국왕과 함께 국왕의 고위 성직자를 1302년 11월 로마에서 열리는 시노드로 소환했다. 당연한 얘기겠지만 필리프 4세는 다시금 거부하였다. 그러나 다소 놀랍게도 39명의 프랑스 주교들은 용기를 내어 시노드에 참석을 하였다. 보니파시오 8세가 마지막으로 〈하나이고 거룩한Unam sanctam〉이라는 교황 칙령을 내린 것이 바로 이 직후였다. 칙령에서 그는 클레르보의 베르나르도와 토마스 아퀴나스를 인용하며 세상 모든 만물은 구원을 위하여 로마 교황에게 예속되어야 할 필요가 있음을 주장하였다. 이 안에는 특별히 새로운 것은 없었고 일찍이 유사한 주장들이 인노첸시오 3세 교황뿐 아니라 다른 교황들에 의해서도 제기되었던 바가 있다. 그럼에도 불구하고, 교황의 절대주의는 더 이상 오래가지는 못했고, 보니파시오 8세가 이와 같은 주장을 펼친 그 내막은 당연히 필리프 4세를 겨냥한 것이었을 테다.

아마도 새로운 각료인 기욤 드 노가레―알비주아파였던 그의 할아버지는 화형에 처해졌고 그래서 그는 교황에 대한 애정이 전혀 없었다―의 충고를 받아들인 때문인지, 필리프 4세는 예전의 전면전 전술로 다시 돌아갔다. 모든 해묵은 혐의에, 영혼의 불멸성을 믿지 않는 등 새로운 몇 가지 위법행위와 이단행위가 더해져 반복적으로 자행되자 즉각적으로 공의회를 열어야 한다는 요청이 높아졌고 공의회에서 교황에 대한 기소 인정 여부가 논의에 부쳐질 것이었다. 드 노가레는 1,600명의 군사를 직접 이끌고 필요하면 무력을 써서라도 교황을 붙잡아 프랑스로 데려오라는 명령을 받고 이탈리아로 급파되었다. 한편 그 시각 보니파시오 8세는 아나니에 있는 자신의 궁에 머물며 필리프 4세를 파문하고 프랑스 백성들을 사면시키는 칙령을 마무리 짓고 있었다. 그 칙령은 9월 8일에 선포할 예정이었는데, 드 노가레가 이끄는 병사들이 스치아라 콜론나와 한 무리의 이탈리아 용병들과 함께 도착한 것이 7일이었다. 보니파시오 8세는 교황의 예복을 갖추어 입고는 자신을 죽이려는 무리들에 맞서 용감하게 저항했다. 그들은 재빨리 교황을 사로잡았으나 아나니 사람들이 교황을 구출해내서 몰래 데려갔다. 아나니 사람들이 보니파시오 8세를 비호하자, 드 노가레는 그를 붙잡으려면 대량학살이 불가피하다고 생각하고 현명하게 물러나기로 결심을 했다.

그러나 드 노가레의 임무가 모두 헛수고로 끝난 것은 아니었다. 연로한 보니파시오 8세는 자존심에 치명타를 입었고 며칠 휴식을 취하다가 친구인 오르시니 가문의 도움을 받아 로마로 돌아갔으나 충격에서 벗어날 수 없었던 탓인지 한 달도 못 채우고 1303년 10월 12일 선종했다. 앞서 나온 단테의 《신곡》에서 시인이 지옥을 다녀오고 3년이 지난 시점에 교황이 죽었으므로 단테는 교황을 용광로에 거꾸로 매달리는 제8원에 넣어서 묘사를 했다. 보니파시오 8세에 대한 단테의 심판은 다소 가혹할 수도 있겠으나, 사람들은 아마 그의 의도를 알 수 있을 것이다.

15

—

아비뇽

1309~1367, 1370~1376

후임 교황인 베네딕토 11세B. Benedictus XI(1303-1304)는 도미니코회 출신으로, 전해지는 말로는 도미니코회 사람들과 있을 때만 편안함을 느꼈다고 한다. 그는 선임 교황을 지지했던 몇 안 되는 사람 중 하나였다. 그는 온화한 성품이었지만 아나니에서는 보니파시오 8세와 어깨를 나란히 할 정도의 자리매김은 하고 있었다. 이제 그는 필리프 4세를 달래서 공의회를 열어 보니파시오 8세를 사후 심판하려는 계획을 접도록 설득하는 데 전념했다. 그의 임무는 보니파시오 8세가 내렸던 기존의 모든 교황의 칙령을 철회하고 필리프 4세와 그의 백성들 그리고 아나니에서의 사건에 연루되었던 모든 프랑스인—드 노가레는 예외였다—에 반대하는 선언들을 폐지하고 나서야 일시적으로 성공을 거두었다. 그는 드 노가레, 스치아라 콜론나 그리고 이탈리아 용병들을 맹렬히 비난하며 최고 권위의 교황을 해친 신성모독죄를 물어 1304년 6월 29일 전에 교회 재판에 나오도록 명령했다. 그러나 그들은 재판에 출두하지 않았다. 왜냐면 그 즈음 베네딕토 11세는 이질에 걸려 병세가 깊어지는 바람에 열흘 후 페루지아에서 선종했기 때문이다.

아나니에서 보니파시오 8세에게 직접적으로 신체적 공격을 가했던 사건은 쉽게 잊히지 않았다. 사람들은 보니파시오 8세를 증오했던 만큼 그 사건 자체를 혐오했다. 올바른 사고를 가진 많은 성직자들은 필리프 4세의 처사에 깊은 충격을 받았고, 교황과 교황이 대표하는 모든 권위가 도전을 받았다는 것을 모욕으로 받아들였다. 그러나 모두가 같은 시각을 가지고 있었던 것은 아니었다. 어떤 사람들은 두 명의 콜론나 출신의 추기경들에게 행한 보니파시오 8세의 행태도 필리프 4세의 처사와 똑같이 역겨운 일이었다고 여겨, 보니파시오 8세가 선종한 이상 명분도 없으므로 프랑스와의 오랜 분쟁이 끝나기를 바라는 사람들도 있었다. 1304년 베네딕토 교황이 선종하고, 7월 페루지아에서 열린 콘클라베는 양분되어 11개월간 교착상태가 지속되다가, 새 교황은 추기경단의 외부에서 선출되어야 한다는 결론에 이르렀다. 그래서 보르도의 대주교였던 베르트랑 드고트가 선출되어 클레멘스 5세Clemens V(1305~1314)라는 교황명을 얻었다. 추기경이 아니었던 그는 콘클라베에 참석한 적이 없었다. 그러나 그는 필리프 4세와는 업무 면에서 어렵사리 우호적인 관계를 유지면서도, 1302년 보니파시오 8세가 소집한 시노드에는 참석한 적이 있었다. 클레멘스 5세는 뻔뻔스럽게 친족을 등용하는 사람이기는 했지만, 교회법에 있어서는 훌륭한 변호사이자 효율적인 행정가였다. 그는 교회의 선교 역할에 집중하였고 파리 대학교, 이탈리아의 볼로냐 대학교, 옥스퍼드 대학교, 스페인의 살라망카 대학교에서 아랍어와 아시아 언어 강좌를 개설했다. 그는 모국 이외의 다른 나라들을 대할 때 상당히 독립적인 태도를 보여주었다. 영국의 에드워드 1세에 대한 귀족들의 충성서약을 면제하고, 캔터베리의 대주교에게 정직을 명하고, 스코틀랜드 왕 로버트 브루스Robert I에게는 교회 내의 오랜 적이었던 존 코민을 살해했다는 혐의로 파문을 내렸으며, 헝가리 왕위 계승과 관련한 15년의 분쟁을 해결했다. 클레멘스 5세가 만약 이탈리아 출신으로 로마에서 선출되어 교황에 등극했다면 아마 많은 능력을 발휘했을 것이다. 그는 비록 위대한 교황은 아니어도 강한 교황이기는 했다. 그는 교황으로 선출된 처음부터 필리프 4세의 신하가 된다는 것은 참기 어려운 압박임을 깨달았다. 필리프 국왕은 자신이 의도한 대로 계속 일을 해나가기 시작했고 무엇보다 교황이 프랑스 내에 머물고 있었으므로 대관식도 프랑스에서 치러야 한다고 주장하였다. 클레멘스 5세는 시작부터 상서롭지 못했다. 그가 말을 타고 리옹의 대관식장으로 향할 때, 사람들이 그 광경을 지켜보기 위하여 담벼락 위에 올라가 있었는데 갑자기 담장이 갑자기 무너지는 사고가 일어났다. 교황은 타고 있던 말에서 떨어지고도 다행히 타박상만 입었지만 다른 사람들은 그다지 운이 좋지 않았다. 몇몇은 심각한 부상을 당했고, 영국 공작은 목숨을 잃고 말았다.

당시 클레멘스 5세가 적절한 때를 봐서 로마로 이동할 의도는 전혀 없었다는 사실을 믿을 만한 근거는 없다. 그가 프랑스에 일시적으로 머무는 것에 정당성을 부여한다면 클레멘스 5세가 프랑스와 영국 사이의 적대적 관계를 종식시킴으로써, 두 나라의 힘을 합쳐 성스러운 땅을 향해 또 다른 십자군 원정을 도모하고자 하는 희망이 있었다는 점이다. 4년간 그는 따로 정해진 거주지 없이 지속적으로 리옹과 프와티에, 보르도를 오갔고 추기경들도 가능한 한 그를 따라 움직였다(당시 대부분의 추기경들은 프랑스인이었다. 1305년 12월 클레멘스 5세가 구성한 추기경단의 9명이 프랑스 출신이었는데 그중 4명이 조카들이었고, 1310년과 1312년에도 프랑스 출신들이 꾸준히 증가했다). 한편, 필리프 4세는 그가 프랑스에 체류하도록 계속해서 압박을 가했지만, 1309년 클레멘스 5세는 아비뇽—론 강*의 동쪽 둑에 위치해 있었으므로 당시는 필리프 4세의 속국인, 앙주의 카를로 2세, 시칠리아의 국왕 그리고 프로방스의 백작의 소유지였다—으로 거처를 옮기기로 결정을 내렸다. 그 작은 마을—인구 5천 명으로 당시에는 작은 마을에 불과 했다—이 클레멘스 5세 이후 5명의 교황이 더 머물렀고 그 후 60년간 교황청이 있었던 곳이다.

그 시절은 종종 '바빌론 유수'로 언급되고 있는데, 실제 교황이 억류되었던 것이 아니라 그들이 자청한 것이었다. 그럼에도 그곳은 그렇게 안락한 장소는 아니었다. 시인 페트라르카는 북풍 미스트랄이 모질게 불어대며, 우주의 모든 오물이 모이는 하수구와 같은 역겨운 도시라고 아비뇽을 묘사했다. 아라곤의 대사는 도로에서 풍겨 나오는 메스꺼운 악취 때문에 병이 나서 다시 돌아가야 했다. 교황

---

* 12세기에는 론강의 양쪽 둑은 지중해로 뻗어가기 전에 마지막 다리인 생베네제 다리에 의해 연결되어 있었다. 원래 다리는 22개의 아치를 갖고 있었으나 4개를 제외한 나머지는 모두 1680년 대홍수 때 유실되었다. 그 다리 아래 있는 바르텔라스라는 작은 섬에서 실제 무도회가 열렸다는 설이 있기는 하지만, 그 다리는 오래된 노래 속에 여전히 살아 숨 쉬고 있다.

이 거주하는 지역도 크게 다르지 않아 각종 범죄가 일어났고 여관과 사창가로 유명한 곳이었다. 교황청을 꾸릴 만한 장소도 계획되어 있지 않았다. 교황과 그의 수행단은 근처 도미니코회의 수도원으로 옮겨갔고, 운이 좋은 몇몇 추기경들은 보다 큰 집에 요청해서 묵었지만 나머지 사람들은 변변한 거처도 제대로 마련하지 못했다.

아비뇽으로 옮겨가면서 클레멘스 5세는 최소한의 독립권을 누려야 했지만, 필리프 4세는 너무나 강성이었다. 교황은 병약한 사람이었으므로―재임기간 내내 위암으로 고통을 받았다―프랑스의 꼭두각시 노릇을 할 수밖에 없었다. 필리프 4세는 죽은 보니파시오 8세를 사후 재판에 세우겠다는 확고부동한 고집을 꺾지 않았고, 1309년 클레멘스 5세에게 전면적인 조사를 시작하게 했다. 재판은 지연되고 여러 문제들이 잇따르다가 1311년 4월 법적 절차가 유예되었지만, 교황은 무거운 대가를 치러야 했다. 두 명의 콜론나 추기경들을 그 자리에 복귀시키고, 그들의 가족에게 충분한 보상을 해야 했으며 보니파시오 8세가 내린, 프랑스의 국익에 해가 되는 모든 칙령은 폐지하고, 기욤 드 노가레에게 면죄부를 주는 것이었다. 게다가 더 큰 굴욕은 필리프 4세의 계획에 따라 성전기사단을 제거하는 일이었다.

오늘날 우리들의 시각으로 중세 후기의 성전기사단의 영향력을 이해하기는 쉽지 않다. 12세기 초 1차 십자군 원정 이후 성지로 몰려드는 순례자들을 보호하기 위하여 창설되어 성 베르나르도의 후원을 받았던 성전기사단은 50년 만에 덴마크에서 스페인, 아일랜드에서 아르메니아에 이르기까지 거의 모든 그리스도교 국가에서 확고한 위치를 차지하게 된 전사들이자 수도사들이었다. 불과 1세기도 되지 않아, 예수 그리스도의 가난했던 전우들은ㅡ베네딕토 수도회의 청빈, 정결, 순명이라는 세 가지 서약에도 불구하고ㅡ 유럽 재정의 반을 주무르며 대부분 강력한 은행가로 부상했다. 1250년경까지 그들이 소유하고 있던 부동산이 9천 건에 달했고, 파리와 런던에 있던 그들의 집은 강력한 본거지로 왕가의 보물을 보관하는 장소로 사용되기도 했다. 영국의 헨리 3세는 올레론 섬을 구매하기 위하여 성전기사단으로부터 돈을 빌리기도 했으며, 프랑스의 필리프 4세는ㅡ처음부터 잘못되었던 혼사였지만ㅡ자신의 딸 이사벨라와 영국의 에드워드 2세와의 결혼 지참금을 성전기사단에게서 받아내기도 했다. 루이 9세가 6차 십자군 원정에 나섰다가 이집트에서 포로로 붙잡혔을 때는 성전기사단이 그의 몸값의 상당 부분을 지불해주기도 했는데, 그들이 나중에 보내기로 했던 금액의 5분의 4에 해당하는 2만 5천 리브르 이상을 에드워드 1세에게 선불로 지급했다고 한다.

성전기사단이 조직되어 있던 나라 중에서도 그들은 특히 프랑스에서 가장 강력한 권한을 갖고 있었다. 그들은 프랑스 안에 효과적으로 또 하나의 나라를 구성한 셈이었으니 필리프 4세가 심각한 우려를 표했던 것은 너무 당연한 일이었다. 더구나 필리프 4세는 별로 훌륭하지는 않지만 나름 그들을 반대할 명분이 있었다. 필리프 4세는 자금이 절실히 필요했다. 그는 이미 유대인과 랑고바르드족 은행가들의 재산을 몰수한 뒤 추방했기에 성전기사단들에게도 유사한 방법을 쓰려는 것이었다. 그렇게 하면 성전기사단의 부와 재산을 왕국의 것으로 확보해 그가 안고 있는 재정 문제를 일시에 해결할 수 있기 때문이다. 성전기사단은 거세게 반대했지만, 필리프 4세는 이미 손에 무기를 준비하고 있었다. 밤마다 기사단이 모임을 가지며 비밀리에 폭동을 준비하고 있다는 소문이 여러 해째 나돌고 있었다. 이제 필리프 4세는 그들에 대한 공식적인 조사만 시작하면 되는 것이었다. 필리프 4세가 필요한 증언을 해줄 증인을 찾는 것은, 조금의 대가만 손에 쥐어준다면 어려운 일이 아니었다.

필리프 4세는 곧 일에 착수했다. 그가 필요했던 증거는 예상보다 훨씬 만족스러운 결과를 보여주어, 성전기사단은 악마를 숭배하는 집단으로 둔갑했다. 그들은 바포메트Baphomet―아마 마호메트를 변형시킨 것 같다―라고 이름 지은 자신들만의 우상을 숭배하며, 비밀리에 치르는 입회식에서는 십자가상을 짓밟았다. 온 세상이 알고 있던 그들의 청빈서약은 창밖으로 던져졌고, 정결서약도 사정은 마찬가지였다. 특별히 남색男色은 허용될 뿐 아니라 장려되기도 했는데 그럼에도 그들에게서 태어난 사생아들은 없애버리기도 했는데 종종 화형에 처하기도 했다.

1307년 10월 금요일*, 성전기사단의 단장인 자크 드 몰레이Jacques de Molay가 파리에서 60명의 주요 단원들과 함께 체포되었다. 그들은 죄를 자백하라는 압박을 받으며 궁정 관계자들과 종교재판 심문관들에게 고문을 받았다. 6주에 걸쳐서 138명 이상의 기사단원들이 조사를 받았고, 단장인 드 몰레이를 포함하여 기사단원 123명

* 오늘날 13일의 금요일에 대한 음산한 징크스는 바로 여기서 유래되었다고 한다.

은 결국 자신들에게 씌워진 혐의 중 최소 몇 가지씩은 자백하고 말았다. 한편, 필리프 4세는 다른 나라의 군주들에게도 자신의 선례를 따르라고 촉구하는 서신을 보냈다. 영국의 에드워드 2세는—스스로 정국이 불안함을 느끼고 있었다—처음에는 자신의 장인인 필리프 4세의 처사에 트집을 잡았으나 클레멘스 5세로부터 확고한 지침이 도착하자 더 이상은 주저하지 않았다. 기사단의 영국인 단장이 1308년 1월 9일 구속되었고, 모든 기사단원들도 곧 뒤를 따랐다.

성전기사단은 자신들의 신념을 위해 싸웠다. 수장인 드 몰레이는 교황이 파리로 급파한 3명의 추기경들에게 심문을 받았다. 그때 그는 자신의 자백을 전면 부인하며 고문의 흔적이 분명히 남아 있는 가슴을 드러내 보였다. 그 결과 추기경 회의[추기경들이 정기적으로 여는 회의]에서 10명도 넘는 구성원들이 클레멘스 5세의 정책에 분개하여 그에게 사임을 하라는 협박을 가했다. 그리고 2월 초 종교 재판에서 기사단을 반대하는 활동을 중단하라는 지침이 내려졌다. 그러나 이미 커다란 흐름을 되돌리는 것은 불가능한 일이었다. 8월 기사단의 단장은 조사를 받고 또 다시 고문을 당했고, 두 번째로 유죄라는 판결이 내려졌다.

성전기사단에 대한 공개재판은 1310년 4월 11일에 열려 앞서 자백했던 것을 전면 부인하는 피의자는 누구라도 화형에 처한다는 내용이 발표되었다. 5월 12일 54명의 기사단원들이 화형을 당했고, 그후 2주간 9명의 다른 단원들도 그들과 같은 운명을 겪었다. 이 비열한 사건이 그렇게 4년을 더 끄는 동안 교황과 필리프 4세는 기사단의 엄청난 재산의 처리 문제를 놓고 계속 상의했다. 한편, 자크 드 몰레이는 그의 운명의 향방이 결정될 때까지 감옥에 갇혀 지냈다. 1314년 3월 14일이 되어서야 관리들이 그를 밖으로 나오게 했는데, 그곳은 노트르담 성당 앞의 단두대였고 그는 마지막으로 죄를 다시 한 번 공개 고백했다.

자크 드 몰레이는 지난 7년간 기사단의 수장으로서 거의 공훈을 세운 것이 없었다. 자백을 했다가 전면 부인을 했다가 다시 자백하기를 반복했을 뿐 그 어떤 영웅적인 행동이나 지도자로서의 자질도 제대로 발휘하지 못했다. 그러나 이제 나이 70대 중반으로 접어들어 죽음을 앞두고 있으니 더 이상 잃을 것이 없었다. 그래서 친구 조프리 드 샤르니의 지지에 힘입어 그는 분명하게 자신의 의견을 말했다. 바로 신이 자기들을 지켜보았기에 자신과 기사단은 모든 혐의에 관하여 완전히 무죄라고 했다. 즉시 왕실의 집행관들이 그와 친구 드 샤르니를 급히 데려갔고 그사이 전령사는 필리프 4세에게 갔다. 필리프는 더 이상 결정을 늦출 수가 없었다. 그날 밤 드 몰레이와 드 샤르니, 두 명의 기사를 태운 배는 작은 섬을 향해 갔다. 섬에는 그들을 위한 화형식이 준비되어 있었다.

나중에 들리는 소문으로는 드 몰레이가 죽기 직전 클레멘스 5세와 필리프 4세 두 사람을 그해가 가기 전에 하느님의 심판대 앞으로 불러 세우겠노라 말했다고 한다. 그리고 그의 호언은 빗나가지 않았다. 클레멘스 5세는 그로부터 약 한 달여 만에 선종했고, 필리프 4세는 11월 말 사냥 중 일어난 사고로 사망하고 말았다. 드 몰레이와 드 샤르니는 타오르는 불꽃 앞에서도 당당함을 잃지 않고 고귀하게 죽어갔다. 밤이 되자 조금 떨어진 해안가에 있던 아우구스티누스 수도원의 수사들이 그들의 유해를 수습하러 왔고 그들은 성인이자 순교자로 숭배를 받았다.

그레고리오 7세나 인노첸시오 3세 같은 위대한 교황들이었다면 성전기사단을 구할 수도 있었고 또 그렇게 하려 했을 것이다. 하지만 안타깝게도 클레멘스 5세는 위대함과는 거리가 멀었다. 필리프 4세에게 복종했던 이 비겁한 아첨꾼은 왕의 통치 기간 중 가장 수치스러운 일을 저질렀다는, 지울 수 없는 오점을 남겼다. 그런 그도 딱 한번 자기 나름의 독자적 행보를 한 적이 있었는데, 1312년 5월 2일 칙령을 통해 기사단의 모든 재산은 기사간호단의 교우들에게 양도되어야 한다고 선포한 것이다. 성전기사단의 재산을 손에 넣는 일에 온통 혈안이 되어있던 필리프 4세가 그 칙령을 반길 리 없었다(카스티야, 아라곤, 포르투갈 그리고 마조르카 이외의 왕국에서는 교황의 결정을 따랐다). 기사간호단은 꿈도 꾸지 못했던 부를 거머쥐게 되었고, 필리프 4세는 이 칙령이 실행되기 전에 세상을 떠났다.

성전기사단이 박해를 당하는 동안 클레멘스 5세의 건강도 꾸준히 악화되고 있었다. 그는 1314년 4월 20일 론 강가의 한 성에서 마지막을 맞이하였다. 오늘날 클레멘스 5세에 관하여 주요하게 기억되는 것은 아비뇽에 정주했던 첫 교황이었다는 점이지만, 중요한 것은 그럼에도 교황의 수도 자체가 공식적으로 이전을 한 적은 없었다는 사실이다. 클레멘스 5세 자신도 로마로 돌아온다는 생각 자체를 완전히 버린 것은 아니었고 단지 계속 지연되었을 뿐이며, 상황상 어쩔 수 없는 일이기도 했다. 이탈리아 북부와 중부는 그 어느 때보다 더 큰 혼란정국을 맞고 있었다. 롬바르디아와 투스카니 전역에서 겔프 가문과 기벨린 가문이 서로 대치하며 로마의 콜론나와 오르시니파와 같이 적대적 관계에 있었다. 1312년 룩셈부르크의 헨리 대공이 헨리 7세 황제로 등극하여 대관식을 위해 로마에 방문했을 때, 그는 도심으로 들어오기 위하여 싸움을 해야만 했다(대관식은 4년 전 화재로 크게 파손된 라테란 궁의 어수선함 속에서 추기경에 의해서 거행되었다). 당시 클레멘스 5세는 대관식을 거행하기 위해 알프스를 넘어갈 마음이 거의 없었다. 건강이 이미 극도로 악화된 그는 고국 땅에서 눈을 감기를 바랐다.

클레멘스 5세의 선종 이후 교황의 자리는 2년 4개월간 공석으로 남아 있었다. 카르팡트라에서 먼저 콘클라베가 열렸으나 가스코뉴의 일부 추기경들이 이탈리아 파벌에 대하여 무장 공격을 선동하면서 무산되었다. 혼란은 그 지역으로 확산되어, 지역 대부분에 화재가 발생하였다. 클레멘스 5세의 조카 중 한 명이 교황의 재산을 빼돌려 사라졌다. 곧 오랜 냉각기가 이어지다가 1316년 3월에 가서야 추기경들이 다시 모였다. 그러고 나서도 합의에 달하기까지는 또다시 5개월이 소요되었다. 보다 못한 필리프 5세Philip V가 나서서 그들을 감옥에 가두고 결론에 이르기까지 매일 식사와 음료의 양을 줄이고 나서야 결론이 났다. 그들이 선택한 사람은 자크 뒤즈로, 요한 22세Joannes XXII(1316-1334)라는 교황명을 얻었다. 선출 당시 나이가 이미 67살이 넘었지만 전임 교황들과는 달리 훌륭한 행정가였으며 열정이 넘쳤고 언제든 싸움에 뛰어들 준비가 되어있었다. 그는 곧 극단적인 프라티첼리와 유사한 프란체스코회의 '신령파Spirituals'

들과 싸움에 돌입하였는데, 그들은 성 프란체스코의 본래 계율로 돌아갈 것, 특히 청빈 원칙과 관련한 그의 규칙과 신앙고백을 있는 그대로 준수할 것을 주장했다. 그러나 요한 22세는 그리스도와 그의 사도들이 자신들의 재산을 소유하지 않은 극빈자들이었음을 암시하는 대목이 성경에는 구체적으로 나타나 있지 않다는 점을 지적하는 데 주저함이 없었다. 그는 순명이 청빈이나 정결보다 훨씬 더 위대한 덕목이라고 선언했다. 그는 한술 더 떠서, 간편한 협의에 따라서 프란체스코회의 재산은 이론적으로 교황청에 귀속된다는 점도 부인하면서 수도회에 재산의 사용권을 허가해주었다. 이후로 프란체스코회는 자의건 타의건 상당한 부를 소유하게 되었다.

이 모든 결정으로 수도회는 전에 없는 분열을 겪었고 많은 프란체스코회 회원들은 분열상태에 빠져들었다. 그 가운데 수도회의 총장인 체세나의 미카엘과 영국의 신학자인 오컴의 윌리엄William of Ockham은 아비뇽에서 달아나 교황의 최대 적이었던 바이에른의 독일 왕 루트비히 4세Louis IV에게 갔다. 교황에 대한 루트비히 4세의 적대감은 1322년으로 거슬러 올라간다. 전쟁에서 오스트리아를 물리치고 프리드리히 왕을 포로로 잡아 신성로마제국의 왕관을 수여할 자격을 얻게 된 당시 요한 22세는 교황으로서 분쟁을 해결할 때까지, 루드비히 4세가 황제 권한을 행사하는 것을 금지했다. 루트비히 4세는 〈작센하우젠의 공소Sachsenhausen Appellation〉라고 알려진 문서를 발표하여 교황의 황제선출권을 부인하고, 프란체스코회 신령파에 대한 요한 22세의 정죄를 비판했다. 이에 대한 보복으로 요한 교황은 루트비히 4세에게 파문을 선고했으나 1328년 1월 루트비히는 로마에 도착해 나이 지긋한 스치아라 콜론나에게서 황제의 관을 수여받았다. 3개월 후 '카오르의 자크(카오르는 요한 22세의 출생지)'를 교황좌에서 폐위시킨 다음 그 자리에 프란체스코회의 신령파를 선출해 대립교황으로 앉혔다. 그의 이름은 니콜라오 5세Nicolaus V였고 루트비히 4세가 그의 머리에 교황의 관을 직접 씌워주었다.

그러나 루트비히 4세는 주제 넘는 일을 한 것이었다. 그가 오토 대제나 프리드리히 바바로사처럼 교황이나 대립교황을 선출해 앉힐 만큼 역량 있는 인물이 아니었음을 로마인들은 잘 알고 있었다. 게다가 루트비히 4세가 이끌고 온 것은 명목상의 병사들이었기 때문에 나폴리의 로베르토Robert 왕이 북부로 병사들을 보내자 그는 자신이 뽑은 대립교황을 데리고 달아났다. 1329년 1월 의식이 열리는 피사의 대성당에 루트비히 4세와 니콜라오 5세 두 사람이 모습을 드러냈다. 그 자리에는 체세나의 미카엘, 오컴의 윌리엄과 함께 화려한 교황의 복장을 입혀놓은 짚으로 만든 요한 22세의 조형물도 자리했는데, 요한 22세는 이단이라는 혐의를 받고 공식적으로 비난을 당했다. 이 기이한 자리는 루트비히 4세나 대립교황 니콜라오 5세에게 거의 도움이 되지 않았으므로 그 이후 니콜라오 5세는 자기의 보호자이자 후원자인 루트비히 4세와 더 이상 동행하지 않았다. 거의 권한이 없었던 니콜라오 5세는 세력이 급속히 약화되자, 루트비히 4세를 떠나 홀로 독일로 돌아와 몇 개월을 방황하다가 스스로 단념했다. 요한 22세는 남은 3년의 생애 동안 니콜라오 5세가 교황의 거처를 벗어나지 못하도록 제한하는 예방책을 취하기는 했어도, 공식적으로 그를 사면해주고 약간의 생활보조금까지 주는 등 놀라운 관용을 베풀었다.

그에게 이단 혐의를 씌우는 것은 명백히 터무니없었지만, 이제 80대 중반의 나이로 생의 종착역을 향해 가던 요한 22세의 삶은 아슬아슬하기 그지없었다. '성인들은 천국에서 삼위일체의 하느님을 있는 그대로 똑똑히 본다.' 라는 것이 당시 정통 신학자들 사이에서 합의된 내용이었는데, 1331년에서 1332년 겨울 사이의 강론에서 그는 최후의 심판이 지나고 나서야 하느님을 볼 수 있고 그때까지는 그리스도의 인성만을 생각할 수 있다고 주장하였다. 그의 주장에 항의하는 거센 후폭풍이 일어나, 파리 대학의 박사 위원회에서는 그를 비난하고 나섰고 세계 공의회 소집 필요성이 대두되었다. 결국 요한 22세는 한발짝 물러나 주장을 철회하며 세례를 받은 영혼들은 '자신들의 상태가 허락하는 만큼 선명하게' 하느님을 볼 수 있다고 인정했다. 다소 터무니없는 방식이었지만, 그럼에도 그를 비난했던 사람들에게는 만족스러웠던 것 같다. 그는 선임 교황들과 마찬가지로 부끄러운 줄도 모르고 친족을 등용했는데, 그가 임명한 28명의 추기경 중에 20명이 프랑스 출신이었고, 3명이 그의 조카들이었다. 클레멘스 5세 교황과 다른 점은 그는 한 번도 진지하게 로마로 돌아간다는 생각을 하지 않았다는 것이다*. 그의 선종 당시 교황의 지위는 완전히 프랑스에 있었고 그 어느 때보다 프랑스 왕의 영향을 크게 받고 있었기 때문이다.

이제 아비뇽은 클레멘스 5세가 정착할 당시보다 훨씬 부유하고

---

* 한때 볼로냐로 옮겨가자는 미온적인 제안이 나오기도 했으나 즉각 철회되었다.

큰 도시가 되었다. 교황의 거처로 정해진 지 25년이 지나자, 그곳은 더 이상 악취를 풍기는 마을이 아니라 어엿한 도시가 되었다. 클레멘스 5세 교황은 도시의 재정 제도를 만들었고, 요한 22세는 도시에 엄청난 부를 가져왔다. 전 지역이 깨끗하게 정비되었고, 추기경들과 대사들이 머물 수 있는 멋진 궁전들과 은행가들이나 상인들, 그리고 전 유럽에서 부를 찾아 들어온 건축가, 화가, 기술자들을 위한 고급 주택들도 들어섰다.* 교황이 거처하고 있는 아비뇽은 급속한 발전을 통해 유럽의 가장 강력한 경제 중심이 되었다. 1340년 이탈리아의 시인 페트라르카는 상당한 충격을 받아 그 심경을 글로 남겼다.

갈릴리의 가난한 어부들의 후손들이 이곳을 통치하고 있다. 그들은 이상하게도 자기들 출신을 잊어버렸다. 나는 그들의 조상들을 떠올려보며, 금을 가지고 보라색 옷을 걸치고 제후나 국가의 전리품들을 자랑하는 그들을 보니 실로 놀라움을 금할 수가 없다. 언제든 몸을 누일 수 있는 한 척의 배 대신, 요새처럼 높이 쌓은 담장에 호화스러운 집에 살고 있는 그들을 보니 놀랍다. …
경건한 고독 대신 악명 높은 범죄자들로 넘쳐나고, 술에 취하지 않고 깨어 있는 대신 음탕한 연회가 득실대고, 독실한 순례자들 대신 역겨움과 태만함이 가득하고, 맨발의 사도들 대신 도적들의 눈처

---

* 당시 지어졌던 궁전들 중 하나가 대성당에서 북서로 91미터쯤 떨어진 곳에 아직도 자리하고 있는 프티 팔레이다. 15세기에 교황 특사인 길리아노 델라 로베레, 미래의 율리오 2세 교황에 의해서 르네상스의 허울이 덧씌워졌다.

럼 하얀 준마들이 날아갈 듯 재빨리 우리 곁을 지나간다. 만약 하느님께서 이 비천한 부를 살펴시지 않는다면 이제 곧 말들도 금으로 장식되고, 금을 먹고, 금으로 된 발굽을 달고 다닐 것이다.

이 모든 저속함이 드러난 가운데도, 요한 22세는 앞장서서 그런 분위기를 더 독려했다. 샤토네프 뒤 파프Chateauneuf-du-Pape(교황의 새로운 집)라는 포도밭을 조성한 이도 바로 그였다. 1324년 11월 그가 종손녀의 결혼식을 위한 연회에 공급했던 음식에 대한 기록은 아직도 남아 있다. 공급된 음식에는 황소 9마리, 양 55마리, 돼지 8마리, 수퇘지 4마리, 거세한 수탉 200마리, 닭 690마리, 달걀 3,000개, 자고새 580마리, 토끼 270마리, 물떼새 40마리, 오리 37마리, 비둘기 59마리, 두루미 4마리, 꿩 2마리, 공작 2마리, 작은 새 292마리, 치즈 300웨이트, 사과와 다른 과일 2,000개, 와인 11통이 포함되어 있었다.

어쩌면 결과적으로 요한 22세에 대해서 신령파의 견해에는 일리가 있었는지도 모르겠다.

요한 22세 교황은 1334년 12월 4일 선종했다. 이때만큼은 추기경들도 상당히 신속히 행동하여 20일 새로운 교황이 취임했다. 그는 제빵사의 아들로 태어나 시토회의 수도사로 지내다가 파미에의 주교가 된 인물로 본명은 자크 푸르니에였는데 베네딕토 12세 Benedictus XII(1334-1342) 교황으로 등극했다. 그는 그다지 매력적인 인물은 아니었다. 우람한 몸집과 큰 키에 우렁찬 목소리를 갖고 있던 그는 종교재판의 심문관으로서 이름을 날렸고, 자청하여 프랑스의 남서부에서 카타리파 신봉의 흔적을 제거하기 시작해 큰 성과를 거두었다. 5명의 주교들과 나바라의 왕이 참석한 가운데, 183명의 남자들과 여자들에 대한 화형이 이루어졌는데 이 광경은 하느님을 기쁘게 할 엄청난 대량 학살로 묘사되었다.* 그때 요한 22세는 그 일로 그를 칭찬하며 추기경으로 임명했다.

베네딕토 12세는 좀 음울하고 고집스러운 성격이었을 수는 있지만, 그에게는 그만의 자질이 있었다. 그는 요한처럼 거만하지 않았고 사치스러운 것들을 경멸하였으며 옷도 시토회의 수도사 복장을 계속 착용하였다. 친족등용도 몹시 싫어했고―그의 친척들은 아무도 등용되지 않았다―두 명의 전임 교황 시절에 늘어났던 남용에 대한 전면적인 전쟁을 선포하였다. 꼭 아비뇽에 있어야 할 타당한 이유가 없으면서도 아비뇽 주변을 어슬렁대는 모든 성직자들과 방랑 수도사들을 해산했고 발행되는 문서를 발행할 때 내야 하는 세금을 처음으로 책정하였으며, 시토회와 프란체스코회 그리고 베네딕토회에 대한 엄격한 규율이 세워졌다. 그러나 외교적인 분야에서는 그다지 두각을 드러내지 못했다. 안타깝게도 영국과 프랑스의 백년전쟁의 발발을 막고자 하는 시도는 실패로 돌아갔고―십자군 연합은 잠정적으로 끝났다―독일 루트비히 황제와의 관계를 개선하려는 노력은 프랑스 국왕 필리프 6세와 나폴리의 왕으로 인해 쉽게 좌절이 되었다.

* E. 퓰린스의《아비뇽의 교황들Avignon of the Pope》. 이 끔찍한 이야기는 임마누엘 르 로이 로드리의《몽타이유Montaillou》에서 상세하게 들려주고 있다.

여러 가지 정황으로 보아 베네딕토 12세가 재임 초기에는 로마로 돌아가는 것을 진지하게 고려했다는 것을 알 수 있다. 하지만 로마의 상황에 개선의 여지가 보이지 않았으므로, 처음에는 볼로냐까지만 움직여볼 생각을 했던 것 같다. 베네딕토 12세는 즉위 직후 베드로 대성당의 복원과 지붕 공사를 명했고, 그래서 몇 년간 베드로 대성당과 라테란 궁 복원에 많은 돈이 들어갔다. 그러나 추기경들―거의 모두가 프랑스 출신이었다―과 필리프 6세는 그를 만류하였다. 1335년 말경 백성들은 교황권이 어쩌면 영구히 론 강 강둑인 아비뇽에 있어야 한다는 생각에 더 이상 의구심을 갖지 않게 되었다. 이때 팔레 데 파프Palais des Papes(아비뇽의 교황청)에 대한 작업이 시작되었다.

부지로 선택된 곳은 대성당 바로 남쪽에 있었다. 첫 번째 올라간 건물은 약 45미터 높이의 탑이었는데 하단 쪽은 교황의 보물창고로 설계되었고 상층은 교황의 개인적인 건물로 만들어졌다. 여기다가 베네딕토 12세는 2층 높이의 성전을 추가했는데, 그것은 현재 궁전의 북쪽 구역의 전체에 해당하는 것이다. 후임 교황은 그의 뒤를 이어 서관과 남관 쪽을 보다 정교하게 만들었고 둥근 아치형의 커다란 알현실 남쪽까지 이어진 회랑―후일 교황청의 안마당인 '쿠르 도뇌르Cour d'honneur(영광의 마당)'이 되었다―이 보다 널찍해졌다. 수도원과 요새가 어우러진 다소 어색한 아비뇽의 교황청은 그때나 지금이나 예술적으로 완성도가 높은 건물로 보기에는 어려울 수 있고 집기나 가구들도 턱없이 부족했다. 그럼에도 불구하고 로마에서 멀리 떨어져 망명 신세나 다름없던 교황에게는 상당히 인상적인 기넘비와 같은 장소임에는 분명하다.

베네딕토 12세는 1342년 4월 25일 선종했는데 총대주교는 나이
뿐 아니라 와인도 그가 무너지는 데 한몫했다고 주장했다. 사실 선
종할 때, 베네딕토 나이는 60대 초반이었으므로 다른 원인을 의심
해볼 만하다. 그는 다른 여러 면에서는 엄격한 내핍생활을 했지만,
엄청난 식욕만큼은 유명했다. 그러나 그의 후임자에 비하면 별것도
아니었다. 코레즈의 대지주 아들로 태어난―비록 걸출한 집안 출
신은 아니었어도―피에르 로제는 이미 놀라운 이력을 소유하고 있
었다. 신학과 교회법 박사학위를 갖고 있던 그는 28살에 상스, 그리
고 29살에 루앙의 대주교를 지냈고 필리프 6세의 신임을 받아 수상
에 임명되기도 했다. 필리프 국왕은 피에르가 베네딕토 12세의 후
계자가 되기를 갈망해서 교황 선출에 입김을 불어넣을 요량으로 아
들을 아비뇽으로 보냈다. 그러나 아비뇽에 도착한 왕자는 거기까지
올 필요가 없었다는 사실을 깨닫게 되었다. 이미 추기경들이 피에
르 로제를 선출해서 클레멘스 6세Clemens VI(1342-1352) 교황으로 추
대했기 때문이다.

'나의 선임들은 진정한 교황이 되는 길을 알지 못했노라.' 클레
멘스 6세는 공언하며 이렇게 진정한 교황의 모습을 보여주기 위한
행보를 시작했다. 그는 교황이라기보다는 강력한 통치자의 삶을 살
았지만 말이다. 화려한 의복을 갖추고 수많은 수행원들을 거느리며
자신에게 접근하는 모든 사람들에게 물질과 호의를 베풀어서―그
는 '교황'은 백성들을 행복하게 만들어야 한다고도 말했다―그의
사치와 허세는 유럽의 군주들을 쉽게 압도할 정도였다. 그가 머물

던 교황궁에는 필리프 6세의 궁과 비교하여 10배나 더 많은 비용이 들었다고 한다. 3,000명의 하객들이 그의 대관식 연회에 자리했는데 그날 1,023마리의 양, 118마리의 소, 101마리의 송아지, 914마리의 새끼염소, 60마리의 돼지, 1만 471마리의 암탉, 1,440마리의 거위, 300마리의 강꼬치고기, 4만 6,856개의 치즈, 5만 개의 타르트, 그리고 200통의 와인이 사용되었다고 한다. 그러나 정작 더 놀라운 것은 그의 주변에서 일어났던 이런 일들이 아니라 바로 클레멘스 6세라는 사람 자체였다. 그는 상당히 지적인 인물로 언변이 뛰어나 훌륭한 강론으로도 유명했고 참으로 매력적인 인물이었다. 그러나 교황권의 남용이 재현되었다. 재임 10년 동안 클레멘스 6세 교황이 임명했던 추기경들 가운데 21명은 프랑스 출신이었고 10명은 그의 측근이었으며, 그중 후일 그레고리오 11세Gregorius XI─아비뇽에서 지냈던 일곱 교황 중 마지막─교황으로 등극했던 사람은 그의 아들로 보인다. 교황에 대한 소문 중에는 여성들과 관련된 것도 무성했다. 그런 소문은 특히 교황 조카의 처제인 튀렌의 백작부인 세실이 중심이 된 것이 대부분이었는데, 그녀가 궁에서 일상적으로 주인 행세를 했다는 것이다. 늘 그렇듯 교황의 일을 걸고 넘어가는 역할을 해온, 당시의 총대주교도 교황의 여성 문제에 대해 거의 병적으로 분개했다.

나는 간통, 유혹 그리고 강간에 관해서는 언급하지 않을 것이다. 나는 그가 겁탈하고 유린한 부인네들이나 처녀들의 수를 헤아리지도 않을 것이다. 분노로 들끓는 남편들과 아버지들의 입을 막기 위해 그들이 사용한 돈이나, 돈을 받고 여성들을 팔아넘긴 자들의 용렬함에 대해서도 말하지 않을 것이다.

교황은 매춘부들을 데리고 있었는데 그녀들은 교황의 침대에 기어 올라갔다. 당대의 시인들보다는 아무래도 총주교가 그의 실상을 가장 가까이서 지켜본 증인이기에—그는 중세의 가장 훌륭한 작가 중 한 사람이기도 했다—만약 그럴 마음만 있었다면 교황이 거주하던 아비뇽의 실태를 아주 탁월한 필체로 적나라하게 기술할 수도 있었을 것이다. 그러나 안타깝게도 그가 남긴 글은 기이한 행적에 근접한 희화된 글이 전부이다.

클레멘스 6세는 로마로 돌아가는 것을 한 순간이라도 고려해봤을까? 물론 아니다. 그는 베네딕토 12세 때 시작되었던 교황궁 공사를 마무리했을 뿐 아니라, 1348년에는 나폴리의 여왕 조반나Joanna와 프로방스의 백작으로부터 아비뇽과 브네생 주변 자치구를 사들였다. 나이 22살에 미모로 명성이 자자했던 조반나는 도망자 신세가 되어 아비뇽으로 왔던 여인이다. 3년 전, 그녀의 젊은 남편인 헝가리의 왕자 앤드류는 그녀와 함께 나폴리에 살고 있었으나, 그녀의 대고모인 발루아의 캐서린의 사주로 암살당했고, 조반나 자신도 공모에 가담했다는 의혹을 샀다. 앤드류 왕자의 형인 헝가리의 국왕 루이스Lewis는 복수를 구실 삼아 나폴리를 침략하고는 자기 왕국이라 주장했다. 조반나는 두 번째 남편인 루이와 함께 클레멘스 6세를 찾아 시아주버니로부터 자신을 보호해주고 남편의 암살에 연루되었다는 누명을 벗겨달라는 요청을 하러 아비뇽으로 도주해온 것이었다.

자신의 여성편력을 감추지 않았던 클레멘스 6세는 미모가 뛰어났던 조반나의 제안을 기꺼이 수용했다. 그러니 그녀 남편의 암살 사건의 심문 결과는 거의 정해진 것이었지만, 그래도 그럴듯한 시늉이 중요했다. 연단 위에 교황의 자리가 놓이고, 그 양 옆으로 반원 형태로 추기경들의 자리가 놓였다. 기소는 헝가리의 루이스 왕이 보낸 두 명의 사절단에 의해서 진행되었다. 조반나는 스스로 변호를 했는데 아주 훌륭하게 해냈다고 한다. 그러자 클레멘스 6세가 일어서서 그녀의 무죄를 선언했다. 그렇게 자신의 첫 번째 목적이 성취되자, 조반나는 그다음 단계의 항소를 했다. 혐오하는 시아주버니가 모든 재산을 약탈해가는 바람에 그녀는 무일푼이었다. 이제 시아주버니 루이스 왕은 헝가리로 돌아갔고, 나폴리의 봉신들은 그녀에게 돌아오라 했지만 무일푼인 그녀는 남편과 함께 나폴리로 돌아갈 여비도 없는 지경이었다. 클레멘스 6세는 다시 한 번 기꺼이 그녀를 위해 금화 8만 플로린을 마련해주었고, 그 대가로 도시와 주변 자치구의 소유권을 얻게 되었다.

이 이야기가 더 놀라운 것은 이 일이 벌어진 때가 흑사병이 창궐했던 해였다는 사실이다. 그 전염병은 1348년 1월 아비뇽까지 집어삼켜서 그해 9월에는—총대주교가 아끼던 라우라 수도원과 영국의 모든 아우구스티노 수도회를 포함하여—도시 인구의 4분의 3에 해당하는 6만 2천 명이 목숨을 잃었다. 이런 상황에서 클레멘스 6세는 시골 지역으로 달아날 수도 있었지만 아비뇽에 남아 있음으로써 상당한 용기를 보여주었으며, 짐마차들을 투입시켜 시신들을 옮기고 매장해주기도 했다. 물론 모든 사람들이 얼마 가지 않아 그 일에서 손을 떼긴 했지만 말이다. 그는 또한 공동묘지의 부지로 넓은 땅을 사들이기도 했다. 4월 말경이 되어서 그 자리에 매장된 시신이 만 천 구에 달했고, 그 위에 또 한 층의 시신들이 쌓여갔다. 전염병 창궐 당시 우연히 그곳에 머물고 있던 플래미쉬의 한 수사신부는 다음과 같이 전하고 있다.

3월 중순경, 교황은 상당한 숙고 끝에 만약 전염병으로 죽더라도 부활절까지 고해성사를 하고 죄를 뉘우치는 사람들에게 전대사*를 내리겠다고 하였다. 또한 그는 매주 특정한 날을 정해 호칭기도**를 하며 독실한 행렬을 하도록 명하였다. 들리는 말로는 이 행렬에 주변 지역의 사람들까지 모여들어 그 수가 때로 2천 명에 달하기도 했다. 그들 중 많은 수의 남녀가 맨발로 행렬을 따르며 어떤 이들은 상복을 입고, 재를 들고, 눈물을 흘리고, 머리를 쥐어뜯기도 하고, 채찍으로 스스로를 때리며 피를 흘리기도 한다.

전염병이 창궐하던 초기에는 교황 자신도 행렬에 동참하곤 했으나, 행렬을 통해 전염이 확산된다는 사실을 깨닫고 이를 중단시켰다. 그러고 나서 현명한 그는 자신의 거처로 돌아와 아무도 들이지

* plenary indulgence. 죄에 대한 유한有限한 벌을 모두 취소할 수 있는 사면. - 역주
** 일련의 탄원기도로서, 사제나 부제, 성가대 등이 선창하고 신자들이 응답하는 형태의 기도. - 역주

않고 낮에도 밤에도 장작불 앞에 앉아 불에 몸을 쬐었다. 아비뇽에 한여름이 찾아와 뜨거운 불길 앞에 앉아 있기가 어려워지자, 즉시 발랑스 근처에 있는 자신의 성으로 들어갔고 가을이 되어 날이 서늘해지자 다시 거처로 와서 불 앞에 앉았다고 한다. 그 치료방법이 꽤 효과가 있었는지 그는 살아남았지만 강림절이 되자 그 재앙은 점차 사그러들었는데 그때는 이미 많은 사람들이 죽고 난 후라 그의 생존을 축하할 사람은 거의 남아 있지 않았다.

유럽은 흑사병의 재앙에서 벗어나자 희생양을 찾기 시작했는데, 예상대로 유대인들에게 그 불똥이 튀었다. 유대인들은 반그리스도 교들이 아니었는가 말이다. 그리스도교도의 자녀들을 붙잡아다가 고문을 하고, 성체를 훼손하고, 그리스도교 공동체의 우물에 독을 풀어서 모든 사람들을 감염시켰던 이들이 유대인들 아니었는가 말이다. 부질없게도, 유대인들은 자신들도 그리스도교인들만큼 고통을 겪었으며 어쩌면 자신들은 정해진 집단 빈민가 안에서만 살아야 했던 탓에 더 큰 고통을 겪었다고 주장했다. 이미 그들을 향해 비난의 화살을 돌린 자들은 그들의 말을 들어주지 않았다. 5월 초 프로방스에서는 유대인들에 대한 대량학살이 일어났고, 나르본느와 카르카손에 있던 전全 유대인 공동체가 몰살을 당했다. 독일과 스위스에서 일어난 박해도 대참사 수준이었다. 클레멘스 6세는 신속하게 조치를 취했다. 7월 4일과 9월 26일, 두 번에 걸쳐 칙령을 발표하여 대량학살을 비난하며, 대량학살의 조짐이 보이는 지역의 그리스도 교인들에게 인내심을 갖고 자제할 것을 당부했고, 유대인들을 희생양으로 삼는 자들은 즉시 파문에 처하겠다고 거듭 강조했다.

참으로 안타깝지만, 이미 수많은 유대인들이 희생되었으니 교황은 한발 늦은 셈이었다. 14세기의 의사소통은 너무도 느렸기에, 교황의 노력에도 불구하고 이미 350회의 대량학살이 자행되었고, 200개 이상의 유대인 공동체들이 전멸되는 불행을 겪었다. 그러나 이를 두고 클레멘스 6세를 비난할 수는 없다. 오히려 그는 적극적으로 유대인 보호에 나섰던 역사상 최초의 교황으로 기억되어야 한다. 그것은 그의 삶에서 가장 고귀하고 용기 있는 행적이었으며, 그래서 수많은 후임 교황들이 그의 모범을 따랐을 수도 있다.

곤두박질치는 로마 경제의 회복을 위해 클레멘스 6세는 1350년을 성년으로 선포하였으나 성공적이지는 못했다. 로마에 도착한 순례자들은, 전반적으로 쇠퇴하고 타락한 도시의 모습에 충격을 받았다. 교황이 자리를 비운 지 거의 50년이 되어가던 도시는 그 어느 때보다 안타까운 모습이었다. 한때 잠시나마 로마인들의 자긍심이 높아졌던 적도 있기는 했다. 그것은 로마의 한 여성 세탁부의 아들로 태어나 우연히 선동정치가가 되었던 콜라 디 리엔조Cola di Rienzo가 1344년 지방 귀족들에 대항하여 맹렬한 운동을 펼쳤던 때였다. 그는 로마가 지녔던 과거의 위대함의 재현과 영광의 부활이라는 예언을 불러일으키며 시민들의 마음에 불을 지폈다. 그의 운동은 성공을 거두었고 3년 후 의회에서 호민관 자리에 올라 무소불위의 권력을 휘두르게 되었다. 그는 '전국적인' 의회를 소집하여 이탈리아의 모든 도시민들에게 로마의 시민권을 부여하고 이탈리아 황제를 투표로 선출하겠다는 발표를 하였다. 아마도 황제의 자리에 자신을 염두에 두었을 것이다.

　그런 공표를 하는 것이 독일의 황제든 로마의 선동가든 상관없이 이탈리아의 통합을 위한 호소는 언제나 실패로 끝날 운명이었다. 당시 별 노력 없이 하루아침에 엄청난 권력을 주무르게 된 콜라는 분수를 모르고 날뛰었다. 그는 교황이 떠나고 남겨진 라테란 궁에 거처를 정하고는 '흰색 로브를 걸친 성령의 기사'라는 칭호를 채택했다. 그는 성 실베스테르 1세가 콘스탄티누스 대제에게 세례를 내릴 때 사용한 것으로 알려진 반암으로 만들어진 세례반洗禮盤으로 정화의식도 주관하였고 최종적으로 전해지는 말로는, 6개의 각각 다른 왕관을 수여받았다고 한다. 그러니 1347년 로마의 군중들이 반기를 들고일어나 그를 추방한 것은 너무 당연한 결과일 것이다. 교황 특사를 통해 파문 선고를 받은 콜라는 처음에는 프라티첼리에 숨어들었다가, 1350년 독일의 국왕 카를 4세의 도움을 구하기 위하여 프라하로 옮겨갔다. 그러나 이것은 분명한 실수였다. 카를 4세는 그를 미치광이 취급하며 감금했다가 2년 후 교황에게 넘겨주었다. 콜라를 완전히 저버릴 수 없었던 클레멘스 6세는 그를 이단의 혐의로 종교재판에 넘기되 무죄판결이 내려지도록 비밀리에 손을 써두었다.

　1352년 12월 클레멘스 6세가 61세를 일기로 선종했을 당시, 콜라 디 리엔조는 여전히 아비뇽에 수감되어 있었다. 이듬해 그는 법정에 섰고 법적으로 죄가 없다는 판결을 받았다. 그 후 1354년 클레멘스의 뒤를 이어 인노첸시오 6세Innocentius VI(1352-1362)가 교황의 자리에 올랐는데, 그는 처음부터 로마에 돌아가기로 마음먹었다. 인노첸시오 6세는 콜라에게 상원의원의 지위를 주어 로마로 돌려보내면, 그가 자신의 법무 대리인이었던 스페인 출신의 추기경 질 알바레즈 알보르노스를 도와 교황에게 적대적인 귀족들에게 반대하는 세력을 이끌고 대중을 자기 편으로 끌어들여 향후 로마에서의 교황권을 재천명하는 데 도움이 될 거라 생각했다. 그에 따라 콜라는 예전 승리의 영광이 깃들어 있는 로마로 돌아갔다. 그곳에서 약간의 환영을 받기는 했지만, 이미 그가 걸어둔 마법의 힘은 모두 사라져버렸다. 대중들이란 원래 변덕스러우므로, 이번엔 콜라를 반대하고 나섰다. 그는 의회의 발코니에서 번쩍이는 갑옷을 입고 로마의 깃발을 높이 쳐들었지만, 쏟아지는 야유소리만 커져갈 뿐이었다. 콜라는 자신을 숨기고 도망을 가려 거지차림으로 변장을 했지만, 남루한 옷소매 아래로 번쩍이는 팔찌로 인해 탄로 나고 말았다. 얼마 후, 사람들은 그의 몸을 광장에 거꾸로 매달았다. 그에게 닥친 운명은, 6세기 후에 그를 가장 성공적으로 모방했던 베니토 무솔리니Benito Mussolini와 무섭도록 닮아있었다.

인노첸시오 6세의 나이는 일흔이었으나, 열정만은 전혀 녹슬지 않았다. 클레멘스 6세의 화려한 생활에 익숙해 있던 많은 추기경들은 아마 인노첸시오 6세를 선출한 자신들의 선택을 뼈저리게 후회했을 것이다. 새로운 교황의 등극으로 아비뇽은 급변을 겪었다. 화려함과 사치 그리고 행렬과 행진은 사라지고 금욕과 절약 그리고 공명정대와 원칙의 시대로 돌아갔다. 베네딕토 12세 시절에는 개혁이었던 것이 이때에는 질서가 되었다. 새로운 교황은 론 강 멀리 비루느브에 있는 자신의 저택을 카투르지오 수도회에 제공했고 자비를 들어 많은 부분에서 수도승들의 생활에 편의를 봐주었다*. 그럼에도 그의 마음은 로마를 잊을 수 없었고, 로마를 되찾는 일의 적임자는 알보르노스 추기경이라고 생각했다. 알보르노스는 성직자라기보다 장군처럼 교황의 영지를 장악하고 있던 폭군들과 봉건영주들을 신속히 진압했다. 비테르보, 오르비에토, 리미니 그리고 안코나 등 반기를 들던 도시들이 차례로 무너졌다. 무엇보다 가장 중요한 것은 그가 밀라노의 비스콘티로부터 볼로냐를 되찾아왔다는 것이다. 그 모든 곳이 무력으로 정복되었던 것이 아니라 일부에선 뇌물도 한몫을 하기는 했지만 적어도 볼로냐는 달랐다. 1364년 교황의 영지들이 다시 한 번 교황의 권위를 인정하게 되었다.

교황은 교황청의 질서를 바로 잡기 위하여 부단히 노력하였다(전반적으로 성공적이었다). 그가 재임하던 시절의 아비뇽은 예전의 화려했던 교황 시대에 비하면 확실히 음울하고 어두워졌지만 최악의 교황권 남용은 사라졌고 재정도 튼튼해졌다. 외교 면에서 인노첸시오 6세는 독일의 국왕 카를 4세와 우호적인 관계를 유지했고—카를 4세는 1355년 친히 로마를 방문하여 오스티아의 추기경이자 주교 집전하에 왕관을 수여받았다—카를 4세가 독일 왕의 선출을 규정하는, 소위 말하는 금인칙서를 발표하고 난 후에도 후보 승인에 대한 교황의 권한에 대해서는 별다른 언급을 하지 않았었다. 그러나 새로운 십자군 원정에 대한 인노첸시오 6세의 계획은 실패로

---

* 지금은 카투루지오의 '두 발 드 베네딕션'으로 알려져 있지만 프랑스 혁명을 거치며 심하게 파손이 되었다. 인노첸시오 교황의 무덤과 함께 이중으로 만들어졌던 신자들의 자리는 아직도 남아 있다.

돌아갔고 비잔티움과의 종교적 분립을 해소해보려는 시도도 마찬가지로 성공을 거두지 못했다(그는 일반적인 교황의 정책에 따라 비잔티움의 교회가 완전히 로마에 종속되어야 한다는 조건을 제시했으니, 실패했던 것은 너무도 당연하다).

아마도 인노첸시오 6세의 가장 위대한 외교적 업적은 1360년 브레티뉴이 조약Treaty of Bretigny의 체결일 터인데, 이로 인해 백년전쟁 가운데 9년의 평화가 찾아왔다. 그러나 얼마 지나지 않아 인노첸시오 6세는 자신이 취했던 조치를 후회게 되었다. 교전 중에 양측 병력의 상당 부분을 차지하고 있던 용병들은 그동안 후한 보수를 받으며 열심히 전쟁에 임하고 있었는데, 갑자기 찾아온 평화로 하루아침에 일자리를 잃어버린 것이다. 그들은 자연스레 용병단을 만들어 약탈을 일삼았다. 그들에게 교황이 있는 아비뇽은 다른 곳보다 약탈해갈 것이 많은 매력적인 지역이었다. 1360년 12월―조약 체결 이후 7개월밖에 지나지 않았을 때―론 강에서 약 40킬로미터 정도 떨어진 포인트 세인트 에스프리라는 지역을 점령하고는 아비뇽과 외부와의 연락을 차단해버렸다. 얼마 후 도시는 용병단에 포위를 당했고, 다시 전염병이 창궐했던 1361년 초까지 그 상태가 지속되었다. 그해 여름이 시작되자 9명의 추기경들을 포함하여 전염병으로 죽어나간 이들의 수가 1만 7천 명에 달했다.

나이 여든을 바라보게 된 인노첸시오 6세는 결국 굴복하고 말았고, 물러가는 조건으로 용병단에게 엄청난 금액―차용해온 돈이었다―을 지불했다. 당시 맺었던 협약의 정확한 조건은 전해지고 있지 않다. 아마도 그들이 이탈리아 남부로 이동하겠다고 동의한 이유는 그곳에서 알보르노스 추기경의 평화 협정을 위한 원정을 돕기 위해서였을 것이다. 추기경은 급료를 지불하며 용병들을 고용한 것으로 알려지고 있다. 그러나 그가 고용한 용병 중에 아비뇽 포위작전에 가담했던 이들이 포함되어 있었는지는 알 수 없는 노릇이다.

1362년 9월에 인노첸시오 6세는 안타까움과 실망 속에 선종을 맞이했다. 추기경들이 그의 후임으로 선택한—예전의 좋은 시절이 재현되기를 갈망하면서—첫 번째 인물은 클레멘스 6세의 동생이었으나, 그는 추기경들 중 한 사람과 불협화음이 나면서 교황자리를 고사했다. 두 번째 선택했던 사람이 베네딕토 수도자 출신의 기욤 드 그리모아르로, 그가 우르바노 5세B. Urbanus V(1362-1370) 교황이 되었다. 교황의 특사로 이탈리아에서 여러 가지 임무를 경험한 덕분에 그는 공공 분야의 업무에서도 완전히 미숙하지는 않았다. 그는 물욕에 관심이 없었고, 소박하며 상당히 경건한 자세를 잃지 않았다. 8년의 교황 재임기간 중 그는 베네딕토의 수도사들이 입는 검정색 의복을 착용했으며, 밤에는 수도사들이 지내는 특별히 만들어진 독방의 맨바닥에서 잠을 청했고, 하루 몇 시간은 공부와 기도에 쏟았다. 그 자신이 진지한 학자로 예술과 과학에 조예가 깊었고 가난한 학생들에게 학자보조금을 나눠주는 등 온정의 손길을 내밀기도 했으며—한때는 1400명의 학생들을 지원하기도 했다고 한다—몽펠리에에 대학에 기부를 했으며 가깝게는 오랑예, 멀리는 비엔나 그리고 크라코우에도 대학을 설립하였다.

우르바노 5세에게는 무엇보다 소중한 두 가지 야망이 있었다. 그 중 하나가 터키에 대항한 십자군 원정을 일으켜 동방교회가 다시 가톨릭교회로 돌아오게 하리라는 희망이었다. 두 번째는 교황청을 아비뇽에서 다시 로마로 옮기는 것이었다. 그러나 십자군은 순조로운 출발을 하지 못하였다. 십자군을 이끌기로 했던 프랑스의 국왕 장 2세John II는 푸아티에 전투에서 영국인들에게 포로로 붙잡혔는데, 그때 그의 몸값은 미결 상태였다. 그는 자신의 아들을 포함한 몇몇 인질과 교환하는 조건으로 석방되었다. 풀려난 장은 아비뇽으로 와서 15만 명의 병사들을 성지로 데려가겠다는 맹세를 하였다. 그러나 그가 출발도 하기 전에 인질로 잡혀갔던 그의 아들이 탈출했고, 국왕으로서 지킨 약속을 저버릴 수 없었던 장은 자발적으로 영국으로 돌아가 포로 신세가 되었다. 그는 그렇게 영국에 남아 있다가 죽음을 맞이하고 말았다.

오랜 시간 논의가 되었던 교황좌의 로마 귀환과 관련한 상황은 50년 전보다는 좀 더 우호적으로 바뀌었다. 알보르노스 추기경은 자신에게 맡겨진 일들을 잘 해냈고, 그는 계속적으로 볼로냐에서 문제를 일으키던 밀라노의 제후 베르나보 비스콘티도 결국 매수해서 드디어 교황의 영지에는 어느 정도 평화가 찾아왔다. 1366년 6월, 우르바노 5세는 추기경들뿐 아니라 유럽의 모든 제후를 향해 교황청을 아비뇽에서 로마로 옮겨간다고 공식적으로 발표했다. 제후들이 무슨 생각을 했는지는 차치하고, 그 발표를 접한 교황청은 온통 두려움에 떨었다. 당시 위로는 추기경들부터 아래로 일개 미천한 필경사에 이르기까지 교황청의 모든 구성원이 프랑스 출신이었다. 그들이 작은 돈이나마 쓰고 살았던 고향땅은 아비뇽이나 비르누보였고, 그들이 사용하던 언어도 프랑스어나 프로방스어였다.

그들은 모든 것을 남겨두고 말라리아가 들끓고 악취가 나며 부패한 귀족들과 변덕스러운 폭도들로 인해 지속적으로 분열을 겪고 있는 데다 쇠락과 붕괴 직전에 처해 있는 로마로 떠나야 한다는 사실을 걱정했다. 그러나 교황은 짐을 싸서 떠날 채비를 하는 것이 그들이 할 일이라고 못을 박았다.

그 영광의 순간에 걱정스럽던 여정이 마치 무기한으로 지연되는 듯 보였다. 프랑스의 약탈자인 장군 베르트랑 뒤 게클랭은 왕인 카를 5세로부터, 잔인하다고 알려진 스페인의 페드로Pedro에 대항하라는 명을 받고는 병사 3천 명—대부분 용병—을 이끌고 가다가, 자청해서 가던 길을 돌려 아비뇽으로 가서는 다가올 원정 비용으로 20만 플로린 금화를 지불하라고 호기롭게 요구했다. 교황은 그 요구에 대한 응답으로 그들 중 많은 이들에게 파문을 내렸다. 그러나 그들은 아랑곳하지 않고 더욱 위협적으로 변하여 주변에 쓰레기를 쌓아두고, 주변 지역을 공포로 몰아넣으며 수많은 수녀들을 겁탈하는 등 최악의 점령군처럼 행동했다. 절망에 빠진 우르바노 5세는 도시에 있는 모든 사람들에게 특별세금을 부과해 그들이 요구한 금액을 지불했다. 그러나 그 돈이 모두 가난한 백성들의 주머니에서 나온 것이라는 사실을 알게 된 뒤 게클랭은 사람들을 피폐하게 만들 수는 없다며 그 돈을 즉시 돌려주었다. 그가 요구한 돈은 오직 교황의 금고에서 나와야만 의미가 있었다. 결과적으로 새로운 세금이 부과되었고, 그 비용은 성직자들의 부담으로 넘어갔다. 그것은 결코 환영받지 못한 정책이었으나, 그리고 나서야 뒤 게클랭 장군은 병력을 이끌고 피레네 산맥을 넘어 스페인으로 진격하였다.

교황청은 다시 로마로 돌아가기 위한 우울한 준비를 시작했다. 교황청의 일부는 아비뇽에 남겨졌고 교황은 로마가 모든 것을 인수할 준비를 갖출 때까지 그날그날 업무를 해결했다. 대망의 출발 날짜는 1367년 4월 30일로 잡혔다. 로마로 이동하는 전체 규모를 상상하기는 쉽지 않았다. 수백 명(어쩌면 수천 명)의 인원, 그들의 가족, 그리고 그들이 지녔던 세속적인 물품들, 전체 교황의 보관소, 가구, 집기들이 바지선에 실려 마르세유까지 이동하기로 되어 있었다. 그곳에서 5월 19일 교황과 추기경들은 베네치아, 제노바, 피사, 그리고 로도스 섬에 본거지를 두고 있는 성 요한 기사단이 제공한 소함대의 선박에 승선했다. 기사단은 또한 육로를 이용해 로마로 가는 다른 일행들을 호위하기로 동의하고 처음에는 제네바까지 그리고 나서는 남서쪽으로 이탈리아 서부 해안까지 호위했다. 6월 5일, 높은 파도를 헤치고 17일 만에 교황의 함대는 알보르노스 추기경이 기다리고 있었던 코르네토 항구에 도착했다. 우르바노 5세는 즉시 로마로 가려했지만, 추기경은 그를 만류하였다. 알보르노스는 라테란 궁이 지금 당장 들어가서 살 수 없을 지경이고, 바티칸이 준비 중이기는 하지만 결코 완료된 상태가 아니라고 지적했다. 그러므로 가을까지는 교황이 자신의 손님 자격으로 비테르보에 머물면 좋겠다는 의견을 피력했다. 이렇게 하여 우르바노 5세는 10월 16일이 되어서야 2천 명의 무장 병력의 호위를 받으며 로마에 입성해 60년 만에 로마에 발을 들인 교황이 되었다.

우르바노 5세는 그 후 겨우 3년밖에 더 살지 못했지만, 그 기간 동안 그는 라테란 궁 재건을 완수하고, 붕괴 직전에 있던 대부분의 로마교회들을 보수하기 위한 야심찬 계획을 세웠다. 교황이 로마에 정주한다는 사실에 로마 시민들은 든든함을 느꼈고 마침내 로마에 안정과 번영을 찾을 기회가 온 것처럼 보였다. 교황을 축하하러 몰려드는 유럽의 제후들을 맞이하기 위해 준비된 다양하고도 풍성한 행사들 덕분에 로마 시민들의 사기는 한층 더 진작되었다. 키프로스의 피에르 1세, 나폴리의 조반나 여왕, 신성로마제국의 카를 4세가 로마를 찾았다. 그중에서도 눈에 띄는 인물은 비잔티움의 팔라이올로구스 왕조의 요한네스 5세John V Palaeologus 황제였는데, 그는 1369년 10월 18일 목요일 로마 가톨릭의 신앙을 개인적으로 수용하겠다고 선언하며 황제의 옥새를 찍어 문서에 서명했다. 그러나 동방과 서방교회의 통합 가능성은 없었고 예전처럼 둘 사이의 거리는 멀기만 하였으니, 황제를 따라 로마에 온 동방정교회의 사제는 한 명도 없었다. 요한네스 5세는 문서에 서명을 하면서 오직 한 가지만을 염두에 두고 있었을 뿐이다. 서유럽을 설득해 나날이 콘스탄티노플에게 위협을 가하는 오스만튀르크에 대항하기 위한 병력을 지원받고자 함이 그것이었다. 그러나 그의 서명은 그 자신에게만 엄숙한 것이었을 뿐, 다른 이들에게는 그렇지 않았다. 우르바노 5세는 서로마와 동로마 양 제국의 방문을 받았던 처음이자 마지막 교황이었다. 비잔티움의 요한네스 5세의 방문은 로마로 교황청을 이전하는 우르바노 5세의 결정이 큰 성과를 거두었음을 드러내는 것이었다. 그것은 프랑스 국왕과 실질적으로 추기경회 전체의 단호한 반대는 물론이고, 물리적으로도 상당한 위험이 따르는 속에서 행정적으로도 엄청난 격변을 견뎌내 성취한 것이었다. 그러나 사실

우르바노 5세도 할 만큼 해서 지친 상태였다. 이제 그의 나이도 예순이 다 되어가고 있었는데, 그래도 고향땅 프랑스에 대한 애틋한 마음은 어쩔 수 없었는지 1368년 9월 임명했던 8명의 새로운 추기경들 중에서 6명이 프랑스 출신이었고 그중 한 명만이 로마 출신이었다. 로마로 교황청을 옮기고 난 후 추기경들은 사사건건 그를 압박했다. 게다가 알보르노스 추기경도 이미 선종해서 이탈리아 내정에 대한 그의 확고한 통제가 사라지자 정치 상황은 또다시 악화되고 있었다. 페루자는 로마의 권위에 반기를 들어 용병단을 고용해 교황의 영지 비테르보를 위협할 정도로 힘이 커졌다. 모두 악명 높은 영국의 존 호크우드 용병대장의 지휘하에 일어난 일이었다. 호크우드는 크레세와 푸아티에 전투에 참여를 했으며, 이제는 이탈리아에 정착을 하여 필요한 사람들에게 돈을 받고 용병 거래를 했다.

아마도 호크우드는 거절할 수 없는 제안을 받고 합의를 하도록 설득당했을 것이다. 그러나 교황은 1369년 프랑스의 샤를 5세가 아키텐을 무력으로 합병했다는 더 걱정스러운 소식을 듣게 되었다. 아키텐은 1152년 엘레오노르 왕비가 장차 영국의 국왕이 될 헨리 2세와 결혼하며 지참금조로 가져온 땅의 일부였다. 헨리의 증증증손자였던 에드워드 3세 국왕은 격노하여 그 땅을 회복하기 위한 두 개의 원정대를 출범시켰다. 브레티뉴이 조약은 무시되었고 백년전쟁은 다시금 격렬해졌다. 우르바노 5세에게 이는 재앙이었다. 그는 비잔티움의 요한네스 5세 팔라이올로구스 황제에게 오스만튀르크에 대항하기 위한 대규모 십자군을 구성하겠다고 약속을 한 터였다. 그러나 프랑스와 영국이 함께 그리스도교의 대의를 따르지 않는다면 그것은 불가능한 일이었다. 어쨌든 우르바노 5세는 그들 사이에 평화를 회복시켜야 했다. 멀리 이탈리아에 있는 그가 할 수 있는 일은 거의 없었지만 아비뇽에서라면 어떤 방도가 있을 것도 같았다. 표면상으로는 주저했으나, 전해지는 바에 의하면 내면에는 상당한 믿음이 있었던지 그는 아비뇽으로 돌아갈 것을 명하였다.

32척의 배로 구성된 교황의 함대는 1370년 9월 4일 코르네토에서 출항하여 그달 말이 되기 전, 아비뇽으로 돌아왔고 27일에 대대적인 환영을 받았다. 성직자건 평신도건 그 자리에 참석했던 사람들 중에 교황이 이 호된 시련을 겪고도 다시 아비뇽을 떠날 것이라 믿었던 사람은 없었다. 로마는 너무 멀고, 위험하고, 건강에 해롭고, 비현실적이었다. 제정신을 가진 사람이라면, 로마로 돌아가는 것은 꿈도 꾸지 않았을 것이다. 과연 우르바노 5세도 그랬을까? 아마도 그는 다시 아비뇽으로 돌아온 것을 다행으로 여겼을 수도 있지만, 깊은 실망과 좌절에 빠졌던 것이 분명하다. 아비뇽으로 돌아온 그가 프랑스나 영국의 국왕과 공개적인 협상을 했다는 기록은 전해지지 않는다. 그리고 그에게는 남은 시간이 없었다. 아비뇽으로 돌아온 지 6주 만에 건강이 악화된 우르바노 5세는 12월 19일 선종했다. 아비뇽의 대성당에 안치되었던 그의 유해는 1372년 동생에 의해서 마르세유 생 빅토르 수도원으로 이전되었다. 그곳에서 그는 많은 추앙을 받았고 아마도 그런 이유로 그로부터 5세기 후 교황 비오 9세Pius IX는 그를 시복*하는 게 적절하다고 판단했던 것 같다.

* 諡福. 사망한 어떤 사람이 복자로서 공적으로 공경을 받을 만하다고 선포하는 교황의 선언이다. 복자는 성인보다는 낮은 단계이다. ─역주

엄밀히 말하자면, 우리가 알다시피 교황의 도시 아비뇽은 프랑스의 일부로 형성된 것은 아니었다. 그러나 문화적, 정서적으로 아비뇽의 시민들은 자신들을 프랑스인 혹은 그와 별반 차이가 없는 프로방스 사람이라 생각했다. 인구수가 약 3만 명에 달하는 아비뇽의 크기는 파리의 4분의 1 수준이었지만, 지식과 종교 그리고 은행과 무역의 중심지로서 수도인 파리와 견줄 만큼 부상했다. 아비뇽의 법학대학은 전 유럽의 학생들을 끌어 모았고, 교황의 궁내에 있었던 기술학교도 마찬가지였다. 대형 도서관은 그리스어와 라틴어 문학과 철학은 물론이고 아랍어와 히브리어로 된 유명한 필사본들을 소장해 아비뇽을 일찍이 인문주의 학문의 중심으로 떠올랐다. 총대주교가 비난하던 더럽고 악취 풍기던 예전의 모습은 사라졌고, 1370년 방문객들의 눈에 보인 아비뇽은 위대한 교황이 통치하는 훌륭한 도시였다. 도로 양옆으로는 추기경들이나 주교들이 기거하는 작은 궁들과 고급주택들이 늘어서 있었다. 교회와 수도원들도 내적으로나 외적으로도 번창했다. 상업지구에는 사람들이 모여들었고 아비뇽의 상인들이 물량을 공급할 수 없을 만큼 사치품들이 넘쳐났다. 아마도 그래서 압도적으로 프랑스 출신이 많았던 추기경회는 보란 듯이 의기양양, 만족감에 취해 콘클라베를 열고 이틀 만에 자신들의 무리 중 한 사람인 피에르 로제 드 보포르를 선출하여 그레고리오 11세Gregorius XI(1370-1378) 교황으로 추대했다. 유년시절부터 성직자의 길을 걸었던 그는 11살에 로데즈의 수사신부를 지냈고, 19살에 그의 삼촌인 클레멘스 6세 교황에 의해 추기경에 임명되었는데, 신앙심이 깊고 금욕적이었으며 신비주의적 경향이 있었다.

그러나 그 역시 아집이 매우 강해서 때로 그를 알던 주변 사람들이 놀랄 지경이었다. 그의 한 가지 약점은 건강이었는데 그로 인해 지속적으로 주치의들의 근심을 샀고, 때로 깜짝 놀라게 할 정도로 건강이 악화되기도 했다.

아마도 신비스러운 그의 성격 때문일지 모르겠지만, 그는 아비뇽 생활이 주는 분명한 장점과 또 전임 교황들이 로마에서 겪었던 안타까운 사건들에도 불구하고 교황청은 로마에 있어야 한다는 확신을 갖고 있었다. 사실, 프랑스와 영국 사이에 평화만 유지된다면 아비뇽은 보다 우호적인 상황에 처했을 것이다. 그러나 교황 영지에서 일어나는 일은 하나하나가 그리스도교 세계에 중요한 영향을 미치므로, 영지에서 문제를 일으키는 반란군 지도자들을 지속적으로 저지하려면 교황이 이탈리아 내에 머물러야만 했다. 게다가 그레고리오 11세는 사제 중에서도 이탈리아에 우호적인 몇 안 되는 사람들 중 하나였다. 그는 젊은 시절 페루자에서 법을 공부하며 당대의 많은 주요한 인문주의 학자들을 알게 되었고, 이탈리아어에도 정통하였다. 우르바노 5세가 로마에 돌아와 지내는 동안 그는 로마에서 교황의 주요한 대리인 중 한 사람으로 업무수행을 돕기도 하였다. 이와 같은 배경 속에서 마음의 결정을 내린 그레고리오 11세는 1372년 5월 9일 추기경들에게 곧 로마로 출발한다고 발표했다.

물론, 그도 알다시피 그것은 그리 쉬운 일은 아니었다. 추기경들뿐 아니라 프랑스나 영국의 국왕들의 반대에 부딪쳐야 했고, 또 교황의 금고에는 로마 이송에 드는 비용을 부담할 돈이 없었다. 이탈리아에서 일으켰던 십자군 원정대는 물론이고 2년 전 로마로 돌아가면서 허비했던 비용으로 인해 교황의 재정은 바닥나 있었다. 그레고리오 11세는 앙주의 군주로부터 금화 6만 플로린, 나바라의 국왕으로부터 3천 플로린을 빌렸는데 교황권을 유지하기 위해서는 어쩔 수 없었다. 언제나 그렇듯, 이탈리아는 혼란정국에 빠져 있었고, 출정길에 나선 밀라노의 비스콘티는 피에몬테―교황은 이 지역에 대해 크게 우려하지는 않았다―와 로마냐―이 지역은 교황의 큰 우려를 샀다―를 위협하고 있었다. 밀라노에 대한 그의 엄격한 조치들―군사적 동맹, 파문, 십자군의 전도까지―이 모두 무용지물이 되었다. 결국 굴욕적인 강화를 맺을 수밖에 없던 와중에, 볼로냐는 독립을 선언했다. 그래서 교황은 자신의 권위를 세우기 위해 알보르노스의 후임인 제네바의 로베르토 추기경을 이탈리아의 교황사절 자격으로 불러들여 용병들을 뽑도록 했다.

　로베르토 추기경은 선임 추기경이었던 알보르노스 만큼의 외교적 수완을 갖고 있지는 못했다. 그는 시민들을 굶겨서 항복하게 만들 의도로 즉각 볼로냐를 봉쇄하고 시 외곽에 쓰레기를 쌓아 차단하고는 마르세유의 용병들이 도심으로 들어가 강간과 살인을 자행하도록 했다. 그가 저지른 잔악 행위의 마지막은 용병들이 인접한 체제나를 장악하게 하여 대량학살을 저질렀던 것이다. 그 결과 4천 명 이상이 목숨을 잃었다. 볼로냐는 저항을 지속하다 교황이 로마로 돌아오고 나서야 휴전에 응했다.

　중재를 위한 영국과 프랑스 그리고 아라곤의 국왕들이 했던 마지막 청원들이 그러했듯, 이 모든 것들은 문제를 한층 더 악화시키고 시간만 끌 뿐이었다. 여러 가지 명분에도 불구하고 그레고리오

11세가 로마로의 귀환을 발표하고 결국 아비뇽을 떠나기까지는 4년 하고도 반년이라는 시간이 흘렀다. 만약 도미니코회의 대단한 젊은 수녀, 우리에게는 시에나의 성녀 카타리나로 알려진 카타리나 베닌카사가 없었다면, 어쩌면 그레고리오 11세가 로마로 돌아가기까지는 더 오랜 시간이 걸렸을지도 모른다. 아비뇽에 나타난 그녀는 반무슬림 십자군을 일으켜야 한다고 요구하는 한편, 그레고리오 11세에게 교황의 역사적이고 영적인 고향인 로마로 돌아가야 한다고 요청했다. 그레고리오 11세는 결국 1376년 9월 12일 추기경들과 교황청을 이끌고 아비뇽을 떠났고, 첫 번째 목적지 마르세유에 도착했다. 그곳에는 조반나 여왕과 다른 통치자들이 제공한 배들이 교황을 기다리고 있었다. 출항과 동시에 심한 폭풍을 만나 배 몇 척은 그만 유실되었다. 생존자들이 코르네토에 도착하기까지 2개월이 걸렸고, 그곳에서 그들은 천천히 오스티아 해안으로 내려가서 티베르 강으로 올라가 로마로 들어갔다. 마침내 그레고리오 11세가 배에서 내린 때는 1377년 1월 13일 화요일이었다.

교황의 지위는 다시 로마로 돌아왔고, 이후 두 번 다시 로마를 떠나지 않았다. 교황이 돌아온 로마는 어떤 면에서는 바뀐 것이 없었지만, 교황이 떠났던 70년 전과 비교하면 많은 것이 변하기도 했다. 언제나 그렇듯, 겔프가와 기벨린가의 통합은 참으로 요원해 보였다. 그들은 여전히 서로를 공격하여 피해만 커졌고 아무런 득도 없는 유혈사태가 계속되고 있었다. 교황도 떠나 있었고 유능한 황제도 없었던 지난 70년 동안, 해묵은 극단적인 대립구도는 사라지고 흑사병이 과거의 그림자를 덮는 동안 로마는 현실의 무자비한 변화의 바람에 그대로 노출되어 있었다. 오랜 시간 서서히 로마 전역에 퍼져나간 탐구 정신은 본질적으로 새로운 것은 아니었다. 그 뿌리는 시칠리아의 로제와 그리스와 아랍 출신의 현자들, 프리드리히 2세와 팔콘들, 만프레드와 음유시인들, 브레시아의 아르날드와 학자들, 볼로냐와 살레르노의 의사들과 변호사들로 거슬러 올라간다. 그러나 14세기 들어 콜라 디 리엔조와 북부 지방의 절대군주들이 차지하고 있던 정치적 영역에 새로운 탄력이 붙기 시작했다. 문화적 영역에서는 단테, 페트라르카, 보카치오 그리고 인문주의자들이 대거 등장했고, 오랜 시간 발전을 가로막고 있던 교황 주변의 여러 장벽들이 일시에 사라졌다. 바로 르네상스 운동이 전개되고 있었다.

16

하늘이시여, 기뻐하소서!

Laetentur Coeli

1378~1447

아비뇽의 시대는 아직 완전히 끝나지 않았다. 거대한 교황청의 조직을 몇 주 만에 해체하고 이주하는 것은 불가능했다. 교황들은 티베르 강이 있는 로마로 돌아올 수 있었지만, 교황청의 많은 부서들은 대형 도서관 그리고 교황청 건물 양 옆을 가득 채우고 있는 수많은 보관 자료들과 더불어 론 강이 있는 아비뇽에 남아 있었다. 부서들 중에서도 재정담당부서는 그레고리오 11세 교황의 재임기간 중 14개월 동안 아비뇽에 남아 있었고, 교황의 경비는 주기적으로 아비뇽에서 배로 날라 오는 금으로 충당되었다. 사실 무수히 많은 교황청 인력들 중에서 그레고리오 11세와 함께 로마로 옮겼던 인원은 주요 고위 성직자들로만 구성되어 그 수는 많지 않았다. 대다수의 성직자들과 회계직, 비서직, 필경직 인력들은 아직 아비뇽에 남아 있었다. 남아 있는 사람들 중에는 추기경 6명도 포함되어 있었는데, 그들은 꾸준히 영국과 프랑스의 중재를 돕기 위한 노력을 기울이고 있었다. 교황이 떠난 아비뇽은 상상하는 것처럼 버려진 채 슬픔에 빠져 있는 도시의 모습은 결코 아니었다. 그럼에도 완전히 새로운, 그러면서도 약간은 불확실한 운명이 아비뇽을 기다리고 있을 줄을 아무도 상상할 수 없었을 것이다.

멀리 로마에 떨어져 있는 그레고리오 11세는 아직 한창인 48살의 나이였지만, 자신의 죽음을 직감하고 후임 교황을 물색하는 데 심혈을 기울였다. 교회가 양분되어 있음을 애석하게 여기던 그는 만약 교황이 로마에 남으면 교황은 다시 이탈리아 소속이 될 것이고, 그것은 결국 이탈리아 출신의 교황이 선출된다는 의미임을 알고 있었다. 그는 이탈리아 출신의 추기경들을 많이 임명했고, 결과적으로 추기경회에서 프랑스의 영향력이 점차 감소했다. 1378년 3월 27일 그레고리오 11세가 선종했을 때, 로마 사람들이 그레고리오 11세에 동조하고 있다는 것은 분명해 보였다. 지금껏 로마인들은 교황에게 특별한 애정이나 존경을 보낸 적이 없었지만, 다시는 그런 일을 되풀이하지 않겠다는 의지를 보여주었다. '우리는 로마 출신의 교황을 원한다. 아니면 최소한 이탈리아 출신이어야 한다.' 그들은 곧이어 열린 콘클라베 내내 이렇게 외쳐댔고 어느 정도는 그들이 원하는 것을 얻어냈다.

후임 교황 우르바노 6세Urbanus VI(1378-1389)로 바르톨로메오 프리냐노 대주교가 선출된 것은 여러모로 놀라운 결과였다. 그는 로마 귀족 출신이 아닌 나폴리의 노동자 계급 출신으로 강한 나폴리 억양을 지니고 있었다. 명목상으로는 바리의 대주교였지만 실제 성인이 된 후엔 줄곧 교황청 상법부에서 일을 했고, 언제나 소박하고 능률적이며 양심적인 관료였다. 좀 다른 상황에서 선출이 되었더라면 훨씬 훌륭한 교황으로 기억될 수 있었겠지만, 아직은 여기저기서 가르치려들고 명령을 일삼는 프랑스 출신의 추기경들의 영향력이 강하게 작용하고 있던 시기여서 능력을 유감없이 발휘하기 어려웠을 것이다. 그는 교황의 권위를 손에 움켜쥐자마자 하루아침에 사나운 폭군으로 변해서 추기경회에서는 서슴지 않고 추기경들에게 모욕을 주었고 때로 그들에게 신체적인 공격을 가하기도 했다.

몇몇 저명한 평신도들도 교황의 학대 대상이 되긴 했지만—그중에는 폰디의 군주나 나폴리의 조반나 여왕이 보낸 사절단들도 있었다—아마도 30명에 달하는 프랑스 출신 추기경들이 가장 많은 괴롭힘을 당했을 것이다. 괴롭힘을 당하던 추기경들은 한 사람씩 빠져나가 아나니에서 함께 모여 8월 2일 우르바노 6세의 선출에 관련한 공동 성명을 발표했다. 그들은 선출 당시 폭력적인 군중들의 위협이 있었으므로 우르바노 6세의 선출은 무효라고 주장하며 교황의 즉각 퇴위를 요구했다. 일주일이 지나도 로마에서는 아무런 반응이 없자, 그들은 폰디—나폴리 왕국 안에 있어 조반나 여왕의 비호를 받을 수 있는 지역—로 이동했고 우르바노 6세의 폐위를 선언했다. 그리고 9월 20일, 제네바의 로베르토를 클레멘스 7세Clemens Ⅶ 교황으로 선출했다. 두 교황은 서로 상대방을 파문했고, 상대의 지지자들에게도 파문을 내렸다. 그것은 그로부터 거의 50년간 지속되었던 서방교회 대분립의 신호탄이었다.

우르바노 6세를 교황으로 선출한 선택이 놀라운 것이었다면, 클레멘스 7세는 그 자체가 놀라운 사람이었다. 실제 그가 프랑스 출신도 이탈리아 출신도 아니었다는 사실은 그를 지지하는 요인으로 작용했을 수도 있지만, 로마에 남아 있는 기록은 그의 야만적인 잔인함을 알리고 있었으므로 우르바노 6세가 그를 무너뜨리기 위해 병력을 일으키는 것은 그리 어려운 일은 아니었다. 클레멘스 7세는 처음에 나폴리로 달아나서 조반나 여왕에게로 갔다. 여왕은 그를 지지했을지 몰라도 그녀의 백성들은 우르바노 6세에게 더 우호적이었으므로, 클레멘스 7세는 곧 추기경들이 있는 아비뇽으로 돌아가고 말았다. 한편 우르바노 6세는 유럽 각지에서 선출한 29명을 추기경으로 임명하여 독자적인 추기경회를 새로 꾸렸다.

서방의 그리스도교는 이제 역사상 유례 없는 딜레마에 직면했다. 대립교황 같은 문제는 이전에도 있었기에 새로울 것이 없었지만, 현재는 두 명의 경쟁자가 모두 같은 추기경들에 의해서 선출되었다는 점이다. 우르바노 6세의 선출 과정은 당연히 적법한 절차를 거친 것이었지만—그래서 아무도 그의 폐위 청원을 진지하게 받아들이지 않았다—반면에 그를 퇴위시킨 방법은 유례 없는 것이었다. 자신을 교황으로 선출해준 사람들에 의해서 폐위를 당하는 일은 없었기 때문이다. 우르바노 6세는 정신병적인 문제를 드러내기 시작했고, 유럽 대륙은 양분되어 갔다. 영국, 독일, 이탈리아 북부와 중부 그리고 중앙 유럽은 여전히 우르바노 6세에게 충성을 보인 반면, 스코틀랜드, 프랑스, 사보이, 부르고뉴 그리고 나폴리는 클레멘스 7세의 권위를 인정했고, 오랜 망설임 끝에 아라곤과 카스티야도 클레멘스 7세의 손을 들어 주었다.*

교황청이 아비뇽으로 유배를 갔던 시절도 교회는 어떻게 잘 버

---

* 당대의 성인들조차 그 상황에서 옳고 그름을 판단하기가 쉽지 않았다. 시에나의 성녀 카타리나는 우르바노 6세를 지지했지만, 성 빈센트 페레르는 클레멘스 7세를 지지했다.

녀냈지만, 두 명의 교황이 한 명은 아비뇽에 그리고 다른 한 명은 로마에 있는 그런 경우는 참으로 대처하기 곤란한 상황이었다. 두 명의 교황의 존재는 두 개의 추기경회와 두 개의 상법부가 존재한다는 의미이며, 하나의 관할구나 수도원에 두 명의 책임자가 임명되고 그에 따른 경비도 2배가 지출된다는 뜻이었다. 경비 측면에서 보자면, 아비뇽에 머물고 있던 클레멘스 7세가 유리했는데, 재정을 담당하고 있던 부서가 완전히 로마로 옮겨가진 않았기 때문이다. 클레멘스 7세는 그 자신과 이름이 같은 사치스러웠던 클레멘스 6세 교황과 경쟁이라도 하듯 교황궁을 호화스럽고 사치스럽게 꾸몄고, 그곳에서 자신의 경쟁자인 우르바노 6세에 맞서 싸움을 계속해나갔다. 그에 반해 우르바노 6세의 주변은 너무도 분주했다. 가까이 있는 그의 적은 대담하게도 클레멘스 7세를 지지하는 나폴리의 조반나 여왕이었다. 물론 그녀는 곧 응분의 대가를 치렀다. 우르바노 6세는 1380년 그녀에게 파문을 내리고 그녀의 왕관을 그녀의 사촌인 두라초의 젊은 카를로Charles에게 넘겨주었다. 그다음 해 나폴리로 들어온 카를로는 조반나를 무로의 성에 가두고 곧이어 질식사시켰다.

그러나 우르바노 6세는 곧 나폴리의 새로운 왕이 조반나만큼 다루기 까다로운 인물임을 알게 되었다. 우르바노 6세는 자신의 별볼 일 없는 조카를 위해 쓸모가 많은 나폴리의 영지를 얻어 주려 여러 가지 노력을 기울였으나, 나폴리의 새로운 왕 카를로는 영지를 내어주기를 거절했다. 이에 교황은 나폴리 왕국의 내정에 간섭하기 시작했다. 이제는 상당히 심각한 피해망상증을 앓게 된 우르바노 6세는 측근인 추기경들과 함께 노체라로 옮겨갔다. 그곳에서 그는 추기경들 중 여섯 명이 카를로와 음모를 꾸며, 자신을 겨냥하여 섭정과 관련한 공의회를 열려한다는 소식을 듣게 되었다. 분기탱천한 우르바노 6세는 카를로 왕을 파문하고 음모에 가담한 추기경들을 잔인하게 고문했다. 더 이상 참을 수 없었던 카를로는 서둘러 군사를 일으켜 교황이 머물던 노체라로 진군하여 도시를 포위해버렸다. 우르바노 6세와 그 수행원들은 제노바로 몸을 피했다. 음모에 가담했던 여섯 명의 추기경들 중 다섯 명이 처형을 당했고, 나머지 한명인 영국 출신의 아담 이스튼이라는 추기경만 리차드 2세Richard II 국왕의 개인적인 요청을 받아들여 방면되었다. 1386년이 되어서야─카를로가 헝가리에서 암살을 당하고 몇 주가 지나서─우르바노 6세는 로마로 돌아왔고, 3년 후 선종했다.

클레멘스 7세는─그 자신은 그렇게 묘사되기를 싫어했지만 엄밀히 말하자면, 그는 교회 입장에서는 대립교황인 셈이었다─경쟁자였던 우르바노 6세보다 5년을 더 살았다. 단 한 순간도 자신의 정당성을 의심해본 적이 없었던 그는 우르바노 6세 선종 이후 이어진 콘클라베에서 자신을 적법한 교황으로 인정해주지 않자 엄청나게 큰 실망감을 느꼈다. 그러나 그로써 우르바노 6세와 클레멘스 7세, 그 둘의 대립도 영원히 막을 내리게 되었고 추기경들은 클레멘스 7세 대신, 나폴리 출신의 피에트로 토마첼리를 선출하여 보니파시오 9세Bonifatius IX(1389-1404) 교황으로 등극시켰다. 그 과정에서 다소 우려스러운 상황이 연출되기도 했는데, 프랑스의 샤를 6세가 보니파시오 9세의 로마행을 지휘하겠다고 선포했던 것이다. 다행히 별다른 일은 벌어지지 않았다. 클레멘스 7세는 말년에 아비뇽에서 지내던 시절, 상당한 압박—주로 프랑스 측에서 가해지는 압박이었고 특히 파리 대학에서 그를 압박했다—에 시달렸는데, 대립구도의 청산을 위해서는 클레멘스 7세 자신도 보니파시오 9세도 모두 교황좌에서 물러나 새로운 콘클라베를 열도록 사퇴하라는 것이었다. 그러나 보니파시오 9세와 마찬가지로 클레멘스 7세도 그런 제안을 완강히 거부했고, 죽는 날까지도 고집을 부리다가 1394년 9월 16일 갑작스러운 뇌졸중으로 죽음을 맞이했다.

분립을 종식시키는 것은 보다 쉬운 일일 수도 있었다. 둘 중 어느 교황이라도 먼저 죽으면 콘클라베는 새로운 인물을 선출하는 대신, 남은 한 사람의 권위를 확실하게 인정해주면 될 일이었다. 그러나 로마는 1387년에 그리고 아비뇽은 1394년에 그 기회를 모두 놓쳐 버렸다. 성물매매를 주도하는 경향만 제외한다면, 보니파시오 9세는 젊고 열정이 넘치는 인물이었기에 프랑스의 샤를 6세는 아비뇽에 있던 21명의 추기경들에게 각각 서신을 보내 그를 교황으로 인정하도록 간청했다. 그러나 소용없는 일이었다. 추기경들은 콘클라베를 열면서 무슨 일이 있어도 외부의 영향에 흔들려서는 안 된다는 원칙에 입각하여 샤를 6세의 서신을 열어보지도 않았다. 추기경들은 본격적인 콘클라베에 앞서서 각자 분립을 해결하기 위해 노력할 것이며, 만약 대다수의 의견이 교황의 퇴위로 결론난다면 이행하기로 서약을 했다. 이렇게 해서 진행된 콘클라베에서 만장일치로 아라곤의 추기경, 페드로 드 루나라는 새로운 인물이 선출되었고,

그는 베네딕토 13세Benedictus XIII(1394-1417)라는 교황명을 얻었다.

베네딕토 13세는 인상적인 기록을 갖고 있었다. 그는 처음 우르바노 6세를 저버렸던 추기경들 중 한 사람으로 맨 마지막으로 그의 곁을 떠났지만, 그 즉시 우르바노 6세 퇴위의 적법성을 확신하며 클레멘스 7세를 지지하는 입장으로 돌아섰다. 클레멘스 7세는 그를 이베리아 반도의 사절단으로 임명하였다. 페드로의 활약 덕분에 아라곤과 카스티야, 포르투갈 그리고 나바라까지 모두 아비뇽에 있던 클레멘스 7세에게 지지를 보내주었다. 1393년 발령을 받아 파리에 온 그는, 두 명의 교황을 퇴위시켜야만 분립의 종식을 가져올 수 있다는 의견을 공식적으로 옹호하며 자신이 선출된다면 분명히 그런 절차를 밟겠다는 주장을 펼쳤다. 그의 이러한 태도가 콘클라베에서 호의적인 표를 얻게 만들었는지 우리는 알 수 없는 노릇이지만, 어쨌든 그는 교황에 선출되었다. 그러나 막상 교황으로 선출되자 안면을 싹 바꾸어버렸다. 거만하고 고집스러운 스페인 사람이었던 그는 자신만이 적법한 교황이라는 사실을 명확히 했으므로, 이제는 어느 누구도 교황의 자리에서 내려오라 할 수 없었다.

베네딕토 13세는 본격적으로 자신이 적법한 교황임을 공고히 다지기 시작했다. 1395년 5월 샤를 6세가 보낸 3명의 왕족 공작으로 구성된 사절단이 아비뇽에 도착했다. 1397년에는 영국-프랑스의 사절단이, 1398년에는 독일에서 보낸 대사들이 아비뇽을 방문했다. 그들은 베네딕토 교황이 일찍이 서약했던 대로 공식적인 퇴임 절차를 밟으라고 간청했다. 그러나 베네딕토 13세는 단호하게 그들의 간청을 무시해버렸다. 그해 6월 프랑스에서 열린 전국적인 시노드에서 베네딕토 13세에 대한 순명서약을 철회한다는 결정이 내려져 후폭풍을 몰고 왔다. 프랑스 교회에서 그에게 들어가는 모든 수입에 대한 박탈 조치가 내려졌으며 나바라와 카스티야도 프랑스의 조치를 따랐다. 야심을 드러낸 그에게 실망하여 공황상태에 빠진 몇몇 추기경들도 그의 곁을 떠났다. 그러나 베네딕토 13세는 교황궁에 유폐된 채, 곧 여론이 다시 그에게 돌아설 것이라 확신하며 고집스럽게 교황자리를 지켰다.

실제 상황은 그의 예상대로 반전이 되었다. 프랑스 교회가 독자적인 노선을 걸으며 보니파시오 9세 교황 쪽으로 넘어가지 않자, 많은 고위층들이 상당히 동요했다. 교황에게 세금을 많이 내는 것에 불평하던 대중들도 이제는 그 돈이 왕실의 금고로 직행하는 사실을 보면서 분개했다. 1403년 3월 어느 날 밤, 베네딕토 13세는 가장 영향력이 있던 동맹인 오를레앙 군주의 도움을 받아 교황궁을 몰래 빠져나가 프로방스로 갔다. 그는 도착 즉시 열렬한 환영을 받았다. 일이 이렇게 돌아가 별다른 방도가 없게 되자 프랑스, 나바라 그리고 그를 저버렸던 추기경들까지도 모두 예전의 자리로 복귀했다. 이 분쟁은 베네딕토 13세의 승리로 끝나기는 했지만, 여전히 두 명의 교황이 존재하는 분립 상태를 해결해야 했다. 1404년 9월 어느 정도 분위기가 무르익었다고 판단한 베네딕토 13세는 로마에 대사를 보내 두 교황이 회동을 하거나 혹은 전권대사라도 보내자는 제안을 했다.

로마에 있는 보니파시오 9세는 모든 일에 있어서 아비뇽에 있는 베네딕토 13세만큼 아집을 부려 다루기 어려운 인물이기는 했지만, 어쨌든 그는 10월 1일 담석으로 선종하고 말았다. 보니파시오 9세는 능력이 있었던 인물로 전임 교황들이 일으킨 폐해를 바로잡고 다시금 나폴리와의 동맹관계를 회복시켰고—어쩌면 가장 중요한 업적이었을지도 모른다—로마에 교황의 권위를 심어주었다. 또 공화정의 독립 체제를 종식시키고 도시의 행정을 책임질 새로운 원로원—자신이 지명했다—을 구성했으며 산탄젤로 성당의 재건 사업에 착수하기도 했다. 그의 주요한 오점은 재정적인 문제에 있어서의 비양심적인 행태였다. 그는 전대사를 주거나 성직을 매매하고, 교황의 수입—관행적으로 한 해의 유급성직자나 대주교의 관구에서 들어오는 수입을 직접 교황청으로 보냈다—사용 등과 관련한 사안이었다. 오랜 시간 그의 금궤로 금이 흘러 들어가긴 했지만 용인할 수 없을 정도로 남용을 일삼지는 않았던 것으로 보인다. 주요한 금고나 재정부서가 아직은 아비뇽에 남아 있었으므로 그렇게라도 해서 재정 조달을 하지 않았다면, 그 자신도 그리고 그가 이끌던 로마의 교황청도 존속할 수 없었을 것이다.

보니파시오 9세의 후임 인노첸시오 7세Innocentius VII(1404-1406)도 선임 교황과 마찬가지로 교황끼리의 만남을 거부했다. 그러나 인노첸시오 7세는 로마인들을 다루는 데 있어서는 전임 교황 보니파시오 9세만큼 노련하지 못했기에 문제가 점점 악화되었다. 그 와중에 협상을 하려고 바티칸에 찾아온 7명의 시민 대표들이 교황의 군대를 통솔하고 있던 그의 멍청한 조카에 의해서 살해당하는 사건이 벌어졌고, 이에 분노한 시민들이 교황궁을 습격했다. 인노첸시오 7세와 추기경들은 운이 좋았던지, 다행히 빠져나와 비테르보로 갔다. 1406년 봄이 되어서야 다시 안전하게 로마로 돌아왔지만, 6개월 만에 선종했다. 그는 생전에 로마의 대학을 재조직하려는 계획을 갖고 있었으나, 100년 전에 보니파시오 8세가 세운 사피엔자 대학에 그리스어 강좌를 개설하려는 계획은 이루어지지 못했다.

이 시점에서 로마의 추기경들이 왜 베네치아 출신의 안젤로 코레르를 인노첸시오 7세 교황의 후임으로 선출했는지 선뜻 이해가 되지 않는다. 그레고리오 12세Gregorius XII로 교황좌에 오른 안젤로는 15년간 콘스탄티노플의 라틴 총대주교를 지낸 저명한 성직자였고, 오랜 시간 자신의 간절한 소망은 분립의 종식을 보는 것이라 주장했다. 그러나 이미 나이는 여든이 넘었으니 그의 소망은 요원하게만 보였다. 하지만 참 공교롭게도 그는 그로부터 9년을 더 살았고, 그 덕분은 아니었지만 분립의 종식은 거의 가까워졌다.

그레고리오 12세가 선출되기 전, 14명의 추기경들은 각자 만약 자신이 교황에 선출된다면 아비뇽에 있는 베네딕토 13세가 선종하거나 퇴임할 때, 즉시 물러날 것을 맹세했다. 선출되고 3개월 안에 베네딕토와 공개 협상을 열어 두 교황이 어디서 회동을 가질지 논의를 하겠다는 약속도 했다. 그레고리오 12세는 자신의 약속을 지켜 베네딕토 13세에게 대사를 보냈고, 오랜 시간에 걸쳐 때론 폭언이 오가는 토론을 벌이고 나서야 1407년 9월 29일 사보나에서 회동하기로 동의했다. 두 교황이 만나기로 결정을 내리고 나자 연로한 그레고리오 12세의 기력이 쇠하기 시작했다. 특히 그를 압박했던 이들은 나폴리의 라디슬라오Ladislas 왕과 베네치아의 도제doge[베네치아 공화국의 수장] 미켈레 스테노Michele Steno 그리고 룩셈부르크의 차기 황제 지기스문트Sigismund였는데, 그들은 모두 교황권이 다시 프랑스의 손에 넘어가는 것을 보고 싶어 하지 않았다. 베네딕토 13세는 멀리 라스페치아 근처인 포르도베레네까지 왔지만, 그레고리오 12세는 루카에서 멈추어서는 더 이상 경쟁자인 베네딕토 13세를 만나고 싶지 않다고 단호하게 선언했다. 어쨌든 그레고리오 12세는 두 교황의 회동 결정까지는 이끌어내었으니, 애초에 약속했던 책무를 거부했던 것은 아닌 셈이었다.

갑작스럽게 180도 급변한 그의 태도는 놀랍기 그지없었고, 이로 인해 그레고리오 12세는 많은 지지층을 잃었다. 결국 추기경회는 두 명의 경쟁 교황들로 양분되었던 동맹은 잠시 잊고 1408년 6월 리보르노에서 회동하여 양측의 고위 성직자들―교황들을 포함하여―에게 호소문을 발표하여 유럽의 제후들 혹은 그들의 대표단들과 더불어 1409년 3월 23일 피사에서 열리는 공의회에 참석해줄 것을 요청했다. 두 교황은 참석을 거부했지만, 피사 공의회로 초대받은 사람들의 반응은 그 어느 때보다 뜨거웠다. 총대주교는 4명이나 초대에 응했고, 24명의 추기경들, 80명의 주교들―주교 102명은 대표단을 대신 보냈다―과 4명의 수도회 수장들 그리고 대학과 수도원 측의 저명한 신학자들 상당수도 기꺼이 초대를 수락했다. 공의회에서는 15차에 걸친 회의가 10주 이상 계속되었다. 그레고리오 12세도, 베네딕토 13세도 '교회의 분리론자이며 이단자'라는 비난을 받았고―참석자들 중에는 그들이 저지른 이단의 죄가 무엇인지를 묻는 사람들이 많기는 했다―공식적으로 폐위되었다. 그러고 나서 추기경들은 콘클라베를 열어 밀라노의 대주교인 피에트로 필라르기를 선출하였다. 그의 삶은 크레타 섬의 다섯 살 고아 거지 아이로 시작됐지만, 알렉산데르 5세Alexande V라는 이름으로 교황의 자리까지 오르게 된 것이다.

그러나 공의회는 한 가지 형편없는 실수를 하고 말았다. 공의회를 열기에 앞서 두 교황에게 공식적으로 참석하라고 요청을 함으로써—요청을 거절했던 그들을 두고 권위에 반항적이라 주장하며—경쟁 교황 중 어느 누구도 공식적으로 인정하지 않는다는 원칙을 무시하고 이미 두 교황의 교황권에 대한 권위를 인정한 셈이었던 것이다. 문제는 얼마 안 가 불거졌다. 실질적으로 추기경들이 했던 일은 그리스도교 세계에 두 명이 아닌 세 명의 교황을 만들어 세운 격이어서 더 큰 부담을 안겨준 꼴이 되었음이 명확해졌다. 상황이 이 지경에 이르렀는데도, 추기경들은 뉘우치기는커녕 1410년 5월 알렉산데르 5세가 갑작스럽게 선종을 하자 그 즉시 또 다른 후임을 선출했다.

또 다른 교황의 자리에 합류하게 된 발다사레 코사는 요한 23세 Joannes XXIII(1410-1415)*라는 교황명을 얻었다. 당시 많은 사람들은 그가 전임 교황을 독살했을 것이라고 믿었다. 그가 정말 그런 짓을 저질렀는지는 의심의 여지가 있다. 그러나 분명한 것은 그는 해적으로 인생을 시작했고 기본적으로 한평생 해적같이 살았다는 것이다. 그는 도덕적으로나 영성적으로도, 10세기의 창부 정치 이후에는

---

* 선출과 이어진 퇴위를 둘러싼 상황으로 인해 그는 적법한 교황으로 자리매김하지는 못하고 있다. 그럼에도 다소 놀라운 사실은 1958년 안젤로 론칼리 추기경이 교황에 선출되면서 그와 동일한 교황명을 채택했던 것이다(28장 참조).

없었던 부패와 타락의 단계로 교황의 수준을 끌어내렸다. 당대의 연대기들은 충격 속에서 볼로냐—코사가 교황의 특사로 있던 곳이다—에 떠돌던 놀라운 소문들을 기록하고 있다. 그는 중년부인, 미망인, 처녀 그리고 상당수의 수녀들을 포함해서 200명에 달하는 여성들을 농락했다고 한다. 그 후 3년간 그가 농락한 여성들의 숫자는 전해지고 있지 않지만, 그는 계속적으로 추행을 일삼았던 것으로 보인다. 그래서 1415년 5월 29일 콘스탄츠에서 열리는 공의회에 앞서서 같은 혐의로 법정에 소환되었다.

참 아이러니한 것은 콘스탄츠 공의회를 애초에 계획한 사람이 요한 23세였다는 사실이다. 그는 열정이 넘치고 명석했지만 사람들을 이끄는 영적인 지도자로서는 많이 부족했다. 그가 열었던 첫 번째 시노드는 완전 실패작이었다. 전해지는 말로는 올빼미가 자꾸 그의 얼굴로 날아들어 할퀴는 바람에 제대로 진행할 수가 없었다고 한다. 사실 여부를 떠나서 이런 이야기는 일반적으로 그가 얼마나 경멸을 받는 사람이었는지를 보여주고 있다. 그는 공의회를 주관함으로써 스스로 부족하다고 느끼던 명망을 얻을 수 있을 것으로 생각했는데, 시노드를 위해서는 할 일이 너무나 많았다. 무엇보다 그가 처리해야 할 두 명의 교황들에 관한 문제가 있었다. 그레고리오 12세와 베네딕토 13세는 자신들을 폐위시키기 위해 피사 공의회에 모였던 사람들의 권위를 받아들이지 않았다. 영국의 존 위클리프와 보헤미아의 얀 후스가 펼치는 교리에 대한 조사도 시급히 필요했다. 또한 그에게는 강력한 지지자가 필요했다. 그래서 그는 1412년 말경에 이르러 향후 유럽 무대의 주요 인물로 부상한 룩셈부르크의 지기스문트에게 접근했다.

　독일과 헝가리—아내를 통해 얻은 것이다—의 황제 카를 4세의
아들인 마흔넷의 지기스문트는 보헤미아의 벤체슬라스Wenceslas 왕
과는 배다른 형제였다. 그래서 당시 유럽 전역에 급속도로 퍼져나
가던 얀 후스의 교리의 영향력에 깊은 우려를 느끼고 있었다. 그는
1413년 성탄절을 앞두고 로디에서 개별적으로 요한 23세와 회동하
여, 상의 끝에 다음 해 11월 1일 콘스탄츠에서 공의회를 열겠노라
공동선언을 했다. 이어진 논의에서는 두 사람은 한 가지를 제외한
모든 사항에 신속히 합의했다. 지기스문트는 자신이 공의회를 주관
하기를 기대한다는 사실을 명확히 밝혔다. 그것은 요한에게 심각한
타격을 주는 일이었다. 요한 23세는 자신이 회의를 단독으로 주관
한다면, 거의 자신이 바라는 대로 회의를 조종할 수도 있다고 믿고
있었다. 그러나 지기스문트가 통제력을 쥐게 된다면 상황은 요한
23세에게 불리하게 돌아갈 수도 있었다. 이렇게 하여 큰 걱정을 안
고 1414년 10월 초 요한 23세는 콘스탄츠를 향해 출발했다.

　피사에서 열렸던 공의회에 참석했던 이들—대부분은 이탈리아
나 프랑스 출신이었다—은 깊은 인상을 받았지만, 콘스탄츠 공의회
는 중앙 유럽 뒤에 있던 대부분의 강력한 제후들이 참석했기에 그
규모 면에서 상당한 차이를 보였다. 29명의 추기경과 180명의 주교
를 포함하여 사절단의 수만 거의 700명에 달했다. 얀 후스도 지기스
문트가 보낸 안전 호송과 관련한 편지를 받고 신변의 안전을 보장
받은 가운데 친히 그 자리에 참석했으나, 주요 청문회가 끝나는 즉
시 교황의 명령으로 체포되었다. 그의 신변은 성탄절 직전에 그곳

에 도착한 지기스문트 왕에게 인도되었고, 1415년 7월 6일 그곳에서 화형에 처해졌다.

한편 요한 23세는 공의회가 열리는 동안 달아나버렸다. 새해가 시작되고 첫 몇 주간 열린 공의회는 그에게 적대적인 분위기로 흘러갔으며, 그간 저지른 수많은 범죄들에 대한 재판을 받아야 한다는 목소리가 지속적으로 커졌다. 요한 23세의 유일한 동맹이었던 오스트리아 군주인 합스부르크 왕가의 프리드리히가 1416년 3월 20일 밤 지기스문트 왕에 대한 경의를 표하는 차원에서 마상대회를 마련했을 때, 그는 마구간지기로 변장하여 어렵사리 콘스탄츠를 빠져나왔다. 그는 샤프하우젠에 있는 프리드리히의 성을 향해 가면서 부르고뉴의 공작의 비호를 받으며 라인 강을 건널 수 있으리라는 기대를 품고 있었다. 그러나 모든 것이 물거품이 되고 말았다. 공의회에서 그에 대한 즉각적이고도 무조건적인 퇴위 요청이 나오자, 지기스문트는 병사들을 보내 그를 체포하도록 했다. 요한 23세가 출석하지 않은 채 심리는 진행되었고, 예상대로 유죄로 드러났다. 역사학자 에드워드 기번은 이 사건을 두고 다음과 같이 기술했다.

그리스도의 대리자가 해적 행위, 살인, 강간, 남색 행위 그리고 근친상간까지 저질렀는데 단지 기소만 되다니, 가장 가증스럽고 추악한 스캔들이 은폐된 것이다.

요한은 그 후 4년간을 바바리아의 선제후인 루드비히 3세Ludwig III의 보호를 받고 지내다가 그에게 상당한 액수의 돈을 내고 자유를 얻었다. 이탈리아로 돌아온 그는 놀랍게도 용서를 받았고 타락과 부패로 물들었던 그의 오랜 경력은 튀스쿨룸의 주교직으로 보상받았다. 플로렌스 대성당에 있는 그의 무덤은 초기 르네상스의 걸작 중 하나로 당대 천재 예술가인 도나텔로와 미켈로초가 공동으로 설계한 것이기도 하다.

문제가 해결된 곳은 바로 콘스탄츠였다. 요한 23세와 이제 87살이 된 베네딕토 13세는 똑같이 폐위되었다. 그레고리오 12세는 예우를 받으면서도 퇴위하라고 설득당했는데, 그들은 다음 교황이 선출되면 그레고리오 12세를 교황 바로 다음의 서열에 보장해주겠다는 약속까지 하였다. 서열 보장은 쉽게 용인해줄 수 있는 특권이었는데, 사실 그레고리오 12세가 이미 아흔살에 가까워 상당히 연로했으므로 그런 특권을 준다 해도 그리 오래도록 누리지 못할 것이라는 생각을 하고 있었기 때문이다. 실제로 그레고리오 12세는 2년 후 선종했고, 추기경이었던 오도네 콜론나가 선출되어 마르티노 5세Martinus V(1417-1431)교황에 등극함으로써 분립은 실질적으로 막을 내렸다.

분립이 종식되자, 마르티노 5세를 필두로 르네상스 교황의 시대가 그 문을 활짝 열었다. 마르티노 5세는 로마의 오랜 전통을 지닌 저명한 가문 출신이었음에도 교황좌에 오르면서 로마에 바로 자리를 잡지는 못했다. 로마는 과거에도 자주 그러했듯, 다시금 전쟁터가 되었다. 이번에는 두 명의 풍운아들이 맞서 싸움을 벌이고 있었다. 그래서 마르티노 5세는 선출된 지 2년이 지나고 나서야 드디어 교황의 자격으로 처음 로마에 발을 들일 수 있었다. 마르티노 5세는 눈앞에 드러난 로마의 실상을 보고 충격에 빠졌다. 로마는 폐허로 변해 있었고, 전 인구는 2만 5천 명으로 줄었으며 많은 이들이 희망을 잃고 사기가 저하된 채 기아에 허덕이고 있었다. 여우 떼나 늑대들까지도 도로를 돌아다니는 지경이었다. 한때 시대를 풍미했던 거대한 건물들은 지붕이 날아간 채 아무도 살지 않는 곳으로 버려져 있었다. 50년 전에 시작되었던 바티칸의 복원은 오랜 시간 중단이 되어있던 터라 교황의 품위를 지킬 만한 마땅한 거처조차 찾기 힘들었다. 다행히 그의 일가가 소유한 궁전들 중 하나가 그런대로 지낼 만했고, 바티칸의 복원이 완성이 될 때까지 마르티노 5세는 그곳에서 지낼 수밖에 없었다.

그사이 그는 본격적으로 업무를 시작했다. 혼란에 빠진 교황의 재정을 엄격히 관리하기 시작했고 성벽, 요새, 다리, 폐허가 된 대성당과 교회들을 포함한 도시 전체에 대한 대규모 복원과 복구 사업에 착수했다. 그는 라테란 궁을 새롭게 단장하기 위하여 북부에서 3명의 유명한 화가들(피사넬로, 마사치오, 젠틸레)을 불러들였다. 또 마르티노 5세는 교황청이 아비뇽에 있던 시절 오만하고 고압적인 자세를 취했던 프랑스 교회를 성공적으로 자신의 통제하에 끌어들였다. 그는 추기경회를 국제화하는 데 상당히 중요한 첫걸음을 내딛었다. 마르티노 5세는 이탈리아와 프랑스 출신의 추기경들의 수를 줄이고 영국이나 독일 그리고 스페인 출신들을 새롭게 등용했다. 또한 외곽지대를 포위하고 도시를 공포에 떨게 하던 많은 약탈자 무리를 제거했다. 끝으로 그는 교황령의 질서를 바로 잡았다.

이 모든 일들을 이뤄냈던 그의 궁극적 목적은 분립 시대의 혼란 속에 무너져 내렸던 교황의 권위와 특권을 재정립하는 것이었다. 최근 피사와 콘스탄츠에서 열렸던 공의회에서 우려되는 몇몇 새로운 원칙들이 제기되었다. 교황은 공의회의 처분에 휘둘려서 이제 더 이상 최고의 권위를 가지지 못하는 것처럼 보였고, 공의회는 언제나 교황보다 우위에 있으면서 교황을 폐위시킬 수도 있게 된 것이다. 공의회수위설*을 믿는 자들에 의하면, 교회의 궁극적인 권위를 구성하는 것은 교황이 아니라 공의회이며, 교황은 공의회의 하인으로서 공의회의 결정에 복종을 하고 존경을 보내야 마땅했다. 그들이 합의한 바에 의하면 공의회는 정기적으로 열리도록 되어 있었다. 요컨대 교황은 이제 서유럽의 대부분의 국가들에게는 익숙한 그런 과정을 밟고 있는 것이었는데, 천천히 일고 있는 민주화의 과정으로 의회가 절대군주를 대체하는 것이었다.

마르티노 5세가 이와 같은 사조에 완전히 공감을 못했던 것은 아니다. 콘스탄츠 공의회는 결국 40년간 지속된 분립 상태로 어쩌면 붕괴에 이를 수도 있었던 교회를 구해낸 것이었다. 그런 측면에서 그에게 교황의 관을 씌워준 일등공신이기도 하다. 그렇지만 공의회는 어쩌다 한 번씩 열리고, 너무 많은 의견들이 혼재되어 주요 결정이 내려지기까지 지나치게 긴 시간이 걸리는 탓에 통제하기 어렵기도 했다. 게다가 책임을 지는 일원화된 강력한 힘이 없다는 문제도 있었다. 마르티노 5세는 그 힘을 제공하기로 결심을 했다. 그

* 로마 가톨릭교회에서 제기된 것으로, 교회의 공의회는 교황보다 더 큰 권위를 가지며 필요하다면 교황을 폐위할 수 있다는 이론.

는 추기경들과 교황청을 자신의 산하에 두고 엄격히 통제하기로 했다. 그 예로 1423년 9월 파비아에서 열릴 차기 공의회를 앞두고, 참석하지 않겠다고 선언했다. 이 결정과 갑작스럽게 발발한 전염병으로 인해 최종 순간 장소는 시에나로 변경되었고 공의회에는 상대적으로 적은 수의 대표단이 참석했다. 그리고 그들의 논의가 장차 교황의 권위를 제한하는 데 이르자, 마르티노 5세는 참석자 수가 너무 적다는 구실을 들어 공의회 전체를 폐회시켰다. 교회는 다음 기회를 노리며 1431년 7월 바젤에서 공의회가 열릴 때까지 기다릴 수밖에 없었다.

1430년 말 바젤 공의회가 다가오자 62세의 교황은 앞서 열렸던 회의보다 더 부실한 점은 없는지 점검에 들어갔다. 그는 다시 한 번 자신은 참석치 않을 것임을 분명히 하는 한편 줄리아노 체자리니 추기경을 대표로 뽑아, 입지가 위협받는 상황이 되면 자신을 대신해서 문제를 해결할 수 있도록 모든 권한을 그에게 부여해주었다. 그런데 정작 마르티노 5세는 바젤 공의회에 가고 싶어도 갈 수 없는 상황이 되고 말았다. 1431년 2월 20일 뇌졸중으로 선종한 것이다. 설사 그를 위대한 교황의 반열에 올릴 수 없다고 하더라도, 그가 최소한 상당히 훌륭한 교황이었던 것은 맞다. 그는 로마에 평화를 불러오고 좋은 정부를 만들었다. 천재 예술가인 도나텔로와 미켈로초가 다시 한 번 힘을 합쳐 그를 위한 무덤을 제작하여, 이번에는 플로렌스가 아닌 로마시에 세워주었다. 비명에도 '한 시대의 기쁨'이라고 새겼는데 그것은 그 어떤 교황이라도 자랑스럽게 여길 만한 그런 글이었다.

그 묘비명은 추기경회에서 제안한 것으로는 보이지 않는다. 그들이 마르티노 5세에게 우호적인 적은 단 한 번도 없었다. 추기경들은 마르티노 5세의 거만함, 남의 말은 들으려 하지 않는 고집스러움, 자신들의 조언을 받아들이기는커녕 늘 마지못해 협의에 임했던 태도에 분개했다. 공의회가 모든 것에 우선한다는 분위기 속에 추기경들 또한 다소 그런 사조에 젖어 있었다. 마르티노 5세는 처음에는 어느 정도 말로만 공의회수위설을 반대하는 경향이 있었지만, 바젤 공의회가 다가오자 더 이상은 묵과할 수 없다고 느꼈던 것 같다. 이제 공의회 개회가 목전에 와 있는 시점에서 누가 차기 교황이 되든지, 앞으로 제기될 여러 가지 개혁에 지지를 보내줄 만한 사람을 선출해야 한다는 것이 가장 본질적인 문제였다. 따라서 추기경들은 누가 선출되든지 추기경회와 함께 공조하여 공의회에 반기를 드는 대신 교회의 통치체제의 차원에서 전적으로 공의회에 지지를 보내기로 모두 약속했다.

　그러나 안타깝게도 일은 그들이 도모한 방향으로 흘러가지 않았다. 그들이 선택한 사람은 베네치아 출신의 가브리엘레 콘둘메르였는데—그는 비록 삼촌인 귀족 출신 교황 그레고리오 12세와 똑같지는 않았지만—초기 아우구스티누스 수도회 출신으로 작은 호수 근처에서 오랜 세월 은수생활을 했던 인물이다. 그러다가 시에나의 주교로 일하며 세력을 키웠고 1408년 추기경이 되면서 뻔뻔스럽게 친족등용을 시작했다. 1431년 에우제니오 4세Eugenius IV(1431-1447) 교황으로 등극하자, 그는 콘클라베에 앞서 추기경들과 했던 약속 따위는 모두 무시한 채 전임 교황인 마르티노 5세보다도 더 공의회

참여 의지를 보이지 않았다. 결국 1431년 7월 23일 공의회는 개회되긴 했지만 참석자가 턱없이 적어서—참석하지 않은 사람 중에는 마르티노 5세가 생전에 의회 주관을 위해 임명했던 줄리아노 체자리니 추기경도 있었다—6개월 후 에우제니오 4세는 공의회를 해산하려 했다. 그러나 그의 시도는 심각한 오판이었다. 대표단 수는 상대적으로 적었지만 그들은 공의회수위설을 신봉하는 사람들이었으므로 해산 명령을 완강히 거부하면서 교황은 의회 해산 명령을 내릴 권한을 갖고 있지 않다고 주장했다. 교회의 최고 권위는 교황이 아니라 바로 자기들에게 있다는 것이었다. 그리고 교황이 의회에 모습을 드러내지 않은 채 해산 회칙을 철회하지 않는다면, 파문은 그들이 아니라 교황이 받게 될 것이라 했다.

그러나 에우제니오 4세는 꼼짝도 하지 않으려 했고, 이어진 교착 상태는 지기스문트 왕이 나서고야 해결이 되었다. 독일의 국왕이자 황제로서 지기스문트는 북부 이탈리아에서 자신의 입지를 다지고, 공의회에서 후스파Hussites[얀 후스의 추종자들]와 맞서 싸우기 위해서는 교황의 지지가 필요했던 것이다. 1433년 5월 지기스문트는 로마를 방문해 대관식을 치르고 에우제니오 4세로부터 왕관을 수여받았다. 그로부터 6개월간 그는 교황과 의회, 양측에 각자 태도를 바꾸라고 끈질기게 설득한 끝에 그해 말에 불편한 합의를 이루어 냈다. 그것은 사실 교황 측이 굴복을 한 것이나 다름없었다. 에우제니오 4세는 의회 해산 회칙을 철회하고—부가된 단서도 거의 없이—공의회의 최고 권위를 인정해줄 수밖에 없었다.

맥없이 무릎을 꿇고 굴욕을 당하는 에우제니오 4세를 보며 다른 적들도 그 틈을 이용해 공격을 펼쳤다. 그 첫 주자가 콜론나 가문이었다. 1434년 봄 콜론나 가문은 자신들의 일가였던 마르티노 5세 교황 시절 축적했던 재산을 교회에 반환하라는 명령에 분노하여 로마의 도로에서 폭동을 획책했다. 거의 동시에 공의회수위설을 찬성하던 밀라노의 필리포 마리아 비스콘티가 두 명의 용병대장을 보내 교황의 영지를 침략했다. 그제서야 에우제니오 4세는 자신이 도시 안에 봉쇄되었다는 사실을 깨달았고, 로마인들은 들고 일어나서 공화국을 선포했다. 불운한 교황 에우제니오 4세에게 그 일련의 과정들은 너무 가혹한 것이었다. 그는 수도승으로 변장했지만 곧 발각이 되어 날아드는 공격을 막으며 가까스로 탈출하여 티베르 강에서 작은 배를 타고 오스티아로 가서 피사로 향하는 갤리선에 몸을 실었다. 6월이 되자 그는 플로렌스로 가서 그곳의 추기경들과 교황청 인사들에 합류하였다.

에우제니오 4세는 플로렌스에서 코시모 데 메디치Cosimo de' Medici의 손님 자격으로 9년을 더 머물며 바젤의 공의회수위설을 주장하는 이들에 맞서 끊임없이 전쟁을 치렀다. 이제 대학 출신의 법률가나 신학자들이 가세하면서 그들의 수는 점점 증가했고, 나날이 급진적으로 변해가면서 교황 반대 세력을 형성해가고 있었다. 그 시점에서 에우제니오 4세에게는 공의회수위설을 주장하는 이들에게 대항할 힘이 거의 없었으므로, 1436년 여름 그는 그리스도교 세계의 모든 제후들에게 그들의 존재에 대한 공개적인 탄원을 제기했다. 한편 그 사이 에우제니오 4세의 정치적 입지가 새롭게 세워지면서 적잖은 성과가 나타났다. 그는 교황청 인사들 중, 군인 출신으로 경험이 많은 조반니 비텔레치라는 사람을 뽑아 주교로 임명하여 작은 병력과 함께 로마로 보냈다. 열정이 넘치면서도 매우 잔인했던 그는 로마의 폭동을 무자비하게 진압하여 로마와 교황의 영지 내에 질서를 신속히 회복했다.

그러나 바젤에서는 아직 문제가 해결되지 않아 그 끝을 짐작할 수 없는 교착상태가 지속되고 있던 중, 비잔티움의 황제인 요한네스 8세 팔라이올로고스John VIII Palaeologus가 도착하자 일시에 엄청난 변화가 일었다.

갈수록 심해지는 오스만튀르크족의 진군에 시달리던 비잔티움 제국은 절박해질 대로 절박해진 상태였다. 서부 유럽의 대규모 군사지원이 유일한 생존의 기회인 듯했는데, 동방과 서방 교회들은 분립 상태에 놓여 있었기에, 지원을 얻어내기 위한 모든 시도가 좌절되고 말았다. 분립의 종식만이 그리스도교 세계를 통합해 오랜 염원인 십자군을 일으켜 싸움을 준비할 수 있을 터였다.

요한네스 팔라이올로고스에게 바젤 공의회는 한줄기 희망의 빛인 것처럼 보였다. 이번에는 다시 서방의 모든 그리스도교 국가들의 대표단들이 참석하고, 지난번 콘스탄츠 공의회에서는 비잔티움의 전 황제인 마누엘 2세 팔라이올로고스Manuel II Palaeologus가 보냈던 대사들이 실망을 안고 돌아가기도 했지만 그 후 15년간 많은 일들이 일어났다. 교황은 마지못해 공의회를 수락하기는 했지만, 진정한 통합을 위해서는 동방과 서방 양측의 대표단들이 참석하는 모든 교회의 공의회라는 수단을 통해서만 성취될 수 있다는 비잔티

움의 생각에 변함이 없었다. 이번만큼은 보다 많은 사람들이 비잔
티움의 호소에 귀를 기울일 수도 있을 것 같았다.

이 모든 것은 새로운 시작을 의미하는 것이었지만, 바젤이 새로
운 서막의 장이 아니었음은 분명하다. 지나간 몇 년은 적의와 신랄
함만이 가득했던 시간들로 보였다. 새로운 공의회가 성공의 가능성
을 가지려면 장소 변경이 불가피했다. 그러나 공의회수위설을 옹호
하는 사람들은 더욱 편협해져서 당연히 반대를 하고 나섰다(1439년
에는 교황의 퇴위를 선언하고 대신 새로운 대립교황을 선출할 만큼 제멋대로
였다). 그러나 이렇게 독단적으로 교황의 분립 상태를 부활시키는
그들의 행태는 스스로의 위신을 실추시키는 결과만 낳았을 뿐이었
으며, 그리스도교 국가들은 차례로 에우제니오 4세의 권위에 순종
하는 쪽으로 입장을 바꾸어갔다.

요한네스 8세 팔라이올로고스가 이상적으로 바라는 것은 비잔
티움의 수도인 콘스탄티노플에서 공의회를 개최하는 것이었다. 그
러나 현실적으로 실현가능성이 없는 현 상황을 인정해야 했다. 그
래서 황제는 페라라를 공의회 장소로 제안한 교황의 의견을 수락하
면서 황제가 총대주교와 함께 황제의 대표단을 이끌고 간다는 사실
을 확인해주었다. 이 반가운 소식을 들은 에우제니오 4세는 그 즉
시 준비 작업에 착수했다. 1437년 9월 그가 급파한 교황사절단이
이미 콘스탄티노플에서 세부사항들에 대해 논의했고, 또 다른 쪽에
서는 적절한 때에 비잔티움 황제의 대표단들을 페라라로 모셔오는
데 필요한 함대를 물색하기 위하여 베네치아와 협상을 벌이고 있
었다. 그래서 요한네스 팔라이올로고스 황제는 자신의 동생인 콘스

탄티누스Constantine를 섭정자로 앉혀놓고 11월 27일 수요일 대망의 역사적인 여정에 올랐다. 그가 대동한 수행인원 700명 중에는 서방교회를 방문하는 동방교회의 저명한 성직자들도 있었다. 그 가운데 총대주교 요제프 2세Joseph II도 함께했는데 그는 거의 여든을 바라보는 나이에 심장질환을 앓아 몸을 움직이기 쉽지는 않았지만, 만나는 사람들에게 사랑을 받는 사람이었다. 알렉산드리아, 안티오크, 예루살렘과 같은 대도시의 대표로 동행한 18명 중에는 그의 동료 총대주교들도 있었고, 니케아의 젊은 수도대주교, 베사리온과 12명의 다른 주교들, 콘스탄티노플의 성 드미트리오스 수도원의 이시도로도 포함되어 있었는데, 그는 한 해전에 키예프와 러시아 전역의 주교로 승품되었던 인물이다.

1438년 2월 8일 베네치아에 도착한 황제 일행은 베네치아 도제인 프란체스코 포스카리의 환영을 받고 엄청난 규모의 격식을 갖춘 화려한 행렬을 따라 페라라의 마퀴스 궁*으로 갔다. 황제는 그곳에서 3주일을 머물면서 유럽의 모든 제후들에게 편지를 써서 공의회에 출석하거나 아니면 최소한 대표단이라도 보내라고 촉구했다. 그 달 말이 되어서 그는 남은 여정을 이어갔다. 베네치아에서 그가 받았던 환대에 비하면, 페라라에서는 비가 퍼붓는 바람에 별 볼 일 없는 환영식이 되었다. 에우제니오 4세는 따뜻하게 그들을 맞아주었다. 그러나 며칠 후 도착한 총대주교가, 황제가 교황의 발아래 엎드

---

* 13세기의 궁으로 1860년대 감각을 무시한 채 복원되어서 - 후반 역사적 결과로 인해 - 오늘날은 터키 상인회관Fondaco dei Turchi으로 알려져, 아직도 산 마르쿠올라 바포레토 역 맞은편 대운하 상류 쪽에 위치해 있다.

려 교황의 발에 입을 맞춰야 한다고 전하자 일시에 먹구름이 끼었다. 황제는 이에 대해 예의를 갖춰 문제를 제기했고, 교황은 양보할 수밖에 없었다. 만약 교황이 그러지 않았더라도, 페라라의 공의회가 제대로 개최될 수 있었는지 의구심이 든다.

공의회의 시작은 별로 좋지 않았다. 요한네스 황제는 교리 문제에 대한 공식적인 논의는 4개월 이후에나 열려야 한다고 명시했다. 그가 참석한 주요 이유 중 하나는 다른 유럽 제후들로부터 도움을 받기 위함이었고, 그래서 그들이 도착하기 전까지는 중요한 결정이 내려져서는 안 된다는 확고한 생각을 갖고 있었다. 그러나 계절은 봄에서 여름으로 넘어갔고, 제후들은 단 한 명도 모습을 드러내지 않았다. 라틴 사람들은 점점 인내심이 바닥나고 있었고 그리스 대표단의 승선과 숙박을 책임지고 있던 교황은 준비금이 줄어들어가자 점점 근심만 쌓여갔다.

8월이 되자 전염병이 돌기 시작했다. 참 이상하게도 그리스인들은 끄떡없는 듯 보였다. 그때 황제는 대부분 페라라 밖에서 사냥을 하며 보내고 있었으나, 라틴 대표단이나 그 도시의 사람들은 전염병에 걸렸다. 한편 페라라의 라틴 사람들은 도시를 방문한 손님들로 인해 점점 짜증이 나기 시작했다. 그리스인들도 인내심이 바닥을 드러내기 시작했다. 그들은 집을 떠난 지 한참 되었지만 이렇다 할 성과도 내지 못하고 있었다. 그들 중 대부분은 가져온 돈이 떨어졌고, 교황 측에서 제공하는 보조금도 부정기적이었다. 이제 유럽의 제후들이 참석할 의사가 없음이 명백해진 만큼 더 이상 시간을 지체하고 기다리는 것은 무의미했다. 그래서 10월 8일 본격적으로 시작된 토의는 모두의 갈증을 씻어내 주었다. 첫 3개월 간 그들은 거의 '필리오케'―그 정의가 쟁점이 되어 4세기 전 동방과 서방 교회 분립에 주요한 역할을 했다―라는 구절에만 관심을 두었고 이제는 그 언어적 문제로 인해 더 한층 복잡하게 되었다. 참석자들 중에는 자국 언어 이외의 다른 언어를 구사할 수 없는 사람이 대부분이었지만, 제대로 통역을 해줄 사람도 없었다. 그 회기는 12월 13일 끝났지만 합의는 그 어느 때보다 요원해 보였다.

이 시점에서 교황은 어떻게 해서든 대표단을 설득해, 그들이 플로렌스로 이동하길 원했다. 그가 제시한 이유는 페라라에 전염병이 계속 번지고 있다는 것이었으나 실제로는 재정적인 원인이 가장 컸을 것으로 보인다. 공의회가 열린 지 8개월째로 접어들었고 결론도 못 내고 무기한 끌게 될 것 같은 조짐이 보이는 가운데 이미 교황의 금고에는 빨간불이 들어오기 시작했다. 그러나 플로렌스에 가면 메디치 가문이 도와줄 것이라 믿고 있었다. 그러나 그런 분위기가 다른 양상으로 유리하게 작용하였다. 1439년 2월 말에 이르러 회의가 재개되었을 때, 비잔티움에서 온 그리스인들은―피곤에 지쳤고, 불안과 향수병에 시달리며 상당히 허기를 느끼기도 했다―분명히 그 전해보다 쉽게 타협에 응해줄 것 같은 분위기였다. 3월 말이 되자, 비잔티움의 동방교회 측은 서방교회 측에서 제시한 문구들에 동의했는데 그에 따르면, '성령이 아버지와 아들에게서 나온다Holy Spirit preceeded from the Father and the Son.'는 서방교회의 표현이 최근에 동방정교회에서 받아들인 '성령이 성부에게서 성자를 통하여 나온다the Father through the Son.' 는 표현과 같은 것임을 인정했다. 동방 측의 연로했던 요제프 총대주교가 조용히 눈을 감은 것은 이 논의가 타결되고 난 직후였다. 당시 상황을 지켜본 매정한 사람은 이를 두고 '그렇게 복잡하게 전치사를 뒤죽박죽 섞어놓고 나서, 그가 조용히 할 만한 일이 죽는 것 말고 뭐가 있었겠는가.'라고 언급하고 있다.

일단, '필리오케' 문제가 일단락 지어지고 나자, 다른 중요한 문제들도 신속히 처리되었다. 동방교회 측의 그리스인들은 로마의 연옥 교리와 성찬 때 누룩 없는 빵을 사용하는 것을 못마땅하게 여겼다. 그들은 또한 평신도들과 수도승이 아닌 결혼이 금지된 성직자들에게 양형 영성체*를 모두 주는 라틴의 관행을 개탄했다. 그러나 이 모든 쟁점들에 관해서 그들은 그저 시늉에 불과한 반대만 했다. 대부분은 교황의 최고 권위에 관한 문제가 쟁점이 되었는데, 바젤 공의회 이후—공의회수위설이 본격적으로 대두되면서—이것은 미묘한 주제가 되었고, 따라서 가능한 한 그럴듯하게 넘어갔다. 여름 무렵이 되어서는 주요 쟁점들은 대부분 합의가 이루어졌고—대체로 요한네스 8세 덕분이었는데, 그는 신하들을 확실한 복종시키기 위해 설득과 협박을 적절히 사용할 줄 아는 인물이었다—1439년 7월 5일 공식적인 '일치교령Decree of Union'이 에베소의 대표단을 제외한 모든 동방정교회 측의 주교들과 수도원장들에 의해서 조인되었다. 에베소의 대표단은 그 어느 사안에도 양보를 하지 않아 요한

---

* 미사 중 성찬식에서 그리스도의 몸과 피를 받아 모시는 것을 말한다. 영성체의 방법으로는 성체聖體만 영領하는 것, 성체를 성혈聖血로 축성된 포도주에 적셔서 영하는 것, 성체를 영하고 성혈로 축성된 포도주를 한 모금 마시는 것, 성혈만 영하는 것 등 4가지 방법이 있다. -역주

네스 8세에 의해 거부권 행사를 금지당했다. 그 합의서에 라틴의 교회도 서명했다. 다음 날, 그 교령은 플로렌스 대성당에서 공개적으로 선포되었는데 먼저 체자리니 추기경이 라틴어로 낭독하고 나서 니케아의 베사리온이 그리스어로 낭독했다. 라틴어 버전은 '하늘이시여, 기뻐하소서Laetentur Coeli'라고 시작되었지만 하늘이 기뻐해야 할 명분은 곧 없어지고 말았다.

에우제니오 4세는 적어도 문서상으로는 그리스정교회를 로마의 품으로 되돌아오게 함으로써 큰 승리를 얻어냈고, 자신의 패권도 확립했다.** 바젤에서 급진적으로 공의회수위설을 옹호했던 자들은 분노에 들끓어 할 말을 잊었다. 먼저 그들은 에우제니오 4세를 정직시키고 결국 1439년 11월 5일 파문에 처했다. 그들은 새로운 교황을 선출는데 놀랍게도 그들이 세운 대립교황은 사보이 출신의 아마데오 8세Amadeus VIII 군주였다. 아마데오 8세는 독실한 평신도로 제네바 호수에 은둔 기사단의 수도회를 설립하기도 했다(그 자신이 그 조직의 일원이었다). 그는 오랜 망설임 끝에 스스로를 펠릭스 5세Felix V(1439~1449)라 칭하며 교황의 자리에 올랐다. 그러나 얼마 지나지 않아서 곧 자신의 선택을 후회하게 되었는데, 아무도 그를 진지하게 교황으로 인정해주지 않았기 때문이다. 공의회도 자충수를 두는 선택을 했으니 모양이 빠지기는 마찬가지였다. 그때부터 1449년

** 1440년 2월 황제가 콘스탄티노플로 되돌아 갈 즈음 서방에 있던 그 누구도 '하늘이시여 기뻐하소서'가 실패로 되돌아갔음을 예측하는 이는 없었다. 남아 있던 3명의 총대주교들이 그를 거부하였고, 서명을 했던 이들은 신념을 저버린 것이라고 도시 전체에서 맹비난을 받고 어떤 경우는 신체적 공격을 받기도 하였다.

까지 공의회는 명맥을 유지하기는 했으나 점차 와해되어 갔다.

1443년 9월, 9년간 비워두었던 로마로 다시 돌아온 에우제니오 4세는 자신의 친구인 에네아 실비오 피콜로미니의 귀중한 도움을 얻어 분립에 효과적으로 대응할 방침을 세웠다. 미래의 비오 2세 Pius Ⅱ 교황이 되는 에네아는—이때까지는 아직 평신도였다—대립교황인 펠릭스 5세가 가장 신뢰하는 조언자이기도 했지만, 이제 그는 에우제니오 4세와 손을 잡았다. 에네아의 외교적 수완 덕분에 1447년 독일의 제후들이 에우제니오 4세를 유일 교황으로 선언하게 되었다. 그러나 그로부터 한두 주 만에 에우제니오 4세는 선종했다. 에우제니오 4세는 재임기간의 반 이상을 플로렌스에서 망명생활을 하며 보냈으니, 그가 교황으로 있던 그 16년은 결코 녹록치 않은 시간이었다. 그러나 그가 바젤 공의회와 벌인 오랜 투쟁은 결국 승리로 끝을 맺었고, 그 후 두 번 다시 교회 내에서 교황의 권위가 도전을 받는 일은 없었다.

17
—
르네상스

1447~1492

마르티노 5세가 르네상스 시대의 시작을 알리는 첫 교황이었다면, 에우제니오 4세는 그 두 번째 계보를 잇는 교황이었다. 그는 기질적으로 르네상스적 인물은 아니었다. 그는 임종을 앞두고 자신의 은둔처를 떠나왔던 것에 대한 깊은 회한을 표했다고 한다. 그러나 그가 플로렌스에서 메디치 가문과 함께 보냈던 9년 동안 르네상스의 영향을 받지 않았다고는 할 수 없다. 로마로 돌아온 후―그는 우연히 이탈리아의 화가이자 도미니코회의 수사인 프라 안젤리코와 동행하기도 했다―4년 동안 그는 마르티노 5세의 뒤를 이어 로마시의 재건에 헌신했다. 로마를 밀라노나 제노바, 베네치아 같은 북부의 다른 대도시 수준으로 다시 끌어올리기 위해서는 엄청난 세금을 부과해야 했을 것이다. 그러나 에우제니오 4세는 열심히 어려움을 해결해나갔다. 교황 총무였던 플라비오 비온도가 로마 복원에 관련한 세 권의 책을 기술하여 그에게 헌정했는데, 에우제니오 4세에 대한 찬사를 아끼지 않았다.

리구리아의 평범한 의사의 아들로 태어난 톰마소 파렌투첼리가

1447년 교황에 선출될 때까지도, 로마는 아직은 여전히 예술적으로 문화적으로 낙후되어 있었다. 그는 1447년 3월 니콜라오 5세Nicolaus V(1447-1455)라는 교황명을 얻어 교황에 등극하였다. 교황들은 지난 140년의 기간 중, 반 이상을 로마에서 떠나 있었는데, 투스카니에서 움브리아에 이르기까지 중세의 자취를 쓸어버리며 만개했던 고전과 인문주의 학문은 로마에서만큼은 계속되는 혼란 탓에 그 영향을 크게 미치지 못했다. 로마에서는 단테, 페트라르카, 보카치오 같은 르네상스의 인물들—모두 플로렌스 출신이다—을 생각조차 해볼 수 없었을 것이다. 비록 백여 년 전에 보니파시오 8세와 인노첸시오 7세 같은 교황들이 로마에 대학을 세우는 등 노력을 기울이기는 했지만, 그것은 그저 절반의 성공이었을 뿐이었다.

그러나 15세기의 시작과 더불어 로마에도 변화의 바람이 불기 시작했다. 먼저, 그리스의 영향력이 감지되기 시작했다. 1360년 보카치오가 그리스어를 간절히 배우고 싶어 했지만, 안타깝게 이탈리아 내에서 그리스어를 가르칠 만한 사람을 찾기가 무척 어려웠다. 그러다가 결국 그는 이상한 습관을 가지고 있던 칼라브리아 출신의 나이 든 수도승 한 명을 찾아냈는데 그는 보카치오의 집에 3년간 머물며 최초이자 최악의 호메로스 라틴어 번역본을 준비했다. 그러나 세기말에 이르자 마뉴엘 크리솔로라스라는 이름의 1급 그리스 학자가 플로렌스에 출현했다. 그는 그곳에서 죽을 때까지 50년간 후진을 양성하며《수사법Erotemata》이라는 책을 남겼는데, 그 책은 기본적으로 묻고 답하는 방식으로 그리스어 문법을 기술하고 있다. 그의 제자들 가운데 저명한 두 사람이 초기 이탈리아의 대표적 인문주의자였던 레오나르도 브루니와 포지오 브라치올리니였다. 그들이 둘 다 교황청의 직원으로 발탁된 덕에, 교황청으로 새로운 학문이 유입될 수 있었다. 크리솔로라스는 곧 그리스의 뛰어난 두뇌집단에 합류하면서 황제인 요한네스 8세 팔라이올로고스를 수행하여 페라라와 플로렌스의 공의회로 갔다.

이 그리스 대표단들이 고대문화에 대한 새로운 인식을 가져온 것이었다. 천 년 동안 고대 로마의 화려했던 이교도 문화는 교황이나 순례자들의 외면을 받는 가운데 무시당하고 잊혀졌다. 그런데 아비뇽에서 70년과 이어서 40년의 분립시대를 거치는 등 여러 가지 면에서 재앙과 같았던 이 시절은 후임 교황들로 하여금 완전히 다른 시각으로 로마를 바라볼 수 있는 계기를 마련해 준 셈이었다. 고대 로마의 포럼(광장)에서 소들이 풀을 뜯어 먹고, 부서져 가루가 된 고대의 조각품들이 지역 요업자窯業者의 손에 넘어가 시멘트와 섞여 변기로 제작되고 있는 광경을 본 교황들은 경악을 금할 수가 없었다. 바로 그런 이유로 15세기 중반부터 교황청 내의 전 조직이 급진적인 변화를 겪었다. 인문주의적 사고로 고취되었던, 르네상스 시대의 교황들은 세계에 대한 야망과 열정으로 가득 차서, 단지 예전 로마의 영광의 재현이 아닌 최고의 고전과 그리스도교 세계의 문명을 아우르는 새로운 도시의 건설에 대한 확고한 신념이 있었다. 그들은 자신들과 가문의 위대함을 증명해 보였고, 그것은 그 과정을 지켜보는 사람들의 찬사와 선망을 끌어내기에 충분했다.

선임 교황들과 마찬가지로, 니콜라오 5세도 플로렌스에서 몇 년을 보냈는데, 그 기간 동안 스트로치 가문을 방문하고 메디치 가문 주변에 있는 모든 학자들과 친구가 되었다. 결과적으로 그는 에우제니오 4세보다 더 깊이 르네상스 사조에 젖었다. 니콜라오 5세는 남과 대립하는 일도 적었으며, 정치적인 수완도 좋았다. 그는 로마 복원과 교황의 영지에 대한 자치적 통치를 명하고, 볼로냐에는 실질적인 독립을 부여하고, 역사상 마지막 대립교황이었던 펠릭스 5세를 퇴위하도록 설득했다. 그의 위대한 업적 중 한 가지가 1450년 성년의 선포인데, 그 덕분에 약 10만 명의 순례자들이 자신들의 죄에 대한 전대사를 받기 위하여 로마로 몰려들었다. 이로 인해 교황청의 재정은 완전히 회복되었다. 축하 향연의 절정은 시에나의 성 베르나르디노를 시성했던 일인데, 그는 프란체스코회의 수사로 6년 전에 선종을 했고, 오늘날 우리에게 비오 신부가 그러하듯 그의 넘치는 카리스마는 이탈리아인들의 가슴속에 깊이 자리를 잡았다.

그렇다고 성년의 모든 것이 계획대로 순조롭게 진행되었던 것은 아니다. 그해 초여름 전염병으로 수백 명의 사망자가 났다. 당시 상황을 기록한 증언에 의하면 모든 병원과 교회들은 병자와 죽어가는 이들로 넘쳐났고, 사람들은 감염된 도로변에서 마치 개처럼 쓰러졌다고 한다. 12월 9일 한 떼의 말과 노새들이 산탄젤로 다리 위로 한꺼번에 몰려든 군중들을 보고 깜짝 놀라 우르르 몰려가다 200명의 순례자가 밟히거나 티베르 강에 빠져 목숨을 잃는 사건이 벌어졌다. 장기적으로 그 사건이 큰 영향을 주지는 않았다. 성년의 선포는 150년의 시간이 지나고 나서 교황이 다시 자리매김을 했다는 사실을 결정적으로 보여준 것이다. 아비뇽도, 분립도, 그리고 모든 대립교황과 공의회수위설을 주창하던 흐름도 역사의 한 장 속으로 저물어 갔다. 교황들은 이제 그야말로 자신들이 첫걸음을 디뎠던, 그래서 머물러야 할 도시인 로마로 완전히 그리고 확고히 복귀했다.

1452년 합스부르크의 프리드리히 3세Frederick III*는 교황으로부터 신성로마제국의 왕관을 받아쓰기 위하여 2천 명 이상의 수행원을 대동하고 알프스를 넘었다. 그 의식은 새로운 황제와 포르투갈 국왕의 딸 도나 레오노라의 결혼식을 겸한 것이었다. 이탈리아에서 프리드리히는 지나가는 도시마다 열렬한 환영과 선물 공세를 받았다. 페라라에서는 마퀴스 보르소 데스트뿐 아니라 한창 부상하고 있던 밀라노 군주의 큰 아들 갈레아초 마리아 스포르차도 프리드리히 3세를 환영했다. 그는 무려 〈요한복음〉의 두 장을 합친 것 같은 길이의 환영사도 들어야 했는데, 그 환영사를 읽은 사람은 갈레아초 마리아의 여덟 살짜리 동생이었다. 볼로냐와 플로렌스에서는 보다 공을 들인 환영 행사를 받았고 시에나에 도착하여 자신의 아내를 처음 만나게 되었다. 그 둘은 함께 로마로 출발하여 3월 9일 로마시로 들어섰다. 16일 니콜라오 5세는 베드로 대성당에서 결혼식을 거행했고, 식이 끝나자 교황은 프리드리히 3세에게 롬바르디아의 철로 만든 왕관을 씌워주었다. 황제의 대관식은 3일 후에 거행되었고, 젊은 황후의 대관식도 그녀를 위해 특별히 제작된 왕관을 수여하며 함께 치러졌다. 의식이 끝나자 황제는 애써 대성당 문밖에 있던 교황의 말을 가져왔고, 교황이 말에 오르는 동안 등자를 잡아

* 프리드리히는 같은 이름을 가진 오스트리아의 군주 프리드리히의 조카로 그는 대립교황 요한 23세의 옹호자였다(16장 참조).

주었다. 경축행사는 라테란 궁에서 열리는 만찬으로 마무리되었다.

그 예식―로마에서는 마지막으로 거행되었던 황제의 대관식이었다―으로 니콜라오 5세는 교황으로서의 재임시절에 정점을 찍었다. 모든 재난은 너무도 빨리 닥쳐왔다. 1453년 5월 29일, 오스만 술탄 메메트 2세Mehmet II는 55일 동안의 포위를 끝내고 콘스탄티노플의 성벽을 무너뜨려 동방의 그리스도교 제국을 멸망시키고 말았다. 그 소식을 들은 서유럽 전체가 공포에 빠져들었다. 1123년간 면면히 이어졌던 비잔티움 제국은 비록 250년 전에 있었던 4차 십자군 원정의 여파에서 회복되지는 못했지만, 그리스도교 세계에서 동방의 보루로서 그 명맥을 잘 보존해오고 있던 터였다. 정복당한 콘스탄티노플에서 달아난 많은 사람들이 서쪽으로 흩어지면서 도시를 방어했던 영웅들의 대서사시를 물어다 날랐고, 당연하게도 이야기는 입에서 입으로 퍼져나가면서 부풀려졌다. 서부 유럽인들은 그 이야기에 실망과 경악을 금치 못했지만 그뿐이었다. 실제로 가장 즉각적으로 영향을 받았던 베네치아와 제노바는 새로운 체제와 최대한 좋은 관계를 유지하려 술탄을 환영하는 분위기로 서둘러 바뀌었다.

로마에 있는 니콜라오 5세는 그 무역 국가에 대해서 냉소적인 태도도 개인적인 관심도 드러내지 않았다. 그는 십자군을 일으켜 서유럽에 활기를 넣기 위해 최선을 다했고, 베사리온과 이시도로, 두 명의 그리스 추기경들―그들은 플로렌스 공의회 이후 이탈리아에 잔류하여 가톨릭교 신앙을 받아들였다―이 열정적으로 십자군을 지지했다. 독일에 있는 교황의 사절단, 미래의 비오 2세 교황이 될 에네아 실비오 피콜로미니도 십자군을 지지하고 나섰다. 그러나 별 실효를 거두지는 못했다. 200~300년 전의 그리스도교의 열정이라면 성스러운 순례지의 회복을 위해 십자군 원정대를 출정시키고도 남음이 있겠지만, 지금은 르네상스 인문주의의 도래로 구태 종교의 열정은 사그라져버리고 말았던 것이다. 유럽은 혼란 속에 흔들리고 있었고 비잔티움은 멸망했다. 그 어느 때보다 강력해진 오스만의 군대로 인해 오랜 제국의 부활 희망은 역사 속으로 아득히 사라져버렸다.

십자군 원정대를 출범시키고자 했던 시도는 니콜라오 5세의 유일하지만 중대한 실수였다. 그러나 그는 현실을 받아들이고 다시자기 삶으로 돌아와 자신의 두 가지 주요 관심사인 책과 건축—돈을 써도 아깝지 않은 두 가지라고 했다—에 몰두하였다. 그의 두 전임 교황들도 도시 재건에는 열정을 쏟았으나, 문학에는 그다지 큰관심을 두지 않았다. 마르티노 5세는 전반적으로 고전작가들—결과적으로 이단이었던—에 대해 못마땅한 시선을 가지고 있었고, 성아우구스티노의 작품 이외의 고전은 모두 보존 가치가 없다는 생각을 바꾸지 않았다. 그와 달리 니콜라오 5세는 손에서 책을 놓은 적이 없을 만큼 책에 관심이 많았다. 그는 닥치는 대로 책을 읽으며정교한 손 글씨로 여백에 풍부한 주석을 달기도 했다. 그의 사절단, 에네아는 그런 니콜라오 5세를 찬사하며 다음과 같이 적고 있다.

그는 젊어서부터 모든 인문학 분야의 기초를 닦았기에, 모든 철학자, 역사학자, 시인, 우주지학자 그리고 신학자들과 알고 지내며 시민법이나 교회법, 심지어 의학에 이르기까지 참으로 넓은 지식을 갖고 있다.

그래서 니콜라오 5세는 교황에 오르는 즉시, '공공의 편의를 위해' 라틴어와 그리스어로 쓰인 모든 책들과 존중 받을 만한 교황과 교회의 책들을 소장한 도서관 건립에 착수했다. 처음 그는 이곳저곳에서 어렵사리 책을 모으는 작업부터 시작해야 했다. 교황의 오래된 도서관은 아비뇽에 남겨진 탓에 대부분의 책들이 유실되거나 도난당한 상태였다. 그 책들을 소장하고 있던 사람들 중에 대립교황이었던 베네딕토 13세는 폐위를 당한 이후, 상당한 수의 책들을 가지고 나가 발렌시아 근처의 페니스콜라 성에 소장해두었다. 니콜라오 5세 교황의 대리인들이 희귀한 필사본들을 찾아 유럽 전역을 돌아다녔고, 학자들은 함께 모여 그리스도교와 이단을 가리지 않고 그리스어 서적을 정확한 라틴어로 번역하는 작업에 착수했다. 45명의 필사 담당자들이 평생 고용되어 함께 일했다. 니콜라오 5세가 선종할 때까지 이 작업에 들어갔던 비용이 금화로 3만 플로린에 해당하는 금액이었으며, 그가 수집한 책은 약 1,200권에 달했다. 그 책들은 오늘날 바티칸 도서관의 가장 중요한 장서들이 되었다.

한편, 니콜라오 5세는 전임 교황들의 유지를 받들어 로마 재건 사업에도 힘을 기울였다. 오래된 레오 성벽과 다른 최근의 방어지들을 강화했고, 초기에 지어진 40개 교회들의 복원사업을 관리하고, 송수로를 보수하고, 도로를 포장하고, 산탄젤로 성당의 복원작업을 시작했다. 그의 업적 중 가장 중요한 것은 바티칸과 베드로 성당에 관련한 일이었다. 그는 바티칸이 라테란 궁을 대신하여 교황의 거주처가 되어야 한다고 생각했다. 13세기 후반에 있었던 라테란 궁의 복원은 기본적으로 니콜라오 3세가 진행했던 일로, 레온 바티스타 알베르티, 베르나르도 로셀리노와 같은 건축가들을 고용해 라테란 궁을 복원하고 북쪽과 서쪽을 확장했다. 또한 프라 안젤리코와 그의 조수였던 베노초 고촐리에게 의뢰하여 그의 경당[경문을 새긴 돌기둥]과 서재에 성 스테파노와 성 라우렌시오의 이야기를 그리고 더 나아가 성체성당*에 그리스도의 생애로부터 그 순환의 장면들을 그리게 했다.

베드로 대성당에 대한 그의 계획은 더 한층 야심찼다. 베드로 대성당도 로마의 다른 모든 위대한 건축물들처럼 방치된 채 무너져 내리고 있었으므로 알베르티는 건물이 완전히 붕괴되는 것은 시간 문제라고 생각하고 있었다. 그러나 니콜라오 5세는 단순한 보수 그 이상의 꿈을 품었으니, 날개를 추가하여 3분의 1만큼 길이를 확장하고 사도들의 성지 주변으로 새로운 반원의 압시드를 만드는 그림을 구상하고 있었다. 또한 성당 외부에 거대한 광장을 만들어 보르고(베드로 성당과 티베르 강 사이에 있는 마을)로 통하는 세 개의 대로가 만나도록 하여 군중들이 모여들어 미사 강복을 받도록 하겠다는 계획을 갖고 있었다. 이 모든 계획들은 니콜라오 5세의 선종으로 사

---

* Chapel of the Sacrament. 조르조 바사리에 의하면, 바오로 3세 교황이 새로운 계단을 만들면서 그 후반부가 파괴되었다고 한다. 니콜라오 5세가 지휘했던 작품 중 유일하게 남아 있는 것은 그의 경당이다. 성 라우렌시아의 사제 서품식을 묘사하는 그림에서 3세기의 식스토 2세 교황의 모습은 니콜라오 5세 자신의 모습을 묘사한 것이라고 한다.

라지고 말았으나, 그 계획이 실행되었다면 어떻게 되었을지 추측해 보는 것도 흥미롭다. 만약 베드로 대성당 재건이 실행되었다면 반세기 후 율리오 2세Julius II 교황이 완전한 재건을 명하지 않았을 테고, 그렇다면 우리는 분명히 그 위대한 베르니니 광장을 얻지 못했을 것이다. 베르니니 광장은 오늘날까지도 유럽의 가장 거대한 열린 광장으로서 그 규모를 자랑하고 있다.

니콜라오 5세는 1455년 3월 57살을 일기로 선종했다. 그의 재임기간은 8년에 불과했지만 그가 미친 영향력은 대단했다. 마르티노 5세와 에우제니오 4세는 둘 다 르네상스 정신에 영향을 받은 것은 사실이지만, 그 두 사람이 진정으로 인문주의 사상을 온몸으로 껴안았던 것은 아니었다. 니콜라오 5세는 인문주의와 그리스도교의 신앙 사이에서 그 어떤 반대나 갈등도 겪지 않았던 최초의 교황이다. 그에게 예술은 헛되거나 하찮은 것이 아니었다. 예술 또한 하느님의 영광을 드러내는 것이었다. 바로 그래서 영적인 분야와 마찬가지로 예술 분야에서도 교회가 주축이 되어야 한다고 믿었다. 그와 같은 생각을 갖고 있던 교황들도 그의 길을 따라갔지만, 니콜라오 5세가 그들과 달랐던 점은 자신의 관점을 경건함과 겸손, 그리고 고결함과 결합시켰다는 것이다. 그런 성품의 니콜라오 5세가 1449년 잔 다르크의 재심을 명했던 것은 너무도 당연한 처사일 것이다. 그녀는 이단과 마녀로 낙인이 찍혀 1431년 5월 30일, 루앙에서 화형을 당했다. 재심이 시작되고 7년간 115명이 증인으로 채택되기도 했다. 재판은 그의 후임 교황대에 가서야 그녀가 완전히 복위되면서 끝이 났다.

수많은 전임 교황들이나 후임 교황들과 달리 니콜라오 5세는 탐욕이나 친족등용과 거리가 먼 인물이었다. 그는 분명 위대함을 지니고 있었지만 그의 정신은 한없이 겸손했다. 초기에 그는 자신의 친구인 베스파시아노 다 비스티치에게 자신을 '그저 교회의 종을 치는 성직자'라고 묘사했다고 한다. 그는 실제로도 그런 태도를 평생 잃지 않고 살았다.

1455년 4월 4일 15명의 추기경들이 콘클라베를 열기 위하여 로마에 모여들었고 그들은 중대한 기회를 놓치는 결정을 내리고 말았다. 그 무렵 가장 지성과 교양이 넘치는 이가 베사리온 추기경이었으니 그를 교황으로 선출할 법도 했다. 그는 동방정교회의 수도대주교를 지냈던 인물로, 동서 교회의 400년의 분립을 종식시키기에 그 어느 동료들보다 자격이 충분했으며, 교황권을 보다 새롭고도 건강한 방향으로 이끌 수 있는 인물이었다. 아아, 그러나 어쩌겠는가. 그리스 출신이란 점이 추기경들이 반대표를 던지도록 작용을 했고, 결국 추기경들의 선택을 받은 이는 77세의 알폰소 데 보르 오보르자였다. 그는 갈리스토 3세Callistus III(1455~1458)라는 교황명을 얻었다.

매우 경건하고 무미건조했으며 통풍으로 다리를 절던 갈리스토 3세는 교황으로서 두 가지 원대한 야망을 위해 헌신했다. 그 첫 번째가 십자군을 일으켜 오스만튀르크의 손에 들어간 콘스탄티노플을 탈환하는 것이고 두 번째는 자신의 가족과 동포들의 성공을 돕는 것이었다. 그는 예술이나 문학에는 전혀 관심이 없었다. 그가 처음 바티칸 도서관으로 들어서며 했던 말이 '교회의 돈이 이렇게 낭비되고 있는 것 좀 보라!'였다. 그의 재임 3년 동안, 로마에서 일고 있던 르네상스의 흐름은 잠시 중단되었다. 화가, 조각가, 금속 세공인, 가구공들은 모두 해고되었다. 십자군 출정을 위한 자금을 마련하기 위하여 그는 주저없이 교황의 도서관에 소장되어 있던 수많은 귀중한 책들과 더불어 바티칸에 있던 값나가는 금은 세공품들 중 다수를 내다 팔았다. 그는 티베르 강에 있는 조선소에서 갤리선을 건조하면서 유럽 대륙으로 설교가들을 파견하여 면죄부를 팔고 서방 그리스도교 세계 전역에 대폭적인 세금인상을 감행했다. 그러나 돌아온 반응은 미온적이었다. 유럽의 왕실들은 너나없이 콘스탄티노플이 오스만튀르크에게 넘어간 것을 애석해 했지만, 대신 나서서 전쟁을 치르기에는 각국에 산재한 문제들이 많았다. 그럼에도 육로와 해로를 이용해 병력이 파견되었으니 완전히 무산되었던 것은 아니다. 야노스 후냐디의 통치 아래 있던 헝가리는 1456년 7월 베오그라드로 진군하여, 1년 후 레스보에서 오스만 함대를 격파했다. 그러나 그 어떤 승리도 다른 결과를 낳지 못했고 장기적으로도 중요한 역할을 하지 못했다.

갈리스토 3세가 열정을 쏟았던 그의 첫 번째 야망인 십자군 원정은 성공적이지 못했지만, 두 번째 야망은 성공적이었다. 여동생의 손자들, 즉 그의 종손從孫 두 명이 추기경의 자리에 올랐고, 그는 그들에게 이름을 보르자로 바꾸라고 요청했다. 그들 중 한 명인 로드리고는 추가적으로 교황청의 부상서원장으로 임명되어 그 후 알렉산데르 6세Alexander VI 교황으로 등극하기까지 35년간 바티칸의 여러 업무를 담당했다. 갈리스토 3세는 하잘것없는 직위에 이르기까지 교황의 궁과 교황청을 스페인과 카탈루냐 출신으로 채웠으나, 그들 중 교황 선종 이후에도 자리를 보존했던 사람은 거의 없었다. 1458년 8월 6일 교황의 선종으로 그들의 자리도 날아갔고, 대체적으로 사람들은 이를 반기는 분위기였다.

갈리스토 3세를 좋아했던 사람은 거의 없었지만, 에네아 실비오 피콜로미니는 모두의 사랑을 받았다. 시에나의 몰락한 오랜 가문에서 18명의 자녀 중 한 명으로 태어났던 그는 자력으로 일어나서 18년간 시에나와 플로렌스에서 인문학을 공부했고, 이후 여러 추기경들의 비서로 일하며 바젤 공의회도 참석하기도 했다. 그중 니콜라오 알베르가티 추기경은 1435년 그를 비밀사절단으로 스코틀랜드로 보냈는데, 젊은 그에게는 굉장한 모험이었다.

이 임무의 목적은 제임스 1세James I 국왕을 설득하여 영국을 공격하도록 만드는 것이었는데, 백년전쟁을 종식시키기 위한 또 다른 시도였다. 에네아는 런던을 여행하고 싶었지만, 영국인들은 당연히 그가 뭔가 일을 꾸미고 있다고 의심하여 입국을 허가하지 않았다. 어쩔 수 없이 대륙으로 돌아가야 했던 그는 슬루이스에서 스코틀랜드로 가는 배를 탔다. 여정은 거의 재난 수준으로 끝이 났다. 강력한 서풍으로 배는 노르웨이 해안선까지 밀려갔고, 겁에 질린 에네아는 만약 살아난다면 가장 가까운 성모 마리아의 성지까지 맨발로 걸어서 가겠노라 맹세했다. 드디어 출항 12일째 되는 날, 배는―이미 물이 많이 차있었다―느릿느릿 던바 항으로 들어갔고, 그는 예상대로 그 얼어붙은 땅을 터덜터덜 걸어서 화이트커크에 있는 성스러운 우물로 향했다. 다행히 거리가 단지 약 8킬로미터 밖에 되지 않아 결국 우물까지 갈 수 있었다. 그러나 우물가에서 잠시 쉬고 난 그는 자신의 두 발에 모든 감각이 사라졌음을 깨달았다. 그는 처음에는 두 번 다시 걸을 수 없게 될지도 모른다는 두려움에 떨었지만, 곧 회복이 되었다. 대신 남은 평생을 관절염으로 고생했으며 교황 재임기간 대부분 가마를 타고 이동해야 했다.

그의 〈비망록Commentaries〉—제3자의 시각으로 그의 삶을 그렸다—은 15세기 초 영국을 흥미로운 시각으로 조명하고 있다.

도시에는 성벽이 없다. 집은 회반죽을 하지 않은 채 지었고, 지붕에는 뗏장이 깔려 있으며 시골에 있는 집들의 문은 소가죽으로 덮여 있다. 민중들은 가난하고 무례하며 고기와 생선은 마구 먹어대면서 빵은 사치로 생각한다. 남자들은 키가 작고 용감하며 여자들은 피부가 희고 매력적이다. 영국의 여성들은 이탈리아의 여성들이 손을 잡는 것보다 키스를 더 가볍게 여기고 … 스코틀랜드 사람들은 영국인들을 학대했다는 이야기 듣는 것을 좋아한다. … 에네아는 스코틀랜드에서 영국으로 떠나면서 … 상인으로 변장했다. 높은 산에서 흐르는 강이 두 나라의 경계를 가르고 있다. 그는 작은 배를 타고 강을 건너 해질 무렵 큰 마을에 당도하였다. 그는 한 농가의 문을 두드리고 그 집주인과 그곳의 교구 사제와 함께 저녁을 먹었다. 많은 음식과 닭고기, 거위고기가 나왔지만 빵이나 와인은 없었다. 그 마을의 모든 남자들과 여자들이 마치 구경거리라도 생긴 듯이 달려왔다. 우리가 에티오피아인이나 인도인들을 만났을 때와 같은 놀란 눈빛으로 그들은 깜짝 놀라서 에네아를 응시하면서 신부에게 그가 어디서 왔는지, 무슨 일로 왔는지, 그리스도교 신자인지를 물었다.

… 그날 밤 두 시간 동안 식사를 하는 사이, 교구 신부와 집주인 그리고 마을의 모든 어른들과 아이들이 에네아의 곁을 떠나기를 주저하며 자신들은 스코틀랜드 사람들이 두려워 멀리 있는 탑으로 도망을 간다면서 그들은 썰물로 강의 수위가 낮아지면 곧잘 약탈을 하러 온다고 했다. 에네아도 그들과 같이 도망가고 싶었지만, 그와 여성들은 함께 도망을 갈 수 없었다. 적들이 성직자와 여자들에게는 별로 나쁜 짓을 할 것 같지 않다는 이유 때문이었다. 그래서 에네아는 두 명의 하인과 한 명의 지킴이 그리고 백여 명의 여성들과 그곳에 남게 되었다. … 한밤이 되자 두 명의 여성들이 졸린 에네아 앞에 나타나 그와 잠자리를 함께 하려 했다. 그녀들이 그렇게 하도록 시키는 것이 마을의 관습 같았다. 그러나 그녀들을 언제고 들이닥칠지도 모르는 강도쯤으로 오인했던 에네아는 그들을 밀쳐냈다. 그는 깜빡 잠이 든 사이 짚으로 만든 자신의 침상을 누군가 몰래 끌어갈까 겁이 나서 어린 암소들과 염소들 사이에서 홀로 그 밤을 지새웠다.

아직은 평신도였던 그는 돌아와서 바젤의 공의회 사무국에서 일을 하다가 곧 대립교황 펠릭스 5세의 비서로 임명되었다. 1442년 펠릭스 5세는 그를 프랑크푸르트의 의회로 보냈는데, 도착 즉시 에네아는 독일의 국왕 프리드리히 3세의 관심을 끌었다. 프리드리히는 에네아의 훌륭한 지성과 능력뿐 아니라 타고난 문학적 소질에 감탄해 계관시인에 임명했다. 젊은 에네아는 그 후 3년간 비엔나의 왕실 상법부에서 일하며 여가 시간에는 다소 외설적인 여러 편의 시*를 썼을 뿐만 아니라 비슷한 종류의 소설 〈유리알루와 루크레치아의 역사〉를 써서 친구인 대법관 카스파 쉬리크의 호색적인 모험을 찬양하기도 했다. 에네아 자신도—몇몇 그의 사생아로 인정을 받은 이들이 증언을 했듯이—호색적인 모험에 꽤 익숙했던 것으로 보인다.

그러나 그런 습성도 지속할 수 없었는데 1445년 에네아의 삶은 완전히 극적인 변화를 겪었기 때문이다. 먼저 그는 대립교황에게 등을 돌리고 에우제니오 4세 교황과 화해하여 1446년 성직자로 임명되었다. 그때부터 그는 자신을 대대적으로 개조했고 행보도 빨라졌다. 1447년에는 트리에스터의 주교가, 1450년에는 시에나의 주교가 되었으며 1456년에는 추기경으로 발탁되었다. 2년 후 교황에 선출된 그는 시인답게 로마의 시인 베르길리우스의 '비오 아이네이스 pius Aeneas'라는 대서사시를 기억하여 비오 2세Pius II(1458-1464)를 교황명으로 정하고 교황자리에 올라 십자군 출정 준비를 착수했다.

그는 오랜 시간 쌓은 외교적인 경험을 통해서, 유럽의 제후들이 다른 중요한 일을 제쳐 놓고 튀르크에 맞선 십자군 원정에 뛰어들지는 않을 것이라는 사실을 분명 더 잘 알고 있었을 터인데도 그런 현실을 인정하지 않았다. (전임 교황들과 마찬가지로) 그는 즉위하고

---

* 그의 많은 작품이 시인인 프란체스코 필렐포의 영향을 받았다. 프란체스코는 니콜라오 5세 교황의 위탁을 받고 이야기책을 썼는데, 후일 그것은 거칠고 추잡하여 가장 역겨운 작품으로 묘사되었다. 들리는 말로 니콜라오 5세는 그 작품을 즐겨 읽었다고 한다.

두 달 만에 그리스도교 세계를 성전聖戰으로 소환하는 칙서를 발표하고 모든 그리스도교 통치자들에게 1459년 만토바에서 회동하자고 요청했다. 그러나 거의 모든 국가의 수장들이 초대를 정중히 사양했다. 사양하지 않았던 이들은 얼버무리거나 애매모호한 태도를 취했다. 비오 2세가 만토바에 도착했을 때 실제로 거의 아무도 없었다. 안타깝게도 교황권의 축소는 공의회수위설 운동으로 인한 영향일 텐데 그 자신도 앞서 그 운동을 강력히 지지한 바 있었다. 그는 1460년 1월 또 다른 칙서를 반포하여 공의회에 대한 상소는 모두 이단이라고 비난했다. 그 어느 때보다 급진적인 변화가 일었다.

그러나 그는 고집을 굽히지 않았다. 그가 만약 전쟁에서 술탄 메메트를 이길 수 없었다면, 아마도 논리의 힘으로라도 술탄이 틀렸다는 것을 인정하도록 설득했을 것이다. 그는 1461년 술탄 앞으로 탁월한 한 통의 편지 초안을 작성했는데, 그 안에는 코란의 가르침에 대한 상세한 논박, 그리고 그리스도교 신앙의 면밀한 해석을 달고 이슬람교를 포기하고 세례를 받도록 종용하는 내용을 포함하고 있었다. 그 편지는 메메트에게 전달되지 않았던 것으로 보이는데 만약 전달되었다 해도, 역시 답을 받지는 못했을 것이다. 그런데 그때 베네치아와 헝가리에서 희소식이 날아들었다. 그나마 이들 지역이 십자군을 위한 군사협력에 동의를 했다는 것이다. 이제 비오 2세의 희망의 불씨는 되살아났고, 그는 이듬해 여름 안코나에서 병력들이 함대에 합류할 것이라고 발표하고 자신도 그 진군의 선봉에 서겠다고 했다.

시에나 성당에 있는 피콜로미니 도서관에는 핀투리키오가 비오 2세의 생애를 그린 훌륭한 프레스코화 연작이 있는데, 그 마지막 장면이 안코나에 도착한 비오 2세의 모습이다. 현실은 그 그림에서 나타난 것과는 거리가 멀었다. 그는 1464년 6월 18일 성 베드로 대성당에서 십자군 출정식을 갖고 로마에서 가마를 타고 출발했는데, 그때 이미 병이 들어 있었고—정말 병세가 매우 깊어서 그의 운명의 끝은 한 달 후로 다가와 있었다—드디어 안코나에 도착했을 때 그의 눈앞에 드러난 것은 너무 작은 규모의 십자군이었다. 확실한 지도자도 없었고 변변한 장비도 갖추고 있지 않았으며 온다고 했던 베네치아 함대의 도착도 늦어지고 있었다. 결국 함대는 8월 12일 총독 크리스토포로 모로의 지휘를 받으며 항구로 들어왔다. 그러나 그것은 교황이 예상했던 거대한 함대가 아닌 12척의 갤리선이 전부였다. 비오 2세가 느끼는 실망감은 너무도 컸다. 그는 벽만 바라보고 있다가 이틀 후 선종하고 말았다. 무너져 내린 그의 심장은 안코나에 매장이 되었고, 그의 시신은 로마로 옮겨졌다. 그 시대에 가장 재능 있는 교황 중 한 사람이었던 비오 2세에게는 실로 아쉬움 가득한 결말이었다. 비록 그는 친족등용을 부끄럽게 여기지 않았고, 교황청을 자신의 고향 시에나 출신의 사람들로 채웠지만, 그의 문학적 재능과 지적 재능, 행정가로서의 역량, 예술에 대한 안목, 오랜 세월의 외교적 경험 등은 당대에는 필적할 만한 사람이 없을 정도로 뛰어났다. 그는 또한 도시를 새로 세웠던 유일한 교황으로 기록되고 있다. 1459년에서 1464년 사이 5년 동안, 그는 자신의 출생지인 작은 마을 코르시아노를 고전적인 도시로 새롭게 탈바꿈시켰다.

† 비오 2세 교황이 안코나에서 십자군 원정을 위해서 유럽 제후들의 도착을 기다리고 있다. 핀
투리키오 작품. 시에나 대성당, 피콜로미니 도서관.

최신 도시계획 이론에 따라 그곳에 대성당도 건축하고 자신의 가족들이 거주할 수 있도록 궁전들도 세워 자신의 이름을 따서 피엔차로 명명했다.

비오 2세는 그 출중함을 쉽게 흉내 내기 어려운 인물이었기 때문에 후임인 바오로 2세Paulus II는 능력적인 면에서 분명히 비오 2세보다 부족했다. 본명은 피에트로 바르보로, 베네치아의 부유한 상인 가문에서 태어난 그는 스스로 뛰어난 외모를 가졌다고 생각했으며—남아 있는 초상화로는 실제로도 그러했는지 가늠하기 어렵지만—그래서 처음에는 교황명도 미남이라는 의미를 지닌 포르모수스Formosus라 붙이려 했으나, 다행히 추기경들이 만류했다. 실제 그러했는지 아닌지는 알 수 없지만, 그의 지성은 외모에 걸맞지 않았다. 참 뻔뻔스러울 만치 교양이 없었던 그는, 비오 2세가 그토록 지대한 관심과 애정을 기울였던 인문주의자들을 모두 제거해버렸다. 그러자 그들의 지도자로, 훗날 교황 도서관의 사서이자 〈교황의 생애The Lives of Popes〉라는 소설을 썼던 바르톨로메오 사키—플랜티나로 알려졌다—는 이에 항의하며 공의회에 대해서도 험악한 이야기를 했다. 그러다가 4개월을 산탄젤로 성의 지하 감옥에 갇혀 지내는 신세가 되고 말았다. 또한 로마 대학의 몇몇 사람들도 교황이 고대 유물에 관하여 과도한 관심을 가지며 교회에 대한 존경심이 부족하다고 주장하고 나섰다가 같은 신세가 되었고, 베사리온 추기경이 중재에 나서고 나서야 겨우 석방이 되었다.

바오로 2세가 관심을 두었던 것은 부와 과시욕이었다. 젊은 나이에 추기경이 되었던 그는—에우제니오 4세 교황의 조카로 스물 셋에 부제추기경이 되었다—훌륭한 골동품과 예술 작품을 놀라울 만큼 사들였고 카니발이나 승마, 공적인 접대 등에 열을 올렸다. 1468년, 프리드리히 3세가 로마를 방문했을 때 열었던 축하연은 로마에서 오래도록 회자되었다. 한편 그에 못지않게 놀라운 사실은 그가 로마의 고대 기념비들을 복원하는 작업을 착수했다는 것이다. 판테온 신전, 티투스와 셉티미우스 세베루스의 개선문, 그리고 마르쿠스 아우렐리우스의 기마상이 복원 작업에 들어갔다. 그는 또한 아름다운 베네치아 궁전—훗날 무솔리니가 바로 그 궁전의 1층 발코니에서 장광설을 늘어놓았다—을 건축하고 자신의 교황 재임기간 중 5년 동안 그곳에서 거주하기도 했다. 끝으로 바오로 2세 덕분에 진취적인 두 명의 독일인이 로마에 최초의 인쇄기를 설치하게 되었다.

교황의 성적인 성향은 여러 가지 추측을 낳았는데, 그에게는 두 가지 취약점이 있었다. 하나가 잘생긴 외모의 젊은 남자들이고, 다른 하나는 가슴이 풍만한 여자들이었다. 그가 풍만한 여자들과 놀아나면서 잘생긴 젊은 남자들과도 즐겼다는 것은 당대의 소문이겠지만 말이다. 그는 1471년 7월 2일 갑자기 찾아온 뇌졸중으로 54살을 일기로 선종했는데, 들리는 말로는 젊은 남자들과 풍만한 여자들을 지나치게 가까이 했던 것이 이유였다고 한다.

그의 후임, 프란체스코 델라 로베레가 교황명을 식스토 4세Sixtus IV(1464-1471)로 정한 것은 일반적으로 놀라운 일이었다. 식스토 3세가 440년에 선종하고 천 년도 더 지났기 때문이다. 새로운 교황은 프란체스코회 출신으로 저명한 신학자여서 베사로니 추기경을 비롯한 고위성직자들로부터 존경을 받고 있었다. 강론가로서 절정을 구가하고 있던 그의 모습은 개혁을 위한 열정으로 가득했다. 프란체스코회 회원들은 청빈한 생활을 온몸으로 받아들이는 것으로 잘 알려졌지만, 식스토 4세는 교황에 등극하면서 그 예외를 보여주었다고 한다. 그는 하루아침에 완전히 딴 사람이 되었다. 물 쓰듯 돈을 써댔고, 대관식 때 머리에 썼던 교황관만 해도 십만 더컷*에 달했는데 이는 교황의 연간 수입의 3분의 1에 해당하는 금액이었다. 추가 재원을 마련하기 위하여 그는 이전과는 비교도 할 수 없는 규모의 전대사를 발행했고, 교황의 이름을 이용해서 높은 자리나 한직도 끼워서 팔았다. 그는 밀라노 관구에 열한 살짜리 소년에게 관구장 자리를 내주고 여덟 살짜리 소년에게 리스본의 대주교자리를 주었다. 친족등용도 규모에서는 바오로 2세에 버금갔다. 그의 첫 행보는 11명의 조카들 중 줄리아노 델라 로베레와 피에트로 리아리오―널리 퍼진 소문에 의하면 교황의 친아들로, 여동생에게서 낳았다고 한다―를 추기경에 앉히는 것이었다. 세 번째 조카인 지롤라모 바소는 그의 사촌인 피에트로 추기경이 28살 나이에 무절제한 생활로 죽고 나서 추기경에 임명되었다. 또 다른 4명의 조카들과 질녀들이 밀라노와 나폴리, 그리고 우르비노의 세도가와 로마의 오르시니와 파르네제와 같은 명문가들과 결혼했다.

* 12~16세기에 유럽 대륙에서 사용하던 화폐의 단위. ─역주

한편, 도시의 재건사업은 계속되고 있었다. 식스토 4세는 니콜라오 5세가 중단했던 사업을 이어갔다. 그는 티베르 강에 고대 로마시대 이후 처음으로 새로운 다리인 폰테 시스토를 세웠고, 1450년의 재앙을 답습하지 않도록 심혈을 기울였다. 그는 또한 산타 마리아 델라 파체 성당과 산타 마리아 델 포폴로 성당의 재건도 책임졌는데, 이 성당들은 실질적으로 델라 로베레 가문의 묘지가 되었다. 그는 로마의 대학을 육성하고 오스페델레 산 스피리코 성당과 카피톨리오에 있는 마르쿠스 아우렐리우스의 기마상도 완성시켰다. 중세의 좁은 미로 같은 길을 중심 도로로 새롭게 교체해 광장도 새롭게 만들었다. 그는 로마를 르네상스의 도시로 탈바꿈시켰다. 니콜라오 5세의 뒤를 이어 바티칸 안의 도서관 규모를 3배로 확장했고, 도서관 사서의 자리에 망신을 당하고 산탄젤로 성당에 갇혔던 플랜티나를 앉혔다.

그러나 식스토 4세의 생애에서 가장 위대한 기여는 바티칸에 있는 시스티나 성당을 건조한 것이다. 시스티나 성당은 콘클라베가 열리는 장소로 계획되었을 뿐 아니라 추기경과 같은 고위성직자들이나 고위관리들이 교황과 함께 기도를 드리며 정규 미사를 볼 수 있는 곳으로도 설계되었다. 1481년 기본 구조가 완성되자 프레스코화를 그리기 위해 한 무리의 화가들이 동원되었다. 그들을 이끌고 작업을 했던 이들이 보티첼리, 기를란다요 그리고 페루지노였고, 함께 작업을 했던 사람들 중에는 핀투리키오와 시뇨렐리도 있었다 (이 작업이 시작되던 때의 미켈란젤로 나이는 아직 여섯 살이었다. 그로부터 27년이 지나서 그는 율리오 2세Julius II 교황에게 설득당해 그 그림의 동쪽 벽을 맡아 그리게 되었다).

정말 역설적이게도 세계에서도 가장 아름다운 건물들 중 하나의 창작자가 가장 혐오스러운 기관들 중 하나에 영감을 주었다는 것이다. 스페인의 레콩키스타Reconquista(국토회복운동. 무어족에게 정복당해 빼앗긴 국토를 회복하자는 것)는 거의 완성되어갔지만, 강제로 세례를 받은 수천 명의 유대인 마라노스*의 깊은 아픔이 있었다. 이전(하인리히 4세)의 통치하에서 마라노스들은 상당한 권력을 누리며 정치, 사업, 재정 그리고 교회에서도 고위직까지 오를 수 있었다. 그러나 이제 그들 중 다수가 끈질기게 자신들의 오랜 종교를 붙들고 있다는 의심의 눈초리를 받고 있었다. 따라서 1478년, 식스토 4세는 칙서를 발표하여 그들 마라노스에 대한 대규모 조사를 명했다. 이것이 바로 그 악랄하기로 이름난 스페인 종교재판의 시작이었고, 이를 통해 도미니코회 수도사인 토마스 데 토르케마다는 군주인 페르난도 2세Ferdinand II와 이사벨 1세Isabella I의 전면적인 승인을 받고 잔악한 공포 정권을 도입하게 되었다. 그 정권은 20세기 내전**이 일어나기 전까지 스페인에서는 그 유례를 찾을 수 없을 만큼 무자비했다.

이탈리아에서는 계속적으로 세력판도가 요동치는 가운데—베네치아, 밀라노, 플로렌스, 나폴리 등 다른 약소지역들에서는 최고

---

* Marranos. 스페인과 포르투갈의 유대인 중 강제로 기독교인이 된 사람들로, 비밀리에 유대인으로 살며 완전한 유대인 사회가 오기를 희망하며 사는 사람이다.
** 초기에 13세기 카타리파 신자들을 제거하기 위한, 소위 교황의 종교재판이라고 하는 것과 같은 재판이 이루어졌다. 스페인의 종교재판은 그 규모에서도 완전히 달랐다.

의 자리를 두고 끊임없이 다투고 있었다—식스토 4세는 점잖게 앉아 있을 수도 있었지만 그러지 않았다. 그는 그 전쟁에 맹렬히 뛰어들었고, 그렇게 함으로써 교황청의 도덕적 위신에 말할 수 없는 손상을 가져왔으며 그것은 또 다른 분쟁을 불러왔다. 역사가들은 1478년 발생한 소위 '파치가※의 음모'에 식스토 4세가 어느 정도 연루되어 있었는지를 놓고 여전히 논쟁을 벌이고 있다. 그 사건의 목적은 플로렌스의 실질적인 통치자였던 메디치 가문을 교황 자신의 조카 지롤라모 바소로 대체하려던 것이었다.

이미 1473년 파치가의 은행—메디치가보다 경쟁력이 약했다—은 식스토 4세가 두 명의 조카들을 위해 소도시 이몰라를 구매할 때, 그 금액의 대부분인 4만 더컷을 대출해준 바가 있었다. 이 소식을 접한 메디치가—이미 분명한 명분을 내세워 대출을 거부하였다—는 예상대로 분개했는데 더욱 그들을 분노시켰던 것은 이듬해 식스토 4세가 메디치가의 은행을 주요 은행에서 제외시키고, 한 술 더 떠서 파치가와 가깝게 지냈던 프란체스코 살비아티를 피사—플로렌스의 지휘권 아래 있었다—의 대주교로 임명한 것이었다. 위대한 로렌초 데 메디치는 새롭게 임명된 대주교를 인정하기를 거부하며 피사에도 플로렌스에도 그가 들어오지 못하게 했다. 이에 식스토 교황은 플로렌스 전체에 파문과 성무집행금지령을 내리겠다고 협박을 했다.

그들 두 가문의 관계가 악화일로를 걸으면서 음모가 꾸며졌고, 1478년 4월 26일 프란체스코 데 파치와 살비아티 대주교의 명을 받고 계략이 실행되었다. 플로렌스 대성당에서 장엄 미사가 집전되는 가운데, 사전에 계획되었던 그 순간—성체를 받들려는 순간—이 오자 프란체스코를 포함한 암살자들이 메디치가 로렌초의 동생 줄리아노를 습격하여 가슴과 등을 십여 차례—목격자들은 19회라고 말했다—이상 칼로 찔렀다. 다음 순간 암살단은 로렌초에게 달려들었다. 그는 단검을 꺼내들고 맞서다 성가대 쪽으로 뛰어들어 성구보관실로 달아났다. 그는 중상을 입었어도 생명을 잃지는 않았지만, 줄리아노는 목숨을 잃고 말았다.

그 즉시 플로렌스 전체에서 무장봉기가 일어났다. 음모에 가담했던 자들이 신속히 색출되었고, 그들에게는 그 어떤 자비도 허용되지 않았다. 로렌초는 동쪽 성벽 외부의 처형장을 사용하는 대신 일벌백계로 삼도록 다른 처벌 방법을 택했다. 위대한 인문주의자 포조의 아들 야코포 브라치오리니를 시뇨리아 광장이 내려다보이는 높은 창에 매달고, 같은 운명을 맞이한 프란체스코 데 파치, 대주교와 그의 동생 야코포 살비아티도 로자 데이 란치[이탈리아 피렌체 시뇨리아 광장에 있는 화랑]의 꼭대기 창문에 매달았다. 인문주의자이며 고전 학자로 로렌초 데 메디치의 제자였던 안젤로 폴리치아노는 다음과 같이 기록하고 있다.

짐작건대, 죽어가고 있던 대주교가 갑자기 발작을 일으키며 옆에 매달려 있던 프란체스코를 너무 잔인하게 깨물어버려서, 죽고 나서 한참 후에도 프란체스코의 가슴에는 앙다문 그의 이빨 자국이 남아 있었다.

식스토 4세는 정말로 파치가의 음모에 개입했던 것일까? 틀림없이 그는 사건의 전모를 알고 있었을 테고, 아마도 적극적으로 독려했을 것이다. 왜냐면 그는 누구보다 메디치 가문이 축출되기를 바라고 있었던 사람이니 말이다. 전해지는 말로는 그는 유혈사태는 없어야 한다고 했다는데, 처음부터 암살을 모의했던 음모가 어떻게 피를 보지 않기를 바랐는지 알 수 없는 노릇이다. 식스토 4세는 늘 위협의 수단으로 써먹던 그 패를 꺼내들어 메디치가에 파문을 명하고 플로렌스 전체에 성무집행금지령을 내려, 이탈리아는 또 다시 전운에 휩싸였다. 파치가의 쿠데타는 실패로 끝나고 말았지만, 만약 메디치가의 로렌초가 조금만 더 운이 없어서 자신이 동생처럼 파치가의 칼을 맞고 죽는 운명이었다면, 그래서 파치가의 음모가 성공을 거두었다면, 플로렌스 통치체제는 급변했을 것이고 그 누구보다 식스토 4세가 그런 변화를 반겼을 것이다.

이탈리아의 제후들은 식스토 4세에게 평화 유지에 대한 기대를 걸고 있었으므로 1484년 8월 12일 그의 선종은 실망감을 불러와야 마땅했다. 그러나 그의 죽음을 애도하는 분위기는 아니었다. 실제 그가 선종했다는 소식을 들은 로마 사람들은 2주 동안 축하행사를 벌였고, 그의 적대자였던 콜론나 가문은 한층 고무되었다. 유명한 조각가, 폴라이우올로가 바티칸에 만든 식스토 4세의 묘는 받침대가 없는 훌륭한 청동 무덤의 특징을 보여주고 있다. 식스토 4세의 조카인 줄리아노(미래의 율리오 2세Julius II 교황)가 미켈란젤로에게 자신의 묘를 바티칸의 경당 안에 멋지게 꾸며달라고 부탁했으나 결국 완성되지는 못했다. 그러니 결과적으로, 아마 식스토 4세의 무덤이 교황의 무덤 중에는 가장 근사할 것이다.

줄리아노뿐 아니라 로드리고 보르자 추기경도 마찬가지로 교황의 자리에 눈독을 들이고 있었음은 말할 필요도 없다. 그 둘은 많은 뇌물과 유리한 승진 등을 제공했지만 추기경회에서 지지를 받지는 못했다. 그들은 경쟁자였지만 그래도 협력하여, 이어지는 콘클라베에서 자신들이 조정할 수 있는 꼭두각시 노릇을 할 만한 사람이 선출되도록 힘을 썼다. 그들의 계획은 성공했고, 무능력한 조반니 바티스타 치보가 인노첸시오 8세Innocentius VIII(1484~1492)라는 교황명을 얻어 교황의 자리에 올랐다. 그의 친족등용도 도를 넘기는 마찬가지였으나, 식스토 4세와 다른 점이 있다면 조카들이 아닌 나폴리에 사는 정부에게서 얻은 친자식들을 등용했다는 것이다. 그 자식들 중 한 명이 대책 없이 방종한 프란체스케토이다. 그는 메디치가의 거장 로렌초의 딸에게 장가를 들었고, 그 대가로 교황은 로렌초의 13살짜리 아들 조반니*에게 추기경의 자리를 수여했다. 그로부터 3년 후인 1479년 조반니는 추기경회에 들어왔고, 아버지 로렌초는 그에게 로마의 악마들—죄악의 소굴—을 조심하라는 경고의 편지를 보내 '너에게 교회에 대한 안녕과 공경을 기대하는 사람들에게 확신을 심어주어라. 그리고 교황청이 세상의 그 무엇보다 중요하다는 것을 잊지 말고 처신하거라.'라며 충고를 했다. 무엇보다 조

---

* 조반니는 교회의 등용에서 새롭게 부상한 인물은 아니었다. 여덟 살의 나이에 수도원장이 되었던 그는 열한 살에는 몬테카지노의 베네딕토 대수도원의 원장으로 지명되기도 하였다. 훗날 그는 레오 10세Leo X 교황으로 등극하였다.

반니는 추기경회가 벌이는 악마 같은 짓들을 잘 인식하고 있었다. 또한 '인재가 절대적으로 부족한 이 시점에서 만약 추기경들이 자신들의 본분을 망각하지 않았더라면, 온 세상이 더 좋아졌을 것이다. 그랬다면 그들은 언제나 옳은 선택을 통해 좋은 교황을 선출했을 것이고, 그리스도교 세계의 평화도 지켜졌을 것이기 때문이다.' 라는 말도 부연했다.

식스토 4세는 교황청에 엄청난 빚을 남기고 떠났지만 돈 낭비에 관해서라면 인노첸시오 8세도 결코 뒤지지 않았다. 그도 계속 전대사를 남발했고 직위도 팔았지만, 재정은 거의 자포자기 수준으로 떨어졌다. 그러나 전혀 예상치 못한 곳에서 변화의 바람이 불어왔는데, 그 진원지는 바로 오스만제국이었다. 오스만제국에서는 술탄이 사망하면 왕위 계승과 관련한 분쟁을 피하기 위해, 그 즉시 장자가 다른 동생들의 목을 베는 관행이 있었다. 그러나 1481년 콘스탄티노플을 정복했던 메메트 2세가 죽었을 때, 그의 아들이자 후계자인 바예지드Bayezit는 왜 그랬는지 자기 동생 쳄을 신속히 제거하는 일에 실패했고, 쳄 또한 왕관을 거머쥐려 도전했다. 그러다 실패한 쳄은 목숨을 부지하기 위해 성 요한 기사단과 함께 로도스 섬으로 달아났다. 당시 성 요한 기사단의 단장, 피에르 도뷔송은 1480년 쳄의 아버지 메흐메트의 공격으로부터 로도스 섬을 막아내어 전 유럽에서 명성을 떨치고 있었다. 도뷔송은 쳄을 환영해주었으나 비밀리에 그의 형인 술탄과 협약을 맺어 그를 잘 감시하기로 하고, 그 대가로 연간 4만 더컷의 보조금을 받기로 했다. 그러나 곧 도뷔송은 오스만으로부터 너무 가까이 있는 로도스 섬이 안전하지 않다

† 그리스도께서 베드로 사도에게 열쇠를 수여하고 계신다. 피에트로 페루지노의 프레스코화. 로마 시스티나 대성당.

는 사실을 깨닫고 젬을 프랑스에 있는 기사단의 영지로 보냈다. 젬은 그곳에서 1489년까지 머물렀는데, 인노첸시오 8세가 그를 데려가며―그는 결국 외교적으로나 정치적으로 가치 있는 사람이 아니었다―그 대가로 도뷔송에게 추기경 자리를 내주고 프랑스 국왕의 자리에 지명하기도 했다. 로마에 도착한 젬은 환대 속에 프란체스케토의 수행을 받으며 바티칸으로 향했고, 그와 그의 일행은 그곳에 머물며 향응을 즐겼다.

술탄이 약속한 보조금은 계속 지급되었으나 그 이듬해 오스만튀르크는 교황에게 대사를 보내 12만 더컷의 금액을 교황에게 내놓았다. 그 돈은 교황의 영지에서 들어오는 연간 수입에 맞먹는 금액이었다. 대사는 그 대가로 젬을 3년간 더 붙잡고 있어달라고 하며 자가에 매달린 그리스도가 새겨진 성스러운 창을 선물로 내밀었다. 성 베드로 성당에는 그 성스러운 창을 위한 경당이 지어졌다. 이즈음 젬은 자신의 수행원들과 더불어 바티칸 궁에서 만족스럽게 생활하고 있었다. 그러나 카프탄을 입고 터번을 두른 무슬림 무리들의 모습은 교황의 친자식들이 정원에서 뛰어노는 장면보다 더욱 보는 이들의 눈살을 찌푸리게 만들었음이 분명하다.

그러나 이즈음 교황은 급격히 몰락하고 있었다. 다음은 최근 한 권위 있는 책을 인용한 것이다.*

그는 계속 잠만 자다가 일어나면 맛난 음식으로 잔뜩 배를 채웠다. … 그는 상당히 뚱뚱해지고 기력도 떨어졌으며, 삶의 종착역에 다다라서는 젊은 여성의 젖가슴에서 짠 젖도 몇 방울 삼키지 못하게 되었다. 그가 죽어가고 있는 것처럼 보이자, 3명의 젊은 남자를 희생하여 그를 살리기 위한 수혈이 시도되었다(역설적이지만 이러한 시도는 유대인 의사에 의해 집도되었다). 젊은 남자들은 수혈을 할 때마다 1더컷을 받았다. 그들은 그 과정에서 죽어갔고 사후경직이 시작되자, 그들 손에 꼭 쥐어져있던 동전닢은 억지로 빼내어졌다.

인노첸시오 8세는 끝내 스페인에서 무어족이 축출되는 사건까지 볼 만큼 오래 살다, 1492년 7월 25일 선종했다. 그의 재임기간은 뚜

---

* 노엘의 《르네상스의 교황들 The Renaissance Popes》 중에서.

렷한 특징이 없는 시기였다. 언제나 단호한 책임자가 필요했던 로마는 그의 통치 아래 희망을 잃고 무질서 속으로 침몰했고, 교황의 영지는 거의 무정부 상태로 방치되었다. 그는 임종을 맞이하여 함께 모인 추기경들에게, 자신이 부족했음을 고백하며 용서를 구하고 보다 가치 있는 역할을 해줄 수 있는 교황을 후임으로 뽑아달라고 간청했다.

그러나 안타깝게 추기경들은 그 이후에도 가치 있는 선택을 하지 않았다.

18

괴수들

1492~1513

인류 역사상 1492년보다 더 운명적인 해는 많지 않다. 그해는 2월 2일 스페인의 그라나다 정복과 함께 극적으로 시작되었고, 무어족의 왕국은 막을 내렸으며 스페인의 국왕 페르난도 2세와 여왕 이사벨 1세의 통치는 막강해졌다. 3월 스페인에 있는 유대인들은 3개월의 유예기간을 받았다. 그들은 그 사이 그리스도교로 개종을 하지 않으면 스페인 땅을 떠나야 하는 신세가 되었다. 4월에는 카렛지의 가족 별장에서 메디치 가문의 거장 로렌초가 세상을 떠났고, 6월 말로마에서는 인노첸시오 8세 교황이 선종했으며, 8월 초에는 크리스토퍼 콜럼버스가 전혀 상상할 수도 없었던 신대륙을 발견했다.

인노첸시오 8세의 후임으로는 본명이 로드리고 보르자였던 61살의 교황이 선출되어, 알렉산데르 6세Alexander VI(1492-1503)로 교황에 등극하였다. 그의 종조부였던 갈리스토 3세 교황은 그의 젊은 시절 순조로운 출발에 도움을 주었다. 갈리스토 3세 덕분에 25살의 나이에 추기경이 되었던 그는 이미 주교들과 수도원장들을 쥐락펴락하고 있었고, 26살에는 교황청의 부상서원장을 지냈다. 엄청난 수입을 보장해주는 그 자리에서 벌어들인 수입덕에 교황이 되고서도 4년이 지나도록 돈을 움켜쥐고 있었다. 그가 자신의 교황 선출을 위해 수치심도 없이 상당한 뇌물을 뿌렸음은 의심의 여지가 없다. 전해지는 말로는 보르지아에서 추기경 아스카니오 스포르차가 있는 곳까지 노새 4마리가 금은보화를 끌고 갔다고 한다. 알렉산데르 6세의 주요한 경쟁자였던 추기경 줄리아노 델라 로베레는 재산에 있어서는 그를 따라잡을 수가 없었기에 분한 마음을 억누를 수밖에 없었다.

알려지기로 알렉산데르 6세는 상당히 지적이며 행정적 경험도 많았고, 그래서 인노첸시오 8세 시절 뒷걸음질 쳤던 로마재건 사업을 바로잡는 데는 경쟁자인 줄리아노보다 여러모로 더 나은 인물이었다. 그는 몸이 아프거나 로마를 비웠을 때를 제외하고는 한 번도 추기경 회의에 불참한 적이 없었으며, 알렉산데르 6세만큼 교황청의 업무를 잘 이해하고 있는 사람도 없었다고 한다. 그는 상당히 재치 있고 매력적이며 뛰어난 인물이었다. 당대 여성들에게 선망의 대상이었고, 여성들은 마치 자석에 끌리듯 그에게 매료당했다. 그런 그에게 부족했던 점은 바로 종교적 영성이었다. 그는 원하는 것을 얻기 위하여 교회에서 일을 한다고 공공연히 말하고 다녔으며 실제로도 그만큼 얻어갔다. 그가 선출될 당시 베드로 대성당 광장에서는 축하행사로 투우를 개최했고, 그는 세 명의 다른 여인들에게서 8명의 자녀를 둔 아버지이기도 했다. 또 그런 이유로 비오 2세로부터 힐책을 받아도 아랑곳하지 않았다. 자녀들 중에 가까이했던 4명이 조반니, 체사레, 루크레치아, 호프레였다. 그의 가족 중 다섯

명이 추기경으로 임명되었고 체사레는 18살의 나이에 이미 대주교
가 되었다.

　알렉산데르 6세가 교황의 자리에 올라 2년이 지났을 때, 프랑스
의 샤를 8세Charles VIII—역사가 피셔는 그를 두고 곱사등에 의심이
많고 음탕한 젊은이라고 묘사했다—가 3만의 병력을 이끌고 이탈
리아로 밀고 들어와 이탈리아 반도는 70여 년간 외국의 통치하에
들어갔다. 개전 이유는 나폴리였다. 1435년 조반나 2세Joanna II 여왕
의 타계로 앙주의 오랜 왕가의 맥이 끊기자, 나폴리의 왕관은 페르
난도 2세의 사생아인 알폰소Alfonso, 또 그의 사생아이며 시칠리아
의 왕인 아라곤의 알폰소가 차지해버렸다. 그러나 그 강탈자의 사
생아 손자인 알폰소는 나폴리의 왕권을 주장할 근거가 미약했다.
그 유명한 앙주의 샤를의 이름을 물려받은 샤를 8세는 자신에게 더
많은 권리가 있다고 믿었다. 이 모든 정황은 알렉산데르 6세에게는
달갑지 않은 소식이었다. 1493년 교황은 자신의 아들 호프레를 페
르난도 2세의 손녀와 결혼 시키고, 페르난도 2세가 사망하자 그 즉
시 알폰소에게 왕위를 수여했던 것이다. 그러니 교황은 알폰소를
퇴위시키라고 지속적인 협박을 가하는 샤를 8세에게 동조할 수도
없었다. 더욱이 자신의 가장 강력한 적인 추기경 줄리아노 델라 로
베레가 샤를 8세에게 협력할 것이라 선언하고, 그와 합류하기 위하
여 북쪽으로 향하고 있다는 소식에는 더더군다나 고무될 수 없는
입장이었다.

　샤를 8세에게는 침공으로 얻을 결과물이 매우 풍성해 보였다. 샤
를 8세는 오를레앙의 공작인 그의 사촌과 함께 탈 없이 알프스를

넘었고, 무거운 대포는 따로 배에 실어 제네바로 향하게 했다. 훌륭한 루드비코 스포르차(루드비코 일 모로)의 통치 아래 있던 밀라노는 루카나 피사에서 그랬듯 그를 향해 열렬한 환호를 보냈다. 플로렌

† 기도 중인 알렉산데르 6세 교황. 부활을 그린 핀투리키오의 프레스코화 중에서. 로마 바티칸 궁의 보르지아 아파트.

스에서는 도미니코회 출신의 선동자인 사보나롤라가 해방자로 환영을 받자, 샤를 8세는 이를 피에로를 축출할 기회로 삼았다. 그러나 피에로는 2년 전 타계한 메디치가의 수장 로렌초가 지녔던 정치적 역량을 발휘하지 못했다. 1494년 12월 31일 로마는 그 문을 활짝 열었고 샤를 8세는 지금의 베네치아 궁에 입성하였다. 그 사이 알렉산데르 6세는 술탄 바예지드에게 도움을 청했으나 실패하고 서둘러 산탄젤로 성으로 몸을 피했다. 2주 후, 샤를 8세와 교황은 첫 회동을 가졌는데 알렉산데르 6세는 자신의 매력을 유감없이 발휘하여 샤를 8세의 마음을 얻었다. 1495년 1월 17일 알렉산데르 6세는 베드로 대성당 대광장에 도열한 프랑스 군인 1만 명 앞에서 샤를 8세를 복사로 세워 미사를 집전했다.

프랑스군은 로마에 열흘을 더 머물러 있었다. 모든 점령군들이 그러하듯, 그들은 점점 사람들의 반감을 샀다. 프랑스 병사들은 시민들에게 무례하게 굴었고, 매일 폭력과 강도, 강간 등의 사건사고 소식이 끊임없이 날아들었다. 그들은 반노차 카타네이 궁도 뒤집어 놓았다. 1월 27일 로마를 벗어나 나폴리로 행군하는 프랑스 병력을 지켜보는 이들은 기쁨과 안도의 마음을 감추지 않았다. 체사레 보르자는 교황의 특사 자격으로 그들과 동행했으나 실상은 자신의 아버지인 교황을 대신하여 인질로 잡혀가는 셈이었다. 그들과 동행한 또 한 사람이 있었는데, 오스만의 젬 왕자로 거대한 무리 속에서 그만이 외톨이 신세로 따라가서 보는 이들이 안타까움을 느꼈다.

2월 22일 샤를 8세는 나폴리에 당도했다. 알폰소 왕은 그 즉시 왕위에서 물러나 수도원으로 들어갔고 그의 아들 페르난테는 목숨을 부지하려 달아났다. 한편, 아라곤 가문을 점령자 이상으로 생각하지 않았던 나폴리 사람들은 프랑스 왕 샤를 8세를 두 팔 벌려 환영했다. 5월 12일 그는 두 번째 왕관을 머리에 썼지만 얼마 지나지 않아 가벼운 공격과 지속적인 점령 사이에 큰 차이점이 있음을 깨달았다. 처음에 나폴리 사람들은 아라곤 가문이 제거되는 것에 기뻐했지만, 곧 샤를 8세도 외국의 압제자일 뿐 별반 다를 것이 없음을 알게 되었다. 또한 납득할 만한 명분도 없는 데다 때로 음탕하기까지 한 프랑스 주둔군을 지원해야 한다는 사실을 깨달은 소도시 거주자들 가운데서 불만의 목소리가 터져 나오기 시작하였다.

나폴리 왕국 이외의 지역에서도 여기저기 경고음이 울리기 시작했다. 샤를 8세의 진군을 따뜻한 시선으로 바라보던 이들조차 대체 그 젊은 정복자가 어디까지 더 해먹을 작정인지 점점 의구심을 가진 것이다. 나폴리를 접수하려던 의도를 품고 있던 페르난도 2세와 이사벨 1세는 막시밀리안 1세Maximilian I [신성로마제국의 황제 겸 독일 왕]와 동맹을 맺어 자신들의 딸 후아나를 막시밀리안의 아들 펠리페에게 주면서 관계를 더욱 강화하고는 공격을 위해 함대를 준비시켰다. 이렇게 되자 예전의 동맹이었던 밀라노의 루드비코 스포르차도 샤를 8세에 경계심을 갖게 되었는데, 근처의 오를레앙의 군주 아스티Asti의 존재가 그의 불안을 더 한층 가중시켰다. 아스티가 자신의 할머니인 발렌티나 비스콘티 공작부인을 통해 밀라노에 대한 권리를 주장하고 나섰기 때문이다. 루드비코는 아스티 군주가 자신보다 더 강하고 어쩌면 나폴리의 샤를 8세보다 더 강할 수도 있다는 것을 알고 있었다. 다시 냉정을 되찾은 알렉산데르 6세는 반프랑스

동맹, 소위 '가톨릭동맹'을 맺을 만한 지지자들이 그래도 많이 있음을 깨달았다. 그 동맹은 표면상으로 평화를 구가하지만, 실상 목표는 단 하나였다. 새로운 왕 샤를 8세가 짐을 싸서 떠나게 하는 것이었다.

나폴리에서 가톨릭동맹에 대한 소식을 들은 샤를 8세는 격분했지만, 지금 직면한 상황의 위험성을 과소평가하지는 않았다. 설상가상으로 그는 인질로 데려온 두 명을 모두 잃어버렸다. 체사레는 달아나버렸고, 젬은 고열에 시달리다가 며칠 후 죽고 말았다. 결국 샤를 8세는 나폴리에서 대관식을 치른 지 일주일 만에 그의 새로운 왕국 나폴리를 영원히 뒤로한 채, 전리품을 가득 실은 노새 20마리를 끌고 다시 북쪽으로 향했다. 그가 돌아온다는 소식에 로마는 극심한 공황상태에 빠졌다. 알렉산데르 6세를 위시한 교황청의 대부분 직원들은 오르비에토로 내빼면서 추기경 한 명을 남겨 샤를 8세를 맞이하게 하였다. 다행히 프랑스 군인들은 지난번과는 달리 놀라울 만치 얌전하게 굴었다. 아마 무사히 알프스를 넘는 게 급선무였던 샤를 8세는 불필요한 일에 시간을 뺏기고 싶지 않았을 것이다. 그는 교황을 알현하고, 가능한 한 '가톨릭동맹' 해산안을 논의한 후 나폴리의 새로운 왕으로서 치렀던 대관식을 제대로 인정받고 싶었을 것이다. 그러나 알렉산데르 6세가 단호하게 거부했기 때문에 더이상 어찌할 방도가 없었다. 한 여름에 무거운 대포를 끌고 아펜노니 산맥을 넘어가는 행군은 거의 악몽이었다. 지칠 대로 지친 샤를은 7월 5일, 파르마 근처 포르노모라는 작은 마을에 당도 했을 때, 만토바의 후작 프란체스코 곤차가Francesco Gonzaga가 이끄는 가톨릭

동맹의 병사 3천 명이 자기들을 노리고 있음을 알게 되었다. 다음 날 그 원정 중에는 유일했던 전투가 벌어졌는데, 순식간에 끝이 나고 말았다. 그러나 그것은 이탈리아가 200년 동안 치른 전투 중에서 가장 많은 피를 흘린 전투로 기록되었다. 전투가 자신들의 일이니, 먹고 살기 위해 싸움을 연장해야 하는 예전의 용병들은 모두 사라졌다. 그들은 싸움을 위엄 있는 무곡舞曲처럼 여기고 있었는데, 대포의 사격은 약하고 정확도가 떨어져 치명적인 해를 끼칠 수가 없었기에 서로 육박전을 벌이는 것이 보통이었다. 그런데 이번 전투에서 프랑스인들이 도입한 전투방식은 좀 달랐다. 그들은 스위스 그리고 독일 용병들과 합세하여 죽을 각오로 임했고, 그들이 가진 대포에서 터져 나오는 무거운 포탄은 끔찍한 상해를 입혔다.

곤차가는 어떻게 해서든 포르노보 전투를 승리의 전투로 보이고 싶어 했지만, 상황을 냉정하게 파악했다면 그의 의견에 동의할 사람은 거의 없었을 것이다. 프랑스군이 짐수레를 몰수당한 것은 맞다. 그 안에는 샤를의 검, 투구, 금인金印, 그리고 그의 여성편력을 말해주는 흑서黑書들이 포함되어 있었다. 그러나 프랑스인들이 빼앗긴 물건들은 이탈리아인들이 잃은 것에 비하면 무시해도 되는, 그야말로 별것도 아닌 셈이었으니 이탈리아인들은 프랑스 병력을 저지하는 데 완전히 실패한 것이었다. 프랑스는 그날 밤 계속해서 행군을 이어갔고, 며칠 후 공격에서 벗어나 아스티에 당도했다. 그러나 그곳에서는 나쁜 소식이 그들을 기다리고 있었다. 알폰소의 아들 페란티노가 시칠리아에서 보낸 스페인 병력의 지원을 받고 있는 칼라브리아에 상륙했다는 것이다. 샤를 8세는 황급히 나폴리로 진군해

7월 7일에 다시 점령했다. 그러나 갑자기 과거 프랑스가 거두었던 모든 성과가 다 사라져버리는 상황이 벌어졌다. 한두 주가 지나자 샤를 8세는 다시 군사들을 이끌고 알프스를 넘기 위해 출발하면서 자신이 없는 사이 프랑스의 존재가 잊히지 않도록 하기 위하여 오를레앙의 군주를 그곳에 남겨두었다.

그러나 그가 리옹에서 해산시켰던 군인들은 11월 정복의 꿈보다 훨씬 더 치명적인 일을 수행하고 말았다. 콜럼버스의 배 3척이 1493년 카리브해에서 스페인으로 돌아오면서 유럽 대륙에 매독이라고 알려진 질병을 들여왔다. 페르난도 2세와 이사벨 1세는 나폴리의 알폰소 왕을 지원하기 위하여 스페인 용병들을 보냈는데 이들이 그 병의 매개체 역할을 하면서 매독이 급속도로 퍼져나갔다. 샤를 8세가 나폴리에 도착할 당시는 나폴리 전체에 매독이 그 맹위를 떨치고 있을 즈음이었다. 나폴리를 정복한 샤를 8세의 군대는 3개월간은 즐거움을 누렸겠으나, 그 대가로 완전히 매독에 전염이 되었으니, 그들이 바로 알프스 북부로 그 질병을 옮긴 장본인들이었을 것이다.

눈엣가시였던 샤를 8세가 프랑스로 돌아가자 알렉산데르 6세는 가족의 지위 강화라는 자신의 주요 과업을 거리낌 없이 펼칠 수 있게 되었다. 벌써 간디아의 군주 지위를 얻어낸 그의 맏아들 조반니는 나폴리의 왕관을 쓰도록 내정되어 있었다. 그러나 1497년 6월 조반니가 사라지면서 이 야망은 물거품이 되고 말았다. 조반니는 이틀 후 티베르 강에서 시신으로 발견되었다. 그는 목에 깊은 자상을 입었는데 칼에 찔린 자국이 9군데도 넘었다. 그를 살해한 자는 누구였을까? 당시 조반니는 스무 살밖에 되지 않은 젊은이였으나, 난폭하며 불안정한 성격과 남편이 있는 여자들을 주로 농락하는 나쁜 버릇으로 수많은 적을 만들었다.

가장 의심스러운 사람은 바로 그의 동생 체사레였다. 풍문에 의하면, 동생 호프레의 부인 즉 그들에게는 제수씨가 되는 산시아인지 아니면 여동생 루크레치아인지 알 수 없으나, 하여튼 두 사람이 한 여자를 사이에 두고 경쟁을 벌였다고 한다. 체사레는 능히 형제를 죽일 수 있는 사람이었다. 3년 후에는 여동생의 두 번째 남편이자 자신의 매제인 아라곤의 알폰소도 거의 죽일 뻔했으며, 평소에도 맏형인 조반니에 대한 질투심은 익히 잘 알려져 있는 사실이었다. 자신이 가장 좋아했던 아들의 죽음으로 인해 알렉산데르 6세의 억장이 무너져 내렸다(3일간 물도 음식도 입에 대지 못했다고 한다). 그러나 한편으로는 이 범죄로 인해 공식적인 유죄 판결은커녕 기소를 당한 사람이 아무도 없다는 사실을 교황이 다행스럽게 생각했던 것으로 보인다는 점이 궁금증을 자아낸다. 체사레도 정말 떳떳했다면, 자신의 형을 죽인 자를 색출하기 위해 온 나라를 뒤흔들어 놓았어야 하는 게 아닐까 말이다.

잠시 알렉산데르 6세는 자신의 성격을 바꾸었던 것처럼 보였는데, 그는 정말로 다음과 같은 말을 할 정도였다.

우리에게 일어난 이 엄청난 일은 우리가 감당하기에는 너무도 가혹합니다. 우리는 간디아의 군주 조반니를 그 누구보다 사랑했습니다. 우리는 그의 생명을 되살릴 수만 있다면 7개의 왕관이라도 내어놓을 것입니다. 하느님께서는 이를 통해 우리의 죄를 벌하심입니다. 우리가 해야 할 일은, 우리의 삶을 추스르고 교회를 개혁하는 것입니다.

실로 개혁이 필요한 시점이었다. 전쟁을 치르느라 발생한 비용을 감당하려면 어느 때보다 교황의 영지를 잘 유지해야 하며, 후임 교황들의 야심찬 건축 계획을 위해서도 지속적인 수입 원천을 찾아야만 했다. 1462년 톨파 근교에서 명반 광산을 발견한 것은, 그래서 교황에게는 신이 보낸 선물이나 마찬가지였다. 명반은 옷감이나 가죽 염색에 필수적인 물질이었다. 이전까지는 아시아의 광산에서 비싼 값에 수입을 해오는 실정이었다. 하지만 이제부터 교황은 무슬림에서 명반을 들여오는 것을 금하고 그들 나름의 독점적인 공급체계를 확립할 수 있었다. 그러나 명반만으로는 그 수입이 충분치 않았고, 직책을 파는 것만큼 수입이 좋은 사업은 또 다시 면죄부*를 발행하는 일이었다. 이는 상당 금액을 만들어주며 또 평생의 수입을 보장해주는 것이기도 했다. 그 결과 교황청 직원수가 상당히 증가했는데, 그들 중 다수는 딱히 맡겨진 직무도 없는 사람들이었다.

미루었던 개혁과 관련하여, 알렉산데르 6세는 가장 독실한 6인의 추기경을 위원회로 지명해 2개월 후 개혁 칙령의 초안이 작성되었다. 이 칙령은 교황이 성직자의 직책을 판매하거나, 교회 재산

---

* 금전이나 재물을 바친 사람에게 죄를 면해 준다는 뜻으로 교황청이 발행한 것으로 알려진 증서. 그러나 이는 죄가 아니라 죄의 벌을 면제해 주는 '대사大赦, indulgentia'를 악의적으로 오역한 말이다. ─역주

을 평신도들에게 양도하는 것을 금했다. 여러 나라 출신의 추기경들은 1개 주교직 이상의 직책을 소유할 수 없으며, 주거지의 규모도 사람은 80명, 말은 30마리로 제한했다. 추기경들이 사냥, 극장, 사육제 그리고 마상 시합에 참여하는 것도 금지했고, 장례식 비용도 1,500더컷을 넘지 못하게 했다. 그 이하의 성직자들에게도 유사한 규정이 적용되었으며, 그들은 모든 뇌물을 거절하고 축첩을 멀리해야만 했다.

그러나 이 새로운 규칙들을 집행하는 사람들은 누구인가? 바로 그 규칙으로 잃을 것이 많은 사람들이었다. 칙령의 초안은 너무 정확히 알렉산데르 6세를 지적하고 있었기에 교황은 스리슬쩍 칙령을 무시하고 곧 예전 버릇으로 돌아갔다. 체사레―자신의 것을 절대 포기하지 않았던―는 점차 자신의 죽은 형인 조반니를 대신하여 아버지인 알렉산데르 6세의 총애를 받기 시작했다. 1498년 그는 추기경직에서 물러나고 신앙적인 서약에서도 벗어나 세상 밖으로 나가게 해달라고 알렉산데르 6세를 설득했다. 평신도로 돌아간 체사레는 다시 한 번 알렉산데르 6세 권력의 숨은 실력자가 되었다. 아들 체사레의 영향으로 알렉산데르 6세는 그해 말 프랑스에 적대적인 정책을 버리고 기꺼이 프랑스의 새 국왕 루이 12세Louis XII의 결혼 무효를 인정해주었고, 루이 12세가 주장하는 밀라노와 나폴리에 대한 소유권에 반기를 들지 않겠다고 확약을 했다. 그렇게 함으로써 그는 프랑스에 이탈리아에서 새롭게 모험을 할 수 있는 길을 열어준 것이었다. 그러나 체사레는 그런 배려에는 별 흥미가 없었다. 그는 교황의 특사 자격으로 엄청난 위엄을 갖추고 프랑스에서 여행을 하던 중, 발렌티누아의 공작이 되어 나바라 왕의 여동생을 신부로 맞이했다. 그는 이탈리아로 돌아오면서 자신의 모든 열정을 교황의 영지에 쏟아부으며 한 사람씩 제거하기 시작하여—축출하거나 독살시켰다—움브리아와 라지오의 봉건영주 로마냐와 마치스를 없앴다. 이러한 숙청작업은 그 전 지역이 보르자 가문의 개인 영지가 될 때까지 계속되었다.

1498년, 교황에 등극하면서부터 알렉산데르 6세를 괴롭혀오던 한 가지 문제가 해결되었다. 그것은 도미니코회 수사, 지롤라모 사보나롤라에 의해서 구체화되었다. 원래 페라라 출신이었던 사보나롤라는 1490년부터 플로렌스에 거주했는데 종말론적인 예언을 맹렬히 쏟아내며 열정적인 강론을 펼치고 하느님과의 직접적인 대화를 주장했다. 그가 주로 분노를 토했던 주요한 대상은 메디치 가문, 밀라노의 군주들 특히 알렉산데르 6세 즉위 이후의 교황권이었는데, 그는 매우 직설적으로 비난했다.

교황들과 고위 성직자들은 말로는 세속적인 자긍심과 야망에 반대되는 것들을 늘어놓으면서, 정작 자신들은 그런 것들에 빠져 있다. 그들은 정조를 설교하면서 정작 자신들은 정부들을 끼고 산다. … 그들은 세상과 세속적인 것들만 생각한다. 영혼에 대해서는 전혀 관심이 없다. … 그들은 교회에 오명을 씌웠다. … 솔로몬의 왕좌에 앉아 있는 창녀가 지나가는 사람들을 유혹하고 … 오, 그대들은 교회를 팔아넘겼고, 만인이 보는 앞에서 그대들의 추행을 드러내 보였다. 독에 물든 그대들의 숨결이 하늘까지 더럽히고 있도다.

플로렌스에서 메디치 가문이 전복되고 축출되었던 것은 알다시 피 1494년 프랑스 침공이 낳은 단순한 결과였다. 그러나 플로렌스 사람들은 사보나롤라가 그 일을 해냈다고 생각하고 있었다. 그는 어느 날 갑자기 도시의 지도자로 부상하며 '그리스도인들과 종교적 국가' 건설을 목표로 기존의 모든 허영에 물들었던 것들, 예를 들어, 거울, 화장품, 좋은 옷, 세속적인 책과 그림들(그중에는 미켈란젤로와 보티첼리의 작품들도 포함되어 있었다), 악기들, 놀이판, 그리고 체스말 까지도 모두 태워버리라고 하였다. 그런 일이 지속되는 동안, 도시 전체는 15세기 르네상스의 분위기가 아닌 17세기의 영국 청교도들 의 분위기와 같았을 것이다.

1497년이 되자 교황도 더는 참을 수가 없었다. 그는 사납게 날뛰 는 사보나롤라에게 파문을 내렸는데, 당사자가 아랑곳하지 않자 체 포하여 처형할 것을 명했다. 이즈음 플로렌스의 사람들도 슬슬 사 보나롤라에게 싫증을 내고 있었다. 1498년 4월 8일 군중들이 그가 원장으로 있던 성 마르코 수녀원을 공격했고, 이어서 추종자 몇몇 이 그의 지인 두 명과 함께 살해당하는 일이 일어나자 항복했다. 모 두 3명이 자신의 죄를 자백할 때까지 고문을 당했고 5월 23일 시뇨 리아 광장으로 끌려나와, 자신들이 입고 있던 수사복에 묶여 십자 가에 걸린 사슬에 매달렸다. 매달려 있는 그들 아래로 장작불이 타 올랐고 사보나롤라는 그가 불태웠던 수많은 사치품들처럼 불꽃에 휩싸여 사라졌다. 잔재가 남겨져 향후 추앙을 받는 일이 없도록 하 기 위하여 그들의 유골은 아르노 강에 뿌려졌다.

이탈리아 밖에서는 스페인과 포르투갈이 최근 아프리카와 아메리카에서 발견한 땅을 놓고 분쟁이 일어났는데, 알렉산데르 6세는 이 분쟁에 대하여 가장 운명적인 판결을 내렸다. 여러 해 동안 포르투갈 사람들은 자신들의 왕자인 동 엔히크Dom Henrique─헨리 왕자로 더 잘 알려진─에게 영감을 받고 용기를 얻었는데, 그는 항해사로 아프리카 서부 해안을 지속적으로 탐험했다. 그리고 지난 10년 간 바스코 다 가마와 바르톨로메우 디아스는 희망봉을 돌아 왔고, 인도 제국으로 가는 동방로東方路를 열었다. 스페인의 군주들은 포르투갈이 거둔 이런 성취에 별 관심을 두지 않았다. 하지만 1493년 드디어 콜럼버스가 첫 항해를 마치고 돌아오자 자기들 시대가 도래했다며 카스티야 왕국의 깃발을 마침내 신대륙에 꽂았다고 발표했다. 그들의 요청에 따라 알렉산데르 6세는 아조레스 제도 서쪽을 북쪽에서 남쪽으로 약 482평방킬로미터로 나누는 경계선을 그으면서 그 선을 중심으로 동쪽의 탐험지는 포르투갈에게, 서쪽은 스페인에게 할당했다. 1494년 포르투갈 사람들이 항의하자, 토르데시야스 조약을 체결하여 그 경계선을 좀 더 서쪽으로 이동했다. 바로 이로 인해 1500년 포르투갈은 브라질에 대한 권리를 주장하게 되었고, 이것이 오늘날까지도 브라질이 포르투갈어를 쓰고 있는 이유이다.

알렉산데르 6세의 임기 마지막 4년은 상당 부분 자신과 아들인 체사레의 야망을 채우는 일에 몰두해 전체 교황의 영지를 도용하여 완전히 보르자 가문의 영지로 탈바꿈시켜버렸다. 그 일은 모두 아들 체사레의 머리에서 나왔고 실행에 옮긴 이도 그였다. 이제 그는 완전히 배후에서 아버지인 알렉산데르 6세를 쥐락펴락하는 수준에까지 이르렀다. 그들의 야욕을 채워가는 과정에서 기존의 많은 로마 명문가들을 억압할 수밖에 없었는데, 그중에서도 오르시니 가문의 몇몇 사람은 암살을 당하기도 했고, 많은 다른 가문들도 재산을 빼앗겼다. 그들은 더 많은 재정을 확보하기 위하여 추기경직을 포함하여 교회의 고위 성직을 공개적으로 팔기도 했다. 체사레 보르자는 폭력성과 잔인함으로 사람들에게 증오의 대상이 되었다. 베네치아의 대사는 한 보고서에서 '매일 밤 주교나 성직자 그 외의 사람들 중 네댓 명은 살해를 당해 죽어나가고 있어, 모든 로마인들은 언제 체사레의 손에 죽임을 당할지 몰라 공포에 떨고 있다.'고 당시 상황을 기록하고 있다.

체사레는 매독으로 외모가 끔찍하게 훼손되어 말년에는 마스크를 쓰지 않고는 사람들 앞에 모습을 드러내지 않았지만, 만나는 사람은 모두 그에게서 깊은 인상을 받았다. 그는 엄청난 에너지의 소유자로 용기 또한 대단했다. 잠을 잘 필요도 없는 사람처럼 보였고, 움직임 또한 놀랄 만큼 민첩하여 오죽하면 마지막으로 있던 자리에서 벗어나기도 전에 벌써 새로운 도시에 도착해 있다는 말이 나올 정도였다. 여성 편력은 자기 아버지를 꼭 닮아서 짧은 생애를 사는 동안 사생아를 11명이나 만들었다. 교황전례처장인 요하네스 부르크하르트는 일기에서 다음과 같은 기록을 남겨서 체사레가 어떻게 여가를 즐겼는지 여과 없이 보여주고 있다.

1501년 10월 30일 일요일 저녁, 돈 체사레 보르자는 교황궁에서 50명의 이름 난 창녀들과 매춘부들을 불러다가 저녁을 먹고, 식사 후에는 하인들을 포함하여 그 자리에 있던 사람들이 모두 춤을 추었다. 처음에는 제대로 옷을 갖춰 입고 시작했는데, 곧 나체로 춤을 추었다. 저녁식사에 이어서 램프받침대 위에 촛불을 올려 복도에 늘어놓고 그 사이로 밤을 흩어놓아 벌거벗은 창녀들이 손과 무릎으로 기어가서 촛불 사이 놓인 밤들을 집어 들었다. 교황과 도나 체사레 그리고 도나 루크레치아도 모두 그 광경을 즐겁게 지켜보았다. 끝으로 창녀들과 행위를 가장 빈번하게 하는 남자들에게 실크 더블릿[14~17세기에 남성들이 입던 짧고 꼭 끼는 상의], 신발, 모자와 다른 옷들이 부상으로 주어졌다.

도나 루크레치아에 대해서도 한마디 언급해도 좋을 듯하다. 그녀는 보르자 가문에서 팜므파탈 역을 맡은 여인이었지만, 어떤 면에서는 그녀의 역할은 확실하게 드러나지 않는 것이 당연했다. 그도 그럴 것이 그녀는 결코 미인이 아니었다. 알렉산데르 6세는 그녀에게 두 번 정도 서신의 관리와 더불어 바티칸 궁의 관리를 완전히 맡긴 적도 있었다. 그녀의 평판에 관해서 말하자면, 그녀가 자기 형제들과—어쩌면 정말로 아버지와도—근친상간을 벌였다는 명확한 증거는 없다. 이 소문은 그녀의 남편인 조반니 스포르차와의 이혼 과정에서 불거져 나온 이야기로, 다른 근거 없는 혐의도 함께 추가되었다. 그녀는 대체로 무력하게 아버지나 형제들에게 정치적인 야망을 실현하기 위한 도구로 쓰였던 것 같다. 열세 살에 그녀가 스포르차와 결혼을 했던 것도 밀라노와 동맹을 맺고자 했던 알렉산데르 6세의 개인적인 욕심 때문이었는데, 오래지 않아 조반니 스포르차는 그 이용가치가 떨어져 더 이상 쓸모가 없어지자 교황에게는 불편한 사위로 전락하고 말았다. 1497년 조반니 스포르차를 암살하려는 음모가 있었으나 그는 다행히 로마에서 탈출했고, 그 후 이혼을 결심했다. 조반니 스포르차는 이혼으로 아내를 잃을 뿐 아니라 그녀의 결혼 지참금과 교황에게서 영지로 받았던 페사로시市도 놓치게 되었다. 그는 완강히 싸웠지만 결국 손을 들고 말았다. 조반니 스포르차는 발기부전이라는 모욕적인 이유에 강제로 동의를 하고 이혼을 할 수밖에 없었지만, 루크레치아와의 결혼생활에서 천 번도 넘게 멀쩡히 부부관계를 맺었다는 증언을 했다고 한다. 더욱 황당한 것은 이혼을 할 때 루크레치아가 실제 임신 중이었다는 사실이다. 그러나 아기는 비밀리에 태어나 조반니 스포르차가 아이의 친부라는 사실이 제대로 규명되지는 못했다.

　루크레치아의 두 번째 결혼생활 또한 그 시작이 결코 순탄하지 않았다. 그녀가 정말 사랑했던 두 번째 남편인 아라곤의 알폰소는 체사레에게 살해당했다(정치적인 요인이 작용했다고 하지만 상당 부분 질투심 때문에 저질렀을 것으로 보고 있다). 남편의 죽음으로 무척 상심이 컸지만, 알렉산데르 6세는 페라라의 왕자 알폰소를 새로운 사위로 점찍어 그녀가 세 번째로 결혼을 하도록 했다. 평상시와 같이 호화로운 규모의 축하연은, 교황청 내의 새로운 직위 80개를 팔고, 9명의 새로운 추기경—그들 중 5명이 스페인 출신이었다—을 임명하고 받은 13만 더컷으로 충당되었다(그즈음 체사레에게 독살당한 것으로 추정되는 베네치아의 추기경 조반니 미셸의 죽음 이후 그의 전 재산을 교황이 차지했다). 루크레치아는 새로 얻은 남편에게서 여러 명의 아이를 낳았으니 표면적으로 그들 부부의 결혼은 성공적으로 보였다. 그러나 시인 피에트로 벰보와 양성애자였던 시동생이자 만토바의 후작인 프란체스코 곤차가를 향한 루크레치아의 열정을 막을 수는 없었다. 이런 방탕한 생활에도 불구하고 그녀는 비교적 존경을 받으며 다른 가족들보다 오래 살다가 1519년 페라라에서 여덟째 아이를 출산하고 나서 죽고 말았다.

1503년 8월 로마는 가장 무덥고 그래서 가장 건강에 해로운 때이기도 했다. 근처의 폰티노 습지는 아직 마르지 않아서 말라리아가 기승을 부리고 다른 몇몇 전염병의 발병도 보고되고 있었다. 여유가 있는 사람들이라면 도시를 떠나 지내는 계절이기도 하지만, 이즈음은 중요한 시기여서—프랑스군이 나폴리까지 진군했다—교황은 바티칸에 남아 있었다. 12일째 되던 날, 교황과 체사레는 고열에 시달렸다. 체사레는 회복이 되었지만, 72살의 교황은 이겨내지 못하고 6일 후 선종했다.

아버지 알렉산데르 6세와 아들 체사레가 같은 날에 쓰러졌다는 사실을 두고 모종의 부정행위가 있었다는 의혹이 일었다. 8월 3일 두 사람은 근처의 별장에서 최근에 임명된 카스텔리 추기경과 함께 식사를 하며 그를 독살하려 했으나, 실수로 자신들이 독이 든 와인 잔을 마셨다는 소문이 파다하게 퍼졌다. 다소 터무니없는 이 이야기는 계속 퍼져나가 어쩌다가 수많은 역사서에 등장하게 되었다. 비록 당시 보르자 부자가 많은 살인을 저지르기는 했어도, 카스텔리 추기경을 독살할 만한 뚜렷한 동기가 없었다. 그리고 체내에 들어가서 일주일 만에 약효가 나타나는 그런 독도 없었다. 가장 가능성이 높은 시나리오는 그들은 그야말로 전염병의 희생자였고 알렉산데르 6세는 완벽하게 자연사했다는 것이다.

그들 부자 덕분에 보르자 가문은 악행과 잔인함에 있어서 가히 전설 수준으로 남았다. 그들이 저질렀던 악행 중 많은 부분들이 사실로 드러났지만, 그래도 모든 전설에는 어쩔 수 없이 과장된 요소가 담기기 마련이어서 더러 진실이 호도되기도 한다. 더욱이 보르자 부자의 범죄는 살인에만 그 초점이 맞춰져 있어서, 인정받을 만한 일조차 잊히는 경향이 있다. 알렉산데르 6세는 교황이 되기 전까지 5명의 교황을 연속으로 모시며 교황청의 부상서원장을 지냈으므로 그 누구보다 바티칸의 여러 실정을 잘 이해하고 있었다. 지난 50여 년간 바티칸이 열심히 명성을 쌓은 덕분에 교황청은 명실공히 유럽의 강력한 실세로 부상할 수 있었고 또한 프랑스나 스페인과도 동등한 외교적 지위를 갖고 협상을 할 수가 있었다. 그러나 안타깝게도 알렉산데르 6세가 잘 알고 있었듯이 교황청의 문제는 다른 곳에 있었다. 교황청의 문제는 자금과 인력의 부족 그리고 기본적인 안전조차 지켜지지 않는다는 점이었는데, 그것은 오르시니 그리고 콜론나 가문과 더불어 쉽게 광분하는 로마 시민들이 끊임없이 위협을 가하는 까닭이었다. '교황의 대리자'—대부분 용병들로 자신들이 원하는 바를 얻으려는 자—들도 그때는 신뢰할 수 없었고, 신의가 없기는 이탈리아의 다른 주요 도시들도 마찬가지였으니, 베네치아, 플로렌스, 나폴리, 밀라노, 그리고 그 외의 다른 지역들도 그 중요성이 줄어들면서 그만큼 독립성을 가졌다. 그리고 프랑스나 막후에 있던 스페인과 오스만튀르크도 호시탐탐 바티칸을 침략할 기회만 노리고 있는 상황이었다.

간단히 말하자면 교황은 믿을 만한 친구 하나 없이, 잠재적인 적들에 사방이 둘러싸여 있는 셈이었다. 독립성을 훼손당하지 않은 채 온전히 살아남기 위해서 교황청이 절대적으로 필요한 것은 충분한 재정과 견고한 행정, 그리고 기민한 외교력이었다. 그러한 목적 달성을 위해 알렉산데르 6세가 사용한 수단에는 의문의 여지가 있었지만, 어쨌든 그는 이 모든 것을 충족시킬 능력이 있었다. 교황에 즉위한 지 불과 2년 만에 그는 샤를 8세를 설득해 로마에서 떠나도록 함으로써 자신은 물론이고 한낱 프랑스의 지방 관리쯤으로 격하될 수도 있었던 후임 교황들의 지위까지도 지켜내 일신의 능력을 증명해 보였다. 이 사실만으로도 그는 후세 사람들로부터 경의를 받아 마땅하다. 그가 제대로 대접을 받지 못한 것은 상당 부분이 그의 사생활과 그로 인해 생전에 그리고 사후에도 끊이지 않은 비방 탓이었는데, 그는 놀랄 만한 평정심을 유지하며 잘 견뎌냈다. 그는 아들인 체사레가 자신과 같은 인내심을 갖지 못한 점을 두고 여러 번 핀잔을 주었다. 혹자는 알렉산데르 6세가 체사레처럼 처신하는 편이 더 나았을지도 모른다고 주장할 수도 있다. 알렉산데르 6세는 자신에게 제기되었던 수많은 혐의들에 대해서 마음만 먹었다면 얼마든지 틀렸음을 입증할 수도 있었다. 그러나 그는 일일이 반박하지 않고 넘어감으로써, 이미 더러워진 그의 이름에 때를 덧입히는 결과를 낳았다.

점차 회복세를 보여주기는 했지만 운명의 8월 12일 체사레 보르자를 덮친 질병은 그의 삶에 치명타를 안겼다. 알렉산데르 6세가 사라지자, 진공 상태와도 같은 혼란이 초래되었다. 몇몇 대도시들은 반란을 일으켰다. 프란체스코 곤차가가 지휘하는 프랑스군은 이미 로마에서 불과 약 225킬로미터 거리에 있는 비테르보까지 진군해 있었다. 한편 훌륭한 젊은 장군 곤살로 데 코르도바Gonsalvo de Cordoba가 이끄는 스페인군은 나폴리에서 서둘러 북쪽으로 밀고 올라왔다. 평소 같았다면 체사레는 그 상황을 대처할 수 있었을 테지만, 지금은 바티칸에서 꼼짝을 못하고 있는 무기력 상태라 자신의 이름에 걸맞은 신속한 군사조치 같은 것은 생각할 수도 없는 상황이었다. 그나마 그가 유일하게 기대볼 만한 것은 정치적인 조치였으나 그것도 그를 온전히 지원해줄 수 있는 아버지 알렉산데르 6세가 있을 때의 이야기였다. 그는 가까스로 가문의 사유재산 중 십만 더컷을 확보하고 병상에 누운 채, 다가올 콘클라베를 위해 뇌물을 써볼 요량이었다. 그는 어떤 값을 치르더라도 가장 위험한 적 줄리아노 델라 로베레 추기경─식스토 4세 교황의 조카로 알렉산데르 교황의 재임시절 상당 기간을 프랑스에서 유배생활을 했다─의 선출만큼은 막아야겠다고 결심했다. 이를 달성하기 위한 가장 확실한 방법은 추기경이 로마로 돌아오지 못하게 저지하는 것임을 체사레는 알고 있었다.

체사레의 계획은 실패로 돌아가고 델라 로베레는 탈 없이 로마에 도착했다. 그와 동행한 이가 루이 12세의 수석 고문을 맡고 있던 조르주 당부아즈 추기경이었는데, 그는 델라 로베레 못지않게 교황 자리를 차지하고자 하는 야심을 품고 있었다. 그다음 세 번째로 확정된 후보인 아스카니오 스포르차 추기경은 친프랑스적인 정책을 펼치다가 알렉산데르 6세와 결별했다. 당부아즈는 친프랑스적 성향을 지닌 그를 자신의 선거에 이용해 프랑스의 표심을 얻을 심산으로 감옥에서 석방시켰는데, 막상 선거운동을 돕던 스포르차는 의외로 자신이 인기가 있다는 사실을 깨닫고는 자기 자신의 선거를 위한 로비활동에 들어갔다. 실제 당부아즈는 얼마 못 가 밀려났다. 그즈음 사람들은 또 다른 프랑스 출신의 교황을 선출한다는 것을, 또다시 스페인 출신의 교황을 선출하는 것만큼이나 부정적으로 생각했다. 특히 델라 로베레의 입을 통해 프랑스 출신 교황의 선출은 다시 한 번 교황청의 프랑스 이전을 의미한다는 말이 퍼져나간 이후에는 더더군다나 달갑지 않게 받아들였다. 결국 선거전은 델라 로베레와 스포르차 두 사람의 경쟁으로 치달았으나, 두 사람 모두 해당일까지 필요한 정족수를 채우지 못했다. 최종적으로 추기경들의 선택을 받은 사람은 타협적인 후보로 시에나의 주교를 지낸 프란체스코 토데스키니 피콜로미니로, 그는 자신의 삼촌인 비오 2세에 대한 헌사로 비오 3세Pius III라는 교황명을 얻어 1503년 교황에 등극했다. 그의 나이는 이미 67살이었으며 외모나 행동은 더욱 나이 들어 보였고 통풍으로 다리까지 절고 있었다. 전반적인 분위기도 그가 그리 오래 살지 못하리라는 것이었다.

실제, 그가 교황의 자리에 앉아 있었던 기간은 26일에 불과했고, 그것은 역사상 가장 짧은 재임기간으로 기록되고 있다. 훌륭하고 청렴한 성품에 강직한 성직자였던 그는 알렉산데르 6세가 교황의 영지를 간디아의 군주였던 자기 아들에게로 이전하자 추기경으로서 항의를 하기도 했다. 만약 비오 3세가 좀 더 오래 살았더라면, 분명히 공의회를 소집하여 절실히 필요했던 교황청 개혁을 단행했을 것이다. 1503년 10월 18일 그의 선종으로 교회는 개혁의 기회를 잃게 되었고 그 대가를 호되게 치렀다.

가장 짧은 교황의 재임기간에 이어진 콘클라베의 기간 또한 가장 짧았다. 11월 1일 불과 몇 시간 만에 모든 것이 결정되었다. 줄리아노 델라 로베레는 열심히 발로 뛰며 선거전을 치렀고 돈도 많이 뿌렸으며 잠재적으로 만만찮은 도전자가 될 수도 있는 아스카니오 스포르차의 표까지도 확보했다. 그가 윗사람이 될 만한 충분한 자질을 타고 났음을 숨길 수가 없었다. 베네치아에서 온 한 특사는 다음과 같은 말을 했다.

어느 누구도 그에게 영향을 끼칠 수 없으며 그는 어느 누구와도 상의를 하는 법이 거의 없다. 그가 얼마나 강성이며 폭력적인지 또 그래서 얼마나 다루기 힘든 사람인지 기술하기가 어려울 정도이다. 그는 타고나기를 몸도 정신도 큰 그릇이다. 그에 관한 모든 것은, 그것이 일이든 열정이든 상당히 통이 크다. 그는 혐오감을 일으키기보다는 차라리 두려움을 불러오는 존재이다. 왜냐면 그에게는 인색하거나 야비하게 이기적인 구석이 없기 때문이다.

이 두려운 인물을 율리오 2세Julius II(1503~1513) 교황으로 선출하는 것은 체사레 보르자 시대의 종식을 의미한다고 생각했을 것이다. 약 2주 전 오리시니 가문 사람들이 보르고에 있는 체사레의 궁을 급습했는데 어느 정도 몸을 추스르게 된 체사레는 산탄젤로 성으로 도망갔다. 체사레는 그곳에 머무는 동안 델라 로베레가 선출될 것이 확실하다는 전갈을 받았다. 따라서 율리오 2세의 선출 소식은 체사레가 바티칸으로 돌아가고 나서 듣게 되었다. 체사레는 또한 율리오 2세가 눈을 감아준 덕에 자신이 그곳에 있을 수 있음을 잘 알고 있었다. 율리오 2세는 단지 체사레를 도와주는 척하는 것일 뿐이었다. 자발적으로 다른 도시들을 도와 점점 독립성을 키워가고 있던 베네치아는 다루기 힘들어졌고, 체사레의 세력 기반인 로마냐를 다스리기 위해서는 그의 도움이 필요했기 때문이다. 당시 율리오 2세에게는 이렇다 할 병력도 없었으므로 당장은 체사레의 힘이 필요했다. 율리오 2세는 발렌티누아 군주로서 체사레의 이용 가치가 떨어지면 여지없이 그를 버릴 것이었다. 그리고 그는 그렇게 했다. 체사레 보르자가 쥐고 있는 것이 아직은 많았지만, 아무래도 전적으로 보호하고 지지해주던 아버지 알렉산데르 6세가 선종하고 나서는 예전의 영화와 권력은 거의 사라진 셈이었으니 그도 우리의 관심에서 사라진 것이다. 그는 1504년 스페인으로 망명을 갔고 1507년 비아니를 함락하고 자신의 처남이자 나바라의 국왕인 후안과 전투를 벌이다 사망하고 말았다. 그때 그의 나이 31살이었다.

미켈란젤로가 율리오 2세의 약 4.2미터짜리 동상을 작업할 때의 일화가 하나 있다. 미켈란젤로가 왼손에 책을 들고 있는 모습을 제안하자 율리오 2세는 '아니, 안 될 말이오. 차라리 칼을 들고 있는 모습이 낫겠소. 왜냐면 나는 학자가 아니니까 말이오.'라고 간단명

료하게 답을 했다고 한다*. 그는 사실인 것만을 말했으며, 그야말로 하나부터 열까지 군인이었다. 레오 9세 교황(1053년 치비타테 전투) 이후로 개별적으로 군대를 이끌고 전투에 참가했던 교황은 없었는데, 율리오 2세가 그 바통을 이어서, 그것도 여러 번 전투에 참가했다. 그중에서도 특히 1511년 1월 68세의 나이에 완전 무장을 한 채 직접 군을 통솔하여 폭설을 뚫고 프랑스 출신의 미란돌라를 붙잡으러 갔던 일화는 유명하다. 적대자였던 알렉산데르 6세와 마찬가지로 그의 세계도 완전히 세속적이어서 영성적인 면에는 관심을 기울일 시간도 또 그럴 마음도 없었다. 그러니 세속적인 권력 차원에서 교황권을 보다 확고히 세우는 것이 그의 주요한 과업이었고 그는 그 일에 모든 힘을 쏟아부었다. 결과적으로 그의 재임기간에 잦은 전쟁이 일어나는 것은 불가피한 일이었다. 1504년 가을 무렵 그는 이미 베네치아에 대항하기 위하여 프랑스와 신성로마제국을 둘다 동맹으로 끌어들이는 데 성공하자 즉각 그 외국군들을 이탈리아로 불러들였다. 1506년 4월 베드로 대성당의 새로운 초석을 세우고 나서 그는 곧 바로 전 교황청을 이끌고 페루자와 볼로냐를 다시 손에 넣기 위한 원정에 나섰다. 그즈음 그들 지역의 가문들은 자신들을 독립적인 군주로 생각하고 자치적인 통치를 이어가고 있었다. 페루자에 있는 발리오니Baglioni 가문은 바로 항복을 했고—제대로 된 전투 한 번 없이 싱겁게 끝이 나서 교황이 다소 실망을 했을 수도 있다는 의혹을 사기도 했지만—볼로냐에 있는 벤티볼리오 가문

---

* 얼마 지나지 않아 볼로냐 사람들은 그의 동상을 무너뜨려서 페라라의 군주에게 고철로 팔아넘겼고, 그 군주는 그것을 대형 대포로 다시 만들어 그 이름을 율리오라 붙였다.

은 좀 더 저항을 이어가다가 결국은 가문의 수장인 조반니―그곳을 40년 이상 통치했다―가 프랑스로 달아나면서 교황은 의기양양하여 승전보를 울리며 도시로 입성했다.*

그러나 베네치아만큼은 굴하지 않고 교황의 최대 적으로 남았다. 5년 전만 해도 베네치아는 전全 추기경회에서도 가장 신뢰할 만한 지역이었는데 이제는 예전에 체사레 보르자의 차지였던 로마냐에 있는 몇몇 도시들까지 함락시켜버렸다. 이 도시들은 전통적으로 교황청에 속해있던 도시들로, 베네치아가 끝까지 투항을 거부하자 율리오 2세는 파멸시킬 작정을 했다. 율리오 2세가 보기에 이탈리아는 세 토막이 나 있었다. 북쪽으로는 프랑스가 밀라노를 장악했고, 남쪽으로는 스페인이 나폴리를 집어삼켰고, 그 사이에 조금 남은 부분이 유일하게 강력하고 번창한 지역으로, 율리오 2세는 그곳을 반드시 손에 넣어야 한다고 생각했다. 로마에서 새로운 사절단이 프랑스, 스페인, 막시밀리안 1세, 헝가리의 밀란, 네덜란드에 특파되었다. 그들에게 부과된 의무는 베네치아 공화국에 대항하고 그 힘을 축소시키기 위하여 서방 교회의 원정에 출정하라는 것이었다.

유럽의 국가들이 실상 그러한 정책에 깊이 공감하기를 기대할 수는 없었다. 동맹결성에 가담하는 그들의 동기는 교황권을 지지하거나 혹은 베네치아의 파괴를 도모하기보다는 자신들을 돕기 위한 것이었다. 만약 그들이 정의의 잣대를 들이대어 교황의 요청에 반기를 든다면, 베네치아보다 더 큰 비난을 자초하게 될 것임을 잘 알

---

* 같은 해 1월 21일 스위스 근위대Swiss Guard가 결성이 되었다. 이들은 교황을 보호하기 위하여 결성된 용병들이었다. 그들은 율리오 2세 재임기간에 제대로 돈벌이를 했다.

고 있었다. 그러나 교황이 약속한 영토에 대한 유혹은 거부할 수 없을 만큼 큰 것이었다. 그래서 유럽의 국가들은 모두 교황의 요청을 수락했고, 1508년 12월 10일 캄브리아에서 아버지 막시밀리안 1세를 대신하여 오스트리아의 마르게리타와 프랑스 국왕을 대표한 당부아즈 추기경이 베네치아 공화국 몰락시키기 위해 싸우는 데 동의했다. 율리오 2세는 사절단을 캄브리아로 보내놓고도 정작 자신은 이듬해 봄이 되어서야 동맹에 가담했는데 아마도 다른 가맹국들이 진정성을 갖고 동맹 결성에 동조하는 것인지 확신하지 못했기 때문인 것으로 보인다. 그러나 1509년 3월 아라곤의 왕 페르난도[스페인의 페르난도 2세]가 공식적인 지지선언을 하자, 그제서야 율리오 2세도 더는 주저하지 않았다. 4월 5일 율리오 2세는 나머지 동맹국들과 공개적인 공조하에 베네치아와의 교류금지를 선언했고, 15일, 먼저 프랑스의 병력이 베네치아 영토로 진군했다. 약 한 달 후인 5월 14일 프랑스군은 아그나델로 외곽에서 베네치아군과 대치했다. 베네치아에게는 급작스럽게 날아든 재앙이었다. 베네치아의 희생자 수는 약 4천 명에 달했고 실상 그들의 전 영토를 잃은 셈이었다. 그 달 말이 되기 전, 교황의 공식 사절단은 그 모든 비극의 발단이었던 로마냐의 운명적인 땅을 되돌려 받았다.

6월 초 교황은 베네치아에서 찾아온 6명의 대사를 접견하기로 동의했는데 곧 그것은 베네치아 공화국에 굴욕을 주기 위한 처사였음이 드러났다. 율리오 2세는 7월 초 그들이 도착하자마자 파문 선고를 내려 사절단으로서 활동을 금지하고, 어둠이 내려앉고서야 도시에 들어오게 하여 같은 곳에 숙소를 정해 공식적인 업무와 관련한 외출도 함께 나가도록 했다. 오직 한 번의 알현만이 허락되었는데 이러한 조치는 급속도로 상황을 악화시켜 율리오 2세는 맹렬한 비난을 자초한 셈이 되었다. 앞서 조인한 캄브리아동맹이 서약을 제대로 수행하고 베네치아가 그 앞에 무릎을 꿇을 때까지 율리오 2세는 고삐를 거머쥐고 그들을 사면해주지 않을 작정이었다. 얼마 못 가서 동요가 일기 시작했다. 2개월도 채 지나지 않아서 아그나델로에서 먼저 자발적으로 베네치아를 지지하는 봉기가 일어났다는 보고가 들어왔고, 7월 17일에는 42일 만에 제국의 도시 파두아가 다시 베네치아의 품으로 넘어갔다. 이탈리아에 있는 막시밀리안 1세로부터 딱히 들어온 보고가 없었는데도 파두아가 넘어갔다는 소식을 들은 교황은 신속히 군사를 동원했다. 9월 15일 그는 다시 도시 공략을 시작했고, 2주 동안 독일과 프랑스의 중포병부대가 포격을 가해 성벽을 돌무더기로 만들어 버렸다. 30일이 되자 황제는 두 손을 들었다.

파두아에서 막시밀리안 1세가 달아났다는 소식을 들은 율리오 2세는 격렬한 분노에 휩싸였다. 막시밀리안 1세의 도주에 이어 베로나 역시도 베네치아를 지지하는 선언을 했다는 소식을 들은 교황은 쓰고 있던 모자를 바닥에 내동댕이치고는 분노에 치를 떨며 베드로 성인을 들먹이며 신성모독적인 발언을 쏟아냈다고 한다. 베네치아에 대한 그의 혐오는 더욱 깊어져, 앙심을 품은 그는 전쟁을 계속 이어갔다. 먼저 베네치아는 교황의 조건을 전면적으로 거부하면서 튀르크의 술탄에게까지 지지를 호소하며 최대한 많은 군사를 동원해줄 것과 함께 10만 더컷의 대출도 요청했다. 그러나 술탄은 침묵으로 일관했고 그해 말 베네치아는 항복 외에는 다른 길이 없다고 생각했다. 1510년 2월 24일 율리오 2세는 베드로 대성당의 중앙문 외부에 특별히 고안된 교황좌에 12명의 추기경들과 함께 둘러앉았다. 베네치아에서 급파된 5명의 사절단—6번째 사절은 그 며칠 전 사망했다—이 진홍색의 옷을 차려입고 앞으로 나와서는 교황의 발에 입을 맞춘 후 계단 위에 무릎을 꿇었고, 그러는 동안 그들의 대변인이 공화국을 대표한 공식적인 요청을 하고 안코나의 주교가 협의서 전문을 낭독했다. 사절단에게 그것은 참으로 듣고 있기 곤욕스러웠을 것이 분명한데, 그도 그럴 것이 전문 낭독에 한 시간은 족히 소요되었고 그사이 그들은 줄곧 무릎을 꿇은 자세를 유지해야만 했다. 겨우 간신히 자리에서 일어나고 나서는 12명의 추기경들로부터 각각 12개의 채찍을 받은 뒤—실제 매질은 자비롭게도 생략이 되었다—협의서의 조항을 엄수할 것을 맹세하고 다시 교황의 발에 입을 맞추고 난 후에야 사면을 받았다. 그제서야 대성당의 문이 열렸고 시스티나 성당에서의 미사 집전에 앞서 모두 함께 제단 위에 모여 기도를 올렸다. 그 자리에 율리오 2세만이 보이지 않았는데, 베네치아의 한 보고서에 따르면 그는 그렇게 장시간 지속되는 미사 에는 결코 참석하는 일이 없었다고 한다.

세상은 다시 요동치기 시작했다. 교황이 베네치아와 화해를 했다는 소식은 동맹국들에게는 달가운 소식이 아니었으니 베네치아의 면죄 선언을 위한 특별 의식에서 로마교황청에 나와 있던 프랑스 측이나 스페인의 대사 등은 불참함으로써 자신들의 불만을 드러냈다. 비록 율리오 2세 자신은 공식적으로 그 동맹에서 분리되려는 노력을 따로 펼치지 않았음에도 그가 베네치아를 사면해줌으로써 프랑스 왕의 심장에 비수를 찌른 것이라는 말들이 흘러나왔다. 그것을 증명이라도 하듯이 1510년 무더위가 기승을 부리던 여름에 이탈리아 정책의 주요 장애물은 베네치아에서 프랑스로 바뀌었다는 생각에 교황은 태도를 180도 바꿨다. 그로선 이제 베네치아에 대해서는 어느 정도 승점을 확보했으니 그 다음 상대는 프랑스였다.

모든 객관적인 기준으로 보아도, 율리오 2세의 처신은 비열하기 짝이 없었다. 프랑스를 독려하여 베네치아에 대항할 군대를 일으키도록 해놓고는, 약속한 대가를 주는 대신 폭력성을 드러내며 베네치아에 그러했듯 이제 와서는 앙심을 품은 것이다. 그는 또한 황제가 다른 동맹들에게서 등을 돌리도록 만들기 위하여 협상을 열기도 했다. 후일 그를 옹호하는 사람들에 의해서 주기적으로 부활했던 주장—그의 궁극적인 목표는 이탈리아를 외국의 침입자들로부터 자유롭게 해주는 것이었다—은 그가 처음부터 외국의 힘을 끌어들이지 않았더라면 훨씬 더 설득력 있게 들렸을지도 모를 일이다.

여하튼 교황의 갑작스러운 태도 변화의 이면에는 다른 동기가 작용했다. 그는 그야말로 처음으로 교황의 영지를 강화하게 되자 페라라의 군주의 영지와 합병을 통해 그 세력을 더욱 공고히 하는 데 온 힘을 쏟았다. 알폰소 군주는 과거에 프랑스 국왕의 대리인 역할을 했는데, 코마치오에 있는 그의 염전이 체르비아에 있는 교황의 염전과 직접적인 경쟁이 붙었다. 루크레치아 보르자의 남편이자 알렉산데르 6세 교황의 사위였던 알폰소는 율리오 2세에게 그 사실만으로도 불편하기 짝이 없는 인물이었다. 결국 '순교자 성 베드로

† 말년의 율리오 2세. 라파엘의 작품. 런던 국립 박물관

가 이르기를'이라며 과장된 언어로 쓰인 칙령이 전 그리스도교 국
가에 전달되었다. 이는 알폰소가 잔뜩 겁을 먹게 만들었고, 불운했
던 알폰소는 이윽고 저주를 받고 파문을 당했다.

1510년 초 가을 율리오 2세는 미래에 대한 희망에 한껏 부풀어 있었다. 교황과 베네치아의 연합군이 8월 중순 별 어려움 없이 모데나를 손에 넣었고, 비록 페라라가 강화된 군사력을 갖고 있다 해도, 잘 조직된 공격 전략 앞에서는 그리 오래도록 버티지는 못할 것이라는 계산을 하고 있었다. 율리오 2세는 숨통을 조이는 결정적인 때가 올 때까지 끝까지 지켜보다가 쉬운 길이 열려 9월 말에는 편안한 마음으로 볼로냐로 밀고 들어갔다. 볼로냐 사람들은 교황을 싸늘하게 맞이했다. 1506년 벤티볼리오가 파문을 당한 이후로 그들은 교황 대표단의 매우 굴욕적인 악정惡政하에 착취를 당하고 있었으므로 봉기가 일어나기 직전의 상태였다. 그곳의 관리직을 맡고 있던 프란체스코 알리도시 추기경은 공금횡령 혐의에 대한 답변을 위해 로마로 소환당했다가 교황의 개입으로 무죄선고를 받았다. 남성에 대한 교황의 계속적인 사랑은 명백히 타락한 것으로 로마에서는 교황의 동성애에 관한 소문이 은밀히 퍼져나갔다. 그러나 도시 내에 감도는 긴장감은 더 큰 불안에 압도되었다. 10월 초, 밀라노의 프랑스 출신 총독이며 봉건 군주인 쇼몽이 남부의 롬바르디아에서 출발하여 전속으로 볼로냐까지 진군한 것이다. 18세기 당시 볼로냐 성문까지는 약 4.8킬로미터의 거리였다.

율리오 2세는 고열로 인해 대부분 침대에 갇혀 지내면서 그가 의존할 수 있는 것은 고작 천 명도 안 되는 병력이 전부라는 사실을 깨닫고 자신이 죽은 목숨이나 진배없는 상황이라 생각했다. '우리 것은 모두 무너지는구나.'라며 그는 애통해했다고 한다. 자신을 지지하면 그 대가로 세금을 면제해주겠다는 교황의 약속은 볼로냐 사람들에게는 시큰둥하게 받아들여졌고, 교황은 2개 부대로부터 거의 동시에 증강병력이 도착하는 아슬아슬한 고비에 프랑스와 평화협상을 열었다. 그 병력은 베네치아의 경기병대와 나폴리의 페르난도 왕[스페인의 페르난도 2세]이 최근 교황과 화해 이후 헌사 명목으로 보낸 파견대였다. 교황의 사기가 다시 충천하였다. 평화협상 같은 것은 더 이상 없었다. 쇼몽―교황의 사람을 덮쳤다는 사실에 마지막 양심의 가책을 느꼈던 것으로 보인다―은 철수하도록 설득을 당했다. 그는 결정을 내리고 물러갔지만, 그렇다고 그에 대한 파문을 접을 율리오 2세가 아니었다.

봉건 영주 쇼몽에 대해서 안타까운 마음이 드는 것이, 운이 나쁘게도 매번 마지막 순간에 발목을 잡혔기 때문이다. 그는 주요한 승리의 장에서 거듭 나타나지만 다 잡은 승리를 놓쳤고, 또 너무 자주 그런 일을 겪다보니 그에 대해서는 좀 안쓰러운 감정이 생긴다. 율리오 2세가 미란돌라를 포위했을 때, 쇼몽의 구원 원정은 두 번이나 연기되었다. 처음은 누군가가 돌이 들어있던 눈뭉치를 던져 코에 맞는 사고가 일어났을 때였고, 다음은 그가 말에서 떨어져 강에 처박히는 사고가 일어났는데 입고 있던 무장 갑옷의 무게에 못 이겨 거의 익사할 뻔한 때였다. 회복을 기다리며 3일을 누워 있느라 사면 초가에 몰려 있는 미란돌라를 단지 25.7킬로미터 밖의 지척에 두고도 어찌해볼 도리가 없었고 그 결과 미란돌라는 교황에게 함락당하고 말았다. 한 달 후 모데나를 탈환하려는 그의 시도도 실패로 돌아가 희망을 잃고 말았다. 1511년 3월 11일 나이 78살의 쇼몽에게 갑작스레 질병이 찾아들었고, 비록 어느 누구도 사인이 독살이라고 정확히 말하지는 못했지만, 그에게 내려진 파문을 철회한다는 교황의 편지가 당도하기 불과 7시간 전에 그만 세상을 떠나고 말았다.

그러나 이즈음 페라라의 군주는 교회로부터 그나마 가벼운 금지 조치가 내려져 있는 상태였다. 포강 하류를 따라 그의 도시로 진격해온 교황의 군대에 대승을 거두었고, 율리오 2세는 다시 한 번 수세에 몰렸다. 5월 중순 쇼몽의 후계자인 지안 지아코모 트리불지오는 볼로냐를 향한 두 번째 출격에 나섰다. 주민들 가까이까지 접근한 그는 알리도시 추기경이 사람들로부터 혐오의 대상이 되자, 그를 완전히 제거할 수 있겠다고 판단하여 기회를 엿보다 기습했다. 갑작스러운 사태에 겁에 질려 허둥대던 추기경은 목숨을 부지하려 달아나버리는 바람에 우르비노 군주에게 위험을 알리지도 못했다. 우르비노는 서쪽 접경지역에 교황의 병력과 함께 진을 치고 있었고, 베네치아 군은 남쪽 방향으로 1.6~3.2킬로미터 떨어진 지역에 있었다. 5월 23일 트리불지오가 선두에 서서 군사를 이끌고 볼로냐에 입성해 벤티볼리오에게 예전의 권한을 다시 찾아주었다.

알리도시 추기경은 채무불이행 등의 문제가 걸려 있던 차에 벌어진 일이라 아마 수치심을 느꼈을 테고, 그래서 교황의 분노를 피해 리보 성에 들어가서는 방어벽을 쳤던 것으로 보인다. 그러나 그가 그렇게 염려할 필요가 없었는데, 그 며칠 전 율리오 2세는 신중하게 라벤나로 퇴각했고 화가 난 기색도 전혀 없었다. 율리오 2세의 눈에 친구인 알리도시 추기경은 아무런 잘못을 하지 않은 것으로 비쳐졌고 모든 재난의 책임을 우르비노 군주에게 돌려 그를 즉시 소환했다. 교황과의 접견에서도 우르비노가 알리도시 추기경에 대하여 오래 품고 있던 경멸의 마음은 사그라지지 않았는데, 그는 알리도시의 우매함 탓에 자신이 희생양이 되었다고 생각하고 있던 때문이다. 이후 우르비노는 거리에서 오래된 숙적 알리도시 추기경과 맞닥뜨리게 되었다. 추기경은 성에서 나와 최근 사건의 경위를 자신의 시각에서 교황에게 보고를 하려 라벤나에 도착한 길이었다. 그동안 억눌렀던 분노가 너무 컸는지, 우르비노는 노새에 앉아 있던 추기경을 끌어내려 검을 빼들어 공격했고, 이를 지켜본 추기경의 수행원들은 우르비노의 행동이 교황의 명령을 받은 것이라 믿고 주저하며 말리지 못하다가, 우르비노가 말에서 내리자 뒷걸음질 치며 죽어가는 주인을 먼지 속에 남겨두고 가버렸다.

　자신이 가장 아끼는 추기경이 살해당했다는 소식을 들은 율리오 2세의 비통함은 지켜볼 수 없을 지경이었다. 주체할 수 없이 눈물을 흘리며 모든 음식물을 마다하던 그는 더 이상 라벤나에 머물기를 거부하며 즉시 작은 들것에 몸을 싣고 리미니로 옮겨갔는데, 가려진 커튼 사이로 흐느낌 소리가 또렷이 들렸다고 한다. 그러나 그의 슬픔은 여기서 끝나지 않았다. 자신이 함락시켜서 개인적으로 더 큰 책임감을 느끼고 있던 미란돌라 지역이 1~2주 만에 트리불지오의 손에 넘어갈 상황이 된 것이다. 교황의 군사들은 혼란 속에 사기도 땅에 떨어져서 장군도 없이 와해되었다. 볼로냐가 다시 함락되면서, 그토록 오랜 시간 싸워서 얻어냈던 로마냐의 모든 교황 영지에 프랑스가 밀고 들어오게 되었다. 지난 8년간의 노력은 모두 허사가 되고 말았다. 리미니에 있는 율리오 교황이 발견한 것은 성 프란체스코 대성당의 문에 나붙은 선언문이었다. 그것은 바로 그의 측근이던 추기경들 중 9명이나 되는 사람들이 막시밀리안 1세와 프랑스의 루이 12세를 지지한다고 서명한 것으로, 교황권의 남용 조사와 교회 개혁을 위해 9월 1일 피사에서 공의회를 개최한다는 사실을 알리는 공고문이었다.

교황으로서 그리고 개인으로서 율리오 2세는 많은 오점을 남겼다. 그는 충동적인 성향이 매우 강했고 변덕스럽고 복수심이 강했으며 기획력도 부족했고 판단력도 매우 흐렸던 인물이다. 당대의 역사학자였던 프란체스코 구이치아르디니는 그의 성격을 두고 너무 충동적이어서 교회를 숭상하는 사람들에 의해서 제후들이나 당대 상황과의 불협화음을 조절할 수 없었다면 아마도 그 스스로 엄청난 파괴를 불러왔을 것이라고 했다. 그는 외교적 수완에 있어서는 능했지만, 장기적인 전략은 취약했다. 세속적인 야망에 물들어 있었으면서도 그 목표 수립에 대해서는 아무런 원칙도 없었다. 그러나 그가 전적으로 지니고 있던 어떤 특성들이 있기는 했다. 그중 하나가 용기였고 다른 하나는 불굴의 의지였다. 로마로 돌아왔을 때 그의 나이는 이미 일흔에 달했지만 그는 또 다른 동맹을 만들 것을 구상하며 베네치아, 스페인, 영국, 그리고 가능하면 신성로마제국과도 타협을 이끌어내어 그들 힘을 모두 합쳐 이탈리아 반도에서 프랑스 세력을 완전히 몰아낼 계획을 세웠다. 그리고 1511년 7월 초 교섭을 시작했다.

그의 계획은 아무런 잡음 없이 잘 진행되어갔다. 스페인의 페르난도 2세는 이미 캄브리아 동맹에서 희망했던 모든 것을 얻었고, 더 이상 이탈리아 내에서 프랑스의 힘이 강화되는 것은 보고 싶지 않았다. 프랑스를 압박하듯이 영국에서는 페르난도 2세의 사위인 헨리 8세가, 그리고 남부에서는 다른 동맹국들이 자신들의 적국인 프랑스가 북부 지역에서 장악당하는 것에 기꺼이 찬성표를 던졌다. 헨리 8세는 교황의 제안을 받아들이는 반면, 교황 측이 모든 변화 상황을 프랑스의 루이 12세에게 규칙적으로 보고하는 이중첩자 노릇—알리도시 추기경 시절에는 그랬던 것으로 보인다—을 하지 말았으면 더 좋았을 것이라는 사실을 분명히 교황에게 알려야 할 의무가 있었다. 베네치아는 난항을 겪었던, 그러나 전체적으로 성공적이었던 협상을 통해 베네벤토와 프리울리 지역에서 프랑스 공격에 저항할 것에 동의를 하면서도 요구 조건을 따로 내걸지는 않았다. 늘 그렇듯 막시밀리안 1세는 갈피를 못 잡고 있었지만, 그가 빠져도 새로운 동맹은 막강한 세를 드러내게 되었다.

타고난 기질 이외에 막시밀리안 1세가 이중적인 태도를 보인 한 가지 이유는—피사 공의회에서 그렇게 제안한 것으로—그와 프랑스 루이 12세가 공동으로 공의회의 후원을 맡는 일 때문이었다. 루이 12세는 벌써 공동 후원을 후회하기 시작했고, 그에 대한 지원도 급격히 줄었다. 짧은 두 개의 회기를 마치고 나서 지역적인 적대감으로 공의회는 밀라노로 옮겨갔다. 그곳에서 공의회는 프랑스의 보호를 받고는 있었지만, 연대기 기록자가 회의의 진행을 기록을 못 하고 있을 정도여서 공개적인 웃음거리가 될 수밖에 없었다. 기록자가 주장하기를 회의는 별로 중요한 내용도 아니었고 어쨌든 잉크 같은 물자마저 부족해서 기록도 못 하고 있는 상황이었다고 한다.

한편, 절망 속에 빠져 있던 율리오 2세의 병세는 기적에 가까운 회복을 보였고, 10월 4일에는 '신성동맹Holy League'을 선언할 수 있게 되어 전쟁 준비에 착수했다. 그러나 곧 프랑스의 국왕 루이도 중요한 패를 손에 쥐고 있다는 사실을 알게 되었는데, 바로 그의 조카이자 느무르 군주인 가스통 드 푸아Gaston de Foix였다. 그는 27살의 나이로 이미 명장 중 한 사람으로 인정받았다. 뛰어난 용기와 상상력, 지략을 지닌 이 놀라운 청년은 빠른 판단을 내릴 수 있었고, 그 판단이 빛의 속도로 군을 이끌 수 있게 해주었다. 1512년 밀라노에서부터 돌진한 그의 병력은 볼로냐 탈환을 꿈꾸는 교황의 시도를 좌절시키기에 충분했다. 교황의 군대는 또한 안타깝게도 베르가모와 부레시아 시민들에게, 이번이 원정에 나선 프랑스군을 몰아내고 예전의 베네치아 동맹으로 돌아갈 수 있는 좋은 기회라고 제안했다. 그러나 그들의 판단이 그릇된 것임이 바로 드러났다. 혹독한 날씨를 뚫고 밤낮으로 진격에 나선 느무르의 군주는 그를 가로막으려는 베네치아 사단과 격돌하여 밤부터 새벽 4시까지 전투를 벌여 수비대가 미처 배치도 되기 전에 브레시아의 성벽에 와 있었다. 그와 그의 친구 바야르는 경사지고 미끄러운 성벽을 맨발로 타고 올라가 공격을 주도했다. 브레시아는 점령되었고, 반란을 일으켰던 지도자는 광장에서 공개처형을 당했다. 5일간 도시 전체가 약탈을 당했고, 그 기간에 프랑스군과 독일군은 포악한 야만성을 드러내며 민간인들을 습격하여 죽이고 강간하여 3일 만에 1만 5천 구의 시신이 길에 쌓였다. 같은 처지에 놓일까 두려웠던 베르가모는 망설임 끝에 6만 더컷을 내고 불운에서 비껴났고, 반란도 끝을 맺었다.

그러나 프랑스의 원정은 끝이 나지 않았다. 가스통은 적들에게 미처 숨 돌릴 틈도 주지 않고 밀라노로 돌아가 다시 병력을 모아 즉시 정벌에 나섰다. 이제 약 2만 5천 명의 군사를 갖춘 그는 라벤나로 진격하여 도시를 포위했다. 교황의 군사들을 끌어내기 위한 수단으로 그와 같은 움직임은 성공적이었다. 나폴리에 있던 스페인 출신의 총독으로 교황군의 지휘관을 맡고 있던 라몬 데 카르도나는 두 손 놓고 앉아서 그런 중요한 도시가 함락당하는 것을 지켜볼 수는 없는 노릇이었다. 이에 1512년 4월 11일 부활절 날, 도시 아래쪽에 습지가 있는 평원에서 전투가 벌어졌다.

샤를 8세가 20년 전에 이탈리아 반도에서 프랑스의 위상을 떨치기로 결정을 하고 그 첫 걸음을 내딛었던 이후 일어난 모든 접전 중에서 라벤나 전투가 가장 피를 많이 흘렸던 것으로 기록되었다. 결국 교황군이 전장에서 달아났을 때, 스페인과 이탈리아의 사망자 수는 거의 만 명에 달했다. 스페인의 주요한 몇몇 수장들 중 일부는 심각한 부상을 입은 채 프랑스에 붙들렸고, 교황의 특사였던 메디치 추기경도 같은 신세가 되었다. 일찍이 도망을 갔던 라몬 데 카르도라―안코나에 당도할 때까지 고삐 한번 늦추지 않고 내달았다고 한다―는 부상 없이 살아남은 몇 안 되는 생존자들 중 하나였다. 그러나 그것은 프랑스에게도 너무 많은 희생을 치르고 얻은 승리였다. 프랑스의 손실도 상당했고, 그중에서도 최악은 가스통이 승리의 기쁨에 젖어 있어야 할 그때에 스페인의 퇴각을 차단하려는 충동적인 시도를 하다가 쓰러지고 만 것이다. 그의 자리를 차지한 이는 나이 지긋한 봉건 영주 드 라 팔리스였는데 그에게서는 가스통의 기민함이나 위풍당당함은 전혀 찾아 볼 수 없었다. 만약 가스통이 살아남았더라면, 그는 아마도 교황군의 잔당들을 조롱하고, 로마로 그리고 나폴리로 진격을 계속 이어가며 율리오 2세를 압박하여 루이 12세를 나폴리의 국왕으로 복귀시키는 조약을 체결했을 것이다. 보다 신중한 유형이었던 라 팔리스는 라벤나 점령에 만족했다. 그러나 그는 몇 주 전 브레시아 사람들이 겪었던 것보다 더 심한 살육과 강간이 라벤나에 넘쳐나고 있었지만 그를 막아낼 힘이 없었다.

그런데 이 시점에서 이제 이탈리아의 정치적인 운명을 바꾸어 놓을 놀라운 일이 일어나는데 그것은 독자들에게는 혼란을 불러오고 작가인 나에게는 짜증을 일으키는 일이다. 라벤나에서 일어난 소식을 들은 율리오 2세는 프랑스가 곧 로마로 진군해올 것임을 예측하고 도주할 채비에 들어갔다. 그는 떠나기 바로 직전 포로로 억류되어 있는 자신의 특사로부터 편지 한 통을 받았는데, 어리석은 라 팔리스가 교황에게 전하는 특사의 편지를 용인했던 것이다. 데 메디치 추기경이 보낸 편지에는 '라벤나 전투에서 프랑스는 동맹국들만큼이나 입은 피해가 엄청나고 젊은 지도자인 가스통의 죽음으로 매우 지치고 사기도 떨어져 있다, 그들의 수장은 프랑스 당국에서 구체적인 지시나 확답이 떨어지기 전까지는 조금도 이동하지 않겠다고 버티고 있는 상태다.'라고 적혀 있었다. 서신이 도착함과 거의 같은 시기에 로마에 있는 베네치아의 대사가 교황 접견을 신청하여 떠도는 소문과는 달리 베네치아 본국은 프랑스의 분리 평화 조약을 수락하지 않았으며 또 그럴 의도도 없음을 재확인해주었다.

율리오 2세는 그 즉시 사기충천했다. 전장에서의 압도는 일시적이었지만 그는 1512년 5월 공의회 소집에는 모든 에너지를 쏟아부었다. 사실 교황에게 그 어느 때보다 공의회가 절실히 필요한 시기였는데 그것은 프랑스의 루이 12세가 지난번 밀라노 공의회를 저버리고, 라벤나에서 거둔 승리를 이용하여 교황이 반동적이라 선언하고는 그에 대한 정직을 주도했기 때문이다. 사실 밀라노 공의회에서조차 명백하게 정치적이었던 그 결과를 진지하게 받아들인 사람들은 거의 없었지만, 그럼에도 교회는 이와 같은 공개적인 분열에 대해 확인 절차나 답변 없이 넘어갈 수 없는 일이었다. 5월 2일 교황청에서 모든 가능한 공식적인 절차와 의식 속에 교황은 가마를 타고 라테란으로 향했고, 그의 뒤를 이어 15명의 추기경들, 10명의 대주교들, 57명의 주교들, 3명의 수도원의 수장들이 따라갔다. 그 긴 행렬은 밀라노에서 소수의 반란을 일으켰던 파워 게임 양상 따위는 일별의 가치도 없는 것으로 느껴지게 했고, 그것이 바로 그들이 의도한 바였다. 공의회의 2번째 회기에서 라테란 공의회는 피사와 밀라노에서 열린 공의회의 모든 소송절차는 무의미하며 그 효력이 없고 참석자들은 모두 교회의 분립에 동조한 것이라는 사실을 공식적으로 선언했다.

바로 그날 율리오 교황은 또한 막시밀리안 1세가 신성동맹에 가맹했음을 선언했는데, 막시밀리안 1세는 프랑스군을 도와 전투에 참여하고 있는 제국의 모든 백성들은 즉시 본국으로 돌아가야 하며, 어길 경우 사형에 처한다는 명령을 내렸다. 라 팔리스에게 이 소식은 청천벽력과도 같았다. 프랑스 병력은 이미 고갈 상태였고, 그나마 그들 중 대부분이 헨리 8세의 침공에 대비하여 북부로 소환되어 있었기 때문이다. 너무도 느닷없이, 독일의 용병들이 떠나고 나면 병사도 없는 장군이라는 터무니없는 상황에 처하게 되거나 혹은 스위스나 베네치아를 장악할 능력을 잃어 한순간에 그들의 표적이 될 것이었다. 한편 스페인과 교황의 군대는 뒤에 배수진을 치고 있었고, 앞서 패배를 당했던 기억이 있기는 하지만, 실제 어떤 저항도 받지 않고 진격을 할 태세를 갖추고 있었다. 7월 초가 되자, 교황은 이전에 잃었던 땅들을 되찾았을 뿐 아니라 오히려 레지오 메밀리아, 파르마, 피아첸차까지 영토를 확장했다. 라 팔리스는 남아 있는 병력만으로는 어찌해볼 방도가 없었기에 프랑스로 돌아가는 길을 택했다. 불과 3개월 전만 해도 이탈리아 반도 전체를 손에 넣을 수도 있었던 루이 12세의 희망은 무산되었다.

율리오 2세는 1513년 2월 21일 고열 증세로 선종했는데 수년간 앓아오던 매독의 결과로 보인다. 복장이나 교황명을 제외하고는 그에게서 사제로서의 면모를 찾아보기 힘들었다. 그의 재임기간은 정치와 전쟁으로 점철된 시간이었다. 율리오 2세는, 헨리 8세가 그의 형 아서의 부인이었던 아라곤의 캐서린과 결혼할 수 있도록 면책특권을 부여한 장본인이기도 하지만, 그의 교회 활동은 일상사에만 국한되었다.

율리오 2세가 남긴 가장 중요한 유산은 단연코 예술에 대한 후원이었다. 고전적인 조각품에 조예가 깊었던 그는 바티칸의 소장품 목록에 아폴로 벨베데레와 라오콘 같은 대작들을 추가했다(라오콘은 1506년 포도밭에서 한 남자가 우연히 발굴했다). 그러나 오늘날 기억되는 율리오 2세의 주요 업적은 오래된 베드로 대성당을 새롭게 개축하는 결정을 내려 전보다 더 훌륭하게 만든 것이다. 율리오 2세는 그 계획을 결국 브라만테에게 모두 일임했는데, 그는 성당을 그리스 십자가 형태로 만들어 베드로의 무덤 위로 커다란 돔을 세우려던 애초의 설계를 포기하고 결국은 십자형 복도, 통로와 함께 판테온 신전에서 현관의 모양을 따온, 보다 전통적인 대성당을 짓기로 결정을 내렸다. 그 과정에서 고대의 모자이크, 성상들, 거대한 중세의 촛대 등이 파괴되는 바람에 브라만테는 곧 '파괴자Il Rovinante'라는 별명을 얻었다. 그는 남은 평생을 베드로 대성당 공사에만 매달리려 했지만 율리오 2세는 그에게 바티칸 정원의 재설계라는 또 다른 책임을 맡겼다.

율리오 2세는 26살의 라파엘을 고용하여 프레스코화를 그리도록 맡겨, 소위 스탄체Stanze[집무실]에 그림을 그리게 했다. 그는 미켈란젤로에게도 일을 맡겼는데, 우리가 알다시피 미켈란젤로는 괴롭힘을 당하며 시스티나 대성당의 천장벽화를 그렸다(그는 '나는 조각가이지 화가가 아니다.'라며 저항했다). 율리오 2세가 미켈란젤로를 괴롭혔다고도 하지만, 일설에는 그들이 연인 사이였다고 한다. 율리오 2세는 추기경 시절에 이미 세 명의 딸을 두었지만, 그 둘이 동성애자였던 것은 확실하며 율리오 2세는 남색행위를 했다는 혐의를 받고 있었다. 전반적으로 개연성이 떨어지는 일이기는 하지만 우리는 사실 여부를 알 수는 없다.

애초에 겸손 같은 것은 찾아보기 힘들었던 율리오 2세는 1505년 초 미켈란젤로에게 자신의 묘를 디자인하는 일을 맡겼다. 원래 의도하기로 그 높이는 약 1미터로 40개의 조각상들을 모두 실제 사람 크기로 제작하는 것이었다. 건축가 바사리에 따르면, 베드로 대성당을 새로 건축하려는 결정을 내린 주요한 이유는 율리오 2세 자신의 묘지를 그곳에 넣기 위해서였다고 한다. 안타깝게도 돈이 바닥나서 그 프로젝트는 급작스럽게 변경되었다. 현재 로마의 빈콜리의 피에트로 성당에 남아 있는 율리오 2세의 묘는 애초 의도에 비하면 겸손하기 짝이 없는 규모다. 그러나 실제 율리오 2세가 매장되었던 곳은 새로 지어진 베드로 대성당이었는데, 그야말로 그가 바라던 바였을 것이다.

19
—
메디치가의 두 사람

1513~1534

율리오 2세 선종 이후 성직매매에 물들지 않고 짧은 기간에 또 별 문제도 없이 끝난 콘클라베에서 후임으로 선출되었던 교황 레오 10세Leo X(1513~1521)는 로렌초의 둘째 아들로 태어났던 조반니 데 메디치였다. 31살의 교황은 즉위식을 치르고 동생 줄리아노에게 편지를 보내 '신은 우리에게 교황직을 내려주셨다. 이제 함께 즐깁시다.'라고 적었다고 한다. 실제 그런 말을 적어 보냈는지는 불분명하지만 새로운 교황으로서 교황의 자리를 바라보는 전반적인 태도와 또 그의 삶 전체를 보여주기에는 충분하다. 동시에 그 단어들은 오해를 불러오기도 쉽다. 알렉산데르 6세처럼 그렇게 즐기는 삶은 애초에 레오 10세의 본성에 맞지 않았으며 실제 그는 난잡함이나 떠들썩함을 즐기지는 않았던 것으로 보인다. 어쨌든 재정을 확보해야 했으므로 면죄부나 교회의 직급을 판매하는 관행은 여전했으나 그럼에도 레오 10세는 경건함을 잃지 않았고 자신이 맡은 종교적인 의무를 진지하게 수행했으며 일주일에 두 번은 단식을 이어갔다.

그는 자신이 르네상스 시대의 제후가 아니라 교황이라는 사실을 잊지 않았다. 전임 교황들이 동성애에 탐닉했다면, 그는 예술에 대한 교양과 세련된 시각을 갖고 있었다. 그의 안목은 아버지인 로렌초보다 훨씬 훌륭했다. 열정적인 사냥꾼이었던 그는 말을 타고 300명의 수행원을 데리고 나가곤 했고, 또한 상당한 미식가로 아주 호화로운 연회를 열어 기꺼이 지인들을 초대하기도 했다. 1494년 그의 가문이 플로렌스에서 추방당했을 때, 그는 프랑스로, 독일로 그리고 네덜란드로 여행을 떠났는데 그곳에서 에라스무스[인문학자 이자 가톨릭 사제]를 만났다. 그러나 그는 6년 후 로마로 돌아와서 교황청에서 급속히 정치적인 영향력을 얻었고, 1512년 즈음에는 다시금 성공적으로 메디치 가문의 플로렌스 지배권을 확보했으며, 재임 기간 내내 효과적으로 그곳을 통치했다.

그는 로마 재건사업을 계승하여 아직도 완성되지 않은 베드로 대성당과 라테란 궁의 작업을 이어갔는데, 그 호화스러움과 사치스러움은 예전의 로마를 완전히 능가하는 것이었다. 누관*과 치핵 등 건강상의 문제로 어려움을 겪었어도, 그는 말을 타고 112명의 시종 사무관의 수행을 받으며—수많은 추기경들은 말할 것도 없고 고위 성직자, 대사들, 기갑부대, 보병대들까지 동원했다—다녔고, 교황의 수행원들은 군중들에게 금화를 던져주기도 했다. 그러나 그것은 시작에 불과했다. 그는 브뤼셀에서 7만 5천 더컷의 비용을 치르고 황금과 비단실로 엮어 만든 태피스트리를 주문했고, 프랑스의 프랑수아 1세Francis I 의 이모인 사보이의 페레베르타와 줄리아노의 결

---

* fistula. 상처나 질병으로 인해 신체에 생긴 구멍. – 역주

† 레오 10세와 그의 조카들. 1518년 라파엘 작품. 이후 레오 10세는 라파엘을 베드로 대성당 신축공사의 건축가로 임명했다. 플로렌스, 우피치 미술관.

혼 피로연을 위해 그 금액의 2배를 기꺼이 지불했다. 그는 미켈란젤

로를 고용하여 플로렌스에 있는 로렌초 성당의 외장공사를 맡겼는

데 그곳은 자신의 가문인 메디치가의 3대가 묻혀 있는 곳이기도 했다. 또한 공사를 위해 성당에서 투스칸 채석장까지 이어진 약 193킬로미터의 길을 내기도 했다. 이 공사가 중단되자—자금이 부족하기도 했고, 짐작이 가듯이 레오 10세는 그 작가와 함께 일을 하는 것은 불가능하다고 불평했다—그는 다른 예술가를 고용하여 같은 건물 내에 메디치 경당의 작업을 맡겼고, 그것은 그의 사촌인 클레멘스 7세Clemens Ⅶ 교황의 재임기간에 완성되었다.

지식과 과학 분야에서도 변화가 있었다. 레오 10세는 지난 30년간 제 기능을 하지 못했던 로마의 사피엔자 대학을 부활시켜 100명에 달하는 교수들을 임명하고, 강의 과목도 의학, 수학, 식물학 그리고 천문학까지 다양하게 포함시켰다. 그는 그리스어학과와 히브리어학과도 창설했고 각 과에 독자적인 인쇄시설도 갖추도록 했다. 그는 극장도 장려하여 자신의 친구인 추기경 비비에나에게 참 신선하게도 도발적인 희극을 무대에 올리게 했다.

레오 10세의 전기 작가인 파올로 조반니는 레오 10세의 통치기간을 황금기로 보았다. 그 도시의 가장 막강한 은행가인 아고스티노 키지는 즉위식 행렬이 지나가는 위로 거대한 개선문을 세워 '베누스가 지배하고 마르스가 통치하던 시대는 갔고 미네르바의 시대가 도래했도다.'라는 명문을 새겨 넣었다. 로마인들이라면 베누스는 문란한 성생활을 즐기던 알렉산데르 6세, 마르스는 전쟁에 빠져있던 율리오 2세, 그리고 지혜의 상징인 미네르바는 다소 문제는 있지만 레오 10세를 지칭하는 것임을 쉽사리 알 수 있었다. 레오 10세는 상당히 높은 수준의 교육을 받아 교양이 넘쳤으나 그만큼 현명하다고는 묘사되고 있지 않다. 많은 면죄부를 팔았고, 많은 성직매매를 했음에도 그는 평생 로마와 플로렌스의 은행에 빚을 지고 있었으며 교황청의 재정도 점점 빚더미에 올라앉았다.

정치적으로 레오 10세는 고질적으로 갈팡질팡하는 우유부단한 사람이었다. 1515년 프랑수아 1세가 밀라노로 진격을 해왔을 때, 레오 10세는 그에 대항하기 위하여 신성동맹에 가입했다. 그러나 이어진 마리냐노 전투에서 교황의 군대는 불과 약 80킬로미터 떨어진 곳에서 단단히 자리를 잡고 있었음에도 전투에 참여하지 않았고, 레오 10세는 이후 이겨서 의기양양해진 볼로냐의 국왕을 황급히 만나러 갔다. 그에게는 그럴 자격도 없었으면서 협약을 맺어 파르마와 피아첸차의 교황 영지를 내어주는 대신 플로렌스에 있어서 메디치 가문의 통치를 보장받는 결과를 얻어냈다.

그러나 그는 플로렌스만으로는 더 이상 성에 차지 않았다. 레오 10세는 끝도 없이 욕심을 부려 친족등용을 이어갔고 그다음 세대까지도 그 전통은 계속되어 사촌 두 명과 조카 세 명을 추기경에 앉혔다. 그리고 그가 가장 아끼는 조카 로렌초—먼저 죽은 형, 피에로의 아들—에게 더 큰 것을 줄 마음을 먹고 있었는데, 큰 것이란 바로 우르비노 공국이었다. 우르비노의 군주는 율리오 2세의 조카인 프란체스코 델라 로베레였다. 그는 1508년 교황의 종주권에 대항하여 반란을 일으켜 레오 10세는 1516년 그에게 파문을 내렸으며 그에 항의하고자 로베레가 로마로 보냈던 특사를 고문하기도 했다. 그 뒤에 2년간의 전쟁이 이어졌고, 그에 따른 비용이 80만 더컷에 달했다. 그리고 전쟁이 끝났을 때, 그 수혜자로 지목되었던 로렌초는 죽고 말았다. 그러나 그 후에 로렌초의 딸 카트린은 우르비노보다 더 큰 보상을 얻게 되었는데, 프랑수아 1세의 아들인 앙리와 결혼하여 프랑스의 왕비가 된 것이다.

1517년 여름, 로마는 레오 10세의 재임기간 중 가장 가증스러우면서 동시에 모호한 사건으로 떠들썩했다. 레오 10세가 갑작스레―그 발표 자체가 참으로 황당한 것이었다―알폰소 페트루치(그의 동성 연인으로 알려진 인물)를 포함한 몇몇 추기경들이 자신을 암살하려는 음모를 꾸민 사실을 밝혀냈다고 발표한 것이었다. 그들이 플로렌스의 의사인 베르첼리를 매수하여 자신이 앓고 있던 누관을 수술하던 중에 약을 주사하도록 사주했다는 것이었다. 고문을 받으며 추궁당하던 베르첼리는 당연히 자백하고 말았고 그 즉시 교수형에 처해져 사지가 찢겨나갔다. 비슷한 고문을 받던 페트루치 추기경은 다른 많은 추기경들을 연루시켰다. 그도 역시 교수형을 당했다. 그러나 그리스도교에서는 추기경의 몸에 손을 대는 것이 적법치 않은 것으로 통했기에, 진홍색의 비단 끈을 이용해 그의 목을 매단 사람은 무어인이었다. 다른 추기경들은 엄청난 금액의 벌금을 내고 목숨은 부지했다.

이 고발사건은 참으로 믿기 어려운 일이었다. 혐의를 의심받았던 모든 추기경들은 레오 10세에게 약간씩 불만을 가지고는 있었지만, 그렇다고 암살을 저지를 만큼 강한 동기를 가지지는 않았다. 그리고 만약 그들이 암살을 계획했다 하더라도 왜 하필 그런 특이한 방법을 선택했는지 의문이다. 그중에도 페트루치만 달아나려는 시도를 했는데, 참 궁금한 것이 다른 모든 사람들은 순순히 자백을 했다는 점이다. 우리가 그 숨겨진 진실을 알 수는 없겠지만, 로마에서 가장 많이 회자되었던 말에 따르면 애초에 음모 같은 것은 없었고 모두 레오 10세가 자금 조달을 위해 날조했다는 것이다. 이 모든 사건으로 교황권은 한층 더 추락했고, 레오 10세는 31명도 넘는 추기경 자리를 만들어냈으며, 추기경들은 그 대가로 레오에게 50만 더컷 이상의 돈을 건넸고, 더 이상 추스를 위신도 남아 있지 않았다.

겉보기뿐만 아니라 실제로도 레오 10세는 실추된 교황권을 되찾기 위해서는 얼마나 많은 노력이 필요한지 전혀 몰랐던 것 같다. 많은 선임 교황들과 마찬가지로 그는 말로만 개혁을 부르짖었고, 그저 교황이라는 직책에 만족했을 뿐 임기 4년 만에 제5차 라테란 공의회가 진행되고 있다는 사실조차 잊고 있었던 것 같다. 공의회에서 얻어진 결과는 전무했다. 의결사안에 대해서 절박함도 없었으니 교황으로부터 그 어떤 확고한 방향제시가 내려올 리 만무했다. 한편 수치를 모르는 그의 낭비벽, 노골적인 면죄부 판매와 성직매매, 모든 권력의 남용과 그 외의 다른 여러 문제들은 더욱 절실하게 교회 개혁 운동의 필요성을 느끼게 했다. 객관적으로 봐도 교회가 하루 빨리 허리띠를 졸라매고 교황청 내부의 문제부터 청산하지 않는다면 곧 심각한 반란이 일어날 것이라는 것은 명백해 보였다.

1517년 10월 31일 페트루치 추기경 음모 사건의 여파 이후, 레오가 31명의 새로운 추기경을 임명할 때, 바로 마틴 루터가 비텐베르크 교회의 문에 벽보를 달아* 95개 조항에 걸쳐 면죄부의 무효와 불

---

* 요즘 학자들은 그가 교회 문에 벽보를 단 것이 아니라, 배부를 하였다고 말하고 있다.

법성을 주장하고 공개토론에 붙이겠다는 발표를 했다. 영적인 은총이라는 것이 현금을 받고 상업적으로 판매가 된다는 자체가 참으로 이치에 맞지 않는 일이었고, 게다가 최근에 새롭게 보완된 면죄부가 시장에서도 유통되고 있는 형편이었으니 아마도 문제점을 논의하기 어렵지 않았을 것이다. 예를 들어, 아직 저지르지 않은 죄에 대해서도 면죄부를 살 수 있었고, 그래서 미리 돈을 내고 사면을 받았다. 면죄부는 이미 죽은 친척들을 대신해서 구매할 수도 있었는데 더 많은 돈을 지불하면 그들이 사후에 연옥에서 보내는 시간이 그만큼 줄어든다고 했다.

이제 교회는 깊은 구렁텅이의 끝에서 심하게 흔들리고 있었다. 그러나 레오 10세는 아직 루터가 전개하는 운동이 일개 수도자가 벌이는 말싸움 이상의 영향력을 가져올 것이라는 사실을 알지 못하고 있었다. 루터는 확실히 짜증나는 인물이었다. 종교개혁가 사보나롤라는 루터보다 더 골칫덩어리였지만, 이제 거의 잊혀진 인물이 되었다. 그러니 이 성가신 독일인도 그렇게 사라지는 운명에 처할 것으로 생각했다. 한편, 1518년 교황은 칙서를 발표하여 누구든 면죄부 승인과 발행에 관련하여 교황의 권리를 부인하는 자는 파문에 처하겠다고 공표했다. 독일에서는 이에 별 다른 관심을 기울이지 않았다. 당시 정치가이자 역사가였던 프란체스코 구이치아르디니가 애석해했듯이 사람들의 마음속에 교황에 대한 존경심은 이미 사라진 지 오래였다. 심각성을 깨닫지 못했던 레오 10세는 건성으로 먼저 독일의 아우구스티노회에 그리고 루터의 보호자인 작센의 선제후 프리드리히에게 그를 데려와 달라고 도움을 청했다. 그러나 그 결과는 성공적이지 못했다. 1520년, 레오는 또 다른 칙서 〈주여 일어나소서Exsurge Domine〉를 발표하여 루터의 주장을 41개 항목으로 조목조목 반박했다. 심한 모욕을 느낀 루터는 이 칙서를 공개적으로 불태웠고 그 결과 파문당했다. 1521년 10월 11일 교황은《칠성사를 옹호함The Defence of the Seven Sacraments》이라는 책을 저술하여 루터를 반박한 영국의 헨리 8세 국왕에게 '신앙의 옹호자Defender of Faith'라는 칭호를 수여했다.

1515년 신년 첫날, 프랑스의 국왕 루이 12세가 파리에서 사망했다. 그로부터 약 일 년 후, 1516년 1월 23일 아라곤의 왕 페르난도도 세상을 떴다. 이들 두 사람의 죽음은 아직은 상대적으로 덜 알려져 있던 두 명의 젊은이를 유럽의 무대 전면으로 끌어올렸다. 그 둘은 달라도 너무 달랐다. 21살의 나이에 왕위를 물려받은 프랑수아 1세는 에너지와 정력이 넘쳐났다. 그는 이미 여성들에게서 많은 인기를 끌고 있었고, 딱히 잘생긴 외모는 아니었지만 품격 있고 늠름했던 것 같다. 또한 두뇌 회전이 빨랐고 재치가 있었으며 끝없는 지적 호기심을 갖고 있었고 그를 아는 사람들은 그의 뛰어난 기억력에 혀를 내두를 지경이었다. 그는 멋진 장관이나 화려한 의식, 행렬 따위를 매우 즐겼으며 그래서 오랜 기간 음울하고 무미건조했던 통치자들을 겪으며 따분해진 프랑스 백성들은 마음을 빼앗겼다.

합스부르크의 카를은 1500년 막시밀리안 1세의 아들인 미남왕 펠리페 1세와, 페르난도 2세와 이사벨 1세의 딸인 광녀 후아나 사이에서 태어났지만 부모의 뛰어난 외모를 물려받지는 못했다. 합스부르크 사람들의 특징인 큰 턱과 툭 튀어나온 입술을 가진 그의 외모는 볼품이 없었다. 게다가 심한 말더듬이 증상을 앓고 있었고 대화를 할 때는 침을 흘리기도 했다. 그에게는 상상력도 또 자신만의 생각도 없었다. 아마도 통치자들 중 그만큼 매력이라고는 전혀 없는 인물도 드물었을 것이다. 그나마 그를 지켜주었던 것은 타고난 좋은 품성이었고, 나이가 들면서 점점 현명함과 기민함을 더해갔다. 강력한 권력을 지닌 그런 인물과는 거리가 멀었지만, 그는 결코 프랑수아 1세나 헨리 8세가 왕권을, 혹은 레오 10세가 교황권을 휘두르며 즐겼던 것처럼 황제의 권한을 누리지 않았다.

16살에 이미 네덜란드를 통치하고 있었던 그는 아라곤의 섭정과 어머니를 대신하여 시칠리아의 섭정까지 맡아, 이제 거의 정신이 나갈 지경이었다. 3년 후 할아버지인 막시밀리안 1세가 사망했다. 황제 선출은 여전히 투표제를 고수하고 있었으므로 카를은 결코 결론을 낙관할 수 없었는데, 여전히 많은 사람들이 그의 동생인 페르디난트 대공을 선호하고 있었다. 또한 프랑수아 1세도 여전히 강력한 경쟁자였는데, 이미 이른 나이에 인지도를 쌓은 그는 레오 10세 교황의 지지도 받고 있었다. 그러나 다행스럽게 독일의 제후들은 프랑스인이 황제좌에 오르는 일은 결코 보고 싶지 않았고, 아우크스부르크 출신의 엄청난 은행가인 푸거가 필요한 자금을 푼 덕분에 마지막 순간 레오 교황은 카를에 대한 반대를 철회했다. 1519년 6월 28일 그는 신성로마제국의 황제로 선출되었고 이듬해 10월 23일 황제의 관을 받았는데, 그 수여식은 로마가 아닌 오래된 카롤링거왕조의 수도인 아헨에서 치러져 카를 5세 황제로 옹립되었다. 네덜란드와 스페인, 나폴리, 시칠리아에 더해서 현대화된 오스트리아, 독일, 스위스로 구성된 기존의 제국이 이제 그의 손에서 새로운 세계로 도약하게 되었다. 밀라노, 보헤미아, 서부 헝가리는 그 이후에 영입되었다. 초라한 재능과 평범한 능력을 소유한 한 사람이 그야말로 이 모든 것들을 고스란히 상속받은 것이었다. 레오 10세가 카를 5세의 대관식에 대한 반대를 철회했을 때, 그렇게 함으로써 그가 유럽 분극화의 마지막 장을 승인하게 된다는 사실을 완전히 이해하고 있었는지는 분명치 않다. 프랑스의 왕은 이제 사실상 황제에게 전면 포위되어 갇힌 셈이 되었고, 반대로 황제는 적대적인 정부에 의해서 두 부분으로 분리된 통치체제의 군주가 되었다. 그 결과 유럽에서의 우위를 점하고 서부 지중해를 장악하기 위한 프랑수아 1세와 카를 5세의 길고도 치명적인 분쟁은 피할 수 없게 되었다. 그 싸움에서 교황의 역할은 상당 부분 힘의 균형을 유지하는 것이었지만, 레오 10세는 처음에 프랑수아 1세를 지지했음에도 불구하고, 그의 마음은 확실히 카를 5세에게로 기울었다.

사실 그 젊은 황제가 이탈리아 내에서 프랑스의 위상을 인정해줄 리가 없다는 것은 처음부터 명백한 것이었다. 그 자신은 외할아버지 페르난도 2세로부터 물려받은 시칠리아, 나폴리, 사르데냐를 유지하는 이외에 이탈리아 땅에 대한 야망이 없었고, 오직 이 땅들만 후계자에게 상속하고 싶었을 뿐이었다. 그래서 나머지 땅들은 원래 통치자들이 그 땅을 차지하고, 그저 카를 5세에게 황제로서의 위치를 인정해주고 그에 합당한 존중을 표해주면 그뿐이었다. 그러나 프랑스의 영향력은 묵인할 수 있는 것이 아니었다. 프랑스의 프랑수아 1세는 이탈리아에 있는 동안 나폴리에 대한 황제의 권한에 도전했고, 카를 5세와 스페인 사이의 소통을 위험에 빠뜨렸다. 1521년 황제는 레오 교황과 비밀 조약을 체결했다. 그 결과 교황과 황제의 군사가 힘을 합쳐 다시 한 번 롬바르디아에서 프랑스를 몰아내고 밀라노에 스포르차 가문을 부활시켰다. 이 승리로 파르마와 치아첸차에서 지난 6년간 실추되었던 교황권은 조금이나마 회복될 수 있었다.

바로 이런 이유로 레오 10세는 승리를 자축하는 축하연을 열었고, 이어진 연회는 평소보다 더 떠들썩하게 밤새 지속되었다. 그러는 가운데 레오 10세는 오한을 느꼈는데 그것은 갑작스러운 고열로 발전하여 급기야 그는 12월 1일 선종하고 말았다. 르네상스 시대의 제후로서 그는 대단히 훌륭했지만, 한 사람의 교황으로서는 너무 형편없었다. 7년의 재임 중에 그가 소비했던 금액은 500만 더컷에 달했고, 그가 남긴 빚이 족히 80만 더컷을 넘었다. 당시 바티칸에서 성직매매로 이루어진 자리가 2,150개가 넘었고 그 가치는 300만 더컷에 달하는 것으로 추정되었다. 레오 10세는 종교개혁의 발발을 앞두고 있던 북유럽을 혼란의 정국 속에 남겨두고, 교황권은 최악의 상태로 추락시킨 채 그렇게 이탈리아를 떠나갔다.

레오 10세의 장례식 때 사용된 초는 그 하루 전날, 지아난토니오 디 산조르조 추기경의 장례식 때 쓰고 남은 초였을 정도로 레오 10세 선종 이후 교회의 재정은 형편없어졌다. 12월 28일 콘클라베에 참석하는 39명의 추기경들은 신변 보호를 위해 경호원들이 필요할 만큼 교회에 대한 사람들의 감정도 형편없이 악화되어 있었다.

콘클라베는 여러 가지 불편한 일들이 벌어지는 곳으로 익히 잘 알려져 있었지만 이번 콘클라베는 그중에서도 최악이었다. 혹한의 날씨에 바티칸은 난방이 잘 되지 않았고, 창문도 몇 장 깨어져 바람도 술술 들어와 판자로 대충 가려야 할 지경이었다. 참석한 대부분의 추기경들은 평생 사치스러운 생활을 영위하던 이들이었는데, 이제 그들은 서로 몸을 맞대고 희미한 견착식肩着式 화로 앞에 둘러 앉아 부족한 음식을 먹어야 했으며—그들의 음식은 벽에 부착된 둥글게 돌아가는 바퀴를 통해서 분배되었다—위생시설 또한 가장 기본적인 것만 남아 있는 상태였다. 6일째 되던 날, 가장 나이 많은 추기경이 반쯤 죽어서 실려 나왔는데, 그 이후 식사 배급량은 한층 더 줄었다. 그나마 떠올릴 수 있는 해결책은 빨리 결론을 내리는 것이었는데, 갑자기 콘클라베는 교착 상태에 빠졌다. 가장 강력한 후보는 15명이 지지하겠다고 맹세한 줄리오 데 메디치였으나, 사악한 추기경인 프란체스코 소데리니가 나머지 사람들로 하여금 줄리오 데 메디치를 강력히 반대하도록 만들고, 줄리오는 알레산드로 파르네세 추기경에 대해서는 지지를 선언했다. 그러나 알레산드로에 대해서 에지디오 디 비테르보 추기경이 고의로 악평을 늘어놓는 일이 일어났다. 에지디오 추기경은 우연히 알레산드로의 고해신부였기 때문에 고해성사 때 들은 일로 그를 비난하는 것이 과연 적법한 일인지를 두고 의문이 제기되었지만, 어쨌든 알레산드로는 피해를 입었다.

이 때에 카를 5세로부터 서신이 한 통 전달되었는데 지금까지 그의 개인교사였던 62살의 위트레흐트 출신의 네덜란드인으로 아드리안 플로렌츠 데달이라는 사람을 열렬히 추천하는 내용이 담겨 있었다. 로마에 있는 사람 중에는 그의 이름을 들어본 이가 거의 없었는데, 그에게는 딱히 적도 없었고 나이도 적지 않아 교황의 자리에 오래 있지는 못할 듯싶었다. 참석자들은 말 많았던 레오 10세의 후임으로, 절충적인 후보로 오점이 없는 그런 인물도 나쁘지 않겠다고 판단했다. 게다가 그를 선출하는 것이 빨리 이 추운 바티칸에서 탈출해 자신들의 따뜻한 거처로 갈 수 있는 길은 아니었을까? 그래서 콘클라베의 악몽 같은 14일이 지나고 1522년 1월 9일 하드리아노가 교황으로 선출되었다.

전염병의 발발로 인해 신중히 출발을 늦추다가 교황청에 의해서 로마로 오게 된 하드리아노 6세Hadrianus VI(1522-1523)—그는 이름을 바꾸려는 시도를 하지 않았다[그의 본명 아드리안은 라틴어로는 하드리아노가 된다]—가 도착한 것은 8월이었다. 그는 이탈리아어는 한마디도 할 줄 몰랐고, 그가 구사하는 라틴어는 알아듣기 어려웠다. 그해 말이 되자 그는 모두에게 적대감을 불러 일으켰고, 대중들은 그를 북방에서 온 야만인 취급했으며 하드리아노 6세가 일반적인 성직록聖職祿을 배분하기를 거부하자 교황청은 매우 분노했다. 카를 5세는 프랑수아 1세를 견제하기 위하여 그가 동맹에 가입하기를 기대했고, 소데리니 추기경이 비밀리에 나폴리를 프랑스로 넘기려는 음모를 꾸민다고 교황에게 체포되어 파문을 당했을 때, 프랑수아 1세는 프랑스 교회에서 나오는 돈이 로마로 송금되는 것을 중지했다. 한편 하드리아노 6세는 수도승과 같은 생활을 했다. 알렉산데르 6세의 창녀들도 사라졌고, 율리오 2세의 군대도 사라졌으며, 레오 10세의 미동美童들과 화려했던 연회도 사라졌다. 하드리아노 6세는 음식 공급에 하루에 정확히 1크라운[영국의 구 화폐]만을 사용했고, 그의 네덜란드 출신의 오래된 가정부 한 사람만 옆에 두어 요리와 빨래, 청소까지 모두 맡겼다. 그는 르네상스 시대의 예술이나 건축에는 전혀 관심을 두지 않았다. 그는 시스티나 성당을 회벽으로 칠해버렸고 라오콘 군상—이교도 우상 조형물—을 티베르 강에 처넣어 버리겠다고 협박했다.

그가 약속했던 개혁은 아무런 실효를 거두지 못했음은 두말할 필요가 없다. 그는 추기경들을 통제하지 못했고 마치 하루하루 싸움닭과 같았다. 그러니 곧 교회가 처하게 될 파산 상태가 아니었다면 면죄부 판매에 관해서는 미처 확인도 할 수 없었을 것이다. 그의 초기의 모든 노력은 재앙으로 끝을 맺고 말았다. 그는 술탄에 대항하기 위하여 유럽 연합체를 형성하고자 했는데 그 과정에서, 선임 레오 10세처럼 문제의 중요성을 제대로 인식하지 못했다. 그가 제안한—튀르크의 로도스 섬 탈취와 성 요한 기사단의 축출 이후—전체 그리스도교 세계의 3년간의 휴전도 받아들여지지 않았다. 그가 병에 걸려 1523년 9월 선종했을 때는 교황에 선출되어 로마에 도착한 때로부터 1년이 약간 더 지난 시점이었고, 그는 그저 교황청의 빚만 조금 탕감시키고 떠났을 뿐이었다. 그 이후 이탈리아 출신이 아닌 교황이 다시 선출되기까지는 450년의 시간이 소요되었다.

하드리아노 6세의 선종으로 추기경들은 한숨 돌리기는 했으나 그것도 잠시, 그들은 곧 또 다른 콘클라베를 진행해야 된다는 사실을 깨달았다. 다행히 이번 콘클라베는 한겨울이 아닌 가을(10월 1일)

에 열렸지만, 시간이 갈수록 여건은 더욱 악화되었다. 처음부터 난방시스템도, 신선한 공기도, 자연채광도 없었고, 그 달 말로 접어들며 점심과 저녁 식사도 단일 코스로 줄었으며 얼마 가지 않아 추기경들은 곧 빵과 와인 그리고 물만 배식받았다. 다시 한 번 빠른 결정을 내리라는 설득이 있었지만, 감정이 고조되고 다들 이해관계에 얽혀 있었으므로, 그렇게 무작정 시간은 흘러갔고 최종결정이 내려지기까지 50여 일이 걸렸다.

확실한 후보는 줄리오 데 메디치로 그는 황제와 스페인 대표단의 지지를 받고 있었지만, 하드리아노 6세 선종 이후 즉시 석방된 소데리니를 포함하여 폼페이오 콜론나 등 줄리오를 떨어뜨리려는 이탈리아 출신의 추기경들도 많이 있었다. 영국인들은 고집스럽게 그리고 다소 터무니없게도 울시 추기경을 지지했다. 프랑스 출신의 추기경들은 서로 의견이 갈렸다. 서로 주장을 굽히지 않았고 불순한 음해가 꾸며졌으며 어두운 음모와 복잡한 거래들이 계획되었고 추기경들이 제안하고 거부했던 여러 절충안들이 난무했다. 11월 19일 결론이 내려지자 추기경들은 신체적 고통은 물론 여러 가지 수고를 덜게 되었다. 그들 대부분이 선택한 사람은 줄리오 추기경이었고, 그는 다소 놀랍게 잔혹했던 대립교황의 이름을 따서 클레멘스 7세Clemens VII(1523~1534)로 교황에 등극했다.

줄리오 데 메디치는 메디치가의 위대한 로렌초의 동생 줄리아노의 아들로, 줄리아노는 44년 전 플로렌스 대성당에서 파치에게 암살을 당했다. 로렌초는 줄리오의 모친을 찾아가 그를 자신이 직접

키우고 싶다고 허락을 구했다. 그리고 로렌초가 1492년 사망했을 때, 줄리오는 로렌초의 둘째 아들인 조반니의 보호를 받게 되었다. 후견인과 피보호자의 관계였지만 그 둘은 겨우 세 살 차이였으므로 친구처럼 지냈다. 조반니가 레오 10세로 교황이 되었을 때 먼저 줄리오를 추기경으로 그다음에는 플로렌스의 효율적인 통치자로 만들어 적법성을 부여했다.

그들 둘은 서로 다정한 사이였지만, 매우 다르기도 했다. 레오 10세는 큰 머리와 붉은 얼굴에 뚱뚱하고 못생겼지만, 분명히 거부할 수 없는 매력이 있었다. 클레멘스 7세는 선출 당시 나이는 48살이었고, 큰 키에 호리호리한 몸에 잘생긴 외모였지만, 앙다문 얄팍한 입술은 거만한 느낌을 풍겼고 계속 인상을 쓰고 있었다. 그는 경건하고 성실하며 부지런했지만, 친구 베네벤토 첼리니를 제외한 다른 사람들은 그를 그다지 좋아하지 않았다. 구이치아르디니는 그를 묘사하기를 '다소 시무룩하고 무뚝뚝하고 욕심이 많다는 평을 받고 있으며, 신뢰하기 어렵고 천성적으로 친절함과는 거리가 멀다.'라고 했다. 또, 다시 메디치 가문 출신을 선출한다는 것은 사치와 느긋함을 부리던 레오 10세의 시대로 돌아가는 것이 아닌가하여 실망을 느꼈을 수 있다.

그런데 오히려 이런 성향을 지닌 인물이라면 최소한 능력 있는 교황의 면모를 보여줄 것이라 기대해 볼 수도 있었다. 안타깝게도 클레멘스 7세는 그런 사람이 아니었다. 그는 우유부단하고 의지가 약하여 결정을 내려야 하는 때를 두려워하는 것처럼 보였다. 그는 어느 정도 좋은 상관의 역할은 할 수도 있었지만, 그마저도 시원찮았다. 독일의 위대한 역사가 레오폴트 폰 랑케는 그를 가장 형편없는 교황이라고 불렀다(물론 11세기와 12세기의 정말 형편없던 교황들을 기억하는 사람이라면 그런 평가는 좀 부당하다고 느낄 수도 있지만 말이다). 어쨌든 그의 11년의 재임기간은 야만인들의 침략 이래로 로마가 최악의 노략질을 당한 시기였는데, 독일에서 분립된 종교로서 개신교가 설립되었고 헨리 8세의 이혼으로 영국 교회도 결정적으로 분립이 되었다.

전임 교황 하드리아노 6세와 마찬가지로 클레멘스 7세도 서로 경쟁하는 카를 5세와 프랑스의 국왕 프랑수아 1세 사이의 소용돌이에 갇혀 있는 자신을 발견하고 뭔가 자구책을 찾고자 했지만 그 방법이 그 어떤 전임 교황들보다 서툴렀다. 그는 먼저 자신의 교황 선출에 큰 역할을 했던 황제 카를 5세에게 충성심을 보여야 했으나, 1524년 프랑스와 비밀동맹을 맺은 베네치아와 플로렌스에 가담하여 2만여 명의 병력을 이끌고 몽스니 고개를 지나 이탈리아로 다시 진군하는 프랑수아 1세에 합세했다. 10월 말, 프랑수아 1세는 밀라노를 탈환했고 다시 방향을 바꿔 남부의 파비아로 향했다. 그들은 그곳에서 겨울을 나며 도시를 장악하려는 목적으로 티치노 강의 흐름을 바꾸려 했으나 성공하지는 못했다. 약 4개월 후 드디어 신성로마제국의 군대가 그곳에 당도하였고 양측 군은 1525년 2월 21일 파비아 외곽 지역에서 맞붙었다.

파비아 전투는 유럽 역사에서 가장 결정적인 교전 중 하나로 기록되고 있다. 또한 보병대의 창을 능가하는 화기의 우수성을 확실히 증명한 최초의 전투이기도 했다. 교전이 끝났을 때, 실제 프랑스군은 거의 전멸하다시피 했지만, 프랑수아 1세는 늘 그렇듯 용감함의 본보기를 보여주었다. 타고 있던 말이 쓰러지자 그는 말에서 내려 끝까지 싸웠지만, 지칠 대로 지쳐 포기할 수밖에 없었다. 포로로 잡힌 프랑수아 1세는 스페인으로 보내졌고 그곳의 열악한 환경 속에서 1년을 갇혀 지내다가 카를 5세와 마드리드 조약Treaty of Madrid이라고 알려진 협약을 체결하고 나서야 석방이 되었다. 그 조약은 향후 프랑스는 부르고뉴, 나폴리, 밀라노에 대한 권리 주장을 포기하겠다는 내용이었다. 그가 프랑스로 돌아왔을 때 그 조약의 조항들이 일반에게 공표되자 거센 항의가 일었다. 특히 클레멘스 7세는 프랑스를 등에 업지 않고는 이탈리아 내에서 신성로마제국의 황제에 맞서 자신의 자리매김을 제대로 할 수 없음을 잘 아는 터라 그 조약을 듣고 경악을 금치 못하였다. 다급해진 그는 이탈리아의 자유와 독립성을 수호하기 위한 목적으로 반제국 동맹을 구성하기 위하여 밀라노와 베네치아, 플로렌스를 끌어들였고 프랑스도 초대했다. 마드리드 조약문의 잉크가 채 마르기도 전에, 그리고 교황과 프랑수아 1세의 견해가 상당히 달랐는데도 불구하고—교황은 스포르차를 염두에 둔 반면, 프랑스의 왕은 혼자 도시 전체를 독식하려는 계획이었다—프랑수아 1세는 1526년 5월 15일 떠들썩하게 자신의 이름을 서명했다.

소위 코냑동맹League of Cognac으로 알려진 이 동맹은 이탈리아 내정에 새로운 개념을 불러들였다. 아마도 이것은 최초로 밀라노, 더 나아가 이탈리아의 모든 지역들이 외국의 지배로부터 자유로워야 한다는 주장에 힘을 실어준 합의문일 것이다. 자유가 좌우명이 된 것이다. 물론 카를 5세가 이 동맹을 그러한 시각에서 바라보지 않은 것은 당연하다. 그의 입장에서 그 동맹은 직접적이면서 의도적인 도전이었으며 이후 수개월간 그와 교황과의 관계는 경색 국면에 돌입했다. 결국 9월에 접어들어 황제가 보낸 두 통의 서신이 로마에 도착했다. 마틴 루터가 썼다 해도 그 보다 더 거칠었을까 싶을 만큼 편지의 내용은 노골적이었다. 교황을 수취인으로 한 편지 한 통은 그리스도교 세계, 이탈리아, 그리고 교황청에서 의무를 저버린 교황을 고소하는 것이었다. 다른 한 통은 추기경회에 보낸 것으로 그 내용은 한 술 더 떴다. 편지는 만약 교황이 교회 개혁을 위해 모이는 공의회에 참석하기를 거부한다면 그 모든 책임을 추기경회에 돌리겠다는 내용을 담고 있었다. 그것은 실로 교황의 권위에 대한 명백한 도전이었으며 클레멘스 7세에게는 선전포고와 다름없는 것이었다.

밀라노를 둘러싼 싸움은 끊이질 않았기에 아마도 밀라노 사람들은 자고 일어나면 자신들의 충성 맹세 대상이 스포르차인지, 카를 황제인지, 아니면 프랑스 국왕인지 기억하는 데 어려움을 겪었을 것이다. 1525년 11월 황제의 병력이 도심으로 진군해 들어왔다. 그들은 불운했던 프란체스코 마리아 스포르차가 있던 성채를 포위한 채 겨울을 났고, 1526년 7월 15일 스포르차는 결국 항복하고 말았다. 그가 항복했다는 소식은 교황을 암담한 절망 속으로 밀어 넣었다. 교황은 재정이 바닥나 있었고, 로마 사람들에게는 혐오를 받고 있었는데 이론상 동맹인 프랑수아 1세는 그를 돕기 위해 손가락 하나 까딱하는 시늉도 하지 않았다. 한편 개혁은 본격적으로 탄력을 받기 시작했고 오스만의 위협이 서서히 실체를 드러내기 시작했다. 이제 가을로 접어들면서 황제가 대규모 함대를 준비하여 교황의 방문에 맞춰 1만여 명의 병력을 나폴리 왕국에 보내려한다는 소문이 나돌기 시작했다. 더욱 심각한 위기에 몰린 교황은 도시 내에 황제가 심어놓은 첩자들이 활동하며 추기경 회의 구성원인 폼페이오 콜론나와 공모하여 교황에 맞서 가능한 모든 혼란을 꾀하고 있음을 알게 되었다. 약 200여 년에 걸쳐, 로마는 콜론나 가문과 오르시니 가문에 의해서 양분되어 있었다. 그 두 가문은 막강한 부를 자랑할 뿐 아니라 각자 잘 구성된 법정도 갖추고, 마치 독립적인 국가를 구성할 만큼의 엄청난 크기의 땅도 소유하고 있었다. 그들은 부를 통해 이익을 배가시키는 결혼을 선택할 수 있었는데, 클라리체 오르시니와 클레멘스 7세의 삼촌인 위대한 로렌초와의 결혼식 때 치러진 연회는 15세기에 가장 화려한 축하연으로 사람들의 입에 회자되었다. 오르시니 가문은 특별했다고 할 만큼 교황권과 각별한 관계를 맺고 있었는데, 그 이유는 북부로 연결되는 모든 주요 도로가 그들 영토를 통과해야만 했기 때문으로 후임 교황들도 그 사실을 무시할 수 없었던 탓이다.

이러한 사실만으로도 경쟁자인 콜론나 가문의 적대감을 사기에 충분했는데, 그 대표적인 인물이 1520년대의 폼페이오 콜론나였다. 추기경 폼페이오 콜론나는 군인으로서 시작했는데, 아마도 평생 군인으로 남았더라면 더 좋았을 인물이다. 그가 교회에 발을 들인 것은 가문의 압력을 받아서였고, 그래서인지 그를 하느님의 사람으로 묘사한 이는 없었다. 자신은 한 술 더 떴던 율리오 2세도 그를 발탁하고 싶어 하지 않아 레오 10세 교황이 그를 추기경회에 입회시켰으나, 그에 대한 감사의 마음이 레오 10세의 사촌인 클레멘스 7세에게까지 옮겨가지는 않은 모양이었다. 클레멘스 7세를 향한 강한 적의를 품고 질투심에 불타올랐던 폼페이오는 파문이나 필요하면 살해를 해서라도 클레멘스 7세를 제거하기로 마음먹었다.

1526년 8월, 폼페이오의 친척 베스파시아노 콜론나가 로마로 와서 그들 가문이 한 편, 그리고 교황과 오리시니 가문이 한 편이 된 대결구도에서 휴전 협정을 체결하고자 했다. 한숨 돌리게 된 클레멘스 7세는 교황의 군대를 해체했는데, 그 틈을 타서 콜론나 가문이 즉각 아나니 시를 공격해 로마와 나폴리 사이에 소통을 차단해버렸다. 교황은 충격에서 채 회복하지 못해 군대를 동원할 여유도 없었다. 9월 20일 동틀 녘에 같은 병력이 라테란을 급습하여 로마로 밀고 들어왔다. 같은 날 오후 5시경, 몇 시간에 걸친 전투가 끝날 무렵 클레멘스 7세는 만약의 경우를 위해 알렉산데르 6세 교황이 만들어두었던 비밀 통로를 통해 산탄젤로 성으로 달아났다. 그 사이 도심에서는 약탈과 도적질이 시작되었고, 교황청의 한 직원은 그 상황을 다음과 같이 보고했다.

교황궁은 완전히 무자비하게 약탈을 당해서 교황의 침실도 옷장도 텅텅 비었다. 베드로 대성당의 성구 보관실도, 고위 성직자실도, 가족들의 공간도, 마구간도 모두 털렸고 문이나 창문은 모두 부서졌다. 모든 값나가는 성배, 십자가, 목장, 장식품까지 모두 약탈꾼들의 손에 의해서 반출되었다.

군중들은 시스티나 성당 안으로도 침입하여 벽에 있던 라파엘의 태피스트리를 파괴했고, 금과 보석으로 장식되었던 성배와 모든 교회의 귀중품들을 약탈해갔는데 그 가치는 30만 더컷에 해당하는 것이었다.

이미 적절한 준비가 되었던 덕분에 클레멘스 7세는 산탄젤로 성에서 수개월을 버틸 수 있었지만, 식량이 점점 바닥을 드러냈다. 더이상 선택의 여지가 없었던 그는 어떤 조항이든 수락을 해야만 했다. 이어진 협상은 상당히 까다로웠지만 폼페이오 콜론나에게는 만족스러운 것이 아니었고, 그제서야 그는 자신이 일으킨 쿠데타가 실패로 돌아갔음을 깨달았다. 군중들의 여론은 격하게 변하여 그들 가문에게 적대적이 되었다. 로마는 완전히 약탈에 희생되었는데 그들 가문이 그 책임을 피할 수 없었기 때문이다. 11월, 폼페이오 추기경은 모든 명예와 성직을 박탈당했고, 그의 가문의 주요 인물들도 같은 운명에 처해졌다. 콜론나 가문은 교황의 영지 내에서 세 개의 작은 성채를 제외하고 거의 모든 재산을 잃었다.

클레멘스 7세는 살아남았으나 그뿐이었다. 교황청의 다른 직원은 1526년 11월 말 이 상황을 다음과 같이 적고 있다.

교황은 앞을 내다보기보다는 소홀히 하여 그 자신뿐 아니라 로마의 교황청 전체를, 그의 조국을, 그리고 전 이탈리아를 망쳐버리고 말았다. 게다가 그는 그 일을 막을 그 어떤 방도도 강구하지 않고 있으며 모든 돈을 다 소비해버렸고, 모든 친구를 잃고, 수하의 하인들도 떠나버렸다. 그리고 우리 교황청의 명성도 사라져버렸다.

클레멘스 7세는 우울증에 빠질 수밖에 없었다. 그는 전략상 모든 면에서 취약했고, 황제는 그런 그의 취약함을 최대한 이용했다. 지난 8월 오스만의 위대한 술레이만 1세Sülyman I는 헝가리의 모하치에서 대승을 거둔 적이 있었다. 이제 페라라가 동맹에서 탈퇴하여 그곳의 군주 알폰소 데스테가 황제의 동맹에 가담했다는 소식이 전해졌다. 이 상황을 두고 밀라노의 특사는 '교황이 격살格殺을 당한 것처럼 보인다.'고 적었다. 그를 회복시키기 위하여 프랑스, 영국, 베네치아에서 대사를 보냈지만 모두 소용없었다. 그는 마치 의사도 포기한 병자와 같이 보였다. 그러나 클레멘스 7세의 고난은 여기서 끝나지 않았다. 12월 12일, 스페인의 특사가 공의회 개회를 거듭 요구한다는 내용의 황제의 편지를 직접 들고 왔다. 다음 해 초, 부르봉 군주의 지휘하에 황제의 군사들이 교황의 영지로 쳐들어 왔다는 소식이 날아들었다.

부르봉의 두 번째 군주였던 샤를은 직급으로 보자면 프랑스의 총사령관이었고 귀족 출신의 고위관리 중 한 사람이었다. 그러니 그는 자신의 조국인 프랑스를 위해 싸워야 마땅했지만, 그에게 프랑스는 거리가 멀었다. 게다가 프랑수아 1세의 어머니 사보이의 루이즈는 그가 재산을 상속받는 것에 이의를 제기해 이에 격분한 그는 홧김에 황제의 편으로 넘어갔다. 그는 비록 배반을 했지만, 카리스마가 넘치는 인물로, 그 용기에 많은 사람들이 감복하여 존경을 받고 있었다. 그는 약속을 저버리는 일이 없었고, 전투가 한창일 때는 어김없이 나타났으며, 은색과 흰색의 겉옷을 걸치고, '희망espérance'이라고 새겨진 까맣고 희고 노란 바탕의 군기를 들고 있어서 언제나 쉽게 눈에 띄었다. 이제 그는 밀라노에서부터 독일군과 스페인군으로 구성된 2만여 명의 병사들의 선봉에 서서 진군했다. 그가 지나는 길을 따라 모든 도시—피아첸차, 파르마, 레기오, 모데나, 볼로냐—의 시민들은 자신들을 지키기 위한 방어에 광적으로 나섰다. 그들은 굳이 그렇게 애를 쓸 필요가 없었는지도 모른다. 왜냐면, 샤를 군주는 그들에게 시간을 뺏길 마음이 없었기 때문이다. 그는 병사들을 이끌고 성벽 외곽의 지아니콜로 언덕을 넘어 바로 로마로 향해 1527년 5월 6일 새벽 4시에 공격을 시작했다.

중포병이 없는 상태였으므로 샤를은 성벽을 타고 오르는 방법을 택했는데, 그것은 성벽을 강타하여 부수는 기술보다 더 어렵고 위험한 방법이었다. 그런데 그만 샤를 자신이 최초의 희생자가 되었다. 그는 독일 병사들을 이끌고 성벽 발치에 가서 성곽공격용 사다리를 설치하던 중에 가슴에 화승총을 한 방 맞았다. 성벽을 포위하고 있던 사람들도, 또 포위를 당한 사람들도, 누가 봐도 알아볼 수 있는 그 흰 옷을 걸친 인물이 추락하는 모습을 보았다. 약 한 시간가량 포위 상태에서 긴장감이 흘렀고, 어느 순간 독일군과 스페인군들 사이에서 복수심이 끓어오르며 더 가열찬 공격을 가했다. 아침 6시에서 7시 사이에 그들은 방어벽을 뚫고 로마시로 진입했다. 그때부터 저항은 거의 없었다. 성벽 사수에 매달려 있던 로마인들은 자신들 각자의 집을 지키러 서둘러 떠났고, 교황군의 다수가 목숨을 부지하려 적군에 가담했다. 그러나 오직 스위스 출신 호위병들과 일부 교황군만이 전멸될 때까지 장렬히 싸웠다. 그 침략군들이 바티칸에 접근하자 교황은 황급히 베드로 대성당을 빠져나가 또 다시 비밀 통로를 통해 산탄젤로 성으로 들어갔는데, 그곳에는 이미 공포에 질려 도망 온 다른 사람들도 있었다. 그렇게 몰려든 사람들 때문에 쇠창살을 내려 성문을 닫기가 어려웠다. 어떤 추기경은 하인들이 창문으로 밀어주어 겨우 안으로 들어갔고 또 다른 추기경은 바구니를 타고 위로 끌어올려지기도 했다. 보르고와 트라스테베르 밖에 있던 병사들은 끔찍한 살생을 시작했다. 후일 율리오 3세 Julius III 교황이 된 조반니 마리아 초키 델 몬테 추기경은 머리채를 묶여 매달리기도 했고 산토 스피리토 병원에 있던 거의 모든 환자들이 학살을 당했으며 피에타 고아원에는 단 한 명의 생존자도 없었다.

황제의 군사들은 자정이 되기 전에 티베르 강을 건넜고, 독일군들은 캄포 데 피오리에, 그리고 스페인군은 나보나 광장에 진영을 설치했다. 뒤이어 자행된 약탈은 역사상 가장 끔찍했던 것 중 하나로 기록되고 있다. 강 건너에서 시작된 대학살은 계속되고 있었고 길거리로 나서는 것은 바로 죽음을 자처하는 일이었으나 집안에 있다고 해서 더 안전한 것도 아니었다. 그 어떤 교회와 궁전, 가옥도 이 약탈과 대대적인 파손을 피하지 못했다. 수도원들도 약탈당하기는 마찬가지였고, 수녀원에도 폭력이 자행되었으며 매력적인 수녀들은 길거리에서 매매되기도 했다. 최소 2명의 추기경들이 거리로 끌려 나가 고문을 당했고, 그중 한 명은 족히 여든이 넘은 나이 탓에 그때 입은 부상으로 죽고 말았다. 바티칸 소속의 목격자들이 전하기로 당시 로마의 상황은 지옥보다 더했다고 한다. 그렇게 온 도시를 피로 물들였던 소요는 나흘 낮과 밤이 지나서야 잠시 잦아들었다. 5월 10일 폼페이오 콜론나와 그의 두 형제들이 8천 명을 이끌고 도착하고 나서야 도시는 외견상 질서를 회복하는 듯 보였다. 이때는 온 도시의 거리마다 속속들이 다 파괴되고 시체들이 여기저기 널브러져 있었다. 후일 포로로 잡혔던 한 스페인 공병의 보고에 따르면, 티베르 강 북쪽 강둑에서만 1만여 구의 시신을 매장했고 2천 구를 강에 던졌다고 한다. 6개월 후, 기아와 전염병의 확산이 더해져서 로마의 인구는 포위되기 전의 절반 수준으로 떨어졌다. 일 년 중 가장 더운 시기에 도시의 상당 부분이 폐허로 버려진 채 매장도 못 한 사체들로 들끓고 있었다. 문화재적인 차원에서도 그 손실은 실로 막대했다. 그림들, 조각품들, 바티칸 도서관을 포함한 모든 도서관들이 약탈당하고 파괴되었으며, 교황의 기록보관소도 온통 헤집어졌다. 화가 파르미자니노도 투옥되어 교도소장들의 그림을 그려주면서 목숨을 부지했다.

한편, 황제의 군대도 로마인들처럼 고통을 겪기는 마찬가지였다. 실질적으로 식량이 턱없이 부족했고, 수개월 째 급여를 못 받고 있던 병사들은 사기가 저하되어 오직 약탈과 노획에만 열을 올렸다. 원칙은 무너진 지 오래고 독일군과 스페인군은 서로 맹렬히 싸웠다. 클레멘스 7세는 항복하는 이외에는 별 도리가 없었다. 그가 공식적으로 지불한 대가는 오스티아, 치비타베키아, 피아첸차, 모데나와 같은 도시였고, 금액으로 따지면 40만 더컷에 달하는 것으로, 그 돈을 마련하려면 모든 교황관을 녹이고 금과 보석 장식은 내다 팔아야 할 지경이었다. 게다가 실제 대가는 더 높았는데, 왜냐면 베네치아(동맹이었음에도)가 세르비아와 라벤나를 포위하고 있었기 때문이다. 교황의 영지 안에는 역사상 처음으로 효율적인 정부가 만들어졌었는데 그 모두가 무너져버렸다. 12월초 교황은 로마에서 탈출하여 변장을 하고는 오르비에토로 갔다. 교황은 그곳에서 영국의 헨리 8세가 아라곤의 캐서린과의 혼인 무효를 위해 보낸 대사들을 맞이했다. 다음은 그들 대사 중 한 사람이 보고했던 내용이다.

> 교황은 그 도시의 황폐하고 쓰러져가는 오래된 주교관에 누워 있었다. 우리가 그의 전용관으로 다가가면서 3개의 방을 지났는데 모두 텅 비어 있었고, 지붕은 내려앉아 있었으며 30명 정도의 사람들—하층민들과 그 외 사람들—이 채권압류 통고를 위해 그 방에 서 있었다. 교황의 침실로 쓰이는 방에 있는 옷가지는 금화 20노블의 가치도 안 나가는 것이었다. … 여기서 자유를 누리는 것보다는 로마에 포로로 잡혀 있는 생활이 더 나을 듯하였다.

다른 신경 쓸 일이 많았던 교황이 혼인의 무효선언에 관해서 확답을 주지 못하고 주저하자, 영국의 대사들은 실망한 채 돌아갔다.

평화가 찾아온 것은 1528년과 이듬해 9년 겨울 동안, 카를 5세 황제의 숙모인 사보이의 마르게리타와 그녀와는 동서 지간인 프랑스의 프랑수아 1세의 어머니 루이즈 사이에 협상이 시작되고 나서였다. 두 사람은 1529년 7월 5일 캄브리아에서 만났고 그 결과 8월 첫 주에 조약이 체결되었다. '여성들의 평화Ladies' Peace'라고 불리게 된 이 조약은 이탈리아 내에서 스페인의 통치를 확인해주었다. 부르고뉴에 대한 카를 5세의 권리를 묵인해주는 대가로 프랑수아 1세는 다시 한 번, 이탈리아 내에서 자신의 권리를 주장하고 나서게 되었다. 그러나 코냑동맹의 다른 나라들은 완전히 계산에서 제외되었고, 그해 말 카를 5세가 부과하는 조항을 수락할 수밖에 없게 되었다. 그 조항은 베네치아가 남부 이탈리아 내에서 소유하고 있는 땅들을 모두 나폴리에 있는 스페인 왕국에 양도한다는 내용을 포함하고 있었다. 프란체스코 마리아 스포르차는 밀라노에 복위되었고, 1527년 플로렌스에서 추방되었던 메디치 가문도 부활했고—비록 10개월간 포위를 하며 버틴 결과이지만—몰타 섬은 1530년 성 요한 기사단에게 넘겨졌다.

프랑스의 국왕이 배신을 했다고 느끼고 있던 이들에게 그것은 수치스러운 합의였다. 그래도 그 합의를 통해 최소한 평화를 되찾았고, 이탈리아 역사에서 참으로 길고도 볼썽사나웠던 전쟁 국면은 끝이 났다. 1494년 샤를 8세의 침략으로 시작되었던 그 전쟁이 이탈리아 사람들에게 남긴 것은 대대적인 파괴로 인한 황폐하고 초토화된 도시뿐이었다. 이 모든 것을 봉인하기 위하여 제국의 황제 카를 5세는 생애 처음으로 대관식을 위해 알프스를 넘었다. 그러나 황제의 대관식은 더 이상 필수적인 의식은 아니어서 그의 조부인 막시밀리안 1세도 대관식을 치르지 않고 황제의 소임을 다 했었고, 카를 5세 자신도 교황의 최종 승인 없이 거의 10년 세월을 왕좌에 앉아 통치를 해왔다. 그럼에도 불구하고, 교황이 직접 황제의 관을 머리에 씌워주지 않는다면, 엄밀히 말해 신성로마제국의 황제라는 칭호가 그 정당성을 부여받지 못한다는 사실은 여전히 존재했다. 그러므로 강력한 신성의 의무를 지기 위해서는 칭호도 성찬례도 중요

† 클레멘스 7세. 세바스티아노 델 피옴보의 작품. 나폴리 카포디몬테 미술관.

했다.

　황제의 대관식은 전통적으로 로마에서 거행되었다. 그러나 1529년 8월 중순, 제노바에 도착하자마자 카를 5세는 술탄 술레이만 1세가 비엔나로 진군해오고 있다는 보고를 들었다. 그는 이런 때에 이탈리아 반도 남단으로 너무 내려와 있는 것은 어리석은 것이라는 판단을 내렸다. 돌아가기까지 너무 오랜 시간이 걸릴 것이며 자칫하면 돌아가는 길이 완전히 차단되어 위기 상황에 처할 수도 있기 때문이었다. 클레멘스 7세에게 전령사들을 급파하여 볼로냐에서 대관식을 치르는 것이 좋겠다는 데 합의했다. 볼로냐는 상대적으로 가깝고 접근이 용이하며 그래도 강력한 교황권의 통치하에 있는 지역이었다. 그렇다고 해서 모든 불확실성이 제거된 것은 아니었기에 9월, 볼로냐로 향하던 카를 5세는 비엔나에 있는 자신의 형제 페르디난트로부터 필사적인 호소문을 받고는 거의 대관식을 취소하는 상황에 이르렀다. 그러나 그는 심사숙고 끝에 취소하지 않는 쪽으로 마음을 먹었다. 그가 비엔나에 당도해 있을 즈음에는 도시는 이미 무너졌거나, 혹은 술탄이 겨울을 나기 위해 잠시 휴전에 들어가 있을 것이었다. 어느 상황이든 현재 이탈리아 내에 그가 거느리고 있는 소수의 병력만으로는 대군을 상대하기에는 턱없이 부족했다.

　그래서 1529년 11월 5일 카를 5세는 공식적으로 볼로냐에 입성했고, 성 페트로니오 대성당 앞에서 교황은 그를 맞이할 준비를 하고 있었다. 짧은 환영의식이 끝나고 두 사람은 광장을 가로질러 포데스타 궁으로 갔다. 그곳에는 그들의 거처가 마련되어 있었다. 그들에게는 대관식을 치르기에 앞서 논의를 하고 해결해야 할 많은 현안들이 있었다. 그러니까 결국 황제의 병력이 교황이 있는 로마를 약탈하고, 실질적으로 클레멘스 7세가 카를 5세에게 감금된 것이나 진배없이 산탄젤로 성당에 갇혀 지냈던 것이 불과 2년 전의 일이었다. 어찌되었든 우호적인 관계를 다시 회복해야 하는 시점이었다. 또한 제국의 적국이었던 모든 이탈리아에 있는 제후들과도 개별적인 평화 조약을 체결해야 했다. 이렇게 이탈리아 내에 확고한 평화가 자리를 잡아야만 카를 5세가 클레멘스 7세 앞에 무릎을 꿇고 황제의 관을 수여받는 것이 정당화될 수 있을 것이었다. 대관식 날짜는 1530년 2월 24일로 확정되었고, 그리스도교 세계의 모든 통치자들에게 초대장이 전달되었다. 카를 5세와 클레멘스 7세에게는 향후 이탈리아 문제 해결 논의를 위한 시간이 약 4개월 정도 주어진 셈이었다.

놀랍게도, 4개월의 시간은 충분한 역할을 했고, 그 둘은 평화 조약을 체결했다. 그리고 예정된 날짜에 카를 5세는 성 페트로니오 대성당에서 교황으로부터 검과 보주寶珠, 홀 그리고 마침내 신성로마제국의 황제의 관을 수여받았다. 역사상 교황이 황제에게 왕관을 수여했던 것은 그때가 마지막이었고, 이로써 교황 레오 3세로부터 시작되어 교황이 황제의 머리에 왕관을 씌워주는 700년의 전통은 완전히 막을 내렸다. 그렇다고 제국의 종말이 온 것이 아니었지만, 지구상에 그리스도의 대리자로부터 상징적으로도 왕관을 수여받는 일이 두 번 다시 없었다는 것이다.

그러나 영국 국왕 헨리 8세의 결혼 무효에 관한 문제가 남아 있었다. 헨리 8세의 결심은 확고했다. 그는 필사적으로 아들을 얻고 싶어 했으나 그의 아내인 캐서린에게서 아기를 얻는 것은 요원해 보였다. 다행히 탈출구가 있는 것 같았다. 캐서린은 자신의 큰 형인 아서의 미망인이었고, 교회법은 죽은 형의 아내와의 결혼을 금지하고 있었다. 율리오 2세 교황은 특별히 용납하여 그녀와의 결혼을 허가했었다. 헨리 8세의 주장은 그 금지조항은 교회의 법이라기보다 하느님의 법이므로 따라서 특별허가 자체도 적법하지 않았던 것이므로 결과적으로 그의 결혼이 무효라는 것이었다. 그와 캐서린 사이에 아들을 가지지 못하는 것이 명백히 하느님께서 진노하신 증거라고 주장했다.

교황에게 있어서는 결혼이 무효라는 것을 인정해주는 쪽이 영국 전체에서 가톨릭 조직을 잃는 것보다 적은 값을 치르는 일이라고 생각할 수도 있었다. 그러나 극복할 수 없는 문제가 하나 있었다. 그것은 바로 헨리 8세가 이혼을 하려는 그의 아내 캐서린은 최근에 대관식을 치렀던 황제의 이모라는 점이었다. 그러니 헨리 8세에게 파문을 명하는 것이 여러모로 안전한 결정이었다. 헨리 8세가 크랜머 대주교에게 압력을 가해 캐서린과의 결혼은 가치가 없고 무효한 것이라고 선언하도록 하고 앤 불린과 결혼을 해버리자, 클레멘스 7세는 1533년 7월 11일 헨리 8세에게 파문을 내렸다. 그에 맞서 헨리 8세도 맞불을 놓았다. 예전에는 신앙의 수호자였을지 몰라도 이제 그는 한 치의 주저도 없이 로마와 연을 끊어버렸고, 자신을 수장의 자리에 세우고 영국의 교회를 설립했다.

여러 가지 불운한 일들이 많았지만, 클레멘스 7세는 자신이 책임 졌던 일들 중에서도 메디치 가문의 일원으로서 르네상스의 제후라 는 사실만은 결코 저버리지 않았다. 그는 첼리니와 라파엘의 후원 자였으며, 미켈란젤로를 고용하여 로렌초에 있는 메디치 가문의 묘 지를 완성했을 뿐 아니라 시스티나 대성당의 동쪽 벽에 '최후의 심 판'을 그리도록 했다. 1530년 그의 가문은 투쟁 끝에 플로렌스로 다 시 돌아갔고 이제 그곳은 알레산드로Alessandro의 통치를 받고 있는 데, 그는 위대한 로렌초의 손자인 로렌초 2세의 사생아로 알려진 인 물이다. 선종을 1년여 남겨두고 교황으로서 클레멘스 7세가 거둔 유 일한 외교적인 성공은, 메디치 가문을 유럽의 가장 강력한 두 개의 왕가인 합스부르크와 프랑스의 발루아 가문과 엮었던 결혼이었다. 이들 결혼의 첫 주자는 로렌초 2세의 딸인 카트린과 프랑수아 1세 의 아들로 오를레앙의 군주인 앙리 커플로, 앙리는 향후 프랑스의 국왕[앙리 2세]이 된다. 두 번째는 알레산드로와 카를 5세의 딸인 오 스트리아의 마르게리타 커플이었다. 1533년 10월, 그 첫 번째 결혼 식*을 거행하기 위하여 클레멘스 7세는 마르세유에 갔다. 그러나 그 해 말 로마로 돌아올 때 그는 이미 병들어 있었다. 끝내 건강을 회 복하지 못한 그는 1534년 9월 25일 선종했다.

* 14년 후, 신부인 그의 친척 여성은 프랑스의 왕비가 된다. 두 번째 결혼은 처음보다 성 공적이지 않았고, 알레산드로는 1537년 자신의 먼 친척인 로렌치노에게 살해당했다.

20

반종교개혁

1534~1605

1534년 10월 13일 교황 바오로 3세Paulus Ⅲ(1534~1549)에 선출되었던 알레산드로 파르네세는 추기경회의 원로 구성원이었다. 그는 67살이었으나, 몸이 거의 굽어졌고 기다란 흰 수염에 지팡이까지 짚고 있는 탓에 원래 나이보다 10년은 족히 더 들어 보였다. 그런 그가 이틀 만에 만장일치로 선출이 되었고, 게다가 15년을 교황좌에 앉아 있었다는 사실은 놀랍기까지 하다. 1522년 하드리아노 6세 교황이 선출되었던 콘클라베에서 파르네세는 선출이 유력한 인물이었으나 에지디오 추기경이 그에 대한 인격적인 중상모략을 하고 나서는 바람에 완전히 기회를 잃었었다. 그러나 이제 그는 이전의 삶과는 멀어졌고 에지디오의 반대도 잊혀졌다. 게다가 파르네세는 사전에 교황이 되기 위한 여러 가지 세심한 계획을 마련해 두었다.

바오로 3세는 초기에는 '치맛바람 추기경'으로 알려졌는데, 많은 사람이 믿는 바로는 그가 추기경에 임명되었던 배경이 순전히 자신의 여동생, 줄리아 파르네세가 알렉산데르 6세 교황의 정부였다는 사실 때문이다. 그러나 그는 초기부터 '치맛바람 교황'은 아니라는 사실을 분명히 했다. 줄리아와 마찬가지로 그도 르네상스의 영향을 받은 사람으로 위대한 로렌초 데 메디치의 궁정에서 인문학에 대한 기본적인 소양을 익혔다. 25살에 추기경에 임명되었지만 에지디오 추기경이 맹렬히 비난했던 것이, 그는 그때 이미 네 명의 아이를 둔 아버지이기도 했다. 그는 친족등용에 있어서도 수치심을 못 느끼는 듯 서슴지 않고 각각 열여섯, 열넷인 두 명의 손자를 추기경회에 입회시켰다. 그는 1536년, 사육제Carnival를 다시 부활시켜 투우에 열광하는 소리가 로마에 울려 퍼지고, 경마와 불꽃놀이가 열리고, 바티칸에 무도회와 연회의 음악소리가 퍼져나갔다. 그러나 이런 것은 16세기의 바오로를 가장 흥미로운 교황으로 만든 것들 중 하나일 뿐이며, 그는 강력한 도덕적 양심과 개혁가로 거듭났다.

바오로 3세 교황의 세속적인 면모부터 먼저 살펴보자. 건축학 분야에서 그의 최고의 성취는 로마 줄리아 거리에 있는 팔라초 파르네세다. 그는 1517년 이 궁전의 건축을 시작했는데, 그 규모와 장대함으로 인해 1589년에 가서야 완성이 되었다. 그 작업에 관여한 4명의 건축가 중 미켈란젤로에게 바오로 3세는 캄피돌리오 광장의 재설계도 맡겼고―그때 마르쿠스 아우렐리우스의 기마상은 현재의 중앙자리로 옮겨졌다―후임 안토니오 다 상갈로에게 베드로 대성당의 건축을 맡겼다. 미켈란젤로는 89살을 일기로 눈을 감을 때까지 17년 동안 베드로 성당 건축 작업에 참여했다(그 기간에 아름다운 돔을 설계했다). 건축이 진행되는 동안 그는 보수를 받기를 거부했는데, 그 작업을 하느님께 바치는 봉헌이라고 말했다고 한다.

† 바오로 3세. 교황으로 선출되기 전에 그는 이미 4명의 사생아를 둔 아버지였다. 티치아노가 그린 2점의 초상화 중 하나. 나폴리 카포디몬테 미술관.

역대 르네상스의 다른 교황들과 마찬가지로 바오로 3세도 자기 가문의 부의 축적에 힘을 기울였다. 파르네세는 유서 깊고 저명한 용병대장의 가문으로 비테르보와 볼세나 호수 주변에 많은 땅을 갖고 있었다. 하지만 그렇다고 오르시니나 콜론나와 같은 귀족 가문은 아니었으니 분명히 아직 더 세를 키우고 확장해야 할 여지가 남아 있었다. 바오로 3세는 방종하기로 악명 높은 아들, 피에르루이지

Pierluigi를 교회의 최고 지휘관 자리에 임명했다.* 그리고 피에르루이지의 아들인 오타비오를 카메리노의 군주로 앉히고는 1538년에는 오스트리아의 마르게리타―암살당한 알레산데로 데 메디치의 15살 미망인―와 결혼을 시켰다. 끝으로 1545년, 그는 피에르루이지를 파르마와 피에첸차의 군주로 만들었고 그 왕조는 그 후 200년 동안 명맥을 유지했다.

예술에 심취하고 왕가를 중요하게 생각하는 일은 예전과 같이 중요했지만, 비중은 상대적으로 줄었다. 교회가 그것을 대신했고, 그를 에워싸고 있는 위험요소들이 가득했기 때문이다. 그 위험요소들 중 하나가 튀르크족이었다. 위대한 술탄 술레이만이 이끌고 있는 튀르크는 끊임없이 중앙 유럽을 넘볼 뿐만 아니라 지중해 동부의 그리스도교의 전초기지를 손에 넣고 있으면서 이탈리아 해안을 위협하고 있었다. 만약 튀르크족을 패배시킬 수 있다면 그것은 모든 가톨릭 국가들의 단결된 노력에 의해서만 가능한 것이었다. 어찌되었든 대동단결을 위해서는 프랑스의 프랑수아 국왕과 신성로마제국의 카를 황제는 화해를 해야만 하는 상황이었다.

도사리고 있던 또 다른 위험은 개신교였다. 개신교의 세력이 너무 커져서 근절시키기에는 이미 늦었고, 북부 유럽의 대부분 지역이 개신교라는 새로운 조류에 물들고 있었다. 교황이 할 수 있는 일은 그 피해의 확산을 최소화하는 것뿐이었다. 이 거센 조류를 막아내기 위한 최선의 방법을 고민할수록 교황은 공의회의 필요성을 확

* 1535년 바오로 3세는 피에르루이지를 황제 카를 5세의 궁정으로 보냈다. 피에르루이지는 그곳에 머무는 동안 특별히 남색을 금하라는 명을 받기도 했다.

신하게 되었다. 그것은 루터교 대표단을 포함하는 것이었다. 여기
저기서 이에 대한 반대에 부딪히는 것은 불가피했다. 추기경들은
어떤 형태로든 개혁이라고 하면 자신들의 안락한 삶을 위협하는 것
으로 보아 공의회 개최를 반기지 않았고, 황제는 루터를 따르는 프
로테스탄트 백성들과의 타협을 염두에 두고 있었기에 공의회에서
교리에 대하여 너무 강경한 입장을 취할까 봐 부담을 느꼈다. 그래
서 황제는 모든 신학적인 문제는 차치하고 개혁 조치에만 집중하기
를 바라고 있었다. 루터교도들은 모든 기독교인들에게 중립적인 회
의를 요구하고 있었기에 어떤 회의든 이탈리아 땅에서 개최되거나
교황이 주관하는 회의라면 전면적인 불참을 고집했다. 프랑스의 왕
은 유일하게 이 시점에서 카를 황제가 종교 문제에 휘말려드는 것
을 반기는 입장이었으므로 공의회를 통해 문제가 해결되기를 원치
않았다. 그러나 바오로 3세 교황은 뜻을 굽히지 않았다. 그러는 한
편 특별위원회를 소집해 모든 교황의 병폐를 보고하고, 고칠 수 있
는 방안을 모색하도록 명했다. 특별위원회는 추기경회에서도 특별
히 그 업무를 위해 인정을 받은 많은 수의 추기경들로 구성되었는
데, 그들 중에는 영국의 헨리 8세의 사촌으로 인문주의자인 레지널
드 폴 추기경, 교황의 특사로 영국에 파견되었던 나폴리 출신의 조
반니 피에트로 카라파(미래의 바오로 4세 교황)도 포함되어 있었다.
그는 후일 테아티노회Theatine Order*를 설립했다. 특별위원회에서는

---

* 테아티노회는 개혁주의자들의 수도회로, 사유재산 소유와 구걸을 금했다. 반종교개혁
에서 중요한 역할을 했던 그들은 엄격한 금욕생활을 준수하며 세속적인 성직자들과는
생활이 뚜렷이 구별되었다.

1537년 3월 보고서를 제출했다. 교회의 주요 역사학자—E. 더피, 세인츠, 그리고 시너스—중 한 사람은 그 보고서를 한마디로 다이너마이트였다고 묘사했다. 보고서에는 최근에 일어났던 여러 가지 성직의 남용 사례들을 열거하고 그들의 잘못—면죄부 판매, 성직자의 급여, 여러 한직들, 주교관할구에서 자금 비축 등—을 책망하고 교황에게도 직격탄을 날리는 내용이었다. 이 결과 바로 종교개혁이 일어났고 그것은 어쩌면 너무나 당연한 결과였다. 만약 교회가 적법하게 제대로 운영됐더라면, 종교개혁은 결코 일어나지 않았을 것이다. 잔뜩 겁을 먹은 교황청—일부러 위원회에 들지 않았다—은 어떻게 해서든 보고서를 카펫 바닥으로 숨기려 했지만, 보고서의 사본은 흘러나갔고 곧 독일어로 번역되어 루터파 교회들에게까지 퍼져나갔다.

이제 여기저기서 개혁의 기운이 감지되자 바오로 3세는 개혁을 고무하기 위한 최선의 노력을 펼쳤다. 그는 로마 하층민들의 누추한 여관방이나 창고에서 주로 선교활동을 하고 있던 필리포 네리라는 젊은이를 열렬히 맞아주었고, 몇 년 후에는 좀 더 나이가 있었던 로욜라의 이냐시오도 마찬가지로 환영해 주었다. 바스크인이었던 이냐시오는 스페인 출신의 열정적인 6명의 동료들과 도착했다. 그들은 예수회라고 하는 조직을 함께 꾸리고 있었다. 1540년 바오로 3세 교황은 칙서를 발표하여 예수회를 공식적으로 승인해주었다. 예수회 회원들은 특별히 그들 수도회를 구분 짓는 복장을 따로 입지도 않았고, 정해진 본부도 없었으며, 합창으로 드리는 기도도 따로 없었다. 오직 그들을 묶어주는 두 가지는 엄격한 규율과 무조건적인 순명이었다. 예수회는 참으로 파란만장한 역사를 가지게 되는데 그들이 반종교개혁*의 선봉에 서 있었음은 그 누구도 부인하지 못할 것이다.

마침내 교황의 노력은 결실을 맺어 1545년 12월 13일 그토록 염원하던 공의회가 트렌트에서 열렸다. 트렌트는 황제가 추천한 도시로 제국의 영토 안에 있었으므로 그나마 안전하다는 이유에서였다. 출발은 불안했다. 첫 회기에는 추기경 1명, 대주교 4명, 주교 31명만이 참석했지만, 점차 탄력을 받아 개회와 폐회를 반복하면서 그 후로도 18년간 지속되었다. 트렌트 공의회는 주교들의 최대 참석자수가 270명에 달했고, 독일 주교들의 수가 13명을 넘지 않았을 때조차도 이탈리아인들의 압도적인 지지를 받았다. 그러나 트렌트 공의회가 갖는 중요한 의의는 반대파들이 날카로운 이를 드러내는 등 여러 가지 어려운 상황 속에서도 개최가 되었다는 그 사실 자체였다. 게다가 황제를 거역할 수 있는 정도의 힘은 갖추게 되었고, 무엇보다도 교리와 관련하여 신앙에 의한 정당화, 성체의 실체변화 transubstantiation, 연옥煉獄 등 그 외에 어떤 해묵은 질문에 대해서도 두려움 없이 논의를 할 수 있게 되었다.

그러나 공의회는 결코 부분적인 성공 그 이상은 아니었다. 프로테스탄트들은 공의회 자체를 로마의 꼭두각시 놀음으로 보고 있는 사람들이었으니, 그 결과에 대하여 불만스러운 반응을 보이는 것은 너무도 당연한 일이었다. 가톨릭 신자들조차도 애초에 기대했던 것

* 루터와 칼뱅의 종교개혁으로 잃어버렸던 세력을 회복하려는 교회 내의 운동. – 역주

보다 불충분하고, 답답하고, 더디다고 느꼈다. 예를 들어 가장 개혁이 시급했던 교황권에 관해서는 한마디 언급도 없었다. 황제와 프랑스 국왕(1547년, 앙리 2세가 프랑수아 1세의 뒤를 이었다) 사이에 사그라질 줄 모르는 적대감으로 인해 프랑스가 자주 분담금을 내지 않아서 의회는 간헐적으로 열렸다.

트렌트 공의회는 서방의 전 그리스도교 세계가 그토록 바라고 염원하던 하나 된 그리스도교의 세계적인 공의회는 결코 되지 못했고, 필요하면 무력을 동원해서라도 다시 한 번 유럽을 가톨릭화하겠다는 목적을 염두에 둔, 단지 반종교개혁의 자조적인 공의회였을 뿐이다. 그러니 그 결과는 너무도 자명한 것이었다. 프랑스에서는 위그노교도Huguenots**들을 상대로 8회에 걸쳐 내전이 일어났고 (1572년 파리의 성 바르톨로메오 축일의 대량학살에서 3천 명 이상이 사망했다), 스페인과 네덜란드 사이에서는 30년 전쟁(1618~1648)의 악몽이 북부 유럽을 초토화하며 80년 이상 지속되었다.

그럼에도 공의회는 규율의 갱신과 교회에서의 영성 생활을 위한 단단한 기반을 마련했는데 그것은 그 어느 때보다 강력하며 명확했다. 바오로 3세 교황의 비전과 결심 덕분에 어쨌든 공의회가 열렸고 그래도 트렌트 공의회 덕분에 결국 프로테스탄트의 거센 바람이 한풀 꺾였다.

만약 바오로 3세 교황이 1545년 죽음을 맞이했더라면, 그는 행복하게 눈을 감을 수 있었을 것이다. 그러나 안타깝게도 그는 4년을

** 프랑스의 칼뱅파교도. - 역주

더 살았고 그 사이 개인적인 비극을 맞이했다. 1547년 9월, 피아첸차 사람들은 교황의 아들 피에르루이지에 대항하여 폭동을 일으키고 그를 암살했다. 그들은 교황의 복수가 두려워 황제의 비호를 받기 위하여 도망쳤는데 카를 황제는 그들을 받아주었다. 일단 피아첸차가 황제 측 경비선의 감시하에 있으므로 피아첸차는 실질적으로 황제의 땅이었다. 그가 패만 잘 고른다면, 파르마까지도 손에 넣을 수 있는 상황이었다. 이는 바오로 3세 교황에게 믿는 도끼에 발등이 찍힌 격이었다. 바오로 3세의 초기 대응은 분개하며 교황의 영지로서의 파르마에 대한 권리를 주장하는 것이었다. 피에르루이지의 아들, 오타비오는 파르마를 내주길 거부했고, 또 다른 그의 손자—추기경 중 한 사람—도 오타비오의 편을 들어주었다. 오타비오는 교황의 관할권 바깥에 있는 인물이었지만 그의 편을 들었던 추기경은 운이 나빴다. 그가 소환을 당해 교황 앞으로 불려나가자 교황은 그의 머리에 씌워진 비레타*를 낚아채서는 바닥에 내동댕이쳤다. 그러나 나이 82살의 교황에게 지나친 격분은 독이 되었던 모양이다. 그로부터 몇 시간 후 바오로 3세 교황은 선종했다.

11월 중순, 바오로 3세가 선종하고 그의 후임을 선출하기 위한 콘클라베는 그 다음 해 겨울에 열려 여러 가지 악조건 속에서도 3개월간 지속되었다. 15세기의 콘클라베에는 교황청에 속해 있던 추기

* 테 없이 각이 진 모자로 윗부분에는 서너 개의 등마루가 있다. 본디 예식을 거행할 때 교구 성직자나 수도회 성직자가 쓰던 모자였다. 색깔은 성직자의 직급을 나타낸다. 사제 각모는 더 이상 미사에서는 착용하지 않으며 사실상 사라졌다. — 역주

경회의 일원들로 구성되어 있었기에 로마에 있던 추기경들만이 참석하였다. 16세기에 접어들어서는 자기 측근의 선출 여부와 상관없이 전 유럽에 있는 추기경들이 소환되었다. 1548년 초기에 눈길을 끌었던 영국 출신의 레지널드 폴은 1차 투표에서 28명의 표가 필요한 상황에서 25명으로부터 표를 받았다. 만약 자신의 이익을 위해 충분한 로비를 했더라면, 초반부터 그가 지배적인 위치를 점했겠지만, 그것은 그의 방식이 아니었다. 그는 외국인을 싫어해서 이탈리아 출신의 교황만을 고집하는 이탈리아 추기경들을 설득하려는 노력을 굳이 하지 않았고, 그래서 프랑스 측의 추기경들이 도착할 때까지 콘클라베는 결론이 나지 않고 있었다. 영국 출신의 교황이 선출되는 것을 극도로 꺼린 이들이 폴에게 이단 혐의를 걸어 그를 지지하는 사람들을 소외시켰다. 폴을 가장 지지했던 전 교황의 손자, 알레산드로 파르네세 추기경은 대부분 졸음을 느껴(혹은 술에 취해) 시들해지는 늦은 밤에 투표를 하는 마키아벨리식의 술수를 써보자고 제안했다. 그러나 그 또한 폴의 방식과는 어울리지 않았다. 폴은 자신이 만약 바티칸으로 들어갈 운명이라면, 한밤에 도둑처럼 들어가는 것이 아니라 열린 문으로 떳떳이 들어가겠다고 말했다.

아마도 이번이 역사상 유일하게 계획적인 장난이 연루된 콘클라베였을 것이다. 그 피해자는 이폴리토 데스테 추기경으로, 궁금함을 참지 못했던 그의 동생이 무슨 일이 일어나는지 엿듣고 싶어 시스티나 대성당 지붕 위로 올라갔다가 들키고 말았다. 그 바람에 그는 동료 추기경들로부터 빈축을 사서 이미 모양새가 우스워진 상황이었다. 그 추기경은 당시 안타깝게 머리털과 수염이 한줌씩 빠지는 증상에 시달리고 있었는데, 그 원인은—모두가 알다시피—명백히 전신탈모증이었다. 그러나 동료들은 매독 때문이라고 그를 강력히 비난했다. 함정에 빠진 불쌍한 데스테는 분개하며 자신은 1년 이상 모범적이고 깨끗한 생활을 해왔다고 항의를 했지만, 소용없었다. 그 일이 있고 나서는 아무도 그를 경쟁력 있는 교황 후보로 생각지 않았다.

늘 그렇듯, 음모와 모함이 오가고 난 후, 결국 프랑스와 이탈리아 측에서는—비록 황제의 반대가 있었지만—상대적으로 별 볼 일 없는 후보에게 동의를 했다. 그의 이름은 조반니 마리아 초키 델 몬테—율리오 3세Julius III(1550~1555) 교황으로 알려짐—로 능력 있는 교회법 변호사였고, 25년 전 로마가 약탈을 당하던 때에 극심한 고통을 겪었으며 트렌트 공의회에서는 공동 의장을 맡았던 인물이다. 그보다 그는 이노첸츠라는 이름의 17살짜리 소년에게 미혹되었던 일로 더 잘 알려져 있었다. 2년 전 파르마 길거리에서 그 소년을 데려왔다고 하는데 즉위식이 끝나자마자 그 소년을 추기경의 자리에 앉혔다.

율리오 3세는 교황으로서 자신의 소임을 시작했다. 이제 우리는 다시 한 번 전형적인 르네상스 스타일의 교황을 보게 된 것이다. 수치를 모르는 듯 방종하고 친족등용을 서슴지 않고, 그가 여는 연회—로마에서는 널리 회자되었다—는 주요 손님들이 식사를 마치고 자리를 뜨면 언제나 진탕 먹고 마시는 동성애 파티로 전락했다. 율리오 3세 교황은 교외의 빌라 줄리아—지금은 교외의 작은 마을이 아니라 국립 에트루리아 박물관이 자리한 도시로 성장했다—의 별장에 엄청나게 많은 돈을 들였고, 베드로 대성당에 있는 미켈란젤로의 작품에 상당히 심취했다. 그는 팔레스타인 사람을 성가대와 자신의 부속 예배당의 악단 지휘자로 고용했다. 다소 놀라운 사실은 교회 개혁의 필요성에 대해서는 상당히 확고한 생각을 갖고 있어—그는 예수회를 독려하고 트렌트 공의회가 관례대로 진행되도록 최선의 노력을 기울였다—메리 1세Mary Ⅰ가 왕위를 계승하여 영국을 다시 가톨릭의 품으로 돌려주었을 때 적잖이 기뻐했다. 그러나 그의 주요 관심사가 쾌락의 추구였음은 의심의 여지가 없다. 여러 가지 알려진 안 좋은 것들 중에서도 그의 폭식은 유명했다. 어쩌면 당연한 결과지만, 그의 종말을 가져온 것이 바로 폭식이었다. 그는 소화기관이 갑자기 기능을 멈추면서 1555년 3월 23일 선종했는데, 음식을 못 넘겨 아사한 것이었다.

마르첼로 체르비니는 인문주의자이며 학자였다. 그는 그리스어 작품들을 라틴어로 번역하고 또 라틴어를 이탈리아어로 번역했다. 그는 교황청에서 3대 연속 주교로 임명받았고, 열심히 개혁을 추진했다. 또 트렌트 공의회의 공동 의장을 맡았으며 바티칸 도서관을 재정비했다. 프랑스 측과 독일 황제 측 간에 교착상태로 인해 단기간에 끝난 콘클라베에서 절충적인 후보로서 선출이 되어 그가 선택한 교황명은 마르첼로 2세Marcellus Ⅱ(1555)였다. 그는 하나부터 열까지 개혁, 또 개혁을 부르짖었다. 그는 자신의 대관식 비용을 최소화했고, 교황궁의 생활비를 최대한 줄였다. 그가 유난히 싫어했던 것은 친족등용으로, 그는 아예 자신의 친인척들이 로마에 얼굴을 들이미는 것 자체를 금지했다. 대관식을 치를 때 그의 나이가 53살에 불과했으니 더 큰 성취들을 이루어낼 수도 있었을 것이다. 그러나 안타깝게도 교황의 자리에 오르고 22일 만에 심한 뇌졸중이 찾아와 결국 선종을 하고 말았다. 파레스트리나*의 〈교황 마르첼로를 위한 장엄 미사〉라는 작품만이 그를 기리고 있다.

5월 23일 교황 바오로 4세Paulus IV(1555~1559)로 선출된 조반니 피에트로 카라파는 78살로, 16세기에 선출된 교황 중 가장 연로하면서도 또 가장 무서운 인물이었다. 옹졸함과 편견으로 똘똘 뭉쳐 타협을 거부하며 오직 자신의 말만 하는 그의 출현은 중세 암흑기로의 회귀나 마찬가지였다. 그는 트렌트 공의회를 중단시키고 대신 추기경들과 신학자들의 위원회를 결성하는 한편, 에라스무스의 작품들을 포함한 '금서 목록Index of Forbidden Books**'을 발행했다. 그는 특별히 종교재판을 즐겼으며 매주 열리는 회의에 빠진 적이 없었지만, 결국 이단 처단을 위한 지나친 노력으로 유대교도들을 가장 야만적으로 박해했던 교황으로 기록되고 있다. 그의 5년 재임기간 사이에 로마에 남았던 유대교도들의 수는 그 절반으로 떨어졌다.

반유대주의는 콘스탄티누스 대제가 4세기에 그리스도교를 국교로 받아들인 직후 로마에서 먼저 나타났는데 그 후로 상황은 점

---

* 르네상스 후기의 최고의 교회음악 작곡가. - 역주
** 아이러니하게도 금서 목록의 그 첫 번째 책의 주요 저자가 바오로 4세 자신이었다. 그것은 사실 바오로 3세 교황이 교회의 남용을 조사하고 개혁이 필요한 부분을 찾기 위하여 구성했던 위원회의 보고서였다. 애초에는 교황만 보고 비밀에 부쳐두려 했으나 그것이 프로테스탄트들에게도 흘러 들어가자 이를 즉각 목록에 넣었던 것이다.

점 악화되어 갔다. 그러나 바오로 4세 교황 시절 유대인들은 게토라는 유대인 빈민 자치구에 모여 살아야 했고 음식과 헌 옷을 제외한 그 어떤 상품의 교역도 금지되었다. 또 유대교 회당은 각 도시에 하나만 허용되었고(로마 지역에서만 7개가 파괴되었다), 이탈리아어나 라틴어만 사용해야 했으며, 거리에서는 노란색 모자를 쓰고 다녀야 했다. 바오로 4세는 1555년 7월 17일 칙령 〈부조리 그리고Cum nimis absurdum〉을 발표하여 유대인들의 권리와 상업 활동을 제한했다. 그 후로도 300년 동안 그 칙령은 효력을 유지했다.

유대인들에 이어서 바오로 4세가 혐오했던 또 다른 무리들이 스페인 사람들이었다. 나폴리의 오래된 가문 출신이었던 그가 스페인 사람들을 반기지 않는 것은 이상한 일은 아니었지만, 문제는 그의 지나친 태도가 항상 극단적인 결과를 낳는다는 것이었다. 1555년 카를 황제는 루터파가 장악한 지역의 루터교도들을 인정함으로써 독일인들을 달래주고자 아우크스부르크 평화 협정을 맺었는데 바오로 4세는 그 일을 결코 용서하지 않았다. 2년 후, 그는 전임 교황들의 중립적인 자세를 저버리고, 현재 카를 황제가 가톨릭교회 개혁의 주요한 역할을 맡고 있다는 사실도 무시한 채, 프랑스의 앙리 2세와 동맹을 맺고 스페인에 선전포고를 했다. 결과는 재앙을 불러오는 꼴이 되고 말았다. 스페인 출신인 나폴리의 알바Alba 군주는 병력을 이끌고 북쪽으로 진군했지만, 로마인들은 또 다시 약탈을 당할 준비가 되어 있지 않았다. 다행히, 알바는 자비를 베풀어 로마를 건드리지 않는 대신 오스티아를 가져갔고, 다음 이어진 카베 조약the Treat of Cave도 역시 관대한 조건이었다. 그러나 교황은 배려에도 아랑곳 하지 않고 체결을 거부했다. 그는 계속 아우크스부르크 평화 협정을 인정하지 못하고 그 증오심은 카를 5세의 며느리인 영국의 메리 1세에게 향하여 그녀와 다툼을 벌이기도 했다. 그녀는 영국에 가톨릭 신앙을 되돌리는 역할을 했던 인물이다. 교황은 존경을 받고 있던 영국 출신의 추기경 폴에게서 교황특사 자격을 박탈하고 이단 혐의를 씌워 답변을 하라며 로마로 소환했고, 엘리자베스 여왕—메리 1세의 배다른 자매로 그녀의 뒤를 이었다—이 재위 중 다시 프로테스탄트로 개종을 하기 위한 노력을 하자 몹시 불쾌해했다.

교황의 처신에 대한 비난의 화살은 그의 무능한 조카들, 카를(교황은 그를 추기경으로 임명했다)과 조반니(교황이 팔리아노의 군주로 만들어 주었다)에게 돌려질 수도 있다. 둘 다 부패한 인물이었음에도 교황은 그들을 깊이 신뢰하고 있었는데, 선종하기 6개월 전에 그 실체가 드러났다. 교황은 그 즉시 그들에게서 모든 관직과 명예를 빼앗고 로마에서 추방했지만 이미 때늦은 조치여서 그 피해는 컸다. 그로 인한 충격에서 헤어나지 못한 교황은 1559년 8월 18일 깊은 실망과 낙담 속에서 16세기에 가장 미움을 받았던 교황이라는 오명을 쓰고 선종했다. 그의 선종 소식이 로마에 퍼지자 시민들은 기쁨의 환호성을 지르며 거리로 쏟아져 나왔다. 그들은 먼저 종교재판소의 본부부터 공격해, 건물을 부수고 죄수들을 모두 풀어준 뒤, 카피톨리오로 몰려가 그곳에 세워진 교황의 조각상을 무너뜨리고 머리를 부수어 티베르 강에 던져버렸다.

그의 선종 이후 열린 콘클라베는 오랜 시간을 끌었다. 약 4개월간 스페인과 프랑스 측의 추기경들은 의견 차를 좁히지 못해 교착 상태에 있다가 성탄절에 이르러서야 새로운 교황을 선출했다. 조반니 안젤로 데 메디치—밀라노 출신으로 빈궁한 공증인公證人의 아들로 태어났고, 메디치 가문과는 연고가 없다—는 비오 4세Pius Ⅳ라는 교황명을 얻었고 걱정스러웠던 전임 교황들과는 많이 다른 행보를 이어갔다. 바오로 4세는 많은 결점이 있었지만 청렴함만은 높이 살 만한 인물이었다. 비오 4세는 자신의 세 자녀들을 애써 감추지 않았다. 바오로 4세는 금욕적인 생활로 인해 언제나 엄격하고 성마른 성격이라 그가 바티칸을 걸어가면 불꽃이 튀어오를 지경이었다고 하지만, 비오 4세는 유쾌하고 언제나 여유로웠다. 비오 4세는 트렌트 공의회를 재개했고 합스부르크와의 관계를 개선하는 한편, 카를 5세[스페인의 카를로스 1세]의 아들인 스페인의 펠리페 2세와 그의 동생인 페르디난트 1세 황제와도 우호적인 관계를 열었다.* 그는 종교재판소의 권한을 축소했고, 이미 제 기능을 상실한 교황의 금서 목록도 삭제하고 규모를 줄였다. 바오로 4세가 남긴 그의 조카 두 명—그중 팔리아노 군주는 간통한 아내를 교살하고 그 정부라는 남자를 칼로 찔렀다. 그의 아내는 무죄로 밝혀졌다—은 체포해 둘 다 처형했다.

그렇다고 비오 4세가 친족등용에서 완전히 결백했다고는 말할 수 없다. 하지만 최소한 조카들 문제에 있어서는 상당히 운이 좋았던 편이다. 조카인 카를 보로메오(교회법학자가 되었다)에게 그는 추

* 카를 5세는 1556년 퇴위를 하고 에스트레마두라의 유스테 수도원으로 들어가 지냈다.

기경 자리와 밀라노의 대주교 자리를 만들어 주었는데 훌륭한 개혁 가이자 행정가로 이름을 떨쳤고, 트렌트 공의회 최종 회기에서 주도적인 역할을 했다. 밀라노에선 엄격한 규율로 적대자들이 생겨났지만, 악명 높았던 전염병이 쓸고 간 1576년 그는 지칠 줄 모르고 가난한 이들과 병든 이들을 돌봤다. 이제는 조카들의 명성이 삼촌을 넘는 수준까지 왔지만, 비오 4세 역시 많은 업적을 이루어냈다. 대주교를 통해서 공의회의 결론을 이끌어내고 〈하느님의 자비 Benedictus Deus〉라는 칙서를 발표하고, 전 가톨릭 세계에 그 칙서를 소개하고 수용하도록 하는 책임을 졌던 이가 바로 비오 4세였다. 그는 또한 《교리문답 모음집》을 만들기 시작했고, 《미사기도서》와 《성무일도서聖務日禱書》를 개편했다. 그는 눈을 감는 그 순간까지도 이 일에서 손을 놓지 않았다. 끝으로 그의 중요한 업적 중 한 가지는 로마를 풍요롭게 만들었다는 것이다. 그는 르네상스의 전통을 되살려 예술인들과 학자들을 격려하고, 대학을 설립하고 인쇄물 제작에 박차를 가하고, 고대 성문인 포르타 피아와 산타마리아 델리 안젤리 교회를 포함하여 더욱 훌륭한 건축물을 만들었다.

비오 4세의 주요한 실책 중 하나는 영국과 프랑스에서 퍼져 나가는 프로테스탄티즘을 억제하려는 시도를 했다는 것이다. 비오 4세는 영국의 엘리자베스 여왕을 설득하여 메리 1세처럼 가톨릭에 대한 열렬한 신앙을 보여주도록 하겠다는 헛된 희망을 품고 그녀에게 파문을 내리지 않았다. 한편 프랑스 왕에게는 위그노교도들과 맞서 싸워줄 것으로 믿고 상당한 금액의 보조금을 보냈다. 엘리자베스 여왕이 자기 아버지가 만든 영국 국교회를 계속 지지하고, 프랑스에서는 위그노파들이 세력을 확장시켜 가자 비오 4세는 몹시 실망했다. 그럼에도 1565년 12월 선종하기에 앞서 돌아본 그의 재임 6년간은 성공적인 시간들이었으며, 그는 자신이 등극할 때보다는 훨씬 발전한 교회의 모습을 보면서 자족했던 것 같다.

그러나 아뿔싸, 다시 세상은 요동치기 시작했다. 카를 보로메오 대주교는 스스로 교황좌에는 관심이 없음을 명확히 밝히며 추기경 미카엘 기슬리에리*라는 가공할 만한 인물을 추천하였다. 기슬리에리는 처음에 양을 치는 목동 일을 했던 사람이니 은유적으로 본다면 교황의 자리에는 참으로 잘 어울리는 인물이었다. 훗날 바오로 4세 교황은 그를 종교재판소장의 자리에 임명했는데, 이는 왠지 잘 어울리는 옷은 아니었던 것 같다. 비오 5세Pius V(1566-1572)—그가 '바오로'라는 교황명을 쓰지 않은 것을 의아하게 여기는 사람도 있지만—는 바오로 4세 교황과 판에 박은 듯이 닮아 있었다. 그는 교황이 되고 나서도 짧은 머리를 고수했으며 교황의 제의 아래에 도미니코회 수사들의 복장을 걸쳤고 참회 행렬 때는 정기적으로 맨발로 걷는 등 상당히 금욕적이었고, 주변의 사람들에게도 이런 금욕적인 삶을 기대했다. 일련의 모든 칙령들 가운데서도 신성모독을 근절할 방안을 모색하고—신성모독을 저지른 이들 가운데 부자들에게는 무거운 벌금을 매기고 가난한 이들에게는 태형을 가했다—축일과 공심재를 제대로 준수하도록 했다. 고해성사를 하지 않거나

---

* 본명은 안토니오 가슬리에리로 미카엘은 세례명이다. - 역주

최근에 성체를 모시지 않은 신자들은 의사의 진찰도 받지 못하게 했다.

성性에 관한 문제는 언제나 골칫거리였다. 매춘 자체를 완전히 폐지시킬 수 없다는 사실을 깨달은 교황은 칙령을 선포하여 모든 미혼의 창녀들은 채찍질을 당할 것이며 남색행위를 했다는 혐의가 드러나면 화형에 처하겠다고 했다. 간통에 대하여 사형죄를 적용하지 않도록 설득하는 데는 어려움이 있었다. 따라서 독신 남성이 여성을 하인으로 고용하는 것도 금지됐고, 수녀들은 수캐도 키울 수 없었다. 바티칸의 수집품들 가운데 여성 조각품들은 빗장이 채워졌다. 시스티나 대성당에 있는 미켈란젤로의 〈최후의 심판〉 속의 인물들도 순결하게 보이도록 다시 덧칠을 했다. 그렇게 몇 개월이 지나자 로마 시민들은 비오 5세가 도시 전체를 거대한 수도원으로 만들고 있다며 불만을 터뜨렸다.

비오 5세는 오랜 시간 종교재판소의 심문자로 일했다. 기본적으로 그 일을 계속 이어갔으며, 전임 교황들의 전통을 이어받아 로마의 모든 종교재판에 참석하고 종종 고문실에 들러 꼼짝 않고 고문을 지켜보기도 했다. 이단으로 판명되는 자들에게 그는 가차 없이 사형을 선고했다. 프랑스 내에서 벌어지고 있던 종교전쟁을 돕기 위하여 파견된 소규모의 교황군에게, 수감 중인 모든 위그노교도들을 죽여버리라는 특별 명령을 내리기도 했다. 유대교도들에 대해서도 바오로 3세 교황의 박해 정책을 이어받아 유대인 거주지역을 벗어나 교황의 영지 안으로는 들어오는 것을 금지했다.

비오 5세 교황에겐 다른 무엇보다 중요한 목표가 하나 있었다.

바로 무섭게 퍼져 나가는 루터교의 감염으로부터 이탈리아만큼은 지켜내자는 것이었다. 그 목표를 위해 그가 적용한 방법들을 두고 사람들이 무슨 말들을 하든, 교황이 성공적으로 이탈리아를 지켜낸 것은 사실이었다. 알프스를 넘어 독일에서는 아우크스부르크 평화 협정 이후, 사실상 루터교와의 싸움은 끝난 것이나 다름없었다. 독일 사람들의 반 이상이 이미 루터교로 개종했기 때문이다. 프랑스는 양분되었고, 네덜란드도 상황은 마찬가지였다. 곳곳에서 칼뱅주의자들이 꾸준히 세를 확장시켜가고 있었다. 영국과 스코틀랜드에서는 완패였다. 1570년 엘리자베스 여왕에게 파문을 내리고 퇴위시키는 조치를 취함으로써, 그나마 그곳에 남아 있던 가톨릭을 믿는 백성들의 삶만 고단하게 만드는 결과를 가져왔을 뿐이다. 이탈리아 밖에서는 스페인의 펠리페 2세만이 굳건히 가톨릭 신앙을 고수하고 있었다. 게다가 이제는 교황의 적은 프로테스탄트만이 아니었다. 지중해 쪽에서는 1570년 베네치아가 튀르크의 압박을 받아 키프로스 섬을 양도하자 다음 해 10월 스페인과 베네치아 그리고 교황의 연합함대가 레판토에 있는 오스만 해군을 격파하는 일이 벌어졌다(그것은 노를 젓는 갤리선을 이용한 역사상 마지막 해전으로 기록되었다). 승리의 약발은 그리 오래가지 못했다. 7년 후 스페인 함대가 패배했고, 그 여파로 크레타 섬도 키프로스와 같은 운명에 처해졌다.

비오 5세 교황은 레판토 해전 이후 7개월을 더 살았다. 그는 참으로 헌신적인 개혁가였으며, 트렌트 공의회의 결정과 결의된 사항들을 교회에 적용하려 열심히 노력했다. 목자로서 양떼들을 위해서 그랬겠지만, 그의 방식은 때로 지나치게 극단적이고 옹졸하고 편협했다. 한편, 그 자신만 놓고 보자면 그렇게 극단적인 성향만 있었던 것은 아니었다. 비오 5세 교황은 터무니없이 여리기만 했던 성 첼레스티노 5세(1294) 교황과 전적으로 존경을 한 몸에 받았던 성 비오 10세(1903~1914) 교황 사이에 존재했던 교황들 중 유일하게 성인으로 시성된 교황이었다.

우고 본콤파니는 성 비오 5세 교황의 선종 이후 이례적으로 짧게 끝났던 콘클라베에서 선출되어 그레고리오 13세Gregorius XIII(1572-1585)라는 교황명으로 교황의 자리에 올랐다. 나이 78살에도 볼로냐 사람 특유의 지칠 줄 모르는 에너지를 지니고 있었다. 일찍이 교회법에 관한 강의를 했던 그는 트렌트 공의회에서 주요한 인물로 부상하여 눈길을 끌었다. 관료직의 능력을 인정받아 주교로 임명되었고 교황의 특사 자격으로 스페인의 펠리페 2세에게 파견되었다. 그곳에서 병적으로 의심이 많은 펠리페 2세로부터 신임을 받아 그 존재감을 드러냈고 로마로 돌아와서는 큰 이견 없이 차기 교황으로 선택을 받았다.

그레고리오 13세의 이름은 오늘날 주로 그레고리력Gregorian calendar으로 잘 알려져 있는데, 그것은 1582년 칙령을 통해 그가 도입한 것이었다. 기원전 46년으로 거슬러 올라가는 오래된 율리우스력Julian calendar은 10일씩 느려지는 오류가 발생하자, 그레고리력은 1582년에서 10일을 없애 10월 4일 다음이 바로 10월 15일이 되게 했다. 이후 400으로 나누어 떨어지는 세기마다 윤년을 두는 방식으로 날짜를 적절히 조정하였다(그러므로 1600년은 윤년이라 366일이 된다. 그러나 1700년은 그렇지 않다). 상당히 바람직한 계산 방법이었음에도 때가 때인지라 그런 개혁이 잘 받아들여지지 않았다. 가톨릭, 프로테스탄트, 동방정교회가 서로 날을 세우고 맹렬히 싸우고 있었으므로 처음에는 로마에 순종적인 지역에서만 그 달력을 수용했다. 대체적으로 보자면, 프로테스탄트들은 18세기에 들어서야 부분적으로 받아들이기 시작했고(대영제국과 미국 식민지에서는 1742년), 러시아와 그리스, 발칸 반도에서는 20세기가 되어서야 그레고리력을 사용하기 시작했다.

그레고리오 13세 교황에게 달력은 상대적으로 중요한 것은 아니었다. 그는 처음부터 가장 주요한 목표는 프로테스탄트들과의 투쟁과 함께 트렌트 공의회의 칙령들을 지속적으로 알리는 것이라고 분명히 천명했다. 이는 다시 말해 전임 교황의 전통을 이어가겠다는 의지였다. 그레고리오 13세는 성 비오 5세 교황보다는 유순하고 느긋한 성격이었으므로 상대적으로 더욱 성공적이었다는 평을 받는다. 다시 한 번 트렌트 공의회의 영향력을 극대화하기 위해서는 신학이나 인문학적 논쟁을 위해 성직자들을 제대로 훈련을 시키는 일이 중요하다는 사실이 확인되면서, 그는 대학과 신학대학을 짓기 시작했다. 먼저 그는 로마에 있는 예수회 대학을 확대했는데—원래 율리오 3세가 설립—오늘날 그것은 그레고리안 대학으로 알려져 있다. 예수회는 독일의 대학 운영도 맡게 되었는데 그것이 매우 효율적으로 잘 운영이 되어서 베네치아, 프라하, 독일의 풀다 지역을 포함하여 신성로마제국 내의 다른 지역들에도 더 많은 대학들이 설립되었다. 로마에는 영국식 신학교가 세워지기도 했는데, 그곳에서 지속적으로 배출된 선교사들은 위험이 따르는 길을 택해 영국의 엘리자베스 여왕과 제임스 국왕에게로 파견되었고, 일부는 순교를 당하기도 하였다. 그리스, 마론파, 아르마니아, 헝가리 사람들을 위한 대학들도 설립되었다.

만약 그레고리오 13세 교황이 새로운 세대의 성직자들에 대한 지적인 교육과 교리의 훈련에 자족했더라면, 그는 지금보다는 훨씬 위대한 교황으로 기록되었을 것이다. 혹자는 몇몇 예를 들며 애석해할 수도 있다. 만약, 성 바르톨로메오 축일의 학살사건을 전해 들은 그가 특별 사은찬미가를 부르도록 명하고 개인적으로 프랑스의 산 루이 교회의 감사미사에 참석하는 식의 반응을 보이지 않았다면 어떠했을까? 혹은 스페인의 펠리페 2세를 설득하여 아일랜드나 네덜란드에서부터 영국 침략을 도모하라고 하지 않았다면 어떠했을까? 혹은 이러한 꿈들이 모두 무너졌을 때, 영국의 엘리자베스 여왕 (북녘의 악녀로 불림) 암살 음모를 적극적으로 독려하지 않았다면 어떠했을까? 그런 모든 활동들이 그레고리오 13세에게는 하느님께서 하시는 일들로 보였을 것이다.

그러나 다른 사업 분야에 있어서 그레고리오 13세는 보다 진보적이고 성공적이었다. 그는 오래된 교황의 공식적인 해외 대표부인 교황 특사들을, 그가 로마교황대사로 칭했던 대주교급의 훈련 받은 외교관들로 대체했다. 이후로는 모든 가톨릭 국가에 교황의 외교정책기구로 선택되어 교황의 의사가 제대로 반영되고 그 뜻이 이루어지도록 하는 역할을 담당했다. 폴란드에서는 가톨릭교회가 승리를 거두었으나, 러시아의 잔인한 황제 이반에게 파견되었던 교황대사는 가까스로 달아나 목숨만 겨우 건질 수 있었다. 그레고리오 13세는 예수회의 선교사들을 세계 각지로 파견하여 서쪽으로는 브라질, 동쪽으로는 인도, 중국 그리고 일본까지도 건너갔다. 그는 로마의 복원과 개선에 상당한 금액을 들여 몇몇 새로운 교회들을 세워 도시를 더욱 아름답게 꾸몄다. 그중에서도 거대한 예수 성당은 유럽 바로크 예술의 걸작 중 한 예로 손꼽힌다. 1578년 그는 학자적 시각에서 로마의 지하묘지인 카타콤의 발견에 완전히 매료되어, 갑자기 조명을 받기 시작한 그리스도교도들의 유적지에 대해서는 적절한 과학적인 연구가 이루어져야 한다고 주장했다.

그즈음, 그레고리오 13세의 과도한 건축 프로그램과 프로테스탄트에 저항하는 가톨릭교회 통치자들에게 지불하는 보조금 등으로—모든 대학들과 재단의 운영은 두말할 나위도 없다—교황의 금고가 급속히 바닥을 드러내고 있었다. 그런 상황을 타개하려는 노력의 일환으로 그레고리오 13세는 교황의 영지 중에서 정복자가 그에 합당한 분명한 근거를 제시하지 못하는 곳에 대하여 반환할 것을 주장했다. 그러나 이러한 관행은 토지를 몰수당한 땅주인들의 공분을 사는 바람에 그들의 결속력을 다지는 결과만 초래했다. 그들은 공개적인 약탈을 자행하며 복수를 했다. 13년의 재임기간을 뒤로하고 83세의 나이로 그레고리오 13세가 선종할 때 교황의 금고는 한 푼도 남아 있지 않았고 교황의 영지는 거의 무정부 상태에 이르렀다.

한편, 로마교회의 사기는 50년 전보다 한층 진작되어, 이제는 종교개혁에 맞서 싸울 수 있게 되었다. 트렌트 공의회를 통해 새롭게 영적 쇄신을 거듭한 로마교회는 그들 나름의 반종교개혁을 출범시켰다. 그것은 무엇보다 로마시 자체에 의해 상징화되는 것이었다. 물론 모두 다 완성된 것은 아니었지만—이미 매우 강력한 인상을 심어주고 있는—새롭게 탄생한 베드로 대성당, 도처에 생겨나고 있는 다른 많은 훌륭한 교회들, 그리고 모든 인종과 민족들을 위한 많은 신학대학들이 다시 부활하는 가톨릭의 완전한 활력을 보여주는 생생한 증거였다. 수천수만 명의 순례자들이 1575년 희년*을 축하하기 위하여 로마로 모여들었고 그들은 성스러운 도시의 7대 대성당**을 차례로 방문하며 로마의 신앙심에 깊은 인상을 받고 고무되고 강화되지 않을 수 없었을 것이다.

1585년 4월 24일 선출되었던 식스토 5세Sixtus V(1585~1590) 교황은 그레고리오 13세 교황이 선종하고 정확히 2주 만에 더 큰 열정과 결의를 다지며 전임 교황의 유지를 받들어 그가 남긴 일을 이어갔다. 그의 본명은 펠리체 페레티로 안코나 근방에서 농부의 아들로 태어났다. 12살의 나이에 프란체스코회에 입회했고, 비상한 두뇌와 설교가로서 타고난 재능 덕분에 교회의 서열 순위는 급속히 상승했다. 1557년 바오로 4세는 자신과 이상이 맞는 그를 점찍어두고 베네치아로 보내서 먼저 페라리에 있는 프란체스코 수도원을 개혁하게 하고 그 후 종교 재판의 심문관에 임명했다. 그러나 심문관

---

* 이스라엘에서 50년마다 공포된 안식년. ─ 역주
** 성 베드로 대성당, 성 바오로 대성당, 성 세바스티아노 대성당, 성 요한 대성당, 예루살렘 십자가 대성당, 성 로렌조 대성당, 성모 마리아 대성당.

으로서 그는 너무 주제넘게 행동하고 말았다. 베네치아 사람들은 독실하며 성실한 가톨릭 신자들이었지만, 자기들 자유를 억압하려는 교황의 시도에 대해서는 언제나 저항적이었다. 그들은 상인이었으므로 그들의 삶은 곧 무역이었고, 상업적인 번영은 프로테스탄트, 무슬림들과의 좋은 관계 유지에 그 성패가 달려 있었다. 그들은 일방적으로 명령을 내리는 교황을 거부했다. 그들은 심문관 자체를 완전히 막을 수는 없었으므로 자신들이 뽑은 대표단들을 그들과 나란히 앉게 하여, 필요시에는 권리행사를 하고 영향을 완화시킬 수 있게 해달라고 주장했다.

그러한 방식은 페레티가 등장하기 전까지만 해도 상당히 성공적으로 잘 운영되고 있었다. 그러나 자신들을 괴롭히고 협박하려는 페레티의 엄격함과 거만함에 베네치아인들은 다시금 분노했다. 그러나 비오 4세는 일의 특성상 3년 후 페레티를 그 자리에 다시 임명했고, 비오 5세는 그를 주교대리 법무관, 종교재판소장, 그리고 추기경으로 승진시켰다. 그레고리오 13세 교황 재임기간에는 지지를 받지 못했던 그는 에스퀼리노의 별장에서 지내며 옥스퍼드 교황 사전에 '현저히 한쪽으로 치우친 성 암브로시오에 관한 총서'라고 묘사된 작업을 준비하고 있었다. 그러나 그레고리오 13세 교황이 선종하자, 무시할 수 없는 존재감을 갖고 있던 그는 확실한 후임 교황 후보가 되었고, 만장일치로 선출되었다. 반종교개혁에 나섰던 모든 교황들 중에서도 식스토 5세는 가장 두려운 존재였다. 엄격하며 융통성도 없었고 무자비하며 자신의 뜻을 거스르는 것을 용납하지 않는 그는 완전히 로마의 전제 군주로 군림했고, 추기경회의 세력은 급격히 축소되었다. 그는 추기경회 구성원의 수를 최대 70명을 넘지 못하도록 제한했고, 그 규모는 향후 400년간 유지되었다. 그리고 그는 15개의 분리된 성성聖省[교황청의 상임 위원회]을 만들어—엄밀히 말하면, 교황청 자체는 이미 존재하는 것이었으므로 14개—모든 통치, 종교, 세속적인 부분까지도 모두 관리하도록 했다. 그중 하나가 대학을 책임지는 곳이고, 또 다른 하나는 바티칸의 인쇄물을 책임지는 기구였는데, 그곳에서 1587년 히브리어 성서의 그리스어 번역본,《칠십인역 성서Septuagint》*를 인쇄했다. 이어서 라틴어 성서, 〈불가타〉 전체에 대한 개정본이 인쇄되었다. 식스토 5세는 처음에 그 작업을 학식이 있는 추기경들로 구성된 특별위원회에 맡겼으나 너무 더디게 진척되어 결국 자신이 직접 맡았다. 아뿔싸, 이미 앞서 그가 작업한 성 암브로시오 총서에서도 증명이 되었지만, 식스토 5세는 원전 분석에는 영 재능이 없는 사람이었다. 그 결과물이 나왔을 때, 모든 전문가들은 거의 경악을 금치 못했다. 그래서 그의 선종 직후 회수되었고, 1592년 클레멘스 8세에 의해서 다시 출판되기까지 방대한 부분이 수정 작업을 거쳤다.

식스토 5세 교황은 교회의 규율과 관련해서는 상당히 성공적이었다. 트렌트 공의회의 마지막 회기까지 따라다녔던 원칙은 주교가 신성의 권리를 가졌는지의 여부로, 주교들이 자신들의 권위를 교황을 통해서 얻는 것인지 혹은 하느님으로부터 직접 부여받는 것인지

---

* 고대 그리스어 구약성서인 70인 역본. 셉투아진타란 70이란 뜻을 라틴어 'Septuaginta'에서 따온 말이며, 이는 히브리어 모세오경을 유태인 학자 70명이 그리스어로 번역하였다는 전설(아리스테아의 편지)에서 유래한다. ─역주

의 문제였다. 이것은 많은 사람들이 감히 식스토에게 직접 대놓고 물을 수 있는 질문은 아니었다. 그는 모든 새로운 주교는 로마에 있는 교황에게 복종을 해야 하며 정규적으로 방문하여 교구의 상태에 대하여 보고를 해야 한다는 규범을 정해 놓았다.

식스토 5세는 교황좌에 오르고 2년 만에 공포정치로 교황의 영지 내에 법을 바로잡고 질서를 회복했으며, 7천 명도 넘는 도적들을 처형했다. 오죽하면 산탄젤로 다리 위에 내걸린 머리의 수가 시장에 나온 멜론보다 많았다는 말이 전해질 정도였다. 한편 바티칸의 재정을 회복하기 위하여, 지출은 최대한 축소되었고—식스토 5세도 별 수 없이 프란체스코회 출신이었으므로—식비도 엄격히 통제되었다. 새로운 세금이 징수되었고, 대출이 늘어났고, 농업이 장려되었으며, 습지에선 물을 빼내고, 실크와 양모 산업은 가라앉았다. 그는 관직매매—오직 관료나 행정직에 한정했고, 성직은 결코 매매하지 않았다—로 1년에 30만 스쿠도[19세기까지의 이탈리아의 은화]를 벌어들였다. 그는 선종하기 훨씬 전에 이미 유럽에서 가장 부유한 제후 중 한 명이 되었다.

식스토 5세의 외교 정책은 전임 교황들과 마찬가지로 전 세계적인 가톨릭교회의 구현이라는 자신의 꿈에 가장 장애물이었던 프로테스탄트들에 대한 혐오를 바탕으로 하고 있었다. 식스토 5세 교황은 스페인의 펠리페 2세에게 그가 계획한 대로 영국을 침공하면 보조금을 주겠다고 약속했다. 하지만 1588년 스페인 함대가 대패를 당하면서 그 원정이 재앙으로 끝나자 지불을 거절했다. 그리고 다음 해 위그노교도였던 앙리 4세(1585년 파문을 당했다)가 프랑스의 왕관을 차지할 목적으로 가톨릭으로 개종하는 데 동의하자, 식스토 5세 교황은 적극적으로 반대하는 대신 적당히 넘어감으로써 다시 한 번 스페인 왕 펠리페 2세의 기대를 저버렸다.

무엇보다 우리가 식스토 5세 교황에 대해서 기억하는 부분은 건축 사업으로, 그는 자코모 델라 포르타가 베드로 대성당 작업을 마칠 수 있게 했다. 한편 그가 아끼는 건축가 도메니코 폰타나는 바티칸 내에 교황의 거주지 라테란 궁과 바티칸의 도서관의 주요 건축을 새롭게 디자인했다. 한때 네로의 경기장 안에 세워져 있던 이집트의 거대 오벨리스크를 베르니니 광장으로 옮겼고, 티베르 강 좌측 강둑에 보다 작은 세 개의 오벨리스크를 두어서 라테란 궁과 산타 마리아 마지오레, 그리고 산타 마리아 델 포폴로 앞 광장에 그 웅장한 멋을 더해주었다. 넓어진 도로들을 순례자들이 주로 방문하는 교회들에 연결시켰다. 뛰어난 송수로로, 펠레체 수로를 통해 약 32킬로미터 밖의 필레스트리나에서 도심으로 물을 끌어왔다. 다른 두 개의 송수로는 아름답게 장식된 수백 개의 분수대들이 물을 뿜을 수 있게 만들어, 곧 도시 전체에 많은 분수대가 생겨났다. 비록 식스토 5세의 재임기간은 5년이라는 길지 않은 시간이었지만, 그는 로마의 반종교개혁운동을 통해 바로크 양식의 화려함의 극치를 선사해준 교황이었다.

로마시를 그토록 아름답게 만든 식스토 5세는 그에 걸맞은 치사를 받아 마땅하겠으나, 오만함과 성마른 성품 탓에 사람들은 대부분 그를 싫어했다. 중세 이후 그만큼 미움을 샀던 교황도 많지 않다. 1590년 8월 27일 그가 선종을 맞이한 때가 연이어 발발한 말라리아가 한바탕 쓸고 간 뒤라, 도시 도처에서 그의 죽음을 반기는 분위기가 역력했고, 군중들은 30년 전, 바오로 4세 때와 마찬가지로 카피톨리오 언덕에 있던 그의 조각상을 통쾌하게 부셔버렸다.

식스토 5세 교황의 선종 이후 16개월 동안 교황이 세 명이나 선출되었다. 교황의 역사에서 우르바노 7세Urbanus VII(1590), 그레고리오 14세Gregorius XIV(1590~1591), 그리고 인노첸시오 9세Innocentius IX(1591)는 크게 조명을 받지 못하는 인물들이다. 우르바노 7세는 매우 존경받는 성직자였으니 아마 훌륭한 교황이 되었을 테지만, 선출된 바로 그날 말라리아에 걸렸고, 정확히 2주 후에 선종하고 말았으니 누구의 탓을 할 수도 없는 일이다. 그는 다소 흥미롭게도, 상당한 개인 재산을 남겨 무일푼인 로마 소녀들의 결혼 지참금으로 제공했다. 그 일화 덕분인지 사람들은 그의 존재를 완전히 잊지는 않았다. 그레고리오 14세—성 가롤로 보로메오와 성 필립보 네리의 친구로 경건하고 호인이었으나 매우 나약한 사람이었다—와 관련하여 사람들이 주로 기억하는 것은 그가 흥을 깨서 분위기를 망치는 사람이라는 것이다. 그도 그럴 것이 로마 시민들이 당시 교황 재임과 추기경들이 선발되는 기간에 교황 선출을 놓고 돈 내기를 하는 것이 즐기던 오락거리 중 하나였는데, 그레고리오 14세가 바로 이를 금지했기 때문이다. 인노첸시오 9세 교황의 재임기간은 두 달에 불과했지만, 이론의 여지없이 그 세 명 중 그래도 가장 효율적인 교황이었다. 그는 프로테스탄트인 프랑스의 앙리 4세를 강력히 비난하는 한편 비적행위에 맞서 강경한 조치를 취하고 티베르 강물을 관리하고 위생시설 관리를 개선했다. 1591년 성탄절을 일주일 앞두고 병이 들었는데도 고집스럽게 7대 성당 순례의 전통을 따르다 병세가 악화되어 안타깝게 선종하고 말았다.

다시 안정을 가져온 인물은 이폴리토 알도브란디니로 그는 메디치 가문에 의해서 몰려났던 저명한 플로렌스 출신 변호사의 아들로 태어났다. 그가 선택한 교황명은 클레멘스 8세Clemens VIII(1592-1605)였다. 여러 면에서 클레멘스 8세는 반종교개혁의 이상을 전형적으로 보여준 인물이었다. 그는 날마다 기도와 묵상의 시간을 갖고 고해성사를 보고, 1년에 15차례 걸어서 7대 순례자의 교회들을 방문하는 등, 매우 경건한 삶을 살았다. 안타깝게도 지나치게 엄격하고 금욕적인 생활로 인해 건강에 이상—통풍을 심하게 앓았다—이 와서 해가 거듭되면서 두 명의 조카, 친치오와 피에트로에게 점차 의존하게 되어 그들을 추기경의 자리에 앉혔다. 이들 두 명의 조카들 덕에 행정업무의 부담을 상당 부분 덜면서 학문에 많은 시간을 헌신할 수 있었다. 1592년 〈불가타〉—식스토 5세가 난도질을 했었던—를 수정하고, 더불어 미사곡과 《성무일도서》의 개정판을 출판했다. 4년 후 상당히 확대된 금서 목록을 세상에 선보였는데, 그 안에는 최초로 유대인들의 책을 금지하는 내용도 포함되어 있었다. 바로 이 부분은 이민족에 대한 그의 편협함을 보여주는 것으로 꼬리표처럼 그를 따라다니는 것이다. 그는 재임기간 내내 종교재판에 상당히 고무되어 30명도 넘는 이단자들을 화형대로 내몰았다. 그들 중 한 사람인 도미니코회 소속의 조르다노 브루노는 1600년 2월 17일 캄포 데이 피오리 광장에서 죽음을 맞이했고, 그의 동상이 오늘날도 그 자리를 지키고 있다.

정치적으로 클레멘스 8세의 가장 중요한 결단—오랜 망설임과 주저 끝에 내려졌다—은 앙리 4세를 프랑스의 국왕으로 인정하는 일이었다. 위그노교도였던 앙리는 1593년 '종교를 바꾸어서라도 파리는 가질 만한 충분한 가치가 있다.'라는 그 유명한 선언을 하며 개신교를 버리고 다시 가톨릭 신앙으로 돌아왔다. 그러나 여전히 그에 대하여 확신을 할 수 없었던 클레멘스 8세는 로마교황 대사의 조언을 받아들인 그 다음 해, 샤르트르에서 앙리가 왕관을 수여받고 나서야 식스토 5세 교황이 앙리에게 내렸던 파문을 철회하고 그를 승인했다. 그러나 1598년 4월 13일 앙리 4세가 낭트 칙령Edict of Nantes을 발효했을 때, 교황은 아마도 그를 승인해준 일을 후회했을 것이다. 그 칙령은 위그노교도들이 자유롭게 종교 활동을 하고(파리를 포함한 일부 도시의 특정 지역을 제외하고) 가톨릭 신자들과 동등한 시민의 권리를 누릴 수 있도록 허가하여 그들의 권리를 광범위하게 인정하는 내용을 담고 있다. 이 사건은 말할 필요도 없이 스페인의 분노를 불러왔지만, 클레멘스 8세는 별로 괘념치 않았다.

클레멘스 8세는 1605년 3월 5일 선종했다. 그가 만약 교황권을 좀 더 확고한 위치에 올려둔 교황으로 평가될 수 있다면, 그것은 아마도 상당 부분 1600년 성년을 성공적으로 치른 덕분일 것이다. 그해 성년을 맞아 로마를 방문했던 순례자의 수가 거의 50만 명에 달했다. 이제 로마는—16세기 교황들의 노력 덕분에—명실공히 그리스도교 세계의 수도로서, 그 위치에 걸맞은 면모를 갖추게 되었다. 지난 100년간 가톨릭교회는 종교개혁이라는 거친 광풍을 온몸으로 막아서야 했다. 이제 영국과 스코틀랜드에서 가톨릭교회 회복의 희망은 사라지고 프로테스탄트들의 세상이 되었다. 스페인령 네덜란드의 칼뱅주의자들은 자신들을 몰아내려는 펠리페 국왕의 온갖 시도에 맞서 저항했고, 독일에서는 막시밀리안 황제 자신이 루터교 신앙에 공감을 보이는 걱정스러운 조짐이 포착되었다. 프랑스에서는 앙리 4세의 개종 효과가 낭트 칙령의 발표로 상당히 미약해진 상황이었다. 그러나 로마만큼은 그 어느 때보다 장엄함을 자랑하며 1599년 12월 31일 8만 명의 신자들이 성년의 문porta santa이 열리는 의례*를 지켜보며 반종교개혁의 놀라운 성공을 함께했다.

---

* 성 베드로 대성당을 비롯한 라테란, 성 바울로, 성 요한 대성당 등 로마의 4대 바실리카에 있는 문門으로 천국의 문을 상징적으로 나타낸다. 보통 황금빛으로 되어 있고, 성년을 제외한 평상시에는 항상 굳게 닫혀 있다. 이 성년의 문 가운데 성 베드로 대성당의 문은 성년의 성탄 전야, 즉 12월 24일 교황에 의해, 다른 대성당의 문은 파견된 추기경에 의해 열려 몰려든 수많은 사람들이 이 성년의 문을 통과한다. 1년이 지난 후 이 문은 닫히고, 다음 성년 때까지 열리지 않는다. 역주

21

—

바로크 시대의 로마

1605~1700

클레멘스 8세가 선종하자 추기경회는 알레산드로 데 메디치 추기경을 교황으로 선출하였다. 레오 11세Leo XI(1605)라는 교황명을 얻은 그는 추기경 시절 앙리 4세에게 내려진 파문을 철회하도록 클레멘스 8세 교황을 설득하는 책임을 지고 있었다. 그리고 그 후 2년간 프랑스에서 교황대사로 임무를 수행한 바가 있었다. 그는 신앙심이 깊고 지적 능력이 뛰어났으므로 훌륭한 교황이 될 수 있었을 테지만, 이미 나이 일흔의 고령이었다. 그는 등극 26일 만에 갑작스러운 오한 증세에 맥없이 무너져내리고 말았다. 그를 선출하기 위하여 30만 스쿠도를 썼던 앙리 4세는 누구보다 애석한 마음이 컸다. 레오 11세의 뒤를 이은 카밀로 보르게세 추기경은 선출 당시 나이가 52살이었으므로 장기간 재임할 수 있을 것으로 기대되었고, 실제로도 16년간 교황의 자리를 지켰다.

바오로 같은 교황이 되고 싶어 바오로 5세Paulus V(1605-1621)라는 교황명을 택한 그는 신앙적인 면에서는 예전의 바오로 교황에 버금가게 독실했으나 지적인 능력에서는 그에 미치지 못했다. 그는 이제 교황의 권력이 유럽의 여러 권력 중 하나에 불과하다는 사실을 제대로 이해하지 못했다. 더 이상 중세에 존속했던 절대적인 권력을 유지하는 것이 불가능해졌음에도 절대적 권력을 향유하려고 시도했고, 당연히 저항에 부딪힐 수밖에 없었다. 베네치아 사람들은 감히 교리를 거스른다는 것은 꿈도 꾸지 않았다. 하지만 그들에게는 자신들의 독립성을 유지하는 일도 신앙만큼 중요한 신성불가침의 영역이었다. 게다가 그들 도시가 국제적인 상업에 기대어 살아가고 다양한 사람들과 교역하고 있는 이 상황에, 과거에 신앙심이 없는 사람들을 다루듯 지금도 똑같이 이단자異端者라는 너울을 씌워 차별하기는 어려워졌다.

클레멘스 8세 교황 시절, 베네치아인들은 이미 몇 번의 승리 기억을 갖고 있었다. 교황의 압박이 심해질 때, 그들은 작은 도시 체네다에 대한 권리를 주장하며 맞섰고, 1596년에는 베네치아의 인쇄업자들과 서적판매업자들이 교황으로부터 가까스로 특별협약을 얻어내어 장서목록에 포함되어 있는 책들을 취급할 수 있게 되었다. 그들은 외국 외교관들의 종교의 자유도 굳건히 옹호해주었다. 베네치아가 영국대사 헨리 우튼이 프로테스탄트들의 기도 서적을 수입하고 개인적인 공간에서 예배를 올리도록 허용했다는 사실을 두고, 1604년 클레멘스 8세가 비난하자, 베네치아는 단호한 회신을 보냈다. 회신에서 '영국대사는 조용히 그리고 나무랄 데 없는 삶을 살아온 사람으로 알려져 있으며, 그 어떤 추문을 일으키지도 않았기에 우리 베네치아 공화국은 영국대사에게 사과를 요구할 마음은 추호도 없다.'고 밝혔다. 교황이 더 이상은 억지를 부리지는 않았으므로 헨리 경은 14년 베네치아대사를 지내는 동안 물의 없이 독실하게 자신의 개신교 신앙을 이어갔다.

한편, 바오로 5세는 근엄한 사람이었다. 교황의 특사들은 항의와 이의를 제기하기 위하여 총독과의 접견을 보다 빈번하게 요구했다. 사절단은 왜 특별 허가도 없이 더 이상 종교 건물의 신축을 불허하는 것인지 물었다. 베네치아 사람들은 이미 도심의 반을 차지하고 있는 기존의 교회 건물이나 수도원들을 유지하는 일조차 점점 어려워지고 있다고 피력했으나 그들의 주장이 받아들여질 리는 만무했다. 교황의 소통이 또다시 새로운 위기 국면을 맞이하기 시작했다. 그래서 바오로 5세가 등극한 처음부터 베네치아와 충돌할 수밖에 없었다. 베네치아는 처음에는 교황의 보르게세 가문을 베네치아의 명문가들 가운데 순위에 올려주는 등 예우를 했지만, 그러나 그 정중한 베일 속에 가려진 발톱을 오래도록 감출 수는 없었다.

1605년 여름 예고되었던 폭풍이 들이닥쳤다. 두 명의 성직자들—그중 한 명은 신품성사*를 아예 받지 않았던 것으로 밝혀졌다—을 베네치아 당국에 고발했는데, 한 명은 지속적으로 자기 조카의 명예를 더럽혔고 다른 한 명은 살인, 사기, 강간 등 자신의 일가에 대하여 온갖 폭행을 저질렀다고 기소당했다. 10인회**에서는

---

* 칠성사 중의 하나로 그리스도 대리자로서 교회의 성사를 집행할 수 있는 신권을 주는 성사. - 역주
** 1310년부터 1797년의 정부 전복 때까지 계속된 베네치아의 정부 기관. 처음엔 반란자 단속을 위해 설치되었다가 계속 치안 유지를 담당했다. 최초는 10인의 위원으로 구성되었으나 후에 17인으로 되었다. - 역주

각 사건에 대한 조사를 명하면서 그 죄인들의 재판과 처벌에 대한 권한을 가로채 갔다. 이에 교황은 즉각 공격을 가했다. 교황은 그 두 명의 죄수는 성직자이고 따라서 베네치아의 재판권 바깥에 있으므로 즉시 교회 측으로 인도해야 한다고 항변했다.

가을까지도 분쟁이 이어졌다. 교황은 12월에 변호사 두 명을 베네치아 총독에게 보냈다. 한 명은 교회의 재산에 관련한 문제를, 다른 한 명은 그 성직자들에 관한 문제를 맡았다. 교황은 만약 베네치아가 즉시 연례 교령敎令을 보내고, 두 명의 성직자들을 인도하지 않는다면, 베네치아 교회에 대한 금지령을 선포하겠다고 했다. 물론, 베네치아는 그 둘 중 어느 것도 실행할 의사가 없었다. 외교적인 차원만 생각하는 때는 지났다. 지금 이 사건을 전 세계에 보여주기 위해서 베네치아 공화국에 필요한 것은 교회법에 정통한 전문가였다. 이에 원로원에서는 한 치의 망설임 없이 파올로 사르피를 파견했다. 그는 신학자, 변증가, 정치철학가이자 논객으로 명료함과 논리로 똘똘 뭉친 사람이었다.

나이 53세의 사르피는 열네 살 때부터 마리아의 종 수도회에 입회한 수사였다. 그는 영성적인 영역을 넘어서 학문 분야에서도 명성이 있던 인물로 그의 정신세계는 신학보다는 과학에 더 가까워 보였다. 그는 해부학자로서 영국의 윌리엄 하비에 약 25년 이상 앞서 혈액의 순환을 밝혀냈고, 광학 기계에 대한 해박한 지식은 당대 천체 망원경을 만들었던 갈릴레오가 고마워할 정도였다. 이제 원로원의 공식적인 변호사로서 그는 베네치아 공화국의 답변서를 작성했다. '인간의 힘으로 철폐할 수 없는 하느님의 법으로 움직이는 제후들은 그들의 사법권 내의 세속적인 문제에 대한 법률을 제정할 권한이 있으며 그대의 신성함을 책망하는 일은 하지 않습니다. 현재 논의 중인 문제는 신성한 영적인 영역이 아니라 세속적인 일입니다.'라고 그는 적었다.

바오로 5세 교황은 이런 논쟁을 참아 넘길 위인이 아니었으므로 즉각 그를 이단이라고 강력하게 몰아붙였다. 1606년 4월 16일 추기경 회의에서는 베네치아가 24일 이내에 완전히 항복하지 않는다면, 파문과 성무집행금지령이 내려질 것이라고 경고했다. 그러나 베네치아의 총독 레오나르도 도나는 24일을 못 기다리고 5월 6일, 베네치아 공화국 내의 모든 총대주교, 대주교, 주교, 교구 사제, 수도원, 그리고 수녀원 앞으로 칙령을 봉인하여 보냈다. '전능하신 하느님 앞에, 교황이 공화국의 사법권을 이해할 수 있도록 가능한 한 모든 방법을 동원하였으나, 그의 신성함이 그의 귀를 닫아버렸고, 대신 모든 명분을 거스르며 성경의 가르침과 성직자들 그리고 추기경회의 뜻에도 반하는 공개적인 계고장戒告狀을 발표하였습니다. 그 계고장은 공식적인 효력이 없습니다. 그러므로 성직자 여러분들은 전과 같이 우리 베네치아 사람들의 신앙을 지켜주시고 미사를 집전해 주시면 됩니다.' 그 항의 서한은 '하느님께서 교황이 알고 있는 지식이 헛된 것임을 그리고 그가 베네치아 공화국과 베네치아 사람들의 대의명분의 정당성 앞에 행한 일들이 그릇된 것이었음을 알도록 이끌 것입니다.'라고 맺었다.

그리고 총독은 사르피의 조언에 따라 공화국 내의 모든 예수회 회원들을—그들은 처음부터 강력히 교황 측에 서 있었다—추방하고 다음과 같은 말을 하며 교황의 대사를 해임했다.

예하!* 우리 모두는 현재 매우 단호하면서도 뜨거운 열정을 안고 있습니다. 우리 베네치아 정부뿐만 아니라 모든 귀족들과 백성들도 모두 같은 마음입니다. 우리는 그대들이 내리는 파문 조치를 무시할 것이기에 그것은 우리에게 그 어떤 효력도 미치지 않습니다. 이 문제의 해결책이 어디에 있는지 생각해보십시오. 만약 지금의 경우를 본보기로 다른 사람들도 우리를 따른다면, 이것이 해결책이 될 것입니다.

바오로 5세 교황과 교황청은 이제는 외면할 수 없는 진실과 마주하게 되었다. 성무집행금지령이 더 이상 강력한 위력을 발휘하지 못하는 것이다. 교황군이 갖고 있던 가장 두려운 무기였던 성무집행금지령—중세 시대에는 왕과 황제들의 무릎을 꿇게 만들었으나—이 이제 그 힘을 잃고 말았다. 게다가 그 실패가 온 세상에 적나라하게 드러나고 말았다. 그로 인해 교황의 위신은 형편없이 추락했고, 이 웃지 못할 촌극과 같은 상황은 날로 악화되고 있었다. 성무집행금지령은 철회되어야 했다. 그것도 신속하게 쉽지 않은 일이었지만, 어떤 방도라도 강구하지 않으면 안 될 상황이었다.

한동안 자존심에 커다란 타격을 입은 바오로 5세는 어떤 생각조차 제대로 할 수 없는 지경이었다. 하지만 결국 동의할 수밖에 없었

---

* 가톨릭 대주교 · 추기경 등에 대한 존칭. – 역주

다. 프랑스 측에서 제안한 중재안이 받아들여져서 협상이 시작되었다. 베네치아는 사르피가 조언한 대로 강경한 입장을 고수했다. 베네치아 측에서는 금지령을 철회해달라는 청원을 직접 하지 않을 것이며, 그런 요청은 프랑스의 국왕이 하는 것이 옳다고 했다. 일단 금지령이 철회되고 나면 수감된 두 명의 성직자를 프랑스 대사관 측에 인도하겠지만, 그것은 어디까지나 프랑스 국왕에 대한 예우의 표시일 뿐, 프랑스 국왕에게 그들을 재판하고 처벌할 권한이 있음을 인정한 것이라 속단하지 말길 바란다고 하였다. 그리고 예수회는 다시 받아들이지 않겠다고 못을 박았다(그 이후로도 50년은 베네치아에서 활동이 금지되었다). 끝으로 프랑수아즈 라 조에유 추기경의 활약 덕분에, 교황의 마음이 바뀌어 금지령을 철회하는 입장이 담긴―세심하게 작성된―판결문이 준비되었으므로, 베네치아는 이제 저항을 철회할 것이라고 했다. 그러나 자신들의 행동에 잘못이 있었다거나 후회한다는 등의 말은 전혀 언급하지 않았다.

그렇게 해서 1607년 4월, 거의 1년간 지속됐던 성무집행금지령이 철회되었다. 그것이 교회 역사상 마지막 성무집행금지령이었다. 교황은 감히 두 번 다시 같은 위험을 무릅쓰는 조치를 감행하지 않았고, 유럽의 가톨릭에서 교황의 권위는 예전과 같지 않게 되었다. 성무집행금지령의 철회는 격식에 불과했을 뿐 화해의 의미는 결코 아니었다. 바오로 5세는 공개적으로 굴욕을 당한 것이다. 게다가 아직 해결되지 않은 문제들은 여전히 남아 있었고, 쉽게 잊을 수 있는 것들도 아니었다. 무엇보다 교황은 자신이 내린 칙령을 거역했던 성직자들에 대한 보복을 결심하였다. 특히 그를 완패하도록 모든 시나리오를 계획했던 사르피에 대한 응징을 다짐했다.

사르피는 로마와의 관계가 재개되었다고 해서, 그 즉시로 자신의 자리에서 물러나지는 않았다. 그에게는 아직 할 일이 남아 있었다. 생명의 위협을 받을 수도 있다는 조언들을 일축한 채, 매일 자신이 머물던 마리아의 종 수도원에서부터 총독의 관저로 걸어서 출퇴근했다. 1607년 10월 25일 오후 늦게 수도원으로 돌아오던 길에, 그는 포스카 다리에서 암살범들의 습격을 받았다. 그들은 세 군데나 칼로 찌르고, 그의 갈비뼈 깊숙이 칼을 꽂아둔 채 달아나 버렸다. 기적적으로 사르피는 살아났고, 나중에 현장에 있었던 칼을 살피며 로마의 교황청 스타일이라며 농담을 하기도 했다. 물론 사르피의 말이 옳다는 증거는 없었다. 암살자들은 즉시 로마로 달아났다. 그곳에서 완전 무장을 한 채 활개를 치고 다녀도 아무런 제재를 당하지 않았다고 한다. 만약 실제 교황이 사주한 일이 아니었다고 해도, 그들의 반감을 초래하지는 않았을 것이다.

사르피가 생명을 위협받았던 때가 두 번 더 있었는데 한 번은 거주하던 수도원 내에서 일어났다. 두 번 다 구사일생으로 목숨을 건졌던 그는 1623년 1월 15일 자신의 침대에서 죽었다. 사르피가 죽은 후에도 교황의 앙심은 해소되지 않았다. 원로원에서 그를 기리기 위한 기념비 건립을 제안하자 교황대사가 강력히 반대를 했다. 그렇게 한다면, 교황청에서는 그를 '뉘우칠 줄 모르는 이단자'로 선언할 것이라고 으름장을 놓았다. 이번만큼은 베네치아가 한발 물러섰고, 1892년에 가서야 그를 기리는 다소 작은 규모의 동상이 그가 순교당할 뻔한 지점에서 몇 미터 떨어진 캄포 포스카에 세워졌다.

바오로 5세는 베네치아로부터 당한 굴욕감과 파올로 사르피 때문에 자신의 삶이 망가졌다는 생각에서 벗어나지 못했다. 영국에서 화약음모사건*—성무집행금지령이 내려지기 5개월 전에 발생했다—이 되살아나고 있었다. 1610년 프랑스에서 있었던 앙리 4세 암살 사건에 대한 비난의 화살이 교황청에 날아왔다. 전 유럽에서 궁극적으로 교황권이 약화되었음이 여실히 드러난 것이다. 바오로 5세는 평생 자신의 신념만 좇느라 교회의 규율을 강화했고, (6세기에는 몰라도 17세기에는 어울리지 않는) 편협한 보수주의만 추구했다. 예를 들어, 1616년 갈릴레오가 우주의 중심은 지구가 아니라 태양이라는 코페르니쿠스 이론을 옹호했을 때 가장 먼저 이의를 제기한 사람도 바오로 5세였다.

다른 부분에 있어서 바오로 5세는 로마의 혁신이라는 반종교개혁의 전통을 이어가면서 무엇보다 베드로 대성당에 관심을 기울였다. 1506년 대성당 작업이 시작되었을 때, 브라멘테의 초기 계획은 그리스 식의 십자가 형태였으나, 나중에 라파엘은 라틴 스타일의 십자가를 선호해서 서쪽의 신자들 좌석을 확장시켰다. 그러나 미켈란젤로는 원래의 그리스식으로 다시 복원했다. 그러나 전례적인 이유에서 그리고 콘스탄티누스 회관이 차지하던 공간을 가리기 위하여, 결국 라틴 스타일로 결정하여 신자석과 서쪽 정면을 추가시킨 사람은 바오로 5세와 그의 건축가 카를로 마데르노였다. 교황은 자신의 조카, 스피오네 카파렐리—나중에 감사한 마음에 자신의 이름

* gunpowder plot. 1605년 제임스 1세 왕을 암살하고 의사당을 폭파시키려던 가톨릭의 음모 사건. 이 사건은 발각되어서 음모는 실패로 끝났다.

† 바오로 5세. 보수주의자였던 그는 우주의 중심은 지구가 아닌 태양이라는 코페르니쿠스의 이론을 옹호했던 갈릴레오에게 최초로 이의를 제기했다. 잔 로렌초 베르니니 작품. 코펜하겐 덴마크 국립 박물관.

도 보르게세로 개명하였다—를 독려하여 그 웅장한 빌라 보르게세를 짓게 하였다. 티볼리에 있는 하드리아누스 황제의 빌라에서 영

감을 얻은 것이 분명한 빌라 보르게세는 최초의 로마식 공원 빌라
이다.

스피오네 추기경은 어느 면에서는 르네상스 시대의 사람이었다.
교황이 직계가족을 임명하여 주요한 참모로 삼는 것이 일상적인 관
행이 되었기 때문에, '교황의 조카, 추기경'이라는 소문은 17세기에
와서는 잠잠해졌다.

그러나 스피오네는 여느 교황직계 추기경 같지 않았다. 성직록
을 통해 엄청난 재산을 모았지만 돈의 사용처는 달랐다. 교황들 중
에도 예술을 그토록 열렬히 후원했던 이는 거의 없었고 더더군다나
추기경은 단 한 명도 없었다.* 스피오네는 여러 교회의 복원사업에
도 매우 열의를 보였으며 추기경으로서 특별히 순례자의 7대 성당
중 하나인 성 세바스티아노 대성당을 책임지고 7년에 걸쳐 복원하
였다.

표면적으로는 전면적으로 일을 맡기고 승인을 해주었던 것처럼
보이지만 바오로 5세는 조카와 취향이 달랐다. 그의 스타일은 결코
소박하지는 않지만, 그래도 단순하면서도 너무 도드라지지 않았다.
그는 반종교개혁을 펼쳤던 그의 전임 교황들과 마찬가지로 흔들림
없는 자신감이 있었기에 위기의 역사 속에서 가톨릭교회를 지켜낼
수 있었다. 실제, 이탈리아와 이베리아 반도를 제외한 유럽의 전 지
역에서 계속되는 종교적 혼란과 종파들 간의 오랜 분쟁의 여파로

---

* 그의 모든 소장품들이 빌라 보르게세로 옮겨진 것은 1891년이었고, 그 이전까지 그의
소장들은 1605년 바오로 5세가 교황에 등극하기 전에 매입했던 팔라조 보르게세에
보관되어 있었다.

인해, 로마의 확고한 지도력이 절대적으로 필요했던 시점이었다. 다행히 반종교개혁의 단점들—종교재판, 금서목록, 과도한 교황의 권위 주장, 예수회의 과열된 분위기, 그리고 근자에 설립된 몇몇 수도회 등—은 모두 교회의 소극적인 면모보다는 적극적인 자신감을 드러내는 역할을 했다. 1620년 11월, (마틴 루터가 비텐베르크의 교회문에 95개 반박문을 붙인 지 100년이 지나서) 백산전투의 승리를 축하하는 동안, 바오로 5세는 갑작스런 뇌출혈을 일으켰다. 많은 이들에게 이제 최악의 사태는 물러가고 교회는 위기를 넘겨낸 것으로 비추어졌을 것이다.

오늘날 영어권 사람들에게 백산전투는 거의 잊혔으나 중앙 유럽에서는 그 역사적 파급효과가 상당히 큰 사건이었다. 가톨릭의 대의가 승리를 거둔 전쟁이었고, 특히 바로 전년도에 왕위 승계에 성공한 페르디난트 2세 황제에게는 그 의미가 더욱 컸다. 예수회를 통해 교육을 받은 영향으로 매우 독실한 가톨릭 신자였던 페르디난트 2세는 자신의 제국 전체가 가톨릭신앙을 신봉하도록 만들겠다는 결심했다. 이로 인해 얀 후스 시절부터 독실한 프로테스탄트 지역이었던 보헤미아에서 그는 인기를 잃었고 1618년 그의 대표단 2명이 프라하 흐라드차니 성의 창밖으로 내던져지는 사건이 벌어졌다. 그 높이는 족히 15미터가 되었지만 그들은 다행히 말 거름 더미로 떨어졌다. 페르디난트는 거국적인 봉기가 완전히 자신의 손에 달려 있음을 알게 되었다. 그 다음 해 그는 공식적으로 보헤미아 왕위에서 밀려났으며 그 자리에는 프로테스탄트였던 선제후 프리드리히 5세가 옹립되었다. 거국적인 봉기는 30년전쟁으로 번졌고 피로 물든 유럽의 대재앙은 20세기까지 이어졌다.

페르디난트 2세의 가톨릭군은—당시 철학자 르네 데카르트는 지원 장교로 네덜란드군에 포함되어 있었다—1620년 11월 8일, 프라하 서쪽에서 몇 킬로미터 밖, 화이트 산 아래에서 프리드리히 5세가 이끄는 프로테스탄트들과 대치하였다. 이른 아침의 갑작스러운 공격으로 방어벽이 뚫리자 프리드리히의 수비대는 달아났다. 전체 병력의 3분의 1에 해당하는 1만 5천 명이 전사하거나 포로로 붙잡혔다. 달아난 이들 중에는 프리드리히 5세도 포함되어 있었는데, 통치기간이 짧았던 탓에 '겨울 왕'이라는 타이틀을 얻기도 했다.* 그와 그의 부인 엘리자베스—영국 제임스 1세의 딸—는 남은 평생을 망명생활을 해야 했다. 그의 왕국 보헤미아는 합스부르크 왕가의 손으로 넘어가 가톨릭이 되었고, 그 후로도 300년 동안 유지되었다.

바오로 5세 교황은 첫 번째 발병했던 뇌졸중으로부터 부분적으로는 회복되었지만, 10주 후에 재발한 뇌졸중에서는 두 번 다시 일어날 수 없었다. 그는 1621년 1월 말 선종을 하며 50만 이상의 플로린을 막시밀리안 1세 황제와 가톨릭 연맹, 그리고 바이에른의 선제후 앞으로 남겼다. 그의 후임, 그레고리오 15세는 자신의 조카 루도비초 루도비시의 도움을 받아 그 돈을 거의 200만으로 불렸다. 그런 거액의 보조금 덕분에 가톨릭은 백산전투에서 승리를 거둘 수 있었다. 그 여세를 몰아 프로테스탄트들을 저지했고, 이에 막시밀

---

* 그가 실제 통치했던 기간은 1년 하고 나흘이었다.

리안 황제는 감사함을 전하기 위하여 교황에게 하이델베르크의 팔라틴 도서관의 상속권을 선물했는데 마차 50대 분량의 귀중한 도서들이 바티칸 도서관으로 옮겨졌다.

그레고리오 15세Gregorius XV 교황의 재임기간은 2년을 조금 더 넘겼을 뿐이다. 이후 가톨릭의 승리는 우르바노 8세Urbanus VII(1623-1644) 교황이 재임했던 21년간 이어졌지만, 보조금은 금세 바닥이 났다. 오래전 플로렌스의 부유한 상인 집안 출신으로 본명이 마페오 바르베리니였던 우르바노 8세는 가톨릭의 대의명분에 소홀했던 것이 아니라 다만 스웨덴의 왕, 구스타프 아돌프Gustavus Adolphus로 알려진 프로테스탄트의 새로운 얼굴이 등장하자 그들에게 적개심을 품고 대응하는 과정을 달리했을 뿐이다. 구스타프가 왜 전쟁에 뛰어들었는지 그 구체적인 이유는 아직껏 속 시원히 밝혀진 바가 없지만, 막강한 세력을 거느린 신성로마제국을 견제하기 위함이었을 수도 있고, 발틱 해 주변에서 자국의 경제적·상업적 영향력을 키우고 싶은 야망 때문이었을 수도 있다. 아무튼, 그가 1630년 제국의 영토를 침략한 통에 또다시 세상은 요동치기 시작했다. 그는 1618년 이후로 프로테스탄트들이 잃어버렸던 그 땅을 되찾을 때까지 지속적으로 가톨릭군을 압박하며 퇴각시켰다.

앞서 수십 년간 가톨릭 세계의 지도자들이 그러했듯 구스타프 아돌프의 승리는 재정 지원 없이는 불가능했을 터였다. 그런데 그 자금은 가장 예상치 못한 곳에서 흘러들어 왔다. 자금의 출처는 추기경 리슐리외로 그는 1624년부터 프랑스의 루이 13세 국왕 밑에서 총리를 지낸 인물이었다. 스페인령 네덜란드를 포함하여 프랑스

동부 국경 지역을 따라 상당한 크기의 땅을 소유하고 있었던 리슐리외는 합스부르크 왕가의 세력이 확장되는 것을 우려하고 있었다. 그래서 그들 세력을 견제하기 위하여 자신이 추기경회의 일원이었음에도 불구하고 주저없이 프로테스탄트들의 대의를 지원했다. 그에 대한 대가로 스웨덴은 합스부르크 왕가에 맞서 독일 내에 병력을 계속 주둔시키겠다는 약속을 했고—추가적으로 프랑스의 승인없이는 독일 황제와 평화 협정을 체결하지 않겠다는 약속도 했다—리슐리외는 기꺼이 구스타프 왕에게 연간 백만 리브르의 보조금을 지원했다.

1632년 11월 뤼첸 전투에서 구스타프가 전사하지 않았더라면, 리슐리외로서는 모든 일들이 잘 풀렸을 것이다. 스웨덴은 수장 구스타프를 잃고도 2년을 더 버텼지만, 1634년 9월 6일 황제의 아들 프란츠 페르디난트(미래의 페르디난트 3세)가 지휘하는 제국의 군대와 맞서 싸우다가 다뉴브 계곡의 로트링겐에서 패배하여 1만 7천 명의 전사자를 내고 4천 명을 포로로 뺏기고 말았다. 로트링겐 전투 이후 전체 전황戰況이 다시 한 번 뒤바뀌었다. 스웨덴은 주도권에서 밀려났고 정권을 장악한 리슐리외는 프랑스와 스웨덴 동맹을 결성하여 1635년 5월 스페인에 선전포고를 하였다. 양측의 주축은 모두 가톨릭이었으니 순수한 종교적 명분으로 시작되었던 그 전쟁은 이후 정치적인 양상으로 발전하여 더 이상 가톨릭과 프로테스탄트들의 싸움이 아닌, 합스부르크와 부르봉 왕가의 힘 대결이 된 것이다.

우르바노 8세 교황은 이러한 흐름을 되돌리려 여러 가지 노력을 기울였다. 교황으로서(자신의 임무라고 생각한) 프로테스탄트에 맞서 통일된 힘을 보여주기 위해서는 가톨릭의 3대 세력(프랑스, 스페인, 합스부르크 왕가)을 화해시킬 필요가 있었다. 한편, 프랑스의 교황 대사로 파견되었던 경험이 있는 우르바노 8세는 상당히 친불親佛적인 성향을 갖고 있었으므로 이탈리아에 대한 스페인의 야심에 대하여 의구심을 품고 있었다. 아무리 열심히 노력해도—어쩌면 전혀 열심히 노력하지 않았을 수도 있다—자신의 마음이 기우는 방향을 감출 수는 없었다. 1624년 만토바에서 곤차가 측이 실패하자, 그는 한 치의 주저함도 없이 프랑스 추기경 리슐리외의 승계를 옹호했다. 그러니 교황은 프랑스와 스웨덴이 동맹을 맺은 것에 심히 개탄을 했지만 스페인의 펠리페 4세의 계속적인 압박에도 아무런 조치를 취하지 않았다.

사실, 희망의 여지가 없는 상황임을 우르바노 8세는 알고 있었다. 결과적으로 그런 형국에서 그가 자신의 위상을 드러낼 수 있는 영역은 교회의 행정과 예술, 두 분야밖에 없다고 느꼈다. 그는 직접 만든 몇 곡의 성가聖歌를 추가한《성무일도서》개정에 힘을 기울였다. 그는 적절한 시복과 시성절차를 성문화했고, 몇몇 새로 생겨난 수도회를 승인해주었다. 선교사업에 관심이 많았던 그는 선교사들을 양성할 목적으로 우르바노 대학(로마의 포교성성대학)을 설립했고(수많은 선교사들을 멀리 극동지역까지 파견했다), 다국어 인쇄소도 설립했다. 예술 분야에서 가장 잘 알려진 그의 기여는—아마도 바로크 시대의 로마에서 가장 통속적이고 호화스러운 모든 작품의 총체일 수도 있다—거대한 발다키노Baldacchino로, 베르니니에게 베드로 대성당의 건축을 맡기면서 베드로의 무덤 자리를 표시하기 위하여 그 위쪽으로 만들게 한 것이었다. 그것은 당대의 특징을 가장 잘 나타내 주는 작품으로 4개의 나선형 기둥에는 거대한 벌들이 기어오르고 있는 형상—베르니니의 상징—이 조각되어 있다. 그것은 아마도 르네상스 이후로 우르바노 8세만큼 파렴치하게 친족을 등용하고 가문의 부를 축적했던 이가 없었기 때문일 것이다. 우르바노 8세 교황은 자신의 동생과 조카 두 명에게 추기경 자리를 내주었고, 또 다른 동생과 그의 아들에게 엄청난 교회 재산을 내주었다. 그렇게 함으로써 바르베르니 가문 전체가 교황의 재산에서 축을 낸 것이 1억 500만 스쿠도나 되었다고 한다. 말년에 양심에 가책을 느낀 우르바노 8세 교황은 교회법 변호사나 신학자들을 통해 그러한 지출이 죄가 되는지를 알기 위하여 조언을 구하고자 했다. 그는 회한의 시간을 갖기는 했지만 그럼에도 배상은 하지 않았다.

우르바노 8세는 자기 친구 갈릴레오에 대한 처사로 혹독한 비난을 받았다. 다소 놀랍지만, 반종교개혁을 펼쳤던 교황들은 천문학을 상당히 장려하였고—그레고리오 13세는 바티칸 천문대를 설립했다고 한다—니콜라우스 코페르니쿠스는 태양이 지구를 도는 것이 아니라, 지구가 태양 주변을 돈다는 내용이 담긴 자신의 책을 바오로 3세에게 헌정하기도 했다. 그 생각들은 성경의 〈창세기〉에 나오는 이야기와는 너무나 맞지 않는 것이었지만, 교회가 그에 대한 반대의견을 내놓은 것은 그로부터 약 70년 후의 일이었다. 그러다가 1616년 바오로 5세가 지동설을 비난하고 나서자, 지동설을 가장 옹호했던 갈릴레오는 지동설을 가설로서 논의할 수는 있지만 그 이론을 옹호하거나 가르치지는 말라는 사적인 경고를 받았다. 향후 몇 년간 우르바노 8세는 다른 주요한 현안들에 힘을 쏟느라 이 논쟁에서 멀어져 있었다.

우르바노 8세는 그 시절 할 수 있는 최선을 다해 자신의 친구, 갈릴레오를 추기경 바르베르니로부터 보호했다. 그는 개별적으로 갈릴레오에 대한 존경심을 갖고 있었으며, 갈릴레오의 태양 흑점 발견을 축하하기 위해 직접 시를 짓기도 했다. 1632년, 갈릴레오가 《두 체계의 대화Dialogue Concerning the Two Chief World Systems》라는 책을 출판하기 위하여 그의 개인적인 허가를 얻고자 했을 때, 우르바노 8세는 자신의 견해를 그 책에 꼭 포함시켜 달라는 요청을 하며 기꺼이 출판을 허가했다. 그러나 여기서 갈릴레오는 일생 일대의 실수를 저지르고 말았다. 그의 책의 대화에 나오는 등장인물로 옛날 아리스토텔레스의 시각으로 지구가 우주의 중심이라는 이론을 주장하는 인물의 이름을 심플리키우스Simplicius라 했는데, 그를 종종 바보스럽게 보이도록 만들었다. 심플리키우스의 입을 빌려 교황의 말을 전하려 한 갈릴레오의 시도는 이해가 잘되었고, 아주 논리적이기도 했지만 그러나 외교적인 수완과는 거리가 먼 처사였다. 자신의 존엄성을 극히 중요하게 여겼던 우르바노는 매우 분노했는데, 책의 전체 어조가 종교재판에서 엄격히 금하고 있는 것들을 옹호하는 것이 분명했으니 그럴 수밖에 없었다.

갈릴레오는 가장 강력한 후원자를 불필요한 적으로 만들고 말았다. 그러니 이제 그 값을 톡톡히 치러야만 했다. 1633년, 그는 로마의 재판정에 출두하였다. 재판의 결과는 예측되었다. 그에게는 투옥선고가 내려졌고(나중에는 그의 나이와 명성을 고려하여 가택연금이 내려졌다), 공식적으로 지동설의 주장을 철회하라는 요구를 받았다. 《두 체계의 대화》는 그의 다른 저서들, 그리고 향후 갈릴레오가 저술할 모든 책들과 함께 금서가 되었다. 우르바노 교황의 분노는 갈릴레오 사후에도 풀리지 않았다. 1642년 1월 8일, 위대한 인물 갈릴레오가 77세를 일기로 눈을 감았을 때, 투스카니의 군주는 그의 시신을 플로렌스의 산타 크로체 성당에 묻어 그의 아버지와 다른 가족들 곁에 안치하고, 그를 기리는 기념비를 세우자고 제안했다. 그러나 우르바노 8세와 그의 조카, 프란체스코 바르베르니 추기경의 반대에 부딪혀 결국 그의 시신은 복도 끝 작은 방에 안치되었다. 그의 시신은 약 100년 후에 교회의 주 건물의 성인묘지로 옮겨졌다.

우르바노 8세는 갈릴레오의 사후 2년 반 만인, 1644년 7월 29일 선종했다. 그는 말년에—돈 냄새를 맡고 부를 손에 거머쥘 수 있다고 점친 조카에 의해서 고무되어—채무불이행을 이유로 카스트로의 영주 오도아르도 파르네세Odoardo Farnese와의 소소한 전쟁에 직접 개입했다. 오도아르도는 프랑스의 지지와 베네치아, 투스카니 그리고 모데나로 구성된 이탈리아 내 동맹의 비호 아래 반격을 가했고 교황의 군대를 격퇴했다. 로마인들은 이미 우르바노8세와 그의 일가가 거액을 챙긴 사실을 기억하고 있던 터라, 엄청난 비용을 들여가며 일으킨 전쟁에서 패배한 그들에 대하여 인내심이 한계에 다다른 상태였다. 그런 차에 들려온 우르바노 8세 교황의 선종 소식에 로마 시민들은 너나없이 기쁨에 젖어 거리로 쏟아져 나왔다.

그의 후임으로 선출된 인물은, 나이 70세의 조반니 팜필리로 그가 택한 교황명은 인노첸시오 10세Innocent X(1644-1655)였다. 그는 우르바노 8세 교황과는 상당히 반대되는 입장을 보여주었다. 그는 프랑스가 교황의 지출을 부추겨 자국의 주머니를 불리고 있다고 생각하여 프랑스를 매우 싫어했다. 반면, 교황청이 안전하게 의존할 수 있는 유일한 나라라고 생각하는 스페인에 대해서는 우호적이었다. 실제 그의 선출도 스페인 추기경들의 표를 얻은 덕분에 경쟁자를 물리칠 수 있었다(1642년 리슐리외의 뒤를 이어 루이 13세 정부의 총리를 지냈던 마자랭 추기경은 팜필리의 선출에 거부권을 행사하려 시도했으나 그의 편지는 너무 늦게 도착하고 말았다*). 교황에 즉위하고 난 후, 인노첸시오의 첫 행보는 바르베르니 일가가 축적했던 재산을 조사하고 압류하기 위한 위원회를 구성하는 것이었다. 그로 인해 바르베르니 일가의 추기경들은 어느 정도 고통을 당했고 그들 중 한 사람은 달아나기도 했다. 그러나 남아 있던 사람들은 마자랭에게 호소를 했고, 마자랭은 어렵사리 인노첸시오 교황을 설득하여 더 이상의 추궁을 막아주었다.

이런 일련의 과정이 전임 교황들과 비교하면 재정적인 면에서는 적법한 선례가 되겠지만, 친족등용과 관련해서는 인노첸시오도 결코 결백하지 못했다. 비록 그의 조카들을 추기경으로 앉히지는 않았지만, 그의 가문에는 그가 채워주어야 할 지갑들이 많이 있었고, 그는 기꺼이 그 지갑들을 채워주었다. 그중 가장 위험하고도 강력한 수혜자는 그의 사악한 형수로, 이름은 도나 올림피아 마이달키

---

* 이즈음 황제는 프랑스, 스페인 국왕들과 더불어 점차 자신들이 탐탁지 않게 생각하는 교황 후보에 대하여 거부권을 행사하기 시작했다.

니Donna Olimpia Maidalchini였다. 역겨우리만치 탐욕스러웠던 그녀는 엄청난 부를 축적했을 뿐만 아니라 동시에 인노첸시오 10세 교황에게 특별한 영향력을 행사했다. 그러다 보니 로마에는 그 둘의 관계를 놓고 추측이 난무할 수밖에 없었다. 알려진 바에 따르면 인노첸시오 10세가 모든 쟁점에 관해 그녀와 논의하고 그녀의 승인 없이는 어떠한 결정도 내리지 않았다고 한다.

악화된 재무 상태로 인해 인노첸시오 교황은 전임 교황들이 시행하던 규모로는 건축 사업을 이어갈 수가 없었다. 상황이 그러했음에도 그는 베르니니의 화려한 분수, 건축가 보로미니가 바로크식으로 탈바꿈시킨 라테란 궁과 더불어 나보나 광장을 남겨주었다. 게다가 놀랍게도 로마시 서쪽 아우렐리아로 가는 길목에 빌라 팜필리―인노첸시오 10세의 조카 카밀로의 작품―까지 선보였다. 인노첸시오 10세 교황과 관련하여 가장 많이 기억되는 것은 그가 맡겨 진행시킨 건축물이 아니라 바로 벨라스케스가 그린 너무도 뛰어난 그의 초상화다. 오늘날 그의 초상화는 로마의 도리아 팜필리 미술관*에 걸려 있다(그 초상화를 보고 인노첸시오가 했던 첫마디는 '모든 것이 너무 사실적이다.'였다고 한다).

1655년 새해 첫날 인노첸시오 10세가 선종하자, 이어서 열린 콘클라베는 후임을 선출하기까지 3개월이 소요되었다. 오래 지연된 까닭은 프랑스 추기경 마자랭이 가장 인기를 끌던 이몰라의 주교 파비오 키지를 반대하고 나섰기 때문이었다. 결국, 마자랭은 반

---

* 현재는 빌라 도리아 팜필리로 더 잘 알려져 있다.

† 인노첸시오 10세. 그의 재위기간 내내 그의 정부情婦로 알려졌으며 부정과 부패로 악명 높았던 도나 올림피아 마이달키니가 교황권을 장악했다.

대의사를 철회했고, 키지가 선출되어 알렉산데르 7세Alexander Ⅶ (1655-1667)로 교황에 등극했다. 마자랭과의 불편한 관계는 결코 거기서 그치지 않았다. 마자랭은 교황이 자신의 강력한 적수로 바로 전년도에 자신에 맞서 음모를 꾸미다 프랑스에서 달아났던 레츠 추기경에게 로마에 거처를 제공해준 것을 도저히 용서할 수 없었다. 결과적으로 그는 파르네세 가문―그들은 교황 영지 내의 땅을 돌려받으려는 시도를 하고 있었다—에 적극적인 지지를 보냈고, 그래서 프랑스가 1659년 스페인과 피레네 평화 조약을 체결할 때 모욕을 주기 위해 의도적으로 교황을 협상의 중재역할에서 배제했다. 1661년 마자랭이 죽은 후에도 프랑스의 루이 13세 국왕은 교황과 화해를 거부하며 모든 외교적 관계를 결렬시킨 채, 1662년 아비뇽과 브네셍의 교황영지를 침략하며 차후 직접 교황영지로 쳐들어 가겠다고 위협을 했다. 만약 알렉산데르 7세 교황이 보다 강한 권력과 단호함을 갖고 있었다면, 프랑스의 집요한 압박에 대항할 수 있었을지도 모르겠다. 하지만 안타깝게도 그는 그렇게 강한 사람이 아니었다. 학자다운 성향에 영성이 깊고 온화한 성품의 그는 묵상 속에 살아가는 삶이 어울리는 사람이었지, 강인하며 공격적인 성향을 요구하는 17세기의 거친 분위기와는 어울리지 않았다. 그는 항의 한번 제대로 하지 않고 루이 국왕에게 항복하면서 그 모욕적인 상황에 대해 불평 한마디 없이 루이 13세의 요구에 따라 1664년 피사 조약을 수용하였다.

재임기간에 그 무엇보다 그에게 즐거움을 선사했던 일은 스웨덴의 크리스티나 여왕의 세례식이었다. 스웨덴의 왕위에서 물러난 크리스티나는 전례의 절차를 밟기 위하여 오랜 여정 끝에 이탈리아로 왔다. 교황은 그녀에게 베르니니가 직접 디자인한 가마를 보냈는데, 그녀는 바로 그 가마를 타고 12월 20일 로마에 도착했다. 1655년 성탄절 날 아침, 베드로 대성당에서 거행된 거대한 전례에서 알렉산데르 7세 교황은 개신교에서 가톨릭으로 개종한 크리스티나 여왕에게 친히 세례를 주었다. 그녀는 교황에 대한 경의로, 알레산드라라는 세례명을 선택했다. 그날 밤, 그녀는 공식적으로 팔라조 파르네세에 거처를 정하고 죽는 날까지 35년을 로마에서 살았다. 개신교에서 가톨릭으로 개종하고 거처까지 로마에 정한 그녀 덕분에 알렉산데르 7세는 물론 세 명의 후임 교황들도 상당한 곤란을 겪었다. 그녀는 즐겨 입던 기이한 디자인의 드레스와 독특한 행동들, 그리고 특별한 성품으로 그 어느 누구보다 로마에 잊을 수 없는 강한 인상을 남겼다.

크리스티나로 인해 어려움을 겪었던 세 명의 후임 교황 중 두 명이 줄리오 로스필리오시와 에밀리오 알티에리다. 둘은 모두 클레멘스라는 교황명을 선택했다. 1667년 6월에 교황의 자리에 올랐던 클레멘스 9세Clemens IX(1667-1669)는 단지 2년 반이라는 짧은 시간 동안 통치했으며 그의 주요한 성취는 프랑스와의 관계 개선과 얀센주의로 인해 계속되는 소요를 일시적으로나마 잠재운 것이었다. 얀센주의—처음 주창한 사람은 이프레의 전 주교였던 코넬리우스 얀센이었다—는 인간의 원죄, 인간의 타락, 예정설豫定說 그리고 신의 은총의 필요성을 강조했다. 그로 인해 프랑스의 교회는 17세기에 줄곧 분열을 겪었다. 루이 14세는 얀센주의를 제거하기로 결심했고, 1653년 인노첸시오 10세는 루이의 단호한 요청에 따라서 얀센주의의 주된 논문이 실린 저서《아우구스티누스Augustinus》에 담긴 5가지 주요한 제안들을 비난하고 나섰던 것이다.

클레멘스 9세는 베네치아와의 관계개선에도 노력을 기울였다. 베네치아는 당시 튀르크와 필사적인 전쟁을 벌이고 있었다. 튀르크는 지난 20년간 지중해의 마지막 남은 식민지 크레타 섬을 포위하고 있었다. 인노첸시오 10세는 1645년 초, 교황의 소함대를 파견했다. 함대의 해군 제독—피옴비노의 제후 니콜로 루도비시Niccol Ludovisi—은 원정 자체에 불쾌감을 드러내며 즉시 고향으로 돌아갔다. 그 이후 교황은 추가 도움을 제공하며 베네치아의 주교관할권에 대한 통제권을 넘겨받는 조건을 제시했다. 베네치아 측에서는 그 제안에 대해서 생각조차 하기 싫어했다. 알렉산데르 7세 교황도 베네치아에서 예수회가 다시 활동을 하게 해달라는 조건을 달았는데, 예수회는 1606년 성무집행금지령이 내려졌던 이후로 베네치아 땅에서는 활동이 금지를 당했다. 그들은 이 조건 또한 거부했다. 그러나 이제 상황이 절박해지자, 클레멘스 9세 교황은 어떤 값을 치르고라도 베네치아를 돕고자 결심을 했다. 교황이 함대를 보내주겠다 하자 베네치아는 이를 받아들였고, 예수회도 다시 베네치아 땅으로 들어갈 수 있게 되었다. 교황은 프랑스, 스페인 그리고 신성로마제국과 협력하여 사면초가에 몰린 크레타 섬으로 두 차례에 걸쳐 원정을 나섰다.

아뿔싸, 하지만 너무 늦어버리고 말았다. 1668년 프랑스의 젊은 귀족들로 구성된 첫 번째 원정대는 자신들의 영광을 위해서만 싸웠다. 그들은 전투에서는 상당한 용기를 보여주었지만, 막상 끝났을 때는 생존자들이 미처 발 빠르게 빠져나오지 못했다(그들 중 많은 수가 바실러스 세균에 감염되어 두 번 다시 프랑스로 돌아가지 못했다). 이듬해 떠난 원정대 역시 프랑스인들의 수가 우세했지만 교황군의 깃발을 달고 떠났다. 그들은 이번에도 열심히 싸우기는 했으나 용기는 예전 같지 않았다. 프랑스 함대는 교황이나 황제 그리고 성 요한 기사단으로부터 지원병들이 거의 오지 않자 도착한 지 2개월 만에 절망 속에 떠나가 버렸다. 홀로 남겨진 베네치아는 더 이상 전쟁을 이어갈 수 없게 되었고 1669년 9월 6일 사령관 프란체스코 모르시니 Francesco Morosini는 항복을 하고 말았다.

그즈음, 클레멘스 9세 교황의 건강은 이미 우려할 수준으로 악화되어 크레타 소식을 전해 듣고는 뇌출혈로 12월 9일 선종했다. 그의 후임으로 선출된—프랑스와 스페인이 단단히 작심하고 서로에게 거부권을 행사하는 바람에 5개월간 지속되었던 콘클라베 끝에 선출되었다—세속명이 에밀리오 알티에리, 교황명 클레멘스 10세 Clemens X는 이미 그의 나이 80살을 넘긴지라 안타깝지만 무능한 인물이었다. 추기경으로 앉힐 조카가 없었으므로 그는 그 역할을 팔루치 델리 알베르토니—그의 조카가 교황의 조카와 결혼을 했다—에게 부여하며 알티에리라는 이름을 쓰도록 요구했다. 이것은 커다란 실수였다. 그 추기경은 즉시 교황의 행정 전반을 장악하여 교황과 그 가족들을 대신해 재산을 축적하였고, 그로 인해 로마에서 클레멘스 10세 교황의 평판은 형편없이 떨어졌다.

교황으로서 행사할 수 있는 개인적 영향력은 외교 분야에서도 상당 부분 제약을 받았다. 크레타 섬 원정이 실패로 돌아간 이후로 튀르크의 위협은 그 어느 때보다 불안하게 그들을 엄습해오고 있었다. 술탄이 유럽에서 가장 큰 영지인 폴란드로 관심을 돌리자 클레멘스 10세와 베네데토 오데스칼키—곧 인노첸시오 11세로 후임 교황이 되었다—는 폴란드의 얀 소비에스키에게 막대한 보조금을 지원했다. 그 덕분에 그는 1673년 11월 드네스테르 강변 코침에서 오스만군에게 큰 패배를 안길 수 있었고, 6개월 후 폴란드의 왕위에 올랐다. 그러나 클레멘스 10세 교황은 프랑스의 루이 14세 왕과의 관계는 잘 풀지 못하였다. 클레멘스가 나이가 들어감에 따라 좀 더 큰 힘을 갖게 된 루이 14세는 갈수록 거드름을 피우며 프랑스 주교의 임명권과 주교관할구역에서 들어오는 세수입의 통제권이 프랑스 왕가에 있다고 주장했다. 1675년 프랑스 대사―그 자신이 추기경이기도 했다―가 클레멘스 교황을 알현할 때, 그가 일어나려고 하자 85세나 먹은 교황의 몸에 손을 대 자리에 눌러 앉히는 일이 발생할 만큼 프랑스의 태도는 고압적이었다.

그 다음 해 인노첸시오 11세Innocentius XI(1676-1689)가 등극을 하고 나서야 교황의 권위가 다시 서기 시작했다. 강직한 성품으로 단연 17세기 교황 중에는 가장 위대한 인물이었던 인노첸시오 11세는 루이 14세에게 프랑스 왕가의 특권을 확장시키기 위해 압력을 행사하는 일을 더 이상 하지 말라고 공공연히 경고했다. 교황은 그런 행동은 하느님의 뜻을 거스르는 것이므로 그에 대하여 하느님께서 벌하시어 왕위에 대한 상속권을 앗아갈 것이라 했다.* 결과는 프랑스와 로마 사이의 단절로 이어졌다. 1682년 3월 프랑스 성직자 회의에서는 공식적으로 그 유명한 갈리아 사조항the Four Gallican Articles을 채택했는데, 그 조항은 교황의 세속적인 권위를 부정하는 한편 공의회의 우위를 주장하고 칼리칸교회Gallican Church의 권리와 자유

---

* 놀랍게도 하느님께서는 벌을 내려 루이 14세의 왕위는 그의 증손자에게 승계되었다.

를 재차 확인했다. 한 달 후 인노첸시오 11세 교황은 예상대로 이 조항들을 거부했고, 문제가 해결될 때까지 프랑스 주교의 임명에 대한 비준도 거부했다. 1685년 1월이 되어서는 프랑스에 주교가 없이 비어 있는 주교관할구역이 35개가 넘었다.

9개월 후, 위그노교도들에 대하여 지속적으로 억압적인 정책을 펼치던 루이 14세 국왕은 100년 전 앙리 4세 국왕이 위그노교도들에게 광범위한 특권을 부여했던 낭트 칙령을 폐지해버렸다. 만약 루이가 그렇게 해서 다시 교황의 호감을 살 수 있으리란 예상을 했다면, 그것은 그의 착각이었을 뿐이다. 인노첸시오 11세는 완전히 종교적 박해 수준에 달한 루이 14세 정책의 폭력성을 공공연히 비난했다. 프랑스 국왕과 교황은 유럽의 그리스도교 세계에 대한 압박의 고비를 결코 늦추지 않는 튀르크에 맞선 저항 정책과 관련한 중요한 쟁점들을 놓고도 대결구도를 형성했다. 인노첸시오 11세 교황은 튀르크에 맞서기 위하여 신성로마제국의 레오폴트 1세 Leopold I 황제와 이제 폴란드의 국왕이 된 얀 소비에스키를 '신성동맹'에 통합시키려 노력했고, 그리고 그 덕분에 1683년 비엔나에서 오스만의 병력을 물리칠 수 있었다. 그러나 루이 국왕은 그 어느 일도 적극적으로 돕지 않았다. 루이 14세는 레오폴트 황제가 튀르크로부터 많은 압박에 시달리는 것을 잘 알고 있었지만, 제국이 계속 당하는 것을 즐길 뿐이었다. 그러니 인노첸시오 11세 교황 재임기간 내내 프랑스와 교황의 관계는 지속적으로 악화되었다. 1687년 교황은 새로운 프랑스대사를 받기를 거절하고 1688년 1월 루이 국왕과 그의 각료들에게 파문을 선고했다. 또 그해 쾰른 주교로 프랑스 국왕이 추천한 사람을 거부하고 그 대신 레오폴트 황제가 제안한 인물을 선택했다. 9월 결국 프랑스가 다시 한 번 아비뇽과 브네생의 교황 땅을 점령하는 사태가 벌어졌다. 인노첸시오 11세 교황은 루이 국왕의 무릎을 꿇리는 데는 실패했지만, 지속적으로 반감을 표함으로써 적어도 교황에게는 여전히 힘이 있음을 보여주기는 한 셈이었다. 그리고 루이의 도움 없이도, 교황은 튀르크에 맞선 투쟁을 계속 이어나가며 베네치아와 러시아도 신성동맹에 가입시키고 동맹을 독려하여 전세를 역전시켜 1686년에는 헝가리를, 그리고 그 다음 해에는 베오그라드를 해방시켰다.

오래된 다소 놀라운 이야기에 따르면, 인노첸시오 11세 교황이 가톨릭 신자였던 제임스 2세를 대신해 프로테스탄트인 윌리엄 오렌지공이 영국의 왕좌에 앉도록 비밀리에 지원했다는 것이다. 제임스 2세가 영국을 가톨릭의 품으로 되돌리려는 노력을 했음에도 인노첸시오 11세 교황은 그를 깊이 신뢰하지는 않았다. 그 한 가지 이유는 제임스가 프랑스의 루이 14세 국왕과 너무 친밀하게 지낸다는 것이었고, 다른 하나는 지나치게 공격적이며 대립을 일삼는 그의 성격 탓이었다. 분명한 것은 교황은 그에게 어떤 지원도 해주지 않았다는 사실이다. 그러니 제임스 2세가 윌리엄에 의해 축출을 당할 때도 교황은 놀라거나 특별히 우려하지도 않았을 것이다. 그러나 교황이 윌리엄을 지지했다는 이론에 대해서는 확실하게 제시된 증거가 없으니, 그저 일설—說로 치부될 뿐이다.

1689년 8월 12일 인노첸시오 11세는 선종했다. 그는 평생 주변의 성직자들 사이에서 인기를 끄는 인물은 아니었다. 청렴결백하고 단호하여 타협을 모르고 금욕적이며 검소한 삶을 살았던 그는 50만 스쿠도의 빚을 남겼는데, 그에게는 선택의 여지가 거의 없었다. 그는 많은 부를 거머쥘 수 있는 친족등용 같은 일은 절대적으로 피했다. 그렇다 보니 추기경들도 그를 본받을 수밖에 없었다. 그가 선종한 이후 점차 그의 업적들이 하나씩 인정을 받았고, 25년 후 클레멘스 11세 교황은 그에 대한 시복 절차를 시작했다. 그러나 프랑스는 그에 대한 안 좋은 기억을 쉽게 잊지 않았고, 로마 내의 프랑스의 영향력 또한 여전했으니, 1744년 루이 15세가 고집을 피우는 바람에 시복 절차는 유예되었다. 그러다가 20세기 중반에 접어들어 비오 12세 교황이 다시 나서서 그의 시복 절차를 마무리 지었다. 이제 인노첸시오 11세는 복자로 시복되었지만, 아직 성인의 지위에 오르지는 못하고 있다.

선종 당시 인노첸시오 11세의 나이는 78살이었고, 그의 후임으로 선출되었던 알렉산데르 8세Alexander VIII(1689-1691)의 나이는 79살이었다. 추기경 피에트로 오토보니가 선출되었던 이번 콘클라베는 처음으로 신성로마제국의 황제와 프랑스 국왕의 대사들이 공식적으로 참석했다. 그러나 이들 대사들이 도착하기도 전에 추기경들은 실질적으로 오토보니를 선출하기로 동의한 상태였다. 두말할 나위도 없이, 프랑스의 대표부는 처음에는 반대의사를 밝혔다. 그도 그럴 것이 오토보니를 로마의 종교재판장과 교황청 비서로 임명한 사람이 인노첸시오 11세였으니, 결국 그는 인노첸시오 11세 교황의 오른팔이나 마찬가지였기 때문이다. 그러나 오토보니 추기경은 사전

논의에서 프랑스와 교황의 관계 개선을 최우선으로 삼을 것이며 프랑스에 대한 반대 입장을 철회할 것이라 다짐을 했다.

알렉산데르 8세는 이미 37년 동안 추기경을 지낸 인물이었고 200년 만에 탄생한 베네치아 출신의 교황이었다. 사생활 면에서도 별로 나무랄 데가 없었던 그는 훌륭한 학자로 이탈리아에서 가장 큰 사설 도서관을 소유하고 있었다. 전임 교황들과는 확실히 구분되는 점은, 그가 매우 따뜻하고 온화하여 누구에게나 매우 호감을 주는 인물이었다는 것이다. 알렉산데르 8세는 재임기간 내내 기민함을 유지하며 현명하게 잘 대처했고, 로마의 사기를 진작시켰다. 그는 비공식적으로 도심 여기저기서 대중들 속에 자주 모습을 드러냈다. 그는 본인 생의 23시를 알리는 종은 이미 쳤으니 남은 시간 부지런히 일해야 한다는 말을 자주 했다고 한다. 즉위식에서는 과거로 돌아간 호화로운 소비와 사치의 징후가 보였는데, 참석자들의 증언을 빌자면 평생 가장 아름다운 광경이었다고 한다. 역시 다채로운 축제들이 부활하고 오페라 공연도 있었는데 그중 하나인, 〈콜롬보Colombo〉의 대본은 피에트로 오토보니 추기경이 썼던 것이기도 했다.

끝으로 친족등용이 다시 고개를 들고 나왔다. 알렉산데르 8세는 즉위하면서 소위 조카 추기경 자리에 그의 조카의 아들인 23살의 피에트로를 임명하고 조카인 기암바티스타는 교황청 서기관으로 앉혔는데, 둘 다 그 자리에서 많은 부를 축적했다. 베네치아에 있던 그의 일가들을 많이 불러들여 상당수를 수익성이 높은 자리에 앉혀주었다. 물론 그의 고향 베네치아에 대해서도 그는 의리를 잃지 않았다. 그는 열정적으로 베네치아를 지원하며 상당액의 보조금과 1,500명의 전투원들을 포함한 대규모 함대를 보내주었다. 1690년 4월 베네치아의 모리시니에게 추기경의 빨강 모자를 씌워주고 축성한 칼을 선사해주려 직접 베네치아를 방문하는 열정을 보이기도 했다.

그러나 그는 재임 초기부터 자신의 주요 관심사였던 프랑스와 관계를 개선해야 한다는 사실을 결코 잊지 않았다. 다행히, 루이 14세―그동안 영국의 명예혁명으로 인해, 그와 제임스 2세의 위치는 많이 약화되었다―는 유화적인 분위기였다. 루이 14세는 자진해서 아비뇽과 브네생을 교황의 손에 되돌려주었고, 교황이 로마의 재외공관이 주장하는 세금에 대한 피보호권과 면책특권을 중단했을 때도 이의를 제기하지 않았다. 비록 신성로마제국의 황제 측에서는 불만이 터져 나왔지만, 교황은 그에 대한 대가로 프랑스의 루이가 몇 년간 밀었던 보베의 주교 투산트 데 포르빈 제이슨을 추기경에 지명했다. 인노첸시오 11세 교황은 그를 추기경으로 임명하길 거듭 거부했지만, 알렉산데르 8세 교황은 프랑스와의 관계 개선 차원에서 1682년 포르빈에게 추기경의 상징인 빨강 모자를 씌워주었다.

작은 일들을 양보하는 등의 노력을 보였지만 근본적인 문제는 해결되지 않고 있었다. 교황은 프랑스 측이 갈리아 사조항―프랑스의 루이는 단호하게 고수하고 있는 것이었다―을 거부하고 공식적인 포기선언을 하지 않는다면, 프랑스 주교 임명에 대한 비준을 전면 거부하겠다는 의사를 밝혔다. 부질없지만 알렉산데르 8세는 개별적으로 그리고 사적으로 국왕 루이 14세에게, 그리고 마담 드 맹트농—당시 루이 14세와 비밀리에 결혼생활하여 그에게 상당한 영향력을 행사하는 인물로 알려졌다—에게도 서신을 보냈다. 그들이 보낸 답은 교황의 희망을 완전히 바닥에 내동댕이쳐 버리는 것이었다. 유감스럽기 그지없지만, 그동안 프랑스와의 관계 개선을 위해 그가 들인 공이 일순간에 무위로 돌아가고 말았다. 그나마 그동안 잘 지내오던 황제와의 관계마저도 심각하게 훼손되어 갔다. 포르비를 추기경으로 임명한 사실을 여전히 마음에 담고 있던 레오폴트 황제는 자기가 지지했던 후보들 중에서는 아무도 발탁되지 않자 더욱 분개했다. 황제는 또한 튀르크에 대항하여 싸우는 대가로 자신이 받아왔던 보조금은 상당히 줄어든 반면 그 돈이 펠로폰네소스 원정을 위해 베네치아로 흘러들어 갔다는 사실을 알고 몹시 분노했다. 그러나 알렉산데르 8세 교황은 황제의 기분을 제대로 살피지 못했던 것 같다. 1690년 11월 중순, 그는 두 명의 추기경을 더 임명했는데 황제가 추천한 이가 아니라 모두 자기 조카들이었다.

이때까지만 해도 알렉산데르 교황의 건강 상태는 매우 양호했는데, 1691년 1월 그는 다리에 심각한 괴저가 일어나기 시작하였다. 29일 그는 침상 주변으로 프랑스와의 논의에 참여했던 12명의 추기경들을 불러 모아놓고, 1682년에 선언되었던 갈리아 사조항의 유지는 법적으로 무효하다는 것을 선언했다. 그것이 교황이 남긴 마지막 말이었으며 그는 3일 후 선종했다.

이어진 콘클라베는 5개월간 지속이 되었다(1305년 이후로는 가장 길었다). 만약 여름의 폭염—로마인들의 기준으로도 매우 더운 여름이었고 특히 시스티나 대성당의 온도는 견디기 어려운 지경까지 올라갔다—이 아니었다면 더 길어졌을 수도 있다. 그렇게 오래 지연되었던 가장 큰 이유는 프랑스의 국왕 루이 14세가 베네치아 출신의 그레고리오 베르베리고를 지원했기 때문이었다. 결국 프랑스가 양보해 투표 결과, 76살의 나폴리 출신 안토니오 피냐텔리가 선출되었다. 그가 인노첸시오 12세Innocentius XII(1691-1700)로 알려진 교황이다. 나폴리의 귀족으로 바실리카타에서 탄생한 그는 남부 이탈리아 출신으로는 마지막 교황이었고 우연찮게도 턱수염을 기른 마지막 교황이기도 했다.

전임 교황이었던 인노첸시오의 이름을 따서 그를 본보기로 삼았던 그는 인노첸시오 11세와는 다른 면들이 있었다. 인노첸시오 11세가 단호하면서 다가가기 어려운 성품이었던 반면, 인노첸시오 12세는 주기적으로 공개 그리고 비공개 알현을 가지며 각계각층 사람들과 스스럼없이 자유로운 대화를 나누었다. 친족등용을 싫어했던 그는 알렉산데르 8세 교황의 조카들이 자리를 지키고 있는 것을 탐탁지 않아 했고, 1692년 족벌주의를 금하는 칙서 〈로마가 어두워집니다Romanum decet Pontificem〉를 공표하여 교황의 친족들이 부동산과 관직, 그리고 수익을 얻어가는 것을 금기시했다. 만약 교황의 측근이 추기경회의 일원이 된다면 그것은 순전히 그 사람 자체의 훌륭한 자질만을 근거로 해야 하며, 연간 수입은 1만 2천 스쿠도를 넘을 수 없다고 명시했다. 향후 모든 콘클라베에서 교황 자신과 모든 추기경들이 이 칙령에 선서하도록 했다. 이것은 가톨릭 세계 전역에 널리 확산되었고 교황청 내에 친족주의를 효과적으로 종식시킨 것으로 기록되고 있다.*

인노첸시오 12세는 자신의 조카들을 가난하게 살도록 하였고, 언제나 교회의 복지 이면에 있는 이들이 그의 주요 관심사였다. 1692년 그는 5,000명이 넘는 노숙자들을 위해 옛 라테란 궁을 쉼터로 개조했고, 1693년에는 인노첸시오 11세의 가문이 소년들을 위해 설립한 오스피지오 디 산 미켈 고아원을 인수하고 본래 30명이던 수용인원수를 300명까지 늘리도록 건축가 카를로 폰타나에게 재건축을 맡겼다. 기아보호소를 만들기 위해 식스토 5세가 지은 병동과 다른 정신병원의 결합으로 탄생했던 이 두 건물들을 통합된 사도들의 보호소로 만들어, 세 명의 추기경에게 관리를 맡겼다. 그 이후로는 교황이 그 일을 너무 소중하게 생각해서 그 밖에 다른 일들을 자주 잊어도 불평하기가 어려웠다.

인노첸시오 12세는 가장 좋아했던 건축가, 폰타나에게 다른 여러 일도 맡겼다. 그의 야심작은 몬테치토리오 궁—40년 전 인노첸시오 10세의 명을 받아 베르니니가 시작했다—을 완성하고 확장하여 종합법원 청사로 사용하고, 궁극적으로 로마의 모든 재판소와 법정을 한 지붕 아래 두는 것이었다. 그 일은 애초의 계획대로 진행되지는 않았다(천문학적인 자금이 필요했다). 그렇지만 그 건물들은 오

---

* 상세한 조사로 밝혀진 바에 의하면 바오로 5세의 친족이 26만 스쿠도, 우르바노 8세 측에서는 170만 스쿠도, 인노첸시오 10세 측근은 140만 스쿠도, 알렉산데르 7세 측근은 90만 스쿠도, 클레멘스 10세의 측근은 120만 스쿠도, 알렉산데르 8세 측근은 7십 만 스쿠도를 교황청의 회계원으로부터 챙겨갔다. 다른 여러 공석들을 통해서도 상당한 금액을 빼돌렸다.

늘날까지 남아서 바로크 미술의 정점을 보여주고 있다. 폰타나는 또한 베드로 대성당의 세례당과 오른쪽 측랑에 스웨덴의 크리스티나 여왕 기념비도 디자인했다.

교황들의 유서 깊은 또 다른 직권남용인 성직매매에 대해서도 인노첸시오 12세 교황은 강경한 입장을 취했다. 성직매매는 관행적으로 해오던 일로 무엇보다 좋은 수입원이었기에 상당한 반대에 부딪혔다. 하지만 자신의 지출을 완전히 줄임으로써 그 손실액을 상쇄시켰다. 그다음으로 그는 치비타베키아와 네투노의 항구로 관심을 돌렸다. 두 항구 모두 옥수수 무역의 증대를 위해 상당히 확장했던 곳이었다. 인노첸시오 12세는 치비타베키아를 자유무역항으로 지정하여 훌륭한 송수로를 만들어주고, 1696년 5월 개인적으로 그 도시를 방문하기도 하였다. 그런 행보를 보여주었던 교황은 100년 만에 그가 처음이었다.

인노첸시오 12세 교황의 뛰어난 외교로 프랑스의 루이 14세와 로마교황청과의 50년간 지속되었던 교착상태도 종지부를 찍었다. 먼저, 그는 1682년 회의에 참석하지 않았던—그 회의에서 갈리아 사조항을 채택했다—프랑스 국왕 루이 14세가 추천하는 모든 주교들의 임명권을 비준해주었다. 그 대가로 프랑스의 루이 14세는 모든 주교들이 그 조항에 가입해야 한다고 했던 프랑스 성직자들의 선언을 폐지했고, 그래서 주교들은 공식적으로 모든 서명을 철회했다. 그것은 전반적으로 만족스러운 협상이었지만, 유일하게 아쉬운 점이 있다면 관한 조항 자체는 온전히 남겨두었다는 것이다. 이는 프랑스 교회가 혁명이 일어나고 난 후까지도 바티칸의 권위를 무시했다는 반증이기도 하다. 불가피하게, 잠시 묻어두었던 문제가 다시 고개를 들고 일어나 황제의 의혹을 불러왔다. 인노첸시오 12세는 프랑스의 루이 국왕과의 관계를 잘 풀었던 것처럼, 레오폴트 황제와 관계를 개선하기 위하여 여러 가지 노력을 기울이며 튀르크에 맞서 싸워주는 대가로 8만 스쿠도의 금액을 보냈다. 그러나 적대감은 쉽게 감춰지지 않았다. 로마에 와 있는 황제의 대사들은 일부러 분쟁을 일으키려는 듯 계속 거만한 태도를 보였다. 게다가 제국과 프랑스 사이에 급속히 번지고 있는 격렬한 전쟁은 양국과 동시에 우호적인 관계를 유지하는 일을 불가능하게 만들었다. 1697년 9월, 뤼스비크 조약*을 이끌어냈던 평화회담에 교황청은 참석하지 않았다. 그러나 가까스로 손을 써서 프로테스탄트의 지배를 받고 있는 나라들에서도 로마 가톨릭 신앙은 훼손되지 않고 지켜져야 한다는 조항을 조약에 포함시켰다.

1699년 11월 초 84살의 인노첸시오 12세 교황은 건강이 극도로 악화되었다. 비록 상태가 호전되지는 않았지만, 1700년 성년 축하를 위해 모여든 대중들 앞에 모습을 드러낼 수 있을 만큼은 기력이 있어 퀴리날레 궁전**의 발코니에 서서 수천 명의 순례자들에게 축복을 내리고 주요 성당들을 방문하기까지 했다. 그리고 8월 1일 다시 증상이 악화되어 8주를 시름시름 앓다가 9월 27일 새벽에 선종

---

* Treaty of Ryswick. 그 조약은 '9년 전쟁'을 치른 끝에 체결된 것으로, 프랑스는 황제, 영국, 스페인과 네덜란드 등이 구성한 대규모 동맹과 맞서 싸웠다.
** Quirinal Palace. 퀴리날레 궁전은 클레멘스 8세부터 1870년(비오 9세)까지 교황들의 주요 거처였다.

했다. 9년의 재임기간 동안 그는 친족등용을 종식시키고 프랑스와의 화해를 이끌어내는 등 실로 많은 업적을 이루었다. 그는 어쩌면 스페인의 미래까지도 결정지었는지 모르겠다. 루이 14세와의 껄끄러운 관계에도 불구하고, 교황은 자식이 없었던 스페인의 국왕 카를로스 2세에게 레오폴트 황제의 작은 아들 카를보다는 루이 14세의 손자이자 앙주의 군주인 필리프를 후계자로 지명하라고 조언하기도 했다. 1700년 10월 3일 인노첸시오 12세가 선종한 지 일주일 만에 스페인의 카를로스 2세는 그의 조언에 따라 유언장을 바꾸고는 1개월 후 세상을 떠났다.

아마 인노첸시오 12세는 훗날 또 다른 명성을 얻게 될지 전혀 알지 못했을 것이다. 그는 무덤에 들어간 지 170년이 지나서 영국 문학 속에 다시 등장하였다. 만약 로버트 브라우닝의 《반지와 책*The Ring and the Book*》을 읽은 독자라면, 끝없이 계속 이어지는 이야기를 전하는 12명의 화자 중 한 사람이 인노첸시오 12세 교황이라는 사실을 인지했을 것이다. 그 문학에 등장했다고 그의 평판이 더 좋아지지는 않는다. 다행스럽게도 인노첸시오 12세의 평판은 더 개선할 필요가 없을 만큼 이미 충분히 훌륭하기 때문이다.

22

이성의 시대

1700~1748

두 명의 연로했던 교황들을 끝으로 17세기는 막을 내렸고, 18세기의 문을 연 교황은 매우 젊었다. 51살의 조반니 프란체스코 알바니는 오랜 망설임 끝에 선출을 수락하며 클레멘스 11세Clemens XI(1700~1721)라는 교황명으로 등극하였다. 1690년부터 추기경을 지냈던 그는 두 명의 전임 교황들로부터 상당한 영향을 받았는데 실제 인노첸시오 12세 교황이 발표했던 친족등용을 금지하는 칙령을 직접 작성하기도 했다. 그는 강연가로서 번뜩이는 지성, 학식, 그리고 재능을 지닌 덕분에 오랫동안 교황 적임자로 거론되어왔다. 하지만 실제 그가 사제 서품을 받은 것은 교황으로 선출되기 2개월 전이었다.

　스페인의 카를로스 2세는 임종을 앞두고 당시 앙주의 필리프를 자신의 후계자로 지명했는데, 그 효과는 가히 파괴적이었다. 카를로스 2세는 카를 5세 황제의 집안에서 남자로는 마지막 핏줄이었으므로, 스페인 후계자 자리를 모두가 탐내고 있었다. 특히 유럽의 가장 강력한 두 개의 왕조가 잔뜩 기대를 걸었다. 스페인의 펠리페

3세―1598년부터 1621년까지 통치했다―는 두 명의 딸을 두었는데, 첫째가 프랑스의 루이 13세와 결혼했던 앤Anne이고 둘째가 오스트리아의 페르디난트 3세와 결혼한 마리아Maria였다. 앤은 적절한 때에 미래의 루이 14세를 출산했고, 마리아는 레오폴트 1세 황제를 출산했다. 결혼적령기가 되어 레오폴트는 카를로스 2세의 여동생, 마르가리타와 결혼을 했고 그래서 그들의 어린 손자, 조셉 페르디난트가 결과적으로 합스부르크 왕가의 권리를 주장할 수 있었다. 이미 그 상황은 분쟁을 피할 수 없는 구도였다. 1698년 카를로스 2세 왕이 조셉 페르디난트를 후계자로 지명하는 유언장을 작성했을 때 문제는 일단락 지어지는 것으로 보였다. 그러나 1699년 2월, 어린 왕자는 갑자기 죽고 말았다. 그를 갑작스런 죽음으로 내몰았던 것이 천연두였는데, 당시 어린 소년의 아버지가 독살한 게 아닌가라는 의혹이 일었다. 많은 사람들의 대답은 주저 없이 아버지의 소행이었을 것이라는 쪽에 무게를 싣는 분위기였다. 어쨌든 이제는 제국을 대표하여 스페인의 왕좌를 주장할 사람은 레오폴트의 어린 아들, 카를 왕자뿐이었다.

앞서 인노첸시오 12세 교황처럼 클레멘스 11세 교황도, 스페인의 다음 국왕으로 앙주의 필리프를 선호했다. 필리프의 할아버지 루이 14세는 인간적인 결점이 있었을 수도 있지만, 현존 인물들 중 로마 가톨릭을 옹호하는 가장 강력한 사람이었다. 게다가 이탈리아 내에서 교황의 영지와 관련하여 스페인이 보여준 기록은 형편없었으므로, 클레멘스 11세 교황의 시각으로는 스페인 사람보다는 프랑스의 손에 맡겨 나폴리, 밀라노 그리고 시칠리아를 통제하게 하는 편이 훨씬 더 안전하게 보였을 것이다. 그러나 교황은 레오폴트 황제가 이에 동의를 해주리라고 기대할 수 없었다. 물론 프랑스의 루이 14세 국왕도 그럴 만한 여유가 없었다. 그는 지체 없이 짐을 싸서 스페인 왕권의 어린 승계자를 마드리드로 보내 왕위 계승에 차질이 없도록 하고 프랑스 측근의 인사들을 꾸려서 스페인 정부의 요직을 차지하도록 준비시키느라 여념이 없었다. 그러나 루이 14세는 이어지는 전쟁이 얼마나 격렬하게 또 오래 지속될지를 미처 알지 못했거나 혹은 손자가 스페인 왕관을 쓰는 대가로 치를 값을 예상하지 못했다.

때는 바야흐로 1701년 2월─클레멘스 11세가 교황의 자리에 오르고 3개월이 채 되지 않은 시점이었다─앙주의 필리프가 스페인의 왕위를 계승하여 펠리페 5세Philip V라는 칭호를 받고 마드리드에서 환영을 받던 시간에, 프랑스의 군대는 스페인령 네덜란드를 점령했다. 어느새 유럽은 이미 스페인의 왕위 계승을 둘러싼 전쟁 속으로 휩쓸려 들어갔다.

레오폴트 황제도 발 빠르게 움직였다. 만약 스페인이 유럽에서 가장 약한 군주의 손에서 가장 강한 자의 손으로 넘어갔다면, 이제 레오폴트가 꺼내 들 패는 무엇이었겠는가? 바로 교황이 우려했던 것처럼, 레오폴트 1세는 밀라노를 시작으로 이탈리아 내에 있는 스페인 영토를 점령하여 그것들이 프랑스의 손에 넘어가는 것을 막기로 결심했다. 레오폴트는 영국과 네덜란드에 동맹을 구했다. 이 두 해양국들은 스페인과도 많은 이익을 남기는 거래를 계속하고 있었다. 카디스와 다른 스페인 항구들에는 영구 거주를 하는 영국과 네덜란드의 상인들도 있었다. 17세기 내내 불화를 겪던 이 두 나라들은 이제는 제국과 함께 프랑스를 물리친다는 공통의 관심사를 공유하게 되었고, 그렇게 해서 대동맹Grand Alliance이 탄생한 것이다.

클레멘스 11세 교황이 프랑스 편향적偏向的 성향을 갖고 있다는 것을 모두가 알고 있는 바였고—사실 그는 펠리페 5세의 왕위 계승을 축하하는 편지를 마드리드로 보내기도 했다—그렇기에 중재를 하겠다는 교황의 제안이 거절당했을 때 놀라는 사람은 별로 없었다. 전쟁이 발발하자, 교황은 중립적인 입장을 취하기 위한 노력을 기울였는데, 레오폴트 1세도 펠리페 5세도 둘 다 나폴리와 시칠리아—펠리페가 이미 어떤 반대도 받지 않고 권리를 주장했다—를 달라고 요청했으므로 교황에게는 참 난감한 상황이었다. 베네치아 대사는 믿을 수 있을지 몰라도, 교황은 제국의 합스부르크 왕가가 지닌 힘, 대담함, 그리고 그들의 넘치는 자긍심이 두려웠다. 프랑스 부르봉 왕조의 경박함, 건방짐 그리고 격렬함이—물론 그들의 갈리시아적인 사고는 말할 것도 없이—두려웠다. 클레멘스 11세 교황의 가장 취약점은 언제나 우유부단하다는 점이었다. 이제 그는 시간을 끌며 양측 간에 서로 적대감을 불러오도록 기다릴 뿐 그 자신은 결정을 내리지 못하고 있었다.

이탈리아 반도는 불가피하게 다시 한 번 전쟁터가 되었다. 먼저, 프랑스가 쉽게 기선을 제압하고 밀라노를 포위했다. 그러나 1706년 제국의 뛰어난 장군이었던 사보이의 제후, 유진Eugene이 그들을 이탈리아 북부에서 몰아냈다. 1년 후, 레오폴트의 후계자 요제프 1세

Josoph I가 이끄는 오스트리아 병력이 교황의 영지에 침입하여 나폴리를 손에 넣고 로마를 위협했다. 군대라고 이름 붙일 만한 병력조차 제대로 갖추고 있지 못했던 교황은 요제프 1세가 내거는 조건을 수락할 수밖에 없었는데, 그 조건은 나폴리 함락을 인정하고, 그의 동생 카를 대공에게 스페인의 왕좌에 대한 권리를 승인해주는 것이었다. 그로 인해 교황과 스페인의 관계는 악화일로를 걸었다.

그런데 1711년 4월 17일 요제프 1세가 33살의 젊은 나이로 비엔나에서 사망하자—이번에는 정말 사인이 천연두였다—하룻밤 사이에 유럽의 정세에 다시 한 번 대격변이 일었다. 6년의 통치 기간 동안 요제프 1세는 스페인에 대한 카를의 권리 주장을 열심히 옹호했었다. 그런데 이제 카를은 형의 죽음으로 스페인에 대한 권리뿐 아니라 명백히 신성로마제국 황제의 후계자가 된 것이다. 부르봉이라는 한 가문이 너무 막강해지는 것을 막기 위해서 대동맹이 형성되었던 것인데 만약 카를이 제국을 계승하여—실제 그는 다음 해 황제로 선출되었다—합스부르크 왕가가 그 모든 영토들을 다시 한 번 통합한다면, 5대 종조부인 카를 5세와 같이 강력한 힘을 지닌 더욱 위협적인 존재가 될 것이었다. 불가피하게 새로운 국면에서 유럽의 강호들이 합의에 도달하기까지는 수개월의 시간이 걸렸다. 1712년 신정이 되어서야 대동맹과 프랑스 사이의 협상이 네덜란드의 위트레흐트시市에서 시작되었다.

일반적으로 위트레흐트 조약이라고 알려진 이것은 사실 11년간 지속된 유럽의 격변 이후 다시 한 번 주변 국가들과의 관계를 규제하려는 프랑스와 스페인의 시도가 담겨 있는 일련의 조약들이었다.

클레멘스 11세 교황은 언제나처럼 자신이 무시를 당하고 있다는 것을 깨달았다. 카를은 스페인에 대한 권리를 펠리페 5세에게 양도하였고 밀라노와 나폴리를 받았다. 프랑스와 스페인 양국은 사보이의 비토리오 아메데오 2세Victor Amadeus II 군주—그는 펠리페 5세의 장인이 되었다—를 시칠리아의 왕으로 추대하였다.* 이 가운데 그 어떤 일도 교황과 상의해서 진행된 것은 없었고, 파르마와 피아첸차에 있었던 교황의 영지조차 교황의 동의 없이 처분되었다.

교황청의 정치적, 외교적 위신은 실로 비참한 수준으로 추락했다. 그의 의견은 단지 교리에 관련된 문제에서만 최소한의 정도에서 받아들여질 뿐이었다. 바로 이 시점에서 프랑스의 얀센주의**가 다시 문제를 일으켰다. 얀센주의를 근절하려던 루이 14세 국왕의 노력을 무기력하게 만들며 얀센주의는 반세기 넘게 문제를 야기하고 있었다. 소르본 대학 박사 40명이 가톨릭은 경건한 침묵 속에 얀센주의의 비난을 경청해야 한다는 판결을 언도하자, 얀센주의의 불길이 다시 한 번 거세게 타올랐다. 루이 14세 국왕은 이와 같은 사태에 몹시 분개하며 이미 그들을 힐책한 바 있는 교황에게 소극적

---

* 1720년 그는 시칠리아를 황제에게 양도해야만 했고 그 대가로 상대적으로 덜 중요한 사르데냐 섬을 받았다. 그때부터 그의 사촌인 빅토르 임마누엘 2세가 통합된 이탈리아의 최초의 왕으로 등극했던 1861년까지, 그와 그의 후계자들은 튜린이라는 수도만을 통치했음에도 사르데냐의 왕들로 알려졌었다.

** 네덜란드의 가톨릭 신학자 코르넬리스 얀센이 주창한 교의. 얀센의 주장은 얀세니즘 Jansenism으로 불리며, 초기교회의 엄격한 윤리로 되돌아갈 것을 촉구하였고, 또한 인간의 본성에 대한 비관적인 견해로 하느님의 은혜를 강조하고 인간의 자유의지를 부정하는 학설을 주장하였다. 신학적으로는 1653년 교황 인노첸시오 10세가 이단으로 선고하였다. - 역주

인 묵인으로는 충분치 않다는 내용의 회칙을 발표하라고 요청했다. 이 가증스러운 교리가 언제, 그리고 어디서나 고개를 내밀려 한다면 적극적으로 그리고 분명히 탄핵되어야 한다는 내용이었다. 루이 14세의 요청에 따라 클레멘스 11세는 회칙을 발표했다. 그러나 이어진 결과는 그의 예상을 뒤엎는 것이었다. 프랑스에서는 즉각적으로 격렬한 저항이 일어났고, 그 저항은 얀센주의자들을 넘어 퍼져나갔으며 그 선봉에는 고위 성직자인 파리의 대주교, 루이 앙트완 데 노아유 추기경이 있었다. 이에 분기탱천한 루이 국왕은 또 다른 칙령 발표를 요청했는데 그것은 그야말로 얀센주의자들의 비난 강도만 높일 뿐이었다. 요청에 따라 교황은 〈우니게니투스Unigenitus(독생자)〉라는 칙령을 발표하여, 엄청난 인기를 끌고 있던 파스키에르 케스넬Pasquier Quesnel의 저술《신약에 관한 도덕적 숙고들Moral Reflection of the Gospels》에서 발췌한 101가지 제의를 비난했다. 그러나 노아유는 다른 15명의 주교단들과 함께 그를 받아들이기를 명확히 거부했고, 그 후 교착상태는 1715년 루이 14세가 타계할 때까지 계속되었다.

그의 증손자이자 후계자, 루이 15세는 단지 다섯 살에 불과했으므로, 오를레앙의 군주 필리프에게 섭정이 맡겨졌다. 필리프는 종교 자체에는 관심이 없었고 오직 그와 관련된 모든 문제를 완전히 재고하고 싶은 마음뿐이었다. 그는 차후 그 칙령을 반박하는 어떤 논의도 금지하며 모든 문제를 교황이 처리하도록 일임했다. 클레멘스 11세는 그에 대한 화답으로 세 번째 칙령을 발표하여 〈우니게니투스〉 칙령을 옹호하며 그를 거역했던 모든 이들에게 파문을 내렸다. 이 칙령은 노아유뿐 아니라 다른 몇몇 주교들, 프랑스 고등법원 그리고 소르본 대학 등 많은 사람들로부터 거센 항의를 받았다. 이 칙령은 섭정자 필리프에게는 당연히 옹호를 받았으나 논란은 여전히 계속되었다. 그러는 사이 프랑스 내에서 교황의 위상은 급속히 약화되었고, 오랜 투병 끝에 1721년 3월 19일 클레멘스 11세 교황이 71살에 선종할 때까지도 소요는 가라앉지 않았다. 그가 재임했던 20년 동안 로마는 두 번에 걸쳐 엄청난 홍수 피해를 겪었다. 1703년에 불어닥친 허리케인은 그 위력이 엄청나서 교회의 종들이 저절로 울릴 정도였다. 이후 일련의 지진들이 잇달아 발생하였고, 그 여파로 콜로세움 2층의 아치형 구조물 3개가 무너졌다.

클레멘스 11세 교황은 어질고 독실하며, 성실하면서 청렴한 사람이었다. 그런 그를 끊임없이 따라다닌 문제점은 우유부단함이었다. 그는 지도자가 되기에는 본능적인 정치 감각이 부족했고 그러다 보니 교황으로서 해외 신자들 위에 제대로 자리매김도 하질 못했다. 그는 교황이 되기를 많이 주저했고 스스로도 성공적인 교황이었다는 착각에 빠진 적도 없었다. 그는 선종하기 몇 개월 전에 조카, 애니벨르 알바니 추기경에게 자신의 묘비명을 받아쓰게 했다. 거기에는 '클레멘스 11세, 교황은 한때 사제였고 그리고 대성당의 수사신부가 되어, 교황으로서 …년의 재임기간을 마치고 …일 잠들다. 그를 위해 기도해주길'이라고 적혀 있었다.

18세기가 시작되면서, 교황에게는 대적해야 할 새로운 적수가 생겨난 것이 점점 명백해졌다. 그 적은 지난 천 년간 그리스도교 세계가 교리의 차이라는 병으로 전염되었을 때보다 더욱 은밀하게 스며들었다. 바로 이성의 시대가 도래한 것이다. 많은 성직자들에게, 이단들조차도 회의론, 불가지론不可知論―상대적으로 아직은 스스로를 무신론자無神論者라고 칭하는 이들이 많지 않았다―그리고 교권 반대주의보다 더 나아 보였다.

이러한 새로운 지적 풍조 속에서, 교황청이 어떤 대책을 취한다는 것은 쉽지 않았을 것이다. 분명한 것은 정말 별다른 대책을 세우지 못했다는 사실이다. 처음 클레멘스 11세 교황의 후임 교황 두 명은 모두 독실한 사람들이어서 교회를 위해 공작의 지위를 포기하기까지 했지만 교황의 자리를 오래 지키지도 못했다. 인노첸시오 13세(1721~1724)는 선출 당시에 이미 병들고, 몸도 매우 비만한 상태였고 3년을 넘기지 못했다. 베네딕토 13세(1724~1730)는 6년을 머물렀으나 로마에 큰 영향을 끼치지 못했다. 그래도 인노첸시오 13세가 해외의 긴장 상태를 완화시키는 역할을 한 것은 사실이다. 1721년 그는 프랑스의 방종하고 타락한 총리였던 기욤 뒤부아를 추기경으로 발탁함으로써 루이 15세 국왕의 환심을 샀다. 신성로마제국의 카를 6세에게는 클레멘스 11세가 끝내 내주지 않으려고 했던 나폴리와 시칠리아의 권리를 넘겨주었다.

1724년 5월 29일 베네딕토 13세가 자신의 의지와는 반대로 인노첸시오 13세의 후임으로 선출되었을 때, 그의 나이는 이미 76살이었고 정신이 약간 오락가락하기도 하였다. 성직자들의 가발 착용을 금지시킨 것을 제외하고는 교황임을 내세우고 행동하기를 거부했으며, 카를로스 6세나 루이 15세, 그리고 스페인의 펠리페 5세도 그저 시종 무시하는 정책으로 대했다. 한편, 그는 잠도 퀴리날레 궁

꼭대기에 있는 회반죽을 바른 작은 방에서 잤고, 신자들의 고해성사를 들어주고, 환자들을 찾아가고 종교적인 가르침을 주는 등 교구사제와 같은 단순한 삶을 살았다. 그는 일주일에 몇 번씩 극빈자들을 식탁으로 모셔 식사시중을 들었다. 그는 대부분 교황의 업무를 니콜로 코시아에게 일임했는데, 그는 베네벤토의 대주교 시절부터 교황과 알고 지낸 인물로 강한 반대에도 불구하고 교황은 그를 승진시켜 추기경회까지 입회시켰다. 아마 그보다 더 최악인 인사(人事)는 없었을 것이다. 코시아는 교활하며 뿌리 깊이 부패하여 자신의 안위밖에 모르는 인물이었다. 그는 성직을 매매하고, 뇌물을 수수하고, 베네벤토 출신의 자기 친구들로 교황청 자리를 채워 교황청의 금고를 바닥냈다. 그 사이에 베네딕토는 한 점 의심 없이 그의 제안을 다 받아들였으며 그에 대한 반대의견을 한마디도 내놓는 법이 없었다. 클레멘스 11세에 의해서 친족등용이 공식적으로 중단되었지만, 최근 역사가*의 말을 빌리자면, 교회는 조카들만 없어졌을 뿐 친족등용의 모든 사악함은 여전히 존재했다.

베네딕토 13세가 교황으로서 단호함을 보여주고자 할 때는, 그 장소와 때가 어설펐는데 그건 그의 전형적인 스타일이기도 했다. 이러한 경향을 보여주는 좋은 예가 포르투갈의 동 주앙 5세가 추기경회에 후보를 추천할 권리를 주장할 때였다(다른 몇몇 궁정들은 그런 권리를 누리고 있었다). 교황이 이를 거절하자 주앙 5세는 모든 외교관계를 단절하는 한편 교황의 영지에 거주하고 있던 포르투갈 사람

---

* E. 더피의 《성자들과 죄인들》

까지도 불러들이고 교황청과의 의사소통도 금지하고, 포르투갈에서 로마로 보내는 모든 희사금喜捨金도 막았다.

니콜로 코시아의 탐욕과 잘도 속는 베네딕토 13세 덕분에 교황청은 재정적인 측면에서뿐만 아니라 교황의 위상에 있어서도 혹독한 시련을 겪었다. 교황은 너무 연로하여 정치가의 수완이나 좋은 통치의 기술을 익히기 어려웠고, 너무 순진해서 자기가 신뢰를 주었던 사람들의 부패상이나 이중성을 제대로 파악하지 못하였다. 그는 엄청나게 연로한 나이는 아니었지만 적절한 때인 1730년 2월 21일 선종했다.

그의 시신이 안전하게 묘지에 안치되는 순간, 로마의 시민들은 분노로 들끓었다. 모든 것은 차치하고, 로마인들은 그 나이 많은 교황을 사랑했고, 또 그만큼 코시아와 베네벤토 출신의 그 측근들을 혐오했다. 바티칸에서 교황인 베네딕토 13세보다 훨씬 안락하고 위엄 있는 생활을 영위했던 코시아는 눈에 띄지 않게 탈출해서—들것에 실려 나갔다—친구인 마키스 아바티와 함께 코르소에 있는 자기 집으로 도망을 갔다. 그러나 곧 추적을 당했다. 그의 집은 포위되어 가까스로 완전 파괴만은 면했다. 그는 곧 체포되어 법정에 세워졌다. 코시아는 간신히 진행 과정을 늦추기는 했지만, 결국은 1733년 4월 파문선고를 받았다. 그는 산탄젤로 성에 10년간 수감되었고, 10만 스쿠도를 벌금으로 냈다. 추기경회의 구성원에게 내려진 형벌로는 가장 혹독한 선고였지만, 단 한마디의 이의도 제기되지 않았다.

움직임이 자유롭지 못했던 베네딕토 13세의 후임으로는 그보다 세 살이 적은 클레멘스Clemens XII 12세(1730-1740)가 선출되었다. 그는 피렌체의 부유한 가문 출신으로 이미 그의 나이는 79살이었고, 다른 많은 전임 교황들처럼 통풍으로 지속적인 고통에 시달리고 있었다. 지식인이자 학자였던 그는 본명 로렌초 코르시니로 추기경을 지냈다. 나보나 광장의 팔라조 팜필리에 유명한 살롱을 가지고 있었으나 교황 즉위 2년 만에 시력이 너무 나빠져서 서류에도 필요한 곳을 짚어주어야만 서명을 할 수 있을 지경이었다. 1736년 8월경, 황제의 대사, 하라흐 백작은 다음과 같이 적었다. '교황은 아름다운 기억도 모두 잊어버리고 안색도 너무 안 좋아져서 환절기에 그가 선종할까 봐 우려하고 있다.'

그래도 클레멘스 12세 교황은 젊은 에너지만은 잃지 않았다. 그는 결코 무능력하지 않았다. 교황은 코시아에 맞서 단호하고 신속하게 행동하여 결단력 있게 교황청의 재정을 구해냈다. 베네딕토 13세가 금지시켰던 주 복권도 부활시키고, 지폐의 발행을 승인했다. 그는 또한 안코나에 자유무역항을 설치했고 베네딕토 13세와 같은 지나친 관대함은 지양했다. 이러한 정책이 어느 정도 이윤을 가져다주기는 했지만, 그다지 많은 빚을 탕감하지는 못했다.

게다가 교황의 재정 악화가 계속됨에 따라, 교황의 국제적 명망도 함께 추락했다. 1731년 파르마와 피아첸차의 안토니오 프랑세스코 파르네세 군주가 아들 없이 사망하자, 카를 6세는 다시 한 번 공작영지에 대한 종주권을 주장했다. 클레멘스 12세 교황은 이에 항의했지만 무시당했다. 1년 후, 그 종주권이 펠리페 5세와 이탈리아의 여왕 엘리자베스 파르네세*의 아들인, 스페인의 돈 카를로스 Don Carlos에게 이전되었을 때도 교황이 힘이 없기는 마찬가지였다. 1732년 돈 카를로스—그의 엄마 덕분에 그는 스페인 사람이라기보다는 이탈리아 사람에 훨씬 가까웠다—는 공식적으로 파로마의 군주와 투스카니의 대공으로 임명되었다. 그해 말, 교황대사가 베네치아에서 추방당했다. 1733년 프랑스는 지금껏 교황의 통치 아래 있던 아비뇽을 봉쇄해버렸다. 1734년 봄, 교황은 무기력한 분노 속에서 루이 15세의 지원을 받은 돈 카를로스가 남쪽으로 진군하여 교황의 영지를 지나 승리감에 취해 나폴리에 입성하는 것을 손 놓고 지켜볼 수밖에 없었다. 그리고 메시나, 트라파니, 시라큐스 등지의 요새에서 저항이 있기는 했지만, 가을이 끝나갈 무렵, 그는 실질적으로 시칠리아까지 점령했다. 1735년, 카를로스 파르마를 포기하고 황제에게 넘겨주는 대가로 나폴리의 왕으로 인정을 받았다. 1736년 스페인과 나폴리 양국은 모두 교황청과 외교 관계를 단절했다. 이를 회복하기 위하여 클레멘스 교황은 돈 카를로스에게 무조건적으로 나폴리 왕국을 내줄 수밖에 없었다.

한편, 교황의 건강은 깊은 우려를 낳고 있는 가운데 탈장과 방광의 이상으로 고통을 겪고 있었다. 1740년 1월 28일 종부성사**를 요

---

* 엘리자베스 여왕은 그 땅이 1545년 바오로 3세가 사생아 아들 피에르루이지에게 내준 영지로, 그것이 생성될 당시부터 파르네세 가문의 손에 그 권리가 있다고 당연하게 주장하였다.
** 終傳聖事. 성체성사를 받고 의사능력意思能力이 있는 신자가 병이나 노쇠로 인하여 죽을 위험에 놓였을 때 받는 성사. ―역주

청했고, 2월 6일 88살에 선종했다. 그가 겪은 고통을 감안하면 마지막 순간까지 그가 보여주었던 에너지는 실로 놀라운 것이다. 그의 초기 외교적인 계획들이 대부분 실패했다 해도, 그에게 모든 책임을 지우기는 어려울 것이다. 그는 시대를 잘못 만났다. 18세기는 결코 교황에게 호의적인 시대가 아니었다. 그는 자기 가문의 부와 복권에서 나오는 이익금 덕분에 로마를 보다 부유하고 아름다운 곳으로 만들어놓고 떠났다. 카피톨리오 언덕에 고대 조각품들을 위한 박물관을 건축했고—고대유물을 전시하는 유럽 최초의 공립 박물관이다—라테란 대성당과 아름다운 코르시니 경당의 외관을 새롭게 꾸미고—둘 다 알레산드로 갈릴레이의 작품이다—니콜라 살비에게 맡겨 트레비 광장을 설계하여, 그 멋진 트레비 분수를 제작하게 하였다.*** 그는 또한 바티칸 도서관을 확장하고 200점이 넘는 에트루리아 산 꽃병과 300점도 넘는 고대 메달들을 기증하며 소장목록도 늘렸다. 그의 나이가 80살이었음을 감안한다면 참으로 인상적인 기록이다.

클레멘스 12세 교황의 선종 이후 열린 콘클라베는 6개월 이상 지속되었는데—대분열 이후로 가장 긴 시간이었다—최종 선택은 완전히 예상을 빗나가 절충적인 후보로 볼로냐 출신의 프로스페로 로렌초 람베르티니가 선출되었다. '만약 성자를 찾고 있다면 고티를 선출하고, 정치가를 원한다면 알도브란디를 선출하고, 만

*** 제작은 1732년에 시작되어 분수는 1751년에 주세페 파니니에 의하여 완공되었다. 1762년 클레멘스 13세 교황이 개관식을 하였다.

약 좋은 동료를 찾고 있다면 나를 뽑으세요.'라고 콘클라베 마지막에 그가 농담을 했다고 한다. 추기경들에게는 좋은 동료가 필요했던 것같다. 람베르티니는 적법하게 선출되어, 자신을 추기경회에 발탁해주었던 전임 교황을 기리기 위하여 베네딕토 14세Benedictus XIV(1740-1758)라는 교황명으로 교황의 자리에 올랐다. 그는 콘클라베가 그토록 시간을 오래 끌면서 선출할 만한 가치가 있는 인물이었다. 학식이 깊은 신학자이자 교회 변호사로서 그의 저서는 오늘날까지도 교회법의 기준이 되고 있으며 상냥하며 친화적인 성격에 넘치는 재치와 훌륭한 유머감각을 지녔다. 그는 비공식적으로 로마 여기저기를 돌아다니며 지나는 사람들과 담소를 나누는 것을 그 무엇보다 즐겼다. 1744년 나폴리의 왕이 로마를 방문했을 때, 교황은 퀴리날레 궁이 아닌 근처의 커피점에서 나폴리 왕을 맞이했는데, 이는 그의 성격의 전형적인 특성을 보여주는 예다.

그러나 베네딕토 14세의 느긋한 성격의 매력은 그에게 잠재된 근본적인 진지함과 쉼 없는 근면성을 감추어 주었다. 그가 생각했던 교황의 임무는 교황청의 위엄과 영향력을 회복하여 어떻게 해서든 18세기의 무대 위로 이끌어내는 것이었다. 그는 즉위 2개월 만에 처음으로 최대의 고비를 맞이했는데, 1740년 10월 카를 6세 황제의 타계였다. 카를은 생전에 남자 상속인으로 선출된 제후가 없다면, 자신의 딸인 23살의 마리아 테레지아Maria Theresa가 자신을 계승할 합스부르크 왕가의 상속녀로서 인정받기를 바라서 유럽의 모든 주요한 권력으로부터 그에 대한 확실한 보장을 얻어내기 위한 노력을 기울였다. 교황을 위시하여 베네치아 공화국과 영국 그리고 네덜란드는 모두 기꺼이 그녀를 상속녀로 인정을 했다. 프랑스의 루이 국왕은 내심 마지못해 인정했음에도 불구하고, 다정하게 굴며 그녀를 안심시켰다. 한편 프로이센의 프리드리히 2세는 승인뿐 아니라 필요하면 군사적 지원도 아끼지 않겠다는 확약을 해주었다. 얼마 지나지 않아 그의 말은 거짓이었음이 드러났다. 그러나 마리아 테레지아는 2개월 후인 1740년 12월 16일 프로이센의 3만 병력이 제국의 영토인 슐레지엔을 침략할 때까지도 그의 속셈을 알지 못했다. 오스트리아 왕위 계승 전쟁이 시작된 것이다.

카를 6세가 타계하자 엘리자베스 파르네세는 그녀의 불평 많은 남편, 펠리페 5세를 앞세워 합스부르크 왕가의 상속권을 주장하도록 하였다. 그들이 내세울 만한 근거는 그다지 확고한 것이 아니라는 것을 그녀도 알고 있었다. 언제나처럼 그녀가 결국 추구하는 것은 이탈리아 내의 영토였고, 그녀에게는 즉시 도움을 받을 동맹도 있었으니, 그가 바로 현재 나폴리의 국왕인 그녀의 아들 돈 카를로스였다. 몇 주도 안 지나 스페인군은 피레네 산맥을 넘어 랑그도크와 프로방스를 통과하여—프랑스의 루이 국왕의 승인을 얻어—진군해오고 있었다. 한편, 스페인 몬테마르의 군주는 뱃길로 더 멀리 있는 오르베텔로에 도착하여 그곳에서 나폴리 병력과 합류했다. 이 시점에서 사르데냐의 샤를 엠마뉴엘 왕*은 마리아 테레지아와 운명을 같이하기로 결심했다. 따라서 오스트리아와 사르데냐는 두 개의

---

* 전 폴란드 국왕, 레체친스키Stanislas Leszczynski(루이 15세의 장인)가 왕국을 잃었던 것에 대하여 보상을 하고 싶어 했던 황제의 요청에 따라 그는 1736년 로트링겐의 공작 영지와 교환하는 대가로 투스카니를 받았다.

부르봉 왕가인 프랑스와 스페인에 맞서 격돌하게 되었다. 그들에게는 다른 동맹들도 있었는데, 1742년 8월 66살의 영국 제독 토마스 메튜가 이끄는 해군 소함대가 나폴리 항에 출정하여 카를로스가 부르봉 왕가 연합에서 탈퇴하지 않는다면 나폴리에 포격을 가하겠다고 카를로스를 위협했다. 위협은 만족스런 결과를 얻어냈고, 메튜는 이어서 프랑스와 스페인의 함대를 향해 공격의 초점을 맞춰 그들을 툴롱까지 후퇴를 시켜서 나폴리와 스페인 사이에 소통을 차단했다.

이러한 전쟁의 소용돌이가 일고 있는 가운데 교황청이 보여준 태도는 명확치 않았다. 앞서 마리아 테레지아에게 확고한 지지 입장을 표명했음에도 불구하고, 교황은 1740년 말까지도 그녀의 상속권 승계에 대한 공식적인 인정을 늦췄다. 한편 신성로마제국은 여전히 제후 선출제도를 유지하고 있었고 그 시점에 확실한 두 명의 후보는 마리아 테레지아의 남편, 로트링겐의 프란츠Francis of Lorraine와 바이에른의 선제후 카를 알브레히트Charles Albert였다. 베네딕토 14세 교황은 은근히 프란츠에게 지지를 보내고 있었는데 그것은 그가 이미 투스카니의 군주였으므로 그가 황제로 선출되면 제국이 교황에게 좀 더 가까이 다가올 수 있기 때문이었다. 베네딕토 14세는 프랑크푸르트(선거가 진행될 곳)에 있는 사절단에게 세심한 지시를 내려 자신의 명분을 위해서가 아니라 향후 교회를 보호할 능력이 있고 또 그럴 만한 의지가 있는 후보를 선출하도록 독려하라고 하였다.

1742년 1월 24일, 카를 알브레히트가 만장일치로 카를 7세 황제로 선출되었다. 3주 후 대관식을 앞두게 되자, 은근히 프란츠를 지지했던 베네딕토 14세 교황은 지체 없이 그를 인정해야만 했다. 한편, 남편이 선출될 것으로 믿고 축하할 준비만 하고 있던 마리아 테레지아는 즉각 선출 무효 선고를 하고 바이에른으로 병력을 출정시켰다. 그녀의 군대는 2월 13일 뮌헨에 진입했고, 그해 8월 격분한 그녀는 오스트리아 내의 모든 교회 재산을 가압류했다. 이즈음, 교황의 영지에도 스페인, 프랑스, 나폴리군들이 들끓고 있었다. 이렇듯 베네딕토 14세 교황 임기의 시작은 결코 순탄하지 않았다.

1745년 1월 20일 교황을 제외한 거의 대부분의 사람들이 안도할 일이 발생했다. 내키지 않았지만 어쩔 수 없이 승인을 해주었던 그 새로운 황제, 카를 7세가 즉위한 지 3년도 채 안 되어 잠시 앓다가 그만 타계를 하고 말았던 것이다. 이번에는 마리아 테레지아의 남편인 프란츠가 황제의 자리를 승계하는 데는 의문의 여지가 없었다. 10월, 프란츠는 투스카니의 군주의 칭호에 더해서 모두 2개의 왕관을 거머쥐었다. 프랑스와 스페인으로부터 압박이 가중되었고 물론 교황 스스로도 의구심이 일었지만, 베네딕토 14세는 그를 황제로 승인해주었다. 여전히 향후 관계의 불투명한 전망으로 인해 의심은 가라앉지 않다가, 프란츠 1세가 교회에 대한 공식적인 순종을 표한 것은 거의 1년이 지난 시점이었다. 그러나 관계 재개를 위한 방법은 명쾌했고 외교 대표부들의 합법적인 교환이 이루어졌다.

드디어 8년차에 접어든 오스트리아 왕위 계승 전쟁이 1748년 엑스라샤펠 조약의 체결로 끝이 났을 때, 진정한 승자는 그 전쟁을 맨 처음 시작했던 프로이센의 프리드리히였다. 샤를 엠마누엘은 사보이와 니스를 계속 유지했고, 제국의 손으로 넘어간 지 12년 만에 공작 영지 파르마와 피아첸차는 부르봉 왕가의 카를로스 3세의 동생인 필리프에게 양도되었다. 그는 부르봉 파르마를 세웠고 그 가문은 오늘날까지도 존속하고 있다. 마리아 테레지아의 남편은 프란츠 1세 황제로 합법적인 승인을 받았다. 많은 사람들에게 오스트리아 왕위 계승 전쟁은 그 가치와 명분이 명확치 않았음은 분명하다.

23

예수회와 혁명

1750~1799

오스트리아 왕위 계승 전쟁을 겪으며, 교황 베네딕토 14세는 유럽의 세속 군주들과 외교 협상에 노력을 기울였다. 그는 타고난 중재 능력을 발휘하여, 우호적 관계를 맺고 교회 기구를 원만히 운영하기 위해서라면 상당한 수준의 양보도 마다하지 않았다. 스페인과는 52개의 성직 임명권만 유지한 채, 1만 2천 개에 대한 임명권을 왕에게 이전하는 문제를 협의하기까지 했다. 교황청은 충격에 휩싸였으나, 베네딕토 14세는 단지 페르디난드 6세King Ferdinand VI가 필시 성직 임명권을 전용했을 것이므로 협상을 통해 보상으로 130만 스쿠도를 받아냈다는 사실만을 알렸을 뿐이다.

교황은 베네딕토 13세 재위 동안 외교적 관계가 단절된 포르투갈로 관심을 돌려, 동 주앙 5세의 요구 조건을 기꺼이 수용하고 그에게 피델리시무스Fidelissimus, 즉 '가장 신실한 자'의 칭호를 내리기까지 하였다. 하지만 1750년 동 주앙 5세가 죽음을 맞이한 후, 폼발 후작으로 더 유명한 세바스티앙 드 카르발류 이 멜루가 권력의 전면에 등장하면서 포르투갈은 교황의 근심거리가 되기 시작하였다.

새로운 왕 주제 1세는 쾌락만 추구할 뿐 정치에는 관심이 없는 사람이었기에 폼발은 곧 막강한 권력을 지닌 가장 두려운 존재가 되었다. 1759년, 리스본의 교황대사는 이를 두고 포르투갈뿐 아니라 유럽 전역에서 가장 전제적인 재상이라고 기록했다. 훗날 잘못된 판단이었음이 드러났지만, 폼발은 자신의 선택이 나라를 위한 최선책이라고 믿으며 어떤 반대 의견도 용납하지 않았다. 그에게 반대 의사를 표하거나 방해가 되는 자들은 가차 없이 투옥하거나 처형하였다. 그런 그가 가톨릭교회를 싫어하는 것은 당연했고 특히 그중에서도 그는 가장 활발한 조직인 예수회를 표적으로 삼았다.

이미 전부터 예수회는 신망을 잃어가고 있었다. 1534년 선교사들의 초라한 수도회로 출발했던 예수회는, 이제는 교만하며 권력지향적인 야심에 가득 찬 방대한 조직으로 변질되어 국가 간의 음모에 개입하며 부도덕한 행위를 일삼고 있었다. 그들의 이러한 행태는 오래전부터 얀센주의자들의 조롱거리가 되어, 블레즈 파스칼은 '향촌서한Lettre Provinciales'에서 그들을 수치심을 모르는 위선자라고 공격하기도 하였다. 당시 모든 불법행위나 잔학행위에 대한 비난의 화살은 모두 그들에게 돌아갔다. 예수회의 소행이 아니었다면, 누가 프랑스의 앙리 3세와 앙리 4세를 암살하거나 잉글랜드의 엘리자베스 여왕과 제임스 1세를 제거하려는 시도를 했겠는가? 영국 내전은 그야말로 예수회의 음모가 빚어낸 결실이었다.

포르투갈의 예수회는 궁정에 5명의 고해사제를 두었고, 대학과 학교를 거의 독점하고 있었다. 폼발은 그 권력을 무너뜨리기로 결심했다. 리스본 대지진이 일어났던 1755년, 한 예수회 사제는 나라에 불충不忠한 강론을 했다는 이유로 추방당했는데, 실제로 강론을 들었던 이들 중 어느 누구도 왕을 거스를 만한 내용이 담겨 있었다고 인식했던 이는 없었다. 2년 후 왕실의 예수회 고해사제가 추방되었고, 다음 날 예수회 사제들의 궁정 출입이 금지되었으며, 성당에서의 미사집전권도 박탈되었다. 폼발은 예수회가 스페인령 파라과이와 포르투갈령 브라질에서 선교활동을 펼치며 원주민들의 반란을 선동한다는 혐의가 있기 때문이라고 교황 대사에게 설명했다. 동시에 로마 주재 포르투갈대사는 베네딕토 14세 교황에게 예수회에 대해 강력한 조치를 취하지 않는다면 주제 1세가 예수회 전체를 왕국에서 추방할 것이라고 언질을 주었다.

교황은 확답을 주지 않은 채 시간을 끌었다. 그는 왕을 공격하고 싶지는 않았지만, 혐의의 진상을 따지지 말고 수용하라는 폼발의 태도에는 분개하였다. 그는 추기경 한 명을 조사관으로 파견하여, 그 결과에 따라 적절한 조치를 취하겠다고 정중하게 답했다. 교황은 선종을 맞이하기 한 달 전인 1758년 4월 1일, 포르투갈인 추기경 프란체스코 살다냐를 포르투갈 예수회의 개혁 및 감찰관으로 임명했다.

베네딕토 14세 교황은 프로이센을 상대하는 과정에서, 프로테스탄트인 프리드리히 2세가 슐레지엔을 정복하여 수많은 가톨릭교도를 편입하게 된 것을 치하하며, 과거 교황청에서 거부했던 왕의 칭호를 승인해줌으로써 원만한 관계를 맺었다. 하지만 왕이 베를린의 가톨릭교회를 모두 대성당으로 승격하겠다고 약속했음에도, 왕국 내 모든 가톨릭교도들의 주교 총대리인 브레슬라우[슐레지엔의 수도]

주교―추기경―직職을 베를린으로 옮기는 것은 절대 반대했다. 교황은 그렇게 되면 로마에서 독립된 프로이센 국교회를 설립하는 것과 다름없다는 사실을 깨달았기 때문이다.

또 다른 심각한 문제는 물려받은 엄청난 빚이었다. 그는 모든 행정부서에 철저한 절약 정책을 시행했으나, 외국 군대에게 약탈당한 부분을 상쇄하는 이상의 효과는 거두지 못했으니, 막중한 부채는 여전히 남아 있었다. 교회법과 전례에 대한 개혁은 훨씬 큰 성공을 거두었다. 종교가 다른 이들끼리의 결혼이 합법화되었고, 동방정교 의식에 대해 로마와 합의를 이루어 레바논의 마론파Maronites를 비롯한 중동 지방의 동방정교도들은 전통적 예배 방식을 유지할 수 있었다. 교황의 검열위원회인 금서성성禁書聖省, The Congregation of the Index에는 과도한 열정과 교리의 자의적 해석을 주의하도록 지시했다(하지만 프리메이슨 계열과 교황의 숭배자라고 공개적으로 고백한 볼테르*의 작품은 금서로 남았다).

베네딕토 14세는 예술과 과학의 열렬한 후원자이기도 했다. 전임자들과 달리, 그는 부자가 아니었다. 그의 기억 속에 웅장한 저택은 없었다. 그렇지만 그는 로마 대학교에 수학·화학·물리학과, 볼로냐 대학교에는 외과학부(해부학을 가르치는 기관)를 개설했으며, 바티칸 도서관과 카피톨리니 박물관을 장서와 작품으로 채웠다. 다행히도 베네딕토 14세 덕분에 로마가 유럽 가톨릭 세계의 종교와 지성의 수도로 평화로운 10년을 보낼 수 있었다. 로마에서 요한 요하임

---

* 볼테르는 그의 비극《마호메트》를 베네딕토 14세 교황에게 헌정하기까지 했다.

빙켈만은 미술사를 창시했고, 몇 년 후에는 에드워드 기번이 로마에 영감을 받았다. 기번과 동시대를 살았던 호러스 월폴은 베네딕토 14세 교황에 대해 '오만함이나 취향이 없는 사제, 총애세력이 없는 왕자, 조카 없는 교황'이라고 말했다. 로마의 신도들은 그를 깊이 존경했고, 1758년 5월 3일 그가 선종하자 온 도시가 애통해했다.

'누가 생각이나 했겠습니까?' 추기경 카를로 레초니코는 자신이 다음 교황으로 선출되었다는 소식을 듣고 형제에게 이렇게 편지를 썼다. '나는 신과 인간 앞에서 어찌할 바를 모르겠습니다. 나의 부족함을 아시지 않습니까. 다른 이들도 이를 알았더라면 이렇게 결정하지는 않았을 것입니다.' 그의 어머니는 이 소식을 듣고 충격에 휩싸여 죽었다.

후임 교황의 자리에 올라 클레멘스 13세Clemens XIII(1758-1769)라는 교황명을 얻은 레초니코는 70여 년 전에 귀족 작위를 매입한 베네치아의 부유한 가문 출신이다. 그를 잘 아는 예수회 역사가 줄리오 체사레 코르다라는 다음과 같이 썼다.

그는 왕자와 교황에 걸맞은 모든 미덕을 갖추고 있다. 선천적으로 마음이 따뜻하고 너그러우며 정직하고 진실하며 거짓이나 과장을 혐오하는 사람이다. 또한 일을 할 때는 적극성과 엄청난 인내심, 그리고 불굴의 의지를 갖고 있다. 그에게 인정받기란 쉽다. 대화는 친절하지만 지나치지 않다. 또한 타인에게 우월감과 경멸을 갖지 않는다. 운명이 그에게 가장 존엄한 자리를 마련한다 해도, 그는 널리 알려져 있는 겸손함과 온유함을 유지할 것이다.

클레멘스 13세 교황에게 부족한 단 한 가지는 자신감이었다. 수줍음이 많고 소심했기 때문에 스스로 결단을 내릴 수 없었다. 점차 국무원장인 루이지 토리지아니 추기경에 대한 의존도가 커졌고, 예수회를 깊이 숭배하는 그의 사고방식은 이후의 위기에서 교황의 태도에 큰 영향을 미쳤다.

예수회의 문제는 클레멘스 13세 교황이 재위하는 내내 그림자를 드리웠다. 그의 재위기간 때 주요한 전쟁터는 폼발 후작이 박해를 강화하고 있는 포르투갈이었다. 살다냐 추기경을 조사관으로 임명한 베네딕토 14세의 선택은 끔찍한 실수였음이 드러났다. 살다냐는 폼발의 먼 친척으로, 자신의 성공을 위해 모든 부분에서 폼발에게 복종했다. 1758년 6월 5일, 임명된 지 한 달도 지나지 않아 그는 유럽, 아시아, 아프리카, 아메리카의 모든 포르투갈령의 예수회 대학과 거주지, 수도원 및 예수회 소유의 주택가에서 언어도단의 상거래가 자행되고 있음을 적시하는 칙령을 발표했다. 이제부터 모든 거래는 금지되며, 적발 시 파문으로 처벌될 것이다. 이틀 후 예수회 사제들의 강론과 고해성사 집전이 공식적으로 중단되었다.

포르투갈의 귀족과 백성들은 모두 공포에 휩싸였다. 콘클라베가 한창 진행 중인 로마의 분위기도 크게 다르지 않았다. 리스본 주재 교황대사는 살다냐에게 그의 칙령은 훌륭하지만 사소한 부분, 즉 증거가 누락되어 있음을 지적했다. 증거가 없다면 이는 그저 중상모략에 불과할 뿐이었다. 그리고 추기경의 조사는 5월 31일에 공식적으로 공개되었음에도, 칙령은 나흘 전인 27일에 인쇄되었다는 점에서 의도가 명확히 드러났다. 교황대사는 예수회 사제들의 활동 중지 조치가 교회법에 의거하지 않았음을 지적하며, 예수회 사제 개인은 정직될 수 있으나 집단 자체는 그럴 수 없다고 주장했다. 하지만 리스본 대주교는 그 후 협박에 못 이겨 칙령에 서명했고, 칙령이 공표되자, 은퇴하여 칩거 생활에 들어가 한 달 후 죽음을 맞았다.

이 모든 것은 시작에 불과했다. 9월 3일 밤, 주제 1세가 저격당했다. 불만을 가진 귀족들에게 혐의가 돌아가 그들 중 12명이 공개 처형되었지만, 암살 시도의 배경에 예수회가 있다는 소문이 금세 퍼져나가 호시탐탐 기회를 노리고 있던 폼발에게 완벽한 빌미를 제공했다. 리스본의 7개 예수회 시설은 포위되어 수색을 받았고, 1759년 2월 5일에는 그 안의 모든 집기가 가압류되었다. 그중에는 식료품도 포함되어 있었다. 독실한 후원자가 그들에게 자비를 베풀지 않았더라면, 신부들은 거지 신세를 면치 못했을 것이다. 4월 20일, 회복 중이던 왕이 클레멘스 13세 교황에게 서한을 보내 예수회에 대한 기존의 혐의를 되풀이하며 이들을 포르투갈 밖으로 추방하겠다고 전했다. 교황의 항의는 무위로 돌아갔다. 곧이어 그의 대사도 추방되었고, 30년 만에 두 번째로 외교 관계가 단절되었다.

그리고 이제 반예수회 풍토는 프랑스로까지 퍼졌다. 반세기 동안 볼테르, 루소, 디드로 등의 백과전서파Encyclop die가 활동하던 프랑스는 유럽 반종교 사상의 중심지였다. 볼테르는 프리드리히 대왕(프리드리히 2세)에게 이렇게 썼다. '세상에 악당과 바보들이 있는 한, 종교는 존재할 것입니다. 세상에 전파된 종교 중 우리의 것처럼 어리석으며 터무니없고 잔인한 것은 없습니다.' 교황은 배척되었고, 예수회는 목소리 높여 교황을 옹호했다. 또한 교육을 독점하다시피 했고, 철학자(또는 프랑스 계몽주의자)들에게는 보수주의와 반계몽주의의 수호자로 여겨졌다. 따라서 프랑스인들이 예수회에 반대하는 폼발의 행동에 찬성을 표한 것은 당연했다. 마치 화약고와 같았던 프랑스의 반예수회 풍조의 심지에 불을 붙인 것은 얄궂게도 예수회 사제 앙트완 라발레트였다.

라발레트 신부는 마르티니크 섬의 선교 수도원의 서무담당 수도 사였으나, 1753년 서인도제도의 예수회 수도원을 관리하는 지목구 장知牧區長*이 되었다. 하지만 그는 사제인 동시에 사업가이기도 해서, 도미니카 인근의 섬에 노예 500명을 보유한 대규모 플랜테이션 농장을 운영하며 생산물을 프랑스에 수출했다. 사업은 순조롭게 운영되었지만 7년전쟁(1756~1763)이 발발하여 영국과 프랑스가 적으로 맞서 싸우게 되자 상황이 달라졌다. 라발레트의 배 두 척이 보르도 바깥의 영국군에게 나포되었고, 그 결과 총 150만 리브르의 빚이 남겨졌다. 파리 고등법원은 예수회에게 지불 책임이 있음을 선고하고, 재산몰수를 선언하며 예수회 법령을 상세히 검토하는 동안 교육이나 새로운 수련 수사 수용을 금지했다. 프랑스 정부는 로마에서 독립된 주교 총대리가 예수회를 관리해야 한다고 제안했으나, 교황은 이에 대해 곧바로 거부의사를 밝혔다. "현재 모습 그대로 두거나, 아니면 존재하지 않게 하라sint ut sunt aut non sint." 그는 라틴어

---

* 상주 주교가 없는 지역의 책임자로 주교에 상당하는 권한을 가진다. ─역주

로 이렇게 간결히 명했다. 정부는 후자를 택했고, 1764년 12월 1일 왕령에 의해 예수회는 해체되어 프랑스 밖으로 추방되었다.

　이제는 스페인 차례였다. 1759년 당시, 카를로스 3세가 정신적으로 불안정한 이복형제 페르디난트 6세의 사후에 나폴리에서 돌아와 있었다. 이웃 나라 프랑스보다 신실한 가톨릭 국가였다 해도 계몽주의의 영향을 받은지라, 스페인이 낙후된 이유는 교회의 영향 때문이라고 생각하는 이들이 많았다. 특히 예수회는(포르투갈에서처럼) 파라과이의 반란에 대해 비난받았는데 그들은 계속해서 그와 관련한 모든 책임을 부인했다. 또한 세 번째 추방으로 이끈 혐의에 대해서도 억울함을 호소했다.

　1766년 3월 10일, 스페인 내의 왕실 주거지, 대학가, 주도州都에서는 펄럭이는 전통 망토와 챙이 넓은 솜브레로의 착용을 금한다는 칙령이 마드리드에서 발표되었다. 대신, 남자들은 프랑스식 가발과 삼각모를 착용하도록 하였다. 금지된 의복은 스페인 사람답지 못하며, 얼굴을 가리고 사람들을 피해야 하는 범죄자들에게나 어울리기 때문이라는 주장이었다. 2주 후 성지주일, '모자와 망토 폭동'으로 알려진 심각한 폭동이 일어나 재무장관인 에스킬라체의 집으로 향했고, 예수회는 관련이 없었음에도 다시 한 번 혐의를 쓰게 되었다. 1767년 2월 27일, 카를로스 3세는 스페인과 해외 점령지에서 예수회를 추방했다. 예수회는 같은 해 11월에는 나폴리와 시칠리아, 1768년에는 여전히 성 요한 기사단의 휘하에 있던 몰타 섬뿐 아니라 카를로스 3세의 조카 페르디난트 공작의 영지인 파르마와 피아첸차에서도 추방되었다.

파르마와는 원래 교황 바오로 3세가 망나니 아들에게 내린 봉토封土였으나, 교황청의 역사적 종주권은 잊힌 지 오래였다. 하지만 뒤를 이은 교황들은 지속적으로 영지의 반환을 요구했다. 클레멘스 13세가 교황청의 요구를 재차 단언한 것은 1765년 펠리페 5세의 열다섯 살짜리 아들 페르디난트가 뒤를 이었을 때였다. 하지만 파르마 공국, 보다 정확하게는 재상인 펠리노 후작 기욤 뒤 틸로가 싸움을 원하고 있었다. 페르디난트가 계승한 뒤 몇 달 동안, 그는 교회 재산에 대폭적인 세금을 부과하는 법률을 반포했으며, 1768년 1월에는 공작의 허가 없이 로마와의 분쟁에 대한 언급이나 교령*의 배포를 금하는 법률을 공포했다. 혼자 처리하기 벅찼던 클레멘스 13세 교황은 적절한 대응책을 마련하기 위해 즉시 추기경과 주교의 위원회를 소집했다. 그 결과 영지에 대한 교황청의 봉토권을 거듭 주장하고 파르마 공국의 모든 반反교권적인 법령은 무효임을 선언하는 회칙을 발표했다. 클레멘스 13세 교황은 신앙과 도덕을 이유로 파문된 자들의 명단을 담고 있는 회칙 〈주님의 식탁에서In Coena Domini〉**에 이상 두 가지 법령의 책임자들을 포함했다.

이는 기욤이 바라던 구실이었다. 파르마뿐 아니라 프랑스, 스페인, 나폴리의 부르봉 군주들은 분노했다. 그들은 회칙이 교황의 영지뿐 아니라 자신들에게도 적용된다고 주장했다. 클레멘스 13세 교

* 교황, 사도좌, 교구장 주교 등이 공동체나 지역에 적용하고자 제정 공포한 결정이나 규칙. ─역주

** 이 교서는 오랜 전통에 따라 매년 성聖 목요일에 낭독된다. ─역주

황은 효과적으로 그들의 국민들을 군주에 대한 의무에서 해방시킨 것이다. 나폴리의 재상, 베르나르도 타누치는 아예 자신의 재산을 박탈하라고까지 하였다. 프랑스의 외무장관 슈아죌 공작은 외교적 미사여구를 사용하지 않고 단도직입적으로 말했다.

교황은 완벽한 멍청이며, 그의 사제들은 백치다. 그들은 파르마 공작뿐 아니라 부르봉 왕가의 모든 이들을 모욕했다. 이는 예수회를 추방한 모든 군주에 대한 복수와 보복 행위인 것이다. 만일 가증스러운 현 상황에 눈감는다면, 한도를 모르는 이들이 이끄는 교황청은 어떠한 일도 서슴지 않을 것이다. 군주와 가족동맹의 존엄성을 걸고, 우리는 가문의 어떤 왕자도 모욕당하지 않도록 해야 한다.

이러한 위기를 타개하기 위한 최선책은 프랑스, 스페인, 나폴리의 부르봉 왕가가 교황에게 합동 의견서를 보내, 파르마 공작에게 보낸 교서가 모욕적이고 불공정하였음을 항의하는 것이라고 그는 생각했다. 교황청은 이제 공식적으로 교서를 철회해야 했다. 만약 교황이 이를 거부한다면, 교황의 재위기간 동안 로마의 외교관계는 단절될 것이다. 하지만 예상대로 교황은 거절했고, 1768년 6월 프랑스군은 11세기 이래 교황의 봉토였던 나폴리령 베네벤토와 더불어 아비뇽과 브네생을 다시 점령했다.

한편, 해결되지 않는 또 다른 문제가 있었다. 불행하게 추방된 이들을 어찌해야 할 것인가? 그들 모두는 로마에 머무르게 될 것이라고 막연히 생각했지만, 추기경들의 특별 수도회에서는 6 대 2라는 다수결에 따라 그들을 거절하기로 결정했다. 추방자는 수천 명에 육박했으나 예수회 주택에는 빈 방이 없었고, 다른 곳에 숙소를 마련해줄 만한 여유 자금도 없었다. 3천여 명의 스페인 예수회 사제들은 코르시카 섬에 들어갔으나, 이는 곧 끔찍한 판단이었음이 드러났다. 코르시카 섬에서는 제노바의 수탈에 반대하는 민중 봉기가 40여 년째 이어져, 여기저기에서 싸움이 벌어지고 있는 데다 주민들 자신도 식량이 부족한 상황이었다. 새로 도착한 이들은 한 달간 머무르는 것조차 허가받지 못했고, 분노에 가득 차 공개적으로 적의를 드러내는 농민들 사이에서 자력으로 식량을 구해야 했다. 5개월 동안 카스티야에서 온 16명이 죽음을 맞았다.

1768년 5월 15일, 코르시카는 프랑스령領으로 편입되었다. 4년 전 예수회를 자신의 모든 영토에서 추방한 루이 15세는 새 영토에 들어오는 것도 허락하지 않았다. 그들은 다시 소집되어, 프랑스 국적의 배를 타고 제노아와 라스페치아 사이에 있는 세스트리 레반테에 내렸다. 그들 사이에서는 이제 곧 작은 무리로 나누어 은밀히 교황의 영지로 돌아간다는 희망이 싹텄다. 하지만 그들이 이탈리아 땅에 도착한 그 순간부터, 그들을 대하는 태도가 바뀌었다. 동정심 많은 이탈리아인들은 집 없고 무일푼인 성직자 수백 명이 누더기를 걸치고 육체적으로나 감정적으로 쇠약해진 채 정확한 목적지조차 없이 떠도는 모습을 보고 경악을 금치 못했다. 클레멘스 13세 교황은 더 이상 그들에게 문을 닫아둘 수 없었다. 마침내, 그들은 교황령으로 들어올 수 있다는 허가를 받았지만, 그래도 예수회 총장의 특별 허가 없이 로마에 들어올 수는 없었다.

하지만 부르봉 왕가는 어떠한 동정심도 보이지 않았다. 전 세계의 예수회 교단을 탄압하는 것 외에는 무엇도 그들을 만족시킬 수 없었다. 1769년 1월 16일, 로마 주재 스페인 공사가 교황에게 스페인 정부의 서신을 전달했다. 클레멘스 13세 교황은 이를 받고, 공사에게 축복을 내리며 물러가도록 했다. 교황은 서신을 읽은 것만으로도 다음 이틀 간의 접견 일정을 취소해야 했다. 그는 감당할 수 없을 만큼 큰 충격과 모욕감을 느꼈고, 그 후 다시 회복되지 못했다. 그리고 2월 3일에 특별 추기경 회의를 소집했지만, 전날 밤 심장발작을 일으킨 뒤 다음 날 아침 선종했다.

클레멘스 13세는 자신의 탓이 아님에도, 예수회에 대한 부르봉 가문의 누그러지지 않는 증오심 때문에 재위기간 내내 독살을 당할지 모른다는 불안에 시달리던 불쌍한 교황이었다. 하지만 그는 베네치아 사람치고는 상상력이 부족하고 소심한 사람*이었다. 만일 그가 보다 자신감 있고 결단력 있는 강인한 교황이었다면 효과적으로 예수회를 방어할 수 있었을지도 모른다. 하지만 그렇다 해도 결과가 크게 달라지지는 않았을 것이다. 이는 시대의 문제였다. 교황이 계몽주의를 인정하지 않는 것만큼이나 계몽주의도 교황을 지지하지 않았다. 교황은 권력만큼 신망도 잃었다. 유럽의 그리스도교는 이제 허울 좋은 이름뿐이었다.

---

* 그는 시스티나 성당의 프레스코 화畵를 비롯하여 많은 교황청 내의 도발적인 예술 작품을 덧씌우도록 명령하며, 바오로 5세의 업적을 계승하였다.

클레멘스 13세는 예수회를 보호하기 위해 투쟁하다 죽었지만, 클레멘스 14세(1769~1774)는 예수회를 말살했다. 클레멘스 14세, 로렌초 간가넬리는 청빈한 프란체스코회 출신으로, 1743년에는 예수회의 창립자인 성 이냐시오 로욜라에게 저서를 헌정하기도 했다. 로렌초 간가넬리를 교황으로 선출한 콘클라베는 약 3개월에 걸쳐 열렸으며, 처음부터 가장 중요한 사안은 예수회 문제였다. 또한 오스트리아의 요제프 2세Joseph II가 방문 중이었다는 점이 중요하다. 요제프 2세는 아버지 프란츠 1세 사후 신성로마제국의 황제 자리도 물려받았으나, 실제로는 어떠한 권력도 갖지 못했다. 생존해 있는 어머니 마리아 테레지아가 통치하고 있었기 때문이다. 정중히 그의 의견을 묻자, 그의 어머니는 독실한 신자이기에 예수회를 탄압하는 어떠한 행동도 하지 않겠지만, 반대하지도 않을 것이며 어느 쪽이 되더라도 대체로 만족할 것이라는 의견을 내놓았다. 또한 그 자신도 그렇게 생각하고 있었다.

친親예수회 성향을 공개적으로 드러낸 후보자는 콘클라베의 시작 단계에서 이미 반대되었고, 예수회 해산을 공언한 자를 선출한다면 사전에 모의했다는 의심을 받을 수도 있었다. 반면에 간가넬리는 신중한 중도파였다. 그는 예수회의 해산도 가능하다고 생각하고 있음을 드러냈다. 그는 확고한 견해는 없지만 야심 찬 사람으로, 자신의 이익을 위해 예수회라는 카드를 극도로 신중하게 사용하기로 결심했다. 그리고 1769년 5월 19일, 64살에 교황으로 선출되었다.

클레멘스 14세는 장점이 많은 사람이었다. 그는 총명하고 사교적이며 겸손하고 청렴할 뿐 아니라 유머 감각도 있었다. 1769년 11월

26일, 라테란 대성당으로 향하는 의식 행렬을 선두에서 이끌고 있을 때, 그를 태운 말이 관중들의 환호에 놀라 앞다리를 쳐들어 낙상하고 말았다. 훗날 그는 카피톨리노 언덕을 오를 때는 베드로 사도를 닮고 싶었으나, 말에서 떨어졌을 때는 바오로 사도처럼 살고 싶었다고 말했다.* 그는 정치적 경험 부족으로 운신의 폭이 좁았다. 이탈리아 밖으로 나가지 않아, 해외에서 외교적 지위가 유지되지 않았다. 그는 자신감을 약화시키는 자신의 약점을 깨달았다. 그를 잘 아는 동시대의 익명인은 다음과 같이 말했다.

…그는 용기와 안정성이 부족하다. 또, 결단을 내릴 때는 믿기 어려울 정도로 느리다. 그는 그럴듯한 말과 약속으로 사람들을 속여 넘기며, 그들 주위에 망을 쳐서 미혹시킨다. 지키지 못할 약속으로 시작하지만, 곧 난색을 표하며 진정한 로마 방식대로 결정을 보류한다. 청을 넣으려는 사람이라면 처음 접견 자리에서 확답을 받아내도록 노력해야 한다.

로마의 프랑스대사인 드 베르니 추기경은 이렇게 기록했다.

클레멘스 14세는 총명하지만, 그의 지식은 신학, 교회 역사 및 왕실 이야기에 국한된다. 그는 정치에는 문외한이며, 밀실 정치를 선호하지만 능숙하지는 못하다. 친밀하게 교류하고 마음 깊은 이야

---

* 베드로는 열정과 봉사를 상징하며, 바오로는 엄격함, 단호함을 상징한다. - 역주

기를 나누는 과정에서 기쁨을 느낀다. 또한 그의 태도는 예절 바르다. 그는 상대를 즐겁게 해주고자 하며 불쾌감을 줄까 극도로 두려워한다. 자신을 용기로 무장하려 하지만 허사로 돌아간다. 근본적으로 소심한 성격이기 때문이다. 그는 강경책보다는 유화책으로 통치하고, 교회 재정을 절차에 따라 검소하게 운영하도록 한다. 또한, 신속하지는 않지만 소박하고 활동적인 사람이다. 활기차고 모든 이들과 평화롭게 잘 지내고 오래 살기를 바란다.

밀실 정치에 대한 그의 사랑은 추기경회와 불화를 야기했다. 그는 추기경들을 결코 신뢰하지 않았고, 그들의 의견을 묻는 일조차 없었다. 추기경들은 불평하기 시작했고, 자신들의 불만이 묵살되자 독자 행동을 취했다. 교회 의식 참여를 집단으로 거부하여, 사실상 아무도 참석하지 않은 채 교황 홀로 의식을 집전하게끔 했다. 또한, 지위가 낮은 사람들과 가까이 하는 습성은 고위 성직자들과의 관계를 악화시켰다. 즉위 후 4개월이 지났을 무렵, 그들은 전통적인 의무인 미사 참석을 거부하기에 이르렀다. 특히 그들이 격노한 부분은 교황의 개인 비서이자 총신인 페사로의 요리사 아들 출신으로 프란체스코회 동료인 본템피의 존재였다. 교황이 속내와 비밀을 털어놓은 이는 교황청 국무원장인 오피지오 팔라비치니 추기경이 아닌 본템피였다.

교황은 본능적으로 군주들과 화해를 도모하여 즉위 즉시 포르투갈, 부르봉 왕가와 회담을 열었다. 포르투갈과의 문제는 쉽게 처리되었다. 관계가 단절된 후 10여 년이 지난 지금, 왕을 비롯한 모든 포르투갈인들은 싸움이 종결되기를 간절히 바라고 있었다. 유일한 예외는 폼발이었다. 하지만 클레멘스 14세 교황이 그가 추천하는 후보자들을 주교직에 임명하고 그의 동생을 추기경에 서임하자, 냉혹한 후작 역시 동의하지 않을 수 없었다. 그 후, 1770년 교황은 한걸음 더 나아가, 2년 전 파르마 분쟁의 책임자들을 포함하여 부르봉 왕가의 최후통첩을 촉발하기도 했던 〈성 목요일의 교서In coena Domini〉를 낭독하는 연례를 중단하였고, 이로써 13세기 초반부터 이어진 전통이 끝나게 되었다.

이러한 조치들 덕분에 양측의 관계는 개선되었다. 하지만 클레멘스 14세 교황은 여전히 지속적인 압박 상태에 놓여 있었고, 예수회가 완전히 해산될 때까지 불화는 해소되지 않을 것이라는 점을 잘 알고 있었다. 그가 최대한 행동을 미루고 있는 상황에서, 1773년 부르봉 국가들이 전면적인 관계 단절로 이어질 최후의 결전을 준비 중이라는 소식이 들려왔다. 그야말로, 유럽의 가톨릭 강국들이 교황청의 권위에서 벗어나겠다는 의미였다. 오스트리아 합스부르크 왕가의 입장은 불확실했다. 마리아 테레지아는 공식적으로 예수회를 지지하며, 그들에게 자녀들의 교육을 맡길 정도였기 때문이다. 하지만 그녀의 딸 마리 앙투아네트와 프랑스 왕세자(미래의 루이 16세)의 혼인을 바라던 여제는 4월, 스페인의 카를로스 3세에게 보낸 편지에서 자신이 예수회를 깊이 존경하지만, 교황이 예수회의 해산이 가톨릭 세계에 이익이라고 생각한다면 방해하지 않겠다고 확언했다. 그녀 최측근의 기록을 보면, 그녀는 이러한 편지를 보낸 데 대해 후회하며 여생을 보냈다. 자신의 딸을 위해 예수회를 희생시켰기에 딸의 최후를 알았더라면 회한은 더 커졌을 것이다.

마리아 테레지아의 편지가 공개되자, 교황은 더 이상 선택의 여지가 없었다. 이에 따라, 예수회의 해산을 재가하는 회칙 〈우리의 주님이시며 구원자Dominus ac redemptor noster〉가 교황청 사무국에서 준비되어 1773년 8월 16일 발표되었다. 다음 날 예수회 총장 로렌초 리치는 로마의 영국 대학*으로 송환되었고, 1개월 후에는 산탄젤로 성으로 이송되었다. 동시에 그가 수집한 와인들은 추기경들에게 배분되었다. 비록 대부분이 바티칸 박물관으로 가기는 했지만, 예수회의 예술 수집품 상당수 역시 마찬가지였다.

리치는 비서, 조수 5명(이탈리아인, 폴란드인, 스페인인, 포르투갈인, 독일인)과 다른 사제 7명과 함께 성에 감금되었다. 간수장인 사악한 알파니 몬시뇰**과 로마 주재 스페인 대사인 호세 모니노의 명령으로 대화가 금지되었고, 외부와 소통하지 못하도록 창문에는 널빤지를 덧대었다. 10월에는 미사 드리는 것도 금지되었고, 식사도 절반으로 줄었다. 길고 소모적인 심문으로도 그들의 혐의를 입증하는 데 실패했지만, 그들은 계속해서 감금되어 있었다. 클레멘스 14세와 그의 후임자에게 지속적으로 탄원하였음에도 74살의 리치는 1775년 11월 죽음을 맞이했고, 유해는 예수회의 제수교회에 묻혀야 했지만 산탄젤로 성에 남아 있었다. 하지만 그의 사후, 동료들에 대한 처분은 유예되었다. 두 명이 그보다 먼저 죽었고, 마지막까지 살아남은 자들은 1776년 2월 석방되었다.

* 로마에 있는 가톨릭 신학교. - 역주
** monsignor. 주교 서품을 받지 않은 가톨릭 고위 성직자에 대한 경칭. - 역주

불법행위에 대한 증거도 없이 사제들을 잔혹하게 다룬 사실은 이미 오점투성이였던 클레멘스 14세의 기록에 또 다른 오점으로 길이 남았다. 클레멘스 14세 교황 자신은 예수회에 악감정을 갖고 있지 않았다. 그렇지 않다면, 어째서 그들에게 반대하는 조치를 3년 동안이나 미루었겠는가? 하지만 그는 예수회의 해산이 교황직을 얻는 대가였음을 언제나 염두에 두고 있었고, 그들을 희생시킬 만반의 준비가 되어 있었다. 그는 예수회가 잔존해 있는 한 교황청은 유럽 가톨릭 세계의 존경을 다시는 기대할 수 없었기 때문에, 더 이상 선택의 여지가 없었다고 주장했을 수도 있다. 하지만, 그 이후 교황에 대한 존경심은 오히려 전보다 낮아졌고, 국제 사회에서의 위상도 중세 이후 그 어느 때보다 낮았다.

클레멘스 14세의 말년은 끔찍했다. 오랫동안 앓아오던 고통스러운 피부병이 갑자기 악화되었을 뿐 아니라 우울증과 피해망상이 심해져, 암살의 공포에 끊임없이 시달리다 급기야는 가장 좋아하는 십자가상의 발에 입을 맞추는 일도 그만두기에 이르렀다. 예수회에서 그곳에 독을 발라두었을 수도 있다는 두려움 때문이었다. 그의 병세는 몇 달간 급격히 악화되더니, 로마 주재 나폴리대사 센토마니에 따르면, 8월에 이르러 '쇠약해져 안색이 창백했으며, 눈은 초점을 잃고 입은 벌린 채 침을 흘리고 있는' 상태였다. 그리고 1774년 9월 22일 아침, 선종함으로써 주변의 모든 이들, 그리고 자신에게도 안식을 주었다. 그의 시신은 급속도로 부패하여, 예수회가 결국은 성공을 거두었다는 소문이 돌기도 했다.

조반니 안젤로 브라스키는 4개월간의 콘클라베를 거쳐 1775년 2월 교황으로 선출되어, 비오 6세Pius VI(1775-1799)라는 교황명을 얻었다. 그는 사제의 길에 들어서기 전 약혼한 경력이 있는 온화한 성격의 귀족 출신이었다. 그는 25년 가까이 재위하였고, 당시로는 교황청 역사상 최장 기록이었다.* 하지만 교회는 사반세기 동안 무책임한 자의 손아귀에 떨어지는 불행한 운명을 겪어야 했다.

비오 6세 교황은 특별히 지성적이라거나 영성이 깊지는 않았지만, 키가 크고 잘생겼으며 교황으로서의 지위를 즐겼다. 그랜드 투어**의 유행이 절정이던 당시, 그는 완벽하게 차려입고 성 베드로 성당의 의식에 모습을 드러내어 로마로 모여든 젊은 귀족들을 접견하고 우아한 손짓으로 축복을 내려주는 데서 상당한 기쁨을 느꼈다. 어떤 면에서는 르네상스 시기로 후퇴한 듯 보이기도 했다. 심각한 족벌주의가 다시 등장한 것이다. 그는 조카 루이지를 위해 산 판탈레오 광장에 브라스키 궁전을 짓고 교회 경비를 유용하여 친척들이 막대한 부를 일구게 했다. 또한 예술 작품에 아낌없이 투자하여, 로마에 3개 이상의 이집트 오벨리스크를 올렸고, 바티칸의 피오 클레멘티노 박물관을 증축했다. 비록 성공을 거두지는 못했으나, 폰티노 습지를 간척하려는 시도를 하기도 했다. 물론 간척지 상당 부분의 자유보유권을 조카에게 주기 위해서였다.

이전의 두 교황들은 주로 부르봉 왕자들과 맞섰던 반면, 비오

---

* 하지만 그의 기록은 그 후, 비오 9세, 레오 13세, 요한 바오로 2세에 의해 3번 깨졌다.
** 17세기 중반부터 19세기 초반까지 유럽 상류층 자제들 사이에서 유행한 유럽여행. 고대 그리스, 로마문화를 느낄 수 있는 그리스와 이탈리아는 필수 코스였다. ─역주

6세의 주적主敵은 요제프 2세 황제였다. 요제프 2세 황제는 그의 어머니 마리아 테레지아가 생존해 있는 동안에는 어떤 문제도 일으키지 않았다. 하지만 1780년 그의 어머니가 서거한 순간부터 돌변하여, 오스트리아 교회의 전면 개혁과 이에 따른 문제를 처리함에 있어서 교황이나 교황대리의 지시를 받지 않기로 결심했다. 그리하여 2,000개 이상의 수도원 중 1,300개가 해산되었다. 사제들에게는 더욱 엄격한 잣대를 적용하여, 모든 신학교를 국가의 관리하에 두고 학생들에게 종교 및 일반교양도 교육하도록 했다. 1781년 10월, 황제는 교황에게 또 다른 공격을 감행했다. 관용칙령을 발표하여 교회를 국가에 종속시켰고, 개신교 및 동방정교회 신도들에게도 신앙의 자유와 동등한 기회를 허락했으며, 관상수도원*을 해산하고, 남은 수도원은 교황의 관할에서 지역 주교 관할로 이전했다.

비오 6세 교황이 할 수 있는 일은 단 한 가지였다. 그는 1782년 초봄, 비엔나로 은밀히 출발하여 부활절 직전에 도착했다. 종교개혁 이후로 어떤 교황도 이탈리아를 떠난 적이 없었음을 감안했을 때 용기 있는 조치였으나, 그의 강인한 성품과 두말할 나위 없는 매력으로도 황제를 설득할 기회는 단 한 번밖에 얻지 못했다. 그는 실망했다. 요제프 2세 황제는 열렬히 환영하며 호프부르크 궁에 호화로운 숙소를 제공하고, 교황이 멋지고 위풍당당한 모습을 드러낼 수 있도록 여러 차례 성대한 의식을 열었다. 하지만 그는 장시간의 토론에서 어느 것 하나 양보하지 않았다(오스트리아의 수상, 카우니츠

* 기도를 통해 하느님께 자신을 바치는 수도회. - 역주

공은 황제가 교황에게 망신을 주었다고 말했다). 비오 6세 교황은 선제후 카를 테오도어Charles-Theodore의 초대를 받고, 바이에른을 거쳐 로마로 돌아왔다. 그곳에서도 성대한 환영 연회와 가는 곳마다 환호가 잇따랐다. 당시에는 불과 4년 후 엠스Ems 회의에서 독일 가톨릭 교회가 로마에서 사실상 독립하는 데 성공하리라고 누구도 생각하지 못했다. 같은 해인 1786년, 이탈리아에서도 황제의 동생인 토스카나 대공 레오폴트의 후원으로 피스토이아에서 비슷한 계획이 추진되고 있었다. 하지만 비오 6세 교황은 이번에는 자신의 영향력을 발휘할 수 있었다. 그는 시노드의 중심인물인 스키피오네 리치(앞서 나온 불운한 예수회 총장의 조카) 주교를 해임하고, 〈신앙의 권위〉 칙서를 발표하여 피스토이아 회의에서 통과된 모든 결의안을 규탄했다.

유럽 가톨릭 세계에서 종교 권력과 세속 권력의 균형 문제는 오랫동안 끊임없이 논의되어 왔고, 이후로도 지속될 주요한 쟁점이었다. 하지만 이미 프랑스에는 먹구름이 몰려들고 있었고, 이 같은 문제는 대격변의 와중에 완전히 잊혔다. 1789년 5월 5일, 베르사유 궁전에서 프랑스 삼부회the States-General of France**가 열렸다.

프랑스가 파산했다. 국왕의 과도한 세금 징수와 귀족 계급의 권력남용에서 비롯된 결과였다. 혁명 초기에 교회는 비난의 대상이 아니었다. 루이 14세나 15세는 모두 교황과 가까운 사이가 아니었지만, 프랑스는 근본적으로 로마 가톨릭 국가였기 때문이다. 박해

** 프랑스 구제도에서의 신분제 의회. - 역주

받던 마지막 프로테스탄트 목사는 1771년 감옥에서 숨을 거두었고, 마지막 프로테스탄트는 1775년 석방되었다. 당시 재무장관은 툴루즈 대주교, 에티엔 로메니 드 브리엔*이었다. 하지만 귀족계급과 평민계급처럼, 고위 성직자들과 가난에 시달리며 연명하는 데 급급한 대다수의 성직자 사이에도 격차가 벌어져 있었다. 혁명의 광풍이 거세지자, 교회도 말려들지 않을 수 없었다. 1789년 11월 2일, 불가지론자**인 오툉 주교 샤를 모리스 드 탈레랑 페리고르는 교회 재산의 국유화를 주장했다. 그리고 3개월 뒤, 모든 수도원이 봉쇄되었다.

이 단계에서는 교회의 사목구조는 그대로 유지되었으나 다음 해 7월, 혁명적인 성직자 민사 기본법이 의회에서 통과되었다. 52개 주교 관할구가 폐지되고, 각 지역은 '공무원'으로 지명된 주교를 두어 선출된 교구 위원회의 권위에 따르도록 했다. 그 후로 성직자는 가톨릭 여부에 관계없이 시민들에 의해 선출되었고, 이들을 시민신부 citizen-priest라 하였다. 말할 필요도 없이, 이 모든 것은 교황에게는 언급하지도 않고 제청되었지만, 그는 법 전체를 승인해야 했다. 그러지 않는다면, 프랑스는 다시 한 번 아비뇽—혁명당은 아비뇽의 합병을 기정사실화했다—과 콩타 브네생을 합병할 가능성이 컸기 때문이다.

* 사실 그는 기독교도가 아니었다. 당시의 풍조를 좇는 다른 성직자들과 마찬가지로, 그는 계시종교를 냉소적으로 부정하는 볼테르의 견해에 동조하였다. 따라서 그를 파리 대주교로 승진시키자는 제안이 있자, 루이 16세는 파리 대주교라면 '최소한 신을 믿기는 해야 한다.'며 승인하지 않았다. 이상의 내용은 E. 더피의《성자들과 죄인들》p.199~200에서 빌려왔다.

** 不可知論者. 사물의 궁극의 실재, 절대자, 신은 인식할 수 없다고 생각한다. - 역주

1789년 국민공회는 교황청 유지를 위한 성 베드로 성금 지급을 일방적으로 중단했으나, 비오 6세 교황은 반대 의사를 표하지 않았다. 로마에서 아무런 의사 표명이 없자, 7월 22일 루이 16세는 의혹을 품은 채 시민헌법Civil Constitution을 예비 승인했다. 불행히도 바로 다음 날 그는 교황의 밀서를 받았다. 교황이 10일에 쓴 편지를 승인 다음 날에서야 받은 것은 그의 불행이었다. 교황은 밀서에서 '헌법이 온 나라를 잘못된 길로 이끌고 왕국의 분열을 야기하여 참혹한 내전을 유발할 것'이라고 지적했다. 왕은 편지를 덮고, 타협점에 도달하기를 바라는 마음으로 교황과 절박한 협상에 들어갔다. 물론 현재 국민공회의 분위기로 미루어 보아, 교황의 요구는커녕 의견조차 고려할 것 같지 않았다.

교황의 밀서에 대해 모른 채 헌법을 증오하고 있는 프랑스의 성직자들은 교황의 공식 선언 같은 지침을 기대하고 있었지만, 실망만을 느끼고 있었다. 비오 6세는 루이 16세에게 은밀히 편지를 보내려고도 했으나, 새로운 법령에 축복을 내릴 수 없었고, 이에 반대하는 의견을 공개적으로 드러내어 2세기 전의 잉글랜드처럼 나라 전체가 분열되는 위험을 감수할 수도 없는 상황이었다. 그리하여 그는 침묵을 유지했고, 프랑스의 성직자들은 어떤 지시도 받지 못한 채 11월 27일 국민공회로부터 모든 성직자들은 헌법에 따르겠다는 선서를 해야 한다는 명을 받았다. 탈레랑을 비롯한 교구 사제의 절반가량이 선서했고, 거부한 이는 7명에 불과했다. 선서를 거부한 이들은 보직에서 해임되어, 이론적으로는 그들이 원하는 대로 자유로운 종교인으로 남았다. 하지만 시간이 흘러 혁명이 가속화되면서 반역자로 간주되어 많은 이들이 국외로 추방되었다. 헌법 선서가 시행되자, 비오 6세 교황은 침묵을 깨지 않을 수 없었다. 그는 1791년 3월과 4월 연이어, 헌법이 교회를 분열시킨다고 맹렬히 비난하며 공무원 주교가 신성을 모독했음을 선언하고, 선서한 모든 사제들에게 파문을 내렸다. 프랑스의 교회는 이제 양분되었고, 외교관계는 단절되고, 아비뇽과 브네생은 다시 합병되었다. 마침내 1792년 8월 10일, 왕이 폐위되고 피가 흐르기 시작했다. 리옹에서 수백 명의 신부와 수녀들이 처형되었고, 파리와 오를레앙, 다른 도시의 학살은 더욱 심각했다. 최소 8명의 주교들이 교수대에서 처형되었다. 로메니 드 브리엔도 감옥에서 음독하지 않았더라면, 그중에 포함되었을 것이다. 1793년 1월 21일 프랑스의 왕이 신하들을 뒤따라 교수대로 갔다. 9개월 후에는 왕비 역시 같은 운명을 겪었다.

이제는 선서를 거부한 사제들만이 아닌, 기독교 자체에 박해가 시작되었다. 2만여 명의 성직자가 교단을 떠났다. 교회는 폐쇄되거나 '이성의 사원'으로 전환, 혹은 '풍요' 또는 로베스피에르 Robespierre의 '최고 존재' 같은 가짜종교에 다시 헌정되었다. 기독교의 공식 활동은 거의 중단되어, 1794년 봄 무렵에는 혁명 전 교구 중 150여 개에서만 미사를 드리고 있었다. 그해 7월 로베스피에르가 실각한 후 상황은 다소 나아졌지만, 3년 후 폭력이 재개되어 박해는 이전보다 거세졌다.

이러한 사건을 목도한 로마의 비오 6세는 충격에 빠졌다. 1775년 그가 즉위했을 때 알고 있던 예전의 유럽은 격변하고 있었다. 부르봉 왕가는 프랑스에서 사라졌다. 스페인에서는 여전히 군림하고 있었지만, 1788년 아버지 카를로스 3세의 뒤를 이은 카를로스 4세는 사실상 사냥에만 관심이 있는 아둔한 사람이었다. 오스트리아에서는 1790년 요제프 2세가 죽고 그의 동생 레오폴트 2세Leopold II가 뒤를 이었고, 2년 후 황제의 왕관은 레오폴트의 아들 프란츠 2세에게 계승되면서, 교회 개혁에 대한 요제프 황제의 생각은 오랫동안 잊히고 말았다. 그때 오스트리아는 프랑스에 대항하는 유럽 세력의 연합을 이끌고 있었다. 하지만 비오 6세 교황은 가톨릭 국가 간 전쟁에서 중립을 지킨다는 오랜 전통을 따르고 프랑스가 교황령에 침입할 핑계거리를 제공하지 않기 위해 참여는 꺼렸지만, 방관자적 입장을 고수하면서도 당연히 지원을 아끼지 않았다.

유럽 대륙이 보다 근본적이며 로마제국 시대 이래 가장 극적인 대격변을 겪게 되리라고는 교황을 비롯한 누구도 예측하지 못했다. 나폴레옹 보나파르트가 모습을 드러내기 시작한 것이다.

총재정부가 수립된 1795년 10월, 나폴레옹은 내국군의 부사령관으로 임명되었다. 이탈리아어를 제2모국어로 하는 날렵하고 젊은 코르시카인은 5개월 후 이탈리아를 통해 오스트리아에 대항하는 새로운 작전의 지휘관으로 선택되었다. 그 자신을 제외한 누구도 그의 성공 정도와 속도를 짐작할 수도 없었다. 1796년 4월 말, 피에몬테가 프랑스에 병합되었고, 국왕 카를로 에마누엘레 4세Charles Emmanuel IV는 퇴위하여 사르데냐로 물러났다. 5월 8일, 프랑스군은 포 강을 넘었고, 15일에는 밀라노에 입성하여 공화국을 세웠다.*

---

* 밀라노가 주도인 롬바르디아 공화국을 가리킨다. –역주

그의 명령은 '광신의 중심'인 교황을 압도했지만, 여전히 롬바르디아에는 오스트리아 세력이 남아 있었기에 남쪽으로 진격하기는 어려웠다. 대신 그는 라벤나, 볼로냐, 페라라 교황공사국을* 인수하고, 자신에게 유리한 조건으로 교황과 휴전 협정을 맺었다. 이에 따르면, 교황공사국을 유지하되 안코나에 주둔군을 배치하며, 항구에 자유롭게 접근할 수 있다. 또한 배상금 2,100만 스쿠도와 교황청 수집품 중 고대 문서 500점과 예술 작품 100점 선정권, 그리고 교황이 그의 편에 서서 프랑스 가톨릭교회가 국가의 종교법을 수용하고 따르도록 권고할 것을 요구했다. 1797년 2월 이 조항들은 톨렌티노조약Treaty of Tolentino으로 확정되었고, 또한 아비뇽과 브네생을 프랑스에 영구 양도하며 엄청난 추가 배상금과 예술 작품 수 증가를 요구하는 내용이 인정되었다. 3개월 후, 프랑스군은 베네치아로 쳐들어갔다.

그때, 나폴레옹의 형 조제프는 로마대사로서 그의 예비 매제인 레오나르 뒤포 장군과 함께 파견되었다. 그들은 최대한 분쟁을 일으켜, 교황을 폐위하고 로마 공화국을 세우려는 계획을 준비하라는 명을 받았다. 1797년 12월 22일 그들은 교황에 대한 무장 봉기를 꾀했지만, 그 과정에서 뒤포가 교황군의 총에 맞고 말았다. 조제프는 교황청의 해명을 무시하고, 사제들이 프랑스에서 가장 유능한 젊은 장군을 죽였다고 정부에 보고했다. 이에 따라 루이 베르티에장군이 로마로 진군했다. 그는 아무런 저항도 받지 않고 1798년 2월 10일

---

* 교황령 국가이나 교황 대신 교황공사Legate가 통치하고 있다. ─역주

로마를 점령했고, 5일 후 의회에서 새로운 공화국이 선포되었다. 이제 여든이 된 비오 6세 교황은 그의 손에서 강제로 어부의 반지**가 벗겨지는 등 함부로 다루어졌고, 시에나로 옮겨졌다. 군중들은 그가 지나는 모습을 보기 위해 빗속에서 무릎을 꿇고 있었다.

5월, 시에나에 연달아 지진이 발생하자 불쌍한 교황은 플로렌스 외곽의 카르투치오회 수도원으로 이송되었다. 그는 이미 쇠약해질 대로 쇠약해진 상태였다. 의사들은 그가 살날이 얼마 남지 않았다고 판단하여, 사르데냐로 옮기라는 정부의 명을 거절했다. 하지만 아직 그에게는 휴식이 허락되지 않았다. 다음 해 3월 프랑스군이 플로렌스를 점령하여 대공을 폐위하자, 그는 다시 이동해야 했던 것이다. 이번에는 프랑스였다. 이제는 사실상 마비 상태라 가마에 실린 채 얼어붙은 알프스를 넘어 브리앙송에 이르렀고, 마침내 1799년 8월 29일 발랑스에서 그의 긴 수난이 끝을 맺게 되었다.

비오 6세는 진정한 순교자였다. 역사상 그처럼 불필요한 고통을 많이 겪은 교황은 없었다. 그리고 고난을 견뎌낸 불굴의 용기는 변명의 여지가 많았던 그의 평판을 상쇄하고도 남음이 있다. 그가 혁명의 비정한 분노로부터 프랑스 가톨릭교회를 구원할 수는 없었을 것이다. 하지만, 이끌어달라는 부탁에 망설이며 대응하지 못함으로써 프랑스 기독교는 고사 직전에 이르게 되었다.

** 교황을 상징하는 반지. – 역주

24

진보와 반동

1799~1846

프랑스군은 이탈리아에 오래 머무르지는 않았다. 나폴레옹은 이집트 원정을 떠나 1799년 8월, 교황의 죽음 일주일 전 은밀히 파리로 돌아왔다. 조제프 보나파르트는 산페디스티Sanfedisti라는 신앙용사들이 주도하는 반反프랑스, 친親교황 봉기가 이탈리아 반도 전역을 휩쓰는 상황에서 로마를 지켜내지 못하고 프랑스군은 서둘러 철수했다. 하지만 나폴리 군대가 그 자리를 대신하자, 추기경들 사이에서 곧 있을 콘클라베는 로마보다 안전하고 평온한 곳에서 열려야 한다는 공감대가 형성되었다. 그리고 그들은 베네치아를 선택했다.

하지만 베네치아 공화국은 1797년 5월 나폴레옹에 점령된 상태였다. 산마르코 광장에 세워진 '자유의 나무' 위에 올려져 있는 붉은 프리지아 모자*는 베네치아 총독의 코르노[베네치아 총독이 쓰는 삼각뿔 형태의 모자]와 상당히 비슷했다. 코르노 자체는 공작의 권위를 상징하는 다른 물건 및 공화국 귀족가문의 이름이 쓰인 '황금의

---

* 프랑스 혁명당원이 쓰던 모자로, 혁명의 자유정신을 상징한다. - 역주

서Golden Book'와 더불어 공개적으로 불태워졌다. 하지만 나폴레옹은 베네치아를 점령한 지 5개월 만인 10월 캄포포르미오 조약이 체결되며 오스트리아에 넘겨주었다. 그리하여 오스트리아의 후원하에서 콘클라베가 열렸고, 프란츠 2세 황제Emperor Francis II는 필요 경비를 부담하겠다고 제안하기도 했다.

그리고 1799년 11월, 산조르지오 마조레 섬의 수도원에서 콘클라베가 열렸다. 시작부터 평탄하게 진행되지 않으리라는 것은 명백했다. 오스트리아는 혁명에 반대하고 군주제를 지지하며 북부 이탈리아에 대한 자국의 야심 찬 계획에 간섭하지 않을 인물을 원했다. 특히 톨렌티노 조약에 따라 비오 6세가 나폴레옹에게 이양한 라벤나, 볼로냐, 페라라 교황공사국의 영구소유권을 간절히 원했다. 추기경회는 프랑스혁명에 대해 어떠한 교서도 발표하지 않았지만, 추기경 대부분은 이 지역을 교황령으로 유지해야 한다는 생각이 확고했다. 14주에 걸친 논쟁 끝에 이몰라 주교 바르나바 치아라몬티가 교황 비오 7세Pius VII(1800-1823)로 선출되며 교착상태가 해소되었다.

프란츠 2세 황제는 말 그대로 불쾌해했다. 새 교황은 온화하고 신앙심이 깊었지만, 1797년 크리스마스 강론에서 기독교 정신의 일환으로 민주주의(혁명적 의미를 뜻함)를 받아들였고, 더욱이 그 자신이 교황령 출신이기 때문에, 오스트리아의 합병을 용인하리라고는 기대하기 어려웠다. 황제는 마지못해 교황을 비엔나로 초청하여 대화를 시도했지만 거절당하자 화가 나서 산마르코 광장에서 즉위식 올리는 것을 거부했다. 그리하여 의식을 치르기에는 환경이 열악한 작은 섬, 산조르지오에서 즉위식을 열어야 했다. 황제는 불편한 감정을 노골적으로 드러냈다. 교황공사국에서 친교황 시위가 맹렬히 일어나자, 그는 교황에게 뱃길를 이용하여 로마로 돌아가도록 명했다. 프란츠 2세가 제공한 선박은 장거리 항해에 적합하지 않고 요리 시설조차 없어서 12일간 이어진 여정은 악몽과도 같았다.

1800년 7월 마침내 로마에 도착한 교황은 정치 상황이 다시 한 번 변했음을 깨달았다. 제1통령이자 사실상 프랑스의 지배자인 나폴레옹 보나파르트가 마렝고에서 오스트리아군을 격퇴하여 다시 북부 이탈리아의 패권을 잡은 것이다. 전임자의 전철을 밟아 비오 7세 교황 역시 권좌에서 물러나 유배지를 떠돌게 될 것인가? 그럴 가능성이 높아 보였지만 총재정부의 총재들보다 상황 판단력이 뛰어난 나폴레옹은 프랑스 국민들이 혁명의 과도함과 극단성에 질려가고 있으며, 그 반작용으로 과거의 신앙으로 회귀하기를 바란다는 사실을 파악하고 있었다. 나폴레옹은 최고 권력을 얻기 위한 첫 단계로, 아직 매장되지 않은 채 발랑스에 있는 교황 비오 6세의 장례식을 성대하게 치렀다. 1800년 6월 5일, 그는 밀라노의 성직자들에게 다음과 같이 연설하였다.

나는 그리스도교만이 사회를 안정적이고 행복하게 하고, 훌륭한 정부의 토대를 다지게 할 수 있다고 확신한다. 나는 이를 지키기 위해 언제나 노력한다. … 나는 가톨릭이 공개적이고 완벽하게 활동해야 한다고 생각한다. … 프랑스는 고통을 겪으며, 가톨릭이 폭풍 속의 유일한 닻이라는 사실을 깨달았다.

나폴레옹이 보낸 첫 전언은 비오 7세의 기대보다 훨씬 우호적이었다. 이에 따르면 제1통령은 기꺼이 새로운 정교政敎협약을 체결하고자 하며, 심지어 합의에 이르면 잃어버린 영토 일부를 교황에게 돌려주겠다고까지 제안했다. 하지만 뒤이은 협상 과정은 길고도 험난했다. 가장 곤란한 것은 주교 임명 문제였다. 당시 프랑스에서는 두 종교 집단이 경쟁하고 있었다. 하나는 혁명 이전부터 있던 오래

† 비오 7세. 그는 자신을 형편없이 대하는 나폴레옹과의 관계를 풀어나가기 위해 최선을 다해야만 했다. 자크 루이 다비드 작품. 파리 루브르 박물관.

된 조직이며, 다른 하나는 시민 헌법에 따라 세워진 조직이었다. 각 조직은 별도의 주교가 관장하고 있었고, 이들 사이의 화해는 요원해보였다. 나폴레옹은 양쪽을 모두 폐지하고, 교황과 협의를 거치지 않고 자신이 임명하는 해결책을 제시했고, 이러한 제안은 추기경회를 충격에 빠뜨렸다. 또 다른 골칫거리는 성직자의 독신 생활 문제였다. 혁명 시기 동안, 사제들은 결혼이 허가─실은 장려─되었고, 많은 이들이 그렇게 하였다. 이 문제를 더 복잡하게 만든 이는 현 프랑스 외무장관이자 전 오툉 주교인 탈레랑이었다. 그는 영국인일 뿐 아니라 개신교도인 여자와 결혼한 것이다. 당연히 그는 결혼한 사제들에게 어떠한 조치도 취해서는 안 된다고 주장했다.

하지만 프랑스 쪽에서만 이의를 제기한 것은 아니었다. 상당수의 추기경들은 나폴레옹이 교회를 박해하고 재산을 몰수하며, 사제들을 학살하고 교황을 납치하며, 학교·병원·빈민구호단체 등을 비롯한 세속의 권력을 빼앗았던 혁명 정신을 이어가고 있다고 생각했다. 이를 알아챈 나폴레옹은 분노하여, 영국식으로 분파하거나 * 칼뱅주의**로 개종하여 유럽에 전파하겠다고 위협했다. 그래도 이조차 적그리스도와 합의하는 편보다는 낫지 않았을까? 1801년 5월, 협상은 결렬 위기에 처했고 피렌체의 프랑스군은 로마 진격을 준비 중이었다. 교황청 국무원장 콘살비 추기경이 파리에서 로마까지 정신없이 길을 달려 이를 전한 덕분에 위기에서 벗어난 뒤 학수고대

* 영국은 헨리 8세 시절 로마 가톨릭에서 분리해 나와 영국 국교회(성공회)를 세웠다.
─역주
** 프랑스에서는 위그노파라고 한다. ─역주

해 온 정교협약이 마침내 7월 5일 체결되었다. 하지만 어려움은 여기서 끝나지 않았다. 나폴레옹이 국가의 지배를 강화하고 교황의 간섭을 제한하는 내용의 77개 '기본 조항'을 일방적으로 발표하면서, 비준 절차의 마무리와 법안 제정 절차가 진행되지 않은 것이다. 교황령은 아비뇽과 브네생처럼 프랑스 수중에 남았고, 교회 재산은 반환되지 않았다. 여전히 논쟁을 거듭하고 있던 1804년 5월 나폴레옹이 프랑스 황제로 즉위했다. 뒤이어, 교황은 황제 대관식에 초대받았다.

비오 7세는 진퇴양난에 빠졌다. 정교협약이 체결되었다는 소식에 유럽의 군주들은 충격을 받았다. 그들은 이를 교황의 항복으로 이해했던 것이다. 이런 상황에서는 교황이 코르시카 승부사의 대관식 집전은 고사하고 참석하기만 해도 교황의 평판이 바닥으로 떨어질 것은 확실했다. 혁명 시기 동안 교회를 지지했던 프란츠 황제라면, 교황이 출신이 미천한 새로운 경쟁자에게 왕관을 씌워주는 상황에 어떻게 반응하겠는가? 그러나 비오 7세는 거절할 수 없음을 알고 있었다. 나폴레옹에게 왕관을 씌워준다면 자신의 위신만은 세워질 것이라 혼잣말하며, 6명의 추기경과 함께 알프스를 넘었다.

파리에 도착했을 때, 그는 예상치 못하게 자신의 권위를 세울 기회를 발견했다. 조세핀이 자신과 나폴레옹이 교회에서 정식 결혼식을 올리지 않았음을 고백했던 것이다. 교황은 면전에서 그들이 정식 결혼식을 올리기 전까지는 대관식에 참여하지 않겠다고 거절했다. 신랑이 질색했지만, 대관식 전날 오후, 증인도 없는 비밀 결혼식이 나폴레옹의 숙부인 페슈 추기경에 의해 거행되었다. 황제는 복수했다. 1804년 12월 2일, 노트르담 대성당에서 열린 대관식 당일, 그는 교황을 한 시간 내내 기다리게 하더니 스스로 왕관을 썼다. 처음에는 자신에게, 다음에는 조세핀에게 씌워주었다. 교황은 두 왕관을 축성하였을 뿐, 이후에는 단순한 관람객으로 격하되었다. 당시를 그린 자크 루이 다비드의 걸작에는 그의 불쾌한 표정이 고스란히 드러나 있다.

교황은 이후 4개월간 프랑스에 머물렀다. 지속적인 노력에도 불구하고, 그는 주목적을 달성하는 데 실패하였고, 결국 '기본조항'은 효력을 유지하게 되었다. 반면에, 개인적으로는 엄청난 성공을 즐기고 있었다. 교황이 공개석상에 모습을 드러낼 때마다 군중들은 환호로 맞이하며 축복을 받기 위해 앞으로 밀려들었다. 혁명 이래

† 1804년 12월 2일, 나폴레옹 황제가 노트르담에서 우측에 있는 비오 7세 교황이 지켜보는 가운데 황후 조세핀에게 왕관을 수여하고 있다. 자크 루이 다비드 작품. 파리 루브르 박물관.

역사의 시계추가 길게 흔들렸다. 바야흐로 프랑스는 가톨릭으로 회귀하려는 극적인 시기였고, 교황의 존재가 반드시 필요했다. 마침내 교황이 로마로 떠나는 날, 수많은 군중들이 길을 따라 늘어섰다. 불과 5년 전 베네치아에서 선출된 후 돌아오는 길과는 사뭇 달랐다.

황제 즉위 1년 후, 나폴레옹은 6만 8천 명의 군대로 9만 명의 오스트리아―러시아 연합군을 상대로 모라비아의 아우스터리츠에서 승리를 거두었다. 1805년 크리스마스 다음 날, 프레스부르크(현재의 브라티슬라바) 조약이 체결됨으로써 오스트리아는 1797년의 캄포포르미오 조약으로 획득한 베네치아를 프랑스에 반환해야 했고, 이스트리아와 달마티아 해안선을 따라 나폴레옹의 새로운 이태리 왕국이 건설되었다. 하지만 나폴레옹에게 이 모든 것은 시작에 불과했다. 그는 이탈리아 반도 전체를 차지하기로 결심했다. 그는 선전포고도 없이 교황령 항구인 안코나를 합병했고, 이에 교황은 격노하였다. 앙드레 마세나 원수 휘하의 4만 군대는 남부 이탈리아의 교황령으로 진격했다. 조제프 보나파르트도 황제의 개인 대리인 자격으로 함께했다. 교황이 예민하게 항의하자, 나폴레옹은 매섭게 대응했다. '교황 성하는 세속 세계의 일에 대해서는 나를 존중해야 합니다. 내가 영적 세계에서 그러하듯 말입니다. 교황 성하는 로마의 군주이지만, 나는 로마의 황제입니다.'

1806년 2월 11일, 나폴리의 왕 페르디난트 4세와 왕비 마리아 캐롤리나(마리 앙트와네트의 언니)는 팔레르모로 도피했고, 14일에는 프랑스군이 장대비를 뚫고 나폴리에 입성했다. 무력 저항은 없었다. 다음 날, 나폴리인들은 조제프 보나파르트가 자신의 부대를 이끌고 왕궁을 차지하는 모습을 조용히 지켜보았다. 이제 교황청은 사방이 프랑스령으로 둘러싸였다. 그 후로 프랑스와 교황의 관계는 악화일로를 걷다 마침내 1808년 1월 프랑스가 로마를 점령하자, 교황은 세속의 권력을 포기하라는 압력에 맞서 퀴리날레 궁으로 피신하여 칩거했다. 교황이 계속해서 거부하자, 1809년 6월 10일 로마를 '제국 자유도시'로 선포하고, 산탄젤로 성에 교황청의 깃발 대신 삼색기를 걸었다. 3주 후, 인내심이 바닥난 프랑스군은 사다리를 타고 퀴리날레 궁의 벽을 넘어, 교황이 비서인 파카 추기경과 회의 중이던 서재에 난입했다. 두 사람은 예복을 갖추어 입은 채 생포되어 역마차에 실려 북쪽으로 향했다. 파카는 플로렌스에 억류되었지만, 교황은 은밀히 알프스를 넘어 그르노블로 신속히 이송되었다.

나폴레옹은 교황의 납치 소식을 듣자, 불같이 화를 냈다. 그의 명령도 없이 신하들이 무책임하게 행동한 것이다. 그는 교황이 퀴리날레 궁에 무한정 머무르는 편이 낫다고 생각하고 있었다. 하지만 그렇다고 해서 그를 로마로 곧장 돌려보낸다면 황제로서 우스워 보일 터였다. 마침내, 그는 불운한 교황을 이탈리아 리비에라의 사보나 주교 관저로 보내기로 결정했다. 이곳에서 교황은 신체적으로 편안한 대접을 받았지만, 펜이나 잉크의 사용도 금지되는 등 외부 세계와 단절된 포로 신세였다. 동시에 로마는 폐허가 되어갔다. 사실상 교황청 전체가 해체되어, 수도회의 책임자인 추기경들과 서고, 교황인장까지 모든 것이 파리로 옮겨졌다.

하지만 당시 황제는 두 가지 새로운 문제를 안고 있었다. 조세핀 황후는 그에게 후계자가 될 아들을 안겨주지 못했고, 이미 46살로 임신의 가능성이 희박했다. 이제 그의 유일한 희망은 재혼뿐이었지만, 교황이 승인하지 않을 터였다. 다행히 그의 첫 번째 결혼은 교황의 압력에 굴하여 증인도 없이 치러졌고, 이러한 조건이라면 파리의 교회재판소에서 혼인무효선언을 하는 데 어려움이 없으리라고 판단했다. 1810년 4월, 교황파 추기경 13명이 예식 참석을 거부했음에도, 나폴레옹은 오스트리아의 프란츠 1세*의 딸인 마리 루이즈와 결혼식을 올렸다.

두 번째 문제는 교황이 나폴레옹이 천거한 주교의 승인을 계속해서 거부하고 있다는 것이었다. 1810년 무렵 프랑스 국내에만 주교 없는 교구가 27개였고, 유럽 내 프랑스 점령지로 확대하면 그 수는 훨씬 많았다. 나폴레옹은 기존의 주교회를 설득하여 교황의 의견을 기각하려 했지만, 그의 숙부인 페슈 추기경이 이끌고 있음에도 주교회는 받아들이지 않았다. 교황은 이 상황을 전혀 알지 못한 채, 1812년 6월 9일 사보나에서 프랑스로 끌려갔다. 여로는 그의 전임자가 겪었던 만큼 끔찍했다(큰 이유는 은밀하고 신속하기 위해 밤에 이동했기 때문이다). 이 무렵 그는 심각한 요로감염증을 앓고 있어 10분마다 마차를 세워야 했다. 12일 후, 선종 직전에서야 퐁텐블로에 도착한 가련한 교황에게 황제가 막 러시아 원정을 떠났다는 소식이 들렸다.

나폴레옹은 러시아에 단 6개월만 머물렀다. 12월, 파리에서 쿠데

---

* 신성로마제국의 프란츠 2세를 가리킨다. 신성로마제국이 아우스터리츠 전투 이후 해체되자 그는 1804년 새로운 오스트리아 제국을 세워 황제 프란츠 1세로 즉위하였다. 이에 따라 그는 역사상 유일하게 '이중왕Doppelkaiser'으로 불렸다.

타가 발발하자, 그는 이집트 원정에서 그랬듯 군대를 버리고 프랑스로 돌아왔다. 그가 퐁텐블로에 도착한 때는 1813년 1월 중순이었다. 이 무렵, 교황은 점차 병에서 회복되고 있었지만 여전히 쇠약한 상태였고, 이제 막 시작되려는 황제의 괴롭힘에 맞서 그를 지켜줄 추기경 하나 없이 철저히 고립되어 있었다. 따라서 마침내 그가 굴복하여 모든 세속 권력이 박탈된 정교협약에 공식적으로 서명한 것은 그리 놀라운 결과가 아니었다. 그는 더 이상 로마를 통치하지 않았고, 이제 교황청은 프랑스로 옮겨졌다. 만일 교황이 6개월 내에 새로운 주교들을 승인하지 않는다면, 본국에서 임명할 것이다.

사실, 그것은 휘갈겨 쓴 초안에 불과했지만 나폴레옹은 서둘러 정교협약을 선언하여 기정사실화했다. 이 소식을 듣고 경악한 파카 주교와 콘살비 주교는 가까스로 그들의 주군을 만날 수 있었다. 교황은 만신창이가 되어, 자신이 한 일과 황제가 어떻게 그에게 고통을 주고 속여 넘겼는지 떠올리면서 머리를 쥐어뜯으며 진저리치고 있었다. 두 추기경이 그에게 천천히 새로운 의욕과 희망을 불어넣으려 노력한 덕분에, 마침내 나폴레옹에게 자신이 서명한 것은 초안일 뿐이며 위협하에 행해졌다는 이유를 들어 '협약'을 부인하는 편지를 자필로 보낼 수 있었다. 예상대로 나폴레옹은 편지를 묵살했다. 그에게는 당장 처리해야 할 더 중요한 문제들이 있었기 때문이다. 그리고 10월, 라이프치히에서 패한 뒤 그의 제국은 붕괴되기 시작했다. 1814년 1월, 그는 교황에게 조약을 무조건적으로 철회하겠다는 편지를 썼다. 교황은 자유로이 로마로 돌아갈 수 있었다. 비오 7세는 우선 사보나를 향해 출발한 뒤, 3월에 로마를 향했다. 24일,

그는 열렬한 환영을 받으며 로마에 도착했다. 그가 탄 마차를 끄는 말의 끌채가 벗겨진 채, 로마 귀족가 자제 30명의 호위를 받으며 성 베드로 성당으로 개선하였다.

나폴레옹이 엘바 섬으로 유배되던 1814년 11월 1일, 유럽의 지도를 새로이 그리기 위해 빈 회의가 소집되었다. 교황의 대리인인 콘 살비 추기경의 뛰어난 외교 능력 덕분에 거의 모든 교황령 영토를 회복하는 데 성공했다. 합당한 이유가 없었던 아비뇽과 브네생은 제외되었지만 교황공사국과 안코나의 마르슈―1798~1799년 동안 알프스 남쪽과 로마공화국의 일부로 존재하였고, 1808~1809년에는 나폴레옹의 이탈리아 위성국가였음―는 다시 교황청에 반환되었다.

하지만 재건이 필요한 것은 유럽만이 아니라 교회도 마찬가지였다. 천 년 전 샤를마뉴에서 시작된 신성로마제국이 1806년 멸망하면서, 독일의 왕자　주교 제도도 폐지되었다. 수도회는 널리 억압받았다. 유럽 전역에서 주교직은 비어 있었고, 신학교는 폐쇄되었으며, 교회 재산은 몰수되었다. 프랑스의 혁명법을 따라야 했던 지역에서는 이혼, 법률혼 및 종교의 자유가 깊이 뿌리내려 없애기 힘들 정도였다. 1814년 8월 7일, 힘든 과업을 시작하는 첫 단계로 교황은 예수회를 부활시켰다.

이제 72살이 된 교황은 어느 때보다 유럽에서 존경받고 있었다. 프랑스혁명의 잔혹함과 과도함, 나폴레옹의 과대망상적 야심은 반동주의를 활발하게 했고, 박해와 가혹한 취급을 견뎌낸 교회는 그

대표적인 상징이 되었다. 또한 역사상 가장 힘들었던 교황이자 개인적으로 극심한 고초를 겪은 비오 7세는 이제 저항 정신의 화신으로 알려졌다. 이는 결국 교회와 교황 모두를 파멸로 이끌었다. 교황은 전 세기에 그랬듯, 더 이상 시대착오적 생각으로 관망하고 있지만은 않았다. 그는 세속 군주이자 최고의 영적 권위를 가진 가톨릭 세계의 왕자로 유럽 지도에 재등장했다. 따라서 협상가로서 상당한 우위를 점하게 되어, 교황직에 있는 9년 동안 교회의 일은 각자 처리한다는 조건을 전제로 1818년 러시아정교, 1821년 프로이센개신교를 비롯해 외국과 20개 이상의 정교협약을 체결할 수 있었다. 대부분 국가에서 주교 서임권은 잃었지만 역사적으로 교회와 국가 간 가장 큰 논쟁거리였다. 수도원과 신학교는 다시 열렸고, 학교는 다시 종교의 권위를 따르게 되었다. 하지만 모든 변화가 좋은 결과를 낳은 것만은 아니었다. 민주주의가 억압되거나 도서검열이 부활한 사례도 있었다. 심지어 스페인에서는 반동주의자인 페르디난트 7세가 다시 종교재판을 도입하기도 했다. 하지만 비오 7세는 근대 사회에 적응하기 위해 최선의 노력을 기울였고, 1823년 7월 20일 대퇴골이 부러진 후유증으로 선종할 당시에는 교황의 지위에 대한 전망이 지난 반세기 어느 때보다 밝았다.

사실, 드러난 현상은 눈가림에 불과했음이 판명되었다. 교황의 헌신적인 국무원장이자 개혁의 숨은 안내자인 콘살비 추기경이 교황의 죽음 6개월 후 죽자, 이제는 개혁을 반대하고 실용주의보다는 영성을 따르는 보수체제를 추종하는 반동주의 추기경들의 무리인 '열성파'가 자신들 중 한 명을 선택했다. 그들의 선택은 63살의 안니발레 세르마테이 델라 젠가 추기경이었는데, 그는 아비뇽 반환 협상을 망쳐 콘살비에 의해 면직될 때까지 교황청 외교관으로 경력을 쌓아왔다. 그는 레오 12세Leo XII(1823-1829)라는 교황명을 얻었다. 그는 독실하지만 편협한 데다 치질로 오랫동안 고생해온 사람으로, 관용정책을 비난하며 검열과 금서 목록을 강화하고, 유대인 거주 지역을 게토ghetto로 제한했으며, 로마에서는 그중 300명에게 매주 기독교 강론에 참여하도록 하는 등 18세기 가장 보수적인 시기로 회귀했다. 교황령 국가에서는 귀족제가 부활되었고, 과거 방식의 교회 재판소가 다시 열렸다. 교육은 엄격히 통제되었고, 도덕 규범은 수천 개의 사소한 규칙으로 강제되었다. 일요일이나 축일에 게임을 하면 징역형으로 처벌할 수 있었고, 술의 자유 판매도 금지되었다. 콘살비가 신중히 만들어가고 있던 계몽주의 근대 국가는 푸치니의 오페라 토스카에서 정확히 묘사되었듯 첩자와 정보원의 경찰 체제로 대체되었다.

즉위 후 한 달 동안, 로마와 외국에서는 레오 12세가 비오 7세의 회유책을 모두 원점으로 돌릴 것이라는 두려움이 있었다. 다행히도 사실무근임이 드러났다. 교황은 편협한 사람이었지만, 유럽 열강과 우호적 관계를 유지하는 데 따르는 장점을 잘 알고 있었다. 그가 오스만튀르크의 술탄 마흐무드 2세Mahmud II를 중재한 덕분에, 1830년 아르메니아 기독교는 마침내 해방을 맞이했다. 하지만 그 무렵 교황은 죽었다. 5년 반가량의 재위기간은 실로 재앙에 가까웠다. 그가 선의를 가지고 있었다는 사실은 두말할 나위도 없지만, 근대 세계에 대한 이해 부족으로 로마에서 미움 받는 인물이 되고, 전임자의 빛나는 업적을 무위로 만들었다.

1829년 3월 프란체스코 사베리오 카스틸리오니가 교황 비오 8세 Pius VIII로 뒤를 이었으나, 겨우 22개월만 재임하여 임시방편으로 보일 여지도 있었다. 하지만 그는 훨씬 훌륭한 사람이었다. 고귀한 원칙을 지닌 용감한 사람으로, 나폴레옹에 충성 맹세를 거부하여 8년간 복역하기도 했다. 비오 7세는 그를 대단히 존경하여, 그가 자신의 후계자로 선출되기를 바랐다. 새 교황이 공표한 목표는 이 위대한 인물을 계승하는 것이었다. 레오 12세의 경찰국가를 완전히 폐지할 수는 없었지만, 그는 이를 악물고 로마 사람들의 일반적 생활 조건을 개선했다. 1830년 7월, 지나치게 독실하며 굉장히 인망이 없는 프랑스의 샤를 10세Charles X가 폐위되자, 교황은 곧바로 루이 필리프Louis-Philip가 프랑스의 왕이 될 것을 알아보고 그에게 '가장 그리스도인다운 왕'이라는 전통적 칭호를 헌정했다.

하지만 4개월 후, 비오 8세는 선종하고 말았다. 64일간 83회의 투표를 거친 끝에 선출된 후계자는 베네치아 근처 무라노 섬의 성 미카엘 수도원 출신의 카말돌리회Camaldolese* 수사였다. 그의 이름은 바르톨로메오 알베르토 카펠라리이며, 그레고리오 16세Gregory XVI(1831-1846)라는 교황명을 얻었다. 비오 8세가 비오 7세의 업적을 계승했듯, 그레고리오 16세도 레오 12세의 뒤를 따랐다. 레오 12세처럼 그도 열성파의 일원이었고, 또한 오스트리아의 재상 메테르

---

* 카말돌리회는 베네딕토회의 지파로, 엄격한 금욕생활을 하며 은둔하여 수도에 매진하는 은수자회隱修者會 수도원이다.

니히 대공의 지원을 받고 있었다. 그는 '시대의 정치적 광기'에 굴복하지 않는 절대 권위를 가진 교황을 염원했다. 대공은 마침내 그가 원하는 것을 가졌다. 그레고리오 16세는 위기의 교황직을 물려받았다. 나폴레옹의 몰락 이후, '숯 굽는 사람' 또는 '카르보나리 Carbonari'라는 이름의 비밀결사 단체에서 힘을 얻은 급진적 성향의 불만 세력이 이탈리아 반도 전역에서 꾸준히 세력을 모으고 있었다. 그들의 주요 목표는 정치적 자유와 이탈리아의 통일이었다. 또한, 그들 중 누구도 아직 모르고 있었지만, 이탈리아 통일만을 유일한 목표로 하는 또 다른 단체가 형성되고 있었다. 이 조직의 이름은 '청년이탈리아당La giovane Italia'으로, 1831년 마르세유에서 망명 중인 주세페 마치니라는 26살의 젊은이가 창설했다.

1830년 교황령 국가에서 반란이 일어나 일부 도시가 반란군의 수중에 떨어졌다. 그레고리오 16세는 재빨리 몸을 피했다. 다른 지역으로 반란이 확산되는 것을 두려워한 그는 오스트리아 황제에게 군대를 보내 로마를 지켜달라고 호소했다. 프란츠 1세에게 두 번 요청할 필요는 없었다. 그의 단호한 조치 덕분에 교황령 내에서 질서가 회복되었지만, 봉기의 저변에 깔려 있는 근본적 문제는 어느 것 하나 해결되지 않았다. 눈앞의 위험을 피하자, 교황은 냉혹한 탄압 정책을 펼치기 시작했다. 그는 양심, 언론의 자유 및 정교政敎 분리 사상을 공개적으로 비난했다. 이러한 사상을 지지하는 사람들을 무자비하게 단속했고, 경찰 체제는 이전의 레오 12세 때보다 훨씬 가혹해졌다. 오래지 않아 교황청 감옥이 가득 찼고, 교황청 금고는 첩자와 정보원 비용으로 바닥을 드러냈다.

그레고리오 16세는 진보 또는 혁신을 전혀 받아들이려 하지 않았다. '지옥의 길'이라고 부르며 교황령 전역에서 철로 준설을 금했다는 사실은 그의 생각을 고스란히 보여주는 일례이다. 교황 즉위 후 4개월도 지나지 않아 유럽 열강들은 입을 모아 교황령의 근본적 개혁을 요구했다. 교황은 거절했고, 다시 시민들의 소요가 일어났다. 오스트리아 군대가 다시 호출되었고, 루이 필리프는 배은망덕하게도 안코나를 점령했다. 이후 7년간 교황령은 외국 군대의 점령 하에 놓였다.

무엇보다 그레고리오 16세의 가장 큰 실수는 폴란드였다. 1795년의 3차 분할Third Partition*에 따라 폴란드라는 국가는 사라졌고, 영토는 러시아, 프로이센, 오스트리아로 나뉘었다. 1825년 즉위한 이래 러시아 차르 니콜라이 1세Nicholas I는 그의 치하에 있는 가톨릭을 탄압했고―사실상 폴란드인은 모두 가톨릭이었다―합동 동방 가톨릭 교도(Uniates, 교황의 우위를 인정하되, 동방정교 의식을 따랐다)에게는 러시아정교로 개종하라는 압력을 넣으며, 라틴 의식을 따르는 주교들은―상당히 대다수―로마와의 연락이 사실상 불가능하게 만들었다. 러시아에 대한 분노는 점차 커져, 1830년 11월 폴란드인들은 러시아에 맞서 봉기했다. 상황이 악화될 대로 악화되었지만, 그들은

---

* 1772년 프로이센, 러시아에 의해 1차 분할된 후 양국 간의 관계를 이용하며 독립을 꾀하는 과정에서 1793년에는 2차 분할, 1795년에는 3차 분할의 결과로 이어졌으며, 3차 분할에는 프로이센, 러시아 외에 오스트리아도 개입하여 3국으로 분할되어 그 상태가 1차 세계대전 말까지 지속되었다. ─역주

가까스로 임시정부를 세울 수 있었다. 1831년 2월 11만 5천 명의 러시아 군대가 바르샤바로 진격하자 폴란드인들은 반격에 나섰다. 친親폴란드 정서가 유럽 전역에 널리 퍼져, 나폴레옹 대군단 출신의 장교 수백 명을 비롯한 유럽의 젊은이들이 폴란드 깃발 아래로 서둘러 모여들었다. 독일, 이탈리아, 헝가리, 영국에서 참여한 이들도 있었다. 프랑스에서는 루이 필리프가 군사 지원을 제안하는 연설을 했고, 제임스 페니모어 쿠퍼**는 폴란드 미국 위원회를 개설했다.

하지만 그들의 노력은 수포로 돌아갔다. 9월 8일 바르샤바가 함락된 것이다. 니콜라이 1세는 처참한 보복을 단행했다. 반란 지도자들은 참수되었고, 350명은 교수형에 처해졌으며, 1만 명의 장교는 강제노역으로 보내졌다. 3,000가구 이상의 토지가 몰수되었고, 시골에서는 마을 전체가 불태워지기도 했다.

굴욕감을 주고, 귀족을 비하하며, 인격을 말살하는 말투였다. 루릭의 혈통으로 러시아에서도 충분히 존경받을 수 있는 로만 산구슈코 왕자가 시베리아 강제노역형을 선고받고 죄수들과 쇠사슬로 연결된 채 그곳까지 걸어갔다. 황후의 친구이자 시종이었던 왕자의 아내가 니콜라이 1세의 발 아래 엎드려 자비를 구하자, 그녀도 떠나라는 말을 들었다. 그리고 그리했다.***

** 미국의 작가. 대표작으로 ≪모히칸족의 최후*The Last of the Mohicans*≫, ≪가죽 스타킹 이야기*Leather stocking Tales*≫ 등이 있다. ─ 역주
*** A. 자모이스키 ≪폴란드의 길 *The Polish Way*≫, p. 275

어느 단계가 되면, 그레고리오 16세가 가톨릭 신도를 지지하는 발언을 할 것이라는 기대가 있었다. 하지만 그는 한마디도 하지 않았다. 오히려 1832년 6월 반란을 규탄하며 '종교를 구실로 왕의 적법한 권력에 반대하는 자들'이라 비난하는 내용의 칙서를 발표했다. 2개월 후, 회칙 〈여러분을 놀라게 하는 것Mirari Vos〉에서는 더 나아가 '모든 사람이 양심의 자유를 주장하고 보호받을 수 있다는 생각은 터무니없고 잘못된 생각이거나 망상일 뿐이다.'라고 언급했다. 교회 쇄신 방안에 대해서는 다음과 같이 말했다.

성령이 가르침을 주시고 예수 그리스도와 사도들이 전파하셨다. 따라서 교회의 재건과 쇄신이 필요하다는 제안은 상당히 터무니없고 극도로 모욕적이다. 마치 궁핍함, 타락 또는 이런 류의 결함이 드러나기라도 한 듯 말이다.

회칙은 일차적으로 발행인을 '신과 자유Dieu et Liberté'라고 한 신문 〈미래L'Avenir〉의 편집자이자 프랑스 자유주의자 사제들의 대변인인 펠리시테 로베르 드 라므네를 향했다. 라므네는 니콜라이 1세에 맞선 폴란드 가톨릭교도, 영국 정부에 맞선 아일랜드 가톨릭교도를 언급하며, 교회는 압제자가 아닌 대중들과 손을 잡아야 한다는 입장을 고수했다. 회칙에서 명확히 밝혔듯, 그레고리오 16세는 어떤 조치도 취하지 않고 진보사상의 수용을 거부함으로써 아마도 능력 부족이었겠지만 자신과 교황권 모두 근대 정치사상의 수혜를 입지 못하게 되었다. 훗날 라므네는 '인간의 눈을 가장 더럽히는 가장 끔찍한 하수구'라며 교황청을 맹비난했다. 그의 의견이 다소 과격하기는 하지만, 로마 교황의 편협한 편견만큼 분노를 유발하는 편은 아니어서 공감하기 어렵지는 않다.

기록상의 그레고리오 16세 교황은 그렇게 형편없지는 않았다. 그는 교황청의 엄격한 통제에 따라 선교사를 파견하도록 해외 선교사업을 재조직했고, 전 세계에 걸쳐 70개의 새로운 교구를 건설하여 약 200여 명의 선교 주교를 파견했다. 또한 노예제와 노예 무역을 맹비난했다. 라테란에 기독교 박물관, 바티칸에는 에트루리아 Etruscan와 이집트 박물관을 설립했다. 그레고리오 16세는 1846년 6월 1일, 잠시 병을 앓다 선종하고 말았는데, 그를 애도하는 이는 거의 없었다.

25

비오9세

1846~1878

교황은 매일같이 현실감이 부족한 모습을 보여준다. 자유주의 가문에서 자라 부적절한 학교를 나오기는 했지만, 훌륭한 사제로서 정치에 관심을 기울이지 않는다. 온화한 성격이나 판단력이 부족하여, 교황직에 오른 후 더 이상 벗어날 수 없는 덫에 걸려들고 말았다. 만일 그대로 둔다면, 그는 로마에서 쫓겨나게 될 것이다.

이상의 예언적 글은 오스트리아 재상 메테르니히가 1847년 10월 파리 주재 대사에게 보낸 것이다. 그들이 말하는 이는 조반니 마리아 마스타이 페레티로, 콘클라베에서 48시간 만에 불과 54살의 나이로 교황에 선출된 비오 9세Pius IX(1846-1878)였다. 그는 여러 면에서 전임자와는 달랐다. 다시 말해, 이탈리아 내 오스트리아의 주둔 문제 및 그레고리오 16세의 교황령 지배 방식을 공개적으로 비판했다. 그레고리오 16세는 그를 추기경으로 임명했지만 결코 신뢰하지 않고, 그의 고양이들조차 자유주의자라고 주장했다.

고양이에 대한 반응은 비오 9세가 교황에 선출되고 나서야 알려졌는데, 이탈리아와 서유럽 자유주의자들은 이를 기쁘고 유쾌하게 받아들였다. 새로운 교황은 자기들과 같은 무리로 보였던 것이다. 집무를 시작한 첫 달, 그는 1,000명 이상의 정치범과 추방당한 자들을 사면했다.* 몇 주 후 그는 퀴리날레 궁에서 연회를 열었다. 동시에 그의 전임자가 혐오했던 철도 준설과 로마 거리에 가스등 설치 계획을 적극적으로 장려했다. 또한 세제稅制를 개혁하고 세속인을 교황청에 채용했으며, 유대인들에게 일주일에 한 번 기독교 강론에 참석토록 한 레오 12세의 기괴한 법률을 폐지했다. 그가 가는 곳마다 군중들이 모여들었고, 곧 이탈리아에서 가장 인기 있는 인물이 되었다.

하지만 그의 평판에는 위험도 따랐다. 온건파부터 급진파에 이르기까지, 모든 정치적 시위마다 교황이 지지하고 있다고 주장했던 것이다. 그가 강력히 반대한다고 선언한 조직을 비롯해 수천 개의 현수막에 그의 이름이 씌어졌다. 1848년 시칠리아, 파리, 비엔나, 나폴리, 로마, 베네치아, 플로렌스, 루카, 파르마, 모데나, 베를린, 밀라노, 크라코프, 바르샤바, 부다페스트까지 전 유럽에서 혁명이 일어나자 그의 입지는 더욱 불안해졌다. "피오 노노[교황 비오 9세의 애칭]! 피오 노노! 피오 노노!" 그의 이름이 슬로건이 되어 군중들의 외침을 타고 도시의 온 골목까지 끝없이 울려 퍼졌다. 교황이 '신께서 이탈리아를 축복하시리라'는 말로 연설을 마무리하자, 이는 곧 오스트리아의 지배에서 벗어난 통일 이탈리아라는 대중들의 꿈을

---

* '신은 죄를 사하지 않고, 용서할 뿐이다.' 메테르니히는 투덜거렸다.

공개적으로 지지한 것으로 받아들여졌다(단언하기는 어렵지만, 비오 9세는 이탈리아의 통일을 열망하지 않았다. 무엇보다 그리되면 교황령은 어떻게 되겠는가?). 그는 폭주 기관차에 올라탄 셈이었다. 그의 바람은 자신이 원할 때 멈추는 것뿐이었다.

운명적 해의 1월 말, 새로운 헌법*을 요구하기 시작했다. 29일에는 나폴리의 페르디난드 1세, 1주 후에는 플로렌스 대공이 헌법을 인정했다. 프랑스 2월 혁명으로 루이-필립이 망명한 뒤, 3월 5일에는 사르데냐의 카를로 알베르토Charles Albert 국왕이 토리노에서 피에몬테 헌법을 승인했다. 3월 13일, 비엔나에서는 메테르니히가 실각하여 도피했다. 이는 무엇보다 의미 있는 사건이었다. 모든 이탈리아 애국자들의 가슴에 새로운 희망이 번졌고, 언제나 그랬듯 교황이 그들을 이끌어줄 것으로 생각했다. 별다른 도리가 없었던 교황 비오 9세는 3월 15일 교황령 국가에서 헌법을 승인하여, 의회 설립을 가능하게 했다. 국무원장 자코모 안토넬리Giacomo Antonelli 추기경은** 새 헌법이 급진 자유주의적이지 않으며, 이러한 흐름이 오래 지속되지 않을 것으로 생각했다. 하지만 목적에는 부합했다. 원치 않게 유럽 혁명의 선봉장이 된 비오 9세는 뒤로 물러날 수 없었

* 자유주의 헌법. - 역주
** 안토넬리는 교황이 가급적 오랫동안 세속 권력을 유지하게 하는 막대한 책임을 지고 있었다. 그는 매력적인 뛰어난 정치가였고, 수많은 사생아들이 입증하듯 지극히 활기 있게 성생활을 즐긴 인물이었다. '그가 살롱에서 아름다운 여인에게 가까이 다가가, 그녀의 어깨를 어루만지며 코사지를 빤히 들여다볼 때면, 강론대의 사람임을 알아채고 길가에 뒤집힌 마차를 떠올리며 몸서리치게 된다.'(E.어바웃,《로마의 문제La question romaine》)

던 것이다.

메테르니히의 실각과 망명은 오스트리아를 혼란에 빠뜨렸다. 정부는 어찌할 바 몰랐고, 당황한 군대의 충성심은 위태로웠다. 이는 분명히 이탈리아에서 확산된 반란과 혁명의 신호였다. 밀라노에서는 모든 이탈리아인들에게 '밀라노의 5일cinque giornate'로 알려진 무장봉기가 일어나 3월 18~22일 동안 오스트리아군을 몰아내고 공화정부를 세웠다. 마지막 날, 토리노의 신문 〈일 리소르지멘토Il Risorgimento〉의 1면에는 편집자 카밀로 카부르Camillo Cavour가 쓴 선동적 기사가 실렸다. '최고의 순간이 가까이 왔다. 국가와 정부, 왕에게 열린 길은 하나, 전쟁뿐이다!'

이틀 후 카를로 알베르토 국왕[사르데냐 피에몬테의 국왕]은 오스트리아 점령군에 선전포고했다. 토스카나 대공 레오폴트 2세는 정규군과 의용군으로 구성된 군대를 파병했다. 놀랍게도, 나폴리의 페르디난드 2세도 호응하여, 칼라브리아 출신의 굴리엘모 페페 장군 휘하의 군대 1만 6천 명을 파병했다. 이들이 지원병을 보낸 전략적 목적은 대동소이했다. 즉, 그들의 목적이 통일 이탈리아라는 점을 명확히 보여주었다. 그들은 피에몬테군과 나란히 자리함으로써, 카를로 알베르토 국왕의 동맹이 아닌 동포라는 점을 명확히 했다.

3월 24일, 조반니 두란도 장군이 교황군을 이끌고 로마를 출발했다. 오스트리아 공격에 대비해 교황령 북쪽 국경 지대를 지키기 위해서였다. 이는 순수한 방어 조치로 인식되었지만, 주전론자主戰論者들은 그대로 받아들이지 않고, 오스트리아가 이탈리아 기독교에 선전포고한 것이라고 주장했다. 따라서, 이는 성스러운 이탈리아 땅에서 침략자를 몰아내는 신성한 목적의 성전聖戰, 즉 십자군 전쟁이라는 것이다. 비오 9세는 경악했다. 그는 한순간도 침략 정책을 용납한 적이 없었고, 특히 가톨릭 국가에 대해서는 더욱 단호했다. 그는 자신의 입장을 명확히 할 필요가 있었다. 그리하여 1848년 4월 29일, 통일 이탈리아 운동을 이끌지 않을 뿐 아니라 오히려 반대한다는 입장을 밝히는 훈시를 발표했다. 이에 따르면, 경건하게 살아가는 이탈리아인이라면 통일의 꿈을 잊고, 다시 각자의 군주에게 충성을 맹세해야 했다.

훈시에 대한 소식은 이탈리아 전역의 통일 운동가들에게 큰 충격을 안겼다. 하지만 통일 운동에는 아무런 영향을 미치지 않았음이 판명되었다. 통일 운동은 이미 널리 퍼져 멈출 수 없었다. 오히려 손상 입은 것은 비오 9세의 평판뿐이었다. 지금까지 그는 영웅이었지만, 이제는 배신자에 불과했다. 게다가 훈시 발표를 통해, 사건에 영향을 미치기에는 자신이 무력하다는 사실만을 드러냈을 뿐이다. 그의 인기는 밤사이 사라졌고, 혁명에 직면할 차례였다. 그는 7개월에 걸쳐 상황을 안정시키려 애썼지만, 11월 5일 국무원장 안토넬리의 후임인 펠레그리노 로시 백작이 집무실로 오던 중 칼에 찔려 죽자, 로마가 더 이상 안전하지 않음을 깨달았다. 그리고 24일, 프랑스 대사와 바이에른공사의 도움으로, 일반 사제로 위장하여 퀴리날레 궁 쪽문으로 은밀히 빠져나가 나폴리 왕국의 가에타로 도망쳐, 그곳에서 안토넬리 추기경, 수행원 한 명과 합류했다. 페르디난드 2세는 그를 환대하며, 업무를 지속할 수 있도록 자신의 별궁에 작은 교황청을 마련하여 머무르게 했다.

처음에는 피에몬테군이 연승을 거두었다. 하지만 1849년 7월 24일, 카를로 알베르토 국왕은 어이없게도 베로나에서 남동쪽으로 불과 몇 마일 떨어진 쿠스토차로 진군했다. 그곳에서 오스트리아의 노장군 요제프 라데츠키Joseph Radetzky*에게 쫓겨 밀라노까지 후퇴했고, 8월 4일 자신의 군대가 원래 국경 뒤로 물러난다는 조건으로 정전을 요청했다. 이틀 후 밀라노군 역시 항복했고 불굴의 노장군은 군대를 끌고 입성했다. 이로써 전쟁의 첫 장은 오스트리아의 확실한 승리로 끝났다. 베네치아-롬바르디아의 지배권을 되찾았을 뿐 아니라 나폴리와는 단독강화를 맺었고 로마는 항복했다. 프랑스의 외무부 장관인 시인 알퐁스 드 라마르틴은 물적 원조를 못하는 대신 대중들을 격려하는 공화국의 성명서를 발표했다. 이탈리아 본토에서는 반反혁명세력이 승리를 거두었다.

베네치아는 예외였다. 1848년 3월 22일, 베네치아 법률가인 다니엘레 마닌Daniele Manin과 그의 추종자들은 아르세날레Arsenal**를 점거하여 오스트리아군의 무기와 탄약을 탈취했다. 마닌은 승리의 행렬을 이끌고 광장으로 가 반세기 전 나폴레옹이 폐지했던 공화국의 재탄생을 선언했다. 오스트리아 총독은 오스트리아군의 즉각적인 철수를 약속하며 항복문서에 서명했다. 이제 베네치아는 독립했다. 베네치아의 유일한 희망은 마닌이었다. 8월, 그는 독재 권력을 제안

---

* 라데츠키는 반세기 전 나폴레옹 전쟁에 첫 출정을 하였고 1813년 라이프치히 전투에서는 참모총장이 되었다. 그는 17번 넘게 전투에 참가해 7차례 부상을 입고 9차례 말이 총상을 입어 낙마하였다.
** 베네치아의 병기창 및 조선소. - 역주

받았으나 거절했다. 다음 해 겨울, 베네치아 공화국은 그의 지휘 아래 격렬하게 싸웠지만 패색이 짙어지고 있었다.

이탈리아의 모든 국가들에게 '48년the quarantto'은 기념비적인 해였다. 전략적으로는 거의 변화가 없이, 대부분 오스트리아의 점령지로 남아 있었다. 반면에 정치적으로는 대중들의 사고에 극적인 변화가 일어났다. 그해가 시작될 무렵, 애국적인 이탈리아인들이 오스트리아 세력을 몰아낼 생각을 했다. 그리고 그해가 끝날 무렵에는 베네치아를 제외한 모든 국가에서 이탈리아의 통일을 최우선 목표로 삼게 되었다. 변화의 기운이 감돌았다. 마침내, 이탈리아인들은 오랫동안 열망해오던 꿈에 눈을 뜬 것이다. 리소르지멘토Risorgimento*가 시작되었다.

교황이 서둘러 로마를 빠져나갔다는 소식에 로마는 충격에 빠졌다. 사면되어 로마로 돌아와 로시를 죽이는 데 성공한 마치니Mazzini의 오랜 친구이자 교황청의 국무장관인 주제페 갈레티Giuseppe Galletti는 교황의 귀환을 설득하는 대표단을 가에타로 파견했다. 그러나 알현조차 거절되자, 갈레티는 로마 제헌의회Roman Constituent Assembly의 구성을 촉구하여 200명이 선출되었고, 1849년 2월 5일 모임을 갖기로 했다. 다급하게 소집되어 시간이 빠듯했던 탓에, 제시간에 상서원에 도착한 사람은 142명뿐이었다. 4일 후 새벽 2시,

---

* 이탈리아의 통일과 독립운동을 뜻한다. 리소르지멘토는 '부흥'이란 뜻의 이탈리아어로, 통일운동의 핵심 세력인 카부르가 1847년에 발간한 신문 〈일 리소르지멘토〉에서 유래했다. ―역주

기권 12표를 포함해 120 대 10으로 교황의 세속 권력에 종지부를 찍고 로마공화국을 세웠다. 이를 이끈 사람은 41살의 승부사, 주제 페 가리발디였다.

1807년 니스에서(1860년에 프랑스에 이양되었음) 태어난 가리발디 는 마치니와 마찬가지로 피에몬테 사람이다. 그는 상선대에서 근 무하다 1833년 마치니의 '청년 이탈리아Giovane Italia'당에 입당했다. 행동가였던 그는 다음 해의 실패한 반란에(활동 초기에 실패했던 여러 모의 중 하나) 연루되어 체포영장이 발부되었다. 하지만 제때 프랑스 로 도망쳤고, 토리노에서는 궐석재판을 열어 국가모반죄로 사형을 선고했다.

프랑스 상선대에서 잠시 복무한 후 튀니지 해군에 합류하여 총 사령관직을 제안받기도 했으나 거절한 뒤, 1835년 12월 프랑스 범 선에 2등 항해사로 올라 남아메리카로 갔다. 그는 그곳에서 12년간 머무르며, 실패로 끝나 지금은 잊힌 포르투갈 대 브라질 독립 투쟁 에 참여했다. 1841년, 그는 브라질인 연인 아니타 리베이로 다 실바 와 몬테비데오로 옮겨가 우루과이 해군 책임자가 되었으며, 훗날까 지 그와 함께한 '붉은 셔츠단'이라는 이탈리아 망명자 단체를 이끌 었다. 1846년, 산 안토니오 델 산토 전투에서 작지만 영웅적인 승리 를 거둠으로써 그의 명성은 곧 유럽까지 퍼지게 되었다. 이제 그는 전문적인 혁명 운동가로 자리 잡았고, 게릴라전의 풍부한 경험은 다음 해 그에게 큰 도움이 되었다.

가리발디는 1848년 혁명의 소식을 듣자, 즉시 붉은 셔츠단원 60명을 모아 이탈리아로 향하는 배에 올라탔다. 그는 교황을 위해 싸우겠다는 첫 번째 제안이 거절당하자, 뒤이어 피에몬테에 제안했다. 하지만 가리발디가 사형선고를 받았음을 잊지 않고 있던 카를로 알베르토 국왕이 거절하자, 그는 마치니가 이미 도착하여 당장이라도 전투를 치를 준비가 되어 있는 밀라노로 향했다. 카를로 알베르토가 쿠스토차에서 패한 뒤 정전 협정을 체결했지만, 가리발디는 아랑곳하지 않고 오스트리아군에 대항해 8월 말까지 개인적인 싸움을 이어갔다. 하지만 수적 열세를 극복하지 못하고 스위스로 후퇴해야 했다. 하지만 3개월 후 교황의 도피 소식을 들은 그는 의용군을 소집하여 로마로 한걸음에 달려왔다. 그곳에서 새로운 의회의 의원으로 선출되어 로마는 독립공화국이어야 함을 공식적으로 제안했다.

1849년 2월 18일 가에타의 비오 9세는 프랑스, 오스트리아, 스페인, 나폴리에 도움을 요청하는 공식 서한을 보냈다. 이들 중 어느 쪽도 그에게 귀 기울이지 않았지만, 의회는 프랑스가 가장 위협적이라고 생각했다. 프랑스의 대응 여부는 새로운 공화국의 상황과 새로 선출된 대통령 루이 나폴레옹Louis–Napoleon*에 달려 있었다. 약 20년 전, 그는 반反교황 모의에 연루되어 로마에서 추방되어, 교황에게 특별한 호의를 갖고 있지 않았다. 하지만 오스트리아가 이탈리아에서 어느 때보다 세력이 강하다는 사실은 명확히 인지하고 있었다. 오스트리아가 남쪽으로 진군하여 그들의 생각대로 교황을 복

---

* 훗날 나폴레옹 3세로 황제에 즉위한다. – 역주

권시킬 가능성을 그가 어떻게 무시할 수 있겠는가? 그가 조치를 취하지 않는다면, 그들이 행동할 것이라는 사실은 의심할 여지도 없었다.

루이 나폴레옹은 결단을 내렸다. 1849년 4월 25일, 니콜라스 우디노Nicolas Oudinot(나폴레옹군 원수의 아들) 장군은 약 9,000명의 군대를 이끌고 치비타베키아에 도착한 뒤 로마를 향해 65킬로미터 행군을 시작했다. 하지만 우디노는 처음부터 오판하고 있었다. 로마공화국은 일부 혁명주의자들이 국민들의 의사에 반하여 이끌어낸 결과라고 여겼지만, 실제는 전혀 달랐던 것이다. 그는 프랑스군이 그들을 해방시켜줄 존재로서 환영받을 것이라고 믿었다.

놀랍게도, 무기를 갖춘 정예병에 맞서 도시를 지켜낼 가망이 희박했지만 로마인들은 전투 준비에 총력을 기울였다. 그들의 병력은 전선에 있는 정규 교황군과 경찰 업무를 수행하는 특수 부대인 헌병군, 1,000명의 자경단, 1,400명에 이르는 의용군, 그리고 결코 무시할 수 없는 무장한 민중들이었다. 그럼에도 그들은 여전히 수적 열세였다. 4월 27일, 가리발디가 로마냐에서 모은 1,300명의 부대를 이끌고 입성하자 사기가 하늘을 찔렀다. 이틀 후에는 특유의 넓은 테 모자와 검은 초록빛 수탉 깃털을 휘날리며 저격대 베르살리에리가 뒤를 이었다. 각지에서 방어군에 합류하고 있었지만 그들이 승리할 가능성은 여전히 희박했고, 자신들도 그 사실을 알고 있었다.

로마에서의 첫 번째 전투는 4월 30일에 벌어졌다. 그날은 우디노의 무지와 상황 판단 미숙으로 무사히 넘어갔다. 그는 공성포攻城砲나 성벽을 오르는 갈퀴 사다리조차 챙기지 않았고, 바티칸과 지아니콜로 언덕을 향해 진군하던 대대가 대포 공격을 받고 나서야 위험에 처했음을 깨달았다. 곧바로 가리발디의 군대가 급습했고, 베르살리에리 창기병들이 뒤따랐다. 6시간 동안 그와 그의 군대는 후퇴하려 최선을 다했지만, 저녁 무렵 패배를 인정하고 멀리 치비타베키아까지 물러날 수밖에 없었다. 500명이 죽거나 부상을 입었고, 365명이 포로로 잡혔다. 아마도 최악의 굴욕감을 맛보았을 것이다.

그날 밤 로마는 축하의 불빛으로 빛났다. 하지만 침입자들이 돌아오지 않으리라고 생각하는 이는 아무도 없었다. 프랑스군은 로마가 자기들 생각보다 부수기 힘든 땅콩이 되어 가고 있음을 깨달았고, 그렇다 하더라도 부셔버릴 작정이었다. 그동안 나폴리군이 침입했지만, 가리발디는 그의 군대와 베르살리에리를 이끌고 남쪽으로 진군하여 그들을 공화국 영토 밖으로 몰아냈다. 우디노는 요청했던 지원병이 도착하여 병력이 2만 명으로 증강되고 군비가 확충되자, 6월 3일 다시 로마를 향해 진군했다.

다시 한 번 서쪽에서부터 전진하며, 그는 지아니콜로 언덕 높이 서 있는 빌라 팜필리와 빌라 코르시니를 우선 목표로 삼았다. 유리한 고지를 선점한 덕분에, 하루가 저물 무렵에는 두 성 모두 무사히 그의 손에 들어왔다. 방어군은 약 한 달 동안 맹렬히 저항했지만, 사실상 로마의 운은 다한 상태였다. 6월 30일 아침, 마치니는 의회 연설에서 항복하거나, 죽을 때까지 시가전을 지속하거나 또는 산으로 물러나 투쟁을 계속하는 3가지 가능성을 말했다. 정오 무렵, 피와 땀으로 얼룩진 붉은 셔츠를 입은 가리발디가 먼지에 뒤덮인 채 나타나 그의 결정을 알렸다. 항복은 절대 불가했다. 그는 시가전도 불가능함을 지적했다. 언제가는 그렇게 되겠지만, 티베르 강의 서쪽 지역 트라스테베레를 포기하면 프랑스군이 그 도시를 파괴할 것이기 때문이다. 그러면 산으로 들어가는 수밖에 없었다. '어디에 있든, 그곳이 로마다Dovunque Saremo, col sar Roma.'

로마는 이제 교황의 귀환을 기다리고 있었지만, 비오 9세는 서두르지 않았다. 도시가 정상으로 돌아오기까지 몇 주 혹은 몇 개월이 걸릴 것이다. 그러면 자신은 어떤 방침을 세워야 할까? 그는 루이 나폴레옹이 로마에 프랑스 주둔군을 무기한 잔류시키는 데 동의해 준 점은 고맙지만, 그가 자신에게 간섭하지 못하도록 해야겠다고 결심했다. 무슨 일이 있어도 1848년 헌법은 재도입하리라. 하지만 제한적 사면, 국무원, 입법의회 이상은 어떤 것도 허용하지 않겠다. 그는 프랑스가 이 조건에 동의할 때까지는 귀국하지 않겠다고 생각했다. 그리하여 1850년 4월 12일이 되어서야 로마에 공식 귀환했다. 하지만 이번에는 퀴리날레 궁을 피했다. 그곳에는 불행한 기억이 너무 많았다. 대신 바티칸으로 직행했고, 이후 그의 후임자들은 이곳에서 지내게 되었다.

'48년 혁명'은 수포로 돌아간 것일까? 1850년대 초반까지는 확실히 그렇게 보였다. 교황 비오 9세는 프랑스군이 점령한 로마로 귀환했고, 오스트리아는 베네치아와 롬바르디아에 돌아왔으며, 나폴리에서는 페르디난드 2세(공격왕King Bomba)가 헌법을 파기하고 다시 절대 권력을 휘둘렀다. 피렌체, 모데나, 파르마를 비롯한 오스트리아 보호령 역시 마찬가지 상황이었다. 이탈리아 반도 전역에서 피

† 비오 9세와 비토리오 에마누엘레 2세 국왕. 인기 있는 판화 작품.

에몬테 왕국만 독립을 유지하고 있었으나, 상황은 급변했다. 키 크고 잘생긴 이상주의자인 카를로 알베르토 국왕이 죽고, 뒤를 이은 그의 아들 비토리오 에마누엘레 2세Victor Emmanuel Ⅱ는 작고 땅딸막한 데다 못생겼으며 사냥과 여자에만 관심이 있었다. (혹은 그렇게 보였다.) 하지만 그는 보기보다 굉장히 영리해서―부끄러움이 심해 공개석상에서 어색해하면서도―득이 될 기회는 놓치는 법이 없었다. 그가 없는 리소르지멘토Risorgimento를 상상하기란 불가능하다.

하지만 비토리오 에마누엘레 2세조차 카밀로 카부르 백작 Count Camillo Cavour이 없었다면 실패하고 말았을 것이다. 카부르는 1852년 말 재상으로 임명된 이래, 잠깐의 공백기를 제외하곤 9년간 재상의 자리를 지켰다. 이 시기는 이탈리아 역사에서 중대한 시기였다. 자신의 주군과 마찬가지로, 카부르 역시 외모와 능력이 딴판인 인물이었다. 키 작고 배불뚝이에 얼굴은 점투성이였고, 머리카락은 가늘며 돋보기 같은 안경을 쓰고 있는 데다, 옷차림도 허름해서 처음 보면 호감을 느끼기 어려운 외모였다. 반면에 날카로운 통찰력을 가지고 있어서, 일단 그가 말을 시작하면 매료되지 않을 수 없었다. 그는 국내에서는 독실하고 양심적인 가톨릭 신자인 국왕의 반대에도 아랑곳하지 않고 기독교회 개혁 정책을 펼쳤으며, 외교적으로는 피에몬테를 수장으로 한 이탈리아 통일이라는 꿈을 향해 움직였다. 하지만 오스트리아가 베네치아―롬바르디아를 점령하고 프랑스군이 교황령을 보호하고 있는 상황에서 어떻게 이루어질 수 있겠는가? 1856년 초반, 파리에서 열린 크림전쟁Crimean War의 강화회의 자리에서 나폴레옹 3세*와 함께한 카부르는 새로운 희망을 품기 시작했다. 황제는 과거라면 선뜻 나서지 않을 정책이었지만, 이제는 오랫동안 기다려온 오스트리아의 축출에 조력할 수도 있다는 의향을 보인 것이다.

루이 나폴레옹이 이탈리아의 편에 서겠다는 결심을 군히게 된 계기는 놀랍게도, 이탈리아 애국자들의 암살 모의 때문이었다. 1858년 1월 14일, 황제와 황후가 오페라 극장으로 향하던 길목에서, 그들이 탄 마차로 폭탄이 날아들었다. 호위병과 주변의 구경꾼들 중 부상자가 있었지만 그들은 모두 무사했다. 음모의 지도자는 펠리체 오르시니Felice Orsini라는, 이미 수많은 음모에 연루되어 있는 유명한 공화주의자였다. 그는 투옥되어 재판을 기다리는 동안 황제에게 편지를 썼다. 이는 나중에 공개 법정에서 낭독되고 프랑스와 피에몬테 신문에 실리기도 했다. 편지는 이렇게 끝을 맺는다. '기억하십시오. 이탈리아가 독립하지 않는 한, 유럽과 폐하의 평화란 공허한 망상에 불과할 뿐입니다. … 저의 조국을 해방시켜 주십시오. 그러면 2500만 국민의 축복이 영원히 폐하와 함께할 것입니다.'

이러한 숭고한 편지가 오르시니의 총살형을 막지는 못했지만 루이 나폴레옹의 마음에는 깊이 남아, 여름 무렵에는 이탈리아 반도에서 오스트리아를 축출하는 연합 작전에 대한 생각을 바꾸게 되었다. 군이 말할 필요는 없지만, 그의 동기가 전적으로 이상적인 것만은 아니었다. 사실, 이탈리아를 순수하게 사랑하는 그는 이탈리아

---

* 루이 나폴레옹은 숙부의 제국을 복원해 1852년 12월 2일 스스로 황제에 즉위했다.

의 구원자로 보이는 데 기쁨을 느끼기도 했지만, 동시에 프랑스 내에서 자신의 명망과 인기가 빠르게 하락하고 있음을 인식하고 있었다. 승리를 거둠으로써 인기를 회복할 수 있는 전쟁이 절대적으로 필요한 상황이었고, 오스트리아야말로 이를 가능하게 해줄 유일한 잠재적 적군이었다. 다음 단계는 카부르와 여러 가능성에 대해 논의하는 것이었다. 1858년 7월, 그들은 보주의 플롬비에르 레 뱅에서 비밀 회동을 갖고, 이내 합의에 도달했다. 피에몬테는 모데나와 분쟁을 일으킨 다음, 대중들의 요구에 따른다는 명분으로 병력을 파견한다. 그러면 오스트리아는 모데나 대공을 지원하기 위해 선전포고할 것이다. 그때 피에몬테가 프랑스에 지원을 요청하면, 프랑스는 피에몬테가 이탈리아에서 오스트리아를 몰아내고 베네치아 - 롬바르디아를 합병하는 데 조력한다. 이에 대한 보답으로, 이탈리아는 프랑스에 사보이와 니스를 양도한다. 가리발디의 출생지인 니스는 카부르에게 삼켜야 할 쓴 약과 같았다. 하지만 자유를 얻기 위한 대가라면 삼켜야만 했다.

1859년 5월 12일 황제는 5만 4천 명의 병력을 이끌고 제노아에 도착했고, 6월 4일 밀라노에서 서쪽으로 23킬로미터 떨어진 작은 마을 마젠타에서 첫 번째 전투가 벌어졌다. 프랑스군은 6만 명의 오스트리아군을 맞아 결정적 승리를 거두었다. 양측 모두 피해가 컸다. 지휘관이 망설이는 통에 출발이 지연되었던 피에몬테군이 전쟁이 끝난 후 도착했더라면 피해는 더욱 컸을 것이다. 하지만 4일 후, 루이 나폴레옹과 비토리오 에마누엘레 2세는 함께 밀라노에 개선하였다.

마젠타 전투 이후, 비토리오 에마누엘레 2세의 요청을 받은 가리발디가 10일 전 바레세에서 오스트리아군을 상대로 승리를 거두었던 '알프스 사냥꾼cacciatori delle Alpi'이라는 의용대를 이끌고 프랑스-피에몬테 연합군에 합류했다. 그들은 일제히 진군하여 6월 24일, 가르다 호수 남쪽의 솔페리노에서 오스트리아군과 마주했다. 25만 명 이상이 참전한 이 전투는 1813년 라이프치히 전투 이래 최대 규모였다. 이제 프랑스군은 사격 거리와 정확도가 굉장히 개선된 비장의 무기, 라이플총을 꺼내 들었다. 하지만 대체로 아침 일찍 시작하여 하루 종일 지속되는 백병전이 펼쳐졌다. 저녁 무렵, 오스트리아 황제 프란츠 요제프는 폭우 속에서 2만 명의 병사를 잃고, 민치오 강 건너편으로 철수를 명했다. 하지만 피로스의 승리*에 불과했다. 프랑스군과 피에몬테군도 오스트리아군만큼 병력을 잃었고, 열병(티푸스로 추정됨)이 퍼져 양측 모두 수천 명이 감염되었다. 전쟁터의 참상에 충격을 받은 앙리 뒤낭이라는 젊은 스위스인은 참전하여 부상자를 응급처치하는 부문을 조직했다. 5년 후, 그는 자신의 직접적 경험을 토대로 적십자를 창립했다.

전투 2주 후 프랑스가 오스트리아와 단독강화를 맺게 된 데는 루이 나폴레옹이 심각한 충격을 받았다는 점이 한 가지 이유이다. 하지만 또 다른 이유도 있었다. 토스카나, 로마냐, 모데나 공국, 파르마 같은 소국들에서 군주를 몰아내고 피에몬테와 합병하겠다는 움

---

* 패전이나 다름없는 무의미한 승리. 고대 그리스 에피로스의 왕 피로스Pyrrhus가 로마와의 두 차례 전쟁에서 모두 승리했지만 대신 장수들을 많이 잃어 마지막 최후의 전투에서는 패망한 데서 유래했다. ―역주

직임이 활발해진 것이다. 그렇게 되면, 프랑스 국경 너머 이탈리아 북부와 중부를 아우르는 가공할 만한 국가가 생겨나게 되고, 조만간 교황령과 시칠리아 왕국까지 흡수하지 않겠는가. 과연 이것이 솔페리노에서 죽은 용감한 프랑스인들이 목숨을 바친 결과인가?

그리하여 1859년 7월 11일 프랑스와 오스트리아 황제는 베로나 근처의 빌라프랑카에서 회동을 갖고, 한 시간도 지나지 않아 북부와 중부 이탈리아의 미래를 결정지었다. 오스트리아는 베네치아를 비롯해 만토바, 가르다 호湖의 페스키에라 요새를 유지했고, 프랑스에 항복한 롬바르디아의 일부는 피에몬테로 이양되었다. 토스카나와 모데나에서는 군주가 복위되고, 교황을 명예로운 통치자로 삼은 이탈리아 연합이 세워졌다. 베네치아는 오스트리아 지배하에 있었지만 연합에 가입했다.

카부르가 빌라프랑카 강화의 세부 사항을 낭독했을 때, 그에 대한 분노가 어땠을지는 익히 상상할 수 있다. 베네치아, 페스키에라, 만토바가 없다면 베네치아-롬바르디아조차 완전히 이탈리아 영토는 아닌 셈이었다. 중부 이탈리아에서는 이전에 획득했던 것조차 잃었다. 비토리오 에마누엘레 2세와 폭언이 오가는 장시간의 면담 끝에 카부르는 사의를 표명했다. 그는 친구에게 보낸 편지에서 이렇게 말했다. '이제 음모의 시대로 돌아갈걸세.' 하지만, 그는 차근차근 상황을 파악해갔다. 그가 플롬비에르에서 마지못해 동의했던 사보이아와 니스의 프랑스 병합 조항은 어디에서도 언급되지 않았다. 따라서 그가 바라는 만큼은 아닐지라도, 현재 상황은 전년보다 훨씬 낫다는 사실은 확실했다.

그 후 몇 개월간, 몇몇 소국들이 자기들에게 규정된 운명을 받아들이지 않겠다고 명확히 밝힘으로써 상황이 개선되어갔다. 그들은 자신들에게 이전의 지배자를 다시 받아들이도록 유도한 외부의 압력은 없었음을 명확히 했다. 피렌체, 볼로냐, 파르마, 모데나에서 군주들이 일제히 일어나 피에몬테와의 연합을 확정했다. 장애물이라고는 피에몬테 스스로 만든 것뿐이었다. 빌라프랑카에서 합의한 조건은 취리히에서 서명한 공식 조약과 관련되어 있었고, 카부르 후임 재상인 알퐁소 라 마모라Alfonso La Marmora 장군은 이에 반하는 조치를 취하려 하지 않았다. 하지만 군주들은 때를 기다리며 만반의 준비를 했다. 플로렌스는 독립을 유지했고, 로마냐(볼로냐 포함), 파르마, 모데나는 에밀리아Emilia(로마 시대의 아에밀리아 도로Roman Via Aemilia가 이 세 나라를 관통하고 있다는 점에 착안)라는 새로운 국가를 세우기로 힘을 모았다.

카밀로 카부르는 이러한 국면을 만족스럽게 관망했고, 1860년 1월 토리노로 돌아와 새 내각으로 복귀했다. 하지만 그는 집무실에 돌아오지 않고 나폴레옹 3세와 협상을 벌여 곧 합의에 도달했다. 피에몬테는 토스카나와 에밀리아를 합병하고, 사보이아와 니스는 다시 프랑스에 이양되었다. 예상대로 가리발디는 격렬히 분노하며, 당장 스스로 자신의 고향을 재탈환해 피에몬테에 반환하겠다는 계획을 세웠다. 하지만 그가 행동에 옮기기 전에, 훨씬 가능성이 큰 기회가 나타났다. 그저 고귀한 명분을 위해 싸우는 것이 아닌 역사에 한 획을 긋게 될 기회였다.

1860년 4월 4일, 팔레르모에서 민중반란이 일어났다. 나폴리 정부가 사전에 은밀히 정보를 입수했기 때문에 성공을 거두지는 못했지만, 시칠리아 북부 지역으로 반란의 불길이 확산되자 정부도 일일이 대처할 수 없는 상황에 이르렀다. 가리발디는 이 소식을 듣고 즉시 행동에 나섰다. 카부르가 피에몬테군을 지원해달라는 자신의 요청을 거절하자, 그는 의용군을 모아 5월 5일 콰르토(현재는 제노아의 일부임) 항구를 출발하여 11일에 아무런 저지도 받지 않고 시칠리아 서쪽 마살라Marsala에 도착했다. 그들은 이탈리아 사회의 단면을 보여준다. 절반은 법률가, 의사, 대학교수 같은 전문직종 종사자들이었고, 다른 절반은 노동자 계층이었다. 일부는 여전히 공화주의자였지만, 그들의 지도자는 자신들이 이탈리아만이 아닌 비토리오 에마누엘레 2세를 위해 싸우는 것임을 명확히 했다. 그리고 이제는 논쟁으로 낭비할 시간이 없었다.

천인대千人隊—실제로는 1,089명이었지만, 이렇게 불림—는 내륙을 향해 마살라를 출발했다. 부르봉 가문 군대의 미온적인 저항이 있기도 했지만, 5월 말 가리발디는 팔레르모를 접수했고 두 달 후에는 시칠리아 전체를 장악했다. 8월 중순 그는 천인대와 메시나 해협을 건너, 9월 7일 무개마차를 타고 나폴리에 입성했다. 페르디난드 2세는 전날 도망친 후였다.

나폴리는 이탈리아에서 가장 크고, 유럽에서는 세 번째로 큰 도시였다. 가리발디는 두 달 동안 그곳과 시칠리아를 군주로서 통치하며, 다음 단계로는 교황령 국가와 로마로 진군하겠다는 계획을 세웠다. 하지만 이 계획은 결코 실행되지 않았다. 가리발디가 그렇게 하도록 둔다면 남은 것은 프랑스와의 전쟁뿐이라는 사실을 알고 있던 카부르가 그를 그대로 멈추게 하였기 때문이다. 게다가 가리발디는 이제 비토리오 에마누엘레 2세보다 더 큰 인기를 누리고 있었다. 또한 피에몬테군이 그가 거둔 성공을 질시하는 데다, 9월 중순 나폴리에 돌아온 마치니가 피에몬테 국왕을 버리고 공화주의자로 돌아서도록 설득할 위험도 도사리고 있었다.

가리발디는 갑작스레 나폴리와 피에몬테라는 강력한 두 군대가 그에게 등을 돌렸음을 깨달았다. 나폴리 국왕 프란체스코 2세는 새로운 군대 양성에 노력을 기울였고, 붉은 셔츠단은 나폴리를 떠나 북쪽으로 향하던 중 볼투르노 강을 따라 정렬해 있는 5만여 명의 병력과 맞닥뜨렸다. 그리고 이곳, 카이아초 외곽에서 시칠리아에 상륙한 이후 첫 패배를 겪었다. 그들은 지도자가 부재한 상태에서 장군 한 명이 강을 건너려 시도했지만 결국 250명을 잃은 채 실패하고 말았다. 하지만 10월 1일, 가리발디는 설욕했다. 산탄젤로 인 포르미스 성당이 있는 작은 마을에서 벌어진 전투였지만 1,400여 명이 죽거나 다친, 희생이 큰 승리였다. 그러나 이는 이탈리아를 구원했다.

동시에 피에몬테군 또한 남쪽의 움브리아와 마르케스 교황령으로 진군했다. 이번 작전은 평범했지만 효과적이었다. 교황군은 유럽의 가톨릭 국가에서 소집된 국제의용군에 지나지 않았다.* 그들은 페루지아의 적극적 저항을 극복하고, 로레토 근처의 카스텔피다

---

* '피오 노노는 처음에 아일랜드 의용군에 의심을 품었다. 언제든지 먹을 수 있는 저렴한 이탈리아 와인이 아일랜드인에게 미칠 영향을 두려워했기 때문이다.' (E. 더피,《성자들과 죄인들》)

르도에서 교황군을 맞아 작은 승리를 거둔 뒤 안코나를 점령하여 교황군 지휘관인 프랑스 장군 크리스토프 드 라모리시에를 포함해 7,000명을 생포하는 대승을 거뒀다. 이후 더 이상의 문제는 없었다.

비토리오 에마누엘레 2세는 그의 오랜 연인 로지나 베르첼나라(옷을 잘 입기로 유명했다)와 동행하여 명목상으로만 군을 통솔하고 있었다. 가리발디의 운은 그때부터 사그라지기 시작했다. 그는 볼투르노 전투 때 이미 로마로 진군해서는 안 된다는 사실을 깨달았다. 그리고 왕이 내려오는 지금, 남쪽 지방의 통치 역시 끝내야 한다고 생각하고 정중히 인계했다. 많은 호위병을 이끌고 북쪽으로 올라가 왕을 맞이하여, 11월 7일 왕실마차를 타고 둘이 나란히 나폴리에 입성했다. 비토리오 에마누엘레는 그에게 육군대장 지위 및 엄청난 재산을 제안했지만, 가리발디는 모두 사양하고 혁명가로 남았다. 오스트리아가 여전히 베네토를 점령하고 있고 교황이 로마에서 세속 지배를 지속하는 한, 행동의 자유를 유지하기로 결심했다. 11월 9일, 그는 사르데냐 해안 근처의 작은 섬 카프레라에 있는 자신의 농장으로 돌아갔다. 소지품은 약간의 돈과(권력을 누리던 지난 몇 달간 돈을 벌지 못했기에 이나마도 빌려야 했다) 정원에 심을 씨앗 한 봉지뿐이었다.

1861년 3월 17일 수난주일, 비토리오 에마누엘레 2세는 이탈리아의 왕임을 선언했다. 카부르의 전임자이자 후임자인 마시모 다젤리오Massimo d'Azelio는 이 소식을 듣고 이렇게 말했다. '이탈리아는 만들어졌다. 이제 이탈리아 사람을 만들어야 한다L'Italia fatta; restano a fare gli Italiani.'

카부르는 국왕의 선언 후 3개월도 지나지 않아 죽었다. 그는 발한 번 들여놓지 않았던 로마의 미래에 대해 죽기 직전까지 열띤 논쟁을 벌였다. 이탈리아의 주요 도시는 모두 독립된 자치체여서 서로 싸움을 벌여왔지만, 로마만은 교회가 있다는 이유로 경쟁에서 벗어나 있었다. 따라서 교황에게 세속 권력의 포기를 요구한다 해도, 교황령의 독립은 무슨 수를 써서라도 보장되어야 한다. '자유 교회는 자유 국가에서 존재한다.' 그는 이렇게 주장했다. 그의 의견은 엄청난 반대에 직면했고, 그중 가리발디의 비판이 가장 신랄했다. 1861년 4월 카프레라 섬을 나온 가리발디는 붉은 셔츠와 남미의 회색 판초를 입고 의회에 들어와, 나라의 절반을 프랑스에 팔아먹고 자신이 시칠리아에 입성하지 못하도록 최선을 다해 막았던 사람에게 욕설을 퍼부어댔다. 하지만 그는 자신이 뛰어난 장군일지언정 정치가는 아님을 입증하는 데만 성공했을 뿐이다. 이것이 카부르의 마지막 정치적 승리였다. 6월 6일, 그는 뇌졸중으로 갑자기 죽고 말았다. 겨우 50살이었다.

만일 카밀로 카부르가 10년만 더 살았더라면 이탈리아라는 퍼즐의 마지막 두 조각이 끼워 맞춰지는 모습을 볼 수 있었을 것이다. 로마에서는 비오 9세가 조금도 양보하지 않겠다고 버티고 있었다. 그는 가톨릭 세계를 위해 교황령을 유지하고 자신의 즉위 선서에 따라 이를 후계자에게 넘겨줄 의무가 있었다. 반면에 나폴레옹 3세는 차츰 협상을 수용하여 1864년 9월 15일, 1866년 9월 전까지 로마의 프랑스 주둔군을 철수하는 데 동의하는 '9월 협약'에 서명했다. 새로운 이탈리아 왕국은 어떠한 공격으로부터도 교황령을 지켜내겠다고 맹세했으며, 6개월 내에 수도를 토리노에서 피렌체로 옮기는 데 동의했다. 로마가 새로운 이탈리아에 포함될 전망은 커지지 않은 반면, 협약이 6년간 강제성을 유지함에 따라 현상 유지되거나, 적어도 일시적으로는 보장받은 듯 보였다. 15년간의 프랑스 점령기도 종지부를 찍게 되면서, 이제는 다음 단계로 나아가야 했다. 즉 로마의 상황이 유지되자, 정부는 더 중요한 다른 문제로 관심을 돌렸다. 바로 베네토의 회복이었다.

이제, 다행히 데우스 엑스 마키나deus ex machina*가 나타나 이탈리아의 무릎에 갈망하던 두 영토를 올려주었다. 독일 통일을 위해 나아가던 프로이센의 재상, 오토 폰 비스마르크Otto von Bismark가 예상치 않게 그 역할을 맡았다. 이제 유일한 장애물은 오스트리아였다. 비스마르크는 비토리오 에마누엘레에게 군사동맹을 제안했다. 프로이센은 북쪽에서, 이탈리아는 서쪽에서 동시에 오스트리아를 공격하는 것이었다. 승리할 경우, 이탈리아의 보상은 베네토였다. 왕은 동의했고, 나폴레옹 3세는 반대하지 않았다. 1866년 4월 8일, 조약이 체결되었다. 6월 15일에 발발한 전쟁은 6주 후 막을 내렸다. 이 한 번의 전쟁은 큰 성과를 거두었다. 프라하에서 북동쪽으로 약 105킬로미터 떨어진 사도바에서 벌어진 이 전투에는 당시까지의 유럽 전쟁 사상 가장 많은 병력―30만여 명―이 동원되었다. 프로이센은 대승을 거두었다. 휴전 협정을 맺은 뒤, 베네토 이양 절차를

---

* '신의 기계적 출현'을 의미한다. 고대 그리스극에서 자주 사용하던 극작술劇作術로, 갑자기 하늘에서 내려온 신과 같은 초자연적인 힘을 이용하여 극의 긴박한 국면을 타개하여 결말로 이끌어가는 수법. ―역주

밟았다. 이는 국민투표를 거쳐 확정되었으며, 결과는 앞서 말한 바와 같다. 마침내 베네치아가 이탈리아에 병합됨으로써, 이탈리아는 아드리아해 북부에 자랑할 만한 귀중한 새 항구를 갖게 되었다.

이제 남은 것은 로마뿐이었다.

1864년 12월 8일, 교황 비오 9세는 회칙 〈태산 같은 근심Quanta cura〉을 발표했다. 이는 전년도 벨기에의 메헬렌에서 열린 가톨릭 의회에서 자유주의자 샤를 드 몽타람베르 백작Count Charles de Montalambert의 연설에 자극받은 조치였다. 몽타람베르는 발언 기회가 오자, 시대에 맞지 않는 왕관과 제단의 오래된 유착 관계는 끊어내야 한다고 주장하며, 교회가 새로운 시각을 받아들일 것을 촉구했다. 다시 말해, 민주주의 원칙을 수용하고, 금서 목록, 종교재판 및 이와 같은 억압적 제도를 폐지하며 자유롭게 토론할 수 있는 길을 열어야 한다는 것이다. 교황은 매우 위험한 발언이라고 생각했다. 그는 몽타람베르와 메헬렌 주교에게 엄중히 질책하는 편지를 보내고, '오류목록'이 첨부된 회칙 작성을 시작했다. 하지만 80개 항이나 되는 비판 명제*뿐 아니라 회칙 자체도 널리 실망을 자아냈다. 이 중 일부는 보편적이지 않았으며, 반면에 신도들에게 큰 충격을 안기는 내용도 있었다. 교황은 진심으로 가톨릭 국가에서 비가톨릭 교도들의 종교 활동을 금지해야 한다고 생각했을까? 과연 그는 '로마 교황은 진보, 자유주의 및 최근의 사조와 화해해야 한다'는 의견을 순수한 의도로 비판한 것일까?

* 자유주의, 합리주의, 민족주의, 개인주의, 자연주의 등의 근대 사조의 오류를 80가지로 정리한 '오류목록'을 가리킨다. – 역주

비오 9세는 느긋한 성품, 미소, 유머 감각을 잃지 않았지만, 그가 근대 교회의 반동적이고 편협하며 공격적인 움직임에 동조했다는 증거가 있다. 교황권 지상주의자들에게 교황은 절대적인 통치자이자 의심의 여지가 없는 지도자이며 오류가 없는 안내자였다. 이에 대한 어떤 논의나 논쟁도 허락되지 않았다. 로마 가톨릭은 자유를 제한하는 경직된 경찰국가를 닮아가고 있었다. 영국 성공회로 개종한 존 헨리 뉴먼John Henry Newman은 넌더리내며 다음과 같이 썼다. '우리는 움츠러들고 있었다. 연락망은 좁아지고 사상의 자유도 위태로웠으며 우리의 미래는 절망과 체념뿐이었다.' 영국의 로마대사인 오도 러셀Odo Russell은 교황에 대해 다음과 같이 보고했다. '교황이 인간의 정신과 육체에 대한 절대적 통제권을 주장하며, 근대 사회를 지배하는 원리에 반대하는 기독교의 거대한 음모를 이끌고 있다. 자유 가톨릭 교도는 이단이라는 낙인을 감수하지 않고서는 교회를 옹호할 수 없게 되었다.'

전 유럽에 충격의 여파가 미쳤다. '오류목록'은 프랑스에서는 금지되었고, 나폴리에서는 공개적으로 불태워졌다. 오를레앙의 뒤팡루 주교는 이렇게 말했다. "만일 우리가 무분별한 로마가톨릭주의를 저지하지 못한다면, 유럽에서는 반세기 동안 교회가 불법화되고 말 것이다." 하지만 비오 9세는 완고했다. 그리고 반대의견을 무시하고 교회의 총회를 소집했다. 1869년 12월 8일, 1차 바티칸 공의회가 개막됐다.

이는 다섯 대륙에서 영어권의 120명을 포함해 700여 명의 주교들이 참석한 역사상 가장 큰 의회였다(러시아가 자국 내 가톨릭 사제들에게 참석을 허락했더라면 그 수는 더 많았을 것이다). 합의한 대로, 신앙과 교회라는 두 가지 화두로 진행되었다. 신앙에 대한 교의는 이견 없이 범신론, 유물론, 무신론 등 근대 사상을 배격하는 내용으로 일치를 보았다. 반면에 교회 문제는 훨씬 까다로웠다. 처음부터 교황 무류성敎皇無謬性, Papal Infallibility을 주요 의제로 삼을 계획은 아니었으나, 회의가 계속되면서 중요성이 점차 커지게 되었다. 오랜 시간 활발히 토론한 끝에, 양쪽의 극단주의자들에게는 실망스럽게도 마침내 '교황무류성'이 승인되었다(533 대 2의 결과였지만, 기권 역시 많았다). 이로써 로마 교황의 무류성은 '교회의 동의가 아닌 그 자체로 오류가 없는 것'으로 정의되었다. 하지만 그의 무류성은 그가 권좌에서 말하는 경우, 즉 모든 기독교인들의 목자와 스승으로 직무를 수행하면서 최고 사도로서 보편교회*가 유지해야 하는 신앙과 도덕에 대한 교리를 정의하는 경우로만 제한되었다.

교의 헌장은 1870년 7월 18일 반포되었다. 자칫했더라면 시기를 맞추지 못했을 수도 있었다. 바로 다음 날 프랑스–프로이센 전쟁이 발발하자 로마의 프랑스군이 즉시 철수했고, 뒤이어 이탈리아가 점령함으로써 공의회가 갑자기 중단되었던 것이다.

1866년 말, 가리발디는 로마 진군을 준비하며 자유를 사랑하는 로마인들에게 교황에 맞서 봉기할 것을 촉구하는 성명서를 배포했다. 9월 협정의 유효 기간이 4년 이상 남아 있었기에, 피에몬테 정부는 그를 체포하여 카프레라로 보내지 않을 수 없었다. 하지만 그

---

* 전 세계의 가톨릭교회를 일컫는 말. 로마교황청과 교황청 기구, 그리고 모든 지역과 문화권의 개별 교회와 본당들로 구성되어 있다. –역주

는 곧 탈출하여—이미 60대였다—의용군 부대를 재소집한 뒤 약속했던 행군을 재개했다.

하지만 그는 프랑스라는 변수를 고려하지 않았었다. 9월 협약에 따라 1866년 주둔군을 철수했던 나폴레옹 3세가 보낸 새로운 부대는 치명적인 샤스포 총chassepot rifle으로 무장하고 10월 말 치비타베키아에 도착했다. 수적으로나 무기 면에서나 모두 열세인 의용군이 승리를 거둘 가능성은 없었다. 가리발디는 이탈리아 국경 쪽으로 빠져나가려 애쓰다 정부에 잡히고 말았다. 그는 다시 카프레라 섬으로 보내져 가택 연금되었다(이번에는 삼엄하게 감시했다). 그의 대원 1,600여 명은 투옥되었다.

나폴레옹 3세의 신속한 대응으로 교황의 세속 권력은 유지될 수 있었다. 하지만 그때는 누구도 3년도 지나지 않아 그가 로마의 몰락을 초래하는 데 중요한 역할을 하게 되리라고 생각하지 못했다. 이번에도 먼저 움직인 쪽은 비스마르크였다. 그는 프로이센 왕가인 호엔촐레른 가문의 왕자가 스페인 왕위 계승 후보자가 되었음을 교묘히 흘려, 프랑스를 전쟁에 끌어들였다. 1870년 7월 19일, 전쟁이 선포되었다. 표면상의 선포국은 프로이센이 아닌 프랑스였다. 격렬한 싸움이었다. 나폴레옹 3세는 모든 군사를 동원해야 했다. 그리고 8월 말, 로마 시내에는 프랑스군이 하나도 남지 않았다.

교황은 위험을 절감하고 있었다. 소수의 용병만 그를 보호하기 위해 남아 있을 뿐이었다. 9월 1일 스당**전투에서 나폴레옹 3세가

** 교황은 남아 있는 프랑스 대표에게 '프랑스는 이를 잃었다(La France a perdu dents).'라고 말했다. 비오 9세는 짓궂은 말장난으로 유명했고, 그의 단점 중 하나였다.

패하여 2일 항복함으로써 프랑스 제2제정이 종말을 맞이하자, 비오 9세의 마지막 희망은 사라지고 말았다. 이제 이탈리아 정부에게는 시기 선택의 문제만 남았다. 즉시 로마를 점령해야 할 것인가―9월 협정은 조인국 중 하나가 제거되어 협정의 효력이 상실된 상태였음―아니면 민중봉기를 기다려야 할 것인가?

비토리오 에마누엘레 2세는 구스타보 폰자 디 산 마르티노 백작을 특사로 삼아, 교황에게 '아들의 사랑, 가톨릭에 대한 믿음, 왕의 충성심, 이탈리아인들의 마음을 담아'(그의 표현 그대로) 쓴 마지막 서한을 보냈다. 그는 이탈리아와 교황청의 안정은 로마에 이탈리아군이 주둔함으로써 가능하다고 설득했다. 이쯤 되면 교황 성하는 바뀔 수 없는 사실을 받아들이고 자비롭게 협력하지 않았을까? 유감스럽게도, 교황 성하는 그렇게 하지 않았다. 그는 오로지 무력 앞에서만 굴복할 것이며, 그렇게 된 후에는 적어도 형식적인 저항이라도 이어가겠다고 단언했다. 그는 특사에게 최종 의향서를 갖고 떠나 다시는 로마에 들어오지 말라고 명했다. "최종 의향서에 오류가 없지는 않았어!" 그렇지만, 그는 자신의 말을 지켰다. 1870년 9월 20일, 이탈리아군이 포르타 피아Porta Pia를 통해 입성하자, 교황군이 앞을 막았다. 싸움은 교황군 19명과 이탈리아군 49명의 사망으로 곧 끝났다.

몇 시간 후 이탈리아군은 바티칸과 산탄젤로 성만을 남긴 채 항복의 백기가 휘날리는 로마로 진입했다. 더 이상의 저항은 없었다. 1871년 5월, 보장법에 의거하여 정부는 교황 개인의 신성과 바티칸, 라테란, 지방 거주지인 간돌포 성에 대한 지속적이고 독점적인 점유를 승인했다. 하지만, 이 세 성이 이후에 이탈리아의 국가 재산으로 귀속되자, 교황에게 연간 350만 리라를 보상금으로 지급했다. 교황청과 근위병은 그대로 유지되었다. 교황은 외교부를 지속해서 유지하고, 외교 사절이 변함없이 교황청에 파견될 수도 있었다. 바깥 세상과의 연락은 자체 우표를 발행하는 바티칸 우편통신국을 통해야 했다. 하지만 비오 9세는 끈질기게 기정사실을 인정하거나 보상금의 수용을 거부했다. 그는 자신이 '십자가에 매달린 주님의 목자'임을 선언하며, 고난을 겪을 만반의 준비가 되어 있었다. 하지만 전혀 예상할 수 없었던 베드로의 유산, '성의聖衣'[예수가 십자가에 처형되기 전에 입었던 옷] 앞에 자발적으로 굴복하고 말았다.

그가 보장법 조항 중 유일하게 수용한 조항은 이탈리아 주교 서임권이었다. 이탈리아가 통일되면서, 237여 명의 임명권이 비토리오 에마누엘레 2세의 손에 달리게 되었던 것이다. 임명권이 교황에게 이양되자 교황을 대하는 이탈리아 주교단의 태도가 완전히 달라졌고, 교회 내 교황의 입지는 헤아릴 수 없을 정도로 높아졌다. 반면 이탈리아 정부를 바라보는 교황의 시각에는 어떠한 변화도 없었다. 이미 3년 전, 비토리오 교황은 회칙 〈적절하지 않음Non Expedit〉을 발표하여 가톨릭교도들의 투표 참여나 새 국가에서 정치 활동 참여를 금지하였고(이는 1차 세계대전 시기까지 효력을 유지했다), 이제는 바티칸으로 들어가 칩거하며, 그곳에서 인생의 마지막 8년을 보냈다. 그 후, 로마의 합병에 대한 국민투표가 열려 찬성 13만 3,681 대 반대 1,507의 결과를 기록했다. 이제 로마는 정복자가 아닌 주민들의 의지에 따라 이탈리아의 일부가 되었다. 바티칸시국만 독립주권국가로 남았다.

비토리오 에마누엘레는 1871년 7월 2일이 되어서야 새로운 수도에 입성했다. 한창 거리를 장식하고 있을 무렵, 그는 시장에게 축하 장식을 하지 말라는 전보를 보냈다. 독실한 가톨릭 교인인 그는 교황의 파문 조치가 슬프고 두려웠다. 중세 로마를 연구하는 프로이센 역사가, 페르디난트 그레고로비우스Ferdinand Gregorovius는 행렬이 '교황의 천 년 동안의 로마 지배가 끝났음을 보여주는 행렬에는 화려함, 활력, 장엄함, 위풍당당함이 없었다.'고 일기에 썼다. 그날 오후, 왕은 노동자들이 작은 의식을 준비해놓은 트라스테베레로 가자는 제안을 받았다. 하지만 그는 알아듣기 힘든 피에몬테 사투리로 단호하게 거절하며 이렇게 덧붙였다. '교황이 바로 옆에 있고, 마음에 상처를 받았을 것이다. 그 불쌍한 노인에게 이미 충분히 할 만큼 했다.'

비오 9세는 1870년 9월 19일 로마를 지나 마지막 여정에 올랐다. 그가 마차에서 내려, 천천히 그리고 고통스럽게 긴 성계단scala santa을 올라간 곳은 산 조반니 인 라테란 대성당이었다. 그는 꼭대기에 도착하여 기도한 뒤, 일어나 자기를 호위한 근위병에게 축복을 내렸다. 그러고는 바티칸으로 돌아와 선종할 때까지 7년 반 동안 머무르며, 나폴레옹 3세보다는 5년, 비토리오 에마누엘레 2세보다는 1개월 더 살았다. 그의 마지막 조치는 국왕이 마지막 성찬례를 받을 수 있도록 파문을 해제해준 것이다. 국왕의 죽음 이후 몇 주 동안, 가장 정기적으로 방문했던 이는 골수 교황권지상론자인 웨스트민스터 대주교 헨리 매닝 추기경이었다. 선종하기 얼마 전, 비오 9세는 매닝에게 굉장히 상태가 나쁜 사진을 한 장 주었다. 아랫부분에는 물 위를 걷는 예수에 대한 글이 휘갈겨 씌어 있었다. '두려워 마라, 나다.*' 매닝이 이 농담을 이해했는지는 알려져 있지 않다.

비오 9세는 1878년 2월 8일 선종했다. 관습에 따라, 페치 추기경(후임 교황 레오 13세)은 그의 세례명 지오바니 마리아를 부르며 작은 은망치로 그의 이마를 두드렸다. 아무런 응답이 없자, 그는 다른 추기경들을 향해 몸을 돌려 전통적인 말을 했다. "교황께서 참으로 선종하셨습니다." 유해는 성체 예배당의 격자창 뒤에 안치되어, 신도들은 그의 발에 키스할 수 있었다. 3일 밤낮, 수많은 사람들이 그렇게 하며 줄지어 옆을 지나갔다.

그는 역대 교황 중 가장 오래 재위한 인물이었다. 비오 9세의 관점에서 보면, 정치적으로는 끔찍했다. 그러나 교황의 세속 통치권을 유지하는 데만 전력을 다하지는 않았다. 그의 첫 번째 관심은 언제나 교회의 건강과 안녕이었으며, 이를 위해 어떤 교황보다도 열심히 일하여 좋은 성과를 거두었다. 그는 미국과 영제국을 중심으로 전 세계에 200개 이상의 교구를 세웠으며, 영국과 네덜란드에서 가톨릭 교계제도를 회복했다.** 또한 가톨릭 여부를 막론하고, 여러 국가들과 상당한 수의 정교 조약을 맺었다.

---

* 〈마르코복음〉 6장 50절, 〈마태복음〉 14장 27절, 〈요한복음〉 6장 20절. 물 위를 걷는 모습을 보고 놀란 제자들에게 예수가 한 말. – 역주
** 가톨릭 조직의 원리는 교계제도教階制度에 있으며, 이 제도에 따라 하부에 신자층(평신도)과 상부에 성직자층(주교 – 사제 – 부제)이 있어, 이 두 위계가 합쳐져서 '하느님의 백성', 즉 교회를 형성한다. 즉, 여기서는 개신교 지역인 영국과 네덜란드에 가톨릭교회를 다시 세웠음을 뜻한다. – 역주

뿐만 아니라, 다른 성과도 있다. 모든 경우 좋은 평가를 받은 것은 아니었지만, 오랫동안 지속되는 것도 있다. (예수 그리스도가 아닌) 복되신 동정녀 마리아는 원죄 없이 잉태하셨다는 교리에 따라, 1854년 교황은 무염시태無染始胎*의 교의를 선포했다. 선포 방식 또한 교의 자체만큼이나 중요하다. 비오 9세는 사전에 몇몇 주교들과 논의를 거쳤음에도, 교의 선포를 독단적으로 앞당겼다(그 전까지 이렇게 한 교황은 아무도 없었다). 그리하여 마리아를 공경하는 분위기가 엄청나게 확산되며 시간이 흐를수록 가속도가 붙게 되었다(불과 4년 후 루르드에서 신성 인정의 증표가 나타났다. 성모 마리아가 어린 베르나데트 수비루 앞에 발현하여 이렇게 말했다. '나는 원죄 없이 잉태하였다.'). 또한, 교황은 예수 성심** 신심을 장려했다. 18세기 얀센주의자들은 이를 비판했지만, 비오 9세는 교회의 축일로 삼았다. 그의 재위 기간 동안 파리 몽마르트르 언덕 위에 성심성당이 세워진 것도 우연은 아니었다.

그는 평생 동안 사랑과 미움, 존경과 모욕을 한 몸에 받았다. 그리고 선종한 후 3년이 지난 1881년, 세상은 다시 요동치기 시작했

* 원죄 없는 잉태의 뜻. 즉, 성모 마리아가 장차 하느님의 아들을 낳을 어머니가 되기 위하여 잉태된 첫 순간부터 원죄에 조금도 물듦이 없이 보호받아 태어났다는 것이다. 성모 무염시태 교리는 1854년에 생긴 교리가 아니라 초대 교회 때부터 의심 없이 믿어온 교리인데, 19세기 들어 교리에 대한 의심이 커지자 비오 9세가 성모 무염시태 교리를 교의로 선포한 것이다. 하느님의 아들의 어머니라는 자격요건을 갖추려면 마리아가 아무런 죄에 물들지 않아야 한다는 생각이 성모 무염시태 교의의 출발점이다. — 역주
** 인류 구원을 위한 예수 그리스도의 강생과 성체성사, 수난과 죽음으로 드러난 예수의 사랑의 마음. — 역주

다. 그의 유해가 최후의 안식을 취할 곳으로 산 로렌초 푸오리 레무라 대성당이 결정되었다. 하지만 아고스티노 데프레티스 재상에게 영향 받은 교권반대주의자들이 격렬하게 시위를 벌이고 있었으므로, 밤에 옮기는 편이 더 안전하다고 생각했다. 불행히도, 이러한 계획이 폭도들에게 새어나가, 교황의 유해가 든 관이 강에 던져질 위기를 맞기도 했다. 마침내 산 로렌초 대성당에 도착했을 때, 관은 돌에 맞아 움푹 패어 있고 진흙투성이였다. 피오 노노는 누구보다 논란이 많은 인물이었다. 그리고 그에 대한 논란의 불씨는 아직도 꺼지지 않고 있다.

26

레오 13세와
제1차 세계대전

1878~1922

교황이 세속적인 권력을 잃은 이래로 교황청 주최로 처음 열린 콘클라베에서 3차에 걸친 투표 끝에 1878년 2월 20일, 조아키노 빈첸초 페치 추기경이 교황 레오 13세로 선출되었다. 페치 추기경은 예순여덟 번째 생일을 열흘 앞두고 있었고 그를 둘러싸고 건강이 좋지 않다는 이야기가 많았다. 그러나 그를 임시 교황쯤으로 보았던 이들은 오래 지나지 않아 생각을 바꿀 수밖에 없었다. 페치는 이후 25년이 넘도록 교회를 놀라울 만큼 효과적으로 이끈 교황이었다.

그의 초창기 경력은 그다지 전도유망하지는 않았다. 1843년 벨기에의 교황대사로 부임했지만 벨기에 국왕 레오폴 1세King Leopold I의 요청에 따라 굴욕적으로 자리에서 물러나며 완벽한 실패를 맛봤다. 그 뒤로 페치는 그다지 중요하지 않은 페루자의 주교직에서 32년을 보냈다. 1853년 비오 9세가 그를 추기경으로 서임했지만, 페치는 막강한 권력을 가진 안토넬리Antonelli의 미움과 불신을 받은 탓에 1876년 안토넬리가 사망한 후에야 다시 로마로 부름을 받았다. 이후 페치는 교황이 선종한 후부터 후임 교황을 선출하기 전까지 교회를 주관하는 추기경인 교황궁무처장Camerlengo에 임명되었으나 이마저도 생각만큼 중요한 자리는 아니었다. 궁무처장은 교황이 되지 않는다는 오랜 전통이 있었기 때문이다.

교황 레오가 물려받은 문제들은 정말 만만치 않았다. 1870년대와 1880년대 내내 이탈리아 왕국은, 특히 아고스티노 데프레티스와 프란체스코 크리스피가 정권을 잡은 시기 동안 교황 제도에 노골적으로 적대적인 태도를 보이며 보장법을 위배하고 또 위배했다. 레오는 대관식 후 관습대로 성 베드로 대성당 정면에 입구 위로 길게 내뻗은 발코니에서 군중을 향해 축성하지 못했고 대관식 전체를 처음부터 끝까지 시스티나 성당에서 비공개로 치러야 했다. 그 후로 몇 년 동안 상황은 꾸준히 악화되었다. 행렬과 야외 미사가 금지되고 주교들은 정부의 끊임없는 개입에 시달렸다. 십일조도 허락되지 않았다. 사제들은 군대에 징집되는 한편, 그들이 교육에 참여할수 있는 기회는 갈수록 줄어들었다. 박해와 비슷해 보이기 시작하는 이런 조치에 두려워진 가톨릭교도들은 정부 고유의 영역에서 정부와 맞서기 위해 교황만의 의회 정당을 구성해달라고 교황에게 간청했다. 그러나 레오는 꿈쩍도 하지 않았다. 만일 가톨릭교도가 지방 선거에서 투표로써 감정을 표출하고자 한다면 그렇게 해도 좋지만, 그 이상은 무엇이 됐든 이탈리아 정부의 승인을 받아야 한다는 것이었다. 그러나 그 승인을 받는 일은 요원해보이기만 했다.

하지만 교황은 교회를 위해 목소리를 높일 수 있는 위치였고, 레오는 주기적으로 또 힘차게 목소리를 높였다. 레오는 바티칸 공의회나 실라부스Syllabus*에 관해 본질적으로 전임 교황들과 큰 견해의 차는 없었지만 논조만큼은 두드러지게 달랐다. 비오 9세가 임기 말에 수없이 한 공표에 깃들어 있던 신랄함은 사라졌다. 레오 13세는 침착하고 논리적이며 유감스러운 목소리로 이야기했다. 어째서 이탈리아 왕국은 그토록 적대적인가? 교회는 분명 적이 아니라 친구여야 한다. 야만 상태에서 인간성을 일깨우고 계몽한 것이 교회 아니었던가? 그렇다면 왜 교회의 가르침은 거부되고 있는가? 누구나 알 수 있듯이 가르침을 거부한 결과는 무법과 갈등뿐이었다. 만약 가톨릭의 품 안으로 돌아만 온다면 이탈리아가 현재 안고 있는 문제는 전부 감쪽같이 사라질 것이라고 그는 말했다.

레오 13세는 다른 국가들에도 한층 더 온건한 방식으로 접근했다. 프로이센-프랑스 전쟁Franco-Prussian War은 유럽의 종교 판도를 바꾸어놓았다. 지배 권력은 더 이상 가톨릭 국가인 오스트리아가 아니라 골수 프로테스탄트 국가인 프로이센이었고, 이렇듯 새로워진 질서가 찾아오자 독일의 가톨릭 지역들—특히 바이에른—은 심히 우려했다. 독일 프로테스탄트교도들은 비오 9세의 유설표와 무류성 정의에 분개했고, 가톨릭교도들은 강력한 정당을 스스로 조직했다. 이 정당은 베를린 의회에서 상당히 성가신 존재가 되었고 비스마르크 수상은 위협이 될 가능성이 다분하다며 그들을 적대시했다. 1872년에 비스마르크는 고약한 아달베르트 팔크 박사를 교육부 장관으로 임명하고 그의 지원을 받아 문화투쟁Kulturkampf이라 알려

* 유설표. 교황 비오 9세와 비오 10세가 잘못된 교의를 배척하기 위해 작성한 문서이다.

진 정책을 감행했다. 그에 따라 이른바 팔크법Falk Laws이 제정되어 예수회를 비롯한 몇몇 종교 교단이 축출되었고 모든 가톨릭 교육 기관이 국가의 엄격한 통제를 받았으며 교회 설교단에서 정치 관련 토론을 하면 무조건 징역형을 받게 되었다.

교황에 취임한 레오 13세는 지체하지 않고 화해의 손을 내밀었다. 레오 13세의 입장에서 다행스럽게도 비스마르크는 대실패로 드러나고 있는 반교권주의 정책에 자신감을 잃어가던 중이었다. 반교권주의 정책은 격한 항의를 불러일으켰고 한두 번의 심각한 폭동은 물론 유혈사태까지 촉발하고 있었다. 비스마르크는 반교권주의 정책을 포기할 구실을 찾아서 무척 흡족할 뿐이었고, 교황의 제안은 체면을 완벽하게 살리면서도 정책을 포기할 기회였다. 물론 비스마르크 수상은 제안을 너무 쉽게 수락하는 모습을 보일 수 없었다. 하지만 1880년 말쯤에는 반교권주의 법률에서 가장 심했던 법들이 폐지되었고, 1886년이 되자 문화투쟁은 역사 속으로 사라졌다. 단 하나 주요한 예외는 예수회에 대한 금지령이었는데, 이는 1917년까지 효력을 유지했다.

프로이센이 반교권주의를 포기하고 있는 시점에서 안타깝게도 프랑스에서는 반교권주의가 부활하고 있었다. 보불전쟁은 파리 코뮌[파리에서 72일간 민중과 노동자에 의해 수립된 정권]의 공포로 이어졌다. 그 과정에서 파리의 대주교와 유명 성직자 몇 명이 총살을 당하는 잔혹 행위가 일어나자 우익은 당연히 반기를 들고 일어났고 반발은 거의 10년 내내 지속되었다. 그러다 우익이 1879년에 결국 힘을 잃으며 프랑스 정치판은 2년 전 '교권은 적이다Le cl ricalisme,

PAPA LEONE XIII

† 레오 13세. 다량으로 복사된 인기 있는 판화 작품. 밀라노 리소르지멘토 박물관.

c'est l'ennemi'라는 말로 자신의 입장을 분명히 밝힌 레옹 강베타Leon
Gambetta가 장악했다. 1882년 마지막 날, 강베타는 불과 44살의 나
이로 '우발적인' 권총 발사에 의해 자신의 정부情婦와 함께 사망했

다. 그러나 강베타의 정책들은 그가 죽은 후에도 추진되었다. 프랑스에서는 1880년대와 1890년대에 걸쳐 문화투쟁이 그대로 재현되었다. 급진적인 좌파 쥘 페리Jules Ferry의 이름 높은 교육법 제7조에 따라 종교 학교와 일반 학교는 더 이상 동등한 위치에서 경쟁할 수 없었다. 루이 15세 통치하에 그랬던 것처럼 예수회 회원들은 수도원에서 쫓겨났다. 마리스타 교육 수사회 신부들과 도미니코회 수사들은 공립학교에서든 사립학교에서든 학생을 가르칠 자격을 박탈당했다. 초등교육은 종교에서 완전히 분리되었고, 성직자라고 해도 이제는 병역 면제를 받을 수 없었다. 또한 최초의 공립 여자중학교가 설립되었다. 그때까지 어린 여성의 교육은 교회의 전유물이었다는 점에서 중요한—많은 이에게 충격적인—개혁이었다. 마지막으로 이혼이 처음으로 허용되었다.

프랑스 제3공화정과 교회가 금방이라도 싸움을 벌일 태세를 보이는 가운데, 교황 레오는 최선을 다했다. 주교들에게 보내는 회칙마다 그는 프랑스의 정신을 명백히 훼손하고 있는 적대적인 태도를 프랑스 정부가 거두어야 한다고 주장했다. 그는 교회와 국가가 대립할 수 없음을 매번 거듭해서 말했다. 교회와 국가는 서로를 보완하는 존재이고, 그에 따라 프랑스 국민의 공익을 위해 서로 힘을 합쳐야 한다. 그러나 레오 13세는 군주제를 지지하는 가톨릭 우파에게도 거리낌없기는 마찬가지였다. 레오 13세는 흔히 말하는 공화정에 불법이라거나 비도덕적인 원칙은 전혀 없다고 분명히 밝혔다. 독실한 가톨릭교도라면 공화정을 어떻게 생각하든 간에 수립된 공화국을 누구나 의무적으로 지지해야 한다고 말했다. 교회가 법률에는 강력히 반대할 수는 있을지 몰라도 적법한 헌법에는 절대 반대할 수 없다는 것이다. 그러나 교황의 말은 별로 효과가 없었다. 그리고 1888~1889년에 프랑스가 야심은 대단하지만 궁극적으로는 어리석었던 조르주 불랑제Georges Boulanger 장군*의 독재를 가까스로 모면하면서 가톨릭 우파는 더욱더 우편향되었다.

1893년에서 1898년 동안 프랑스를 이끈 각료들은 비교적 온건했고, 교회를 가장 골치 아프게 한 문제들은 언뜻 보기에 사라진 듯했다. 또 다른 회칙을 발표한 레오 13세는 공화정을 지지하는 후보가 종교의 자유를 보장한다면 주교는 그 후보를 마땅히 지지해야 한다고 프랑스 가톨릭교도들에게 확언했다. 이 회칙을 바탕으로 가톨릭 공화당이 창당되면서 의회의 절대다수는 중도파로 이동했다. 그러던 1894년 11월, 유대인 장교인 알프레드 드레퓌스Alfred Dreyfus 대위가 반역죄로 유죄 판결을 받았고 이후 종신형 선고를 받아 '악마의 섬'[프랑스혁명 시대부터 범죄자를 유배하던 식민지]으로 유배당했다. 그가 유죄냐 무죄냐 하는 문제로 프랑스는 양분되었고 줄곧 반유대주의를 표방한 가톨릭 우파는 당연히 드레퓌스에 반대하는 운동을 펼쳤다(이 사건과 관련된 모든 출판물 중에서도 성모승천수도회Assumptionist

---

* 불랑제는 쿠데타를 일으키기 직전까지 갔지만 마지막에 용기를 잃었다. 그는 브뤼셀로 도망쳤고 이후 정부情婦의 무덤가에서 권총으로 자살했다. 저널리스트 캐롤린느 레미가 세브린이라는 필명으로 쓴 글에 따르면 이렇다. '그는 카이사르와 같이 시작했고 카틸리나와 같이 유지했으며 로미오와 같이 끝났다'.

Order의 신문인 〈라 크로와La Croix〉**가 그야말로 지독히 악의에 찬 보도를 했다.). 질질 끌던 이 문제는 1906년 여름에 드레퓌스가 이전 계급으로 복직하고 진급한 뒤 훈장을 받고 나서야 가라앉았다.

하지만 이미 프랑스의 가톨릭교는 최대로 타격을 입은 상태였다. 1902년 6월 지방 정치인 에밀 콩브가 정권을 차지했다. 콩브는 사제가 되고자 공부했던 적이 있지만 이후에는 교회와 교회가 지지하는 모든 것을 대단히 혐오하게 된 사람이었다. 그가 정권을 잡고부터 '인가받지 않은' 종교 교단은 전부 대대적으로 축출되었다. 1903년 4월 19일 그랜드 샤르트뢰즈 수도원의 모든 수도자가 총검을 꽂은 총을 지닌 기마병 2대대에 의해 강제로 쫓겨났다. 1904년 말에 이르렀을 즈음에는 1만 개가 넘는 가톨릭 학교가 문을 닫았다. 수천 명에 달하는 사제와 수도자, 수녀가 박해를 피해 프랑스를 떠났고 나폴레옹과 비오 7세가 1801년에 맺었던 정교협약이 1905년 12월에 공식적으로 폐지되며 교회와 국가는 완전히 분리되었다.

교황에게는 슬픈 날이었다. 그러나 다행스럽게도 레오 13세는 생전에 그 모습을 보지 못했다.

** 로마의 예수회 신문인 〈치빌타 카톨리카Civilta Cattolica〉[가톨릭 문명이라는 뜻]는 교황이 드레퓌스를 면죄한 후에도 그가 유죄라고 계속 주장했다. 편집장인 라파엘레 발레리니 신부는 유대인들이 드레퓌스를 무죄로 만들기 위해 '유럽의 모든 신문과 양심을 샀다'고 공언했다. 그보다 몇 년 앞선 1881년과 1882년에 같은 신문은 '모든 히브리인의 양심을 구속하는' 일반법에 그리스도교 아이의 피가 요구되었다고 보도했다. 그러한 주장은 매년 이어져서 유대인이 '아이를 십자가에 못 박고' 그들은 '고통 속에서 죽어야 한다'고도 썼다(J. 콘웰, 《히틀러의 교황: 비오 12세의 은밀한 역사Hitler's Pope: The Secret History of Pius XII》 28쪽.

그러나 레오 13세의 가장 중요한 업적은 정치나 외교가 아니라 사회 문제와 관련이 있었다. 그는 세계가 산업화 시대로 발을 들였다는 사실을 최초로 인정한 교황이었다. 그의 전임자라고 해서 이탈리아에 무수히 등장한 도시 프롤레타리아 계층을 알아차리지 못한 것은 아니었다. 비오 9세는 사회주의와 허무주의를 비롯한 당대의 해악에 대해 여러 차례 무척이나 신랄한 공격을 퍼부었다. 하지만 엄청난 규모로 갓 등장한 노동자 계층을 교회에서 책임져야 한다는 사실을 인식하지 못했고 그들에게 거의 관심을 두지 않았다. 교회와 노동자층의 대화를 다시 시작하고 사회 운동 계획을 내놓은 것은 레오였다. 레오의 '가톨릭과 함께하는 활동(Opera dei congressi e dei comitati cattolici)'은 임기 중에만 무려 14개의 집회를 후원했다. 그러나 그는 가톨릭 노동조합의 형성을 통제하기도 했다. 1927년 무솔리니가 자발적인 노동 중단을 처벌 가능한 위법 행위로 규정하기 전까지 가톨릭 노동조합은 제법 성공을 거두었다.

레오 13세의 가장 위대한 업적은 아마도 1891년 5월에 발표한 회칙 〈새로운 사태Rerum Novarum〉일 것이다. 이 회칙은 사실 부끄럽지만 《자본Das Kapital》과 《사회주의자 선언The Socialist Manifesto》에 대한 교황의 뒤늦은 대답이었고, 훗날 교황 요한 23세에게서 가톨릭의 사회적 교리에 있어 마그나카르타라는 평가를 받았다. 서문부터 레오 13세는 태도를 분명히 밝혔다. 현재 산업 사회에 관해 그는 이렇게 썼다.

소수의 매우 부유한 이들이 다수의 가난한 노동자들에게 노예 제도보다 하등 나을 것이 없는 멍에를 지울 수 있었다. … 현재 극심한 갈등의 이유는 공업이 광범위하게 확대되고 과학 분야에서 경이로운 사실들이 발견되었기 때문이다. 주인과 노동자 사이의 관계가 달라졌기 때문이며, 소수만이 막대한 부를 갖고 다수는 절대적으로 빈곤하기 때문이다. 노동자 계층이 제힘으로 일어서고 서로 더 가까이 힘을 합쳤기 때문이다. 마지막으로 도덕적 타락이 만연했기 때문이다.

레오는 계층과 불평등이 언제나 존재할 것이라고 역설하는 한편, 계급 전쟁에 대한 마르크스주의 이론을 강력히 비난했다. 당대 자본주의의 분별없는 무신경과 탐욕이 문제이지, 모든 노동자에게는 적정 임금을 요구할 권리와 꼭 필요할 경우 파업까지 감행할 권리가 있었다. 국가의 역할은 고용주와 고용인 사이의 계약이 제대로 체결되고 준수되도록 보장하고, 공장 운영 시간과 안전 조치, 근무 조건을 분명히 규제하는 것이다. 그러나 국가는 사회적 악습을 뿌리 뽑는 데 관여해서는 안 된다. 그 역할은 기독교의 자선 행위만이 할 수 있다. 이처럼 종교는 산업계를 평화로 이끄는 단 하나의 확실한 존재였다. 종교가 없으면 이 세계는 믿음 없는 무질서 상태에 빠질 것이라는 레오 13세의 악몽은 그의 삶에서 마지막 10년 동안 공개적인 암살이 빈번하게 발생하자(1894년 프랑스 사디 카르노 Sadi Carnot 대통령, 1898년 오스트리아의 엘리자베스 황후Empress Elizabeth, 1990년 이탈리아의 움베르토 1세Umberto I, 1901년 미국 맥킨리McKinley 대통령) 현실로 나타나는 것만 같았다.

이 모든 것에 어느 하나 특별히 혁명적인 면은 없었다. 대부분 교황의 온정주의적 언어로 포장되어 있었고 인간이 천부적으로 불평등하며 가난한 자는 삶에서 자신의 위치를 받아들여야 한다는 문장도 많았다. 이 문장에서 문맥을 무시하면 우익 옹호자들이 정말 아무것도 변하지 않았다고 주장할 때 이용될 수도 있었다. 〈새로운 사태〉는 20세기 최초의 교황이자 비오 9세의 후임자가 어떤 생각을 하는지 보여준다는 점에서 진정한 의미가 있다. 차세대 가톨릭 사회주의자들에게는 거기서부터 레오 13세의 생각을 더욱 발전시키고 추진할 수 있는 기회가 열려 있었다.

교황 레오 13세는 1903년 7월 20일 언제나처럼 의식이 또렷하고 기력도 거의 왕성한 가운데 94세로 선종했다. 앞일을 제대로 헤아리지 못한 두 유럽 강국에서 가톨릭교회의 안녕―누군가는 생존이라 표현할 수도 있다―을 위해 그보다 힘들게 싸워야 했던 교황은 많지 않았고, 레오는 25년 동안 고투하며 수없이 좌절하고 실망했다. 하지만 한 가지 대단한 성과는 돌이켜 볼 수 있었다. 레오 13세는 교황이 세속적 권력을 잃었을 때도, 사실상 '바티칸의 죄수'일 때도 세계에 여전히 강한 영향력을 발휘할 수 있음을 증명했다. 그는 교황에 새로운 이미지를 심어주었고 수세기 동안 누린 것보다 더 높은 명성을 가져왔다.

레오 13세는 전 세계적으로 존경과 추앙을 받았지만 사랑을 받지는 못했다. 그 어느 세속 군주도 그보다 더 만사에 격식을 차리지는 않았다. 레오 13세는 방문자 모두가 알현하는 내내 무릎을 꿇고 있어야 한다고 고집했다. 수행원들은 그의 곁에 있을 때 의무적으로 계속 서 있어야 했다. 25년 동안 단 한 차례도 마부에게 말 한마디 건넨 일이 없었다고도 한다. 그러니 레오 13세의 선종 후에 추기경들이 변화를 원했을 만도 하다. 그리고 그들은 변화를 얻어냈다. 비오 10세Pius X(1903-1914)라는 교황명을 택한 주세페 사르토는 가난한 집안 출신으로(3세기보다 이전의 식스토 5세 이후 최초) 베네토의 마을 우체부와 재봉사의 아들이었다. 본당 신부로 8년을 보낸 그는 이후 만토바의 주교로, 베네치아의 대주교로 지냈지만 본질적으로는 여전히 본당 신부로 남아서 교황 임기 중에도 매주 일요일 오후에 직접 교리문답서를 가르쳤다. 위엄 있고 엄격하거나 무심하고 냉정한 전임자의 모습을 비오 10세에게서는 조금도 찾아볼 수 없었다. 그는 따뜻하고 가까이 다가가기 쉬운 데다 이론보다도 현실을 특히 중시하는 교황이었다.

비오 10세는 교황에 취임하자마자 때를 놓치지 않고 교회 자체의 개혁을 단행했다. 그는 교황청 부서를 37개에서 19개로 줄여 효율적으로 개편했다. 교회법을 개정하고 다시 성문화했으며,《성무일도서》와《교리문답서》를 사실상 다시 쓰기도 했다. 그는 교회 음악에도 광범위한 변화를 가져왔다. 전통적으로 중세 시대 특성을 보였던 교회 음악은 19세기에 이탈리아 오페라에 크게 영향을 받은 악곡들에 자리를 빼았겼다. 베르디의 〈레퀴엠〉과 로시니의 매혹적인 〈작은 장엄 미사〉가 명백한 예다. 교황은 이러한 변화를 단호히 비판하며 그레고리오 성가와 평성가로 돌아가라 요구했다. 또한 비오 10세는 모든 가톨릭교도가 영성체를 더욱 자주 모시도록 권하는 운동을 벌였다. 한 해에 몇 번만으로는 충분하지 않고 독실한 가톨릭 신자라면 하루 한 번이나 적어도 일주일에 한 번은 성체를 받아야 한다고 강조했다. 첫 영성체에 일어난 변화도 오늘날까지 이어지고 있다. 종전에는 아이가 첫 영성체를 하는 나이가 12세에서 14세 사이였지만 그 후로는 7세로 바뀌었다. 현재 모든 가톨릭 세계에서 소녀들이 흰 드레스를 입고 베일을 쓰며 소년들이 어깨띠를 두르고 예식 후에 선물과 가족의 축하를 받는 전통은 이때부터 시작된 것이다.

비오 10세는 열심히 일했고 그런 만큼 성과를 올렸다. 그러나 비오 9세와 레오 13세처럼 유럽과 전 세계에 영향력을 발휘하는 교황은 결코 되지 못했다. 그는 너무 온화하고 너무 겸손하고 너무 성스러웠다. 그리고 성스러움이 마음의 문을 닫았기에 독창적인 생각이 나올 구석이 없었다. 이탈리아와 프랑스, 독일, 잉글랜드의 지식인 가톨릭 신학자들은 중세 스콜라 철학의 족쇄에 묶인 종교를 해방하고 철학 관념과 신세기의 황홀한 과학적, 역사적, 고고학적 발견들에 그들의 신념을 조화시키려 최선을 다하고 있었는데, 이들은 교황을 지지하지 않았을 뿐만 아니라 실제로 교황을 철천지원수라고 여겼다. 1907년 비오 10세는 최소 93페이지에 달하는 회칙 〈주의 양떼를 먹임Pascendi Dominici Gregis〉을 발표해 소위 '근대주의'가 '모든 이단의 개요서'라고 비판했다. 최근 한 역사가*는 이 회칙을 '공포 정치와 다를 바 없는 상태로 급속히 향하고 있는 것의 포문을 연 말'이라고 설명했다. 교황과 그의 국무장관 라파엘 메리 델 발Rafael

---

* E. 더피,《성인과 죄인들》250쪽.

Merry del Val 추기경(스페인 혈통의 영국인)은 '성 비오 5세회'라는 이름의 조직을 은밀히 승인했다. 실질적으로 비밀경찰이나 매한가지인 '성 비오 5세회'는 진보 성향의 가톨릭 신문을 탄압하고 공개 항의서를 마구 유포했고 심지어는 밀정을 이용해 진보주의자들이 죄를 순순히 털어놓을 수밖에 없도록 덫을 놓았다. 이 조직은 진정 사악한 사제 움베르토 베니기 몬시뇰이 이끌었다. 희생양 중에는 파리와 비엔나의 대주교들과 프리부르의 도미니코회 공동체 전체가 있었다.

비오 10세가 교회와 관련된 문제들에 몰두하고 있는 중에도, 임기 후반기를 맞은 그의 눈에는 가톨릭교도와 가톨릭교도가 서로 싸울 수밖에 없을 전쟁이자 역사상 그 어느 때보다 더 많은 파멸을 가져올 전쟁을 향해 유럽 강국들이 무자비하게 전진하고 있음이 정말로 분명해보였다. 그것에 비오 10세는 심하게 스트레스를 받았는데, 전쟁을 막을 힘이 없다는 사실을 알아서 더욱 그랬다. 1914년 7월 말 발발한 전쟁이 죽음을 앞당겨 그가 딱 3주 후인 8월 20일에 선종했다고 흔히 말한다. 정말로 전쟁이 죽음을 앞당겼을지도 모른다. 그러나 비오 10세는 이미 79살이었고 통풍에 시달리고 있었던 데다 지난해에 심장마비를 일으키기도 했다. 어차피 더 오래 버티지는 못했을 것이다.

신학 분야에서 비오 10세를 폄하하는 사람들이 있었지만 그가 근본적으로 선하다는 사실을 의심하는 이는 없었다. 1908년 메시나에 대지진이 강타하자 그는 이탈리아 정부가 손을 까딱하기 훨씬 전부터 집 잃은 피난민들을 바티칸에 가득 불러들였다. 그는 자신이나 가족을 위해 혜택을 받으려 하지 않았다. 남동생은 우체국 직원으로 계속 일했고 세 여동생은 로마에서 궁핍하게 함께 살았다. 조카는 대단치 않은 본당 신부로 계속 있었다. 그 결과 비오 10세는 두 전임자와 달리 사랑을 받았고, 그가 선종하고 오래지 않아 참배자들이 긴 행렬을 이루며 성 베드로 대성당 지하 동굴에 있는 무덤을 찾아와 기도 드렸다. 취임 20주년인 1923년에 비오 10세를 성인으로 추대하는 기나긴 절차가 시작되었다. 그 과정이 순조롭지만은 않았다. 국무장관인 피에트로 가스파리 추기경은 교황이 '교권제를 넘어서는 외부 비밀 결사의 첩자 행위를 승인하고 축복하고 격려했다. 이는 교회 역사상 들어본 적도 없는 것이며 교회에 나타난 일종의 프리메이슨주의'라는 증거를 제시했다. 그러나 그 정도의 가벼운 죄는 무시되었고, 1954년 대략 80만 명으로 추산되는 군중 앞에서 교황 비오 12세는 그를 성인으로 공표했다. 거의 4세기 전에 선종한 비오 5세 이후 처음으로 성인에 추대된 교황이었다.*

제노바 귀족 출신으로 이름도 그에 걸맞게 자코모 델라 키에사인 베네딕토 15세Benedictus XV(1914-1922)가 16차 투표에서 선출되자 바티칸에서는 즉각 문제가 발생했다. 심각한 조산으로 태어난 그는 정상적인 키까지 자라지 못했기에 새 교황을 위해 준비된 예복

---

* '로마 가톨릭교의 시성이 그동안 우리 시대에 이르러서 교회 정치의 형식적인 행위로 어디까지 타락했는지는 1954년 비오 12세가 바로 이 교황을 시성한 일과 2000년 비오 9세의 시복으로 증명된다. 심지어 최근 바티칸은 이단 심문에 관한 기록 보관소를 비오 10세가 취임한 해인 1903년까지만 공개했다. 이것은 그곳 사람들이 진실을 얼마나 두려워하는지 보여준다.' [한스 큉 신부, 《가톨릭교회The Catholic Church》(을유문화사, 2003)].

중에 가장 작은 사이즈조차 커튼처럼 땅에 치렁치렁 끌렸다. 베네딕토 15세는 교황청의 재단사를 돌아보고는 웃으며 "카로, 내가 어떤지 잊은 건가?"라고 말했다고 한다. 대주교로 있었던 볼로냐에서 그는 '작은 사람il piccoletto'으로 알려져 있었다. 그러나 그 별명은 체구 때문이라기보다는 비오 10세와 메리 델 발 추기경의 뿌리 깊은 불신을 받아서 보통 대주교직에 따라오는 추기경회 가입 자격이 고의적으로 보류되었기 때문이었다. 그가 마침내 추기경 모자를 받은 때는 교황에 취임하기 석 달 전이었다. 그러니 취임 직후 그의 책상에 가장 먼저 올라온 문서가 전임자의 요청으로 최근 준비된 자신의 추기경 탄핵 요청 문서였을 때 베네딕토 15세는 특별히 놀라지 않았을 것이다. 그가 교황으로서 내린 첫 번째 결정 중에는 옛 상관인 메리 델 발을 해임하는 사안도 있어서 메리 델 발은 책상을 채울 시간도 없었다. 이어서 그가 베니기 몬시뇰과 그의 첩보 활동 조직망까지 척결하면서 교황청은 다시 한 번 숨을 돌릴 수 있었다.

베네딕토 15세의 임기는 제1차 세계대전의 그늘에 가려져 시작하기도 전에 어쩔 도리 없이 실패할 운명이었다. 너무도 많은 신자들이 양쪽으로 나뉘어 싸우는 가운데 베네딕토 15세는 절대적인 중립의 입장을 취할 수밖에 없었다. 그는 유혈 사태를 놓고 양쪽을 똑같이 비난했고 '이런 끔찍한 학살'이라고 표현한 상황을 평화 협상이라는 방법으로 종결시키려고 온 힘을 쏟아부었다. 그러는 한편 피해를 경감할 수 있는 일이라면 무엇이든 했다. 부상 입은 전쟁 포로를 교환하기 위한 기관을 바티칸에 만들어서 포로 약 6만 5천 명을 본국으로 송환해냈다. 어느 군에서 왔든 결핵환자들을 받아주도록 스위스를 설득했고, 구호 활동*을 무수히 벌여 바티칸이 파산으로 치달을 뻔했다.

그러나 베네딕토 15세가 아무리 양쪽에 공평하려고 노력해도 한쪽 편에만 선다고 비난받는 결과는 피할 수 없었다. 확실히 연합국은 그럴만한 이유가 더 있었다. 이탈리아가 패배하고 나자 독일군이 로마에서 교황의 세속권**을 회복하도록 돕겠다고 실제로 제안했기 때문이다. 또한 베네딕토 15세는 러시아가 승리할 경우 동방정교회가 서방으로 널리 확산될까 두려워했다. 그러나 러시아혁명이 일어나며 두려움은 돌연히 희망으로 바뀌었다. 적어도 동방정교회와 화해해 그것을 가톨릭 안에 다시 돌아오게 할 가능성이 보였다. 1917년 5월부터 베네딕토 15세는 동방교회성을 설립했고 로마 소재 교황청 동방연구소도 그 뒤를 이었다. 그러나 베네딕토 15세의 노력은 수포로 돌아갔다. 레닌은 정말로 종교전쟁을 선포했고 권력을 잡자마자 러시아의 동방정교회와 가톨릭교회를 모두 잔혹한 박해의 대상으로 삼았다.

이탈리아 정부가 1915년에 전쟁에 참전했을 때 참전 결정이 교황은 자신과 아무 상관이 없다고 연합군을 이해시키는 데 성공했지만, 1919년 평화 협정 대표단에서 제외되자 베네딕토 15세는 실망감을 감추지 못했다. 그는 정부가 '앙심을 품었다'고 비난할 수밖에

* 이탈리아 역사학자 니노 로 벨로에 따르면 국무장관인 가스파리 추기경은 1922년 콘클라베 비용을 위해 로스차일드에게서 대출을 받아야만 했다.
** 교황과 독일의 관계도 훗날 비오 12세가 되는 교황 대사 에우제니오 파첼리 몬시뇰의 능수능란한 외교 덕분에 1917년 이후 크게 완화되었다 .

없었고 실제로 그 말과 틀리지 않았다. 전쟁이 끝난 후 그는 유럽에서 교회의 입지를 공고히 다지는데 여생을 보냈다. 여기서 그의 성과는 주목할 만했다. 교황청에 외교관을 파견한 외국 국가가 임기 첫해인 1914년에는 14개국이었지만 1922년 임기가 끝났을 때는 27개국으로 늘어났다. 여기에는 17세기 이래 최초로 교황청에 재외 사절을 보낸 영국의 대리대사도 포함되어 있었다. 1920년 교황이 영리하게 잔 다르크를 성인으로 추대한 후 프랑스와도 훨씬 우호적인 관계가 되어 1921년부터 외교 관계를 재개했다. 바티칸과 이탈리아 정부 사이의 관계가 계속 삐걱거린 것은 사실이지만 베네딕토 15세는 적어도 문제를 해결하기 위해 손을 먼저 내밀었다. 그는 이탈리아 민주주의의 아버지인 돈 루이지 스투르초가 1919년에 창당한 이탈리아 인민당을 축성해주었고 그에 따라 비오 9세의 회칙 〈합당하지 않음Non Expedit〉***은 사실상 폐지되었다. 3년 후 이탈리아 인민당은 의회에서 두 번째로 큰 당이 되었다. 그리고 1920년에 베네딕토 15세는 가톨릭 국가의 원수들이 퀴리날리스 궁전[당시 이탈리아 국왕의 궁전이었고 현재는 이탈리아 대통령의 관저]에 공식 방문을 못하게 하는 교회의 금지령도 해제했다.

1922년 1월 22일 베네딕토 15세가 불과 67살에 선종하자―인플루엔자가 발병했다가 갑자기 폐렴으로 발전했다―유럽 전역이 놀랐다. 베네딕토 15세는 임기 내내 세상에 알려지지 않은 편이었다. 오죽하면 최근에 나온 전기 제목이 《미지의 교황The Unknown Pope》

*** 가톨릭교회가 이탈리아 정치계에 관여하는 것을 금지한 1868년 칙령(25장 참고).

이겠는가. 꼭 전쟁 때문만은 아니었다. 두 전임자와 달리 베네딕토 15세는 잘생기지 않았고 그들의 카리스마도 따라가지 못했다. 미국의 한 저널리스트는 다음과 같이 썼다. '볼품 없는 겉모습과 무표정한 얼굴에 종교적인 위엄도 세속적인 위엄도 없었다.' 교황청 주재 영국 공사는 한술 더 떴다.

… 현 교황은 확실히 평범한 사람이다. 여행이라고는 전혀 하지 않은 시골 출신 이탈리아인의 정신을 지녔고 업무를 처리하는 방법도 올바르지 못하다. … 높은 명성을 얻거나 일상적인 통치 업무를 효율적으로 관리할 능력이 없다. … 그는 다소 완고하고 성미가 까다로운 사람이다.

이 말은 전혀 온당하지 않다. 베네딕토 15세는 어쨌든 바티칸에서 20년 동안 경력을 쌓았고 항상 어려운 주교 관할구인 볼로냐도 훌륭히 관리했다. 그의 외모나 대중에게 비치는 모습은 본인이 어떻게 할 수 없는 부분이다. 레오 13세나 비오 10세처럼 매일같이 끊임없는 행렬을 이루며 알현하러 찾아오는 순례자들에게 깊은 인상을 남길 수도 없었다. 전쟁 탓에 순례자의 행렬은 끊어지다시피 했기 때문이다. 이탈리아와 세계 전반에 인도주의적인 지원을 무한히 했지만 어느 쪽에도 별다른 영향력이 없었다는 사실은 남아 있다. 성 베드로 대성당에 있는 무덤을 제외하고 그의 유일한 기념비를 많고 많은 사람 중에서도 터키인들이 이스탄불의 생테스프리 대성당 안뜰에 세웠다는 사실은 어쩐지 의미심장하다. 기념비에 새겨진 비문은 다음과 같다. '세계가 맞은 비극 속의 위대한 교황… 국가와 종교를 불문하고 만인에게 은혜를 베푼 사람.' 적어도 누군가는 그를 감사히 생각하고 있었다.

27
—
비오 11세와 비오 12세

1922~1958

14차에 걸친 투표 끝에 드디어 콘클라베의 교착 상태가 끝이 나고 교황 비오 11세Pius XI(1922~1939)가 선출되었을 때, 그 결과에 모두들 적잖이 놀랐다. 세속명 아킬레 라티는 65살의 중세 고문서학 전문가로, 오랫동안 사서로 일했고 여가 시간은 주로 알프스에서 등산을 하며 보냈다. 1919년 베네딕토 15세는 123년 만에 주권국으로 독립한 폴란드에 그를 교황대사로 파견했다. 폴란드에서의 임무는 그리 달갑지 않았다. 폴란드 지배층은 라티를 친親독일 성향인 교황의 대리인으로만 보았기에 그를 못마땅하게 여기고 신뢰하지 않았다. 그러나 그가 폴란드에 도착하고 14개월 사이에 상황은 완전히 뒤바뀌었다. 볼셰비키군이 폴란드를 침공했고 1920년 여름에는 바르샤바로 진군했다. 만약 바르샤바를 빼앗겼다면 볼셰비키 세력이 동유럽 전체를 장악하는 일을 막을 방법은 없었을 것이다.

폴란드 밖에서는 폴란드가 볼셰비키에 맞설 가망성이 없다고 보았지만 어떻게 한 건지 육군 원수 유제프 피우수트스키는 대규모 반격을 해냈고—폴란드 안팎의 많은 사람은 기적이나 다름없다고 생각했다―마지막 순간에 전세를 뒤엎었다.

라티는 얼마든지 폴란드를 탈출해 로마로 돌아갈 수 있었다. 그러나 그는 한사코 바르샤바를 떠나지 않으려 했다. 그리스도교 세계의 군대가 국경을 방어하는 가운데, 위험을 무릅쓰고 그들과 한편이 되어준 교황 특사는 실로 몇 세기 만에 처음이었다. 그러니 폴란드가 위기를 모면하고 나자 그의 인기가 치솟은 것도 당연하다고 하겠다. 라티 자신도 그때의 경험을 결코 잊지 못해서, 그는 유럽의 그리스도교가 대면한 적 가운데 공산주의가 가장 악랄하다는 확신을 평생 버리지 않았다. 라티는 1921년 봄 이탈리아로 돌아와 우선 추기경으로 임명되었고, 6월에는 밀라노의 대주교로 임명되었다. 그러나 대주교로 지낸 시간은 길지 않았다. 겨우 7개월 후 교황에 선출되었기 때문이다.

그는 밀어붙이기로 작정한 사람처럼 임기를 시작했다. 자신이 선택한 교황명을 추기경들에게 알린 후, 그가 교황으로서 가장 먼저 한 일은 전통대로 성 베드로 대성당의 외부 발코니에서 교황의 축성인 우르비 에트 오르비Urbi et Orbi*를 하겠다는 발표였다. 만약 정말 한다면 1870년 이래 처음이겠지만, 의논을 하지도 조언을 구하지도 않았다. 측근들이 금방 깨달았듯이 의논하는 것은 그의 방식이 아니었다. 비오 11세는 자신이 무엇을 원하는지 정확히 알고 있었고 원하는 바를 기필코 얻으려 했다.

비오 11세의 강한 성격―누군가는 무자비하다고 할지도 모른

---

* '로마와 전 세계에'라는 뜻으로 교황의 공식적인 축복과 강론. ―역주

다—은 얼마 지나지 않아 프랑스를 상대하는 과정에서 여실히 드러났다. 프랑스와의 우호적인 관계는 전임자 베네딕토 15세 때 시작되었다. 여기에는 잔 다르크의 시성이 큰 영향을 미쳤고, 시성식에는 프랑스 정부의 대표자들은 물론이고 파리 의회 하원의원들도 최소 80명 참석하기도 했다. 그러나 문제가 존재했는데, 이는 위험할 정도로 인기 높은 우익 운동과 신문이라는 형태로 나타났다.

군주제를 지지하고 뼛속까지 반유대주의 성향인 운동과 신문은 둘 다 '악숑 프랑세즈*'라는 이름이었다. 악숑 프랑세즈의 창설자인 샤를 모라스는 아주 고약한 선동 정치가로서, 한때 무엇을 믿었든 간에 그 신념을 잃은 지 오래였지만 광신했던 것에 반발하는 과정에서 교회를 버팀목으로 삼았다. 그리고 목적을 이루기 위해 교회를 이용하는 데 양심의 가책을 느끼지 않았다.

몇몇 주교 등 다수의 프랑스 가톨릭교도는 모라스의 신문을 읽고서 프랑스 공화국에 대한 혐오를 비롯한 그의 견해에 공감했다. 따라서 교황 비오 11세는 모라스와 악숑 프랑세즈가 계속해서 교황의 지지를 요구하는 한, 프랑스와의 관계가 더 발전할 수 없음을 잘 알았다. 1925년 비오 11세는 악숑 프랑세즈를 금서 목록에 올렸고 2년 후에는 그 운동을 지지하는 사람을 모두 정식으로 파문했다. 이후 81살의 프랑스 예수회 추기경 루이 비요가 신문과 뜻을 같이하는 내용을 기고하자 교황은 그를 소환해 접견하며 추기경 모자를

* 프랑스 행동대라는 뜻.

내놓게 했다.**

교황의 정치적 역량이 그보다 어려운 시험대에 오른 사건은 이탈리아 파시스트의 탄생이었다. 교황 선거에서 9개월도 지나지 않은 1922년 10월 말, 베니토 무솔리니는 '로마 진군'을 계획했고, 국왕 비토리오 에마누엘레 3세Victor Emmanuel III는 그를 수상으로 인정했다. 무솔리니가 '일 두체Il Duce(총통)'가 되기 전인 초기에는 의회 선거를 통해 그를 타도할 가능성이 있었다. 사회당과 돈 루이지 스투르초의 인민당이 손을 잡으면 수적으로 파시스트당 의원 35명에 월등히 우세했다. 그들이 협력했다면 이탈리아의 자유는 분명 존속되었을 것이다. 그러나 비오 11세는 양당의 연합을 허락하지 않았다. 그는 사회주의와의 연합을 무조건 논외의 문제로 여겼고, 더 나아가 어느 정도 뚜렷해지고 있는 인민당의 좌파 성향을 점점 우려하고 있었다. 그에 따라 돈 루이지는 정치 활동과 성직자 직위를 양립할 수 없다고 생각한다는 교황의 말을 듣고 순순히 물러나 우선 런던으로 갔다가 이후 미국으로 망명했다(그는 미국에서 정치 활동을 계속해 바티칸의 분노를 샀다). 그의 이탈리아 인민당은 교황의 지원을 받지 못하자 무력해져 소리 없이 사라져버렸다.

반면 파시스트당은 꾸준히 힘을 키워가고 있었다. 1923년 이탈

** '프랑스 성령 신부회Holy Ghost Fathers'는 모라스를 전폭적으로 지지했는데, 로마의 프랑스 신학대학 학장도 그중 하나여서 그곳 학생들은 악송 프랑세즈 집단을 강력히 지지했다. 비오 11세는 수염이 긴 고령의 예수회 원로를 불러서 학장을 파면하라고 했다. 원로는 "예, 성하. 제가 할 수 있는 방법을 찾아보겠습니다."라고 대답했고 그 말에 교황은 그의 수염을 움켜쥐고 외쳤다. "할 수 있는 방법을 찾으라는 말이 아니라 그 자를 해고하라는 말이오.'" (E. 더피,《성자들과 죄인들》256~257쪽)

리아 정부는 어느 당이든 투표수의 25퍼센트를 얻으면 의회의 3분의 2라는 과반 의석을 가져가야 한다고 명기한 소위 '아체르보 법'을 통과시켰다. 아체르보 법의 뚜렷한 목적은 이 과반 의석을 반드시 파시스트당에게 안겨주는 것이었고, 이듬해 선거를 치르고 난 후에는 무솔리니가 독재 정부를 시행하는 데 더 이상의 걸림돌은 없어졌다. 이 무렵 무솔리니는 초기와 달리 반종교적 태도를 누그러뜨렸고 교회에 타협하자는 의사를 표시했다. 그는 공립학교에 종교 교육을 다시 도입했고 법정에 십자가를 세웠으며 1927년에는 직접 로마 가톨릭 세례를 받기까지 했다. 그리고 같은 해 무솔리니는 조약과 정교 조약을 제안했고 끝없는 논쟁과 그보다 더 어려운 교섭 끝에 비오의 국무장관인 피에트로 가스파리 추기경과 1929년 2월 11일 라테란 궁에서 조약을 체결했다.

이 라테란 조약으로 교황은 세속권을 조금이나마 회복했다. 물론 교황이 통치하는 교황령의 면적이 약 44만 1,000제곱미터에 불과했고(모나코 공국의 약 4분의 1), 인구도 500명이 되지 않았지만, 교황권은 다시 한 번 세계 국가들과 어깨를 나란히 했다. 그뿐만 아니라 교황은 과거 교황령 회복을 포기하는 대가로 보상을 받았다. 보상금은 현금과 이탈리아 정부가 발행한 공채를 포함해 17억 5,000만 리라였는데 이는 당시 화폐 가치로 환산하면 대략 2억 1,000만 파운드[약 3630억 원]였다. 보장법을 포함해 1870년부터 이탈리아 정부가 통과시킨 반교권주의 법들은 효력을 잃었다. 그에 대한 보답으로 바티칸은 중립을 유지하고 국제 정치나 외교 문제에 관여하지 않겠다고 약속했다.

정교협약은 이탈리아 교회의 지위 문제를 다루었다. 로마 가톨릭교가 단 하나의 공인된 국교임을 선포했고 교회법을 주법과 나란히 인정했으며 공립학교에서의 가톨릭 종교 수업을 명문화하고 가톨릭교회 혼인을 허가했다. 로마 카타콤은 이탈리아 정부가 고고학적 발굴과 조사를 계속해도 좋다고 바티칸이 허용하는 조건으로 교황청에 위임되었다. 표면적으로 교황은 놀라울 만큼 훌륭히 일했다. 그러나 파시즘에 암묵적으로 찬성했다는 사실은 부정할 수 없었다. 교황은 무솔리니를 '신께서 보내주신 사람'이라고 일컫기까지 했고, 1929년 선거 때 거의 모든 가톨릭교도는 사제로부터 파시스트당에 투표하라는 독려를 받았다.

우호적 관계는 오래가지 못했다. 불화는 비오 10세가 창시한 가톨릭 운동에서 싹텄다. 이 운동은 교황이 표현한 것처럼 '예수 그리스도께서 가정과 학교와 공동체에 그분의 자리를 되찾기 위해 헌신하자'는 전국적 협회에 지나지 않았다. 그러나 자신이 직접 통제하지 않는 전국적 조직을 본능적으로 불신했던 무솔리니는 가톨릭 운동이 정치사상을 고취시키고 현재 망명한 스투르초의 인민당을 위한 전선 역할을 한다고 주장했다. 무솔리니는 가톨릭 스카우트 운동에 한층 더 노여워했다. 어린 시절의 세뇌가 얼마나 중요한지 그보다 더 잘 이해하는 사람은 없었다. 무솔리니는 "청년은 우리가 차지해야 한다"라고 언명했다. 파시스트당 소속 폭력단이 폭력을 사용해 그들 모임을 해산시키거나 기록 문서를 강탈하고 압수하자 교황은 목소리를 높여 항변했다. 1931년 6월의 회칙 〈우리는 원하지 않는다Non abbiamo bisogno〉에서―이탈리아어로 초안을 썼다는 점에

서 특별한 의미가 있다—교황은 무솔리니의 비난에 대해 차례차례
답변하기 시작했다. 그러나 뒤로 갈수록 파시스트당과 파시스트당
이 상징하는 모든 것을 전체적으로 공격하는 분위기로 바뀌었다.

모든 진실과 정의에 어긋나는 명령을 내릴 수 있는 … 어린 소년과
소녀도 반드시 지도자들의 논의 없이 명령을 받들 것이라고 맹세
하는 서약의 제문을 어떻게 생각해야 하는가? … 이 서약을 한 이
들은 피를 흘리는 한이 있어도 서약을 온 힘을 다해 지키겠노라 맹
세해야 한다. 이것은 젊은이들을 교회에서, 그리고 예수 그리스도
에게서 강탈했고 젊은이들에게 증오와 폭력, 불경을 가르치는 혁
명의 원인이 되었다. … 그러한 서약은 불법이다. …
그렇다고 우리는 파시스트당이 비난하기를 원한다는 뜻이 아니다
… 당은 최근 가톨릭교와 그 수장에 대한 경의는 변하지 않았다고
밝혔다. '그러나 그들은' 경의를 대대적이고 증오에 찬 경찰 조치
로 표현했다. 깊은 침묵 속에서 음모를 준비해 우리의 생일을 하루
앞두고 번개와도 같이 갑작스럽게 실시했다. …
같은 맥락에서, 아직 남아 있는 당의 반대자들에게 '은신처와 보호
조치'가 제공되었다는 이야기가 있다. '이탈리아 파시스트당에 소
속된 9,000개 단체의 지도자들'은 이런 상황에 주의를 돌리라는 명
령을 받았다. … 우리는 악의에 찬 감시와 고발, 위협을 새로이 발
발하게 하는 이런 발언, 이런 암시, 이런 명령의 효과에 대한 애석
한 정보를 받았다. …

흥미롭게도 이 회칙은 어느 정도 성공적이었다. 이것이 이탈리아와 외국에서 널리 읽히면서 무솔리니는 교회에 대한 탄압을 눈에 띄게 거두었다. 이 회칙의 내용은 1930년 2월 가스파리의 뒤를 이어 비오 11세의 국무장관이 된 에우제니오 파첼리의 생각과도 일치하는 것이 분명했다. 파첼리는 처음부터 독일에 관심을 집중했다. 그는 1917년부터 3년간 뮌헨에서 교황 대사로 주재했고 1920년대 내내 베를린에 있었기 때문에 독일에 정통했다. 그는 독일인을 사랑했고 독일어를 완벽하게 구사해서 이탈리아어보다 자주 쓰는 때가 많았다. 또한 그는 전쟁이 발발하기 전에 독일이 전 세계 나머지 국가를 합친 것보다 교황청에 더 많은 자금을 기부한 사실도 알고 있었다. 물론 엄밀히 말해 독일은 가톨릭 국가가 아니었고—1930년에 가톨릭교도는 전체 독일 인구의 약 3분의 1이었다. 다만 히틀러 Hitler가 자르와 수데테란트, 오스트리아를 합병한 후인 1940년에는 가톨릭 인구가 절반 정도로 증가했다—파첼리와 비오 11세는 나치에 결코 혹하지 않았으며 나치가 폭력배나 다름없다고 생각했다. 하지만 그들이 훨씬 더 큰 적으로 판단하는 공산주의에 대항하는 데 국가 사회주의가 굳센 요새 역할을 하리라는 믿음은 있었다.

그 결과 1933년 7월 20일 로마에서는 교황 비오 11세를 대신한 파첼리와 아돌프 히틀러를 대신한 독일제국 부수상 프란츠 폰 파펜이 독일 정교협약에 서명했다. 가톨릭교회와 교회의 여러 연합 및 신문이 모든 사회 활동과 정치 활동에서 물러나는 보답으로 독일에 있는 가톨릭 성직자와 가톨릭 학교는 특권을 부여받았다. 이렇듯 교회가 물러나겠다는 결정 때문에 이탈리아에서 그랬듯이 독일에서도 정당 하나가 사라져야 했다. 무솔리니와 협약을 맺기를 바라며 비오 11세는 이탈리아 인민당을 사실상 희생시켰고, 이번 협약의 경우 파첼리는 히틀러의 고집에 따라 중도당(독일 의회에서 두 번째로 막강한 정당으로 사제인 루트비히 카스 몬시뇰이 이끌고 구성원 대다수가 독일 가톨릭교도)이 바티칸 입장에서는 없어도 좋다는 뜻을 넌지시 비추었다. 중도당은 절차에 따라 정식으로 폐당했고 이 무렵 파첼리의 매력에 완전히 사로잡혀 그의 곁을 좀처럼 떠나지 않았던 카스 몬시뇰은 로마로 부름을 받아 성 베드로 대성당의 구조물을 담당하게 되었다.*

이탈리아 정교협약처럼 독일 정교협약도 세계적으로 맹비난을 받았다. 가톨릭교회는 국가 사회주의에 단호히 반대할 수도 있었다. 하지만 그러기는커녕 파첼리와 비오 11세는 교회의 정치적 권리를 전부 포기하고 모든 독일 가톨릭교도가 나치 지도자에 복종하라고 사실상 강요하는 데 동의함으로써 나치 정권이 방해 없이 전진할 수 있도록 길을 비켜주었고, 그들이 유대인을 대우하는 방식도 묵인한 셈이다. 1933년 7월 14일에 개최한 각료 회의 회의록을 보면 히틀러는 '정교협약이 독일에게 기회를 주었고 전 세계 유대인과 펼치고 있는 싸움에 특히 의미 있는 신뢰의 영역을 만들었다.'**

---

* 카스 몬시뇰이 비오 11세의 묘소를 마련하기 위해 성 베드로 대성당의 지하 동굴을 다시 정리하던 중에 성 베드로로 추정되는 유골을 발견했다.
** 독일의 가톨릭 사제들은 지역의 혼인 신고서와 세례 증명서로 혈통 정보를 상세히 제공하라는 지시를 받았고 대체로 기꺼이 응했다. 또한 교회는 정교협약에 발목이 잡혀 히틀러의 유전병방지법을 받아들여야만 했다. 그 결과 약 35만 명이 대부분 본인이나 가족의 동의 없이 불임 수술을 받았다.

고 큰소리쳤다는 기록이 있다. 외부 세계에서는 교황이 두 정권의 위신을 높이고 세력을 키워주었다는 비난이 파다했다. 잠시 동안은 그 말이 사실이었다. 그러나 이내 교황은 파시스트당에 가졌던 불만보다 훨씬 큰 불만을 나치당에 드러냈다. 나치당 집권 초반 3년인 1933년과 1936년 사이에 교회가 지속적으로 탄압을 받자 교황은 독일 정부에 적어도 34개의 항의 서한을 보낼 수밖에 없었다. 그러나 어느 항의서에도 1935년의 뉘른베르크법[나치 독일의 반유대주의 법]*** 공포에 대해 비난하지 않았다는 점은 언급해 둘 필요가 있다.

결정적인 단절은 1937년 수난 주일에 발표한 회칙 〈심한 우려와 함께Mit brennender Sorge〉로 시작되었다. 독일에 밀반입된 이 회칙은 비밀리에 각기 다른 신문 12개에 인쇄된 후 배달부가 자전거를 타거나 발로 돌아다니며 배포해 모든 가톨릭 설교단에서 읽히게 되었다. 그것은 적어도 3년 전에 발표해야 했으며, 발표할 당시에도 히틀러와 국가 사회주의를 직접 비난하지는 못했다. 그러나 회칙의 의미는 충분히 명백했다. 언제나의 라틴어가 아니라 독일어로 쓰여 있었기 때문에 더욱 그랬다. 〈심한 우려와 함께〉는 독일제국 정부가 '은밀하면서도 공공연한 적개심과 의혹, 불화, 반감, 비방이라는 독초를 수천 가지 다른 근원에서 얻어서 예수님과 그분의 교회에 심어놓고는 쓸 수 있는 수단을 전부 이용하고 있다.'고 분명히 밝혔다.

***덧붙여 말하자면 1938년 11월 9일, 10일에 발생한 독일 최초의 대규모 유대인 학살인 크리스탈나흐트를 비난하는 말도 한마디 없었을 것이다. 크리스탈나흐트로 유대인 91명이 목숨을 잃었고 약 3만 명은 체포되어 강제 수용소로 이송되었다. 200곳이 넘는 유대교 회당이 불탔고 수천 개에 이르는 집과 가게가 약탈당했다.

회칙의 열한 번째 단락은 특히 흥미롭다. 이번에도 역시 반유대주의를 구체적으로 비난하지는 않았지만 누구를 겨냥하는지가 확연하기 때문이다. 여기서 교황은 유대교 구약성서의 가치를 강조하며 그것만이 '오로지 하느님의 말씀이고 그분께서 내려주신 계시의 대부분'이라 표현한다.

교회와 학교에서 성서 속의 역사와 구약성서의 지혜로운 교리가 사라지기를 바라는 이들은 하느님 이름을 모독하고 전능하신 하느님의 구원 계획을 모독하는 것이며, 한정적이고 협소한 인간의 생각으로 세계 역사에 대한 신의 계획을 가르치게 하는 것이다. …

〈우리는 원하지 않는다〉와 〈심한 우려와 함께〉는 파시스트당과 국가 사회주의 정권에 대한 교황의 생각이 어떠한지 누구의 마음에도 의문의 여지를 남기지 않았다. 그리고 1938년 3월 히틀러 총통이 로마를 공식 방문했을 때, 비오 11세가 일부러 카스텔 간돌포[로마 교외에 있는 교황의 여름 휴양지]로 몰래 빠져나가도 놀라는 사람은 없었다. 그러나 아직 끝이 아니었다. 두 번째 회칙에서 불과 5일 후에 비오는 세 번째 회칙을 발표했고, 이번에는 전통대로 라틴어를 다시 사용했다. 〈하느님이신 구세주Divini Redemptoris〉에서 그는 가장 큰 걱정거리인 공산주의를 주로 겨냥했다.

이 현대 혁명은 … 이전까지 교회가 경험한 박해의 규모를 초월하고 그 난폭함도 유례가 없다. 구세주 예수님께서 오셨을 당시 이 세계의 대부분을 억압했던 것보다 더 끔찍한 야만 행위로 돌아가고 있다는 위험을 모든 이가 감지하고 있다.

모든 위험이 너무도 긴박하게 다가오고 있다. … 과격하고 신을 믿지 않는 공산주의는 사회 질서를 어지럽히고 기독교 문명의 근간 자체를 송두리째 흔드는 일을 목표로 하고 있다. …

더 나아가 공산주의는 인간에게서 자유를 빼앗고 인간성에서 존엄을 전부 박탈하며, 맹목적이고 충동적인 행위를 억제하는 도덕적 통제를 남김없이 제거한다. …

역사상 처음으로 우리는 사람과 '신이라 불리는 모든 것' 사이에서 냉혹한 목적을 가지고 마지막 하나까지 계획된 싸움을 목격하고 있다.

공산주의에 대한 교황의 혐오는 1936년 7월 스페인 내전이 발발했을 때 교황이 즉각 프랑코 장군*을 지지한다는 뜻을 표명하면서 충분히 확실해졌다. 그러나 공화주의 정부가 1931년에 교회와 국가를 철저히 분리한 후라—그로 인해 교회나 수도원 습격과 사제, 수도승, 수녀에 대한 학살이 가능했다—교황에게 달리 선택권은 없었다. 그럼에도 프랑코가 두 독재자의 뒤를 이어 승리를 얻어내자 교황은 난처해졌다. 스페인 팔랑헤당이 나치와 파시스트 정권의 특성 중에서도 비오 11세가 그토록 자주 비난한 최악의 점들을 모방하기 시작했을 때 난처함은 더 커졌다.

---

* 스페인의 군인이자 정치가, 독재자. 내란을 일으켜 사회주의 정부를 무너뜨리고 총통으로 취임한다. ―역주

그러나 유럽 독재 정권의 그늘에 가려졌던 비오 11세의 임기가 전적으로 정치적이지만은 않았다. 그의 재위 중에 가톨릭 선교사의 수는 2배 이상 늘었고 근래 개종한 곳에는 훨씬 큰 규모로 책임이 맡겨졌다. 이미 1926년부터 교황은 최초의 중국 주교 여섯 명을 직접 서임했고 인도와 극동 지역에서도 현지인 사제가 총 3,000명에서 7,000명 이상으로 증가했다. 한편 가톨릭교회와 동방정교회의 재결합을 위해 노력했지만 반응이 지나치게 미미한 것에는 크게 실망했다(마치 동방정교회가 길 잃은 양인 것처럼 가톨릭교회로 돌아오라고 그토록 거만하게 하지 않았더라면 성과가 더 있었을지 모른다).

다행히 비오 11세는 언제나 과학에서 위안을 찾을 수 있었다. 그는 참된 학자였고—약 2세기 전의 베네딕토 14세 이후 최초로—그 사실을 거리낌 없이 드러냈다. 비오 11세는 바티칸 도서관을 현대화하고 책을 증보했으며, 교황청 그리스도교 고고학 연구소와 교황청 학술원을 창설했다. 그리고 바티칸이 소장하고 있는 명화들을 보관하기 위해 피나코테카 미술관을 건립했고 오래된 천문대를 로마에서 카스텔 간돌포로 옮겼다. 1931년에는 라디오 방송국을 개국해, 교황으로서는 최초로 전 세계에 정규 방송을 하자 전통적인 사고방식을 지닌 신자들은 충격을 받았다. 이 방송 가운데 1938년 9월 뮌헨 위기가 있던 시기에 한 방송은 중요한 의미를 갖고 있다. 이때 영국의 네빌 체임벌린Neville Chamberlain 수상은 눈앞에 닥친 세계대전을 막기 위해 뮌헨에 가서 히틀러를 만나는 헛된 시도를 했다. 비오 11세는 체임벌린이 히틀러의 상대가 되지 않는다는 사실을 단번에 파악했기 때문에, 체임벌린에게 그다지 기대하지 않았다. 그러나 비오 11세는 평화를 호소하는 감동적인 방송을 했고 유럽 전역에서 그 방송을 들었다.

불행하게도 이제 비오 11세는 병에 걸려 급격히 쇠약해지고 있었다. 당뇨병이 심해지면서 두 다리는 흉측하게 썩어갔고, 11월 25일에는 심장마비를 두 차례나 일으켰다. 그럼에도 교황 알현은 이어졌고—다만 이제는 병상에서 해야 했다—1939년 1월에는 체임벌린과 영국 외무장관 핼리팩스 경을 접견하여 히틀러의 요구를 거부할 용기와 결단력을 그들에게 조금이라도 심어주기 위해 최선을 다했다. 그러나 예상했듯이 성공하지 못했고 교황은 그들이 자리를 떠난 후 이렇게 중얼거렸다고 한다. '한 쌍의 민달팽이 같으니라고.'

이즈음부터 비오 11세는 독재정권을 향한 최고의 맹공이 될 1939년 2월 11일, 전 이탈리아 주교들과의 회의 연설에 공을 들이고 있었다. 일생에서 가장 중요한 연설이 되리라는 예감 때문에, 그는 이 연설을 할 때까지만 목숨을 부지하게 해달라고 주치의들에게 간청했으나 애석하게도 그 뜻을 이루지 못했다. 비오 11세는 예정된 연설 날짜를 하루 앞두고 선종했다. 그 직후 주치의 중 프란체스코 페타치*가 파시스트당의 지령을 받고 교황을 암살했다는 소문이 퍼지기 시작했다. 알려진 사실은—무솔리니의 사위이자 외무장관 지안 갈레아초 치아노 백작에 따르면—이후 무솔리니가 연설문 원고를 구하려고 극히 안달했고 실제로 교황청에 이탈리아대사를 보내 그 원고의 행방을 파첼리(훗날 비오 12세 교황)에게 물었다는 것이다.

---

* 여담이지만 페타치 박사의 딸 클라레타는 무솔리니의 정부였고 6년 후 그와 함께 즉결 사형에 처해졌다.

파첼리는 연설문이 비밀 기록 보관소에 있으며 그곳에서 사문[死文, 존재는 하나 효력은 상실된 문서]으로 남을 것이라고 확언했다.

비오 11세에게는 결점이 있었다. 바로 뼛속까지 독선가였다는 점이다. 그는 그리스도교 사상에 대해 로마 가톨릭교회는 옳고 나머지는 전부 그르다는 보수적이고 완고한 생각을 절대 꺾지 않았다. 신께서 계시하신 진리를 바꾼다는 생각조차 할 수 없던 그는 갓 시작된 세계교회일치운동을 상대조차 하지 않았다. 1928년의 회칙 〈죽을 운명의 영혼Mortalium Annos〉은 교회일치운동과 관련해 바티칸이 다른 교회들에게 보내는 메시지가 간단하고 강경하다는 사실을 분명히 드러냈다. "양손을 머리 위에 올리고 천천히 들어오라."*

임기 초반 비오 11세는 공산주의를 혐오했기 때문에—그가 폴란드에서 공산주의와 직접 대면했다는 사실을 절대 잊지 말아야 한다—파시스트당에 더 관대했고 처음에는 나치당에도 유한 태도를 취했다. 그러나 말년에는 굽히지 않고 두 정권을 공개적으로 적대시해 자유 진영의 존경과 감탄을 얻었다.

교황 비오 11세는 1939년 2월 10일 선종했고 교황 비오 12세Pius XII(1939-1958)가 콘클라베의 첫째 날인 3월 2일—그의 63번째 생일—에 3차 투표에서 선출되었다. 비오 12세는 300년 만에 가장 빨리 선출된 교황이었다. 그의 누이의 말에 따르면 파첼리(비오 12세)는 '날 때부터 사제'였다. 어린아이였을 때부터 수단과 중백의**를

---

* E. 더피,《성자들과 죄인들》262쪽.
** 수단은 제의 밑에 입거나 평상시에 입는 성직자복을 말하며, 중백의는 수단 위에 입는 흰옷을 말한다. – 역주

차려입고 자기 방에서 미사를 집전하는 놀이를 했다고 한다. 충분한 나이가 되자마자 그는 로마에 있는 그레고리안 대학과 카프라니카 신학원에서 공부했고, 23세에 불과했던 1899년에 사제 서품을 받았다. 2년 후 교황청에 들어간 뒤로 그는 절대 뒤를 돌아보지 않았다. 처음에는 뮌헨, 그 다음은 베를린에서 교황 대사로 봉직했고 1929년에는 추기경이 되었으며 다음 해 교황청 국무장관으로서 가스파리의 뒤를 이었다. 국무장관 자격으로 그는 오스트리아와 정교협약을 성사시켰고 1933년 7월에는 독일 나치 정권과 협상했다. 1667년 클레멘스 9세 이후로는 국무장관이 교황에 선출된 적이 없었지만 파첼리는 추기경회에서 이름이 가장 높았고 경험도 가장 많았으며 머리도 가장 좋았다. 비오 11세는 그를 무척 존중했고 건강이 쇠약해지면서 교황 업무를 점점 많이 맡겼다. 파첼리의 선출은 기정사실이나 다름없었다.

추기경들은 '교회의 왕자들'로 알려져 있는데, 지난 3세기 동안 파첼리보다 더 왕자 대접을 받았던 추기경은 몇 명 없었다. 1917년 5월 18일 그가 로마에서 뮌헨으로 출발했을 때 그가 탄 열차에는 개인용 객차—취리히에서 특별 제공한—가 추가되었고 이 객차에는 위장이 예민한 그가 독일의 전시 배급 식량을 소화하지 못할 경우를 대비해 음식 상자 60개가 실렸다. 이러한 특별 객실은 전쟁 중에 분명히 금지된 사치였기 때문에 이탈리아 국영 철도에서 특별히 요청해야 했고 로마와 스위스 국경 사이에 있는 모든 역장에게 비상이 걸렸다. 6주 후 베를린으로 갈 때도 그는 비슷한 대우를 받았다. 베를린에서 파첼리는 우선 독일제국 수상인 테오발트 폰 베트만 홀

† 비오 12세가 1939년 자신의 대관식에서 교황의 가마에 앉아 있다.

베그Theobald von Bethmann–Hollweg와 카이저 빌헬름Kaiser Wilhelm 황제와 직접 대면해 베네딕토의 평화안을 논의했다. 당연히 대화의 수확은 없었다. 양측에서 각자 자신의 승리를 확신하는 분위기 속에서 협상이 제대로 이루어질 리 만무했다. 파첼리는 뮌헨으로 돌아왔고 다시 한 번 전쟁 구호 활동에 전념했다.

그가 전쟁 구호 활동에 열심이었다는 사실은 꼭 말해둬야겠다. 파첼리는 포로수용소를 방문하고 포로들에게 식량을 배급해주었으며 언제든 어디에서든 할 수만 있다면 종교적 도움을 주었다. 단 한 가지 찬물을 끼얹는 사건은 있었다. 뮌헨의 랍비장이 교황에게 영

향력을 발휘해 이탈리아 종려나무 잎의 탁송을 허락해달라고 요청
한 문제를 처리할 때였다. 종려나무 잎은 유대인들이 다가오는 초
막절* 의식에 쓰려고 필요했던 것이다. 종려나무 잎은 이미 구입했
지만 물건이 코모 호에 묶여 있는 상황인 듯했다. 파첼리는 랍비장
에게 로마에 요청 사항을 전달했지만 전시 지연도 있고 교황청과
이탈리아 정부는 외교 관계가 없기 때문에 안타깝지만 무엇이든 제
시간에 처리될 가능성이 낮을 것 같다는 답변을 전했다. 그러나 그
는 가스파리에게 은밀히 다음과 같이 설명했다.

제가 이 일에 동의한다면 유대인에게 적당한 거리를 유지하고 만
인 공통인 자연법의 범위 내에서 현실적으로 단순한 친절을 베푸
는 것이 아니라 확실하고 명백한 방법으로 그들의 유대교 숭배 행
사를 도와 특별한 원조를 해주는 것이라고 생각했습니다.

전년 11월 휴전을 하며 뒤따른 혼란 속에서 1919년 세 명의 공산
당원(막스 르비앙, 오이겐 레핀, 토위아 악셀로드)이 바이에른에서 권력
을 장악했다. 그때부터 잠깐이지만 공포 정치가 이어졌고 외국 선
교단이 특히 공격의 대상이었다. 따라서 외교단은 르비앙에 대표를
보내 항의해야 한다고 결정했다. 당시 교황 대사였던 파첼리는 가
스파리에게 말했다.

* Feast of Tabernacles. 포도를 수확한 다음, 밭에 나뭇가지로 임시 초막을 지어 이스라엘
의 광야 생활을 기억하는 행사. ─ 역주

앞서 말한 이 신사 앞에 제가 모습을 보인다면 품위를 떨어뜨리는 일이므로 감사인 스키오파 몬시뇰이라는 이를 보냈습니다. …

공관에서 펼쳐지는 장면은 형언할 수 없습니다. 완전히 무질서한 혼란 상태이고 역겨울 정도로 부도덕합니다. … 그리고 이 와중에 역시 유대인인 한 무리의 젊은 여성들이 수상한 차림새를 하고 음란한 태도와 외설스러운 미소로 모든 사무실을 자주 드나들고 있습니다. 이 여성들의 우두머리는 젊은 러시아계 유대인인데, 이혼녀이자 르비앙의 정부로 총책을 맡고 있습니다. 그리고 교황 대사가 들어가기 위해 경의를 표해야 하는 상대가 바로 그녀였습니다. 르비앙이라는 자는 30세에서 35세가량의 젊은 남자로, 그 또한 러시아인이고 유대인입니다. 창백한 얼굴에 비열해 보이고 약에 취한 눈, 쉰 목소리, 총명하면서도 음흉해 보이는 인상이 야비하고 불쾌한 느낌을 줍니다. 복도에서 감사인 몬시뇰을 맞이할 예정이었던 그는 무장한 호위 부대에 둘러싸여 있었고 그중에 한 사람인 충실한 보디가드는 무장한 곱사등이였습니다. 르비앙은 머리에 모자를 쓰고 담배를 피웠고 스키오파 몬시뇰이 하는 말을 들으면서도 자신이 바쁘고 더 중요한 일을 해야 한다고 반복적으로 투덜댔습니다.*

이것들은 비오 12세가 유대인들에게 깊은 사랑과 존경을 보냈다고 하는 말년에 작성된 것이다. 두 인용문은 그런 기록들이 어느 정

---

* 두 인용문의 전문을 보려면 J. 콘웰의 《히틀러의 교황Hitler's Pope》 70쪽, 74~75쪽 참고.

도 과장일지 모른다는 사실을 암시한다. 반면 유색 인종 문제와 관련해서는 거짓이 없었다. 1920년부터 파첼리는 프랑스군의 흑인 병사들이 독일의 라인 지방에서 독일 여성과 아이들을 일상적으로 강간하고 있다고 가스파리에게 호소했다. 백인 병사들도 같은 짓을 할 수 있음을 암시하지는 않았지만, 프랑스군은 당연히 그런 사실 자체를 극구 부인했다. 그러나 파첼리는 계속해서 그들의 죄를 믿고 교황의 개입을 촉구했다. 25년 후 교황으로서 그는 영국 외무부에 '점령 후 로마에 주둔할지 모를 소수의 주둔군 가운데 연합군 측의 유색 병사가 없을 것'을 보장해달라고 요청한다.

나치 독일은 1938년 3월에 오스트리아를 합병했다. 정확히 1년이 지나 뮌헨 협약이 파기된 후 독일군은 체코슬로바키아의 국경에 집결했다. 교황에 선출되고 나흘밖에 되지 않았지만 1939년 3월 6일 교황 비오 12세는 히틀러에게 보낼 편지 초안을 직접 쓸 수 있었다.

독일제국의 총통이자 수상인 위대한 아돌프 히틀러 선생에게!
임기 시작을 맞아 우리는 당신의 보살핌에 맡겨진 독일인들과 앞으로도 지금처럼 깊이 유대하고 자애로운 우정을 나누며 협력하고자 한다는 바람을 표현하고 싶습니다. … 독일이 번영하고 모든 영역에서 발전하기를 바라는 우리의 원대한 바람이 신의 도움으로 전부 실현되기를 기도합니다.

여기에는 신임 교황이 어느 국가 원수에게 보낸 최초의 편지 그 이상의 의미가 있었다. 비오 12세의 공인 역사가 중 한 명인 알베르토 조바네티 몬시뇰의 말을 빌리자면 그 편지는 '길이와 표현하는 감정에서 당시 바티칸이 보냈던 여타 공식 서한과는 차원이 다르다'고 했다.

1939년 3월 15일 독일군은 체코슬로바키아를 점령했다. 1주일 후 바티칸 주재 독일대사인 디에고 폰 베르겐은 독일 정부에 다음과 같이 보고했다.

소식통에게 듣자 하니 독일제국의 보헤미아와 모라비아 합병에 대항하기 위해, 특히 프랑스 측이 민주주의 국가들의 반발을 지지해 달라고 교황을 설득하려는 시도를 긴급히 벌였다고 한다. 교황은 이 요청들을 아주 단호히 거절했다. 그는 교회가 정치적 관점으로는 역사 과정에 무관하므로 개입할 이유를 찾지 못한다고 주변 사람들에게 설명했다.

이마저도 시작에 불과했다. 1939년 9월 1일 독일군은 가톨릭 국가인 폴란드로 진군했고 이틀 후 영국과 프랑스는 독일에 전쟁을 선포했다. 이후 5주 동안 폴란드는 약 7만 명의 국민을 잃었다. 그러나 영국과 프랑스 대사들이 계속 개입해도 바티칸에서는 비난은 고사하고 단 한마디의 위로나 유감의 말도 나오지 않았다. 무거운 침묵은 10월 셋째 주까지 계속되었다. 첫 번째 회칙 〈교황직Summi Pontificatus〉에서 교황은 폴란드를 언급했다.

민간인을 포함해 셀 수 없는 사람들이 피를 흘렸고 가슴 아프게도 우리가 아주 친애하는 국가인 폴란드의 피가 희생되었다. 교회에 헌신했고 기독교 문명의 수호에 열성을 쏟은 그곳 사람들은 전 세계인의 인간애와 형제애로 위로받을 자격이 있으므로 그 이름은 역사의 한 페이지에 영원히 새겨졌다.

그리 놀랍지 않게 연합군은 환영하고 나섰다. 프랑스 공군은 회칙 8만 8천 부를 독일 상공에 뿌렸다. 독일 외무성에게 교황의 말뜻은 충분히 명백했다. 독일대사는 교황청에 '비오 12세는 중립을 포기했다.'고 항의했다. 그러나 회칙 전문 어디에도 독일이나 나치, 유대인이 언급되지 않았다는 점을 주목해야 한다.

1939년 11월 한 독일 공모자 집단이 교황에게 은밀히 접근해 도움을 요청하는 기묘한 사건이 있었다. 그들의 목적은 히틀러를 타도하고 독일을 민주주의 국가로 되돌리는 것이었다. 하지만 그들은 그 결과로 나타날 수 있는 혼돈의 시기를 서방 세력이 이용하지 않고 제1차 세계대전 후 베르사유 조약과 같이 독일에 굴욕적인 조건을 붙이지 않겠다는 보장이 먼저 필요했다. 과연 교황은 영예로운 평화에 동의한다는 영국과 연합국의 보장을 얻기 위해 중재자 역할을 할 준비가 되어 있었을까?

비오 12세는 음모에 가담해달라는 요청을 받고 있음을 잘 알았다. 이는 분명 엄청난 위험을 안고 있었다. 그가 개입한 사실이 하나라도 알려진다면 히틀러는 십중팔구 독일의 가톨릭교회에 분노를 표출할 것이었다. 무솔리니도 라테란 조약의 위반을 주장하며 교황령을 침공하거나, 교황령의 수도와 전기 공급을 끊을 수도 있었다.

당연히 비오 12세는 그들에게 하루만 생각할 시간을 달라고 부탁했다. 그는 교황청 내 누구에게도 의견을 구하지 않았다. 국무장관의 의견조차 묻지 않았다. 다음 날, 평화를 위해서라면 자신이 할 수 있는 것을 다하겠다는 비오 12세의 대답은 타인이 아닌 오로지 그의 결정에서 나왔다.

그러나 이 결정 뒤에는 깊은 걱정이 남았다. 교황청의 영국대사인 다아시 오스본 경은 그 직후에 교황을 알현하고 이렇게 전했다.

그는 오로지 정보를 얻기 위해 독일 공모자들의 말을 전달하기를 바랐다. 그것을 찬성하거나 권하려는 뜻은 조금도 없었다. 그는 내 의견을 듣고 난 후에 … 어쨌든 이 문제를 계속하는 것은 무의미할 가능성이 있으므로 방금 전달한 이야기를 없었던 것으로 해달라고 부탁했다. 그러나 나는 성하의 양심에 대한 책임을 내 자신의 것으로 떠안지는 않겠다며 그 자리에서 거절했다.

끝에 가서 이 일 전체는 흐지부지되었다. 네빌 체임벌린 정부는 공모자들이 제공할 수 있는 정보보다 훨씬 더 많은 정보를 요구했고 어차피 영국 정부에게는 독일군 세력이 남아 있는 한 어떤 종류의 평화든 의미가 없었다. 또한 영국 정부는 프랑스의 참여를 고집했지만, 공모자들은 극도로 내켜 하지 않았다. 공모자들이 용기를 잃었기 때문일지 모르지만 어떤 이유에서인지 그들의 계획은 그냥 힘을 잃고 말았다. 단지 이 사건은 비오 12세가 나치에 반대하는 감정을 갖고 있었고 제법 위험한 결정을 내릴 용기를 지녔으며 일단 결정을 내린 후 이상한 불안감을 표시했다는 점에서 여기에 기록해 놓을 가치가 있어 보였다.

이제 우리는 교황 비오 12세의 임기 내내 그림자를 드리운 엄청난 의문에 이르렀다. 바로 유대인 대학살에 대한 태도 문제다. 가톨릭 사상에는 언제나 강한 반유대주의가 퍼져 있었다. 예수님을 살해한 것이 유대인들 아니었던가? 16세기에 트리엔트 공의회에서 반포한 '트리엔트 미사'*에는 '신뢰할 수 없는 유대인'**의 개종에 대한 성 금요일 기도가 포함되어 있었고, 프랑스와 독일 그리고 오스트리아의 우파 가톨릭 정당들은 반유대주의 감정을 굳이 숨기지 않았다. 물론 교회의 공식 교리에는 그런 견해들이 설 자리가 없었다. 그러나 이 장의 앞에서 인용한 구절들을 보면 젊은 시절 비오 12세가 적어도 어느 정도는 그런 견해를 공유했음을 분명히 알 수 있다. 그리고 그런 사람이 비오 12세뿐이었을 리도 없다.

1942년 2월 6일 히틀러는 방송을 통해 '유대인은 적어도 천 년간 씨가 마를 것이다.'라고 선언했다. 한 달도 되지 않아 독일과 오스트리아, 폴란드뿐만 아니라 헝가리, 크로아티아, 슬로바키아는 물론 페탱 장군의 비시 프랑스***에서도 유대인 박해가 시작되어 대대적으로 진행되었다. 유럽 전역에 소식이 파다했으므로 바티칸에서도 이 사실을 빠짐없이 잘 알고 있었다. 4월 21일 다아시 오스본 경은 친구 브리짓 매큐언에게 이런 편지를 썼다. '어제 히틀러의 생일을 맞

* 18장 참고.
** 훗날 이 표현은 요한 23세의 명령으로 삭제되었다(28장 참고).
*** 제2차 세계대전 중 비시를 수도로 하여 남부 프랑스에 수립된 친독일 정권. – 역주

아 나는 그가 학살하고 고문한 수백 만 명을 위해 검은색 타이를 맸소.' 교황은 검은 타이를 매지는 못하지만 계속 이어지는 잔학 행위에 솔직한 의견을 말할 수는 있었다. 오스본이 거듭해서 간청했음에도 교황은 그렇게 하기를 거부했다. 7월 31일 오스본은 매큐언 부인에게 다시 편지를 썼다.

이루 말을 할 수 없이 슬프오. 비오 11세와 전임자들이 세계적인 권력으로 쌓아올린 교황청의 도덕적 권위는 슬프게도 이제 약해졌소. 교황 성하께서 평화 중재자로서 더 큰 역할을 하시기를 바라고 적어도 그런 이유로 교전국 사이에서 중립의 입장을 지키려 한다는 생각이 들기도 하오. 그러나 그대가 말했듯 독일의 반도덕적 행위는 중립과 아무 관계가 없고 … 그분이 평화에 기여할 것이라는 기대를 무너뜨리고 있기 때문에 교황의 침묵은 목적을 이루지 못하는 것이 사실이지.

그 무렵 대규모 추방이 시작되어 그해가 가기 전에 아우슈비츠 수용소에만 프랑스 유대인이 4만 2천 명 이송되었다. 9월에 루스벨트Roosevelt 대통령이 개인적으로 특사를 보내 독일의 전쟁 범죄를 규탄해달라고 교황에게 간청했으나 교황은 여전히 받아들이지 않았다. 교황청 국무장관인 말리오네 추기경이 교황청에서 최선을 다하고 있다는 말만 되풀이했을 뿐이다.

그 말은 사실이 아니었다. 이유라면 1942년이 저물어가면서 바티칸이 무언가 다른 생각을 분명히 하고 있었기 때문일 수밖에 없다. 바티칸은 연합군이 로마에 폭탄을 투하할까 봐 두려워하고 있었다. 딱하게도 거의 날마다 바티칸의 국무장관에게 불려간 오스본은 신성한 도시에 공습이 없을 것이라는 영국 정부의 확고한 약속을 얻어달라는 부탁을 받았다. 부질없지만 오스본은 영국이 전쟁 중인 나라이고 로마는 적군의 수도라고 지적했다. 그리고 바티칸만은 건드리지 않는다고 해도 이탈리아가 사전에 그 사실에 대한 정보를 줄 리가 만무하다는 것을 그는 잘 알고 있었다. 오스본은 12월 13일에 이렇게 썼다.

생각하면 할수록 한편으로는 히틀러의 유대인 학살이 혐오스러우면서도, 한편으로는 전쟁이 이탈리아에 끼칠 영향과 로마 폭격의 가능성에만 관심 있어 보이는 바티칸이 혐오스럽다. 바티칸 전체가 이탈리아가 된 듯하다.

다음 날 오스본은 말리오네 추기경과 다시 이야기를 나눴다.

나는 바티칸이 로마 폭격만 걱정하는 대신 전례 없는 반인륜적 범죄인 히틀러의 유대인 말살 운동에 있어 그들의 의무가 무엇인지 생각해야 한다고 주장했고, 그러면서 이탈리아는 독일과 연합하고 협력하는 공범자라고 말했다.

드디어 비오 12세는 1942년 성탄 전야에 전 세계를 향해 라디오 연설을 내보냈다. 그의 연설은 장황했고, 복잡하고 따분한 내용이 이어졌다. 비오 12세는 십중팔구 대부분의 청취자가 지루함을 참다 못해 라디오 스위치를 이미 꺼버렸을 연설 말미에 가서야, 어느 정도 요지를 드러내며 선의를 가진 인간들은 우리 사회를 하느님의 법이 중심이 되는 세상으로 되돌릴 것을 엄숙하게 맹세해야 한다고 촉구했다. 비오는 다음과 같이 연설을 이어갔다.

우리 인류는 전쟁터에서 죽어간 수없이 많은 이들에게 빚을 지고 있는 것입니다. 그들 앞에서 하느님의 법이 중심이 되는 세상으로 되돌리겠다는 맹세를 지키는 것이 우리의 의무입니다. 자신의 소임을 다해 생명을 불사른 그들의 희생은 더 나은 새로운 세상의 질서를 위한 대참사였습니다. 비통함에 빠져 있는 수많은 어머니, 미망인 그리고 고아들은 애통하게 목숨을 잃은 자신의 가족들이 위로와 지지를 받고 있음을 느끼고 있습니다. 우리는 그 유가족들에게도 우리의 맹세를 지킬 의무를 지고 있습니다. 수많은 사람들이 전쟁의 화마로 고국 땅에서 내몰려 낯선 이국땅에 뿔뿔이 흩어진 채 망명자 신세가 되어 이제는 그들 자신이 '저희 상속의 땅은 외국인들에게 넘어가고, 저희 가옥은 이방인들에게 넘어갔으며'라고 예언서의 〈애가〉*를 읊조리며 자신들의 불행을 몹시 슬퍼하고 있습니다. 우리 인류는 그러한 수많은 망명자들에게도 우리의 맹세를 지켜야 할 의무를 지고 있습니다. 아무런 잘못도 없이, 단지 자신들의 국적이나 민족으로 인해 무고하게 죽어야만 했거나 또는 쇠퇴의 길을 걸어야 했던 수백, 수천만의 사람들에게도 빚을 지고 있는

* 구약성서 〈애가〉 5장 2절 말씀. - 역주

우리 인류는 마땅히 우리의 맹세를 지켜내야만 합니다.

이것이 전부였다. 이번에도 유대인이나 나치는 물론이고 독일조차 언급하지 않았다. '가끔씩이지만'이라는 말을 교묘히 추가하는 바람에 대학살의 바탕에 있는 민족이라는 요소가 흐려졌다. 1942년 크리스마스까지만 해도 수백만 명이었던 희생자는 '수십만 명'으로 은근슬쩍 줄어들었다. 이 방송을 들은 무솔리니는 치아노에게 말했다. '차라리 프레다피오**의 본당 신부가 하는 게 나았을 상투적인 말들뿐이로군.'

그때까지 다른 중부 유럽 국가들에 비해 이탈리아에 있는 유대인들은 운이 좋은 편이었다. 로마에서 유대인 공동체를 형성한 8천여 명은 줏대 없는 교황에게 너나없이 크게 분노했으나 무솔리니 총통이 권력을 유지하는 동안은 대부분 무사했다. 무솔리니가 반유대주의 법을 여러 개 제정하기는 했지만 효력은 거의 없었다. 그러던 중 1943년 7월이 오면서 상황은 완전히 달라졌다. 연합군이 시칠리아를 침공했고 로마에 폭탄을 투하했으며 무솔리니는 체포되었다. 거의 2년 후인 1945년 4월 29일 무솔리니와 클라레타 페타치는 즉결 처형되었고 교수형을 당한 그들의 시신은 차고 지붕에 매달린 채 남겨졌다. 9월 11일 로마는 독일의 손에 넘어갔고 알베르토 케셀링 장군은 계엄령을 선포했다. 10월 18일 히틀러 친위대는 유대인을 체포하라는 명령을 내렸다.

** 무솔리니가 태어난 마을.

로마에는 그리스도교에 앞서 유대교가 있었다. 최초의 유대인 정착자들은 기원전 139년에 그곳에 도착했다. 기독교가 출현한 후 유대인 공동체의 운명은 달라졌는데, 그들이 겪은 시련 일부는 이 책의 초반에서 소개한 바 있다. 그러나 이탈리아 유대인의 역사를 통틀어 지금 같은 위기에 직면한 때는 단 한 번도 없었다. 당장 9월 말에 유대인 공동체는 36시간 내에 금괴 50킬로그램을 모아야만 했다.* 이 일은 그리스도교도와 유대인을 불문하고 단결한 이웃 시민들이 금괴를 아까워하지 않고 기부한 덕에 간신히 성공했다(바티칸은 몇 시간 망설인 끝에 '대출'을 제안했고 공동체 측은 정중하게 거절했다). 이 금괴가 안전을 보장하는 값이라는 추측은 무성했다. 그러나 10월 16일 이른 아침, 문이 열려 있는 군용 트럭이 길게 줄지어 유대인 강제 거주 지역에 진을 치자 그제야 추측이 완전히 빗나갔음이 분명해졌다.

트럭이 퍼붓는 빗속을 뚫고 집결지인 군사 대학을 향해 나아가는 동안―그곳에서 인간 화물을 아우슈비츠로 운반했다―작전을 막으려는 목소리들이 힘차게 터져 나왔다. 그중에는 독일어로 외치는 사람도 몇 명 있었다. 하나는 교황청 대사 에른스트 폰 바이츠체커 남작이었고 다른 하나는 케셀링 장군 본인이었다. 또 한 사람의 반대자는 로마의 독일영사인 알브레히트 폰 케셀이었다. 세 사람은 만약 강제 이송이 이루어진다면 점령군에 대항하는 전면적인 폭동이 일어나기 십상이라고 확신했다. 바로 이때 교황은 자신의 코앞

* 히틀러 친위대 대장이 인질 200명과 금괴 50킬로그램 중 하나를 내놓으라고 요구한 사건. - 역주

에서 벌어지고 있는 이렇듯 새로운 잔학 행위에 강력히 반발해야 했다. 그러나 교황청에서는 아무 반응도 나오지 않았다. 바이츠체커 남작은 베를린에 있는 동료 카를 리터 박사에게 편지를 썼다.

사방에서 압박을 했지만 교황은 흔들리지 않고 로마 유대인들의 이송에 그 어떤 비난을 표현하지 않더군. 10월 25~28일 로세르바토레 로마노에서 불분명하게 언급한 기사가 유일한 반대 표시이긴 했지만, 그것이 유대인 문제를 말한다고 알아차린 사람은 얼마 되지 않았네.

그리하여 이송은 진행되었다.

비오 12세의 이런 비겁한 침묵을 우리는 어떻게 설명할 수 있을까? 모든 원인은 첫째, 타고난 반유대주의와 둘째, 공산주의―전임자 비오 11세와 비오 12세 자신에게 항상 나치 독일보다 훨씬 큰 골칫거리였던―에 대한 두려움으로 거슬러 올라간다. 바티칸에 온 미국 대표 해럴드 티트먼과의 대화에서 말했듯이, 교황은 자신이 반대하면 히틀러 친위대와 충돌했을 것이라 믿었다. 그런 식으로 충돌할 경우 독일이 바티칸을 점령하고 그는 붙잡혀 투옥되었을 것이라 덧붙였을 수도 있다(하지만 그렇게 말하지는 않았다). 그렇게 된다면 결국 공산주의의 손에 놀아나는 결과를 불러왔을 것이라는 의미였다. 교황은 뮌헨에서 공산주의와 직면한 적이 있고 그들이 러시아와 멕시코, 스페인의 교회에 저지른 잔학 행위를 아주 잘 알았다. 유럽이 혼란 상태에 빠진 와중에 공산주의가 로마를 점령하는 것은 상상할 수 없었다. 따라서 그 결과를 피하기 위해서라면 로마의 유대인들이 이송되는 일도 그가 치러야 할 작은 대가에 지나지 않았을 것이다.

이 주장만으로는 충분히 납득하기 어려워보인다. 그러나 교황의 침묵이 정당하다고 받아들인다고 해도 아직 한 가지 남아 있는 사실은 해명되어야 한다. 전쟁이 끝난 후 비오 12세는 13년을 더 재임했지만, 그 시기 동안 사과나 유감의 말을 한마디도 하지 않았고, 아우슈비츠에서만 1,989명이나 죽음을 맞은 유대인 강제 이송자들을 위한 추도 미사도 한 번 집전하지 않았다. 돌이켜보면 전 세계 공산당의 당원을 아무렇지 않게 파문했던 교황이 힘러나 괴벨스, 보르만, 히틀러를 비롯한 가톨릭 나치 전범들도 똑같이 파문하는 일은 어째서 고려조차 않았는지 많은 사람이 의문을 품었다.

로마가 해방되기 전에 로마에서 마지막으로 일어난 나치의 학살을 비난하는 말도 없었다. 그 사건이 있었던 1944년 3월 24일의 전날에 독일군 한 중대가 라셀라 거리를 따라 행군하던 중 폭격을 받아 33명이 사망했다. 다음 날 저녁, 히틀러의 직접 명령으로 유대인 약 70명을 포함한 이탈리아인 335명이 로마 남쪽의 아르데아티네 동굴로 끌려가 학살당했다. 이번에도 바티칸에서는 반발하지 않았다. 다만 이틀 후 바티칸에서 발간하는 일간신문 〈로세르바토레 로마노〉는 독일 희생자에 조의를 표했고 '320명*을 희생시킨 가해자 일당이 체포되지 않았다'는 점을 유감스러워 했다.

---

* 원문에 따름. 실제로는 335명. – 역주

폭격이 있었던 3월 23일에 독일은 헝가리를 점령했고 히틀러가 벌인 '대학살의 기획자' 아돌프 아이히만은 헝가리의 유대인 75만 명에게 '최종적 해결[유대인을 말살하기로 한 결정]'을 시행하기 시작했다. 마침내 바티칸은 주목했다. 부다페스트 주재 교황대사 안젤로 로타 몬시뇰은 헝가리 정부에 공식적으로 항의했다. 외국 주재 교황 대사로서는 처음 있는 일이었다. 그 당시에도 그의 표현은 뜻밖이었다.

로마 교황 대사는 헝가리 정부가 유대인과 자연의 법칙 및 하느님의 계명에 규정된 선을 넘어서는 전쟁을 지속하지 말 것을, 그리고 교황청과 전체 그리스도교 세계의 양심이 반발심을 느낄 만한 행위는 하지 말 것을 다시 한 번 요구한다.

그러나 교황은 6월 25일이 되어서야 헝가리 대통령 호르티Horthy 제독에게 전보를 보냈다. 그는 '수많은 사람이 단지 국적이나 인종 때문에 당하고 있는 피해와 고난을 막기 위해 가능한 한 모든 힘을 사용해 달라.'고 요청했다. 여전히 유대인을 직접 언급하지는 않았다. 하지만 다음 날 전보를 보낸 루스벨트 대통령은 그보다 덜 부드러운 어조로 사실상 엄청난 결과를 위협적으로 예고했다.

이 시점에서 헝가리의 가톨릭교회가 단호하고 효과적으로 개입했다는 사실은 마땅히 덧붙여야겠다. 쫓기는 신세였던 무수한 유대인은 수도원이나 수녀원, 교회에서 피난처를 얻었고 대개 평범한 가톨릭 가정에서도 그들을 받아주었다. 1944년 가을과 겨울 동안

'부다페스트에서 박해받은 유대인이 은신처로 삼지 못한 가톨릭교회 시설은 단 한 곳도 없었다.'고 한다. 셀 수 없이 많은 사람들이 목숨을 건졌다. 그럼에도 두 가지 의문은 남는다. 아이히만이 역겨운 행위를 시작한 때는 3월이었다. 4개월이나 5개월 후가 아니라 그때 구출 작전을 시작할 수는 없었을까? 그리고 교황은 과연 이 작전을 승인했을까?

1945년 봄에 평화가 찾아오며 교황 비오 12세—지난해 8월 말리오네 추기경이 사망한 후 직접 국무장관 역할까지 하고 있던—는 최대의 숙적 공산주의와 다시 한 번 대면하게 되었다. 뛰어난 지도자 팔미라 톨리아티가 이끄는 이탈리아 공산당은 진정 그들만이 파시스트당을 물리칠 수 있기 때문에 권력의 정당한 승계자라고 보았다. 운 좋게도 미국 군대가 자본주의와 소비지상주의 사회의 물자를 대량으로 가져오면서 이탈리아가 미국의 매력에 빠지게 되었고, 공산주의와 균형을 이루었다. 이렇듯 두 개의 극과 극에 맞서 비오 12세는 공산주의나 자본주의와 달리 온전히 이탈리아만의 가톨릭 부활 운동을 강력히 추진했다. 그러나 굳이 선택해야 한다면 그의 마음속에서는 두 가지 악惡 중에 당연히 미국 물질주의가 비할 수 없는 차악이었다. 1949년 7월 2일 비오 12세는 가톨릭교도라면 절대 공산당원이 될 수 없고 어떤 식으로든 공산주의를 주창할 수 없다고 못 박는 교령을 공포하기까지 했다. 그런 행위가 밝혀진다면 누구라도 성체를 받지 못하게 되었다. 바로 전해에 그는 교황청 전체와 마찬가지로 이스라엘의 건국을 격렬하게 반대했다. 예로부터 교회에 대대로 전해지듯 비오 12세에게 유대인은 신을 죽인 민족이었다.

이때 교황은 73살이었다. 신체적으로도 여전히 건강했고 독단적인 기질과 자신감은 해가 갈수록 높아지고 있었다. 오랜 반유대주의는 여전히 두드러져서 죽는 날까지 이스라엘을 국가로 인정하지 않았다. 그의 시야는 좁아지고 있었다. 기존의 낡은 통설을 더욱더 확고부동하게 지켰고 새로운 신학 관념에는 마음을 닫았다. 1950년 9월 2일 비오 12세는 회칙 〈인류Humani generis〉를 발표해 최신식 학문을 불가능하게 하고 새롭거나 독창성 있는 기독교적 사고라면 무엇이든 강력히 비난했다. 그것이 끝은 아니었다. 교황 회칙에 무류성이 있다고 여겨진 적은 한 번도 없었지만 그 회칙부터는 '그 문제는… 더 이상 신학자들 사이에서 논의할 문제가 아니라고 생각한다.'라고 표현하는 등 논쟁의 여지가 있는 문제를 확정적으로 해결하고 있다는 뜻을 분명히 드러냈다.

그 후에는 비오 10세 시절 존재했던 공포 정치와 다르지 않은 형세가 나타났다. 미국 예수회의 대니얼 베리건은 이렇게 보고했다. '나는 지적 탁월성이 정교正教의 파도에 휩쓸려 마치 스탈린주의의 대규모 숙청에서와 같이 꺾이는 모습을 눈앞에서 목격했다.*' 주요 희생자 중 하나는 예수회의 유명 고생물학자 피에르 테야르 드 샤르댕으로, 그의 연구는 발표가 거부되었고 결국 미국으로 망명했다. 또 다른 희생양은 프랑스의 노동 사제 활동이라는, 중공업계에

* J. 콘웰, 《히틀러의 교황》에서 인용.

기독교를 전파하려는 시도 가운데 가장 흥미롭고 어쩌면 가장 성공적인 것이었다. 그 구성원들은 성직자복을 작업복으로 갈아입고 바지선 선원이나 광부, 공장 직공으로 고용되었다. 이전에 이런 선교 활동은 없었고 이들은 전례 없는 성공을 거두었다. 그러나 비오 12세는 그런 활동은 공산주의가 언제든 침투할 수 있는 기회를 제공한다며 지나치게 위험하게 보았다. 교황은 갈수록 더 반감을 드러내더니 결국 1953년 11월에 노동 사제 활동을 완전히 없애버렸다.

진보적인 기독교 사상가들에게는 절망적인 시기였다. 어떤 의미에서는 조지프 매카시 상원의원이 모든 침대 아래 공산주의자가 있다고 하던 시절의 미국을 꼭 닮았다. 1950년 11월 교황의 성좌선언 聖座宣言에서 성모 마리아 몽소승천蒙召昇天에 대한 교리를 선언할 때도 나아진 점은 없었다. 다시 말해 성모의 몸은 사후에 부패하지 않고 즉시 천국에 맞아들여졌다는 것이다. 이 이론은 전혀 생소하지 않았다. 승천은 오래전부터 이탈리아 종교화에서 가장 인기 있는 주제였고—베네치아의 프라리 성당에 있는 탁월한 티치아노 제단화만 떠올려도 알 수 있다—그 기념일인 8월 15일은 교회력敎會曆*에서 가장 중요한 날이었다. 하지만 초기 교회에는 알려져 있지 않았고 성서에서 확인되지도 않았다. 비非가톨릭교회는 그들이 한순간도 믿지 않았던 교리가 규정되자 무류성을 주장하는 듯한—1870년 제1차 바티칸 공의회에서 무류성이 정의된 이후 처음으로—교황의 오만함에 분개했다.

* 전례력典禮曆 혹은 성력聖曆이라고도 하며 성주간과 성인들의 축일을 날짜순으로 배열하여 작성한 교회의 연력年曆이다. - 역주

1950년 중반 무렵 교황 비오 12세의 건강은 염려스러울 정도였다. 건강이 악화된 이유는 주로 안과 주치의의 처방 때문으로 보인다. 비오 12세를 제외한 사람들은 교황의 신체적 안녕을 전적으로 책임지고 있던 리카르도 갈리아치 리시 교수를 일반적으로 돌팔이나 사기꾼쯤으로 생각하고 있었다. 갈리아치 리시만으로도 문제였는데, 그는 비슷한 사람을 두 명 더 소개했다. 우선 당시 상류 사회가 애호했던 스위스 의사 파울 니한스는 양과 원숭이의 태아에서 추출한 세포를 통해 영원한 젊음의 비밀을 발견했다고 주장했다. 두 번째 인물은 정신 나간 치과의사로 그 시절 금관 악기 세척에 주로 사용되던 물질인 크롬산을―산업 용도에 준하는 양으로―교황에게 처방했다. 말년에 비오 12세를 괴롭혔던 만성적 딸꾹질은 그 때문이었던 것으로 보인다.

　　교황 비오 12세는 1958년 10월 9일 목요일 이른 아침에 선종했다. 장례식은 길고 인상적이었다. 뚜껑 열린 관에 누운 교황의 시신은 로마를 천천히 지나 성 베드로 대성당에 안치되었다. 참으로 불행하게도 방부처리는 갈리아치 리시가 맡았다. 그는 예수 그리스도에게 사용한 방법과 유사한 신기술을 사용해 '시신을 자연 상태로 유지할 것'이라고 공언했지만 이 기술은 괴상한 현상을 일으키며 실패했다. 이따금씩 관 속에서 소름 끼치는 분출음이 들렸고 일반 공개 기간 동안 냄새가 너무 고약해 스위스 근위병 하나가 기절할 정도였으며, 심지어 시신의 코는 떨어져 나갔다. 마침내 관 뚜껑이 나사로 고정되고 바실리카 아래의 작은 동굴로 내려져 비오 12세가 성 베드로의 무덤으로부터 불과 몇 발짝 떨어진 곳에 최후의 안식처를 찾았을 때야, 그곳에 있는 모든 사람은 안도의 숨을 내쉬었다.

그의 후임자가 내린 명령에 따라 비오 12세를 시성하는 절차가 이미 시작되었다는 사실을 기록해야 한다니 안타깝다. 그저 관습에 따라 모든 교황이 지금과 같은 방식으로 시성이 되고, 앞으로도 그런 관행이 계속된다면, 진정한 성인들을 우롱하는 결과를 낳게 될 것이라고 분명히 언급해두고 싶다.

28

제2차 바티칸 공의회와 그 후

1958~현재

1958년 10월 28일 10차 투표에서 교황에 선출된 안젤로 주제페 론 칼리는 77살 생일을 한 달 남짓 앞두고 있었다. 퉁퉁한 체격에 인자하고 유쾌한 그에게는 편안한 매력과 넘치는 재치가 있어서 한번 만나본 사람들은 그를 사랑하지 않고는 못 배겼다. 비오 12세를 진정으로 사랑하는 사람은 아무도 없었던 반면, 교황 요한 23세St. Joannes XXIII(1958-1963)를 사랑하지 않기란 불가능했다. 그럼에도 그가 징검다리 교황, 즉 임시 교황에 지나지 않는다는 것이 일반적인 예상이었다. 실제로 그의 임기는 5년이 채 되지 않았지만, 어느 면에서든 그가 임시 교황이라고 보기 어려웠다. 오히려 그는 이 세계를 흔들어놓았다.

　그는 우선 '요한'이라는 교황명을 선택하여 놀라움을 안겼다. 그 이름을 가진 적법한 교황은 22명이었는데, 가장 최근에 그 교황명을 쓴 사람은 요한 22세로 14세기 초에 아비뇽을 지배했었다. 뛰어난 교황도 몇 명 있었지만 요한 12세는 역사상 가장 타락한 교황이었다(12장 참고). 그보다 앞서 요한 23세도 있었으나 그는 1415년 콘스탄츠 공의회에서 파면된 대립교황이었다.* 교황 요한 23세는 훗날 이 복음주의적 이름을 불명예에서 회복하기 위해 선택했다고 밝혔다. 그러나 선출될 당시에는 요한이 아버지의 이름이고, 가족 열세 명이 전부 세례를 받은 베르가모 인근 보잘것없는 교구 교회의 이름이며, 라테란 성 요한 성당을 포함해 전 세계에 헤아릴 수 없이 존재하는 많은 대성당의 이름이기 때문에 선택했다고 주장했다. 세월이 흘러서는 그답게 또 다른 이유를 내놓았다. 다른 이름보다 요한이라 불린 교황이 많았고 대부분 독보적으로 임기가 짧았다는 이유였다.

새 교황은 학자였다. 그는 위대한 16세기 밀라노 대주교이자 반종교개혁[16~17세기에 있었던 가톨릭교회 내부의 자기 개혁 운동]의 주도적 인물인 성 카를로 보로메오를 우러러보며 그에 대한 다섯 권짜리 연구를 출판했다.** 그리고 이 연구 덕분에 요한은 훗날 비오 11세가 되는 바티칸 도서관 사서 라티 몬시뇰과 만나게 되었다. 바로 그가 1925년에 론칼리를 외교가로 진출시킨 인물이었다. 그때부터 론칼리는 먼저 불가리아, 그 다음에는 터키와 그리스에서 근무하며 유대인들을 위해 지칠 줄 모르고 일했다. 1944년 12월에는 교황 대사로서 파리에 파견되어 거기서 노동 사제 활동을 전폭 지지했고 1953년 베네치아의 추기경과 총대주교로 임명된 후에는 교황으로 선출될 때까지 그 자리를 지켰다.

* 16장과 기번의 설명 참고. '가장 불명예스러운 혐의는 감춰지고 그 교황은 단지 해적 행위, 살인, 강간, 동성애와 근친상간으로만 고발당했다.'
** 20장 참고.

교황이 된 요한 23세는 바쁜 사람이라는 인상을 물씬 풍겼다. 선출되고 불과 석 달 후인 1959년 1월 26일 로세르바토레 로마노는 교황이 세 가지 중요한 계획을 구상하고 있다고 보도했다. 세 가지 계획이란 로마에서 교구 시노드와 세계 공의회를 개최하는 것과 교회법을 개정하는 것이었다. 셋 중에서 두 번째는 단연코 야심적인 계획이어서, 많은 사람은 왜 그 계획을 단독으로 공표하지 않았는지 의아해했다. 교황은 반응을 살피고 있는 것이 틀림없었다. 그는 발칸 제국에서 보내는 동안 동방교회를 자주 접했고 그쪽에서 제안을 어떻게 생각할지 최대한 신중하게 알아내고 싶었다. 만약 반응이 우호적이라면 공의회 범위를 넓혀 동방교회를 포함할 수 있지만, 반응이 좋지 않다면 로마교회만 참가하게 할 작정이었다.

바티칸의 보수 세력은 큰 충격을 받았다. 교황 비오 12세는 냉정한 독선가였다. 명령은 오로지 그가 내렸고 주교는 물론 추기경까지도 명령을 이행하기 위한 존재였을 뿐이다. 그런데 갑자기 전 세계 모든 주교들이 모여 자유롭고 통제되지 않은 회의를 하자는 제안이 나온 것이다. 대주교이자 훗날 교황 바오로 6세가 되는 진보적 인물인 몬티니 추기경조차도 신임 교황이 '벌집을 건드리고 있다'고 생각했다. 그러나 요한 23세는 단호했다. 교황이 독재하는 시대는 끝났다. 이제부터 교회는 교황과 주교들이 서로 책임을 공유하는 조직체였다. 더 이상 교회는 현대 시대에서 고개를 돌릴 수 없었다. 교회의 조직과 가르침을 모두 최신 경향에 발맞추자는 가톨릭의 현대화가 새로운 좌우명이었다. 교황은 교황청의 창문을 활짝 열고 신선한 공기를 들여올 때라고 말했다.

계획대로 공의회가 개최되려면 그 전에 많은 준비 작업이 불가 피했다. 주교 시노드—놀랍게도 교황 제도 역사상 최초로 열린— 는 1960년 1월 라테란에서 열렸지만 제2차 바티칸 공의회 자체는— 정식 명칭은 로마 가톨릭교회의 제21차 보편공의회였다—그로부 터 거의 2년 후인 1962년 10월 11일에 개최되었다. 성 베드로 대성 당에서 열린 개회식에는 대체로 주교와 수도회 수도원장으로 이루 어진 대표자 2,540명이 참석해 교회 역사상 어느 집회보다 가장 규 모가 컸다. 대략 절반은 비非유럽인이었다. 아프리카에서 250명, 아 시아에서도 거의 같은 수가 왔고 라틴아메리카는 600명을 보냈다. 17개 동방정교회와 프로테스탄트교회의 대표들도 참관했다. 개회 사에서 교황은 낙관주의를 표출했다.

우리는 마치 세계의 종말이 가까이 있다는 듯이 언제나 재앙을 예 고하는 암울한 예언들에 동의하지 않아야 한다고 생각합니다. …
교회는 교부敎父들에게서 받은 진리라는 신성한 기본 재산에서 절 대 벗어나서는 안 됩니다. 그러나 동시에 교회는 지금 세계에 도입 되어 새로운 길을 연, 새로운 조건과 새로운 형태를 보아야 합니다. … 이 이유에서 교회는 인간의 천재성이 발견한 굉장한 진보를 무 력하게 보지 않았던 겁니다. …
공의회는 이제 여명처럼, 가장 빛나는 빛의 전조로서 교회에서 솟 아오르기 시작했습니다. 지금은 새벽일 뿐입니다. 그리고 밝아오는 날을 가장 먼저 알리는 이것에 벌써 얼마나 큰 즐거움이 우리 마 음을 채우고 있습니까. 여기 모든 것이 신성함으로 숨 쉬고 환희를 불러오고 있습니다. 우리 모두 하늘의 별을 바라봅시다. …

1년도 채 지나지 않은 1963년 6월 3일, 2세기 만에 가장 짧은 임기를 남기고 교황 요한 23세는 암으로 선종했다. 21차 공의회는 그의 아이디어였고 그가 거의 다 만들었다. 최종 결정은 대부분 다른 이들—그중에서도 후임 교황이—이 맡았지만 하나부터 열까지 그의 정신이 스며들어 있었다. 5년이라는 짧은 시기 동안 요한 23세는 20세기를 향해 교회의 문을 열었다. 그리고 다른 기독교 교회들에 손을 내밀었다. 언제나 각별한 애정을 드러냈던 유대교에 특히 그랬다. 제2차 세계대전 중 터키에 교황 사절로 파견되었던 그는 루마니아와 불가리아에서 백지 세례 증명서를 발급해 유대인 어린이 수천 명의 목숨을 구했다. 그리고 교황에 선출된 첫해에 비오 12세가 줄곧 고려조차 하지 않은 일을 했다. 성 금요일 기도문에서 '신뢰할 수 없는 유대인'이라는 표현을 삭제한 것이다. 어느 날 그가 차를 타고 로마를 지나고 있을 때 우연히 유대교 회당 앞을 지나게 되었다. 마침 모든 신자가 회당을 떠나고 있었는데, 요한 23세는 차를 세우고 그들에게 말을 걸고 축복을 빌어주었다. 그러니 선종 하루 전에 로마의 랍비장과 많은 유대교 신자들이 성 베드로 대성당에 기도하러 온 것도 놀라운 일은 아니다.

1954년 밀라노 대주교에 임명될 때까지 조반니 바티스타 몬티니는 사실상 성직자 경력의 대부분을 교황청의 비서로 보냈다. 부유한 변호사 겸 의회 의원의 아들인 그는 이미 1937년에 40살의 나이로 파첼리 추기경의 비서가 되었고, 그 후에는 교황 비오 12세의 국무장관이 되어 그를 17년간 보좌했다. 1953년 몬티니는 추기경이 되면 그의 고유한 직권이 사라지리라는 사실을 알고 추기경 모자를 고사한다. 그러나 어차피 얼마 지나지 않아 그의 영향력은 줄어들기 시작한 것 같다. 비교적 진보적인 그를 비오 12세 등의 보수적인 세력이 못마땅하게 여겼고 그를 쫓아내고 싶은 마음을 품기 시작했다. 몬티니는 밀라노 대주교로 임명된 것은 명목상 승진일 뿐, 보장받은 자리가 아님을 알고 있었다. 그뿐만 아니라 밀라노 사람들의 강력하고 거듭된 항의에도 추기경단 가입 자격이 계속해서 거부당한다는 점으로도 그를 탐탁지 않게 여긴다는 사실을 알 수 있었다. 그리고 추기경의 붉은 모자를 얻지 못한다면, 다른 사람들의 예상과 달리 차기 교황으로서 선출될 자격이 결코 없었다.

후임자에 대해 별로 생각하지 않거나 거의 생각하지 않는 것이 독재자의 특징이다(다른 사람은 몰라도 비오 12세는 독재자였다). 어쩌면 독재적 본능의 일면인지—그는 '내가 죽은 뒤에 무슨 일이 일어나든 알 바 없다.'라고 중얼거렸다고 한다—비오 12세는 추기경들을 신임하지 않았고 그들에게 이상할 만큼 관심을 적게 가진 듯하다. 19년 동안 그는 추기경 회의를 겨우 두 번 열었다. 비오 12세가 선종할 무렵에는 예전에 식스토 5세가 70명으로 규정한 추기경단의 정원은 51명밖에 되지 않았고 그중 절반은 80살을 훌쩍 넘긴 상태였다. 교황 요한 23세는 취임하는 즉시 이 부분을 바로잡았다. 첫 추기경 회의에서—이때 대주교 몬티니는 마침내 추기경 모자를 받았다—요한 23세는 식스토 5세의 최대 정원을 없앴고, 1962년 무렵 추기경단의 수는 최소 87명이 되었다.

이 추기경들 중에서 80명이 6월 19일의 전날 밤에 콘클라베를 위해 소집되었다. 몬니티는 유력 후보였지만 그럼에도 5차 투표 만에 선출되어 바오로 6세Paulus VI(1963-1978)라는 교황명을 택했다. 그는 현대의 이교도들에 손을 내밀고 싶다고 말했다. 교황의 삼중관을 받기를 그보다 더 주저했던 주교는 거의 없었다. 당시 65살이었던 그는 교황직의 의미를 누구보다 잘 알았고, 교황에게 따르는 책임만이 아니라 인간으로서의 극심한 외로움도 잘 알았다. 바오로 6세는 공의회의 두 번째 회기를 개시하기 전까지 100일밖에 남지 않았다는 사실도 알았다. 그가 큰 역할을 했던 첫 번째 회기는 절대적인 성공이 아니었다. 몇몇 생각이 극렬하게 충돌했고 사람들 간의 충돌은 몇 건 더 있었다. 그러나 교황 제도 역사상 그렇게 거리낌 없이 완전한 자유를 표현하는 경우가 없었으니 어쩔 수 없는 일이었다. 전前 봄베이 대주교 토머스 로버츠의 말에 따르면 하느님의 자녀들이 하느님의 집에 있는 계단 난간을 마음껏 미끄러져 내려가도록 허락된 셈이었다.

두 번째 회기에서야 공의회는 본격적으로 진행되기 시작했다. 공의회에서는 세계교회주의나 미사 개혁, 공산주의, 종교의 자유, 그리고 무엇보다도 유대교 등 거의 모든 주요 논점에서 비오 12세의 의견을 반박했다. 종교개혁 이후 가장 혁명적인 그리스도교 사건이었다. 핵심 문서는 〈교회에 관한 교의 헌장 - 인류의 빛〉이었다. 비오 12세는 그것을 못마땅하게 여겼을 것이다. 특히 로마가톨릭교회를 기독교교회와 동일시하지 않도록 조심하라는 항목이 그렇다.

이 헌장은 '여러 가지 표면적인 구조 밖에도 성화聖化*와 진리에 관한 많은 요소가 있지만' 후자는 그야말로 가톨릭교회 안에 '내재'한다고 주장했다. 이는 가톨릭교회가 다른 교회들과 동등한 위치에서 공존할 수 있다는 의미와 다름없었다. 가톨릭교회는 더 이상 신의 진리에 대한 독점권을 주장하지 않았다. 그 밖에도 이 헌장은 주교는 물론 평신도의 중요성을 강조함으로써 교황이 전권을 가진다는 개념을 완전히 깨뜨렸다. 교회는 순례자들과 같은 충실한 신자라는 의미에서 순례교회라 표현했다.

공의회에서 승인된 그 밖의 헌장 중에서 〈전례에 대한 헌장〉은 로마가톨릭 전례의식을 바꾸었다. 평신도가 미사에 더 많이 참여하라는 원칙을 세웠고 라틴어 대신 해당 국가의 언어를 도입했으며 미사 집전 신부가 제대보다는 신도들을 바라보도록 요구했다. 〈세계교회에 관한 헌장〉은 교회의 노력을 중심으로 한 종교 통합이 목표였다. 〈비그리스도교에 관한 선언〉은 유대교에 대한 교회의 태도를 정의하는 데 특히 중요했다(반유대주의 성향의 교황청은 여전히 결사 반대했다).

유대교 지도자들과 그들의 지도를 따른 이들이 예수 그리스도의 죽음을 요구한 것은 사실이다. 그럼에도 당대의 유대인들에게도 또 오늘날의 유대인에게도 무분별하게 예수께서 겪었던 그 수난의 죗값을 물을 수는 없는 일이다. 교회가 하느님의 새로운 사람들이

* 인간이 하느님의 성성聖性에 이르거나 참여하는 것. 성성에 이른다는 말은 하느님과 일치한다는 뜻이다. ─역주

기는 하지만 마치 이것이 성서에서 나온 것처럼 유대인을 하느님에게 거부되거나 저주받은 존재로 그리지 않아야 한다. 그리고 교리문답서에서나 하느님 말씀의 전파에서나 복음서의 진리와 그리스도의 정신에 적합하지 않은 것은 그 무엇도 가르치지 않도록 모두 확실히 해야 한다. 더 나아가 교회는 인간에 대한 박해라면 무엇이든 거부하면서, 하느님 아버지로부터 물려받은 유산을 유대인과 공유하고 있음을 유념하며, 복음서의 정신적인 사랑이 아닌 정치적 이유에 따라 움직이지 않아야 하고, 언제든 누구에 의해서든 유대인을 겨냥한 증오와 박해와 반유대주의의 표출은 비난받아야 한다.

공의회는 겨우 3년 넘게 이어지다가 1965년 12월 8월에 교황 바오로 6세에 의해 마침내 끝을 맺었다. 처음 준비할 때부터 마지막까지 공의회의 성공은 대부분 교황 바오로 6세의 덕분이었다. 보수파의 반대는 내내 계속되었고 요한 23세가 살아 있었더라도 대부분의 조치를 밀어붙이지 못했을 것이다. 그와 달리 바오로 6세는 전 경력을 바티칸 관료제에서 쌓았기 때문에 단호하고 자신감 있는 태도로 공의회를 능수능란하게 조종할 지식과 경험이 있었다. 그는 모든 주교에게 75살에 퇴임할 의무를 지우며 보수파를 다루었다. 로마의 주교 자격을 가진 교황만은 예외였다. 추기경은 80살에 교황청에서 퇴임해야 하고 그러고 나면 추기경직의 유일한 특권인 교황 선출 콘클라베에 더 이상 참여할 수 없었다. 반면 추기경단의 규모는 제3세계에서 많은 수의 추기경이 새로 임명되면서 급격히 커졌다. 이제 더 이상 이탈리아 출신은 절대적인 다수를 누리지 못할 것이다.

교회는 알아볼 수 없을 정도로 변화했다. 수많은 가톨릭교도를 위해 교회가 마침내 시대에 맞춰 움직인 것이다. 많은 비非가톨릭을 위해서도 교회는 스스로 탈피했다. 스페인이나 시칠리아같이 오랜 거점에서도 수도회는 서서히 줄어들었다. 사제들은 그들의 칼라를 떼어냈고 몇몇 수녀회는 옛 복장을 넣어두고 승무원 같은 옷을 입었다. 구세대는 특히 익숙하고 애용했던 라틴어가 사라지는 현상을 특히 받아들이기 힘들어 했다. 어떤 이들에게는 실로 가슴 찢어지기까지 한 일이었다. 고유의 아름다움은 차치하더라도 라틴어는 공통어 역할을 했다. 전 세계 모든 국가에서 미사는 동일했고 따라서 듣자마자 친숙한 느낌을 주었다. 이제―민간 항공이 운행하고 사람들이 여느 때보다도 많이 여행하는 시점에서―신도들은 한마디도 이해하지 못하는 언어로 미사를 들어야 하는 경우가 지나치게 많아졌다.

이렇듯 충돌하는 요소들을 모두 하나로 끌어안는 것이 바오로 6세의 과제였다. 전반적으로는 성공을 거두었지만 가톨릭교회에서 이탈한 전통주의자 마르셀 르페브르 대주교가 '성 비오 10세회'를 창립해 완전한 트리엔트 미사*로 옛 제도를 확고히 옹호하는 것을 막지는 못했다. 바오로 6세는 공의회를 추진했고 공의회가 끝났을 때도 구습으로 돌아가는 일은 없다고 분명히 못 박았다. 하지만 그

---

* tridentine Mass. 트리엔트 공의회 이후에 지정된 미사 양식으로 1570년에 발행된 비오 5세의 교황령Quo Primum Tempore의 정신에 따라 라틴어로 집전하는 미사를 가리킨다. 이 라틴어 미사 형태는 제2차 바티칸 공의회 이후 수정될 때까지 존속하였다. ―역주

밖의 면에서는 보수주의를 굳게 유지했다. 바오로 6세는 사제의 독신 생활에 관해 의사를 바꾸려 하지 않았다. 그리고 피임에 관한 입장은 그의 명성을 크게 훼손했다.

어리석은 결정일지 모르지만 바오로 6세는 이 주제가 공의회에서 다루기에는 지나치게 뜨거운 감자라고 생각했다. 그 대신 그는 신학자, 의사, 과학자와, 다소 놀랍게도 기혼 부부로 이루어진 특별위원회에 문제를 맡겼다. 이 위원회는 교회의 전통적인 교리를 수정해 적어도 특정 상황에서는 인공피임을 허용해야 한다고 권했다. 그 권고는 이미 대다수 주교 위원단에서 찬성했기 때문에 교황도 받아들이리라는 기대가 보편적이었다. 뜻밖에도 바오로 6세는 전혀 그렇게 하지 않았다. 그에 뒤따른 1968년 회칙 〈인간 생명Humanae Vitae〉에서 그는 낡은 바티칸 방침만 재확인할 뿐이었다. 많은 사람이 크게 실망했고 혐오를 느끼는 사람도 많았다. 특히 가톨릭교 교세가 빠르게 퍼지고 있던 남아메리카에서 사제 수백 명이 사임했다. 그보다 수백 명 더 많은 사제들은 언제나 그래 왔던 것처럼 신도들에게 피임을 계속 장려했다.

어쩌면 바오로 6세는 남아메리카를 직접 방문했어야 했는지도 모르겠다. 그는 분명 그렇게 할 수 있었다. 순방을 목회자의 의무로 보고 대대적으로 여행하는 최초의 교황이었기 때문이다. 1963년 그는 뉴욕의 국제연합에서 연설을 했고 1964년에는 봄베이 세계 성체 대회에서 연설했다. 같은 해 그는 예루살렘에도 방문해 그리스 정교회 총대주교 아테나고라스와 함께 1054년부터 동방과 서방 교회를 갈라놓은 종파 분립의 종결로 가는 첫걸음을 밟았다(8장 참고).

1967년에 바오로 6세는 오스만 정복 이후 교황으로서는 최초로 이스탄불을 방문했다. 거기서 그가 성 소피아 성당에 들어가다가 넘어지는 민망한 실수를 저지르자 강경 이슬람교도들은 교황이 그 건물을 다시 그리스도교 교회로 바꾸려 한다며 기회를 놓치지 않고 비난했다.* 제2차 바티칸 공의회 이전이라면 교황의 참석을 생각도 못했을 세계 교회 공의회를 위해 1969년에는 다른 장소도 아닌 제네바에 입성했다. 그해 바오로 6세는 우간다로 가서 아프리카 대륙에 발을 디딘 최초의 교황이 되었다. 그리고 1970년에는 필리핀—그곳에서 가까스로 암살을 면했다—과 호주를 방문했다.

하지만 이 무렵 교황은 측근 몇 명에게 걱정거리를 안겨주고 있었다. 그의 책임이 지나친 부담이 되기 시작하면서 심각하게 우울해진 것이다. 그의 지위에서 오는 외로움, 점점 떨어지는 인기—특히 〈인간 생명〉 이후—와 제2차 바티칸 공의회의 완전한 결과가 서서히 표면으로 드러나기 시작하면서 교회 내부에 증가하는 긴장감이며, 세계적인 테러리즘의 증가와 이탈리아의 '붉은 여단**'까지 어느 하나 빠지지 않고 그에게 타격을 입히고 우울증을 악화시켰다. 1974년에는 그가 사임할지 모른다는 소문마저 돌았다. 그리고 1978년에 가까운 친구인 그리스도교 민주당 정치인 알도 모로가 납치되었다가 피살된 사건—교황이 그의 장례식을 주재했다—으로 바오로 6세는 완전히 회복하지 못할 일격을 당했다. 바오로 6세는

* 오스만제국 시절 내내 이슬람교 성원 역할을 했지만 1935년에 케말 아타튀르크가 일반 박물관으로 바꾸었다.
** Red Brigades. 이탈리아의 극좌파 테러 조직. – 역주

같은 해 교황의 여름 휴양지인 카스텔 간돌포에서 선종했다(극심한 방광염이 결국 위중한 심장마비가 되었다). 때는 예수의 거룩한 변모 축일인 8월 6일 일요일 저녁이었다.

콘클라베의 처음이자 마지막 날인 1978년 8월 26일, 알비노 루차니 추기경은 4차 투표에서 교황으로 선출되었다. 그는 벨루노 근처에서 가난한 노동자 계급 출신으로 태어났고, 그의 아버지는 스위스에서 대개 벽돌공과 전기공 같은 계절노동자로 일했다. 알비노는 비토리오 베네토의 주교였고 그 후 9년간은 베네치아의 총대주교였다. 그러나 이탈리아 밖에서는 그리 알려져 있지 않았기 때문에 그가 추기경 111명―그중 27명만 이탈리아인―의 표를 받아 그렇게 빨리 선출된 일은 상당히 놀라웠다. 영국인 추기경 베이질 흄은 이렇게 설명했다. '나는 하느님의 존재를 가까이서 느껴본 경험이 좀처럼 없었다. … 내게는 성령의 지시가 자명하지 않다. 그것에 조금 무감각한 편이다. … 그러나 내게 그는 하느님이 내려주신 후보였다.'

바오로 6세는 앞서 우리가 보았듯이 교황직을 마지못해 수락했는데, 후임자인 알비노도 그와 같은 심정이었다. 마지막 투표만 남았을 때, 그가 크게 앞서고 있고 교황직까지 7표도 남지 않자 이렇게 중얼거리는 소리가 들렸다고 한다. '안 돼, 제발 안 돼…' 여러 측근은 그가 고사할지 모른다고 생각했으나, 그는 천천히 그리고 슬픈 듯 고개를 끄덕였다. 그리고 요한 바오로 1세Joannes Paulus I(1973)라는 이름을 선택했다. 교황 역사상 최초로 두 개의 이름을 함께 사용한 교황명이었다. 로마 시민들을 향한 첫 연설에서 요한 바오로는 그 이유를 설명했다.

교황 요한께서는 여기 성 베드로 대성당의 바실리카에서 손수 저를 축성하고 싶어 하셨습니다. 그 후 저는 그럴 자격이 없지만, 지금도 교황 요한의 정신이 가득 남아 있는 베네치아에서, 성 마르크 대성당에서 그분의 뒤를 이었습니다. 한편 교황 바오로께서는 저를 추기경으로 임명했을 뿐만 아니라 그보다 몇 달 전에 성 마르크 광장에서 자신의 영대領帶를 벗어 제 어깨에 올려놓으시며 2만 명 앞에서 제 얼굴을 붉히게 했습니다. 그토록 얼굴이 붉어진 적은 없었습니다. … 그래서 저는 '요한 바오로'라는 이름을 선택했습니다. 이 점을 확실히 알아두시기를 바랍니다. 제게는 교황 요한의 지혜로운 마음이 없습니다. 저는 교황 바오로처럼 준비된 사람도 아니며 그와 같은 교양도 없습니다. 그러나 지금 저는 그분들의 자리에 서 있습니다. 저는 교회에 기여하도록 노력할 것이니 여러분은 기도로 저를 도와주시길 바랍니다.

이렇듯 격식을 차리지 않은 친밀한 어조는 요한 바오로 1세의 교황권을 완성시켰다. 지금껏 그보다 더 가까이 다가가기 쉬운 교황은 없었다. 그토록 따스하고 매력적인 웃음으로 모든 사람에게 미소를 보낸 교황은 없었다. 요한 바오로 1세는 거만함을 질색했다. 물론 그의 지위에서는 피할 수 없는 요소였지만 최소한으로 줄였다. 그는 즉위식을 거부한 최초의 교황이었다. 교황은 삼중관은 더 이상 없었고, 군중 사이에서 어깨 높이로 교황을 태우고 운반하는 교황의 가마도 없었다. 펄럭이는 타조 깃털도, 장엄한 '짐朕'이라는 표현도 더 이상 없었다. 요한 바오로 1세는 교회의 기원인 예수 그리스도의 겸양과 검소함, 정직과 가난으로 되돌아가기를 갈망했다.

하지만 어떻게 해야 그럴 수 있을까? 우선 교황청과 씨름해야 했다. 사실 교황으로 선출될 시기에 요한 바오로 1세에게는 적이 한 명도 없었다. 그러나 통상적인 과시 요소를 전부 물리치고 왕관마저 거부하자 전통주의자들은 경악했다. 그리고 새 교황이 선출되면 으레 추가적으로 지급되는 한 달치 봉급을 반으로 줄여야 한다는 결정도 그의 인기를 떨어뜨렸다. 얼마 지나지 않아 요한 바오로 1세는 바티칸이 시기, 경쟁심, 질투의 온상이라는 사실을 알아챘다.

† 교황 요한 바오로 1세. 성 베드로 광장이 내려다보이는 발코니에서 첫 강복降福을 하고 있다.

그는 이렇게 불만을 토로했다. "모든 것과 모든 이를 향해 악의적인 말밖에 들리지 않았다. 또한 이곳에서 매우 찾기 어려운 두 가지가 있다. 그것은 바로 정직과 맛있는 커피다."

이런 분위기이다 보니 그의 말이 잘못 해석되고 잘못 전달되는 일은 피할 수 없었다. 〈로세르바토레 로마노〉는 교황이 선출되고 한 시간 내에 발간한 호외판에서 요한 바오로 1세가 회칙 〈인간 생명〉을 배포하고 '그것의 가르침에는 의심의 여지가 없다고 주장한' 최초의 주교 가운데 한 명이라고 보도했다. 이것은 전적으로 사실이 아니었다. 1968년에 비토리아 베네토의 주교였던 그는 베네치아의 총대주교에게 최근 개발된 피임약을 교회에서 허가할 것을 권고하는 극비 보고서를 제출했다고 잘 알려져 있다. 그리고 이 보고서는 동료 주교들의 동의하에 바오로 6세에게 전해졌다. 우리가 알고 있듯이 바오로 6세는 그것을 거부했지만 요한 바오로 1세는 그의 견해를 바꾸지 않았다. 1978년에 그는 밀라노의 국제회의에서 〈인간 생명〉 10주년을 기념하는 연설을 해달라고 초청받았지만 거절했다. 교황에 선출되고 며칠도 지나지 않아 요한 바오로 1세는 인구문제 특별위원회의 위원장이었던 미국 하원의원 제임스 쇼이어의 알현에 응했다. 그는 국무장관인 빌로 추기경에게 이렇게 말했다. '내 생각에 이 상황을 지금 이대로 둘 수 없네.'

만약 살아서 임기를 꽉 채웠다면 이 조용하고 온화한 미소가 가득한 남자는 교회에서 혁명을 이루었을지도 모른다. 그랬다면 교황 요한 23세의 제2차 바티칸 공의회보다 더 극적이고 더 뜻깊은 혁명을 만들었을 것이다. 그러나 요한 바오로 1세는 그때까지 살지 못했다. 1978년 9월 29일 금요일 오전 5시 30분 직전, 요한 바오로 1세는 침대에서 숨을 거둔 채로 발견되었다. 그가 교황으로 있던 기간은 겨우 33일이었다. 이는 1605년 레오 11세 이후로 가장 짧은 임기였다.

요한 바오로 1세는 살해된 것일까? 그렇게 믿을 이유들은 틀림없이 존재했다. 67살치고 그는 무척 건강했다. 검시나 부검은 없었다. 교황청은 분명히 어쩔 줄 몰라 했고 그가 어떻게 사망했고 시신을 어떻게 발견했는지에 관한 사소한 거짓말을 여러 차례 들켰다. 그리고 많은 이들이 믿는 것처럼 만약 그가 바티칸 은행과 바티칸 은행장 폴 마르친쿠스 대주교가 깊이 연루되어 있는 대형 재정 스캔들을 폭로하려는 찰나였다면 그것을 막기 위해 어떤 수단도 마다하지 않았을 국제 범죄자가 적어도 세 명 있었다. 그중 한 명인 암브로시아노 은행의 로베르토 칼비는 이후 런던 블랙프라이어스 다리 아래에서 목이 매달린 채로 발견되었다. 더 나아가 바티칸은 살인이 쉬운 곳이다. 자체 경찰이 없는 독립국이고 이탈리아 경찰은 요청을 받았을 때만 들어갈 수 있는데, 당시 그런 요청은 없었다.

이 음모론에 대한 찬반양론은 길고 복잡하다. 그것을 여기서 소개한다면 통치 기간이 불과 한 달인 교황에게 20쪽 내지 30쪽을 할애해야 한다는 뜻인데, 그럴 경우 이미 지나치게 길어진 책이 가망 없을 정도로 균형을 잃고 말 것이다. 음모론을 연구하고 싶은 사람—연구할 가치는 충분하다—은 데이비드 앨롭의 《신의 이름으로In God's Name》(찬성파)와 존 콘웰의 《한밤중의 도둑A Theif in the Night》(반대파) 이렇게 두 권을 읽어보면 좋다. 그러고 나면 스스로 판단할 수 있을 것이다.*

사상 최초의 폴란드 교황이자 1522년 하드리아노 6세 이후로 처음 선출된 이탈리아인이 아닌 교황이, 겨우 2차 투표 만에 총 투표 수 109표 중 103표를 획득하며 교황에 선출된 것은 놀라운 일이다. 그러나 카롤 보이티와는 더 놀라운 사람이었다. 58살밖에 되지 않은 그는 시인이자 극작가였고 스키와 등산에 뛰어났으며 6개 국어—10개라는 사람도 있다—를 능통하게 구사했다. 그는 크라코프 대학교에서 공부했지만 학교가 1939년 9월 1일 독일이 폴란드를 침공한 후 문을 닫자, 채석장 일을 포함한 몇 가지 노동을 했다. 이전에 동네 아가씨와 교제하기도 했다는 그는 22살이라는 비교적 늦은 나이에 사제가 되기로 결심한다. 그 이후로는 승승장구했다. 본당 신부로 불과 3년을 보낸 후에 대학으로 돌아가 철학을 공부했고 사회윤리학을 강의했다. 38세의 이른 나이에 주교에 지명되었고 5년 후 바오로 6세는 그를 크라코프의 대주교에 임명했다.

교황에 선출되고 이틀 후 요한 바오로 2세St. Joannes Paulus II(1978-2005)는 교황으로서 중요한 첫 번째 연설을 통해 보편교회의 수장으로서 그의 국제적인 역할을 강조했다. 그는 '앞으로는 우리의 출생지에 따라 각기 다른 본질은 중요하지 않습니다.'라고 말했

---

* 나는 교황이 정말로 살해당했다고 오랫동안 확신했지만 양측의 증거를 다시 읽고 이제 생각을 바꾸었다. 살인범이 (만약 존재한다면) 어떻게 해서든 한밤중에 교황의 관저에 출입 허가를 받았어야 한다. 교황의 비서 한 명이나 두 명이, 혹은 요리와 청소를 담당하는 수녀 한 명이나 여러 명이 음모에 가담하지 않고서야 - 그럴 가능성은 낮다고 생각한다 - 범인이 어떻게 그곳에 잠입할 수 있었는지 모르겠다.

다. 물론 결코 그렇지만은 않았다. 일생의 첫 58년을 살았던 폴란드는 그의 정신적인 고향으로 남아 있었다. 그리고 모든 정책과 모든 결정, 모든 공표에 폴란드가 영향을 미쳤다. 임기 중에 그는 최소 아홉 차례 폴란드를 다시 찾아 여느 나라보다 훨씬 많이 방문했다. 그는 바르샤바 봉기와 대학살을 전부 지나치게 생생히 기억하고 있었다. 1944년 8월 6일 '검은 일요일Black Sunday'에 게슈타포는 폴란드 젊은이들 8천 명을 크라코프에 잡아 모았다. 그때 요한 바오로 2세는 독일군이 위층을 수색하는 동안 지하실에 숨어 탈출했다. 전쟁이 끝난 후에도 반세기 가까이 공산주의를 경험한 그는 1980년부터 공산주의 체제에 금이 가기 시작하자 폴란드의 연대* 활동과 그 지도자 레흐 바웬사에게 아낌없는 격려를 보냈고, 마르친쿠스 대주교와 바티칸 은행을 통해 자금을 은밀히 조달해주었을 것이다. 미하일 고르바초프가 언젠가 말했듯이 '요한 바오로 2세가 없었다면 철의 장막은 무너뜨릴 수 없었을 것이다.'

1981년 5월 13일 늦은 오후, 교황이 일반 알현 중에 교황 전용차를 타고 성 베드로 광장을 둘러 가고 있을 때 알리 아자라는 터키 암살자가 그의 정면에서 총을 세 발 발사했다. 요한 바오로 2세는 제멜리 병원으로 급히 이송되었다. 아자는 그 자리에서 체포되었고 나중에 심문 중인 치안판사에게 자신이 가톨릭교회는 물론 미국과 러시아 제국주의를 모두 혐오하는 '국가주의 무신론자'라고 말했다고 한다. 아자는 1979년 11월에 교황이 터키를 방문하던 시기에 암

* 폴란드 최초의 자유노조. -역주

살을 계획했지만 목표물이 지나치게 철저히 보호받고 있었다고 덧붙였다. 아자의 자금줄―만약 있다면―로 불가리아 정부가 크게 의심을 받았지만 진짜인지는 밝혀지지 않았다. 건강을 회복한 요한 바오로 2세는 암살 미수자를 용서한다고 발표했다. 1983년에 교황은 감옥에 있는 아자를 방문했고 두 사람 사이에는 무언가 우정 비슷한 감정이 싹텄다. 말년에 교황은 아자의 어머니와 형제의 알현을 받기도 했다.

다섯 시간 동안 수술하고 피를 4분의 3이나 잃었던 교황은 회복 기간이 길어서 10월이 되어서야 건강을 완전히 회복했다. 그러나 1982년에 요한 바오로 2세―이제 대중매체의 슈퍼스타 같은 존재가 되어―는 빼곡한 순방 일정을 다시 시작할 수 있었고, 매년 4~5차례 전 세계 여러 곳을 여행했다. 임기 26년차 말에 이를 때쯤 그는 129개국에 총 104회 방문한 기록을 세웠다. 1982년 5~6월에는 영국에 6일 일정으로 방문해―포클랜드전쟁이 발발해 방문 계획이 취소될 뻔했음에도―교황으로서는 최초로 캔터베리 대성당에서 강론을 펼쳤다. 2000년 3월에는 이스라엘에도 갔다. 이에 대해 비오 12세 교황은 어떻게 생각했을까?** 2001년 시리아의 수도 다마스쿠스에 간 그는 이슬람교 성원에서 기도한 사상 최초의 교황이 되었다. 유일한 아쉬움이라면 결국 러시아에는 가보지 못한 것이었다.

그러나 지금 돌아보면 여러 가지 면에서 요한 바오로 2세는 요

** 비오 12세는 야드 바 홀로코스트 박물관에서도 요한 바오로 2세가 과거의 침묵에 대해 사과하는 않았다는 사실에 적어도 안심했을 것이다.

한 23세보다는 비오 12세와 생각이 비슷하다고 할 수 있다. 어찌 생각하면 아주 놀랍지는 않다. 그가 성년이 된 후부터 로마로 오기 전까지 거의 내내 폴란드 교회는 궁지에 몰려 생존 그 자체를 위해 처음에는 독일과, 그 다음에는 러시아와 투쟁해야 했다. 요한 바오로 2세는 교회가 어떠해야 한다는 미래의 모습이 아니라 현재의 교회를 위해 싸웠다. 그리고 58살에 교황직에 올랐을 때는 변하기에 나이가 너무 많았다. 그의 14개 회칙은 그가 오히려 보수적임을 드러냈고 안락사와 낙태, 여성 사제 서품, 동성애와 동성결혼에 대한 낡은 가르침을 완강하게 재주장했다. 피임 정책에 큰 변화가 있으리라고—HIV 확산을 막기 위한 용도로만 콘돔 사용 허용—그의 전임자에게 기대했던 사람들도 요한 바오로 2세부터는 그런 기대가 아무 소용없음을 매우 잘 알게 되었다. 요한 바오로 2세는 눈에 보이는 모든 것을 광적으로 시성해 모두를 놀라게 했다. 1,340명의 남성과 여성을 시복했을 뿐만 아니라 최소 483명의 성인을 새로 추대했다. 이는 지난 5세기 동안 시성된 성인을 넘어서는 수였다.

임기 말 무렵 요한 바오로 2세는 이라크 전쟁을 단호히 반대했다. 2003년 세계의 현황 연설*에서 그는 견해를 아주 분명하게 피력하며 "전쟁을 하지 마십시오!"라고 부르짖었다. "늘 전쟁을 피할 수만은 없지만 전쟁은 언제나 인류를 파멸로 이끕니다." 이후 그가 '대개 전쟁을 한다고 해서 다툼의 원인이 해결되지 않는다. 그러므로 전쟁은 궁극적으로 무익하다.'라고 지적했다는 인용문이 있

---

* 교황이 바티칸 주재 외교관들에게 매년 하는 연설. -역주

† 요한 바오로 2세 교황은 1981년 피습사건 이후, 부득이하게 방탄유리로 둘러싸인 교황 공용차를 사용해야 했다.

다. 그리고 이즈음 그는 급속도로 쇠약해지고 있었다. 파킨슨병의 첫 징후들이 1991년에 나타났지만 바티칸은 바티칸답게 그 사실을 12년간 비밀에 부치다가 2003년에서야 인정했다. 그때쯤 교황은 연설할 때 발음이 무척 불분명해졌고 휠체어에만 몸을 의지했다. 교황 요한 바오로 2세는 2005년 4월 2일 토요일 저녁에 85번째 생일을 46일 앞두고 선종했다. 6일 후 그의 명복을 비는 추도 미사에 400만 명이 넘는 사람들이 참석했다. 이는 모르긴 몰라도 그리스도교 역사상 참배객의 규모로는 가장 컸을 것이다.

요한 바오로 2세의 장례식은 당시 신앙교리성信仰教理省―전에는 검사성성이었고 그 전에는 종교재판소로 알려져 있었다―장관이었던 요제프 라칭거 추기경이 지휘했다. 신앙교리성 장관으로서 그는 가톨릭 기관에서 교육하는 이들이 로마가 규정한 엄격한 교리를 벗어나지 않도록 확실히 하는 업무를 주로 관장했다. '신의 로트와일러(독일산 맹견)'라는 평판에도 불구하고 라칭거는 사실 온화하고 점잖은 성격이었고 가장 유력한 교황 후임자라는 의견이 일반적이었다. 유력한 후보가 콘클라베에서 제외되는 경우도 종종 있었지만 5차 투표에서 라칭거가 선출되자 누구도 놀라지 않았다. 독일 출신 교황은 그가 일곱 번째였지만 11세기 이후로는 처음이었다.

두말할 나위 없이 매우 지적인 신학자인 베네딕토 16세Benedictus XVI(2005-2013)는 이 책을 쓰는 시점에서 기대와 달리 믿음직한 인물임을 증명하지 못했다. 2년 남짓한 기간 동안 그는 주요 종교 단체 세 곳의 심기를 건드렸다. 첫째는 이슬람교, 다음은 유대교, 마지막은 프로테스탄트교회였다. 첫 번째 실례는 취임하고 18개월도 지나지 않은 2006년 9월 12일에 그가 교수로 있었던 레겐스부르크 대학교 강연에서 일어났다. 그는 이렇게 말했다. "마호메트가 새로운 것을 가져왔다면 대체 그것이 무엇인지 보여주십시오. 거기에는 그가 설파한 신념을 칼로 전파하라는 명령같이 사악하고 비인간적인 것들만 있을 겁니다."

교황이 1391년 비잔티움제국 팔라에올로구스 왕조의 황제 마누엘 2세가 했다고 전해지는 말을 뒷받침하기보다는 그저 인용했음이 그 후에 드러났지만 안타깝게도 당시에 이 점을 분명히 하지 못했다. 이슬람 세계 전체에 반발이 널리 퍼졌고 웨스트 뱅크에서 두 곳의 그리스도교 교회에 화염병이 투척되었다. 이후 교황은 솜씨

좋게 사과를 했고, 20명의 이슬람 고위급 외교관을 위해 카스텔 간돌포에서 특별히 개최된 연회에서 사과를 반복했다. 2개월 후 베네딕토 16세는 터키를 공식 방문했다. 이스탄불 공항에서 격한 반대 시위가 있었고 그를 보호하기 위해 특수 보안 조치가 취해져야 했지만 그는 블루 모스크[이스탄불에 있는 이슬람교 예배당]에서 기도했고 방문은 제법 성공적이라는 평가를 받았다.

또한 베네딕토 16세는 불필요하게 프로테스탄트 교도들의 반감을 샀다. 2007년 7월 11일에 발표한 교황 교서에서 그는 다음과 같이 말했다.

그럼에도 불구하고, 그들이 교회의 신학 관념을 가톨릭적 의미에서 수용하지 않고 가톨릭교회에 본질적으로 여겨지는 요소들을 가지고 있지 않다는 점을 고려하면 어떻게 '프로테스탄트 공동체'가 '교회'라는 이름에 속할 수 있는지 이해하기 어렵다.

이번에는 반대의 아우성이 터져 나왔다. 이탈리아 복음교회연맹의 회장은 이 교서를 '엄청난 역행'이라 설명했고 프랑스 복음교회연맹 측은 '대외적인 반향'을 의미심장하게 경고했다. 그것이 무엇을 의미하는지 누구도 확신하지 못했지만 말이다.

바로 그 전에 베네딕토 16세는 유대인에게 관심을 돌렸다. 많은 유대인은 교황 비오 12세를 시성하겠다고 고집하는 교회에 벌써부터 분노를 느끼고 있었다. 베네딕토 16세 개인적으로는 반유대주의라고 비난받을 근거가 없었지만, 2007년 7월 7일 트리엔트 미사(유대인들이 '그들의 어둠에서 구해지도록' 신에게 베일을 걷어달라고 요청하는 기도 포함)를 다시 허락하기로 한 결정은 유대교 세계에서 잘 받아들여지지 않았다. 더구나 르페브르 대주교의 '성 비오 10세회'에서 탈퇴한 주교 4명을 파문에서 철회한 결정에 평판은 더욱 추락했다. 그중에는 유대인 대학살을 지속적으로 부정한 것으로 악명 높은 리처드 윌리엄슨 주교도 있었다.[*]

이것들은 전부 의도적인 행동이기에 사전에 피할 수 있었고 또 피해야 했다. 그러나 베네딕토 16세를 곧 휩쓸 거대한 폭풍우를 만든 것이 베네딕토 자신은 아니었다. 이 폭풍우는 아일랜드에서 먼저 일어났다. 가톨릭 학교와 고아원에서 아동 학대가 만연해 있고 과도한 물리적 폭력이 빈번하다는 무시무시한 사실이 폭로된 것이다. 그 사실만큼이나 교회의 본능적인 은폐도 비난의 대상이었다. 교회는 문제를 일으킨 자들의 성직을 즉각 박탈함으로써 유쾌하지 않은 사실이 공개되는 위험을 택하기보다는 다른 교구로 책임을 전가하려 했다. 아일랜드의 수석 대주교인 션 브래디 추기경이 1970년대에 은폐 과정에 개입했음을 인정한 후 그를 곧바로 제명했다면 교황은 신속하고 단호한 대처로 신망을 얻을 수 있었다. 그러나 이 책을 쓰고 있는 지금도 브래디는 대주교직을 유지하고 있다. 한편 성직자의 소아성애 스캔들은 유럽과 미국 전역에 퍼졌다. 2010년 3월에 교황은 아일랜드의 가톨릭교도들에게 수십 년 동안 지속된 '죄악이고 범죄인' 학대에 대해 사과하는 편지를 보내기

[*] 2009년 5월 이스라엘에 방문하는 동안 베네딕토 16세는 요한 바오로 2세의 전철을 밟아 야드 바 박물관을 방문했지만 관계를 개선하는 데는 별로 도움이 되지 않았다.

는 했다. 여기서 그가 어째서 사과를 아일랜드에 한정했는가 하는 의문이 다시 한 번 든다. 그 결과 오스트리아와 네덜란드, 스위스, 이탈리아, 그리고 무엇보다 독일은 자기네 나라에서 일어난 일이 교황에게는 덜 중요한 것이라고 생각할 수밖에 없었다. 베네딕토 16세의 반응은 너무 약소했고 너무 때늦었다. 그리고 폭풍우는 가라앉을 기미를 보이지 않았다.

진보적인 가톨릭교도들이 현대를 향해 스스로 나아가는 가톨릭교회를 간절히 바랐던 때부터 이제 반세기가 훌쩍 지났다. 새로운 교황이 취임할 때마다 그들은 동성애와 피임, 여성 사제 서품 등 그 시대의 중요한 쟁점들에 어떤 진전이 있을지 모른다는 기대감을 키웠다. 그리고 매번 실망을 맛봤다. 실제로 교회가 한 걸음 뒤로 물러나는 것 같아 보이는 때도 있다. 2010년 7월 15일 교회는 여성 사제 서품을 '중대한 불법 행위'로 가중해 교회법에서 가장 무거운 죄로 만듦으로써 사실상 아동 학대와 같은 선에 놓았다.**

그리하여 2010년 9월 베네딕토 16세의 영국 방문이 많은 예상과 달리 주목할 만한 성공을 올렸지만 현 교황은 분명히 위태롭게 출발했다. 영국 성공회 성직자단은 최근 여성 주교에 대한 저항으로 프로테스탄트교회를 떠난 기혼 프로테스탄트 성직자들을 가톨릭 사제로 환영하겠다는 교황의 제안에 분노를 감추느라 애썼다. 그러나 교황의 임기는 아직 끝나지 않았고 우리도 확실한 결론을 낼 수 없다. 그저 교황 베네딕토 16세가 어떤 면에서는 많은 전임자보

** 2010년 7월 15일 금요일 자 〈타임스〉. 공정하게 말해두자면 이후 발행분에서 가톨릭 옹호자들은 분개하며 비난을 반박했다.

다 뛰어날 것이고, 또 어떤 면에서는 그렇지 못할 수도 있다는 말밖에 할 수 없다. 그리고 한 가지 더 있다. 약 2000년이 지난 현재 로마 가톨릭교회는 20억 명의 교도를 거느리고 있고, 그들은 전체 그리스도교도의 2분의 1, 세계 인구의 약 6분의 1을 차지하고 있으며, 오늘날 전 세계 도처에 불가지론이 퍼져 있는 상황에도 로마 가톨릭교회는 번영하고 있다는 사실이다. 만약 사도 베드로가 보았다면 실로 자랑스러워 할 것이다.

최근 베네딕토 16세 교황의 사임과 프란치스코Francis 교황의 선출로 우리는 동시에 두 명의 교황과 마주하게 되었다. 그래서 나는 행여 이 상황이 바티칸에 당혹스러운 결과를 불러오지는 않을까 하는 의혹을 품고 지켜보았다.

프란치스코 교황에 대해서 말하기에는 시기상조일지 모르겠지만, 교황께서 정기적으로 대중교통을 이용하는 일만큼은 자제해주셨으면 하고 바란다. 후임 교황들이 따라 하기 참 곤란한 선례가 될 것 같아서다.

베네딕토 16세 교황에 관해서는 무엇보다 사임 소식에 적잖이 놀랐을 것이다. 역사상 사임한 교황은 두 분이셨는데 첼레스티노 5세 교황(1294년 사임) 그레고리오 12세 교황(1415년 사임)이었다. 책에서도 언급했지만, 두 분의 경우는 자발적으로 직무를 포기한 베네딕토 16세 교황과는 거리가 멀다.

교황이라는 자리는 은행의 관리자나 치과의사 같은 것이 아니다. 교황은—최소한 이론상으로는—하느님에 의해서 선택된 사람이어서 최근까지도 머리에 삼중관을 썼다. 그는 인간이지만 교황이 직업은 아닌 것이다. 그는 일평생 교황으로 살아야 한다(실제 교황은 종신제다). 그렇다고 '명예 교황'이라는 식의 좀 터무니없는 칭호를 의미하는 것은 아니다. 만약 요한 바오로 2세처럼 건강이 좋지 않더라도, 교황청은 교황을 대신할 능력을 완벽하게 갖추고 있다.

교황과 가장 흡사한 것이 영국 여왕이다. 여왕도 머리에 성유聖油를 받고 왕관을 쓰고 죽는 날까지 여왕으로 산다. 사임할 생각조차 할 수 없다. 만약 필요하면 19세기 초, 정신병을 앓았던 조지 3세 때처럼 섭정을 둘 수는 있다. 에드워드 8세가 사임한 적은 있는데, 그는 왕관도 성유도 받은 적이 없어 다행히 사임할 수 있었던 것이다. 최근 사임했던 네덜란드 여왕도 왕관을 받은 적은 없었다.

2014년 2월
존 줄리어스 노리치

참고문헌

ABOUT, E., *La question romaine*, Paris, 1859

ALAND, K., *A History of Christianity*, tr. J.L. Schaaf, 2 vols, Philadelphia, 1985

ASTON, N., *Religion and Revolution in France*, London, 2000

AVELING, J.C.H., *The Jesuits*, London, 1981

BARING-GOULD, s., *Curious Myths of the Middle Ages*, London, 1897

BARRACLOUGH, G., *The Medieval Pagacy*, London, 1968

BEDE, *Ecclesiastical History of England*, tr. and ed. A.M. Sellar, London, 1907

BIGG, C., *The Church's Task under the Roman Empire*, Oxford, 1905

BLAKISTON, N (ed.), *The Roman Question: Extracts from the Despatches of Odo Russell from Rome*, 1858~1870, London, 1962

BOCCACCIO, G., *Concerning Famous Women*, tr. G.A. Guarino, London, 1964

BOUREAU, A., *The Myth of Pope Joan*, tr. L.G. Cochrane, Chicago, 2001

BRADFORD, S., *Cesare Borgia: His Life & Times*, London, 1976

BURCHARD, J., *At the Court of the Borgia*s, tr. G. Parker, London, 1963

BURY, J.B., *History of the Later Roman Empire from Arcadius to Irene*, 2 vols, London, 1889

Cambridge Medieval History, 8 vols, Cambridge, 1911~1936

Cambridge Modern History, 12 vols, Cambridge, 1902~1910

CARRINGTON, P., *The Early Christian Church*, 2 vols, Cambridge, 1957

CHADWICK, O., *Britain and the Vatican during the Second World War*, Cambridge, 1986

CHAMBERLIN, E.R., *The Bad Popes*, London, 1970

CHEETHAM, N., *Keepers of the Keys: The Pope in History*, London, 1982

CLARKE, C.P.S., *A Short History of the Christian Church*, London, 1929

CLEMENT, ST, *The Epistles of St Clement of Rome and St Ignatius of Anrioch*, tr. and ed. J.A.

Kleist, London, 1946

COLLINS, P., *Papal Power*, London, 1997

COOPER, A.D., *Talleyrand*, London, 1932

CORNWELL, J., *Hitler's Pope: The Secret History of Pius XII*, London, 1999

CORNWELL, R., *God's Banker: An Account of the Life and Death of Roberto Calvi*, London, 1984

CREIGHTON, M., *History of the Papacy during the Period of the Reformation*, 6 vols, London, 1903~1907

CULLMAN, O., *Peter: Disciple–Apostle–Martyr*, London, 1953

Dictionnaire d'histoire et de géographie ecclésiastiques, ed. A. Baudrillart, Paris, in progress

Dictionnaire de théologie catholique, ed. A. Vacant and E. Mangenot, 9 vols in 15, Paris, 1926~1950

DÖLLINGER, J.J.I., *Fables Respecting the Popes of the Middle Ages*, tr. A. Plummer, London, 1871

DUDDEN, F.H., *Gregory the Great: His Place in History and Thought*, 2 vols, London, 1905

DUFFY, E., *Saints and Sinners: A History of the Popes*, New Haven, 1997

EGGENBERGER, D., *A Dictionary of Battles*, London, 1967

Enciclopedia Italiana, 36 vols. Rome 1925~1936

EUSEBIUS, BISHOP OF CAESAREA, *Ecclesiastical History*, tr. C.F. Crusé, London, 1984

FALCONI, C., *The Silence of Pius XII*, tr. B. Wall, London, 1970

FRIEDLÄNDER, S., *Pius XII and the Third Reich*, tr. C. Fullman, London, 1966

GASCOIGNE, B., *The Christians*, London, 1977

GIBBON, E., *The History of the Decline and Fall of the Roman Empire*, ed. J.B. Bury, 7 vols, London, 1896

GILLEY, S., *Newman and His Age*, London, 1990

GREELEY, A., *The Making of the Popes*, London, 1979

GREGOROVIOUS, F., *History of the City of Rome in the Middle Ages*, London, 1895

GREGORY, BISHOP OF TOURS, *The History of the Franks*, tr. O.M. Dalton, 2 vols, Oxford, 1927

GRISAR, H., *History of Rome and the Popes in the Middle Ages*, London, 1911~1912

GUICCIARDINI, F., *The History of Italy*, ed. and tr. S. Alexander, New York, 1969

HALE, J.R., *The Civilisation of Europe in the Renaissance*, London, 1993

HALES, E.E.Y., *Pio Nono*, London, 1954

—*Pope John and His Revolution*, London, 1965

HEBBLETHWAITE, P., *John XXII, Pope of the Council*, London, 1984

—*Paul VI: The First Modern Pope*, London, 1993

—*The Year of the Three Popes*, London, 1978

HOOK, J., *The Sack of Rome*, London, 1972

HUGHES, P., *Pope Pius the Eleventh*, London, 1937

JAMESON, MRS A., *Sacred and Legendary Art*, 2 Vols, London, 1896

JAMESON, M., *The Borgias*, London, 1981

JAMESON, P., *A History of Christianity*, London, 1976

JONES, A.H.M., *The Later Roman Empire, 284~602: A Social, Economic and Administrative Survey*, 3 vols, Oxford, 1964

KANTOROWICZ, E., *Frederick the Second*, tr. E.O. Lorimer, London, 1931

KATZ, R., *Black Sabbath: A Journey through a Crime against Humanity*, London, 1969

KÜNG, H., *The Catholic Church*, London and New York, 2001

LACEY, R., *The Life and Times of Henry VIII*, London, 1972

LE ROY LADURIE, E., *Montaillou: Cathars and Catholics in a french Village, 1294~1324*, tr. Barbara Bray, London, 1978

LEVILLAIN, P., *Dictionnaire historique de la papauté*, Paris, 1994

LEWY, G., *The Catholic Church and Nazi Germany*, New York, 1964

LIUDPRAND, BISHOP OF CREMONA, *Works*, tr. F.A. Wright, London, 1930

LOWE, J., *Saint Peter*, Oxford, 1956

MACNUTT, F.A., *A Papal Chamberlain*, London, 1936

MALLETT, M., *The Borgias: The Rise and Fall of a Renaissance Dynasty*, London, 1969

MANN, H.K., *Lives of the Popes in the Early Middle Ages*, London, 1902

MARTINES, L., *April Blood: Florence and the Plot against the Medici*, London, 2003

MASSON, G., *The Companion Guide to Rome*, London, 1965

–*Frederick II of Hohenstaufen: A Life*, London, 1957

MAUROIS, A., *A History of France*, tr. H.L. Binsse and G. Hopkins, London, 1960

MIGNE, J.P. *Patrologia Latina*, 587

MOLLAT, G., *The Popes at Avignon*, London, 1963

MOORHEAD, J., *Gregory the Great*, London, 2005

MULLINS, E., *Avignon of the Popes: City of Exiles*, Oxford, 2007

New Catholic Encyclopedia, Washington, DC, 1967~

New Encyclopaedia Britannica, 15th edn, 32 vols, Chicago, 1998

NOEL, G., *The Renaissance Popes*, London, 2006

NORWICH, J.J., *Byzantium: The Early Centuries*, London, 1988; *The Apogee*, 1991; *The Decline and fall*, 1995

–*The Normans in the South*, London, 1967

–*The Kingdom in the sun*, London, 1970

–*Venice: The Greatness and the Fall*, London, 1981

ORIGO, I., *The Merchant of Prato: Francesco di Marco Datini*, London, 1957

Oxford Dictionary of Popes, ed. J.N.D. Kelly, Oxford, 1986

PARDOE, R. AND D., *The Female Pope: The Mystery of Pope Joan: The First Complete Documentation of the Facts behind the Legend*, Wellingborough, 1988

PASTOR, L. VON, *History of the Popes from the Close of the Middle ages*, 40 vols, London, 1891~1953

PETRARCH, F., *Petrarch at Vaucluse: Letters in Verse and Prose*, tr. E.H. Wilkins, Chicago, 1986

PIUS II, POPE, *Memoirs of a Renaissance Pope: The Commentaries of Pius II*, tr. F.A. Gragg, London, 1960

PLATINA, B., *The Lives of the Popes*, ed. and tr. W. Benham, London, 1888

POLLARD, J.F., *The Unknown Pope: Benedict XV(1914-1922) and the Pursuit of Peace*, London, 1999

–*The Vatican and Italian Fascism, 1929-1932: A Study in Conflict*, Cambridge, 1985

POPE-HENNESSY, J., *Fra Angelico*, London, 1952

POWELL, J.M. (ed.), *Innocent III*, Washington, DC, 1994

RANKE, L. VON, *History of the Popes in the 16th and 17th Centuries*, London, 1847

RENOUARD, Y. *The Avignon Papacy*, London, 1970

RHODES, A., *The Vatican in the Age of the Dictators*, 1922~1945, London, 1973

RHOIDIS, E., *Pope Joan, a Romantic Biography*, tr. L. Durrell, London, 1954

RICHARDS, J., *The Popes and the Papacy in the Early Middle Ages*, London, 1979

ROYAL, R., *The Pope's Army: 500 years of the Papal Swiss Guard*, New York, 2006

RUNCIMAN, S., *The Eastern Schism*, Oxford, 1955

–*History of the Crusades*, 3 vols, Cambridge, 1951~1954

RUSTICI, C.M., *The Afterlife of Pope Joan: Deploying the Popess Legend in Early Modern England*, Ann Arbor, 2006

SELWYN, E.G., *The First Epistle of St Peter*, London, 1946

SPANHEIM, F., *Histoire de la Papesse Jeanne*, tr. J. Lenfant, 2 vols, The Hague, 1720

STANFORD, P., *The She-Pope: A Quest for the Truth behind the Mystery of Pope Joan*, London, 1998

THOMAS, G. AND MORGAN-WITTS, M., *Pontiff*, London, 1984

TILLMANN, H., *Pope Innocent III*, tr. W. sax, Amsterdam, 1980

TOYNBEE, J.M.C. and WARD PERKINS, J., *The Shrine of St Peter and the Vatican Excavations*, London, 1956

TREASE, G., *The Condottier: Soldiers of Fortune*, London, 1970

TUCHMAN, B., *The March of Folly: From Troy to Vietnam*, New York, 1984

ULLMANA, W., *The Growth of Papal Government in the Middle Ages*, London, 1962

–*The Origins of the Great Schism*, London, 1948

–*A Short History of the Papacy in the Middle Ages*, London, 1972

ZAMOYSKI, A., *The Polish Way*, London, 1987

ZIEGLER, P., *The Black Death*, London, 1969

찾아보기

남길영

숙명여대 영문과 및 동 대학원을 졸업했다. 반복되는 분주한 삶속에서 소박한 행복도 누리지 못하고 앞만 보고 달리다 정신도 육체도 소진되어 버티기 어려울 즈음 세례를 받았다. 오늘 하루도 영혼의 완성에 반발자국이라도 다가가기를 기대하며 살고 있다. 옮긴 책으로는 《내 이름은 버터》《디어 대드》《캐릭터의 탄생》《남자의 고전》 등이 있다.

임지연

숙명여대 사학과 졸업 후 케이블방송사 근무. 영상보다는 활자에 더 이끌린다는 사실을 깨닫고, 글밥아카데미 수료 후 바른번역에서 전문번역가로 활동하며 좋은 책을 소개, 번역하는 데 노력하고 있다. (23~25장 번역)

유혜인

경희대학교 사회과학부를 졸업했다. 글밥 아카데미 수료 후 바른번역에서 전문 번역가로 활동 중이며, 언제나 마음이 담긴 번역을 하고자 노력한다. 옮긴 책으로는 《유령 호텔》《빅토리아 시대의 불행한 결혼 이야기》 등이 있다. (26~28장 번역)

교황 연대기

초판 1쇄 발행 2014년 8월 5일
개정판(아카데미판) 1쇄 발행 2025년 5월 30일

지은이 존 줄리어스 노리치
옮긴이 남길영, 임지연, 유혜인

펴낸곳 (주)바다출판사
주소 서울시 마포구 성지1길 30 3층
전화 02 - 322 - 3885(편집) 02 - 322 - 3575(마케팅)
팩스 02 - 322 - 3858
이메일 badabooks@daum.net
홈페이지 www.badabooks.co.kr

ISBN 979-11-6689-348-3 03920